COURS

DE

DROIT CIVIL FRANÇAIS

Paris. — Imprimerie de J. DUMAINE, rue Christine, 2.

COURS

DE

DROIT CIVIL FRANÇAIS

D'APRÈS LA MÉTHODE DE ZACHARIÆ

PAR MM.

C. AUBRY

Conseiller à la Cour de cassation,
Officier de la Légion d'honneur.

C. RAU

Conseiller à la Cour de cassation,
Officier de la Légion d'honneur.

QUATRIÈME ÉDITION
REVUE ET COMPLÉTÉE.

TOME HUITIÈME

A CHACUN LE SIEN

PARIS

IMPRIMERIE ET LIBRAIRIE GÉNÉRALE DE JURISPRUDENCE
MARCHAL, BILLARD et Cⁱᵉ, IMPRIMEURS-ÉDITEURS
LIBRAIRES DE LA COUR DE CASSATION
Place Dauphine, 27

1878

DROIT CIVIL THÉORIQUE FRANÇAIS

SECONDE PARTIE. — LIVRE SECOND. — DEUXIÈME DIVISION.

TITRE SECOND

Des successions testamentaires, et des dispositions à titre gratuit (*suite et fin*).

CHAPITRE SECOND.

DES DISPOSITIONS A TITRE GRATUIT DE DROIT EXCEPTIONNEL.

I. DU PARTAGE D'ASCENDANT [1].

§ 728.

Notions générales sur les partages d'ascendants.

Les père et mère et autres ascendants sont autorisés à faire, entre leurs enfants et descendants, par actes entre-vifs ou de dernière volonté, le partage anticipé de leurs biens. Art. 1075.

---

[1] Sources. Le partage d'ascendant par acte de dernière volonté tire son origine du Droit romain. Voy. L. 20, § 3, D. *fam. ercisc.* (10, 2); L. 26, C. *fam. ercisc.* (3, 36); nov. 18, cap. 7; nov. 107, cap. 1 et 3; Ordonnance de 1735 sur les testaments, art. 15 et 18. Quant au partage d'ascendant fait par acte entre-vifs, l'idée paraît en avoir été empruntée à la démission de biens admise dans notre ancienne jurisprudence. La démission de biens participait à la fois de la donation entre-vifs, en ce qu'elle entraînait le dépouillement actuel de la propriété des biens qui en faisaient l'objet, et de la donation à cause de mort, en ce que, du moins dans un grand nombre de coutumes et d'après la jurisprudence de la plupart des parlements, elle était révocable, et se trouvait subordonnée à la condition de la survie des démissionnaires au démettant. La démission de biens proprement dite, telle qu'elle vient d'être caractérisée, a été rejetée par le Code, par cela même qu'il ne s'en est pas occupé. Cpr. §§ 644 et

La loi leur a conféré ce pouvoir comme moyen de prévenir les contestations auxquelles pourrait donner lieu un partage à faire après leur décès : *ut a fraterno discrimine eos præservent.*

1° Du caractère juridique des partages d'ascendants.

Pour se faire une idée exacte du caractère juridique de ces actes, il convient de considérer séparément les partages faits par actes entre-vifs et les partages testamentaires.

Les partages d'ascendants faits entre-vifs sont des actes d'une nature essentiellement complexe. Ils supposent, comme condition première et indispensable, l'abandon fait par l'ascendant à ses descendants de tout ou partie des biens qu'il possède, abandon que la loi soumet aux règles de forme et de fond prescrites pour les donations entre-vifs. Mais si, à ce point de vue, on peut dire que le caractère prédominant de ces actes est celui de la donation entre-vifs, l'élément de partage coexiste cependant avec celui de la donation, dont il ne peut se séparer, et avec lequel il forme, de sa nature et d'après l'intention commune des parties, un tout indivisible. En transmettant actuellement aux descendants la propriété des biens abandonnés par l'ascendant, l'acte n'a pas seulement pour effet de faire sortir irrévocablement du patrimoine de l'ascendant les biens qui en forment l'objet ; il établit aussi immédiatement et définitivement, entre ces descendants, des rapports de copartagés, qui produisent entre eux, en cette qualité même et indépendamment de celle d'héritiers présomptifs de l'ascendant, les mêmes droits et obligations réciproques que ceux qui résultent d'un partage ordinaire[2].

645. *Exposé de motifs*, par Bigot-Préameneu ; *Rapport au Tribunat*, par Jaubert ; *Discours*, par Favard (Locré, *Lég.*, XI, p. 416, n° 79; p. 482, n° 80; p. 512, n° 27). *Bibliographie*. Grenier, *Discours historique*, sect. VI et VII. Merlin, *Rép.*, v° Démission de biens. Féréol-Rivière, *Essai historique sur les partages d'ascendants*, Revue de législation, 1847, III, p. 406. Genty, *Des partages d'ascendants*, Paris, 1850, 1 vol. in-8°. Bertauld, *Questions pratiques sur les partages d'ascendants*, Revue critique, 1867, t. XXX, p. 365. Réquier, *Traité théorique et pratique des partages d'ascendants*, Paris, 1868, 1 vol. in-8°. Barafort, *Des partages d'ascendants*, Paris, 1870, 1 vol. in-8°. Cauvière, *Des partages d'ascendants*, Paris, 1872, 1 vol. in-8°. Bonnet, *Traité théorique et pratique des partages d'ascendants*, Paris, 1874, 2 vol. in-8°.

2 Des dissidences profondes se sont produites, dans la doctrine et la jurisprudence, au sujet de la nature juridique et des effets des partages d'ascendants

Dans les partages testamentaires l'élément dominant et, en général, unique, est celui du partage. L'ascendant qui, sans grati-

faits par actes entre-vifs. La théorie, dont nous indiquons au texte les traits principaux, est exposée avec une précision et une fermeté remarquables par notre collègue M. Réquier, aux n°ˢ 91 à 100 de son *Traité des partages d'ascendants*. Elle a été adoptée par M. Bonnet (I, 107 et suiv.), qui rejette cependant une des conséquences que nous en tirons avec M. Réquier. Voy. § 733.— Deux autres systèmes ont été proposés. Dans le premier, qui reposait sur l'idée d'une ouverture partielle et anticipée de la succession de l'ascendant, on considérait les biens distribués entre les enfants, comme étant sortis du patrimoine de l'ascendant d'une manière aussi complète et absolue que s'ils avaient été aliénés à titre onéreux. On en concluait, d'une part, que les biens partagés n'étaient pas soumis au rapport fictif prescrit, pour le calcul de la quotité disponible, par l'art. 922; et, d'autre part, que la prescription des actions en nullité ou en rescision du partage courait du jour même de l'acte, et non pas seulement du jour du décès de l'ascendant. Ce système *(partage de présuccession)*, que la Chambre des requêtes avait admis, en termes explicites, dans l'arrêt Meïllonas (Req. rej., 4 février 1845, Sir., 45, 1, 305), se heurtait ouvertement à la règle *Nulla viventis hereditas*, et se trouvait repoussé par l'art. 1078. Aussi la Chambre des requêtes l'a-t-elle elle-même écarté par son arrêt du 13 février 1860 (Sir., 60, 1, 552), en rejetant les conséquences qui en découlaient. Il est aujourd'hui abandonné par la jurisprudence.— Un autre système, proposé et développé par M. Genty (p. 214 et suiv.), se résume ainsi : Le partage d'ascendant par acte entre-vifs renferme deux éléments, l'un actuel, l'autre simplement éventuel. L'élément actuel, c'est la donation par laquelle l'ascendant se dépouille irrévocablement de la propriété des biens compris dans l'acte ; l'élément éventuel, c'est la distribution des biens ; faite entre les enfants en vue de leur qualité d'héritiers présomptifs et pour le règlement de leurs droits successifs éventuels, elle ne revêtira définitivement le caractère de partage que pour ceux-là seuls des enfants qui, ayant survécu à l'ascendant, auront accepté sa succession. La qualité d'héritiers présomptifs des enfants pouvant s'évanouir rétroactivement par leur prédécès à l'ascendant ou leur renonciation à sa succession, ils ne sauraient, de son vivant, être considérés comme des copartagés : leur position est celle de simples donataires en avancement d'hoirie. M. Genty conclut logiquement de ces prémisses que, du vivant de l'ascendant, les enfants, non-seulement ne sont pas recevables à attaquer le partage par voie de nullité ou de rescision, mais que l'enfant auquel a été attribué une soulte ou un retour de lot, ou qui est évincé des biens placés dans son lot, ne jouit pas du privilége établi par l'art. 2103, et n'est pas admis à former contre les autres un recours en garantie. Ce système doit, à notre avis, être rejeté, non-seulement dans telle ou telle de ses conséquences, ainsi que le pense M. Demolombe (XXIII, 122 et 123, 133 et 134), mais en principe et dans sa base même, comme divisant et séparant ce qui, dans la pensée commune des par-

fier d'avantages particuliers et précopulaires tel ou tels de ses enfants, use du pouvoir de faire entre eux la distribution de ses biens, ne peut être considéré comme exerçant une véritable libéralité, encore bien que cette distribution ait lieu à la suite et comme condition ou mode d'une institution collective faite au profit des enfants, ou que les biens soient distribués entre eux sous la forme de legs individuels. Quant aux enfants eux-mêmes,

ties, forme un seul et même tout, et dénaturant ainsi le caractère de l'acte. La distribution des biens compris dans un partage d'ascendant fait entre-vifs, est actuelle et irrévocable, comme la donation même dont elle est la condition ou le mode. Etablie dans le but de prévenir la nécessité d'un partage de ces biens après la mort de l'ascendant, elle n'a, dans l'intention de celui-ci, rien d'incertain ni d'éventuel ; et, quant aux enfants, ils reçoivent les biens qui leur sont attribués, non point comme étant pour chacun d'eux l'objet d'une donation individuelle faite en sa faveur, mais comme formant son lot de partage dans la masse des biens abandonnés. Que l'on dise que les enfants ne sauraient être considérés, du vivant de l'ascendant, comme des héritiers copartagés, et que ce sera seulement au décès de l'ascendant que la distribution faite entre eux pourra revêtir le caractère de partage de succession ; que, de ce point, incontestable en théorie, on conclue que les enfants ne sont pas recevables, du vivant de l'ascendant, à exercer des actions qui supposeraient chez eux la qualité d'héritiers ; rien de mieux. Mais cela n'empêche, en aucune façon, qu'ils ne soient devenus, par l'effet immédiat de l'acte, *des copartagés*, et qu'ils ne puissent, du vivant de l'ascendant, exercer, les uns à l'égard des autres, ou à l'égard des tiers, les droits et actions inhérents aux attributions qui leur ont été faites pour constituer leurs lots de partage, et qu'ils ont acceptées à ce titre. Quant à l'assimilation que MM. Genty et Demolombe croient pouvoir établir entre les enfants copartagés et les donataires ordinaires en avancement d'hoirie, il suffira d'une remarque bien simple pour prouver qu'elle est fautive et inadmissible. Si l'ascendant est autorisé à comprendre dans la masse des biens qu'il entend distribuer entre ses enfants, ceux dont il avait fait donation en avancement d'hoirie à un ou à plusieurs d'entre eux (voy. § 733, texte n° 2), il ne pourrait évidemment pas, en procédant à un second partage, comprendre dans la masse, sans le consentement des enfants intéressés, des biens qui leur avaient été attribués par le premier. Nous dirons, en terminant, que M. Demolombe fournit, contre le système de M. Genty, qu'il adopte cependant en principe, un argument décisif, quand il enseigne (XXIII, 135) que l'enfant créancier d'une soulte, ou évincé d'un objet compris dans son lot, conserve son privilége de copartageant, ou son action en garantie, malgré sa renonciation à la succession de l'ascendant. N'est-ce pas reconnaître que le partage d'ascendant fait par acte entre-vifs engendre immédiatement, entre les enfants et dans leurs rapports avec les tiers, des droits et des obligations qui ne sont pas subordonnés à leur survie à l'ascendant et à l'acceptation de sa succession ?

ils recueillent les biens qui leur sont attribués en qualité d'héritiers plutôt qu'à titre de légataires [3].

Les conséquences à tirer de la nature juridique des partages d'ascendants ainsi déterminée, seront développées aux §§ 733 et 734.

2° Des actes auxquels s'appliquent les dispositions des art. 1076 et suiv.

Les partages faits par des ascendants entre leurs descendants sont les seuls qui rentrent sous l'application des art. 1076 à 1080. Bien qu'il soit loisible à toute personne de partager ses biens, par forme de donation entre-vifs ou de testament, entre ceux au profit desquels elle en dispose, ou auxquels elle entend les laisser avenir, un pareil acte est légalement à considérer comme constituant une libéralité ordinaire, et se trouve régi, non par les dispositions exceptionnelles des articles 1076 à 1080, mais par les principes du Droit commun, en matière de dispositions à titre gratuit. Il en résulte, par exemple, que, lorsqu'un oncle a fait entre ses neveux et nièces le partage de ses biens, la donation ou le testament contenant ce partage ne peut, à moins de manifestation formelle d'une volonté contraire de la part du donateur ou testateur, être attaqué, ni par voie de nullité, conformément à l'art. 1078, par ceux des neveux ou nièces qui y auraient été omis, ni par voie de rescision, conformément à l'art. 1079, par le neveu ou la nièce qui se prétendrait lésé de plus d'un quart. La circonstance que l'omission d'un des neveux, ou la distribution inégale des biens, aurait été le résultat d'une erreur de la part de l'oncle, ne suffirait point, à elle seule, pour motiver l'annulation ou la rescision de l'acte [4].

Il n'est pas indispensable, pour que l'abandon de biens fait par un ascendant à ses descendants, sous forme de donation entre-vifs, constitue un partage dans le sens des art. 1075 et suiv., que

---

[3] Genty, p. 197. Demolombe, XXIII, 49. Bonnet, I, 101 et suiv. Voy. cep. Bertauld, *Questions doctrinales et pratiques*, 2° série, n°ˢ 133 et suiv.

[4] Merlin, *Rép.*, v° Partage d'ascendant, n° 8. Grenier, I, 393. Duranton, IX, 617 à 619. Vazeille, sur l'art. 1075, n° 2. Poujol, sur l'art. 1075, n° 5. Marcadé, sur l'art. 1075. Taulier, IV, p. 214. Troplong, IV, 2296. Colmet de Santerre, IV, 242 *bis*, I et II. Demolombe, XXII, 697 à 702. Zachariæ, § 728, texte et note 2. Cpr. Caen, 2 décembre 1847, et les observations de M. Devilleneuve sur cet arrêt, Sir., 49, 2, 193.

l'ascendant ait fait lui-même et par voie d'autorité la distribution des biens : il suffit, lorsque les descendants y procèdent eux-mêmes, que la répartition ait lieu en présence et avec le consentement de l'ascendant[5].

Mais on ne saurait considérer comme un partage d'ascendant, l'acte par lequel l'ascendant a fait, au profit de ses descendants, une donation collective de tout ou partie de ses biens, lorsque la division en a eu lieu entre les enfants par un acte distinct de la donation, et auquel l'ascendant est resté étranger de fait et d'intention[6]. Toutefois, les actes de cette nature devraient, en général, être assimilés, pour l'application de l'art. 1078, aux partages d'ascendants[7]. La jurisprudence y applique aussi la réduction du droit proportionnel de mutation, établie par l'art. 8 de la loi du 16 juin 1824 en faveur des partages d'ascendants[8].

Quant à la donation que le père aurait faite à son enfant unique, quoique qualifiée de partage d'ascendant, elle ne pourrait être considérée comme tel, ni au point de vue du Droit civil, ni au point de vue fiscal[9].

Du reste, la question de savoir si, et sous quels rapports, un acte constitue un partage d'ascendant, ou doit y être assimilé, peut être une simple question de fait à résoudre d'après les circonstances et l'intention des parties. C'est ainsi qu'un règlement de compte entre un père et quelques-uns de ses enfants, accompagné d'abandons de biens au profit de chacun d'eux, quoique

---

5 Req. rej., 10 août 1831, Sir., 31, 1, 325. Civ. cass., 11 août 1849, Sir., 49, 1, 487. Colmar, 2 février 1855, Sir., 55, 2, 625. Montpellier, 27 juillet 1869, Sir., 70, 2, 174.

6 Barafort, p. 83. Dijon, 20 novembre 1865, Sir., 66, 2, 222. Riom, 4 août 1866, Sir., 67, 2, 4. Bordeaux, 8 mars 1870, Sir., 70, 2, 173. Req. rej., 24 juin 1872, Sir., 73, 1, 77. Ces arrêts décident que la prescription de l'action en rescision, pour cause de lésion d'un pareil partage, court du jour même de l'acte, et non pas seulement du jour du décès de l'ascendant.

7 On doit, en effet, supposer que l'ascendant a voulu faire, non point des dispositions individuelles, mais une donation unique et collective, qui devait comprendre tous ses enfants. Demolombe, XXIII, 54. Voy. cep. en sens contraire : Genty, p. 107; Bonnet, I, 360 et suiv.

8 Req. rej., 28 avril 1829, Sir., 29, 1, 186. Req. rej., 29 mars 1831, Sir., 31, 1, 310. Civ. rej., 26 avril 1836, Sir., 36, 1, 499. Civ. rej., 11 avril 1838, Sir., 38, 1, 432.

9 Req. rej., 13 août 1838, Sir., 38, 1, 715. Civ. cass., 20 janvier 1840, Sir., 40, 1, 185.

sous forme de contrats à titre onéreux, peut être considéré comme constituant un partage d'ascendant [10].

3° Des avantages particuliers faits par l'ascendant à l'un ou à quelques-uns des descendants.

Les ascendants qui font usage de la faculté que leur accorde l'article 1075, n'en conservent pas moins, dans les limites de la quotité disponible, le droit d'avantager un ou plusieurs de leurs descendants, en leur donnant ou léguant certains objets en sus de leurs parts.

Lorsque de pareils avantages sont contenus dans l'acte même qui renferme le partage, ils sont à considérer, sauf interprétation contraire de la volonté du disposant, comme virtuellement dispensés du rapport [11].

L'efficacité n'en est d'ailleurs pas subordonnée à la validité et à l'efficacité du partage lui-même, lorsque, bien que renfermés dans le même acte instrumentaire que le partage, ces avantages ne se confondent cependant pas avec lui, et sont susceptibles d'en être séparés [12]. Il en est autrement des avantages qui, n'étant que le résultat de la manière dont le partage a été opéré, ne peuvent en être séparés : de pareils avantages s'évanouissent nécessairement avec le partage même [13].

---

[10] Demolombe, XXIII, 49 et 50. Req. rej., 20 juin 1837, Sir., 37, 1, 746. Cpr. Req. rej., 4 décembre 1839, Sir., 40, 1, 43 ; Req. rej., 4 mai 1846, Sir., 46, 1, 465 ; Nancy, 4 juin 1859, Sir., 59, 2, 477 ; Civ. rej., 18 juin 1867, Sir., 67, 1, 297.

[11] Lorsque, dans l'acte même par lequel il fait le partage de ses biens, l'ascendant donne ou lègue à l'un de ses enfants un objet quelconque en sus de sa part, il manifeste, par la corrélation qu'il établit entre la libéralité et le partage, l'intention d'exclure du partage à faire après sa mort, non-seulement les biens qu'il distribue entre tous ses enfants, mais encore l'objet dont il gratifie spécialement l'un d'eux. Voy. les autorités citées à la note 12 du § 632.

[12] Grenier, II, 400. Toullier, V, 812. Troplong, IV, 2230. Demolombe, XXIII, 241. Zachariæ, § 728, texte in fine. Bordeaux, 2 mars 1832, Sir., 32, 2, 283. Req. rej., 21 novembre 1833, Sir., 34, 1, 60. Besançon, 16 janvier 1846, Sir., 47, 2, 267. Agen, 16 février 1857, Sir., 57, 2, 193. Ainsi, par exemple, la nullité dont se trouverait entaché le partage pour contravention à l'art. 1078, n'entraînerait pas nullité de la disposition préciputaire faite en faveur de l'un des descendants par l'acte instrumentaire qui renferme le partage. Cpr. Req. rej., 3 juin 1863, Sir., 64, 1, 269.

[13] Voy. sur la clause par laquelle l'ascendant aurait déclaré donner par pré-

Si l'ascendant avait ajouté à chaque lot, les mots *pour part* ou *hors part*, ces déclarations, accessoires à la formation des lots, ne seraient pas à considérer, en général et sauf interprétation contraire de sa volonté, comme imprimant aux attributions faites à chacun des descendants le caractère de dispositions séparées et indépendantes les unes des autres : ces attributions devraient plutôt être envisagées comme constituant par leur réunion un partage d'ascendant [14].

Que si l'ascendant avait déclaré *disposer à titre de partage et en tant que de besoin par préciput*, la clause laisserait incertaine la question de savoir s'il a simplement entendu rappeler l'effet normal du partage d'ascendant, ou si, au contraire, il a voulu faire, au profit de chacun de ses descendants, de véritables dispositions préciputaires [15].

§ 729.

Des conditions de capacité et de forme requises en matière de partages d'ascendants.

1° *Des conditions de capacité.*

Les personnes capables de disposer ou de recevoir à titre gratuit, peuvent seules partager leurs biens entre leurs descendants, ou être comprises dans un partage d'ascendant [1]. Nous nous bornerons, en renvoyant aux §§ 648 et 649, à indiquer quelques applications aux partages d'ascendants, des règles développées dans ces paragraphes.

---

ciput à celui des descendants qui aurait reçu un lot plus fort que les autres, la différence en plus de ce lot : Chambéry, 23 juillet 1873, Sir., 74, 2, 43.

[14] L'acte pourrait, par conséquent, être attaqué par l'une ou l'autre des actions ouvertes par les art. 1078 et 1079. Demolombe, XXIII, 46. Voy. cep. Duvergier sur Toullier, V, 812, note *a*.

[15] Genty, p. 183 et 184. Demolombe, XXIII, 47. Cpr. Req. rej., 19 novembre 1867, Sir., 67, 1, 446; Amiens, 15 février 1869, Sir., 69, 2, 65.

[1] Arg. art. 1076. En disant que les partages d'ascendants pourront être faits par actes entre-vifs ou testamentaires, avec les formalités, *conditions et règles* prescrites pour les donations entre-vifs et testaments, la loi exige évidemment la capacité de donner dans la personne de l'ascendant, et celle de recevoir à titre gratuit chez les descendants. Demolombe, XXIII, 19. Réquier, n° 44. Bonnet, I, 134 et 189.

L'ascendant, condamné à une peine afflictive et perpétuelle, ne jouit pas de la faculté de partager ses biens entre ses enfants et descendants.

Le descendant, condamné à une pareille peine, ne peut être compris dans un partage fait par acte entre-vifs. Il est, au contraire, valablement loti dans un partage testamentaire ; mais il ne peut, bien entendu, rien y recevoir à titre de préciput[2].

Le mineur, incapable de faire le partage de ses biens par acte entre-vifs, peut, s'il est parvenu à l'âge de seize ans, en partager l'universalité par acte de dernière volonté[3]. Seulement, les avantages directs ou indirects faits à l'un ou à plusieurs des enfants ne pourront excéder la quotité de biens fixée par l'article 904.

2° Des conditions de forme.

Les partages d'ascendants peuvent être faits par actes entre-vifs ou testamentaires avec les formalités et les conditions prescrites pour les donations entre-vifs et les testaments. Art. 1076.

Ainsi, lorsque le partage a lieu entre-vifs, l'acte qui le contient doit, en principe, être rédigé dans la forme prescrite par les art. 931 et suiv.[4]. Rien ne s'oppose, cependant, à ce que

---

[2] Voy. loi du 31 mai 1854, art. 3. La différence indiquée au texte entre le partage testamentaire et le partage fait par acte entre-vifs, se justifie par la double considération que c'est à titre d'héritiers *ab intestat* que les copartagés recueillent les biens qui leur sont attribués par un partage testamentaire, et que le condamné à une peine afflictive perpétuelle est capable de succéder *ab intestat*. Cpr. § 83 *bis*, note 1; § 592, texte et note 7; § 732, texte n° 2. Demolombe, XXIII, 30 et 30 *bis*. Réquier, n°s 49, *in fine*, et 68. Bonnet, I, 190 à 192. Voy. cep. : Valette, *Explication sommaire*, p. 24 à 26; Bertauld, *Revue critique*, 1867, XXX, p. 387.

[3] Genty, p. 120. Réquier, n° 44. Demolombe, XXIII, 22. — M. Bonnet (I, 130) soutient le contraire, et invoque à l'appui de son opinion l'art. 904, d'après lequel le mineur âgé de 16 ans ne peut disposer par testament que de la moitié des biens dont la loi permet au majeur de disposer. Mais cet article, qu'il considère à tort comme restrictif *de la capacité de tester*, ne restreint évidemment que *la faculté de disposer*, et ne peut, par conséquent, trouver son application que dans le cas où il s'agit de savoir si le mineur a excédé ou non par ses dispositions la quotité disponible qui s'y trouve déterminée.

[4] Civ. rej., 5 janvier 1846, Sir., 46, 1, 122. Bastia, 10 avril 1854, Sir., 54, 2, 236.

le partage soit fait sous la forme simulée d'un contrat à titre onéreux [5].

Ainsi encore, lorsque le partage entre-vifs contient des immeubles, il ne devient efficace à l'égard des tiers, en ce qui concerne ces immeubles, que moyennant la transcription de l'acte qui le renferme [6].

Il suit également, du principe ci-dessus posé, que le partage par acte de dernière volonté doit être fait dans l'une des formes de tester admises par la loi, et que le même acte testamentaire ne peut comprendre le partage des biens de plusieurs personnes, ni même, en particulier, celui des biens de deux époux [7].

L'accomplissement des formalités et conditions prescrites pour les donations entre-vifs ou les testaments, suffit pour la validité du partage, alors même que des mineurs, des interdits, ou des femmes mariées sous le régime dotal, s'y trouveraient intéressés. Le père peut, sans autorisation du conseil de famille, accepter, au nom de ses enfants mineurs, le partage fait par la mère, et celleci, le partage fait par le père [8]. S'il s'agit de mineurs en tutelle, il n'est pas nécessaire de faire pourvoir chacun d'eux d'un tuteur spécial [9]. La femme mariée sous le régime dotal, même avec constitution de biens à venir, peut, sans permission de justice, et avec la seule autorisation du mari, accepter le partage fait par un de ses ascendants [10].

---

[5] Cpr. § 728, texte et note 10. Demolombe, XXIII, 15. Bonnet, I, 367. Req. rej., 20 juin 1837, Sir., 37, 1, 746. Req. rej., 3 juin 1863, Sir., 64, 1, 269.

[6] Merlin, *Rép.*, v° Partage d'ascendant, n° 14. Grenier, I, 395 et 403. Duranton, IX, 624 et 625. Troplong, IV, 2308. Demolombe, XXIII, 12. Requier, n° 45. Bonnet, I, 330. Zachariæ, § 732, texte, t. IV, p. 393. Cpr. § 704.

[7] Arg., art. 968. L'exception que l'art. 77 de l'ordonnance de 1735 avait établie pour ce cas, n'ayant pas été reproduite par le Code, ne peut plus être admise. Grenier, I, 402. Toullier, V, 815. Duranton, IX, 622. Requier, n° 43. Demolombe, XXIII, 18. Bonnet, I, 402 à 406. Zachariæ, § 732, texte et note 8. Voy. cep. Maleville, sur l'art. 1075.

[8] Voy. art. 935, et § 652, texte n° 2. Grenier, I, 395. Duranton, IX, 623. Genty, p. 122 et 124. Demolombe, XXIII, 37. Requier, n° 50. Nîmes, 10 avril 1847, Sir., 48, 2, 130. Grenoble, 11 janvier 1864, Sir., 64, 2, 249.

[9] Demolombe, XXIII, 36. Besançon, 16 janvier 1846, Sir., 47, 2, 267. Voy. aussi Req. rej., 4 mai 1846, Sir., 46, 1, 465.

[10] Civ. cass., 4 juin 1849, Sir., 49, 1, 488.

Le partage par acte entre-vifs ne devient parfait que par l'acceptation expresse de tous les descendants entre lesquels il a été fait : le refus de l'un d'eux empêcherait le partage de produire son effet, même à l'égard de ceux qui l'auraient accepté[11]. Il en résulte que, tant que le partage n'a pas été accepté par tous les descendants, l'ascendant peut le révoquer, que son décès l'anéantit de plein droit, et que ceux des descendants qui l'ont accepté, ne peuvent, même les uns à l'égard des autres, réclamer aucun droit acquis sur les biens compris dans le lot de chacun d'eux[12].

L'ascendant peut, du reste, faire, par acte entre-vifs ou par testament, plusieurs partages successifs. Rien ne s'oppose aussi à ce qu'il partage ses biens entre ses enfants par des actes séparés, reliés entre eux de façon à former un seul et même tout[13].

§ 730.

Des personnes entre lesquelles doivent être faits les partages d'ascendants.

1º Le partage doit être fait entre tous les descendants qui, se trouvant appelés à la succession *ab intestat* de l'ascendant au

---

[11] Il ne s'agit pas, en pareil cas, de plusieurs donations distinctes et séparées, faites individuellement à chacun des descendants, et susceptibles, comme telles, de devenir parfaites par l'acceptation isolée de chacun d'eux. Ce que l'ascendant a entendu faire, c'est un abandon collectif de biens à titre de partage, et ce n'est qu'avec ce caractère particulier, qui lui imprime une sorte d'indivisibilité, que les descendants ont pu accepter cet abandon.

[12] Demolombe, XXIII, 10 et 11. Req. rej., 27 mars 1839, Sir., 39, 1, 267. MM. Genty (p. 118), Réquier (nº 47), et Bonnet (I, 316), tout en admettant le principe, estiment cependant que si celui des enfants qui n'a pas accepté, venait à décéder avant l'ascendant, ou si l'ascendant étant décédé sans avoir révoqué l'acte, cet enfant renonçait à la succession ou en était exclu comme indigne, le partage deviendrait parfait et obligatoire entre les descendants qui ont accepté, de sorte qu'il n'y aurait lieu qu'à un partage supplémentaire des biens qui avaient été attribués au descendant non-acceptant. M. Demolombe combat, avec raison selon nous, ce tempérament.

[13] Genty, p. 165 et 166. Demolombe, XXIII, 40. Bonnet, I, 355 et 356. Zachariæ, § 730, texte, t. IV, p. 391. Limoges, 8 mars 1843, Sir., 43, 2, 82. Montpellier, 27 juillet 1869, Sir., 70, 2, 174. Bordeaux, 8 mars 1870, Sir., 70, 2, 173.

moment de son ouverture, pourront et voudront la recueillir.
Art. 1078.

Il résulte de cette proposition que, pour apprécier la validité
du partage fait par un ascendant, on n'a point à examiner s'il a
eu lieu entre tous les descendants qui se trouvaient, à la date de
cet acte, éventuellement appelés à la succession. Le partage peut
être nul, quoique tous les descendants dont il vient d'être parlé y
aient été compris; et, réciproquement, il peut être valable, malgré
la prétérition de quelques-uns d'entre eux. Ainsi, par exemple,
l'omission d'un enfant né postérieurement au partage, et celle
même d'un enfant posthume, entraîne la nullité du partage[1]. Au
contraire, l'exclusion d'un enfant existant lors du partage, mais
décédé avant l'ouverture de la succession, ne porte aucune atteinte à la validité de cet acte[2]. La même solution est applicable
au cas de l'omission d'un enfant né postérieurement au partage,
et décédé avant l'ascendant[3].

Il résulte encore de la proposition ci-dessus énoncée que, lorsque les enfants omis ont renoncé à la succession de l'ascendant,
ou qu'ils en ont été exclus pour cause d'indignité, il n'est plus
permis de se faire de leur prétérition un moyen pour attaquer le
partage[4].

L'omission d'un enfant adoptif, ou même d'un enfant naturel,
entraîne, tout aussi bien que celle d'un enfant légitime, la nullité
du partage[5].

---

[1] *Infans conceptus pro nato habetur, quoties de commodis ipsius partus
quæritur.* Art. 725. Cpr. art. 906. Maleville, sur l'art. 1078.

[2] Duranton, IX, 639. Demolombe, XXII, 160. Zachariæ, § 729, texte et
note 2.

[3] Duranton, IX, 640. Zachariæ, *loc. cit.*

[4] L'art. 1078 dit, il est vrai, que le partage est nul, s'il n'est fait *entre tous
les enfants qui existeront à l'époque du décès.* Mais ces expressions doivent
être entendues *secundum subjectam materiam.* Elles ne comprennent évidemment que les enfants existants au point de vue du partage de l'hérédité délaissée
par l'ascendant, et ne s'appliquent point à ceux qui, par leur renonciation ou
leur exclusion pour cause d'indignité, se trouvent privés de toute participation
à cette hérédité. Duranton, IX, 638. Delvincourt, II, p. 152. Demolombe,
XXIII, 161. Réquier, n° 169. Bonnet, II, 545. Zachariæ, § 729, note 2, *in fine.*
Cpr. Colmar, 28 février 1867, Sir., 67, 2, 209.

[5] Cette proposition ne peut faire difficulté quant à l'enfant adoptif. Genty,
p. 101. Réquier, n° 161. Demolombe, XXIII, 161 *bis.* Bonnet, II, 547. Elle
se justifie, en ce qui concerne l'enfant naturel, par la généralité des termes de

Tout ce qui vient d'être dit des enfants, s'applique également aux petits-enfants ou descendants d'un degré ultérieur, en tant qu'ils se trouvent appelés, par représentation ou de leur chef, à la succesion de l'ascendant auteur du partage[6]. Toutefois, les petits-enfants ne sont point à considérer comme omis dans le partage, lorsque la personne dont ils descendent y a été comprise; ils sont censés avoir été lotis dans la personne de leur

l'art. 1078, qui ne comportent aucune distinction, et par cette idée que le partage anticipé doit être fait entre tous ceux qui, à défaut d'un pareil partage, se trouveraient admis à en provoquer un après le décès de l'ascendant. Telle n'est pas l'opinion de M. Duranton, qui enseigne (IX, 635), en se fondant sur l'art. 756 et sur les dispositions de l'ancien Droit, que les enfants naturels, omis dans un partage d'ascendant, sont obligés de respecter ce partage, sauf à réclamer la part qui leur revient. Voy. également dans ce sens : Zachariæ, § 729, note 2, *in medio*; Poujol, sur l'art. 1078, n° 3; Genty, *loc. cit.*; Troplong, IV, 2324. Nous répondrons que, bien que l'enfant naturel ne soit pas héritier, il n'en est pas moins copropriétaire de l'hérédité à laquelle il se trouve appelé; que la loi lui accorde, pour en provoquer le partage, une action analogue à l'action *familiæ erciscundæ*; qu'il peut demander que la part à laquelle il a droit lui soit délivrée en objets héréditaires, et par voie de tirage au sort; qu'enfin, il est autorisé à réclamer le rapport des avantages dont les héritiers avec lesquels il se trouve en concours ont été gratifiés. Cpr. § 638, texte n°s 1 et 3, notes 2, 3, 10 et 20. Or, on ne comprendrait guère comment il serait possible de concilier l'exercice de ces différents droits dont jouit l'enfant naturel, avec le maintien du partage dans lequel il aurait été omis. La chose était possible sous l'ancienne législation, qui n'attribuait à l'enfant naturel qu'une créance alimentaire; mais elle n'est plus praticable sous une législation qui reconnaît à l'enfant naturel un droit de copropriété dans l'hérédité à laquelle il est appelé. Voy. en ce sens : Vazeille, sur l'art. 1078, n° 3; Demolombe, XXIII, 161 *bis*; Réquier, *loc. cit.*; Bonnet, II, 548.

[6] L'art. 1078 ne parle, à la vérité, que des descendants des enfants *prédécédés*, et cette dernière expression indiquerait, si elle était prise à la lettre, que la disposition de l'article précité ne s'applique qu'aux petits-enfants qui, à raison du prédécès de leur père, viennent, par représentation de ce dernier, à la succession de leur aïeul. Mais l'esprit dans lequel a été rédigé l'art. 1078 prouve évidemment que, par les expressions *descendants d'enfants prédécédés*, le législateur a voulu désigner, en général, tous les descendants qui se trouveraient appelés à la succession de l'auteur du partage anticipé, et qu'en prévoyant la circonstance du prédécès des descendants au premier degré, par suite de laquelle la succession d'un ascendant se trouve le plus ordinairement dévolue aux descendants d'un degré ultérieur, il n'a point été dans son intention d'écarter les cas où elle leur serait déférée par l'effet de renonciations ou d'exclusions pour cause d'indignité. Demolombe, XXIII, 162. Bonnet, II, 544.

père, soit qu'ils aient accepté sa succession, ou qu'ils y aient renoncé[7].

Le partage ne peut être opposé aux enfants et descendants qui n'y ont point été compris. Ces derniers sont donc autorisés à demander, après la mort de l'ascendant, et en se portant héritiers[8], la division de l'hérédité qu'il a délaissée, sans même être obligés de provoquer la nullité du partage anticipé, qui doit être considéré comme non avenu[9]. L'action *familiæ erciscundæ* qui leur

---

[7] Delvincourt, II, p. 152. Toullier, V, 814. Duranton, IX, 641. Troplong, IV, 2320 et 2321. Demolombe, XXIII, 109 à 110, 146 et 147, 163. Réquier, n° 162. Riom, 26 novembre 1828, Sir., 29, 2, 174. Limoges, 29 février 1832, Sir., 32, 2, 282. Voy. en sens contraire : Bordeaux, 2 mars 1832, Sir., 32, 2, 283; Agen, 23 mars 1847, Sir., 48, 2, 1. Ces derniers arrêts, rendus dans l'hypothèse d'un partage fait par acte de dernière volonté, décident, sur le fondement de l'art. 1039 et du principe qui rejette la représentation dans les successions testamentaires, que la disposition faite au profit de l'enfant prédécédé devient caduque, et que, par suite, ses descendants sont à considérer comme prétérits au partage. Mais, en raisonnant ainsi, on méconnaît, à notre avis, le caractère prédominant du partage testamentaire. L'ascendant, qui a fait un pareil acte, entend bien moins exercer une libéralité par voie de legs, que partager sa succession entre ceux que la loi appelle à la recueillir. Il suffit dès lors, pour l'efficacité d'un partage de cette nature, que tous les enfants et descendants s'y trouvent compris, soit par eux-mêmes, soit par leurs auteurs. Si les legs ordinaires deviennent caduques par le prédécès des légataires, la raison en est uniquement que le testateur est présumé n'avoir voulu gratifier que les légataires eux-mêmes, et non leurs héritiers. Or, une pareille présomption est évidemment inadmissible dans la matière qui nous occupe.

[8] Demolombe, XXIII, 171. Réquier, n° 169. Bonnet, II, 566. L'enfant omis, ne pouvant provoquer un nouveau partage ou y prendre part qu'en qualité d'héritier de l'ascendant, est tenu pour sa part héréditaire des dettes de la succession de celui-ci. Colmar, 20 février 1867, Sir., 67, 2, 209.

[9] Que le partage doive être considéré comme non avenu au regard des enfants qui y ont été omis, c'est ce qui ne saurait faire de doute. Cet acte est, en ce qui les concerne, *res inter alios acta*. Art. 1165. Doit-on, au contraire, y voir un acte simplement frappé de nullité par rapport aux copartagés entre lesquels il a été fait ? Nous l'avions d'abord pensé; mais nous ne croyons pas devoir persister dans cette manière de voir. La disposition finale de l'art. 1078 ne fait, en effet, aucune distinction entre les enfants compris au partage et ceux qui y ont été omis; il donne aux premiers, aussi bien qu'aux derniers, le droit de provoquer un nouveau partage. Genty, p. 301 et 302. Demolombe, XXIII, 167 et 168. Réquier, n° 168. Bonnet, II, 353 et 354. Cpr. Delvincourt, II, p. 152; Duranton, IX, 643.

compète à cet effet, ne se prescrit que conformément aux règles du Droit commun, telles qu'elles ont été exposées au § 622 [10].

La faculté de réclamer un nouveau partage ne peut d'ailleurs être exercée par l'enfant omis, que contre ceux des enfants compris au partage qui viennent à la succession. Si l'un des enfants compris dans un partage fait par acte entre-vifs, était décédé avant l'ascendant sans laisser de postérité, mais après avoir disposé, ne fût-ce que par testament, des biens composant son lot [11], l'enfant omis ne pourrait, en se fondant sur l'art. 1078, demander le rapport et le partage de ces biens contre le tiers auquel ils auraient été transmis [12]. Que si l'un des enfants compris au partage avait renoncé à la succession de l'ascendant ou en était exclu comme indigne, l'enfant omis n'aurait à exercer contre lui, le cas échéant, qu'une action en réduction pour atteinte portée à la réserve [13].

Chacun des enfants compris au partage peut, comme l'enfant omis lui-même, et à son défaut, provoquer *de plano*, au décès de l'ascendant, une nouvelle division de l'hérédité, en agissant simultanément contre l'enfant omis et contre les enfants copartagés. Art. 1078. L'action qui compète à cet effet aux enfants compris au partage, ne s'éteint qu'avec l'action *familiæ erciscundæ* de l'enfant omis [14].

---

[10] Delvincourt et Duranton, *locc. citt.* Genty, n° 55. Troplong, II, 2325. Réquier, n° 230. Bonnet, II, 616. Zachariæ, § 734, note 11, *in fine*.

[11] Au cas contraire, ces biens auraient fait retour à l'ascendant. Art. 747.

[12] Demolombe, XXIII, 169. — La nullité prononcée par l'art. 1078 n'atteint, d'après les termes mêmes de cet article, que *le partage*, et laisse subsister la donation entre-vifs par laquelle l'ascendant s'est dessaisi, au profit des enfants compris au partage, des biens qui en faisaient l'objet.

[13] Arg. art. 845 cbn. 1076. Demolombe, XXIII, 170. Bonnet, II, 559. Voy. en sens contraire : Caen, 10 mai 1853. Cpr. aussi : Angers, 14 juillet 1847, Sir., 48, 2, 273. Cet arrêt, qui reconnaît que la nullité prononcée par l'art. 1078 n'atteint pas l'acte considéré comme donation entre-vifs, ne nous paraît pas être resté conséquent à ce principe.

[14] Si l'art. 1078 accorde, même aux enfants qui ont été compris dans le partage, le droit de provoquer un nouveau partage, c'est afin de leur donner le moyen de sortir de l'état d'incertitude dans lequel, faute d'un pareil droit, ils se trouveraient obligés de rester, aussi longtemps que l'action *familiæ erciscundæ* qui compète aux enfants omis dans le partage, ne serait point prescrite. Il faut conclure de là, que tant que l'action en partage est ouverte au profit de ces derniers, cette action subsiste également en faveur des premiers. Delvincourt, II, p. 152. Duranton, IX, 636. Genty, p. 301. Demolombe, XXIII, 168.

2° La circonstance que l'un des enfants compris au partage serait décédé sans postérité avant l'ascendant [15], ne porterait aucune atteinte à la validité ou à l'efficacité du partage [16], lors même qu'il aurait été fait par testament [17]. Si le partage a eu lieu par acte entre-vifs, la part assignée à l'enfant prédécédé sans postérité fait retour à l'ascendant donateur, en vertu de l'art. 747, à moins que le donataire n'ait aliéné les objets donnés ou n'en ait disposé à titre de legs [18]. Si le partage a été fait par testament, et qu'il ait été précédé d'une institution universelle faite conjointement au profit de tous les copartagés, la part de l'enfant prédécédé accroît à ses colégataires. A défaut d'une pareille institution, cette part est à considérer comme caduque, et se trouve dévolue, à titre de succession *ab intestat*, aux autres enfants ou descendants, entre lesquels elle se partage conformément à l'art. 1077 [19].

La renonciation, de l'un des enfants compris au partage, à la succession, ou son exclusion pour cause d'indignité, ne porte, comme le prédécès sans postérité de l'un de ces enfants, aucune atteinte à l'existence du partage. Lorsqu'il s'agit d'un partage fait par acte entre-vifs, l'enfant renonçant ou indigne peut, comme tout donataire étranger, et sauf la révocation de la donation pour cause d'inexécution des conditions ou pour cause d'ingratitude, retenir, jusqu'à concurrence de la quotité disponible, les biens qui lui ont été attribués [20].

---

15 Cpr. sur l'hypothèse où l'enfant prédécédé a laissé des descendants : texte et note 7 *suprà*.

16 Grenier, I, 398. Zachariæ, § 729, texte et note 3. Montpellier, 7 février 1850, Sir., 50, 2, 561. Cpr. Angers, 14 juillet 1847, Sir., 48, 2, 273.

17 Colmet de Santerre, IV, 243 *bis*, VIII. Demolombe, XXIII, 109 et 110. Voy. aussi les autorités citées aux notes suivantes. — M. Troplong (IV, 2319) enseigne que le partage, en pareil cas, doit être considéré comme non avenu, non pas précisément par application de l'art. 1039, mais par le motif que la situation en vue de laquelle il avait été fait a cessé d'exister. Cette considération, qui ne trouve d'appui dans aucun texte de loi, ne nous paraît pas suffisante pour écarter le partage. Demolombe, XXIII, 107.

18 Cpr. § 608. Delvincourt, II, 152. Grenier, I, 398. Toullier, V, 814. Duranton, IX, 641. Genty, p. 209. Demolombe, XXIII, 146.

19 Delvincourt, Grenier et Toullier, *locc. citt.* Duranton, IX, 622, 8°. Genty, p. 285. Demolombe, XXIII, 107.

20 Genty, p. 286. Demolombe, XXIII, 149 et 154.

§ 731.

Des biens qui peuvent faire l'objet d'un partage d'ascendant.

1º Les partages d'ascendants ne peuvent, de leur nature, avoir pour objet que des biens appartenant à l'ascendant, donateur ou testateur, lui-même.

L'époux survivant n'est donc pas autorisé à faire entrer, dans un partage entre-vifs ou testamentaire, les biens personnels de son conjoint prédécédé, ou la part de celui-ci dans la communauté encore indivise. Le partage, nul en ce qui concerne ces biens, devrait, en principe, être déclaré nul pour le tout, si les biens des deux époux, confondus en une seule masse, avaient été distribués, entre les descendants, sans distinction d'origine [1]. Toutefois, l'acceptation d'un pareil partage par les enfants, tous majeurs et ayant la disposition de leurs droits, les rendrait non recevables à l'attaquer de ce chef [2].

2º La faculté accordée aux ascendants de faire, entre leurs descendants, le partage de leurs biens, ne s'applique qu'aux biens dont ils ont la libre disposition.

Ainsi, la femme, mariée sous le régime dotal, ne peut comprendre ses biens dotaux dans un partage entre-vifs, à moins que ses enfants ne se trouvant tous en situation de s'établir par mariage ou autrement, le partage ne soit fait en vue de leur établissement [3].

Si le mari avait compris des biens de communauté dans un partage qu'il aurait fait seul, l'efficacité du partage, en ce qui concerne ces biens, serait, en principe, subordonnée à la renon-

---

[1] Genty, p. 159. Réquier, nº 138. Demolombe, XXIII, 89 et 90. Bonnet, I, 248 et 249. Voy. sur le principe même, et sur les tempéraments dont il serait susceptible dans l'application : Req. rej., 7 août 1860, Sir., 60, 1, 977; Angers, 25 janvier 1862, Dalloz, 1862, 2, 36; Req. rej., 2 décembre 1862, Sir., 63, 1, 124; Civ. rej., 16 janvier 1867, Sir., 67, 1, 177.

[2] Bonnet, I, 250. Montpellier, 6 mars 1871, Dalloz, 1871, 2, 252. Voy. aussi les autorités citées à la note précédente.

[3] Arg. art. 1554 et 1556. Genty, p. 135. Réquier, nº 132. Demolombe, XXIII, 73. Bonnet, I, 238 à 240. Rouen, 28 février 1844, et Agen, 10 juillet 1850, Sir., 50, 2, 338. Agen, 16 février 1857, Sir., 57, 2, 93. Rouen, 14 mars 1864, Sir., 64, 2, 393. Req. rej., 15 avril 1864, Sir., 64, 1, 174.

ciation de la femme à la communauté. Toutefois, le partage resterait efficace, malgré l'acceptation de la communauté par la
femme, quant aux objets mobiliers, si le mari ne s'en était pas
réservé l'usufruit, et même quant aux immeubles, si le partage
avait eu lieu en vue de l'établissement des enfants communs [4].

La femme n'ayant, tant que dure la communauté, aucun droit
de disposition sur les biens qui en dépendent, et ne pouvant accepter d'avance la communauté, ne peut comprendre des biens
communs dans le partage qu'elle ferait seule.

Les époux ne pourraient, pour s'assurer réciproquement la
faculté de disposer, par voie de partage d'ascendant, des biens
de communauté, avec la même liberté et la même efficacité que
de leurs biens propres, procéder à un partage anticipé de la communauté [5]. La ratification de cette opération par l'époux survivant n'empêcherait pas les enfants de l'époux prédécédé de demander, du chef de celui-ci, le partage et la liquidation de la
communauté, et n'emporterait, par conséquent, pas la ratification du partage dans lequel il aurait fait entrer les biens de communauté qui lui avaient été attribués [6].

Les époux ayant des enfants communs peuvent, par un seul et
même acte entre-vifs, procéder au partage conjonctif de leurs
biens entre ces enfants, en confondant en une masse commune,
tant leurs biens propres, que ceux de la communauté existant
entre eux, et en composant les lots sans égard à l'origine des

---

[4] Bonnet, I, 253 et 254. Cpr. Bordeaux, 8 août 1850, Sir., 51, 2, 86;
Rouen, 20 février 1857, Sir., 57, 2, 536.

[5] On a voulu soutenir le contraire, en disant que si les époux ne peuvent
pas, avant la dissolution de la communauté, en faire le partage définitif, rien
ne s'oppose à ce qu'ils fassent un partage provisionnel des biens qui en dépendent, dans le but de faciliter l'exercice du droit que leur accorde l'art. 1075.
Mais, c'est là se faire une fausse idée du partage provisionnel, qui suppose toujours la possibilité de procéder à un partage définitif, et qui ne diffère de ce
dernier, qu'en ce qu'il ne porte que sur la jouissance et non sur la propriété.
Genty, p. 156. Demolombe, XXIII, 87. Bonnet, I, 267.

[6] Genty, p. 138. Demolombe, XXIII, 88. Bonnet, I, 268. Civ. cass.,
13 novembre 1849, Sir., 49, 1, 753. Bordeaux, 3 août 1850, Sir., 51, 2, 86.
Rouen, 20 février 1857, Sir., 57, 2, 536. Civ. cass., 23 décembre 1861, Sir.,
62, 1, 29. Orléans, 5 juin 1862, Sir., 63, 2, 66. Caen, 15 juin 1863, Sir.,
64, 2, 292. Voy. en sens contraire : Douai, 10 février 1828, Sir., 28, 2, 195;
Douai, 3 août 1846, Sir., 46, 2, 512 ; Bourges, 15 février 1860, Sir., 61,
2, 70.

biens [7]. Mais la prohibition établie par l'art. 1097 s'oppose, en général, à ce qu'ils puissent, en se réservant l'usufruit des biens partagés, ou une rente viagère, stipuler que l'usufruit appartiendra en totalité au survivant d'eux, ou que la rente viagère sera réversible sur la tête du survivant [8]. La nullité de pareilles stipulations n'atteindrait, d'ailleurs, pas nécessairement le partage tout entier [9].

Quant aux époux ayant des enfants de différents lits, ils excéderaient le pouvoir que l'art. 1075 confère aux père et mère et autres ascendants, en faisant, entre tous ces enfants, la distribution et le partage de leurs biens confondus en une seule et même masse. Les enfants ne seraient point obligés de respecter le partage fait dans ces conditions [10].

[7] Les deux époux, copropriétaires des biens communs, doivent pouvoir faire ensemble ce que peut faire tout propriétaire. D'un autre côté, le concours de la femme à la distribution anticipée, entre les enfants, des biens composant actuellement la communauté, ne suppose pas le partage préalable de la communauté elle-même, et laisse ainsi complétement intact, pour la femme, le droit d'y renoncer. Troplong, *Du contrat de mariage*, II, 903 et suiv. Demolombe, XXIII, 83. Réquier, n° 134. Bonnet, I, 270 à 272, Paris, 23 juin 1849, Sir., 49, 2, 554. Cpr. § 509, texte n° 1, lettre *a*, notes 14 et 15.

[8] Voy. pour le développement de cette proposition et de l'exception qui doit y être apportée : § 743, texte, *in fine*, et notes 13 à 15. Voy. cep. en sens contraire : Poitiers, 10 juin 1851, et 20 février 1861, Sir., 51, 2, 609, et 61, 2, 465 ; Metz, 18 juin 1863, Sir., 63, 2, 211.

[9] Réquier, *loc. cit.* Voy. aussi : Amiens, 10 novembre 1853, Sir., 53, 2, 690; Req. rej., 26 mars 1855, Sir., 55, 1, 355.

[10] Les enfants de l'un des époux n'ont aucun droit sur les biens de l'autre époux, et ne seraient point appelés, en l'absence de partage anticipé, à les partager avec les enfants de ce dernier. Il ne saurait donc être question, entre les enfants de l'un des époux et ceux de l'autre, d'un partage d'ascendant s'imposant à eux par voie d'autorité. Vainement dit-on que rien ne s'opposerait, après le décès des deux époux, à ce que leurs enfants, s'ils étaient tous majeurs, ne procédassent au partage des deux successions, en les confondant en une seule masse, et qu'il n'existe pas de raison pour ne pas reconnaître le même droit à leurs parents. A cet argument, nous avons une double réponse à faire : 1° Il n'est pas admissible, en principe, que les ascendants puissent faire, en vertu de l'art. 1075, pour le partage de leurs biens, tout ce que les enfants eux-mêmes pourraient faire, s'ils étaient majeurs. 2° La convention, au moyen de laquelle les enfants de différents lits confondraient en une seule et même masse les biens dépendants des successions de leurs auteurs respectifs, pour en faire le partage sans distinction d'origine, ne serait pas une simple convention

L'ascendant est autorisé à faire entrer dans le partage les biens qu'il avait donnés en avancement d'hoirie à l'un de ses descendants, et qui, comme tels, se trouveraient soumis au rapport. Toutefois, le descendant donataire peut, quand il s'agit d'un partage à faire par acte entre-vifs, en empêcher la consommation en refusant de l'accepter. Que s'il s'agissait d'un partage testamentaire, par lequel l'ascendant aurait attribué à un autre de ses descendants, les biens faisant l'objet de la donation en avancement d'hoirie, le descendant donataire ne pourrait s'opposer à l'exécution du partage, qu'en renonçant à la succession pour s'en tenir à son don [11].

L'ascendant qui, dans le contrat de mariage de l'un de ses enfants, lui a fait une promesse d'égalité, jouit, malgré cette promesse, de la faculté de faire, entre ses enfants, le partage de ses biens, à la condition d'y observer l'égalité promise [12].

Mais l'ascendant qui, dans son contrat de mariage, ou dans celui de l'un de ses enfants, aurait fait, en faveur de sa femme, ou par préciput en faveur de cet enfant, une institution contractuelle,

---

de partage : elle créerait une indivision qui n'existait même pas encore en germe, et impliquerait des cessions ou transmissions réciproques de droits de propriété, préalables au partage. Or, de quel droit le mari imposerait-il une pareille convention aux enfants de la femme, et la femme aux enfants du mari ? Le seul pouvoir dont la loi ait investi l'ascendant, c'est de faire par anticipation le partage de ses biens entre ses descendants, partage auquel ceux-ci auraient à procéder eux-mêmes à son décès. Réquier, n° 136. Voy. en sens contraire : Genty, p. 153 ; Demolombe, XXIII, 85. — M. Bonnet (I, 274 et suiv.) admet la proposition émise au texte, quant aux biens de communauté ; mais il pense que le partage conjonctif serait possible quant aux biens propres des époux.

[11] Genty, p. 137 et suiv. Troplong, IV, 2313. Réquier, n° 131. Demolombe, XXIII, 74 et suiv. Bonnet, I, 277 et 278. Req. rej., 9 juillet 1840, Sir., 40, 1, 805. Nîmes, 20 décembre 1854, Sir., 54, 2, 689. Colmar, 3 avril 1865, et Paris, 1er mai 1865, Sir., 66, 2, 183, et 184. Cpr. Req. rej., 12 avril 1831, Sir., 32, 1, 839.

[12] La promesse d'égalité ne confère pas à l'enfant de titre distinct de celui d'héritier *ab intestat*. Si elle prive l'ascendant de la faculté d'avantager, par des dispositions ultérieures, un autre de ses enfants, elle ne lui enlève pas le droit de faire, entre ses enfants, le partage de ses biens. Duranton, IX, 655. Troplong, IV, 2313 et 2314. Demolombe, XXIII, 73 *bis*. Réquier, n° 123. Bonnet, I, 158. Limoges, 19 février 1832, Sir., 32, 2, 262. Req. rej., 26 mars 1845, Sir., 47, 1, 120. Dijon, 13 juillet 1870, Dalloz, 1872, 1, 94. Cpr. § 734, texte n° 1, *in fine* ; § 739, texte n° 5.

portant sur une quote-part de ses biens, ne serait point autorisé à faire, entre eux et ses autres descendants, le partage de sa succession [13].

3° Le partage fait par acte entre-vifs ne peut comprendre que des biens présents. Art. 1076, al. 2. L'ascendant ne pourrait donc utilement faire entrer dans un pareil partage, des biens qu'il se proposerait d'acquérir, ou qui pourraient lui échoir dans une succession non encore ouverte. La contravention à cette règle n'entraînerait cependant pas nécessairement et toujours la nullité du partage [14].

[13] Cela n'est pas contestable en ce qui concerne la femme. Quant à l'enfant institué par préciput pour une quote-part de biens, il a, comme tel, un titre spécial, indépendant de sa qualité d'héritier *ab intestat*; et ce titre, qu'il n'appartient pas à l'instituant d'écarter, ni même de modifier, l'autorise à provoquer le partage de la succession, nonobstant le partage que ce dernier en aurait fait lui-même. M. Demolombe (XXIII, 78) enseigne cependant le contraire. Il serait étrange, selon lui, que l'institué pût avoir un droit dont ne jouit pas l'héritier à réserve. Mais il n'y a là rien que de très rationnel : Le droit de l'institué est un droit conventionnel hors de toute atteinte; tandis que celui de l'héritier à réserve, qui dérive de la loi, reste soumis à toutes les modifications que le législateur juge convenable d'y apporter. C'est encore ici l'un de ces cas dans lesquels le droit de l'institué, quoique analogue, sous certains rapports, au droit de l'héritier à réserve, est cependant plus fort que celui de ce dernier. Cpr. § 739, texte n° 3, notes 57 et 64. L'éminent professeur nous paraît d'ailleurs avoir confondu à tort le cas d'une simple promesse d'égalité, parfaitement compatible avec l'exercice du droit conféré aux ascendants par les art. 1075 et suiv., et le cas d'une institution contractuelle d'une quote-part de biens, faite par préciput, dont l'effet virtuel est d'enlever à l'instituant un droit qui suppose, dans la personne qui l'exerce, le pouvoir de disposer de l'universalité des biens devant former l'objet du partage. Quant à l'arrêt (Caen, 24 mars 1838, Sir., 38, 2, 409) invoqué par M. Demolombe, il ne saurait, à notre avis, avoir l'autorité qu'il lui donne, par la raison que la question dont nous nous occupons ne faisait pas, dans l'espèce sur laquelle il a statué, l'objet direct et principal de la contestation.

[14] Réquier, n° 124. Lyon-Caen, n° 84. — L'opinion contraire, professée par MM. Genty (p. 132), Demolombe (XXIII, 66 et 67), et Bonnet (I, 225 et 226), nous paraît trop absolue. La loi ne prononce pas la nullité du partage tout entier, par cela seul que l'ascendant y aurait compris des biens à venir ; et c'est en vain que l'on objecte que la disposition du 2e alinéa de l'art. 1079 ne serait qu'une superfluité, si elle n'ajoutait rien à celle de l'art. 943 : il existe dans le Code plus d'un article qui ne fait que reproduire, à l'occasion de telle ou telle matière spéciale, une règle générale précédemment posée. Les rédacteurs du Code ne

4° Il est loisible à l'ascendant de comprendre dans le partage, soit la totalité ou une quote-part des biens qu'il peut y faire entrer d'après les règles précédentes, soit même seulement certains objets déterminés. Arg. art. 1077. Il résulte de là, qu'un ascendant peut partager ses biens, entre ses descendants, par des actes différents, et à des époques diverses [15].

Lorsque l'ascendant laisse, à son décès, des biens qui n'ont point été ou qui ne pouvaient être compris au partage, ces biens se partagent conformément au Droit commun. Art. 1077.

§ 732.

Du mode de répartition à observer dans le partage d'ascendant.

Le partage d'ascendant est, quant au mode de répartition des biens qui en forment l'objet, soumis, comme tout autre partage, à la règle suivant laquelle les lots doivent être composés de manière à ce que chacun d'eux comprenne, autant que possible, la même quantité d'immeubles et de meubles de même nature [1].

devaient-ils pas craindre, d'ailleurs, qu'on ne fût porté à penser, à raison du caractère particulier des partages d'ascendants et de la faveur spéciale qui s'y attache, que ces actes pouvaient, à l'instar des contrats de mariage ou des dispositions entre époux, comprendre des biens à venir, et ne serait-ce pas précisément pour cela qu'ils ont jugé opportun de rappeler expressément, dans l'art. 1079, la règle posée par l'art. 943 ? Au fond, il peut se rencontrer des espèces dans lesquelles il sera possible de retrancher, de la distribution faite par l'ascendant, les biens à venir qui s'y trouvent compris, sans détruire l'harmonie qui doit exister entre les différents lots ; et, dans ce cas, il n'y aurait aucune raison d'annuler le partage pour le tout. Et puis, si les biens à venir compris dans l'un des lots n'étaient que d'une valeur relativement insuffisante, et qu'il fût possible de les remplacer par des objets de même nature existants dans la succession, ne devrait-on pas faire ce que l'on ferait si, s'agissant d'un partage testamentaire, les biens à venir que l'ascendant y a fait entrer ne se trouvaient pas dans la succession ? Enfin, le partage ne devrait-il pas être maintenu, si les biens à venir y compris étaient de fait entrés dans le patrimoine de l'ascendant et se trouvaient dans sa succession ? Le principe que les actions en nullité ou en rescision du partage d'ascendant ne s'ouvrent qu'au décès de l'ascendant, nous paraît devoir conduire à cette conclusion.

[15] Voy. les autorités citées à la note 13 du § 729.

[1] Les dispositions des art. 826 et 832, fondées sur le principe de l'égalité à maintenir entre copartageants, tiennent à l'essence même des partages et s'appli-

L'ascendant est cependant dispensé d'observer cette règle, lorsque son application présenterait des inconvénients, notamment en raison de la circonstance que l'un ou l'autre des objets formant la matière du partage ne serait pas commodément partageable. Dans cette hypothèse, l'ascendant est autorisé à composer les lots d'objets de nature diverse, en faisant entrer les immeubles dans les uns, et les meubles dans les autres, et même à attribuer à quelques-uns de ses descendants la totalité des objets compris au partage, en lotissant les autres au moyen de soultes ou retours en argent[2].

quent, par conséquent, à ceux dont s'occupent les art. 1075 et suiv. Bien que l'ascendant, qui veut faire, entre ses descendants, le partage de ses biens, réunisse dans sa main tous les pouvoirs nécessaires pour y procéder, il ne peut cependant, dans l'exercice de cette faculté, se placer au-dessus des règles établies par les art. 826 et 832, règles à l'observation desquelles il se trouve virtuellement soumis, par cela même qu'il n'en a pas été dispensé. Favard, *Rép.*, v° Partage d'ascendant, n° 2. Duranton, IX, 659. Vazeille, sur l'art. 1079, n° 9. Troplong, IV, 2304. Taulier, IV, p. 209. Demolombe, XXIII, 199 à 201. Bonnet, I, 283 à 290. Civ. cass., 16 août 1826, Sir., 27, 1, 86. Req. rej., 12 avril 1831, Sir., 32, 1, 839. Limoges, 5 août 1836, Sir., 36, 2, 391. Lyon, 20 janvier 1837, Sir., 38, 2, 63. Caen, 27 mai 1843, Sir., 43, 2, 575. Civ. cass., 11 mai 1847, Sir., 47, 1, 513. Lyon, 30 août 1848, Sir., 49, 2, 7. Civ. cass., 18 décembre 1848, Sir., 49, 1, 257. Bordeaux, 7 janvier 1853, Sir., 53, 2, 264. Rouen, 9 mars 1855, Sir., 55, 1, 785, à la note. Civ. rej., 25 février 1855, Sir., 55, 1, 755. Civ. cass., 18 décembre 1855, Sir., 56, 1, 305. Req. rej., 25 février 1856, Sir., 56, 1, 307. Req. rej., 11 août 1856, Sir., 56, 1, 781. Agen, 17 novembre 1856, Sir., 56, 2, 662. Agen, 16 février 1857, Sir., 57, 2, 193. Rouen, 20 février 1857, Sir., 57, 2, 537. Agen, 1er juin 1858, Sir., 58, 2, 417. Req. rej., 18 août 1859, Sir., 60, 1, 64. Civ. cass., 24 juin 1868, Sir., 68, 1, 320. Voy. en sens contraire : Requier, n°s 144 et suiv.; Barafort, p. 9 à 44 ; Zachariæ, § 731, texte et notes 1 à 3 ; Nîmes, 11 février 1823, Sir., 25, 2, 83 et 85 ; Grenoble, 25 novembre 1824, Sir., 25, 2, 171; Riom, 10 mai 1851, Sir., 51, 2, 598.

[2] L'art. 832 établit, en effet, deux règles qui, appliquées séparément, conduiraient à des résultats contraires, et qu'il faut par conséquent combiner entre elles, de manière à les limiter l'une par l'autre. D'ailleurs, en accordant à l'ascendant le droit de faire, par lui-même et à lui seul, le partage de ses biens entre ses descendants, la loi lui a, par cela même, implicitement conféré tous les pouvoirs nécessaires pour l'opérer, et notamment celui d'y procéder par une voie analogue à celle de la licitation, lorsque les objets à partager ne sont pas commodément partageables. Cpr. art. 827. Maleville, sur l'art. 1079. Delvincourt, II, p. 150. Merlin, *Rép.*, v° Partage d'ascendant, n° 12. Toullier, V,

La règle qui vient d'être développée, s'applique aux partages faits sous forme de donation entre-vifs, aussi bien qu'aux partages faits par testament. L'acceptation par les donataires d'un partage de la première espèce, ne couvre pas le vice résultant de l'inobservation de cette règle [3].

En l'absence de circonstances de nature à dispenser l'ascendant du mode de répartition établi par la dernière partie de l'art. 832, le partage est nul, lorsque les lots n'ont pas été composés d'une égale quantité d'immeubles et de meubles de même nature [4].

806. Grenier, I, 399. Duranton, IX, 658. Dubernet de Boscq, *Revue critique,* 1854, V, p. 145. Taulier, IV, p. 209 et 210. Demolombe, XXIII, 203 et 204. Caen, 15 juin 1835, Sir., 38, 2, 521. Agen, 10 mai 1838, Sir., 38, 2, 375. Grenoble, 27 décembre 1851, Sir., 52, 2, 211. Agen, 28 février 1849, Sir., 53, 2, 129. Nîmes, 20 novembre 1854, Sir., 54, 2, 689. Req. rej., 7 août 1860, Sir., 61, 1, 977. Req. rej., 2 décembre 1862, Sir., 63, 1, 124. Agen, 7 février et 22 mars 1865, Sir., 65, 2, 65. Chambéry, 12 février 1873, Sir., 73, 2, 77. Civ. rej., 8 avril 1873, Sir., 73, 1, 316. Req. rej., 24 décembre 1873, Sir., 74, 1, 487. Voy. cep. Genty, p. 138 et suiv.; Devilleneuve; Sir., 53, 2, 129, à la note; Bonnet, I, 296; Agen, 18 avril 1849, Sir., 53, 2, 134.

5 Nous ne trouverions pas complétement concluante, en faveur de l'opinion émise au texte, la considération que l'acceptation des donataires ne peut, en pareil cas, être regardée comme ayant eu lieu en pleine liberté, et qu'elle doit être attribuée à la crainte de mécontenter l'ascendant donateur. La raison de droit qui nous décide est celle-ci : En acceptant le partage fait sous forme de donation, les donataires se lient bien vis-à-vis du donateur, en ce qui concerne, par exemple, les charges et conditions que celui-ci leur aurait imposées. Mais on ne saurait inférer de cette acceptation, une renonciation réciproque, de la part des donataires, au droit d'attaquer le partage comme tel. Il s'agit là d'une action qui ne s'ouvrira qu'au décès de l'ascendant, que l'enfant, en droit de se plaindre du mode de répartition des biens partagés, ne pourra exercer qu'en qualité d'héritier, et à laquelle, par conséquent, il ne peut renoncer du vivant de l'ascendant. Troplong, II, 2305. Demolombe, XXIII, 200 et 201. Civ. cass., 11 mai 1847, Sir., 47, 1, 513. Lyon, 30 août 1848, Sir., 49, 2, 7. Agen, 18 avril 1849, Sir., 53, 2, 134. Bordeaux, 7 janvier 1853, Sir., 53, 2, 264. Civ. rej., 28 février 1855, Sir., 55, 1, 785. Req. rej., 25 février 1856, Sir., 56, 1, 307. Req. rej., 11 août 1856, Sir., 56, 1, 781. Agen, 17 novembre 1856, Sir., 56, 2, 662. Req. rej., 18 août 1859, Sir., 60, 1, 64. Voy. en sens contraire: Duranton, IX, 658; Genty, p. 147; Colmet de Santerre, IV, 234 *bis,* XVII et XVIII ; Héan, *Revue pratique,* 1858, V, p. 166, 1859, VIII, p. 336; Bonnet, I, 291; Caen, 27 mai 1843, Sir., 43, 2, 575.

4 L'appréciation du point de savoir, si les circonstances dans lesquelles a eu lieu un partage attaqué comme violant la règle dont il est ici question, sont ou

La nullité peut en être proposée par tout descendant qui prétend avoir à se plaindre de la composition de son lot, sans qu'il soit tenu de justifier d'aucune lésion[5], et sans que l'exercice de son action puisse être arrêté par l'offre d'un supplément de portion héréditaire[6].

L'action en nullité, qui ne s'ouvre qu'à la mort de l'ascendant, alors même que le partage a été fait par acte entre-vifs[7], se prescrit par dix ans à dater de cette époque[8], lorsqu'elle est formée contre un partage de cette nature, et par trente ans seulement,

---

non suffisantes pour faire fléchir cette règle, est entièrement abandonnée à l'arbitrage du juge. Voy. Req. rej., 2 décembre 1862, Sir., 63, 1, 124. Mais là se borne son pouvoir. Et nous ne pensons pas que le juge puisse, après avoir reconnu qu'il n'existait pas de motifs suffisants pour écarter l'application de la règle précitée, s'abstenir de prononcer la nullité du partage, en se bornant à allouer au demandeur en nullité, une bonification représentative du dommage qu'il aurait subi, ni réciproquement qu'il puisse, après avoir constaté l'existence de pareils motifs, se permettre d'allouer une semblable bonification, en réparation du préjudice que le demandeur prétendrait avoir éprouvé. A notre avis, le juge est obligé de maintenir purement et simplement ou d'annuler le partage, suivant qu'il existe ou qu'il n'existe pas de circonstances de nature à dispenser de l'observation de la règle établie par la seconde disposition de l'art. 832. Voy. cep. Req. rej., 12 août 1840, Sir., 40, 1, 678. Cpr. aussi : Req. rej., 18 janvier 1872, Sir., 72, 1, 19.

[5] Il ne s'agit point ici, en effet, d'une action en rescision, mais bien d'une action en nullité, dont le fondement réside dans la violation de la loi, et non dans la lésion. Il y a mieux : bien que l'action en nullité repose, en pareil cas, sur une présomption légale de lésion, cette action n'en devrait pas moins être accueillie, lors même que le défendeur offrirait de prouver que le demandeur n'a en réalité éprouvé aucune espèce de lésion. Cpr. § 333, texte et note 3.

[6] Req. rej., 10 novembre 1847, Dalloz, 1848, 1, 195. Rouen, 9 mars 1855, Sir., 55, 1, 785, à la note. Req. rej., 25 février 1856, Sir., 56, 1, 307.

[7] Les donataires, qui n'avaient aucune action à exercer contre le donateur pour exiger la remise des biens qu'il leur a abandonnés par anticipation, *nullo jure cogente*, sont par cela même non recevables à critiquer, pendant sa vie, l'usage qu'il a fait de sa fortune. Genty, p. 260 à 267. Devilleneuve, Sir., 50, 2, 305, à la note. Marcadé et Pont, *Revue critique*, 1853, III, p. 72 et suiv.; p. 129 et suiv. Paris, 8 avril 1850, Sir., 50, 2, 305. Civ. rej., 14 avril 1852, Sir., 52, 1, 749.

[8] Et non à partir du partage : *Actioni non natæ non præscribitur.* Lyon, 30 août 1848, Sir., 49, 2, 7. Civ. rej., 28 février 1855, Sir., 55, 1, 785. Bordeaux, 22 février 1858, Sir., 58, 2, 561. Civ. rej., 7 janvier 1863, Sir., 63, 1, 121.

lorsqu'elle est dirigée contre un partage fait par acte de dernière volonté[9]. Cette action s'éteint également par la confirmation expresse ou tacite du partage, après le décès de l'ascendant[10].

Lorsque, pour assurer le maintien du partage, dans lequel il ne s'est pas conformé à la règle posée par l'art. 832, l'ascendant déclare réduire à sa réserve l'enfant qui attaquerait l'acte par ce motif, cette clause, qui n'est contraire à aucun principe d'ordre public, doit produire son effet, alors même que le partage a été annulé à la demande de cet enfant[11].

En cas d'annulation, pour contravention à la règle dont il s'agit, d'un partage entre-vifs, par lequel le père avait attribué la totalité de ses immeubles à son fils aîné, moyennant une certaine somme d'argent à payer à chacun des autres enfants, le fils ne devrait la restitution des fruits par lui perçus avant la demande, qu'autant qu'il serait reconnu avoir possédé de mauvaise foi[12]. Que si le père avait attribué tous ses biens meubles et immeubles à son fils, mais sous réserve d'usufruit, et à charge de payer à ses sœurs leurs lots en argent, celles-ci seraient tenues, en demandant l'annulation du partage, de restituer les intérêts des sommes qu'elles ont reçues, du jour du versement qui leur en a été fait. Quant au fils, qui n'aura joui des fruits des biens à lui abandonnés que du jour du décès du père, il n'en devra la restitution qu'à partir de cette date[13].

---

[9] Art. 2262. La prescription exceptionnelle de dix ans, établie par l'art. 1304, est ici inapplicable, puisque l'action en nullité est dirigée, non contre une convention, mais contre un acte unilatéral, dans lequel n'a point figuré celui qui intente cette action. Cpr. § 339, texte et note 14. Requier, n° 229. Demolombe, XXIII, 215. Civ. cass., 27 novembre 1857, Sir., 58, 1, 209.

[10] Agen, 28 février 1849 et 29 novembre 1852, Sir., 53, 2, 129 et 134. Bordeaux, 23 mars 1853, Sir., 53, 2, 403. Cpr. Civ. rej., 28 février 1855, Sir., 55, 1, 785.

[11] Cpr. § 692, notes 31 et 32.

[12] Les règles relatives à la restitution entre cohéritiers des fruits perçus, par un ou quelques-uns d'entre eux, pendant la durée de l'indivision, sont sans application à l'espèce prévue au texte. Réquier, n° 206 *bis*. Demolombe, XXIII, 240. Civ. cass., 11 juillet 1866, Sir., 66, 1, 398.

[13] Civ. rej., 14 juillet 1869, Sir., 69, 1, 453.

§ 733.

Des effets des partages d'ascendants.

1° *Des effets des partages par actes entre-vifs.*

Il convient, pour déterminer ces effets, de les considérer sous trois aspects différents : *a*, dans les rapports entre l'ascendant et les descendants ; *b*, dans les rapports des descendants entre eux ; et *c*, dans les rapports des parties avec les tiers.

a. L'abandon gratuit que suppose le partage d'ascendant, a pour effet, de même qu'une donation entre-vifs ordinaire, de transmettre, actuellement et irrévocablement, aux descendants, la propriété des biens qui en font l'objet[1]. Cet abandon est, d'ailleurs, comme la donation, sujet à révocation pour cause d'inexécution des charges, ou pour cause d'ingratitude[2].

La révocation, pour l'une ou l'autre de ces causes, prononcée contre un seul ou quelques-uns seulement des descendants compris au partage, ne fait rentrer dans le patrimoine de l'ascendant que les biens composant leurs lots, et laisse subsister, quant aux autres copartagés, l'effet de la transmission de propriété faite à leur profit. La révocation ne prive d'ailleurs pas, en général[3], les descendants contre lesquels elle a été prononcée, de leur titre éventuel d'héritiers à réserve. S'ils viennent à la succession, leurs cohéritiers sont obligés de leur laisser reprendre les biens qui formaient leurs lots, lorsque l'ascendant n'en a pas disposé, et,

---

[1] Il s'agit uniquement ici des biens qui ont été partagés entre les descendants. Voy. sur les dispositions spéciales, et en sus de leurs parts, faites en faveur de l'un ou de quelques-uns des descendants : § 728, texte, n° 3, et notes 11 à 15.

[2] Arg. art. 1076. En disant « ces partages pourront être faits par actes entre-vifs *avec les conditions et règles prescrites pour les donations*, » le législateur a évidemment entendu y attacher les effets des donations entre-vifs, en ce qui concerne la transmission des biens partagés, et y appliquer les mêmes causes de révocation. Genty, p. 228. Demolombe, XXIII, 125. Réquier, n° 83. Bonnet, II, 446. Limoges, 21 juin 1836, Sir., 36, 2, 392. Bordeaux, 5 juin 1850, Dalloz, 1852, 2, 132.

[3] Il en serait autrement, si la cause pour laquelle la révocation est prononcée, constituait en même temps une cause d'indignité de succéder. Voy. art. 727.

au cas contraire, de leur délivrer des biens héréditaires d'une
valeur équivalente ; faute de quoi, ils seraient autorisés à provoquer un nouveau partage des biens de l'ascendant, partage auquel leurs cohéritiers ne pourraient se soustraire qu'en renonçant
à la succession, pour s'en tenir aux biens que l'ascendant leur a
abandonnés [4].

[4] D'après MM. Réquier (n° 83) et Demolombe (XXIII, 141), la révocation
prononcée contre l'un des enfants entraînerait, comme conséquence nécessaire,
l'anéantissement du partage pour le tout. Ils en donnent pour raison que la
révocation détruisant, à toujours et d'une manière absolue, l'abandon de biens
fait à l'enfant contre lequel elle est prononcée, cet enfant se trouvera, au décès
de l'ascendant, dans la même position que s'il avait été omis au partage. Cette
opinion nous paraît devoir être rejetée par les raisons suivantes : 1° L'enfant
contre lequel a été prononcée la révocation, ne saurait être assimilé à l'enfant
omis par l'ascendant ; il a été de fait compris au partage, et s'il a été privé
plus tard des biens composant le lot qu'il avait reçu, c'est par suite d'une faute
qui lui est toute personnelle, et dont les conséquences ne doivent pas rejaillir
sur ses cohéritiers. 2° La révocation prononcée contre lui détruit, il est vrai,
pour toujours, en ce qui la concerne, l'abandon de biens fait par l'ascendant ;
mais elle laisse subsister cet abandon en ce qui concerne ses cohéritiers, et ne
peut porter atteinte aux droits de propriété par eux acquis sur les biens compris dans leurs lots. Si l'anéantissement de la donation, quant aux biens qui
lui avaient été attribués, ne l'autorise pas à contraindre ses cohéritiers de lui
laisser ensuivre ces biens, sur lesquels il a perdu tout droit de propriété, ce
n'est point une raison pour lui reconnaître le droit d'exiger le rapport à la
masse et le partage des biens régulièrement et irrévocablement attribués à ses
cohéritiers, alors que ceux-ci offriraient de lui laisser reprendre les biens qui
composaient son lot, ou de lui délivrer des biens héréditaires d'une valeur
équivalente. 3° Dans le système contraire, l'enfant qui ne serait pas satisfait de la composition de son lot, aurait intérêt à faire prononcer contre lui-
même une révocation qui aboutirait à un nouveau partage, de sorte que cette
révocation pourrait tourner à son profit et au détriment des autres enfants.
La possibilité d'un pareil résultat ne suffit-elle pas à démontrer l'erreur du
système qui y conduit, et ne prouve-t-elle pas que les auteurs que nous combattons, attribuent au jugement qui prononce, contre l'un des enfants, la révocation de l'acte contenant le partage, des conséquences qu'il ne saurait produire d'après les principes généraux sur les effets des jugements ? —
MM. Bonnet (II, 514 et suiv.) et Bertauld (*Questions doctrinales*, II, p. 60),
se fondant sur ce que la destinée de l'acte de partage ne saurait dépendre
d'une option à faire par les copartagés restés donataires, entre l'exécution du
partage, et un partage nouveau des biens de l'ascendant, reconnaissent à l'enfant contre lequel la révocation a été prononcée, le droit de reprendre, sans
égard à l'offre que lui feraient ses cohéritiers de procéder avec lui à un nouveau

La rescision ou l'annulation du partage, prononcée, après le décès de l'ascendant, à la demande de l'un des descendants, n'a pas pour effet de faire rentrer dans l'hérédité de l'ascendant les biens qui en formaient l'objet[5].

Les descendants entre lesquels l'ascendant a partagé par acte entre-vifs la totalité ou une quote-part de ses biens, ne sont, pas plus que des donataires ordinaires, soumis, de plein droit, au paiement des dettes de l'ascendant, même existantes à l'époque du partage[6].

---

partage, les biens qui formaient son lot, lorsqu'ils existent dans la succession, et d'exiger, au cas contraire, la délivrance de biens héréditaires d'une valeur équivalente. Cette opinion doit également être rejetée : l'enfant contre lequel la révocation a été prononcée, ayant perdu tout droit de propriété sur les biens composant son lot, et ces biens étant rentrés, d'une manière complète, dans le patrimoine de l'ascendant, on ne voit pas à quel titre il contesterait à ses cohéritiers le droit d'en demander le partage, alors que, de leur côté, ceux-ci offriraient de rapporter à la masse les biens qu'ils ont reçus. Les solutions que nous proposons nous paraissent concilier, d'une manière à la fois équitab'e et juridique, les droits des parties. Voy. en ce sens, Genty, p. 281 et 282. Cpr. Bordeaux, 4 décembre 1871, Sir., 72, 2, 163. Cet arrêt, que M. Demolombe invoque à l'appui de son opinion, a été rendu dans une espèce où le père, après avoir fait prononcer la révocation de la donation contre l'un de ses enfants, avait aliéné, moyennant une rente viagère, les biens qui composaient son lot. Les cohéritiers de cet enfant n'avaient, paraît-il, offert aucune compensation ni indemnité à ses créanciers qui demandaient l'annulation du partage ; et, dans ses conditions, la demande des créanciers devait être accueillie, d'après ce que nous disons nous-même au texte.

[5] Requier, nᵒˢ 194 et suiv. Angers, 14 juillet 1847, Sir., 48, 2, 273.

[6] Le partage fait par acte entre-vifs ne saurait être assimilé, ni à l'ancienne démission de biens, ni à une institution contractuelle. Ne pouvant comprendre que les biens présents, il ne constitue, alors même qu'il porte sur la totalité ou une quote-part de ces biens, qu'un mode de transmission à titre particulier ; et, comme simples successeurs à titre particulier, les descendants entre lesquels le partage a eu lieu, ne sont point tenus, de plein droit, des dettes de l'ascendant. La question spéciale qui les concerne doit être résolue d'après les principes exposés au § 706. Toullier, V, 816 à 818. Genty, p. 231 à 240. Colmet de Santerre, IV, 243 bis. Demolombe XXIII, 128. Bonnet, II, 461 à 471. Zachariæ, § 732, texte et note 2. Douai, 12 février 1840, Sir., 40, 2, 393. Voy. en sens contraire ; Delvincourt, II, p. 152 et 276 ; Grenier, I, 395 ; Duranton, IX, 630 ; Requier, nᵒˢ 104 et 105 ; Limoges, 29 avril 1817, Sir., 17, 2, 164 ; Bordeaux, 23 mars 1827, Sir., 27, 2, 124 ; Agen, 14 juin 1837, Sir., 39, 2, 490. — M. Troplong, tout en reconnaissant (III, 1214 et 1215) que les

b. Les effets du partage d'ascendant, en ce qui concerne la répartition des biens y compris, et les rapports des descendants
entre eux, sont, en général, les mêmes que ceux d'un partage ordinaire [7]. C'est ainsi que les descendants compris au partage
jouissent, comme tous copartageants, du privilége établi par les
art. 2103, n° 3, et 2109 [8], et qu'ils sont soumis, les uns envers les
autres, à la garantie du partage [9]. C'est ainsi que, d'un autre côté,

donataires ordinaires de la totalité des biens présents du donateur ne sont pas, de
plein droit, assujettis au paiement de ses dettes, enseigne le contraire (IV, 2310),
en ce qui concerne les descendants entre lesquels l'ascendant a fait, par acte
entre-vifs, le partage de tous ses biens. — On reconnaît du reste généralement
que les descendants ne seraient, en aucun cas, tenus des dettes qui n'auraient pas acquis date certaine avant le partage. Bourges, 11 février 1829,
Sir., 29, 2, 192. Agen, 14 novembre 1842, Sir., 43, 2, 164. Caen, 15 janvier 1849, Sir., 49, 2, 689.

[7] Voy. pour la justification de cette proposition, et sur les différentes théo-
ries qui ont été émises touchant la nature juridique et les effets des partages
d'ascendants faits par entre-vifs : § 728, texte et note 2. — On s'est demandé
si l'art. 883 était applicable à ces partages. Cette question présenterait un intérêt pratique, si l'on devait admettre que l'abandon de biens fait par l'ascendant forme un acte ou un élément distinct de la distribution des biens entre
les enfants, et établit ainsi entre eux, ne fût-ce que pour un instant de raison,
une indivision que cette répartition a pour objet de faire cesser. Dans cette supposition, nous n'hésiterions point à décider, que le principe de rétroactivité consacré par l'art. 883 s'applique aux partages d'ascendants, dans lesquels l'ascendant remplace les descendants en ce qui concerne la division des biens.
Mais, nous ne saurions admettre la décomposition du partage en deux éléments
distincts et indépendants l'un de l'autre, à savoir l'abandonnement des biens
et leur distribution, l'un précédant l'autre dans l'ordre du temps, et le second ayant pour objet de faire cesser une indivision établie par le premier.
Pour nous, le partage d'ascendant est un acte unique, dont les deux éléments
coexistent dès le principe ; et, s'il en est ainsi, la question qui nous occupe devient
sans objet. Les descendants recevant directement de l'ascendant les biens composant leurs lots, il est évident que chacun d'eux a toujours été seul propriétaire des objets compris dans son lot, et n'a jamais été propriétaire des objets
attribués aux autres. Ce double résultat se produit sans fiction, ni rétroactivité.
Requier, n°s 88 et 89. Bonnet, II, 492. Civ. cass., 4 juin 1849. Sir., 49, 1,
487. Cpr. Genty, p. 205 et 206 ; Demolombe, XXIII, 118 ; Req. rej., 7 août
1860, Sir., 61, 1, 997 ; Caen, 26 novembre 1868, Sir., 69, 2, 295.

[8] Aux autorités citées, dans ce sens, à la note 20 du § 263, ajoutez : Demolombe, XXIII, 116 ; Réquier, n° 86 ; Bonnet, II, 482 à 484.

[9] Cpr. art. 884 à 886 ; § 625, texte n° 2. Delvincourt, II, p. 152 et 153.
Chabot, *Des successions*, sur l'art. 884, n° 9. Grenier, I, 394. Toullier, V,

le partage d'ascendant n'est, pas plus que tout autre partage, soumis, de plein droit, à l'action résolutoire pour défaut de paiement des soultes qui y sont stipulées [10]. C'est ainsi enfin que, lorsque l'ascendant a attribué à l'un des descendants la totalité d'un ou de plusieurs immeubles, moyennant des soultes à payer aux autres, la soulte due à un enfant marié sous le régime de la communauté, ne tombe dans la communauté que sauf récompense, et que la soulte attribuée à une femme mariée sous le régime dotal, est dotale, et ne peut, si la femme a stipulé le remploi de ses créances dotales, être touchée par le mari qu'à charge de remploi.

Les descendants, entre lesquels a été fait un partage par acte entre-vifs, sont, du vivant même de l'ascendant, autorisés à exercer, les uns à l'égard des autres, les droits que leur confère le partage, soit d'après les stipulations de l'acte qui le renferme, soit d'après les principes qui régissent les partages ordinaires [11]. C'est ainsi que le descendant, créancier d'une soulte, peut en poursuivre le paiement du moment où elle est devenue exigible, et faire valoir, le cas échéant, le privilége qui y est attaché. C'est ainsi encore que le descendant, évincé de partie des biens com-

---

807. Duranton, IX, 633. Colmet de Santerre, IV, 243 *bis*. Demolombe, XXIII, 115. Réquier, n° 86. Zachariæ, § 733, texte et note 2. Cpr. texte et note 12, *infra*.

[10] Cpr. § 625, texte, n° 1, notes 19 et 20. Genty, p. 204. Demolombe, XXIII, 114. Réquier, n° 87. Bonnet, II, 487. Grenoble, 8 janvier 1851, Sir., 51, 2, 305. Besançon, 8 juin 1857, Sir., 57, 2, 688. Req. rej., 7 août 1860, Sir., 61, 1, 977. Cpr. Limoges, 21 juin 1836, Sir., 36, 2, 392.

[11] Cette proposition est généralement admise en ce qui concerne les obligations ou charges que l'ascendant aurait imposées à l'un ou à plusieurs de ses descendants au profit d'un autre. Elle doit également être admise quant aux obligations réciproques que tout partage impose à ceux entre lesquels il a eu lieu. L'abandonnement fait par l'ascendant n'étant subordonné à aucune condition ni éventualité, et la distribution des biens faite entre les descendants ayant, dans l'intention des parties, un caractère à la fois actuel et définitif, rien ne s'oppose à ce que les descendants puissent, du vivant de l'ascendant, exercer, les uns à l'égard des autres, les droits et actions qui résultent des rapports de copartagés établis entre eux. Voy. § 728, texte et note 2. Les motifs qui commandent la suspension, pendant la vie de l'ascendant, des actions en nullité ou en rescision ouvertes contre les partages d'ascendants, sont sans application à des actions, dont l'objet n'est pas de faire tomber le partage, mais d'en réclamer l'exécution. Voy. les autorités citées aux trois notes suivantes.

pris dans son lot, peut immédiatement exercer son recours en garantie contre les autres [12]. Par la même raison, le délai pour prendre l'inscription nécessaire à la conservation du privilége de copartageant, court du jour même de l'acte, et non pas seulement du jour du décès de l'ascendant [13].

Les droits et les obligations réciproques que le partage établit entre les descendants, en leur qualité de copartagés, sont d'ailleurs indépendants des événements par suite desquels ceux-ci n'arriveraient pas à la succession de l'ascendant. Ces droits et ces obligations passent activement et passivement aux héritiers de ceux des descendants qui viendraient à mourir avant l'ascendant, et subsistent entre les survivants, malgré leur renonciation à la succession, ou leur exclusion pour cause d'indignité [14].

c. Les partages entre-vifs constituent, au regard des tiers, des actes de pure libéralité, et sont soumis, quant à la transmission des biens y compris, aux règles qui régissent les donations ordinaires.

Ainsi, de pareils partages peuvent être attaqués par voie d'action paulienne, sous les seules conditions que cette action requiert lorsqu'elle est dirigée contre des actes à titre gratuit [15].

Ainsi encore, les biens compris dans un partage de cette nature doivent, dans l'intérêt des donataires ou légataires de l'ascendant, être fictivement réunis à la masse, pour le calcul de la quotité disponible [16].

2° *Des effets des partages testamentaires.*

La transmission des biens compris dans un partage testamentaire ne s'opère qu'au décès de l'ascendant, qui reste jusque-là le maître de la révoquer, conformément aux articles 1035 et suivants.

---

[12] Demolombe, XXIII, 34. Réquier, n° 93. Voy. en sens contraire : Genty, p. 214 et suiv. ; Bonnet, II, 486.

[13] Aux autorités citées dans ce sens à la note 25 du § 278, ajoutez : Bonnet, II, 485.

[14] Demolombe, XXIII, 135 et 153. Réquier, n°s 94, 98, et 100. Bonnet, II, 520 *bis* à 524.

[15] Demolombe, XXIII, 130. Réquier, n° 85. Bonnet, II, 464. Cpr., Grenoble, 10 mai 1873, Sir., 73, 2, 271.

[16] Voy. § 684, texte et notes 18 à 20. Réquier, n° 97. Bonnet, I, 234 à 236.

Au point de vue de la répartition des biens et des rapports des copartagés entre eux, les effets du partage testamentaire sont les mêmes que ceux du partage fait par acte entre-vifs, à cette seule différence près qu'ils ne se produisent qu'à partir du décès de l'ascendant. Nous nous bornerons donc à renvoyer, pour ce qui concerne le privilége des copartageants, la garantie du partage, l'action résolutoire, et les soultes, à ce qui a été dit, sur ces différents points, au n° 1 du présent paragraphe [17].

· Si l'ascendant avait aliéné la totalité des objets composant le lot de l'un des descendants, il y aurait lieu à l'application de l'art. 1078 [18]. Quant à la question de savoir, si l'aliénation d'un nombre, plus ou moins considérable, d'objets compris au partage, emporte ou non la révocation de cet acte, c'est avant tout une question de fait et d'intention, qui doit être résolue d'après les circonstances particulières de chaque espèce, et eu égard à l'influence que les aliénations faites par l'ascendant, auront exercée sur l'économie de l'opération tout entière [19]. Si le partage ne devait pas être considéré comme révoqué, le descendant qui se trouvera privé d'une partie des objets composant son lot, serait autorisé, suivant les cas, soit à demander l'annulation du partage, en vertu des articles 826 et 832, ou sa rescision pour cause de lésion, soit même à exiger de ses cohéritiers, à titre de garantie, la bonification de la valeur, au décès de l'ascendant, des objets aliénés [20].

[17] Voy. texte, lett. *b*, et notes 8 à 10 *supra*. — Quant au point de départ du délai dans lequel doit être prise l'inscription pour la conservation du privilége, voy. § 278, texte et note 26.

[18] La position de ce descendant serait absolument la même que s'il avait été prétérit.

[19] Tout ce qu'on peut dire, à cet égard, c'est que la révocation ne devrait, en général, être admise que si, par suite des aliénations faites par l'ascendant, l'opération tout entière se trouvait dénaturée. Demolombe, XXIII, 56. Réquier, n° 52, p. 81. Voy. en sens contraire : Bonnet, II, 417.

[20] En vain dirait-on, pour repousser le principe de la garantie, que, lorsque le partage a lieu par testament, l'ascendant est le maître de le révoquer en tout ou en partie; que l'aliénation de certains objets compris au lot de l'un des descendants constitue, aux termes de l'art. 1038, une révocation tacite et partielle du legs à lui fait, et ne saurait, par conséquent, donner lieu à aucune garantie. Le vice de cette objection tient au faux point de vue auquel on se placerait, en considérant le partage testamentaire comme un acte de libéralité, tandis qu'il doit être considéré comme une distribution de biens, faite entre les

Le partage fait par testament, alors même qu'il est précédé d'une institution universelle ou à titre universel des descendants entre lesquels il est opéré, n'enlève à ces derniers, ni la qualité d'héritiers *ab intestat*, ni la saisine héréditaire. Ils sont donc tenus, même *ultra vires hereditarias*, des dettes et charges de la succession, à moins qu'ils ne l'aient acceptée que sous bénéfice d'inventaire[21].

De ce que, dans le partage testamentaire, les descendants figurent en qualité d'héritiers *ab intestat*, il résulte qu'ils ne peuvent renoncer à la succession pour s'en tenir, comme légataires, aux biens attribués à chacun d'eux[22]. Aucun des descendants ne pourrait, d'un autre côté, répudier son lot, comme légataire, pour accepter la succession en qualité d'héritier *ab intestat*[23]. Ils doivent accepter ou répudier la succession telle qu'elle leur a été déférée, c'est-à-dire partagée par l'ascendant en vertu du pouvoir qu'il tenait de la loi, sauf, bien entendu, les causes de nullité ou de rescision que l'un ou l'autre des descendants aurait à faire valoir contre le partage.

---

descendants avec une pensée de parfaite égalité. Genty, p. 89 et suiv. Colmet de Santerre, IV, 243 *bis*, VII. Cpr. Demolombe, *loc. cit.* Voy. en sens contraire : Réquier, n° 57, p. 81 et suiv. ; Bonnet, II, 418.

[21] Toullier, V, 816. Grenier, I, 395. Genty, p. 192 et suiv. Troplong, IV, 2302. Demolombe, XXIII, 97 et 104. Réquier, n° 66. Bonnet, II, 423. Cpr. Zachariæ, § 733, texte et note 4.

[22] Le contraire ne pourrait être admis, qu'autant qu'il résulterait clairement des termes ou de l'ensemble des dispositions du testament, que le testateur a entendu autoriser chacun de ses descendants à renoncer à la succession pour s'en tenir à son lot ; ce qui se comprendrait surtout, si le partage ne portait que sur une partie des biens. Genty, p. 199. Troplong, IV, 2302. Colmet de Santerre, IV, 243 *bis*, X. Demolombe, XXIII, 102. Bonnet, II, 424. Cpr. Réquier, n° 61.

[23] Genty, *loc. cit.* Colmet de Santerre, IV, 243 *bis*, IV. Demolombe, XXIII, 99 à 101. Réquier, n° 62. Bonnet II, 426.

§ 734.

Du droit d'attaquer le partage pour cause de lésion, ou pour atteinte portée à la réserve [1].

1° De l'action en rescision pour cause de lésion [2].

Les partages d'ascendants peuvent, comme tout autre partage, être attaqués pour cause de lésion de plus du quart, c'est-à-dire dans le cas où la valeur des objets composant le lot de l'un des descendants, est inférieure de plus d'un quart au montant de la part qu'il aurait dû recevoir [3]. Art. 1079.

L'action en rescision ne compète qu'au descendant lésé de plus d'un quart [4]. Encore ne lui appartient-elle, qu'autant qu'il devient héritier de l'ascendant. Il en est ainsi, même pour le partage fait par acte entre-vifs : le descendant qui renonce à la succession de l'ascendant, ou qui en est exclu comme indigne, n'est donc pas admis à provoquer la rescision d'un pareil partage [5].

---

[1] Voy. sur la nullité du partage, pour omission de l'un des descendants, ou pour inobservation du mode de répartition des biens prescrit par les art. 826 et 832 : §§ 730 et 732.

[2] L'art. 1079 ne qualifie pas l'action par laquelle le partage peut être attaqué pour cause de lésion ; mais il résulte de la nature même des choses et de la combinaison de cet article avec les art. 887, 2e alinéa, 888 et 891, que cette action est une action en rescision. Cpr. note 15 infrà. Demolombe, XXIII, 173. Réquier, n° 171. Bonnet, II, 563.

[3] Cpr. art. 887 et suiv. ; § 626, texte, n° 2.

[4] Les descendants lésés de moins d'un quart ne peuvent attaquer le partage, lorsque celui qui a éprouvé une lésion de plus d'un quart ne se plaint pas. Duranton, IX, 648. Zachariæ, § 634 texte et note 2. Req. rej., 30 juin 1852, Sir., 52, 1, 735. Mais, si le partage est rescindé à la demande de ce dernier, et que, faute par le défendeur d'user de la faculté établie par l'art. 891, il soit procédé à un nouveau partage, les descendants lésés de moins d'un quart profiteront du rétablissement de l'indivision. Duranton, IX, 653. Demolombe, XXIII, 175. Réquier, n° 172. Bonnet, II, 566.

[5] Réquier, n° 181. On peut objecter, en ce qui concerne le partage fait par acte entre-vifs, que cet acte donnant immédiatement et définitivement aux descendants qui y figurent la qualité de copartagés, cette qualité, indépendante de celle d'héritier, persiste pour chacun d'eux, malgré sa rénonciation ou son exclusion, et suffit pour l'autoriser à exercer l'action en rescision. C'est, en effet, ce que soutient M. Bonnet (II, 522 et suiv.), qui admet aussi, à l'inverse, que

La lésion ne s'estime qu'eu égard aux objets formant la matière du partage, et non eu égard à la masse totale des biens composant le patrimoine de l'ascendant[6].

cette action peut être formée contre le descendant renonçant ou exclu de la succession. Le point de départ de cette argumentation est exact; mais la conclusion qu'en tire M. Bonnet est manifestement erronée. Oui, sans doute, les droits et les obligations réciproques résultant des rapports actuels et définitifs de copartagés, que le partage par acte entre-vifs établit entre les descendants qui y figurent, sont indépendants de la qualité d'héritiers; d'où la conséquence que les actions ayant pour objet l'exercice de ces droits ou l'exécution de ces obligations, peuvent être formées par ou contre chacun de ces descendants, malgré sa renonciation à la succession de l'ascendant ou son exclusion comme indigne. Voy. § 733, texte, n° 1, et note 14. Cette faculté, les descendants la puisent dans le caractère et les conditions de l'abandonnement de biens fait par l'ascendant avec une pensée d'égalité ou de proportionnalité, et la tiennent ainsi de sa volonté même. Mais il en est tout autrement de l'action en rescision du partage. Cette action suppose, dans la personne de celui qui prétend l'exercer, un droit personnel et propre à l'égalité, préexistant au partage, ou qui, existant en germe au moment du partage, s'est réalisé depuis. Or ce droit à l'égalité, les descendants ne le tirent que de leur qualité d'héritiers; et il n'est pas admissible qu'ils puissent, en l'absence de cette qualité, trouver, dans le partage même, le droit de l'attaquer et de renverser ainsi l'œuvre de l'ascendant. — MM. Genty (p. 395) et Demolombe (XXIII, 178) se fondent, pour admettre la proposition émise au texte, sur ce que l'enfant renonçant ou exclu reste avec sa simple qualité de codonataire, qualité qui ne lui donne pas droit à l'égalité. Ce motif se rattache à une théorie inexacte sur la nature du partage d'ascendant par acte entre-vifs. Voy. § 728, texte et note 2.

6 Duranton, IX, 648. Réquier, n°⁸ 175 et 177. Demolombe, XXIII, 176. Zachariæ, § 734, texte et note 6. D'après M. Bonnet (II, 572 à 576), la lésion soufferte par l'un des descendants ne donne ouverture à l'action en rescision, qu'autant qu'elle est de plus du quart de sa part héréditaire, non-seulement dans les biens partagés, mais dans ces biens réunis à ceux qui composent la succession *ab intestat*. Voy. aussi Barafort, p. 50 et 92. C'est ce qui résulterait, dit-on, des motifs des arrêts de la Cour de cassation des 2 août 1848 (Sir., 49, 1, 254), et 6 février 1860 (Sir., 1860, 1, 89), qui, pour décider que la prescription de l'action en rescision ne court que du jour du décès de l'ascendant, se fondent sur ce qu'il « est incertain jusqu'à ce moment, si, par l'acquisition postérieure d'autres biens à partager, l'état de la succession ne sera pas modifié *sous le rapport du droit d'invoquer la lésion*, et que c'est seulement alors qu'il est possible de reconnaître si, eu égard à la nature et à l'ensemble des biens dont se compose la succession, les règles essentielles du partage ont été ou non respectées. » Cette opinion doit être rejetée par deux

Il en résulte, que le descendant qui a obtenu les trois quarts de sa part héréditaire dans les objets partagés, ne pourrait attaquer le partage pour cause de lésion, encore que, par suite des dispositions à titre gratuit faites par l'ascendant, il n'eût point obtenu les trois quarts de sa part dans la masse totale des biens de ce dernier, et qu'il ne se trouvât même pas rempli de sa réserve[7].

Il en résulte, en sens inverse, que le descendant qui n'a pas reçu les trois quarts de sa part héréditaire dans les objets partagés, serait admis à attaquer le partage pour cause de lésion, alors même que, par suite d'une disposition préciputaire, il aurait obtenu au delà des trois quarts de cette part dans la masse totale des biens de l'ascendant[8]. Il en est ainsi en droit, et sauf

raisons : 1° L'art. 1079, qui ne fait qu'appliquer au partage d'ascendant la règle posée par l'art. 887, porte « *le partage peut être attaqué pour lésion de plus du quart*, » ce qui s'entend évidemment d'une lésion résultant de l'infériorité de valeur du lot de l'un des enfants, comparé aux lots des autres. Cet enfant est lésé de plus d'un quart, s'il n'a pas reçu les trois quarts au moins de la part qui lui revenait dans l'ensemble des biens partagés ; et son action, fondée en principe, ne saurait être écartée par suite de l'existence, à l'ouverture de la succession, de biens d'une valeur plus ou moins considérable, dont le partage reste à faire. L'art. 1077, qui prévoit précisément ce cas, dispose, que *ceux des biens* qui n'ont pas été compris au partage, seront partagés conformément à la loi. Il s'agit donc là d'un partage supplémentaire, portant uniquement sur les biens demeurés indivis, et il ne saurait être question, ni de fondre dans cette opération le partage fait par l'ascendant, ni de procéder à une liquidation générale de la succession. Ce qui est vrai, c'est que si l'ascendant a fait successivement, même par actes entre-vifs, plusieurs partages, la lésion se calcule, sur l'ensemble des biens qui en forment l'objet, et que les descendants contre lesquels est dirigée l'action en rescision peuvent, comme les copartageants dans un partage ordinaire, arrêter le cours de l'action et empêcher un nouveau partage, en fournissant au demandeur le supplément de sa portion héréditaire, soit en numéraire, soit en nature. Or, ce sont là des motifs sérieux, qui s'opposent à ce que l'action en rescision puisse être exercée du vivant de l'ascendant ; et, tel est, à notre avis, le sens des arrêts de 1848 et de 1860, qui n'ont eu à se prononcer que sur le point de départ de la prescription de l'action en rescision.

[7] La seule action qui compéterait, en pareil cas, à l'enfant lésé, serait une action en réduction pour atteinte portée à sa réserve. Genty, p. 305, Colmet de Santerre, IV, 247 *bis*, I. Demolombe, *loc. cit.* Req. rej., 20 décembre 1847, Sir., 48, 1, 231. Agen, 14 mai 1851, Sir., 51, 2, 593. Req. rej., 30 juin 1852, Sir., 52, 1, 735. Req. rej., 17 août 1863, Sir., 63, 1, 529.

[8] C'est ainsi que l'enfant, donataire par préciput du quart disponible, peut attaquer pour cause de lésion le partage par lequel il se prétend lésé de plus

interprétation contraire de la volonté de l'ascendant, non-seulement dans le cas où la disposition préciputaire est antérieure au partage, mais dans le cas même où elle a été faite dans l'acte de partage, ou par un acte postérieur [9].

Si l'ascendant avait partagé ses biens par plusieurs actes successifs, l'action en rescision ne pourrait être formée contre l'un de ces actes séparément, et ne devrait être admise contre ces actes réunis, qu'autant que le demandeur aurait éprouvé une lésion de plus du quart sur l'ensemble des biens qui y ont été compris [10].

Lorsque l'action en rescision est dirigée contre un partage testamentaire, les objets qui s'y trouvent compris doivent, pour l'appréciation de la lésion, être estimés d'après leur état et leur valeur au moment du décès de l'ascendant. S'agit-il d'un partage fait par acte entre-vifs, l'estimation des objets sur lesquels il porte, doit se faire d'après leur état au moment du partage [11], et

---

d'un quart sur les trois quarts composant la réserve, et formant l'objet du partage. Genty, p. 306. Demolombe XXIII, 177. Caen, 21 mars 1838, Sir., 38, 2, 419. Nîmes, 8 novembre 1864, Sir., 65, 2, 74. Bordeaux, 27 décembre 1869, Sir., 70, 2, 124. Cpr., Montpellier, 5 juillet 1853, Sir., 53, 2, 692. Tout en admettant (n° 178) la proposition énoncée au texte, M. Réquier enseigne (n° 179) que dans le cas où l'ascendant, après avoir donné la quotité disponible à l'un de ses enfants, soit par un acte antérieur, soit par l'acte même de partage, lui attribue un seul lot, tant pour son préciput que pour sa réserve, le préciputaire ne pourra obtenir la rescision du partage qu'autant qu'il sera lésé de plus du quart sur le lot entier qui lui a été attribué. Voy. aussi dans ce sens, Bonnet, II, n°s 577 à 581. Cette solution est, à notre avis, incompatible avec le principe de l'irrévocabilité des donations. Après avoir irrévocablement donné la quotité disponible tout entière, l'ascendant ne peut, pas plus au moyen d'un lotissement de partage, que par toute autre voie, en reprendre un quart. Le préciputaire est donc en droit de la prélever en totalité, *jure donationis*, sur le lot qui lui a été attribué, et de demander que, pour apprécier la lésion dont il se plaint, *jure hereditario*, en ce qui touche sa part dans la réserve, on n'ait égard qu'à la valeur de la quotité de biens composant l'ensemble de la réserve.

[9] Demolombe, XXIII, 177 *bis*. Voy. en sens contraire, pour le cas où la disposition préciputaire est postérieure au partage : Dalloz, *Rép.*, v° Disp. entre-vifs et test., n°s 4600 et 4601.

[10] Cpr. § 626, texte et note 13. Troplong, IV, 2338. Demolombe, XXIII, 179. Réquier, n° 176. Bonnet, II, 571. Req. rej., 27 avril 1841, Sir., 41, 1, 388. Civ. cass., 18 décembre 1854, Sir., 55, 1, 572.

[11] C'est-à-dire qu'on devra faire abstraction des améliorations ou des détériorations provenant du fait des donataires copartagés, ou des tiers possesseurs. Cpr. § 684 *bis*, texte *in principio*.

d'après leur valeur à l'époque du décès de l'ascendant[12], sans qu'il y ait, sous ce rapport, à distinguer entre les immeubles et les meubles[13].

Le demandeur en rescision est obligé de faire l'avance des frais d'estimation, qu'il supportera seul, en définitive, ainsi que les dépens de la contestation, si la réclamation n'est pas fondée, sans pouvoir invoquer la disposition de l'art. 131 du C. de proc. civ.[14].
Art. 1080.

L'action en rescision a pour objet l'anéantissement du partage. Le juge saisi d'une pareille action ne pourrait, après avoir constaté l'existence, au préjudice du demandeur, d'une lésion de plus

---

[12] Le partage fait par acte entre-vifs, ne revêtant le caractère de partage héréditaire que lors de l'ouverture de la succession de l'ascendant, et ne pouvant être attaqué que comme tel (voy. § 728, note 2, texte et note 19 infra), il en résulte nécessairement que, pour la vérification de la lésion, les objets compris au partage doivent être estimés d'après leur valeur à l'époque du décès de l'ascendant. Troplong, IV, 2331. Genty, p. 318, n° 53. Demolombe, XXIII, 183, 220 à 221 bis. Barafort, p. 45 et suiv. Bonnet, II, 633 à 641. Req. rej., 18 février 1851, Sir., 51, 1, 340. Agen, 30 décembre 1856, Sir., 57, 2, 68. Agen, 21 juin 1858, Sir., 58, 2, 461, Civ. cass., 4 juin 1862, Sir., 62, 1, 785. Rouen, 14 mars 1864, Sir., 64, 2, 293. Civ. cass., 28 juin et 29 août 1864, Sir., 64, 1, 433. Bordeaux, 3 mai 1865, Sir., 65, 2, 235, Civ. rej., 18 juin 1867, Sir., 67, 1, 297. Civ. cass., 24 juin 1864, Sir., 68, 1, 330. Limoges, 3 décembre 1868, Sir., 68, 2, 347. Civ. cass., 25 août 1869, Sir., 69, 1, 454. Voy. en sens contraire : Dubernet du Bosc, Revue critique, 1859, XV, p. 231 et 481 ; Laromhière, Des obligations, IV, art. 1304, n°s 41 à 43 ; Réquier, Traité, n°s 134 à 138, et Revue pratique, 1868, XXXI, p. 193 ; Nîmes, 24 décembre 1849, Sir., 50, 2, 308 ; Orléans, 27 décembre 1856, Sir., 56, 2, 253 ; Rennes, 18 août 1860, Sir., 61, 2, 375 ; Agen, 11 juillet 1861, Sir., 62, 2, 375 ; Agen, 31 décembre 1868, Sir., 68, 2, 17.

[13] M. Genty (p. 326, n° 547) et M. Demolombe (XXIII, 222), qui, ne voyant dans le partage fait par acte entre-vifs qu'un ensemble de donations en avancement d'hoirie, ont été conduits à appliquer à la solution de la question qui nous occupe, la distinction que les art. 859 et 868 établissent, en matière de rapport, entre les meubles et les immeubles. Ayant déjà déduit, à la note 2 du § 728, les raisons qui doivent, à notre avis, faire rejeter ce système, nous nous bornerons à ajouter, que les motifs sur lesquels se fonde notre proposition, s'appliquent aux meubles aussi bien qu'aux immeubles, et que les arrêts de la cour de cassation cités à la note précédente ne font aucune distinction entre les uns et les autres. Bonnet, II, 649.

[14] Per legem generalem, speciali non derogatur. Duranton, IX, 660. Demolombe, XXIII, 209. Réquier, n° 190.

du quart, maintenir la distribution faite par l'ascendant, en se bornant à ordonner la réparation de la lésion : il doit, en général, mettre à néant le partage et en ordonner un nouveau[15].

Toutefois, s'il existait dans la succession des biens demeurés indivis, et qu'il fût possible de réparer la lésion au moyen d'un supplément de part à prélever par le demandeur sur ces biens, le juge pourrait, en en ordonnant le partage dans ces termes, se dispenser de prononcer la rescision du partage fait par l'ascendant[16].

Le défendeur à l'action en rescision jouit, d'ailleurs, conformément aux règles du Droit commun et à la disposition de l'art. 891[17], de la faculté d'arrêter le cours de cette action, et même d'empêcher un nouveau partage, en offrant au demandeur le supplément de sa portion héréditaire, soit en numéraire, soit en nature[18].

---

[15] L'action dont il est ici question, doit produire les effets qu'entraîne, en général, toute action en rescision, par cela même que l'art. 1079 ne l'a soumise, sous ce rapport, à aucune modification. Cpr. note 2 *suprà*; § 336, texte et note 5 ; § 626, texte, n° 2, et note 30. Le juge doit donc, lorsqu'il reconnaît que le demandeur a été lésé de plus d'un quart, prononcer la rescision du partage, et ne pourrait, en général, maintenir cet acte, en se bornant à ordonner d'office la réparation de la lésion. Delvincourt, II, p. 161. Demolombe, XXIII, 134. Bonnet, II, 591. Voy. en sens contraire : Zachariæ, § 734, note 9. Les deux arrêts de la Cour de cassation (Req. rej., 24 juillet 1828, Sir., 28, 1, 281, et Req. rej., 6 juin 1834, Sir., 35, 1, 589), que cet auteur cite à l'appui de son opinion, statuent sur des espèces différentes de celles que nous avons actuellement en vue. Le premier a été rendu dans l'hypothèse toute spéciale dont nous nous sommes occupés au § 731, texte et note 12 ; et dans le second, il ne s'agissait pas d'une action en rescision pour cause de lésion, mais d'une action en réduction pour atteinte portée à la réserve.

[16] Les biens composant le lot de chacun des descendants, leur étant abandonnés en vue de leur qualité d'héritiers présomptifs, et à valoir sur la part héréditaire à laquelle ils auront droit, s'ils viennent à la succession, le tempérament que nous admettons paraît conforme à la nature du partage d'ascendant et au but de la loi, d'après lequel on décide que, lorsque l'ascendant a fait successivement plusieurs partages, l'action en rescision ne peut être formée contre un de ces actes séparément. Demolombe, XXIII, 180. Cpr. Civ. cass., 29 août 1864, Sir., 64, 1, 435.

[17] Cpr. § 333, texte et note 6 ; § 626, texte, n° 2, et notes 34 à 37.

[18] Toullier, V, 804. Grenier, I, 401. Duranton, IX, 651. Troplong, IV, 2337. Demolombe, XXIII, 181. Réquier, n° 133. Bonnet, II, 590. Grenoble, 25 novembre 1824, Sir., 25, 2, 171. Lyon, 22 juin 1825, Sir., 25, 2, 366. Toulouse, 13 juin 1836, Sir., 36, 2, 556. Req. rej., 17 août 1863,

Alors même qu'il s'agit d'un partage fait par acte entre-vifs, l'action en rescision, qui ne peut, comme il a été dit plus haut, être exercée par les descendants entre lesquels le partage a eu lieu qu'en leur qualité d'héritiers, ne s'ouvre que par le décès de l'ascendant [19].

Il en résulte que ce n'est qu'à partir de ce décès, que cette action devient prescriptible [20]. Lorsque le partage a été fait par acte entre-vifs, la prescription s'accomplit, conformément à l'art. 1304, par 10 ans à dater de cette époque, sans qu'il y ait lieu, d'ailleurs,

Sir., 63, 1, 529. Voy. en sens contraire : Toulouse, 21 août 1833, Sir., 34, 2, 123.

[19] Tenant de la pure libéralité de l'ascendant les lots qui leur ont été attribués, les descendants compris au partage sont par cela même sans droit à le critiquer du vivant de ce dernier. Comment l'un ou l'autre des descendants lotis au partage pourrait-il, avant le décès de l'ascendant, être admis à le quereller pour cause de lésion, alors que celui-là même qui y a été complétement omis, n'est pas, avant cette époque, recevable à l'attaquer à raison de sa prétérition ? Art. 1078. Troplong, IV, 2231. Genty, p. 258 et suiv. Marcadé, *Revue critique*, 1851, I, p. 280. Demolombe, XXIII, 220. Réquier, nᵒˢ 231 et suiv. Bonnet II, 627 et suiv. Bordeaux, 11 juin 1827, Sir. 27, 2, 85. Voy. encore dans ce sens : les autorités citées à la note 7 du § 732, ainsi qu'aux notes 5 et 12 *supra*, et à la note 20 *infra*. Voy. dans le sens de l'opinion d'après laquelle l'action en rescission s'ouvrirait du jour même du partage fait par acte entre-vifs : Rolland de Villargues, *Rép. du not.*, vᵒ Partage d'ascendant, nᵒ 102 ; Duranton, IX, 647 ; Vazeille, *Des prescriptions*, II, 563 ; Taulier, IV, p. 212 et 213 ; Larombière. *Des obligations*, art. 1304, nᵒˢ 41 à 43 ; Dubernet du Bosc, *Revue critique*, 1859, XV, p. 251 et 281, 1861, XVIII, p. 33 et 336 ; Colmet de Santerre, IV, 247 *bis*, VII à IX ; Derôme, *Revue critique*, 1866, XXVIII, p. 124. Voy. également dans ce sens, les arrêts indiqués à la fin de la note suivante, comme faisant courir la prescription à partir du jour même du partage.

[20] Et non à dater du jour même du partage : *Actioni non natœ non præscribitur.* Demolombe, XXIII, 225. Zachariæ, § 734, texte et note 11. Agen, 6 juillet 1824, Sir., 24, 2, 115. Caen, 15 juin 1835, Sir., 38, 2, 521. Nîmes, 17 mars, 1841, Sir., 41, 2, 335. Civ. cass., 16 juillet 1849, Sir., 49, 1, 622. Bordeaux, 30 juillet 1849, Sir., 50, 2, 37. Orléans, 17 janvier 1851, Sir., 51, 2, 426. Voy. en sens contraire : Limoges, 24 décembre 1835, Sir., 36, 2, 78 ; Req. rej., 12 juillet 1836, Sir., 36, 1, 534 ; Toulouse, 15 mai 1838, Sir. 39, 2, 50 ; Grenoble, 30 juillet 1839 et 6 mai 1842, Sir., 40, 2, 204, et 42, 2, 432 ; Nîmes, 12 juillet 1842, Sir., 42, 2, 465 ; Bordeaux, 23 décembre 1845, Sir., 46, 2, 242 ; Douai, 24 janvier 1846, Sir., 46, 2, 241 ; Montpellier, 23 décembre 1846, Sir., 47, 2, 174. Voy. aussi pour et contre, les autorités citées à la note précédente.

de s'arrêter à la circonstance que la lésion n'aurait été découverte que plus tard [21]. Que s'il s'agit d'un partage testamentaire, l'action en rescision ne se prescrit que par 30 ans à partir du décès de l'ascendant [22].

Dans le cas où le père et la mère ont fait ensemble le partage de leurs biens, confondus dans une seule masse, la prescription ne commence à courir que du jour du décès du survivant des époux [23]. De même, si le survivant des père et mère avait, par un même acte entre-vifs, et du consentement de ses enfants, partagé cumulativement, et sans distinction d'origine, les biens de son conjoint prédécédé avec les siens propres, la prescription ne commencerait à courir, même en ce qui concerne les biens du conjoint prédécédé, que du jour du décès du disposant [24]. Il en serait autrement si, d'après l'ensemble des clauses de l'acte, il devait être considéré comme renfermant, quant au partage des biens du conjoint prédécédé, une convention distincte du partage des biens du survivant : dans ce cas, la pres-

---

[21] Cpr., § 626, texte, n° 2, et note 42. Demolombe, XXIII, 231 *bis*. Réquier, n° 236. Voy. aussi les arrêts cités à la note précédente.

[22] Troplong, IV, 2231. Colmet de Santerre, IV, 247 *bis*, VIII. Demolombe, XXIII, 216. Réquier, n° 229. Bonnet, II, 616 et 619. Civ. cass., 25 novembre 1857, Sir. 58, 1, 209. C'est à tort que MM. Duranton (IX, 646), Genty (n° 55), et Zachariæ (§ 734, note 11) enseignent que la prescription s'accomplit encore dans ce cas par 10 ans. La disposition de l'art. 1304 est, en effet, étrangère aux actions en nullité ou en rescision ouvertes, au profit de tierces personnes, contre des actes auxquels elles n'ont pas participé. Voy. § 339, texte, n° 2, et note 19.

[23] Demolombe, XXIII, 227. Réquier, n° 240. Bonnet, II, 658. Bordeaux, 22 février 1858, Sir., 58, 2, 563. Lyon, 18 avril 1860, Sir., 60, 2, 406. Req. rej., 2 janvier 1867, Sir., 67, 1, 60. Cpr. cep. Agen, 13 juillet 1868, Sir., 68, 2, 316. Voy. aussi sur le cas où la mère, décédée la première, était mariée sous le régime dotal : Rouen, 14 mars 1864, Sir., 64, 2, 293 ; Civ. rej., 29 janvier 1866, Sir., 66, 1, 149.

[24] Demander la rescision du partage relativement aux biens de l'ascendant prédécédé, c'est la demander aussi pour les biens du survivant, lorsque ces deux catégories de biens, confondues en une seule masse, ont été distribuées sans distinction d'origine. L'indivisibilité résultant de cette confusion s'oppose à ce que l'action en rescision, en ce qui concerne les biens de l'époux prédécédé, soit exercée du vivant de l'autre époux, et, par suite, à ce que la prescription puisse courir avant la mort de ce dernier. Demolombe, XXIII, 227. Réquier, n° 241. Bonnet, II, 666.

cription courrait, en ce qui concerne cette convention, du jour même de l'acte [25].

Du principe ci-dessus posé il suit, d'un autre côté, que le partage entaché de lésion n'est susceptible d'être confirmé qu'après le décès de l'ascendant. Ni l'acceptation d'un partage fait par acte entre-vifs, ni son exécution volontaire, ni l'aliénation par le descendant lésé de tout ou partie des objets composant son lot, ni même une confirmation expresse, intervenue sous forme de transaction, n'élèvent, lorsque ces actes ont eu lieu du vivant de l'ascendant, aucune fin de non recevoir contre l'action en rescision [26].

Au cas de partage cumulatif, fait par un même acte entre-vifs, et comprenant, confondus dans une seule masse, sans distinction d'origine, les biens des père et mère, la confirmation ne peut utilement intervenir qu'après le décès de l'ascendant survivant [27].

La confirmation, expresse ou tacite, n'est valable qu'autant qu'elle émane d'une personne ayant la libre disposition de sa part héréditaire dans les biens partagés. Ainsi, la femme mariée sous le régime dotal, avec constitution de ses biens à venir, ne peut confirmer le partage entaché de lésion à son préjudice [28].

---

[25] Réquier et Bonnet, *locc. citt.* Civ. cass., 19 décembre 1859, Sir., 60, 1, 423. Civ. rej., 16 janvier 1867, Sir., 67, 1, 177.

[26] L'acceptation du partage d'ascendant fait par acte entre-vifs n'élève, pas plus que le concours à un partage ordinaire, de fin de non-recevoir contre l'action en rescision pour lésion. Quant à la confirmation de l'acte, même sous forme de transaction, et à l'exécution du partage, qui auraient eu lieu avant le décès de l'ascendant, elles ne sauraient emporter renonciation à l'action en rescision, puisque cette action n'était pas encore née, vu qu'elle a un caractère héréditaire. Delvincourt, II, p. 150. Duranton, IX, 645. Troplong, IV, 2336. Demolombe, XXIII, 225. Réquier, nos 243 à 246. Bonnet, II, 655 et 656. Zachariæ, § 734, texte, notes 14 et 15. Grenoble, 8 mai 1835, Sir., 35, 2, 554. Caen, 15 juin 1835, Sir., 38, 2, 521. Caen, 27 mai 1843, Sir., 43, 2, 575. Toulouse, 5 décembre 1845, Sir., 45, 2, 247. Bordeaux, 23 mars 1853, Sir., 53, 2, 403. Req. rej., 22 février 1854, Sir., 54, 1, 173. Civ. cass., 6 février 1860, Sir., 60, 1, 428. Civ. rej., 30 novembre 1868, Sir., 69, 1, 66. Civ. cass., 9 juillet 1872, Sir., 73, 1, 109.

[27] Demolombe, XXIII, 227. Réquier, n° 250. Bonnet, II, 661. Agen, 1er juin 1864, Sir., 64, 2, 330. Civ. cass., 11 juin 1872, Sir., 73, 1, 110. Chambéry, 23 juillet 1873, Sir., 74, 2, 43.

[28] Réquier, n° 249. Civ. cass., 2 juillet 1866, Sir., 66, 1, 399.

D'un autre côté, la confirmation, expresse ou tacite, ne devient efficace qu'à la condition d'avoir eu lieu, de la part du descendant lésé, en connaissance de la lésion[29]. A plus forte raison, la simple aliénation faite par le descendant lésé, après le décès de l'ascendant, de tout ou partie des biens compris dans son lot, n'entraîne-t-elle pas renonciation à l'action en rescision, lorsqu'il n'est pas établi que cette aliénation a eu lieu en connaissance de la lésion[30].

Lorsque le partage est rescindé, sans qu'aucun des défendeurs à l'action en rescision ait fait usage de la faculté que leur accorde l'art. 891, il y a lieu de procéder à un nouveau partage des biens qui en formaient l'objet. A cet effet, chacun des descendants est obligé de restituer, comme en matière de rescision de partages ordinaires, les biens qui composaient son lot, pour former, avec ceux qui seraient restés indivis, la masse commune à partager[31].

---

[29] Voy. § 337, texte, n° 3. Réquier, n° 247. Civ. cass., 25 novembre 1857, Sir., 58, 1, 209. Civ. rej., 14 mars 1866, Sir., 66, 1, 353. Cpr. Req. rej., 22 février 1854, Sir., 54, 1, 173.

[30] Cpr. § 626, texte, n° 2, notes 39 et 40. Réquier, *loc. cit.* Bonnet, II, 667. Req. rej., 20 janvier 1833, Sir., 33, 1, 209. Agen, 6 juin 1833, Sir., 34, 2, 318. Bordeaux, 26 juillet 1838, Sir., 38, 2, 51. Bordeaux, 30 juillet 1849, Sir., 50, 2, 37. Req. rej., 13 février 1851, Sir., 51, 1, 340. Req. rej., 9 mai 1855, Sir., 55, 1, 791. Nîmes, 22 avril 1858, Sir., 58, 2, 586. Poitiers, 5 mars 1862, Sir., 64, 1, 433.

[31] Voy. § 626, texte, n° 2, et note 30. — Suivant M. Demolombe (XXIII, 235 et suiv.), la restitution devrait, lorsqu'il s'agit de la rescision d'un partage fait par acte entre-vifs, avoir lieu conformément aux règles qui régissent le rapport à succession. Voy. dans le même sens : Réquier, n°ˢ 194 à 203 ; Bonnet, II, 679 et 684. Cette opinion, d'après laquelle les art. 856, 859 et 868 deviendraient applicables à la matière qui nous occupe, ne nous paraît pas devoir être suivie. Les attributions faites aux descendants dans un partage par acte entre-vifs, ne constituent point de véritables dons en avancement d'hoirie, et ne sauraient y être complétement assimilées. Voy. § 728, note 2. D'un autre côté, la rescision du partage met à néant le titre en vertu duquel les descendants possédaient les biens compris dans leurs lots, tandis que la résolution des dons en avancement d'hoirie, par suite de l'acceptation de la succession du donateur par le successible donataire, s'opère en exécution de l'obligation éventuelle de rapport que lui avait imposée la donation. Nous ne voyons pas de raison suffisamment concluante pour attribuer à la rescision d'un partage d'ascendant, des effets différents de ceux que produit la rescision d'un partage ordinaire. Cpr. § 626, texte, n° 2, et la note suivante.

Les descendants contre lesquels a été prononcée la rescision, ne doivent la restitution des fruits ou des intérêts par eux perçus que du jour de la demande, à moins qu'ils ne soient déclarés avoir possédé de mauvaise foi les biens compris dans leurs lots [32]. Et, dans ce cas même, ils ne seraient tenus, s'il s'agissait d'un partage entre-vifs, des fruits et des intérêts, que du jour de l'ouverture de la succession, et non du jour de l'acte de partage [33].

La lésion de moins d'un quart dont se trouverait entaché le partage, au détriment d'un enfant auquel, par contrat de mariage, le père avait fait une promesse d'égalité, ne donnerait pas à cet enfant le droit d'en provoquer la rescision ; mais elle l'autoriserait à demander la réparation de la lésion [34].

[32] Les règles ordinaires sur la restitution des fruits entre cohéritiers, après une possession commune et indivise, sont inapplicables au cas de rescision d'un partage d'ascendant. Civ. cass., 11 juillet 1866, Sir., 66, 1, 398. Cet arrêt, qui consacre la proposition émise au texte dans une espèce où il s'agissait de l'annulation d'un partage d'ascendant pour contravention aux dispositions des art. 826 et 832, s'applique, par identité de motifs, au cas de rescision du partage pour cause de lésion. MM. Demolombe (XXIII, 240), Réquier (n° 286 *bis*), et Bonnet (II, 693 et 694), admettent aussi que les descendants contre lesquels est prononcée la rescision du partage, peuvent invoquer le bénéfice des art. 549 et 550. Leur opinion sur ce point nous paraît difficile à concilier avec le système que nous avons examiné à la note précédente. — Voy sur les intérêts des soultes payées à quelques-uns des descendants par le défendeur à l'action en rescision, auquel l'ascendant avait attribué les immeubles, mais en s'en réservant l'usufruit : Poitiers, 5 mars 1862, Sir., 64, 1, 433.

[33] Nous croyons avoir précédemment établi (texte et notes 5, 12 et 19 *supra*) que ce n'est qu'en qualité d'héritiers, et à partir seulement du moment où, par suite de l'ouverture de la succession, le partage entre-vifs revêt le caractère de partage héréditaire, que les descendants copartagés sont admis à l'attaquer par voie d'action en rescision. Il suit de là, que les effets de cette action, en ce qui touche la restitution des fruits et intérêts, ne sauraient remonter au delà de cette époque, et que chacun des copartagés est, malgré la rescision du partage, autorisé à retenir les fruits et intérêts qu'il a perçus avant l'ouverture de la succession, en vertu d'un titre procédant de la pure libéralité de l'ascendant. Réquier et Bonnet, *locc. citt.* Voy. en sens contraire : Demolombe, *loc. cit.*

[34] Voy. § 731, texte et note 12. Duranton, IX, 655. Troplong, IV, 2381. Demolombe, XXIII, 76 et 78 *bis.* Dijon, 13 juillet 1870, Dalloz, 1872, 1, 54. Cpr. Req. rej , 15 mars 1827, Dalloz, *Rép.*, v° Dispositions entre-vifs et testamentaires, n° 4457; Req. rej., 24 juillet 1828, Sir., 28, 1, 282; Limoges, 29 février 1832, Sir., 32, 2, 282; Req. rej., 26 mars 1845, Sir., 47, 1, 120.

2° De l'action spéciale en réduction pour atteinte portée à la réserve.

Indépendamment de l'action ordinaire, ou de Droit commun, au moyen de laquelle les descendants sont admis à demander la réduction des libéralités directes contenues dans l'acte de partage, lorsqu'elles portent par elles-mêmes atteinte à la réserve[35], la loi leur reconnaît encore une action spéciale, en vertu de laquelle ils peuvent demander le complément de leur réserve, lorsque de la composition des lots, jointe aux libéralités préciputaires faites au profit de l'un des copartagés, il résulte que ce dernier a reçu un avantage excédant la quotité disponible[36]. Art. 1079.

Voy. cep. Zachariæ, § 734, texte et note 13; Réquier, n° 123. — Le premier de ces auteurs semble même admettre, en pareil cas, l'action en rescision ; mais c'est, à notre avis, dépasser la mesure des effets que, d'après l'intention commune des parties, peut et doit produire la promesse d'égalité. Suivant M. Réquier, une pareille promesse interdirait bien à l'ascendant tout avantage préciputaire ; mais, au point de vue de l'égalité des lotissements, cette promesse n'aurait pas plus de portée que la loi, qui n'autorise l'action en rescision que pour lésion de plus du quart. Qu'il ne puisse être question de rescinder le partage pour une lésion inférieure au quart, c'est ce que nous reconnaissons nous-mêmes : nous soutenons seulement qu'une promesse librement consentie, et qui n'est contraire, ni à la loi, ni à l'ordre public, ni aux bonnes mœurs, doit être respectée, et que celui qui l'a faite, ne peut pas plus y contrevenir indirectement par des lotissements inégaux, que par des dispositions préciputaires. Nous ferons remarquer, du reste, que l'arrêt de la Chambre des requêtes du 15 mars 1827, ci-dessus cité, et invoqué par M. Réquier à l'appui de sa manière de voir, n'est pas aussi décisif qu'on pourrait le croire au premier abord : cet arrêt, en effet, après avoir reconnu l'existence d'une mieux-value au profit de l'un des copartagés, constate également que cet avantage se trouve balancé par différentes charges de rentes viagères imposées à ce dernier, de telle sorte qu'en réalité l'égalité ne se trouvait pas violée.

[35] Cpr. § 728, texte, n° 3. Demolombe, XXIII, 190. Réquier, n° 222. Bonnet, II, 606. Zachariæ, § 734, note 8. Req. rej., 20 décembre 1847, Sir., 48, 1, 231.

[36] L'héritier qui n'a reçu du défunt que des libéralités inférieures à la quotité disponible, n'est point passible de l'action dont s'agit, lors même que, par le résultat combiné de ces libéralités et d'un partage fait après le décès de ce dernier, il a obtenu des valeurs excédant cette quotité. La raison en est que le partage n'étant point dans ce cas l'œuvre du défunt, il est impossible d'y voir une libéralité déguisée. Quoique cette impossibilité cesse, lorsqu'il s'agit d'un partage fait par le défunt lui-même, cette circonstance n'eût pas été suffisante pour donner ouverture à une action en réduction, si l'on était resté dans les

L'action dont il est ici question, est fondée sur une présomption légale absolue que l'avantage qui de fait ressort de la composition des lots, n'est point l'effet d'une erreur de la part de l'ascendant, et qu'on doit en voir la cause dans l'intention où était ce dernier de gratifier, par ce moyen, le copartagé envers lequel il a exercé sa libéralité d'une autre manière encore [37].

Cette action n'est recevable que dans le cas où, indépendamment de l'avantage indirect que présente la composition des lots, il existe des dispositions par préciput faites en faveur du copartagé appelé à profiter de cet avantage.

Elle n'est donc admise, ni dans le cas où, en l'absence de toutes dispositions à titre gratuit, l'atteinte portée à la réserve résulte exclusivement du partage, ni dans celui où les dispositions à titre gratuit dont le résultat combiné avec celui du partage excéderait la quotité disponible, ont eu lieu en faveur, soit d'un étranger, soit d'un enfant autre que celui qui se trouve avantagé par le partage [38], ni, à plus forte raison, au cas où l'enfant, donataire par préciput de tout ou partie de la quotité disponible, prétendrait avoir à se plaindre de la composition des lots [39].

termes du Droit commun, c'est-à-dire si l'on avait cherché l'explication de l'avantage résultant du partage, dans une fausse appréciation faite par l'ascendant de la valeur respective des objets partagés. Mais le législateur est parti d'une idée tout opposée. Il a pensé que c'était avec l'intention d'avantager celui de ses descendants pour lequel il a marqué sa prédilection par d'autres libéralités, que l'ascendant a attribué à ce dernier un lot d'une valeur supérieure à ceux de ses autres descendants. Cette supposition a été érigée en présomption légale, et c'est dans cette présomption que réside l'un des caractères distinctifs de l'action ouverte par l'art. 1079. Cpr. texte et note 42, *infra*.

[37] *Discussion au Conseil d'Etat* (Locré, *Lég.*, XI, p. 266, n° 30). *Rapport au Tribunal*, par Jaubert (Locré, *Lég.*, XI, p. 481 et 482, n° 79). Grenier, 1, 399. Demolombe, XXIII, 188.

[38] Duranton, IX, 649 et 650. Genty, p. 307 et suiv. Troplong, IV, 2329. Colmet de Santerre, IV, 247 *bis*, III. Demolombe, XXIII, 195. Réquier, n° 221. Bonnet, II, 593 à 596. Agen, 1er juin 1868, Sir., 68, 2, 204. Voy. en sens contraire : Montpellier, 14 juin 1865, Sir., 66, 2, 125. Cpr. aussi Bressolles, *Recueil de l'académie de législation de Toulouse*, 1864, XIII, p. 164 et 165.

[39] Cet enfant ne peut, dans ce cas, attaquer le partage, à raison d'une lésion au-dessous du quart résultant de la composition des lots, sous le prétexte que la quotité disponible lui ayant été donnée par préciput, l'avantage que les autres coparticipants obtiennent par suite de la valeur supérieure de leurs lots, constitue une atteinte portée à sa réserve. Grenoble, 8 mai 1835, Sir., 35, 2, 554. Caen,

Dans ces hypothèses, le partage ne peut, en général, être attaqué que par voie de rescision pour lésion de plus d'un quart. Toutefois, l'enfant auquel le partage n'aurait pas attribué sa réserve complète pourrait, en établissant que les avantages conférés à ses copartagés, sous la forme de lotissements inégaux, constituent, en réalité, des libéralités déguisées, exercer contre eux l'action en réduction de Droit commun [40].

Il importe peu, du reste, pour la recevabilité de l'action spéciale dont nous nous occupons, que la disposition par préciput, faite au profit de l'un des copartagés, ait eu lieu dans l'acte même qui contient le partage, ou bien qu'elle se trouve être, soit antérieure, soit même postérieure au partage [41].

L'action ouverte par la disposition finale de l'art. 1079, n'est ni l'action ordinaire en réduction [42], ni une action en rescision [43].

---

21 mars 1838, Sir., 38, 2, 419. Req. rej., 30 juin 1852, Sir., 52, 1, 735. Toulouse, 10 juillet 1862, Sir., 63. 2, 66. Voy. cep. Montpellier, 5 juillet 1853, Sir., 53, 2, 593. — Sur l'action en rescision pour lésion de plus d'un quart dans la réserve, compétant à l'enfant donataire par préciput de la quotité disponible, voy. texte, n° 1, et note 8, *supra*.

[40] La fraude fait exception à toutes les règles. Demolombe, XXIII, 196. Réquier, n° 221 *bis*. Bonnet, II, 597. Cpr. cep. Grenoble, 30 juillet 1839, Sir., 40, 2, 204.

[41] *Discussion au Conseil d'Etat* (Locré, *Lég.*, p. 266, n° 30). Genty, p. 310. Demolombe, XXIII, 194. Réquier, n° 220. Zachariæ, § 734, texte et note 7.

[42] L'action en réduction ordinaire, ou de Droit commun, peut être exercée par chacun des héritiers à réserve, non-seulement contre ses cohéritiers, mais contre des donataires ou légataires étrangers ; elle a pour objet de faire rentrer dans la masse héréditaire, à partager entre tous les héritiers, les biens ou valeurs excédant la quotité disponible. Au contraire, l'action ouverte par la disposition finale de l'art. 1079 ne peut être exercée que contre des cohéritiers, et par celui ou ceux des copartagés seulement dont les lots de partage sont inférieurs à leurs parts de réserve ; d'un autre côté, cette action a pour but, non de faire rentrer, dans une masse à partager, l'excédant de la quotité disponible, mais bien de faire servir cet excédant à compléter la réserve de ceux des copartagés qui n'en ont pas été remplis par leurs lots de partage.

[43] Il suffit, pour s'en convaincre, de lire attentivement l'art. 1079, qui ne parle de lésion, c'est-à-dire du vice donnant ouverture à l'action en rescision, que dans sa première partie. Partant d'un point de vue tout différent, la seconde partie de cet article s'occupe du cas où la quotité disponible a été excédée en faveur de l'un des copartagés, c'est-à-dire d'un cas où, selon toutes les idées reçues, il y a lieu, non à rescision, mais à un simple retranchement de ce qui excède la quotité disponible. Vainement dit-on que le législateur ayant réuni

Bien que de nature complexe, son caractère prédominant est celui d'une action spéciale en réduction, puisqu'elle est fondée sur une atteinte portée à la réserve du demandeur, qui, sans querreller le partage comme vicié en soi et comme ayant lésé ses droits de copartagé, se plaint seulement de ce que la quotité disponible a été excédée à son détriment, par le résultat combiné des libéralités préciputaires faites à un ou plusieurs des autres copartagés et de la valeur comparativement plus élevée des lots à eux attribués [44].

L'action spéciale en réduction, qui ne s'attaque pas au partage considéré isolément et en soi, n'a d'autre objet que de faire ramener au taux de la quotité disponible les avantages excessifs faits à un ou plusieurs des copartagés. L'admission de cette action ne saurait donc avoir pour effet l'anéantissement du partage, mais seulement sa rectification, au moyen de retranchements à opérer sur les lots des défendeurs, dans la mesure nécessaire pour compléter la réserve du demandeur [45].

dans un même article les deux actions dont s'agit, et se servant, pour l'une comme pour l'autre, de la formule *le partage pourra être attaqué*, on doit en conclure que, dans sa pensée, ces deux actions devaient revêtir le même caractère d'actions en rescision : la première, pour lésion de plus du quart, et la seconde, pour lésion de moins d'un quart. Cette conclusion, tirée d'une simple forme de rédaction, est tout au moins forcée; mais il y a mieux, son inexactitude ressort, avec évidence, de ce que le législateur, en indiquant nettement les causes diverses qui servent de fondement à l'une et à l'autre de ces actions, leur a, par cela même, attribué des caractères différents, et a virtuellement assigné à chacune d'elles celui qui s'attache à la cause dont elle découle.

[44] Labbé, *Pal.*, 1863, p. 934 et suiv. Réquier, nos 208 à 215. La jurisprudence s'est également prononcée dans ce sens. Voy. les arrêts cités aux quatre notes suivantes. La grande majorité des auteurs enseigne, au contraire, plus ou moins explicitement, que la seconde des actions dont il est question dans l'art. 1079 est, comme la première, une action en rescision. Voy. Delvincourt, II, p. 161 et 162; Toullier, V, 810 à 812; Grenier, I, 401; Durantcn, IX, 644 à 646, 650 et 651; Genty, n° 50; Troplong, IV, 2333 et 2334; Taulier, IV, p. 212 et 213; Colmet de Santerre, IV, 247 *bis*, VIII et XII; Demolombe, XXIII, 189 et 189 *bis*; Bonnet, II, 599 à 604. Ayant déjà exposé, à la note précédente, les raisons qui doivent, à notre avis, faire rejeter cette manière de voir, nous nous bornerons à faire remarquer qu'elle a dû logiquement conduire les auteurs qui l'ont adoptée, à des conséquences diamétralement contraires à celles qui se trouvent indiquées dans la suite du texte.

[45] Riom, 25 avril 1818, Sir., 20, 2, 278. Req. rej., 6 juin 1834, Sir., 35,

Il en résulte, d'une part, qu'elle doit être exclusivement dirigée contre l'enfant avantagé au delà de la quotité disponible, sans qu'il y ait lieu de mettre en cause les autres copartagés [46], et, d'autre part, que la confirmation expresse ou tacite du partage par l'enfant qui ne se trouve pas rempli de sa part de réserve, n'emporte pas nécessairement renonciation à cette action [47].

On doit également en conclure, que le défendeur à l'action en réduction ouverte par l'art. 1079, ne peut en arrêter le cours au moyen de l'offre d'une indemnité pécuniaire, et que le demandeur a droit, si ce n'est cependant dans le cas exceptionnel prévu par l'art. 866, à un supplément en corps héréditaires [48]. Ce droit lui appartiendrait, lors même que l'ascendant aurait manifesté une volonté contraire dans le partage [49].

Pour la vérification du point de savoir si la quotité disponible a été ou non dépassée, il convient de distinguer : Les biens compris dans un partage testamentaire et ceux qui forment l'objet de legs préciputaires doivent être estimés d'après leur état et leur valeur

---

1, 58. Caen, 31 janvier 1848, Sir., 48, 2, 425. Agen, 14 mai 1851, Sir., 51, 2, 593. Req. rej., 30 juin 1852, Sir., 52, 1, 735. Cpr. Zachariæ, § 734, texte et note 9; Nîmes, 7 avril 1856, Sir., 56, 2, 661.

[46] A quel titre et dans quel but, en effet, impliquerait-on dans le procès des copartagés qui n'ont pas reçu de libéralités préciputaires, et qui se trouvent satisfaits de la part qui leur a été attribuée. Réquier, n° 219. Agen, 28 mai 1850, Sir., 51, 2, 177.

[47] Montpellier, 23 décembre 1846, Sir., 47, 2, 174. Caen, 31 janvier 1848, Sir., 48, 2, 425. Cpr. cep. Agen, 28 mai 1850, Sir., 51, 2, 177.

[48] Nous regrettons de nous trouver, sur ce point spécial, en désaccord avec M. Réquier (n°s 216 et 217), qui applique l'art. 891 à l'action en réduction. Notre honorable collègue part de l'idée que le but final de cette action est la réparation de la lésion éprouvée par le demandeur, et que la réduction des avantages excessifs faits à son détriment n'est que le moyen employé pour obtenir ce résultat. Mais cette idée est-elle bien exacte ? Ne dénature-t-elle pas le caractère de l'action en réduction, qui, par cela même qu'elle est fondée sur un excès de la quotité disponible, a précisément pour but de faire ramener les libéralités excessives à la mesure de cette quotité ? La réduction est l'objet principal de l'action, et la rectification du partage ne peut être que la conséquence de son admission. Voy. en ce sens : Riom, 25 avril 1818, Sir., 20, 2, 278; Req. rej., 17 août 1863, Sir., 63, 1, 529 ; Civ. cass., 16 avril 1873, Sir., 73, 1, 317. Voy. en sens contraire : Zachariæ, § 734, texte et note 10; Lyon, 25 juin 1825, Sir., 25, 2, 366.

[49] Cpr. § 679, texte, n° 2. Rouen, 14 juin 1836, Sir., 37, 2, 496.

au moment du décès. Quant aux biens compris dans un partage fait par acte entre-vifs ou formant l'objet de dons préciputaires, l'estimation doit s'en faire, d'après leur état à l'époque du partage ou de la donation, et d'après leur valeur à celle du décès [50].

Du reste, les dispositions de l'art. 1080, concernant les frais d'estimation et les dépens de la contestation, s'appliquent à l'hypothèse actuelle, aussi bien qu'à celle dont il a été question au numéro premier du présent paragraphe.

L'action spéciale en réduction ne s'ouvre qu'au décès de l'ascendant, et ne devient par conséquent prescriptible qu'à partir de cette époque, alors même que le partage a eu lieu par acte entre-vifs [51].

La prescription ne s'accomplit que par 30 ans, lorsqu'il s'agit d'un partage testamentaire [52]. Mais, si le partage a été fait par acte entre-vifs, la jurisprudence, d'accord sur ce point avec la doctrine du plus grand nombre des auteurs, décide que l'action dont s'agit se prescrit, en conformité de l'art. 1304, par 10 ans, à partir du décès de l'ascendant [53].

---

[50] Arg. art. 922. Voy. les autorités citées à la note 12 *supra*. — M. Réquier, qui enseigne (nᵒˢ 184 à 188) que l'estimation doit se faire d'après la valeur des biens au moment du partage opéré par acte entre-vifs, lorsque ce partage est attaqué pour lésion de plus d'un quart, reconnaît (nᵒ 226) que, dans le cas où il est querellé pour atteinte à la réserve, les biens doivent être estimés d'après leur valeur à l'époque du décès de l'ascendant. Voy. en sens contraire : Dubernet du Bosc, *Revue critique*, 1859, XV, p. 251 et 481.

[51] Arg. art. 920. Cpr. texte, nᵒ 1, et notes 19 et 20, *supra*. Troplong, IV, 2232. Colmet de Santerre, IV, 247 *bis*, VII à IX. Demolombe, XXIII, 219 et 220. Réquier, nᵒ 234. Bonnet, II, 622 à 625 et 653. Zachariæ, § 734, texte et note 11. Montpellier, 23 décembre 1846, Sir., 47, 2, 174. Civ. rej., 30 juin 1847, Sir., 47, 1, 481. Civ. cass., 2 août 1848, Sir., 49, 1, 258. Lyon, 30 août 1848, Sir., 49, 2, 7. Civ. cass., 16 juillet 1849, Sir., 49, 1, 622. Bordeaux, 30 juillet et Agen 12 juin 1849, Sir., 50, 2, 37 et 41. Nîmes, 24 décembre 1849, Sir., 50, 2, 308. Agen, 28 mai 1850, Sir., 51, 2, 177. Civ. cass., 31 janvier 1853, Sir., 53, 1, 153. Limoges, 25 juin 1855, Sir., 55, 2, 511. Voy. en sens contraire : Taulier, IV, p. 212 et 213; Dubernet du Bosc, *op. et locc. citt.*; Larombière, *Des obligations*, IV, art. 1304, nᵒˢ 41 à 43; Dijon, 11 mai 1844, Sir., 44, 2, 669; Req. rej., 4 février 1845, Sir., 45, 1, 305; Bordeaux, 23 mai 1846, Sir., 47, 2, 174 et 178.

[52] Voy. les autorités citées à la note 22 *supra*.

[53] Les auteurs qui voient dans l'action ouverte par la seconde disposition de l'art. 1079, une action en rescision de même nature que celle dont s'occupe la

Les effets de la clause par laquelle l'ascendant déclare priver de toute part dans la quotité disponible l'enfant qui attaquerait le partage, ayant déjà été expliqués [54], nous nous contenterons d'ajouter que, si le partage était attaqué tout à la fois pour lésion

première disposition du même article, ont été logiquement amenés à la soumettre à la prescription de 10 ans. Mais, lorsqu'on reconnaît à cette action le caractère d'une action en réduction pour atteinte à la réserve, il semble qu'on doive nécessairement en conclure qu'elle ne se prescrit que par 30 ans : telle est la solution que nous avions admise dans nos précédentes éditions. Voy. en ce sens : Demolombe, XXIII, 231 *bis*; Montpellier, 23 décembre 1846, Sir., 47, 2, 174. Cependant la jurisprudence, tout en reconnaissant, comme nous l'avons vu (texte et notes 44 à 48 *supra*), que l'action dont il est question dans la disposition finale de l'art. 1079 est une action en réduction pour atteinte à la réserve, a répudié, en ce qui concerne la prescription applicable à cette action, la conséquence qui paraissait devoir découler du caractère qu'elle lui avait attribué. A l'exception de l'arrêt de la Cour de Montpellier ci-dessus rappelé, les autres arrêts cités à la note 51 *supra*, dans le sens de l'opinion qui ne fait courir la prescription de l'action en réduction que du décès de l'ascendant, semblent admettre que cette prescription s'accomplit par 10 ans; et c'est ce qu'a décidé *in terminis* la Chambre des requêtes le 1er mai 1861 (Sir., 61, 1, 481). Sans approuver tous les motifs de cet arrêt, dont quelques-uns sont, à notre avis, tout au moins hasardés, si ce n'est même en opposition directe avec la distinction que, sous de nombreux rapports, la jurisprudence a établie entre les deux actions dont s'occupe l'art. 1079, nous pensons que la décision de la Chambre des requêtes peut se justifier par les considérations suivantes. Bien que l'action en réduction ne s'attaque pas au partage considéré isolément et en soi, son admission n'en doit pas moins avoir pour conséquence la rectification partielle de cet acte. Or, une action par laquelle une personne demande à revenir, même partiellement, contre les résultats d'une convention dans laquelle elle a été partie et à laquelle elle a donné son consentement, ne doit-elle pas tomber sous le coup de l'art. 1304 ? Ne trouve-t-on pas, dans la réunion de ces circonstances, des motifs suffisants pour appliquer la prescription de 10 ans établie par cet article, et pour écarter celle de 30 ans, qui semble devoir être réservée aux actions formées par des tiers contre des actes auxquels ils n'ont pas concouru ? Objecterait-on que l'attaque dirigée contre le partage est fondée sur une atteinte à la réserve, et qu'elle participe ainsi de la pétition d'hérédité, qui ne se prescrit que par 30 ans ? Mais on peut répondre que si, d'après l'art. 918, le concours des héritiers à réserve suffit à lui seul, en certaines circonstances, pour les rendre non recevables à critiquer des actes qu'ils prétendraient avoir excédé la quotité disponible, à plus forte raison doit-il avoir pour effet de restreindre l'action qui leur compéterait, à la durée fixée par l'art. 1304. Voy. en ce sens : Réquier, nos 237 à 239.

[54] Voy. § 692, texte et notes 24 et 28.

de plus d'un quart et pour atteinte à la réserve, la vérification du point de savoir si la réserve a été ou non entamée, deviendrait un préalable indispensable à l'appréciation de la validité de la clause dont s'agit [55].

II. DES DISPOSITIONS FAITES PAR CONTRAT DE MARIAGE [1].

A. GÉNÉRALITÉS.

§ 735.

Introduction.

A l'exemple de l'ancien Droit, le Code civil a admis, en faveur du mariage, et en considération de la nature spéciale du contrat qui a pour objet de régler les conventions matrimoniales des futurs époux, certaines dérogations aux principes du Droit commun en matière de donations entre-vifs.

Ces dérogations ne s'appliquent qu'aux dispositions faites, soit par des tiers aux futurs époux ou à l'un d'eux, soit par les époux l'un à l'autre. Si un contrat de mariage contenait accidentellement une libéralité au profit d'un tiers, cette disposition ne serait valable, qu'autant qu'elle réunirait les conditions requises pour la validité des donations en général. C'est ainsi, par exemple, qu'une donation faite par l'un des futurs époux aux enfants de l'autre, en considération seule du mariage projeté, et par suite sous la condition de sa réalisation, serait nulle comme contraire à l'art. 944 [2].

D'un autre côté, les dérogations dont s'agit n'ont lieu, en général, et sauf en ce qui concerne la non-révocabilité pour cause d'ingratitude des donations faites par des tiers aux futurs époux [3],

---

[55] Bordeaux, 9 juin 1863, Sir., 63, 2, 219. Civ. cass., 22 juillet 1874, Sir., 74, 1, 479.

[1] Voy. sur cette matière : *Des dispositions par contrat de mariage, et des dispositions entre époux*, par Bonnet ; Paris, 1860, 3 vol. *in-8°*.

[2] Orléans, 17 janvier 1846, Sir., 46, 2, 177.

[3] Art. 959.—Nous ne mentionnons ici, ni la disposition de l'art. 960, ni celle de l'art. 1088, qui ne renferment aucune dérogation fondée sur la faveur du mariage. D'un côté, en effet, les donations entre époux sont exemptées de la révocation pour cause de survenance d'enfants, non-seulement lorsqu'elles ont été faites par contrat de mariage, mais encore lorsqu'elles ont eu lieu pendant le mariage. Art. 960 et 1096, al. 3. De sorte que l'on ne peut pas dire que cette

que pour les dispositions contenues dans un contrat de mariage proprement dit, ou dans un acte passé suivant la forme prescrite par les art. 1396 et 1397. Une donation, quoique faite en faveur de mariage, reste donc, lorsqu'elle ne se trouve pas renfermée dans un contrat de mariage, soumise aux règles ordinaires des donations [4].

Du reste, la nullité du contrat de mariage, comme tel, n'entraîne pas nécessairement la nullité des donations de biens présents qu'il renferme, et qui seraient d'ailleurs conformes aux règles ordinaires des donations [5].

§ 735 bis.

Des dispositions par contrat de mariage, quant à la forme.

Les donations par contrat de mariage n'ont pas besoin d'être expressément acceptées, peu importe qu'elles aient été faites aux

exemption repose sur la faveur du mariage. D'un autre côté, l'art. 1088 n'est qu'une application du principe que les donations faites sous une condition suspensive, expresse ou tacite, demeurent sans effet, lorsque la condition ne se réalise pas.

[4] Les dérogations au Droit commun ne peuvent, de leur nature, être étendues hors des hypothèses pour lesquelles elles se trouvent textuellement établies : *Exceptiones sunt strictissimæ interpretationis.* Or, les articles qui admettent, en faveur du mariage, certaines dérogations aux règles du Droit commun, supposent tous, à l'exception seulement de l'art. 959, des dispositions faites par contrat de mariage. Cpr. art. 1081, 1082, 1084, 1086 et 1087. S'il est vrai que ces dérogations sont fondées sur la faveur du mariage, il résulte cependant clairement du texte des articles précités, qu'aux yeux du législateur les motifs de cette faveur ne se présentent dans toute leur force, que pour les dispositions contenues dans un contrat de mariage. Et, cette manière de voir se comprend parfaitement, puisque ce contrat se rattachant au mariage d'une manière nécessaire, il est toujours certain que les dispositions qu'il renferme constituent, sinon la cause déterminante, du moins une des conditions de l'union conjugale, tandis que ce point peut rester plus ou moins dans l'incertitude pour les donations faites en dehors d'un contrat de mariage. Duranton, IX, 666, 667 et 672. Troplong, IV, 2470. Coin-Delisle, sur l'art. 1081, n° 8, et sur l'art. 1087, n° 1. Colmet de Santerre, IV, 249 bis. Demolombe, XXIII, 258. Cpr. § 739, texte n° 2 et note 10.

[5] La question de savoir si de pareilles donations doivent être annulées ou maintenues, est moins une question de droit, qu'une question de fait et d'intention. Demolombe, XXIII, 256. Cpr. Nîmes, 8 janvier 1850, Sir., 54, 2, 91.

époux ou à l'un d'eux par des tiers, ou qu'elles l'aient été par les époux l'un à l'autre. Art. 1087[1].

La formalité prescrite par l'art. 948, pour la validité des donations entre-vifs d'effets mobiliers, ne s'applique point aux donations par contrat de mariage qui ont pour objet tout ou partie des biens à venir du disposant[2]. Mais cette formalité doit être observée, lorsqu'il s'agit de donations de biens présents, ou même de donations cumulatives de biens présents et de biens à venir, en ce qui concerne ceux de la première espèce[3].

La transcription requise pour l'efficacité, à l'égard des tiers, des donations entre-vifs d'immeubles, s'applique aux donations par contrat de mariage de tout ou partie des biens présents du donateur. Mais elle ne concerne pas les donations de biens à venir[4].

Du reste, il doit être gardé minute des contrats de mariage, comme de tous autres actes portant donation. L'inobservation de cette formalité entraînerait la nullité, non-seulement des donations de biens présents, mais même des donations de biens à venir, contenues dans un contrat de mariage[5].

---

[1] Quoique l'art. 1087 se trouve placé au chap. VIII, qui traite des donations faites par des tiers, il est cependant conçu en termes généraux, qui comprennent également les donations faites par l'un des époux à l'autre. Le motif sur lequel est fondé cet article, ne permet d'ailleurs pas de distinguer entre ces deux espèces de donations. Grenier, II, 445. Zachariæ, § 735, texte et note 2.

[2] Troplong, III, 1252; IV, 2444. Demolombe, XXIII, 277. Cpr. § 739, texte n° 2 et note 14.

[3] Merlin, *Rép.*, v° Donation, sect. V, § 1, art. 4. Troplong, III, 1250; IV, 2341 et 2444. Cpr. § 660. — Quelles seraient, dans une donation cumulative de biens présents et à venir, les conséquences du défaut de l'accomplissement de la formalité prescrite par l'art. 948 ? Cpr. § 740, texte, notes 18 et 22.

[4] Cpr. § 704, texte A, n° 2, notes 6 et 7; § 739, texte et note 13 ; § 740, texte et notes 20 et 21.

[5] L. du 25 ventôse an XI, art. 20 cbn. art. 68. *Nec obstant* art. 1081 et 1092 cbn. art. 931. : Cpr. § 659, texte et note 1re. Demolombe, XXIII, 263. Voy. cep. en sens contraire : Merlin, *Rép.*, v° Donation, sect. II, § 8; Zachariæ, § 735 *bis*, note 1.

§ 736.

Des dispositions par contrat de mariage, en ce qui concerne les biens
susceptibles d'en former l'objet, et les modalités sous lesquelles elles
peuvent être faites.

Les donations par contrat de mariage faites, soit par un tiers
aux époux ou à l'un d'eux, soit par l'un des époux à l'autre, peuvent avoir pour objet, non-seulement des biens présents, mais encore tout ou partie des biens à venir du donateur, c'est-à-dire des
biens qu'il laissera à son décès. Elles peuvent aussi porter simultanément sur les biens présents et sur les biens à venir du donateur. Art. 1082, 1084 et 1093, cbn. 943 et 947.

Ces donations, qu'elles aient pour objet des biens à venir ou
des biens présents[1], sont susceptibles d'être faites sous des conditions ou charges qui laissent au donateur le pouvoir d'en modifier,
ou même d'en anéantir les effets. Ainsi, le donataire peut être
chargé du paiement de toutes les dettes présentes ou futures du
donateur[2]. Ainsi encore, le donateur peut se réserver la faculté
de disposer ultérieurement en faveur de tiers, soit des biens compris dans la donation, soit d'une somme fixe à prendre sur ces
biens. Au premier cas, le donataire est tenu d'acquitter toutes les
dettes et charges de la succession du donateur, à moins qu'il ne
préfère renoncer au bénéfice de la donation[3]. Au second, la donation conserve son effet pour la totalité des biens donnés, lorsque le donateur est décédé sans avoir usé de la faculté qu'il s'é-
tait réservée[4]. Art. 1086 cbn. 944 et 947.

---

[1] Art. 947 cbn. 1086. Toullier, V, 825. Delvincourt, II, p. 420. Duranton,
VIII, 485. Troplong, IV, 2447. Marcadé, sur l'art. 1086, n° 3. Bonnet, II, 554
à 564. Colmet de Santerre, IV, 259 *bis*, II. Demolombe, XXIII, 368 à 370.
Zachariæ, § 736, texte, n° 2. Civ. cass., 27 décembre 1815, Sir., 16, 1, 244.

[2] Cpr. Req. rej., 3 mars 1852, Sir., 52, 1, 504.

[3] Troplong, IV, 2449 et 2450. Bonnet, II, 573. Colmet de Santerre, IV, 259.
Demolombe, XXIII, 377. Zachariæ, *loc. cit.*

[4] Merlin, *Rép.*, v° Institution contractuelle, § 10, n° 5. Delvincourt, II, p. 420.
Grenier, II, 414 et 438. Toullier, V, 826. Vazeille, sur l'art. 947, n° 1, et sur
l'art. 1036, n° 1. Poujol, sur l'art. 1086, n° 4. Troplong, IV, 2456, 2459 et
suiv. Zachariæ, § 736, à la note. Toulouse, 29 décembre 1825, Sir., 27, 2, 207.
— Il ne faut pas confondre avec le cas où le donateur s'est réservé la faculté de
disposer de quelques-uns des biens compris dans la donation, celui où, en fai-

§ 737.

Des dispositions par contrat de mariage, en ce qui concerne leur réductibilité, leur révocation, et leur caducité.

Les dispositions faites par contrat de mariage sont, quant à leur réduction dans les limites de la quotité disponible, telle qu'elle est fixée par les art. 913 et suiv., 1094 et 1098, soumises aux mêmes règles que les donations ordinaires. Ainsi, la réduction peut en être demandée dès l'instant de l'ouverture de la succession du disposant, et, ce, même à l'encontre du mari, quant aux donations faites à la femme. Art. 1090 [1].

Les dispositions faites en contrat de mariage, par des tiers au profit des futurs époux ou de l'un d'eux, ne sont pas révocables pour cause d'ingratitude. Art. 959. Il en est autrement des dispositions faites par l'un des futurs époux au profit de l'autre [2].

Les dispositions de la dernière espèce ne sont pas révocables pour cause de survenance d'enfants. Mais, cette cause de révocation s'applique aux dispositions faites par des tiers au profit des futurs époux ou de l'un d'eux [3]. Art. 960.

Toute disposition faite par contrat de mariage devient caduque, si le mariage en considération duquel elle a eu lieu ne s'ensuit pas, ou si, après avoir été célébré, il vient à être annulé, sauf, dans ce dernier cas, l'application des règles sur les mariages putatifs. Art. 1088, et arg. de cet article [4].

Tout ce qui vient d'être dit, sur la non-révocabilité pour cause d'ingratitude ou de survenance d'enfants, et sur la caducité des dispositions contenues dans un contrat de mariage, s'applique également-

---

sant une donation, soit universelle, soit à titre universel, il en aurait excepté certains biens. Les biens ainsi exceptés resteraient la propriété du donateur, et passeraient, par conséquent, à ses héritiers, s'il était décédé sans en avoir disposé. Troplong, IV, 2457. Zachariæ, *loc. cit.* Bordeaux, 19 janvier 1827, Sir., 28, 2, 4. Cpr. cependant Merlin, *Rép.*, v° Accroissement, n° 11.

[1] Voy. sur les origines historiques de cet article une savante dissertation de M. Troplong (IV, 2500 et suiv.).

[2] Cpr. § 708, texte et note 11.

[3] Cpr. 709, texte et notes 12 à 14; § 735, note 2.

[4] Troplong, IV, 2476. Demolombe, XXIII, 254 et 255. Zachariæ, § 737, texte et note 4.

ment aux dispositions faites en faveur de mariage, quoique par des actes distincts du contrat de mariage, et alors même qu'elles auraient eu lieu sous le voile de contrats à titre onéreux [5]. Art. 959, 960 et 1088.

B. SPÉCIALITÉS.

1 Des dispositions à titre gratuit qu'un tiers [1] peut faire, par contrat de mariage, au profit des futurs époux.

§ 738.

a. *Des dispositions ayant pour objet les biens présents du disposant, ou des donations entre-vifs.*

Les dispositions de biens présents [2] faites par des tiers en contrat de mariage sont soumises, sauf les particularités indiquées aux §§ 735 à 737, aux principes qui régissent, en général, les donations entre-vifs. Art. 1081. al. 1.

Ainsi, elles ne peuvent avoir lieu au profit des enfants à naître du mariage [3]. Et, d'un autre côté, elles ne peuvent être faites avec substitution fidéicommissaire au profit de ces mêmes enfants, que sous les conditions dont le concours autorise de pareilles substitutions [4]. Art. 1081, al. 2, cbn. 906.

Par exception au principe ci-dessus posé, les donations de biens présents, faites sous l'une des conditions ou des réserves indiquées en l'art. 1086, deviennent caduques, lorsque le donateur survit à l'époux donataire et aux enfants et descendants

---

[5] Zachariæ, § 737, note 1. Req. rej., 7 mars 1820, Sir., 20, 1, 290.

[1] Par cette expression, nous désignons, dans cette rubrique, toutes les personnes autres que les époux eux-mêmes. Le terme *tiers* comprend donc ici, non-seulement les étrangers, mais encore les ascendants ou les parents collatéraux des époux.

[2] Cpr. sur ce qu'on doit entendre par biens présents : §§ 675-676.

[3] En énonçant, dans le second alinéa de l'art. 1081, cette conséquence de la règle posée au premier alinéa du même article, les rédacteurs du Code ont voulu clairement manifester l'intention d'abroger sur ce point l'ancien Droit, qui permettait de faire, par contrat de mariage, des dispositions de biens présents aux enfants à naître du mariage. Demolombe, XXIII, 267.

[4] Delvincourt, II, p. 421. Grenier, II, 409. Toullier, V, 819. Duranton, IX, 663 à 665. Demolombe, XXIII, 268. Zachariæ, § 738, texte et note 4.

issus du mariage [5]. Art. 1089. Il est du reste bien entendu que, si la donation avait été faite avec réserve de la faculté de disposer, soit d'un objet compris dans les biens donnés, soit d'une somme fixe à prendre sur ces biens, elle ne deviendrait caduque que pour la somme ou l'objet formant la matière de cette réserve [6].

La caducité produit des effets plus étendus que le retour conventionnel, en ce qu'elle ne laisse même pas subsister l'hypothèque subsidiaire que l'art. 952 accorde à la femme sur les biens donnés au mari avec la clause de retour [7].

§ 739.

b. *Des dispositions ayant pour objet tout ou partie de l'hérédité du disposant, ou des institutions contractuelles* [1].

L'institution contractuelle est une disposition faite par contrat de mariage, et qui, quoique ayant pour objet tout ou partie des biens devant composer l'hérédité de l'instituant, est cependant irrévocable, en ce sens que ce dernier ne peut, si ce n'est dans

---

[5] L'existence d'un enfant issu d'un mariage précédent, ou d'un enfant adoptif, n'empêcherait pas la caducité ; mais il en serait autrement de la présence d'un enfant légitimé par le mariage en faveur duquel la donation a été faite. Troplong, IV, 2488, 2490 et 2491.

[6] Duranton, IX, 741. Troplong, IV, 2486.

[7] Troplong, IV, 2496 et 2499.

[1] SOURCES. — L'institution contractuelle, dont le germe paraît se trouver dans les lois barbares, s'est développée dans les coutumes, et principalement dans celles de Bourbonnais, de la Marche, et d'Auvergne. Elle fut ensuite consacrée par l'art. 17 de l'ordonnance de 1731, et passa de là dans le Code civil. C'est en considération de la faveur qui s'attache au mariage et dans le but de l'encourager, que les rédacteurs de ce Code ont maintenu l'institution contractuelle, qui déroge tout à la fois, à la règle *Donner et retenir ne vaut*, à la prohibition des pactes sur succession future, et à la disposition de l'art. 893, qui ne reconnaît, en général, que deux genres de dispositions à titre gratuit, savoir, la donation entre-vifs et le testament.—BIBLIOGRAPHIE. — *Traité des institutions et des substitutions contractuelles*, par de Laurière ; Paris, 1715, 2 vol. in-12. *Traité des conventions de succéder ou des successions contractuelles*, par Boucheul ; Poitiers, 1727, 1 vol. in-4°. *Notice historique sur l'institution contractuelle*, par Eschbach, *Revue de législation*, 1840, XI, p. 127. De l'institution contractuelle, dans l'ancien Droit français et d'après le Code Napoléon, par Anouilh, *Revue historique*, 1860, VII, p. 289 et 385.

des limites très-étroites, y porter atteinte par d'ultérieures dispositions à titre gratuit. Art. 1082 et 1083.

1° Des caractères de l'institution contractuelle.

Le caractère distinctif de l'institution contractuelle consiste en ce que, d'un côté, elle est à certains égards irrévocable, et en ce que, de l'autre, elle ne porte cependant que sur des biens à venir, et se trouve subordonnée à la survie du gratifié. C'est par le premier de ces traits, que l'institution contractuelle diffère du legs et de l'anciene donation à cause de mort ; c'est par le second, qu'elle se distingue de la donation entre-vifs ordinaire.

Une disposition faite entre-vifs, mais qui n'a pour objet que des biens à venir, ne peut valoir que comme institution contractuelle. Telle serait, par exemple, la disposition portant sur la portion disponible, ou sur une quotité de cette portion [2].

Réciproquement, une disposition entre-vifs ayant pour objet des biens à venir, vaut comme institution contractuelle, quels que soient les termes au moyen desquels le disposant a manifesté sa volonté, toutes les fois que le caractère constitutif d'une pareille institution ressort nécessairement de l'objet et du contexte de la disposition [3].

Mais on ne saurait considérer comme une institution contractuelle, ni la disposition par laquelle le donataire par préciput d'une somme d'argent, ou de tout autre objet, est appelé à partager, avec les autres héritiers *ab intestat* du donateur, le surplus des biens de ce dernier, après prélèvement de cette somme ou de cet objet [4], ni même la disposition par laquelle le donataire en avancement d'hoirie est appelé à partager, après rapport de ce

---

[2] La portion disponible, ne pouvant être déterminée qu'à la mort du disposant, la disposition qui a pour objet la totalité ou une quote-part de cette portion, se résout par cela même en une disposition relative aux biens qu'il laissera à son décès. Demolombe, XXIII, 298. Zachariæ, § 739, note 1. Req. rej., 12 juin 1832, Sir., 32, 1, 755. Cpr. §§ 675-676, texte et notes 4 à 7.

[3] Demolombe, XXIII, 297. Zachariæ, § 739, texte et note 15. Req. rej., 29 juin 1842, Sir., 42, 1, 693. Pau, 6 février 1874, Sir., 74, 2, 229.

[4] On ne doit voir, dans une pareille clause, que la sanction d'une dispense de rapport, et l'explication des conséquences qu'elle entraîne. Merlin, *Rép.*, v° Institution contractuelle, § 6, n° 4. Demolombe, XXIII, 299. Zachariæ, § 739, note 1, *in fine*. Riom, 6 juin 1832, Sir., 33, 2, 296. Req. rej., 19 novembre 1834, Sir., 35, 1, 445. Voy. aussi : Req. rej., 3 janvier 1843, Sir., 43, 1, 829.

qui lui a été donné, l'hérédité du donateur avec ses autres héritiers, dans la proportion de leurs parts héréditaires *ab intestat* [5].

2° Des conditions nécessaires à l'existence et à la validité de l'institution contractuelle.

L'institution contractuelle peut avoir pour objet, soit l'universalité ou une quote-part de l'universalité de l'hérédité de l'instituant [6], soit la totalité ou une partie aliquote du patrimoine mobilier ou du patrimoine immobilier qu'il laissera à son décès [7], soit enfin des biens héréditaires individuellement envisagés [8].

[5] L'objet de cette clause n'est, en définitive, que de mieux faire ressortir l'obligation de rapport imposée au donataire. Merlin, *op. et v° citt.*, § 6, n°s 4 *bis* et 8 *bis*. Demolombe, *loc. cit.* Req. rej., 13 janvier 1814, Sir., 14, 1, 193.

[6] Cpr. sur l'étendue de l'institution contractuelle : Civ. cass., 15 décembre 1818, Sir., 19, 1, 119; Civ. rej., 23 juin 1858, Sir., 58, 1, 753.

[7] L'institution contractuelle qui porterait sur les immeubles que l'instituant laissera à son décès, deviendrait sans objet, si, par la suite, il aliénait ses immeubles à titre onéreux, et ne laissait à son décès que des meubles. L'institué n'est point, en pareil cas, autorisé à prétendre qu'il y a eu subrogation des meubles aux immeubles, jusqu'à concurrence de la valeur de ces derniers à l'époque de l'institution. La règle *In judiciis universalibus pretium succedit loco rei, et res loco pretii*, est étrangère à cette hypothèse. Cpr. § 574, texte, n° 1; § 575, texte, n° 2. Demolombe, XXIII, 281. Civ. cass., 23 mars 1841, Sir., 41, 1, 298. Voy. aussi Bordeaux, 26 mai 1830, Sir., 30, 2, 248.

[8] Delvincourt (II, p. 421 et 422) et M. Duranton (IX, 676) enseignent, au contraire, qu'une disposition portant sur des objets héréditaires individuellement envisagés, ne peut valoir comme institution contractuelle. Elle constituerait, suivant le premier de ces auteurs, un legs, qui ne pourrait plus être révoqué par d'ultérieures dispositions à titre gratuit, et, suivant le second, une donation entre-vifs, avec réserve tacite d'usufruit. Ces deux manières de voir nous paraissent également inadmissibles. La première heurte de front ce principe élémentaire que les legs sont essentiellement révocables au gré du testateur. La seconde convertit arbitrairement une donation de biens à venir, par laquelle le donateur se réserve virtuellement le droit de disposer à titre onéreux des objets qui s'y trouvent compris, en une donation de biens présents, que le donateur ne pourrait plus révoquer, même par des dispositions faites à ce titre. Du reste, nous conviendrons que le législateur a eu principalement en vue, dans les art. 1082 et 1083, des dispositions universelles ou à titre universel. Mais il n'a point, pour cela, entendu exclure les dispositions à titre particulier. Ainsi, la disposition ayant pour objet, soit les prairies ou les chevaux que le donateur laissera à son décès, soit une somme fixe à prendre sur les biens qui composeront sa succession, doit valoir comme institution contractuelle, et ne peut valoir que

Sous le rapport de son objet, qui consiste en biens à venir ou héréditaires, l'institution contractuelle se rapproche du legs.

Mais, au point de vue des conditions auxquelles ces biens peuvent devenir la matière d'une institution contractuelle, cette dernière doit plutôt, à raison de son irrévocabilité, être assimilée à une donation entre-vifs. C'est ainsi que les immeubles dotaux d'une femme mariée sous le régime dotal, quoique susceptibles de former l'objet d'un legs, ne peuvent pas plus être compris dans une institution contractuelle, que dans une donation entre-vifs[9].

comme telle. Troplong, IV, 2364. Coin-Delisle, sur l'art. 1082, n°s 15 et 16. Bonnet, I, 296 à 305. Colmet de Santerre, IV, 254 bis, II. Demolombe, XXIII, 273. Zachariæ, § 739, texte et note 3. Req. rej., 1er mars 1821, Sir., 21, 1, 284. Req. rej., 15 juillet 1835, Sir., 36, 1, 153. Voy. aussi §§ 675-676, texte et note 6, ainsi que les arrêts qui y sont cités.

9 Odier, _Du contrat de mariage_, III, 1247. Rodière et Pont, _Du contrat de mariage_, III, 1769. Pont, _Revue critique_, 1853, III, p. 146. Demolombe, XXIII, 284. Nîmes, 18 février 1834, Sir., 34, 2, 276. Caen, 16 août 1842, Sir., 43, 2, 74. Caen, 28 mars 1843, Sir., 49, 2, 703. Agen, 28 janvier 1856, Sir., 56, 2, 201. Agen, 6 novembre 1867, et Pau, 26 février 1868, Sir., 68, 2, 73. Agen, 21 juillet 1873, Sir., 73, 2, 182. Rouen, 2 juin 1874, Sir., 74, 2, 203. Voy. en sens contraire : Delvincourt, II, p. 423; Grenier, II, 431; Duranton, IX, 724; Tessier, _De la Dot_, I, 507; Vazeille, sur l'art. 1082, n° 16; Troplong, _Du contrat de mariage_, IV, 3272; _Des donations_, IV, 2371; Grenoble, 11 juin 1851, Sir., 52, 2, 227; Rouen, 18 novembre 1854, Sir., 55, 2, 547. Nîmes, 1er février 1867, Sir., 67, 2, 136 ; Bordeaux, 8 mai 1871, Sir., 71, 2, 241. — Zachariæ (§ 537, note 5, et § 739, texte et note 11) émet sur ce point deux opinions contradictoires. — La solution donnée par les auteurs et les arrêts cités en dernier lieu est, il est vrai, conforme à l'opinion autrefois admise. Mais, pour réfuter cette opinion, qui ne reposait que sur une assimilation trop absolue de l'institution contractuelle au legs et à l'ancienne donation à cause de mort, il suffit de faire remarquer qu'en raison de son irrévocabilité, l'institution contractuelle se rapproche beaucoup plus, au point de vue dont il est ici question, de la donation entre-vifs que du legs. En vain dit-on que l'institution contractuelle n'enlève pas à l'instituant le droit d'aliéner à titre onéreux les objets qui y sont compris, pour en conclure qu'elle ne constitue pas une véritable aliénation soumise à la prohibition établie par l'art. 1554. En raisonnant ainsi, les auteurs que nous combattons, oublient que l'institution contractuelle enlève à l'instituant la faculté de disposer à titre gratuit des biens qui en forment l'objet, et qu'ainsi elle renferme évidemment une restriction à l'exercice du droit de propriété, qui comprend aussi bien le droit de disposer à titre gratuit que celui d'aliéner à titre onéreux. Or, cette restriction doit nécessairement tomber sous la prohibition de l'art. 1554, d'après l'esprit qui a présidé à la rédaction de cet article. En effet, la femme mariée sous le régime

L'institution contractuelle ne peut avoir lieu que par contrat de mariage, ou par un acte qui, passé et rédigé, avant le mariage, dans la forme déterminée par les art. 1396 et 1397, se réfère à un contrat de mariage antérieur[10].

dotal pouvant, lorsqu'elle y a été dûment autorisée, aliéner ses immeubles dotaux pour l'établissement de ses enfants, la question qui nous occupe ne peut réellement se présenter qu'autant qu'il s'agit d'une institution contractuelle faite au profit d'un étranger. Et, comme l'inaliénabilité des immeubles dotaux est tout aussi bien établie dans l'intérêt des enfants que dans celui de la femme, ce serait aller directement contre l'esprit de la loi, que de permettre à cette dernière de s'enlever, par une institution contractuelle faite en faveur d'un étranger, la faculté de disposer de ses immeubles dotaux au profit de ses enfants. En vain également ajoute-t-on qu'une constitution de dot en faveur des enfants serait moins une donation qu'un acte à titre onéreux, que la femme aurait toujours la faculté de faire malgré l'institution contractuelle. Cette argumentation repose sur une idée qui nous paraît complétement inexacte. Si, à certains égards, et au point de vue de l'action paulienne notamment, la réception de la dot peut être considérée comme ayant lieu à titre onéreux, il n'est pas permis de conclure de là que la constitution dotale elle-même ait, en ce qui concerne le constituant, le caractère d'un acte à titre onéreux. Une pareille constitution n'est-elle pas, en effet, comme toute autre libéralité, sujette à rapport et à réduction, et ne doit-elle pas, dès lors, rentrer sous la prohibition établie par l'art. 1083 du Code civil ? Delvincourt et Duranton sont, d'ailleurs, en contradiction avec eux-mêmes, en ce que, tout en permettant à la femme mariée sous le régime dotal de disposer de ses immeubles dotaux par voie d'institution contractuelle, ils exigent cependant, pour la validité d'une pareille institution, que la femme ait été autorisée à la faire, soit par son mari, soit par justice. Ces deux solutions nous paraissent complétement inconciliables. Si l'institution contractuelle doit, au point de vue dont s'agit, être plutôt assimilée à un legs qu'à une donation entre-vifs, pourquoi n'y appliquerait-on pas la disposition de l'art. 226, d'après laquelle la femme mariée peut tester sans l'autorisation de son mari ? Nous terminons en faisant remarquer que l'arrêt de la Cour de cassation (Req. rej., 1er décembre 1821, Sir., 25, 1, 135) cité par M. Duranton en faveur de son opinion, est absolument étranger à la question, puisque, dans l'espèce sur laquelle il a statué, il s'agissait, non d'une institution contractuelle irrévocable, mais d'une donation faite entre époux pendant le mariage, c'est-à-dire d'une disposition essentiellement révocable.

[10] Delvincourt, II, p. 421. Duranton, IX, 672 et 673. Troplong, IV, 3360. Bonnet, II, 250 et 260. Demolombe, XXIII, 276. Zachariæ, § 739, texte et note 6. Nîmes, 8 janvier 1850, Sir., 50, 2, 91. Cpr. Grenier, II, 426. Voy. en sens contraire : Merlin, *Rép.*, v° Institution contractuelle, § 3, n° 2, *in fine*, *Quest.*, v° Remploi, § 4; Toullier, V, 830; Favard, *Rép.*, v° Institution contractuelle, n° 7. Ces auteurs enseignent qu'une institution contractuelle est vala-

Il résulte de là que, sous le rapport de sa forme extérieure, la validité de l'institution contractuelle se trouve subordonnée à celle du contrat de mariage ou de la contre-lettre qui la contient[11].

Rien n'empêche que le même contrat de mariage ne renferme plusieurs institutions contractuelles, faites conjointement par diverses personnes[12].

Du reste, l'institution contractuelle qui porte sur des immeubles, n'est pas soumise à la transcription[13]; et, celle qui a pour objet des effets mobiliers, n'est pas assujettie à la formalité prescrite par l'art. 948[14].

L'institution contractuelle peut être faite, tant par des étrangers, que par des ascendants ou des collatéraux des futurs époux.

Elle requiert, dans le disposant, la même capacité que celle qui est exigée pour faire une donation entre-vifs ordinaire. Les personnes, même habiles à tester, ne peuvent donc point disposer de leurs biens, par voie d'institution contractuelle, au profit des futurs époux ou de l'un d'eux, lorsqu'elles sont incapables de donner

blement faite par tout acte authentique, antérieur à la célébration de l'union conjugale, pourvu qu'elle ait eu lieu en faveur du mariage. Mais ils ne donnent aucune raison solide à l'appui de cette opinion, que repoussent également, et le texte si précis de l'art. 1082, et la considération que l'institution contractuelle n'ayant été admise que par dérogation aux règles du Droit commun, toutes les conditions auxquelles elle a été soumise, sont par cela même de rigueur.

[11] Ainsi, l'institution contractuelle ne peut être faite, ni après le mariage, ni par acte sous seing privé. Art. 1394 et 1395. Merlin, *op. et v° citt.*, § 3, n° 2 *bis.* Grenier, II, 427. Duranton, IX, 673. Cpr. Civ. cass., 4 mars 1863, Sir., 63, 1, 371.

[12] La prohibition établie par l'art. 968, étant fondée sur la révocabilité absolue du testament, ne peut être étendue à l'institution contractuelle, qui est irrévocable quant à son titre; c'est ce qu'indiquent d'ailleurs clairement les termes de l'art. 1093, *soit simple, soit réciproque.* Duranton, IX, 675. Delvincourt, II, p. 422. Bonnet, I, 263. Demolombe, XXIII, 278.

[13] Coin-Delisle, sur l'art. 939, n° 16. Pont, *Revue critique*, 1854, IV, p. 168. Demolombe, XXIII, 277. Zachariæ, § 739, texte et note 7. Civ. rej., 4 février 1867, Sir., 67, 1, 121. Voy. aussi les autorités citées à la note 6 du § 704. Voy. en sens contraire : Duvergier, *Coll. des lois*, sur l'art. 1er de la loi du 23 mars 1855; Bonnet, II, 686 à 691; Flandin, *De la transcription*, II, 699 et suiv.

[14] Cette formalité n'a d'objet, d'après le but dans lequel elle a été prescrite, que lorsqu'il s'agit de donations de biens présents. Duranton, VIII, 411; IX, 707. Zachariæ, § 739, texte, t. IV, p. 403.

entre-vifs [15]. Ainsi, le mineur, fût-il âgé de plus de seize ans, ne peut, même dans la limite déterminée par l'art. 904, disposer par voie d'institution contractuelle [16]. Ainsi encore, la femme mariée ne peut faire d'institution contractuelle qu'avec l'autorisation de son mari ou de la justice [17], et la personne pourvue d'un conseil judiciaire ne le peut qu'avec l'assistance de ce conseil [38].

Au surplus, pour l'institution contractuelle, comme pour la donation entre-vifs, la seule époque à considérer, quant à la capacité de l'instituant, est celle de la passation du contrat de mariage. Ainsi, une institution contractuelle faite par une personne jouissant de la plénitude de ses droits, reste valable, bien que cette personne se trouve, à l'époque de son décès, sous le coup d'une condamnation à une peine afflictive perpétuelle [19].

L'institué doit être capable de recevoir à titre gratuit par acte.

[15] La raison en est que l'institution contractuelle étant irrévocable et emportant renonciation à la faculté de disposer, soit par donation entre-vifs, soit par testament, on doit, en ce qui concerne les conditions de capacité à exiger de l'instituant, l'assimiler plutôt à une donation entre-vifs qu'à un legs. Cpr. texte et note 9 *supra*. Delvincourt, II, p. 422. Colmet de Santerre, IV, 253 *bis*, I. Bonnet II, 322 et 323. Demolombe, XXIII, 283. Voy. aussi les autorités citées aux deux notes suivantes :

[16] Le mineur, parvenu à l'âge de seize ans, *ne peut disposer que par testament*. Ces termes, qui sont ceux dont se sert l'art. 904, sont exclusifs de l'institution contractuelle, que le Code qualifie de donation. Merlin, *Rép.*, v° Institution contractuelle, § 4, n° 2. Grenier, II, 431 *bis*. Duranton, IX, 723 et 725. Troplong, IV, 2368. Coin-Delisle, sur l'art. 1082, n° 10. Zachariæ, § 739, texte et note 9.

[17] Duranton, IX, 723. Troplong, IV, 2368. Zachariæ, § 648, texte et note 14 ; § 739, texte et note 10. C'est évidemment à tort que Grenier (II, 431) étend aux institutions contractuelles, l'exception que les art. 226 et 905 apportent, pour les testaments, à la règle générale de la nécessité de l'autorisation maritale.

[18] La proposition émise au texte, qui ne s'applique qu'à l'institution contractuelle qu'une personne, pourvue d'un conseil judiciaire, voudrait faire au profit des futurs époux, ne peut souffrir difficulté. Quant à la question de savoir si un prodigue ou un faible d'esprit peut faire une institution contractuelle au profit de son futur conjoint, voy. § 502.

[19] Cpr. § 648, texte, n° 2, et note 14 ; § 650, texte, n° 1. Delvincourt, I, p. 41. Duranton, I, 149 ; IX, 700. Richelot, I, 113. Coin-Delisle, sur l'art. 25, n° 18. Troplong, IV, 2492. Humbert, *Des conséquences des condamnations pénales*, n° 444. Demolombe, I, 201 ; XXIII, 394. Voy. en sens contraire : Demante, *Thémis*, VII, p. 476 et 485.

entre-vifs; mais, de même que pour l'instituant, la seule époque à considérer quant à la capacité de l'institué, est celle de la passation du contrat de mariage. Ainsi, l'institution contractuelle faite au profit d'une personne *integri status*, resterait valable et efficace, bien que, lors du décès de l'instituant, cette personne se trouvât frappée d'une peine afflictive perpétuelle [20].

L'institution contractuelle ne peut avoir lieu qu'au profit des futurs époux et des enfants à naître de leur mariage. Sous l'expression *enfants à naître*, on doit également comprendre les enfants déjà nés, qui viendraient à être légitimés par le mariage en vue duquel la disposition est faite [21].

Toutes autres personnes sont inhabiles à recevoir par voie d'institution contractuelle [22]. Ainsi, on ne peut instituer contractuellement, ni les enfants que l'un ou l'autre des futurs époux aurait procréés dans une précédente union, ou qu'il procréerait dans un subséquent mariage, ni les frères et sœurs des futurs époux ou de l'un d'eux [23].

La clause d'association, au moyen de laquelle on éludait autrefois cette prohibition [24], ne pourrait plus aujourd'hui être efficacement stipulée [25]. Les parts pour lesquelles l'un des futurs époux

---

[20] *Rapport* de M. Riché sur la loi du 31 mai 1854, Sir., *Lois annotées*, 1854, p. 103, col. 3, *in fine*. Demolombe, XXIII, 394.

[21] Arg. art. 333. Demolombe, XXIII, 292.

[22] Merlin, *Rép.*, vᵒ Institution contractuelle, § 5, nᵒ 2. Grenier, II, 429. Toullier, V, 831. Duranton, IX, 693. Zachariæ, § 735 a, à la note.

[23] Merlin, *op. et vᵒ citt.*, § 5, nᵒ 7, et § 12, nᵒ 9. Grenier, II, 420 et 421. Toullier, V, 841 et 842. Delvincourt, II, p. 110. Troplong, IV, 2357. Demolombe, XXIII, 293. Cpr. Dijon, 29 janvier 1868, Sir., 68, 2, 306.

[24] Cpr. Auroux-des-Pommiers, sur l'art. 224 de la coutume de Bourbonnais, nᵒˢ 7 et 8 ; Bergier, sur Ricard, *Traité des substitutions*, chap. VII, nᵒ 325 ; Chabrol, *Coutume d'Auvergne*, II, p. 336 ; Lebrun, *Des successions*, liv. III, chap. II, nᵒ 12. — Les clauses d'association stipulées dans les contrats de mariage passés avant le Code, et dans les pays où l'usage en avait admis la validité, doivent encore aujourd'ui être considérées comme valables. Duranton, IX, 596. Req. rej., 13 janvier 1818, Sir., 19, 1, 135.

[25] La clause d'association est celle par laquelle en instituant contractuellement un des futurs époux, on lui impose la charge de faire participer telle ou telle personne, par exemple, ses frères et sœurs, au bénéfice de cette institution. L'inefficacité d'une pareille clause nous paraît être la conséquence nécessaire de la règle, qu'il n'est pas permis de faire indirectement ce que la loi

aurait été chargé de faire participer des étrangers au bénéfice de l'institution contractuelle faite en sa faveur, devraient être considérées comme n'étant pas sorties du patrimoine de l'instituant, et reviendraient par conséquent à ses héritiers *ab intestat*[26].

défend de faire directement. L'institution contractuelle n'ayant été admise que par exception aux principes indiqués à la note 1 *supra*, elle n'est évidemment licite que dans les limites où elle se trouve circonscrite ; et tout expédient imaginé pour lui faire franchir ces limites, doit être proscrit comme contraire à la loi. Merlin (*Rép.*, v° Institution contractuelle, § 5, n° 9) s'est cependant prononcé en faveur de la validité de la clause d'association. Il invoque, à l'appui de son opinion, les dispositions de l'art. 1121, et cherche à se soustraire à celles de l'art. 1082, en soutenant que la clause d'association ne constitue pas, pour celui au profit duquel elle a été stipulée, une véritable institution contractuelle, mais une simple donation à cause de mort, qui, bien qu'irrévocable en ce que l'instituant ne peut plus disposer à titre gratuit, au profit de tierces personnes, et au préjudice de l'associé, de la part à laquelle celui-ci a été appelé, est cependant révocable en ce que l'instituant peut priver l'associé de cette part, en dégrevant l'institué de la charge qu'il lui avait imposée. Ces raisons ne nous ont pas convaincus. La question est bien moins de savoir s'il est ou non permis de disposer au profit d'un tiers dans la forme déterminée par l'art. 1121, que de savoir si une pareille disposition, qui serait nécessairement valable en tant qu'elle porterait sur des biens présents, l'est également, lorsqu'elle a pour objet des biens à venir, et qu'elle a eu lieu hors des cas où la loi permet exceptionnellement de disposer par acte entre-vifs de biens de cette espèce. Or, la question ainsi posée ne peut être résolue que négativement. Merlin le reconnaît lui-même, puisqu'il concède que la clause d'association ne vaut pas comme institution contractuelle au profit de l'associé, et qu'il ne lui accorde d'efficacité que parce qu'il y voit une donation à cause de mort. Son opinion manque donc de base si, comme nous [croyons l'avoir établi, le Code civil rejette, en général, les donations à cause de mort. Cpr. §§ 644-645, texte et notes 1 à 3. Voy. dans le sens de notre opinion : Delvincourt, II, p. 263, 264 et 426 ; Grenier, II, 423, et *Dissertation sur la validité ou l'invalidité de la clause d'association*, à la suite du *Traité des donations* ; Favard, *Rép.*, v° Institution contractuelle, n° 3 ; Rolland de Villargues, *Des substitutions prohibées*, n° 183 ; Duranton, IX, 694 ; Troplong, IV, 2361 ; Bonnet, II, 385 ; Colmet de Santerre, IV, 255 *bis*, VII ; Demolombe, XXIII, 294 ; Zachariæ, § 739, texte et note 17 ; Bourges, 19 décembre 1821, Sir., 22, 2, 110.

[26] *Non obstat* art. 900. On pourrait croire, au premier abord, que la clause d'association étant écartée comme contraire à la loi, et par conséquent comme non écrite, c'est au profit de l'héritier contractuellement institué, et non au profit des héritiers du sang, que doit tourner l'inefficacité de cette clause. Telle est effectivement l'opinion de Delvincourt (*loc. cit.*). Telle devrait être aussi, suivant Merlin (*loc. cit.*), la conséquence du système pour lequel nous

L'institution contractuelle peut être faite au profit, soit des futurs époux conjointement, soit de l'un d'eux isolément. Elle peut être restreinte aux futurs époux [27], ou étendue aux enfants et descendants à naître de leur mariage [28], qui se trouvent, dans ce dernier cas, substitués vulgairement aux institués, c'est-à-dire

nous sommes prononcés, à la note précédente; et l'absurdité de cette conséquence donne, à son avis, la meilleure preuve de l'inadmissibilité de ce système. Mais ce serait évidemment à tort qu'on chercherait dans l'art. 900 la solution de cette question, puisqu'il s'agit bien moins de savoir si, en droit, la clause d'association est ou non efficace en elle-même, que de déterminer en fait, et d'après l'intention de l'instituant, l'étendue de la disposition principale à laquelle cette clause se trouve attachée. Or, quoique la clause d'association soit inefficace comme telle, on doit cependant en tenir compte pour déterminer le *quantum* de biens que l'instituant a voulu donner à l'institué. Tous nos anciens auteurs avouant ingénument que cette clause n'est qu'un expédient imaginé pour voiler une institution contractuelle au profit de personnes qui ne sont point habiles à recevoir par cette voie, on est par cela même conduit à reconnaître que l'institution contractuelle, quoique faite en apparence d'une manière intégrale en faveur du futur époux, ne comprend cependant en réalité que la part qu'il est appelé à retenir dans cette institution, après déduction de celles qui ont été attribuées aux personnes au profit desquelles a été stipulée la clause d'association; que, par conséquent, ce futur époux ne peut jamais avoir droit qu'à cette part; et, qu'en définitive, l'inefficacité de la clause d'association doit tourner au profit des héritiers du sang. Admettre le contraire, ce serait complétement intervertir les intentions de l'instituant, surtout dans le cas où les personnes associées à l'institution seraient en même temps ses héritiers légitimes, puisque, par le fait même d'une association qui avait pour but de leur assurer une partie de l'hérédité de l'instituant, elles se trouveraient privées de cette même partie, qu'en l'absence de toute disposition à leur profit, elles auraient été appelées à recueillir en vertu de la vocation de la loi. Bonnet, II, 387 et 388. Colmet de Santerre, IV, 255 *bis*, VIII. Demolombe, XXIII, 295. Cpr. Coin-Delisle, sur l'art. 1082, n° 59 ; Troplong, IV, 2362; Zachariæ, *loc. cit.*

[27] Bien que les enfants et descendants à naître du mariage soient, en l'absence de toute disposition spéciale à leur profit, présumés substitués de droit à l'époux institué, il n'est point interdit à l'instituant de faire cesser cette présomption par une déclaration contraire, et de restreindre ainsi, au profit de cet époux, le bénéfice de l'institution. Delvincourt, II, p. 425. Duranton, IX, 540 et 677. Vazeille, sur l'art. 1082, n° 5. Demolombe, XXIII, 288. Zachariæ, § 739, texte et note 13.

[28] Sous ce rapport, l'art. 1082 déroge à l'art. 906, d'après lequel on ne peut disposer entre-vifs, d'une manière irrévocable, au profit d'individus non encore conçus au moment de la disposition.

appelés à recueillir, à défaut de ceux-ci, le bénéfice de l'institu-tion. Cette substitution vulgaire a même lieu de plein droit, indé-pendamment de toute déclaration de l'instituant, qui doit, s'il entend restreindre aux futurs époux l'effet de l'institution con-tractuelle faite à leur profit, exprimer cette restriction [29].

L'instituant n'est point autorisé à limiter la substitution vul-gaire, établie par la loi au profit de tous les enfants ou descen-dants à naître, à quelques-uns d'entre eux seulement, ni même à assigner à ces enfants ou descendants des parts inégales [30].

[29] Tous les auteurs, anciens et modernes, à l'exception de M. Bonnet (II, 370), reconnaissent que la vocation des enfants et descendants à naître s'opère par l'effet d'une substitution vulgaire, tacite. Les expressions de l'art. 1082, *dans le cas où le donateur survivrait à l'époux donataire — dans ledit cas de survie du donateur*, ne sont donc pas limitatives. Elles comprennent, *ex mente legis*, tous les cas donnant ouverture à substitution vulgaire, c'est-à-dire tous ceux où, par quelque cause que ce soit, l'institué ne peut ou ne veut recueillir la disposition faite à son profit. Cpr. art. 898. C'est ainsi que, dans plusieurs autres articles du Code, on trouve les mots *en cas de prédécès*, employés comme synonymes de ceux-ci, *à défaut de*. Cpr. art. 750 cbn. 753, 759 et 766 ; § 605, note 18 ; § 608, note 21, *in fine*. On peut encore invoquer, à l'appui de cette in-terprétation, la disposition de l'art. 1089, qui, en subordonnant la caducité de l'in-stitution contractuelle au prédécès de l'époux donataire sans postérité, donne clai-rement à entendre que l'existence d'enfants et de descendants issus du mariage suffit pour empêcher cette caducité, quelle que soit d'ailleurs la cause par suite de laquelle l'époux institué ne recueille pas le bénéfice de la disposition faite en sa faveur. Duranton, IX, 702. Troplong, IV, 2357. Colmet de Santerre, IV, 256 *bis*, V. Demolombe, XXIII, 329. Voy. en sens contraire. Coin-Delisle sur l'art. 1082, n°s 43 et 45 ; Bonnet, *loc. cit.*

[30] Il résulte de la corrélation intime qui existe entre les deux alinéas de l'art. 1082, que la substitution vulgaire qui repose sur une déclaration ex-presse de l'instituant, ne peut excéder les limites de celle qu'en l'absence d'une pareille déclaration, la loi attache de plein droit à toute institution con-tractuelle. En d'autres termes, l'instituant n'est, en vertu du premier alinéa de l'art. 1082, autorisé à disposer en faveur des enfants et descendants à naître, que de la même manière dont, en cas de silence de sa part, le second alinéa de cet article les appelle à profiter de sa libéralité. Il ne peut donc, ni res-treindre à quelques-uns d'entre eux le bénéfice de sa disposition, ni même les y faire participer pour des parts inégales. Nous ajouterons que la substitution vulgaire des enfants et descendants à naître du mariage n'a été admise que par dérogation à l'art. 906 ; qu'il s'agit ainsi d'une disposition exceptionnelle, du texte de laquelle il n'est par conséquent pas permis de s'écarter ; qu'enfin, en rejetant l'interprétation restrictive que nous proposons, on se mettrait

Il n'est pas non plus, d'un autre côté, admis à restreindre le bénéfice de l'institution contractuelle à ces derniers, en les instituant *per saltum*, à l'exclusion de leurs père et mère[31].

Si l'une ou l'autre des conditions qui ont été développées dans ce numéro vient à défaillir, l'institution contractuelle est, suivant les hypothèses, à considérer comme non avenue, ou comme simplement entachée de nullité.

L'institution contractuelle doit être réputée non avenue, lorsqu'elle a eu lieu *per saltum* au profit des enfants à naître du mariage, à l'exclusion des futurs époux [32].

en opposition avec les idées d'égalité sur lesquelles repose le Code civil, et que ses rédacteurs ont si nettement exprimées dans l'art. 1050, à propos des substitutions fidéicommissaires exceptionnellement permises. Merlin, *Rép.*, v° Institution contractuelle, § 12, n° 10. Delvincourt, II, p. 426. Grenier, II, 416. Duranton, IX, 692. Demolombe, XXIII, 296. Zachariæ, § 739, note 14. — Du reste, rien n'empêche que l'instituant ne se réserve, pour le cas du prédécès de l'institué, la faculté de distribuer inégalement entre les enfants de ce dernier les biens formant l'objet de l'institution, et même celle de les attribuer exclusivement à quelques-uns d'entre eux. Cette proposition n'est aucunement contraire à l'opinion que nous avons précédemment émise. Autre chose est disposer actuellement, autre chose se réserver la faculté de disposer dans l'avenir. On ne saurait voir dans une réserve qui ne renferme aucune disposition actuelle en faveur de l'un ou l'autre des enfants à naître du mariage, une extension illégale de l'exception apportée par l'art. 1082 à la prohibition de l'art. 906. L'objet d'une pareille réserve est uniquement de restreindre aux époux institués, à l'exclusion de leurs enfants, le bénéfice de l'institution. Or, cette restriction est permise. Cpr. texte et note 27 *supra*. Delvincourt, II, p. 426. Duranton, IX, 691. Demolombe et Zachariæ, *locc. citt.* Voy. en sens contraire : Grenier, II, 416.

31 Les expressions finales du premier alinéa de l'art. 1082, *tant au profit desdits époux qu'aux profit des enfants à naître de leur mariage, dans le cas où le donateur survivrait à l'époux donataire*, démontrent que la disposition que cet article autorise, par dérogation à l'art. 906, en faveur des enfants et descendants, est cependant subordonnée à la condition de l'institution en première ligne des futurs époux ou de l'un d'eux, et qu'elle ne doit avoir d'effet que dans le cas où ces derniers ne pourraient ou ne voudraient en recueillir le bénéfice. Il résulte, en un mot, des expressions ci-dessus transcrites, que les enfants et descendants à naître ne peuvent être que substitués vulgairement aux futurs époux, et non institués à leur exclusion. Delvincourt, II, p. 425. Duranton, IX, 678. Troplong, IV, 2360. Demolombe, XXIII, 289. Zachariæ, § 735 a, à la note.

32 En effet, toute disposition faite au profit d'individus non encore conçus est, en règle générale, à considérer, non pas seulement comme nulle, mais comme

Que si l'institution contractuelle des futurs époux a été faite avec substitution vulgaire de quelques-uns seulement de leurs enfants à naître, à l'exclusion des autres, l'institution est valable ; mais la substitution telle qu'elle a été faite devant être réputée non avenue, on rentre, dans cette hypothèse, sous l'application pure et simple du second alinéa de l'art. 1082, d'après lequel tous les enfants sans distinction sont, de plein droit, substitués aux futurs époux [33].

Quant à l'institution contractuelle accompagnée d'une clause d'association, elle est valable pour la part que le futur époux institué se trouve en réalité appelé à recueillir, et non avenue pour le surplus [34].

L'institution contractuelle peut être attaquée de nullité par les héritiers de l'instituant, dans les hypothèses suivantes :

non avenue. Si l'art. 1082 permet exceptionnellement, et dans de certaines limites, de disposer au profit des enfants à naître, les dispositions faites hors de ces limites en faveur d'enfants non encore conçus, n'en restent pas moins soumises à l'application de la règle générale. Demolombe, XXIII, 296. Cpr. notes 28, 30 et 31 *supra*.

[33] L'institution est valable, parce que sa validité n'est pas subordonnée à l'efficacité de la substitution. Quant à cette dernière, elle est, d'après les raisons développées à la note précédente, à considérer comme non avenue. Enfin, la substitution expresse en faveur de quelques-uns seulement des enfants à naître étant ainsi écartée, on se trouve nécessairement amené à appliquer le second alinéa de l'art. 1082, et à admettre, au profit de tous ces enfants sans distinction, la substitution légalement présumée qu'il établit. Vainement dirait-on que le disposant ne peut, à la vérité, restreindre à quelques-uns seulement des enfants à naître, le bénéfice de sa disposition, mais qu'il est le maître de les exclure tous, et que dès lors l'exclusion partielle qu'il a faite doit équivaloir à une exclusion totale. Nous répondrions que, si le disposant est autorisé à écarter l'effet de la substitution établie par le second alinéa de l'art. 1082, ce n'est qu'à la condition d'exclure tous les enfants à naître, et que cette condition n'ayant pas été remplie, la substitution dont s'agit doit sortir son plein et entier effet : *Fecit quod non potuit, quod potuit non fecit.* Demolombe, XXIII, 294.

[34] La raison en est que, d'un côté, la clause d'association doit, comme simple charge de l'institution, être réputée non écrite, conformément à l'art. 900, en ce qui concerne les personnes au profit desquelles cette charge avait été imposée à l'institué, et que, d'un autre côté, cette clause a cependant virtuellement pour effet de réduire l'institution à la part que ce dernier aurait conservée, après avoir remis à ces personnes, celles qui devaient leur revenir d'après l'intention de l'instituant. Cpr. notes 24 à 26 *supra*.

a. Quand elle n'a pas été faite par contrat de mariage [35].

b. Quand elle a eu lieu en faveur de personnes autres que les futurs époux et les enfants ou descendants à naître de leur mariage [36].

c. Lorsqu'elle est émanée de personnes incapables de donner ou de recevoir par acte entre-vifs [37].

L'action en nullité, qui compète aux héritiers, ne se prescrit que par trente ans [38]; et la prescription ne commence à courir qu'à partir du décès de l'instituant. Il en est ainsi, non-seulement dans la première et la seconde de ces hypothèses [39], mais encore dans la troisième [40].

---

[35] Comme l'art. 943 défend, à peine de nullité, les donations entre-vifs de biens à venir, et comme l'art. 1082 ne les permet exceptionnellement que par contrat de mariage, il en résulte que les institutions contractuelles, qui n'ont point eu lieu dans la forme indiquée par ce dernier article, se trouvent frappées de la nullité prononcée par le premier. Cpr. notes 10 et 11 *supra.*

[36] Cpr. texte, notes 22 et 23 *supra.* La nullité de l'institution contractuelle est encore, dans cette hypothèse, la conséquence de la combinaison des art. 943 et 1082. Demolombe, XXIII, 294.

[37] Cpr. texte, notes 15 à 20 *supra.* Demolombe, *loc. cit.*

[38] Et non par 10 ans. Vainement invoquerait-on en sens contraire l'art. 1304, et dirait-on, pour justifier son application, que les héritiers de l'instituant ont été représentés par leur auteur dans l'acte d'institution. Si les héritiers d'une personne doivent être considérés comme ayant été représentés dans les actes à titre onéreux qu'elle a passés, et, s'ils ne peuvent dès lors les attaquer que de son chef, il n'en est plus de même, lorsqu'il s'agit d'actes de libéralité dont le résultat serait de les priver de droits qu'ils tiennent de la loi. Les héritiers sont, en pareil cas, de véritables tiers, et c'est de leur propre chef, qu'ils seront admis à faire valoir la nullité des actes qu'on voudrait opposer à leur action en pétition d'hérédité ou en revendication. L'art. 1304 est donc ici inapplicable. Cpr. § 339, texte n° 2, notes 18 et 19. Demolombe, XXIII, 296. Voy. en sens contraire : Toullier, VII, 610; Grenier, II, 431 *bis*; Zachariæ, § 739, note 9.

[39] Que, dans ces deux hypothèses, la prescription de l'action en nullité ne commence à courir qu'à dater du décès de l'instituant, c'est ce qui ne paraît pas pouvoir être sérieusement contesté : *Actioni non natæ non præscribitur.*

[40] En vain dirait-on, en ce qui touche spécialement le vice résultant dans la personne de l'instituant d'une incapacité temporaire, que ce vice est susceptible de se couvrir, après la cessation de l'incapacité, soit par confirmation, soit par la prescription de dix ans, et qu'une fois couvert les héritiers de l'instituant ne sont plus admis à s'en prévaloir. Cpr. Merlin, *Rép.*, v° Institution contractuelle, § 4, n° 2; Grenier, II, 431 *bis*; Toullier, VII, 610; Duranton, IX, 725; Req. rej., 30 novembre 1814, Sir., 15, 1, 53. Comme une institution contractuelle

3° Des effets de l'institution contractuelle.

a. L'instituant conserve, jusqu'au moment de son décès, la propriété de tous les biens qu'il possédait lors de l'institution, et de ceux qu'il acquiert par la suite. En d'autres termes, il ne s'opère, de l'instituant à l'institué, aucune transmission entre-vifs de la propriété des biens formant l'objet de l'institution [41]. Cpr. art. 1082.

Bien que l'instituant conserve pleine et entière, jusqu'au moment de son décès, la propriété de son patrimoine et de tous les biens qui en font partie, l'exercice de son droit de propriété est cependant restreint par l'institution contractuelle, en ce qu'elle prive de toute efficacité, au regard de l'institué, les dispositions ultérieures à titre gratuit, dont l'exécution anéantirait ou réduirait les droits de succession qui lui ont été irrévocablement conférés. Art. 1083.

L'application de cette règle est indépendante de la nature, de la forme, et de l'étendue des dispositions à titre gratuit postérieures à l'institution contractuelle. Ainsi, il n'y a, sous ce rapport, aucune distinction à établir, entre les dispositions entre-vifs et les testamentaires, entre les donations ordinaires et celles qui ont eu lieu par contrat de mariage [42], entre les libéralités ouvertes et les libéralités déguisées [43], entre les avantages conférés d'une manière directe et ceux qui ont été faits d'une manière indi-

---

n'est permise que par le contrat de mariage de l'institué, il est impossible, lorsqu'elle est entachée de nullité, de la confirmer expressément, avant le décès de l'instituant, par un acte postérieur au mariage. Un pareil acte serait nul, comme contenant une stipulation sur succession future, faite en dehors des circonstances où une stipulation de cette espèce est exceptionnellement permise. Or, le même obstacle s'oppose au cours de la prescription de l'action en nullité pendant la vie de l'instituant, puisque cette prescription n'est autre chose qu'une confirmation présumée, qui ne peut avoir lieu que sous les conditions et dans les cas auxquels la confirmation expresse est elle-même possible. D'un autre côté, la nullité, fût-elle susceptible de se couvrir à l'égard de l'institué, ses héritiers seraient toujours admis à la faire valoir de leur propre chef.

[41] Rigaud et Championnière, *Traité des droits d'enregistrement*, IV, 2953 et 2954. Demolombe, XXIII, 310. Civ. cass., 19 pluviôse an XI, Sir., 3, 1, 193. Civ. cass., 24 nivôse an XIII, Sir., 5, 2, 228.

[42] Demolombe, XXIII, 315. Lyon, 25 janvier 1855, Sir., 55, 2, 742.

[43] Grenier, II, 412. Toullier, V, 835. Duranton, IX, 709 et 710. Zachariæ, § 739, note 19, *in medio.*

recte [44], entre les legs universels ou à titre universel et les legs à titre particulier [45].

Par exception à la règle ci-dessus posée, l'instituant jouit, de plein droit, de la faculté de disposer de sommes modiques [46], soit à titre de récompense [47], soit pour présents d'usage, ou pour causes pies [48], sauf réduction en cas d'excès [49]. Art. 1083.

[44] En ce qui concerne la question de savoir quels sont les avantages qui doivent ou non être réputés avoir été faits *animo donandi*, voy. § 631, texte et notes 26 et 46; § 684, texte, n° 1, lett. *b*, et notes 12 à 16. — Cpr. sur la renonciation à une prescription accomplie : Troplong, IV, 2353; Req. rej., 26 mars 1845, Sir., 47, 1, 120.

[45] L'exception admise, à la règle dont il s'agit ici, par la dernière partie de l'art. 1083, prouve que les legs à titre particulier sont, en général, compris sous cette règle, aussi bien que les legs universels et à titre universel. Cpr. la note suivante.

[46] Les expressions *pour sommes modiques*, dont se sert l'art. 1083, démontrent qu'il ne peut être ici question que de dispositions à titre particulier. Grenier, II, 413. Favard, *Rép.*, v° Institution contractuelle, n° 2. Duranton, IX, 705. Demolombe, XXIII, 319. — Ces expressions, du reste, doivent être entendues dans une acception relative, et eu égard tant à la fortune de l'instituant qu'à l'objet de l'institution. Maleville, sur l'art. 1083. Favard, *op. et v° citt.*, n° 5. Toullier, V, 834. Duranton, IX, 704. Zachariæ, § 739, texte et note 20. Riom, 4 août 1820, Sir., 21, 2, 313.

[47] Une disposition est à considérer comme faite à titre de récompense dans le sens de l'art. 1083, quoiqu'elle ait eu lieu en rémunération de services à raison desquels le donateur ou testateur n'était soumis, envers le donataire ou légataire, qu'à un devoir moral de reconnaissance. Cpr. § 702. Il est évident, en effet, que, dans l'exception admise à la règle établie par cet article, aussi bien que dans la règle elle-même, le législateur a entendu parler de dispositions à titre purement gratuit. Caen, 16 novembre 1812, Sir., 13, 2, 63.

[48] C'est dans ce sens que nous croyons devoir interpréter les expressions *ou autrement*, qui se trouvent à la fin de l'art. 1083. Cpr. art. 852. Favard, *op.*, *v° et loc. citt.* Toullier, V, 834. Troplong, IV, 2350. Bonnet, II, 423 et 424. Colmet de Santerre, IV, 256 et 256, I. Demolombe, XXIII, 317. Zachariæ, § 739, texte et note 21. Voy. cep. Delvincourt, II, p. 428.

[49] Une disposition faite à titre particulier, et rentrant d'ailleurs dans la classe de celles dont s'occupe la dernière partie de l'art. 1083, ne serait donc, si elle était excessive, que réductible simplement, et non annulable pour le tout. Duranton, IX, 704. Mais il en serait autrement des dispositions universelles ou à titre universel, qui devraient être annulées pour le tout. Merlin, *Rép.*, v° Institution contractuelle, § 8, n° 6. Bonnet, II, 423. Colmet de Santerre, IV, 256. Demolombe, XXIII, 319. Zachariæ, § 739, note 19. Civ. cass., 23 février 1818, Sir., 18, 1, 200. Voy. aussi les autorités citées à la note 46

Si l'instituant s'est réservé la liberté de disposer de certains objets compris dans l'institution, ou d'une somme fixe à prendre sur les biens qui en font partie, et qu'il vienne à décéder sans avoir disposé de ces objets ou de cette somme, l'institué est en droit de les réclamer[50]. Mais, au cas contraire, ce dernier est tenu de respecter la disposition, lors même que l'instituant aurait aliéné à titre onéreux le surplus de ses biens[51].

Sauf la restriction relative à la faculté de disposer à titre gratuit, l'instituant conserve la jouissance pleine et entière de ses droits de propriété, tant en ce qui concerne les biens qu'il pourra acquérir postérieurement à l'institution, que relativement à ceux dont il était déjà propriétaire à l'époque où elle a été faite.

Il peut donc les aliéner à titre onéreux, soit pour un prix capital, soit moyennant une rente perpétuelle ou viagère[52].

supra. — Une disposition, qualifiée de rémunératoire, serait également annulable pour le tout, s'il résultait des circonstances qu'elle n'a point en réalité ce caractère. Cpr. Riom, 4 août 1828, Sir., 21, 2, 213.

[50] L'art. 946, qui, à défaut de disposition, attribue aux héritiers ab intestat, la somme ou les objets réservés, n'est point applicable aux donations faites par contrat de mariage. Art. 947 et 1086. Cpr. § 736, texte et note 4. Toullier, V, 834. Merlin, Rép., v° Institution contractuelle, § 10, n° 5.

[51] Favard, Rép., v° Institution contractuelle, n° 6. Grenier, II, 414. Duranton, IX, 715. Troplong, IV, 2461. Bonnet, II, 437. Demolombe, XXIII, 381. Civ. cass., 7 juin 1808, Sir., 8, 1, 364.

[52] Une aliénation faite moyennant une rente viagère constitue évidemment une aliénation à titre onéreux. Art. 1104 et 1106. Or, la loi permet sans distinction toutes les aliénations à titre onéreux. Duranton, IX, 711 et 714. Troplong, IV, 2354. Bonnet, II, 421. Colmet de Santerre, IV, 256 bis. Demolombe, XXIII, 312. Zachariæ, § 739, note 19, in medio. Riom, 4 décembre 1810, Sir., 18, 2, 348. Req. rej., 15 novembre 1836, Sir., 36, 1, 806. — Quid juris dans le cas où l'aliénation, moyennant une rente viagère, a eu lieu au profit d'un successible en ligne directe? L'institué peut-il soutenir qu'une pareille aliénation doit, en vertu de l'art. 918, être légalement réputée avoir été faite à titre gratuit? Nous ne le pensons pas : les dispositions de l'article précité, établies dans le but de garantir les droits des héritiers à réserve, sont d'une nature exceptionnelle, et résistent, par conséquent, à toute application à d'autres matières. Il est, du reste, évident que, si l'institué offrait de prouver que l'aliénation à charge de rente viagère, quoique faite en apparence à titre onéreux, n'est en réalité qu'une donation déguisée, il devrait être admis à faire cette preuve, et à demander en conséquence la rétractation de cette aliénation. Duranton, IX, 714. Demolombe, XXIII, 313.

Il peut aussi grever ses immeubles d'hypothèques ou de servitudes[53], pourvu qu'il le fasse de bonne foi, et non en fraude ou en haine de l'institution[54].

Il peut également renoncer à une prescription acquise, lorsqu'il le fait, non par esprit de libéralité, mais dans la vue d'acquitter une obligation naturelle ou une dette de conscience[55].

Il est même autorisé à faire, dans l'intérêt de sa mémoire, les dispositions testamentaires qu'il juge convenables, pourvu qu'elles ne soient pas excessives.

L'instituant ne peut, du reste, s'interdire la faculté de disposer à titre onéreux des biens formant l'objet de l'institution contractuelle. Il en jouit donc, nonobstant toute convention ou renonciation contraire[56].

b. L'institué est, du jour même de l'institution, contractuellement investi du titre d'héritier ou de successeur de l'instituant, et irrévocablement saisi du droit de succession que ce titre lui confère.

Mais il ne devient propriétaire des biens formant l'objet de l'institution, qu'à partir du décès de l'instituant; et la transmission de propriété qui s'opère à son profit, n'entraîne même aucun effet rétroactif[57].

---

[53] Toullier, V, 833. Grenier, II, 412. Duranton, IX, 708. Troplong, *loc. cit.* Demolombe, XXIII, 311. Req. rej., 20 décembre 1825, Sir., 26, 1, 179.

[54] Au cas contraire, l'institué pourrait, en prouvant la complicité des tiers au profit desquels les servitudes ou hypothèques ont été consenties, en demander la révocation. Il serait même autorisé à faire révoquer les servitudes constituées par l'instituant, sans être obligé de prouver aucune intention frauduleuse, soit de la part de ce dernier, soit de la part des tiers, si la constitution en avait eu lieu à titre gratuit. Voy. les autorités citées à la note précédente ; Zachariæ, § 739, texte et note 23. Cpr. Civ. cass., 7 juin 1808, Sir., 8, 1, 364.

[55] Cpr. § 297, texte et notes 8, 11, et 21. Troplong, IV, 2358. Bonnet, II, 441. Demolombe, XXIII, 311. Req. rej., 26 mars 1845, Sir., 47, 1, 120.

[56] Une pareille convention ou renonciation constituerait une stipulation sur succession future, qui, ne rentrant point dans l'exception prévue par les art. 1082 et 1083, tomberait sous l'application de la règle générale posée par les art. 791 et 1130. Duranton, IX, 712 et 713. Demolombe, XXIII, 314. Zachariæ, § 739, note 23, *in fine.* Riom, 4 décembre 1810, Sir., 13, 2, 348. Voy. en sens contraire : Troplong, IV, 2340; Bonnet, II, 422.

[57] Il est difficile de déterminer, d'une manière précise, la nature du droit qui compète à l'institué pendant la vie de l'instituant, et M. Colmet de Santerre (IV, 256 *bis*, II) va même jusqu'à dire, que ce droit ne peut être qualifié par aucune expression technique. Aussi ne trouve-t-on, à cet égard, dans la plu-

Bien que l'institué se trouve, dès le jour même de l'institution,

part des auteurs, que des notions assez vagues. Ainsi, Toullier (V, 835) et Favard de Langlade (*Rép.*, v° Institution contractuelle, n° 2) refusent à l'institué tout droit actuel, et ne lui reconnaissent qu'une espérance de succéder aux biens que laissera l'instituant, en avouant toutefois que son espérance a un degré de plus que celle des parents appelés par la loi à la succession *ab intestat*. Passant à l'extrême opposé, Chabot (*Des successions*, sur l'art. 720, n° 7) enseigne que le donataire est saisi de son droit dès le moment de la donation, sauf à ne l'exercer qu'au décès du donateur. Grenier (II, 111) s'exprime d'une manière plus exacte en disant : « L'institué n'est saisi de la propriété qu'au décès de « l'instituant ; mais il est saisi du droit dès l'instant de la disposition. » Duranton (VI, 49), après avoir dit que l'institué n'a qu'une simple espérance, finit cependant par convenir que cette espérance constitue un droit *tel quel*. M. Demolombe, qui avait d'abord (I, 201) adopté la définition de Duranton, a plus tard (XXIII, 309 et 310) reconnu son insuffisance : il qualifie le droit de l'institué, de droit éventuel à la succession future du donateur, et incline à assimiler la position de l'institué à celle de l'héritier à réserve. Quant à nous, il nous paraît certain : d'une part, que l'institution contractuelle confère à l'institué, non pas seulement une espérance ou expectative de succéder à l'instituant, mais bien un droit irrévocablement acquis ; d'autre part, que ce droit acquis en lui-même, et sous le rapport de son titre, ne constitue qu'un droit successif, garanti toutefois contre toute ultérieure disposition à titre gratuit, c'est-à-dire un droit subordonné quant à son ouverture, tant au décès de l'instituant qu'à la survie de l'institué, et dont l'objet même qui doit en former la matière, n'existera comme tel que lors de l'événement de ce décès. La première partie de cette proposition nous semble justifiée par cette considération, que l'institution contractuelle ne peut être révoquée par l'instituant, et qu'elle ne pourrait même l'être, sans rétroactivité, par une loi postérieure à celle sous l'empire de laquelle elle a été faite. La position de l'institué est donc plus assurée que celle de l'héritier *ab intestat*, dont toutes les espérances peuvent être anéanties par des dispositions à titre gratuit ; elle est même plus assurée que celle de l'héritier à réserve, qui peut se voir enlever, par une loi postérieure, l'expectative de la réserve que lui promet la législation actuelle. L'institué a donc un droit acquis, par cela même que son titre est irrévocable. Ce droit, toutefois, devant ne s'ouvrir que par le prédécès de l'instituant, et ne se réaliser que sur les biens qui se trouveront dans sa succession, ou qui seront censés n'en être jamais sortis s'ils ont été aliénés à titre gratuit au mépris de la disposition de l'art. 1083, revêt, sous ce double rapport, le caractère d'un droit successif, comme étant tout à la fois conditionnel quant à son ouverture, et éventuel quant à son objet. Ainsi, la transmission de la propriété des biens formant la matière du droit de l'institué, ne s'opère que du moment où ils revêtent le caractère de biens héréditaires ; et, par une conséquence ultérieure, cette transmission n'a point d'effet rétroactif au jour où a pris naissance le droit en vertu duquel elle s'opère, comme cela a lieu, lorsqu'il

investi du droit de succession qu'elle lui confère, il ne peut cependant, du vivant de l'instituant, ni céder ce droit, ni y renoncer.

La renonciation serait certainement nulle, si elle avait eu lieu au profit, soit des héritiers *ab intestat* de l'instituant [58], soit de ce dernier lui-même [59].

La même solution semble devoir être admise, pour le cas où il s'agirait d'une cession faite ou d'une renonciation consentie en fa-

---

s'agit d'un droit simplement conditionnel. La distinction que nous avons cherché à développer dans cette note, nous paraît avoir été indiquée par Jaubert, qui disait dans son rapport au Tribunat : « Il faut distinguer le titre et « l'émolument. Le titre est irrévocable... Mais quant à l'émolument, il ne « pourra être véritablement connu qu'au décès. » Cpr. Locré, *Lég.*, XI, p. 484, n° 83.

[58] Les héritiers *ab intestat* de l'instituant ne pouvant avoir d'intérêt à accepter la renonciation faite à leur profit, qu'en raison de l'expectative, purement légale, de recueillir l'hérédité de ce dernier, l'acceptation de cette renonciation constituerait évidemment de leur part une stipulation sur succession future, qui rentrerait sous la prohibition des art. 791, 1130 et 1600. Poitiers, 25 juillet 1839, Sir., 39, 2, 402. Req. rej., 10 août 1840, Sir., 40, 1, 757.

[59] La raison en est que l'instituant n'a pas, en ce qui concerne l'exercice viager du droit de propriété qui lui compète sur son patrimoine, de véritable intérêt à stipuler l'extinction de l'institution contractuelle, qui ne lui enlève pas la faculté d'aliéner ses biens à titre onéreux, et qui, tout en le privant du droit de faire des dispositions à titre gratuit, n'autorise cependant qui que ce soit à provoquer, de son vivant, la rétractation des dispositions de cette nature qu'il peut avoir faites. Or, il est de principe que l'intérêt est la mesure de la validité des stipulations : *Nemo potest utiliter stipulari quod sua non interest.* L'instituant ne pourrait avoir d'intérêt à stipuler la révocation de l'institution contractuelle, que pour faire maintenir, après sa mort, les dispositions entre-vifs ou testamentaires faites au mépris de cette institution, ou pour laisser avenir à ses héritiers *ab intestat* les biens qui s'y trouvent compris. Mais, dans l'un et l'autre cas, il ne s'agit que d'un intérêt d'outre-tombe, et toute stipulation faite en vue d'un pareil intérêt constitue nécessairement une stipulation sur succession future. A ces motifs tirés de la position de l'instituant, on peut encore ajouter que, du côté de l'institué, la renonciation dont il est actuellement question constitue également, à raison de son incompatibilité avec la faculté d'accepter encore la succession de l'instituant, après le décès de ce dernier, une renonciation à succession future. Riom, 30 avril 1812, Sir. 15, 2, 71. Lyon, 16 janvier 1838, Sir., 38, 2, 453. Civ. rej., 16 août 1841, Sir., 41, 1, 684.

veur d'un tiers intéressé à l'accepter, par exemple, d'un donataire ultérieur de l'instituant [60].

Du principe que l'institué ne devient propriétaire des biens
formant l'objet de l'institution, qu'à partir du décès de l'instituant, et que la transmission de propriété qui s'opère à son profit
n'entraîne aucun effet rétroactif, découlent entre autres les conséquences suivantes :

α. L'institué ne peut, avant le décès de l'instituant, disposer, soit
à titre onéreux, soit à titre gratuit, des biens qu'il sera appelé à

[60] Après mûr examen, nous croyons devoir abandonner l'opinion contraire, que nous avions émise dans nos précédentes éditions. Partant de l'idée
incontestable, que le droit de l'institué est un droit conventionnel et irrévocable, nous en avions conclu qu'un pareil droit, différant essentiellement des
simples espérances ou expectatives de succession, ne tombait pas sous l'application des art. 791, 1130 et 1600, et pouvait former, du moins dans l'hypothèse indiquée au texte, l'objet d'une cession ou d'une renonciation trans-
lative ; mais, cette conclusion est-elle bien renfermée dans les prémisses? Si
le droit de l'institué est un droit conventionnel et irrévocable, il n'en est pas
moins conditionnel quant à son ouverture, qui est subordonnée au prédécès de
l'instituant, et éventuel quant à son objet, qui ne sera déterminé qu'à la mort
de ce dernier. Sous ce double rapport, il ne constitue qu'un droit successif, et
se trouve, par cela même, soumis aux dispositions des art. précités, qui, de
l'aveu de tous, s'appliquent aux successions testamentaires, aussi bien qu'aux
successions ab intestat, et qui doivent s'appliquer également aux successions
contractuelles. En effet, les considérations morales et d'économie politique qui
ont dicté la prohibition des pactes sur succession future, se tirent bien moins
du caractère révocable des simples expectatives de succession, que de l'incertitude de l'ouverture et de l'éventualité de l'objet ou de l'émolument, qu'on
retrouve dans tous les droits successifs, fussent-ils même irrévocables. Discours du tribun Siméon (Locré Lég., X, p. 298 et 299, n° 37). Toullier,
XII, 16. Duranton, VI, 49. Troplong, IV, 2355. Bonnet, II, 451 à 453.
Colmet de Santerre, IV, 256 bis, III. Demolombe, XXIII, 324. Toulouse,
15 avril 1842, Sir., 42, 2, 385. Orléans, 28 décembre et 4 août 1849, Sir.,
50, 2, 199 et 202. Civ. rej., 11 et 12 janvier 1853, Sir., 53, 1, 65 et 71.
Agen, 17 décembre 1856, Sir., 57, 2, 1. Paris, 23 mai 1861, Sir., 62, 2,
497. Voy. en sens contraire : Duvergier, De la vente, I, 232; Benech, De la
quotité disponible entre époux, p. 449 à 451. Cpr., Civ. rej., 18 avril 1812,
Sir., 13, 1, 137; Req. rej., 22 février 1831, Sir., 31, 1, 107; Bourges,
29 août 1832, Sir., 32, 2, 54; Poitiers, 25 juillet 1839, Sir., 39, 2, 502,
et Req. rej., 10 août 1840, Sir., 40, 1, 757; Bordeaux, 9 avril 1840, Sir.,
41, 2, 470; Agen, 12 mai 1848, Sir., 48, 2, 301 ; Req. rej., 16 juillet 1849,
Sir., 50, 1, 380.

recueillir, en vertu de l'institution contractuelle, dans la succession de ce dernier [61].

β. Ses créanciers ne sont autorisés à saisir ces biens qu'à partir du décès de l'instituant. Ce n'est également qu'à dater de cet événement, que les mêmes biens seront frappés des hypothèques générales que ces créanciers peuvent avoir antérieurement obtenues [62].

γ. L'institué ne peut, pendant la vie de l'instituant, demander la rétractation des dispositions à titre gratuit ayant pour objet des biens compris dans l'institution [63].

Toutefois, l'institué étant, du jour même de l'institution, actuellement et irrévocablement saisi du droit de succession qu'elle lui confère, il est, du vivant même de l'instituant, autorisé à provoquer les mesures nécessaires pour sauvegarder l'exercice ultérieur de ce droit, et notamment pour empêcher qu'il ne soit compromis par des aliénations à titre gratuit faites, en fraude de l'institution, sous le voile de contrats à titre onéreux [64].

---

[61] Toullier, V, 838. Duranton, IX, 688 et 689. Demolombe, XXIII, 382. Zachariæ, § 739, texte et note 25.

[62] Grenier, II, 424. La règle énoncée au texte s'applique même à l'hypothèque légale dont la femme de l'institué jouit pour sa dot et ses conventions matrimoniales. La disposition de l'art. 952, étant d'une nature tout exceptionnelle, n'est pas susceptible d'interprétation extensive, et peut d'autant moins s'appliquer à l'hypothèse dont il s'agit ici, qu'il n'y a aucune analogie entre cette hypothèse et celle sur laquelle statue cet article. Grenier et Demolombe, *locc. citt.* Zachariæ,§ 739, note 25, *in fine.*

[63] Demolombe, XXIII, 323. Civ. cass., 2 mai 1855, Sir., 56, 1, 178. Req. rej., 23 janvier 1873, Sir., 73, 1, 57.

[64] Nous avions d'abord pensé, qu'à raison de l'analogie qui existe entre la position de l'institué et celle de l'héritier à réserve, comme aussi en considération de la non-rétroactivité de leurs droits respectifs, la faculté de recourir à des mesures conservatoires devait être refusée au premier aussi bien qu'au second. Cpr., § 683, texte et note 6. Telle est l'opinion de M. Demolombe (XXIII, 323). Mais, nous ne croyons pas devoir persister dans ce sentiment. A la différence de l'héritier à réserve, dont le droit ne prend naissance que lors de l'ouverture de la succession à laquelle il est appelé, l'institué a, dès le jour de l'institution et du vivant même de l'instituant, un droit actuel, auquel correspond, pour ce dernier, l'obligation, également actuelle, de ne rien faire qui soit de nature à porter atteinte à l'institution. Si, au mépris de cette obligation, l'instituant faisait des actes à titre gratuit, déguisés ou patents, dont le résultat serait de compromettre le sort de l'institution contractuelle, pourquoi l'institué ne pourrait-il pas, en vertu de l'art. 1180, s'adresser aux tribunaux et provoquer les mesures nécessaires à la sauvegarde de son droit? Vainement

La femme contractuellement instituée par son mari peut, pour la conservation des droits que l'institution lui confère, prendre inscription sur les biens de ce dernier, en vertu de l'hypothèque légale que l'art. 2185 lui donne à raison de ses conventions matrimoniales. Mais, si le mari venait à aliéner, à titre onéreux, comme il en a le droit, des immeubles frappés de cette inscription, la mainlevée devrait en être prononcée sur sa demande ou sur celle de l'acquéreur. D'un autre côté, cette inscription ne pourrait être opposée aux créanciers auxquels le mari aurait hypothécairement affecté les immeubles qu'elle frappe [65].

c. Par le décès de l'instituant, l'institué devient, de plein droit, propriétaire des biens formant l'objet de l'institution. Il est cependant autorisé à répudier la succession de l'instituant [66]. S'il l'accepte, il peut le faire purement et simplement, ou sous bénéfice d'inventaire [67].

---

objecterait-on que l'article précité ne s'applique qu'aux droits simplement conditionnels, et non à ceux qui, comme celui de l'institué, sont tout à la fois conditionnels quant à leur ouverture, et éventuels quant à leur objet : Tout éventuel, en effet, que soit le droit de l'institué, les aliénations à titre gratuit faites en contravention à l'art. 1083, n'en constituent pas moins une violation actuelle de ce droit ; et cette violation justifie l'emploi également actuel de mesures destinées à en garantir l'exercice ultérieur. Req. rej., 22 janvier 1873, Sir., 73, 1, 57.

[65] Voy. sur ces diverses propositions : § 264 *ter*, texte et notes 23 et 24.

[66] Il en est ainsi, même dans le cas où l'institué a formellement accepté, par son contrat de mariage, l'institution contractuelle faite à son profit. Cpr. art. 1087. La faculté d'opter entre la répudiation ou l'acceptation de la succession de l'instituant, après son ouverture, se trouve virtuellement comprise dans le droit successif que confère l'institution contractuelle. L'acceptation de ce droit n'entraîne donc pas acceptation de cette succession, et n'en empêche pas la répudiation. Art. 1085, et arg. de cet article. Merlin, *Rép.*, v° Institution contractuelle, § 11, n° 5. Demolombe, XXIII, 331 et 332. Cpr. Toulouse, 15 avril 1842, Sir., 42, 2, 385. Voy. aussi, Paris, 25 février 1819, Sir., 19, 2, 273 ; Req. rej., 29 février 1820, Sir., 20, 1, 251. Suivant ces arrêts, l'institué pourrait répudier la succession de l'instituant, même après l'avoir acceptée postérieurement à son décès. Cette doctrine, à laquelle semble adhérer Zachariæ (§ 739, texte et note 26), est, à notre avis, inexacte.

[67] Toullier, IV, 395. Merlin, *op. et v° citt.*, § 11, n° 4. Chabot, *Des successions*, sur l'art. 774, n° 14. Belost-Jolimont, sur Chabot, obs. 1, sur l'art. 774. Duranton, IX, 721.

VIII.   6

L'institué jouit de la saisine héréditaire dans le cas prévu par l'art. 1006 [68], et n'en jouit que dans ce cas, c'est-à-dire, lorsque l'institution est universelle et qu'il n'existe pas d'héritiers à réserve [69]. Mais l'institué, même privé de la saisine héréditaire, n'est cependant pas soumis à la nécessité d'une demande en délivrance proprement dite, soit pour être admis à intenter, contre les héritiers ou contre des tiers, les actions possessoires ou pétitoires relatives aux biens compris dans l'institution, soit pour avoir droit aux fruits et revenus de ces biens. Ces fruits et revenus lui appartiennent de plein droit, du jour même du décès, que l'institution soit universelle, à titre universel, ou à titre particulier [70]. Toutefois, lorsque l'institution contractuelle a pour objet une somme fixe à prendre sur les biens composant l'hérédité de

[68] L'art. 1006, qui accorde la saisine héréditaire au légataire universel, lorsqu'il n'existe pas d'héritiers à réserve, doit, à plus forte raison, s'appliquer au donataire universel de biens à venir. Cpr., § 582, note 3. Duranton, IX, 719. Demolombe, XXIII, 334. Zachariæ, § 739, texte, t. IV, p. 407. Voy. en sens contraire : Colmet de Santerre, IV, 256 *bis*, V.

[69] Chabot (sur l'art. 774, n° 14) et Merlin (*Rép.*, v° Institution contractuelle, § 10, n° 2, et § 11, n° 2) semblent admettre la saisine héréditaire en faveur de tous les donataires de biens à venir sans distinction. Mais leur opinion est évidemment contraire au texte et à l'esprit des art. 724 et 1006. Ces auteurs paraissent avoir confondu la saisine héréditaire ou légale, et la saisine conventionnelle. Si, comme nous l'établirons à la note suivante, tous les donataires de biens à venir sont conventionnellement saisis de leurs droits, il n'en résulte pas pour cela qu'ils jouissent tous de la saisine héréditaire.

[70] Chabot, *Des successions*, sur l'art. 724, n° 13. Troplong, IV, 2366. Bonnet, II, 460 et 461. Demolombe, XXIII, 334. Toulouse, 28 janvier 1843, Sir., 43, 2, 194. — M. Duranton (IX, 719 et 720) enseigne, au contraire, que, lorsque l'institué ne jouit pas de la saisine héréditaire, il est, à l'instar d'un légataire, soumis à l'obligation d'une demande en délivrance, notamment pour avoir droit aux fruits et revenus des biens compris dans l'institution. Voy. également dans ce sens : Belost-Jolimont, sur Chabot, obs. 3, sur l'art. 774. M. Duranton paraît avoir été amené à émettre cette opinion par la supposition que l'obligation de demander la délivrance est une conséquence nécessaire de la privation de la saisine héréditaire. Mais cette supposition, qui n'est point exacte en thèse générale, ainsi que nous avons déjà eu occasion de le démontrer, à la note 2 du § 640, et à la note 4 du § 640 *bis*, est complètement fausse en ce qui concerne le donataire de biens à venir, qui, conventionnellement saisi de son droit, par l'effet même de l'institution contractuelle, doit pouvoir l'exercer en vertu de la saisine que lui a conférée l'instituant, sans avoir besoin de recourir à cet effet aux héritiers de ce dernier.

l'instituant, les intérêts de cette somme ne courent, au profit de l'institué, que du jour de la demande en paiement.[71].

L'institué est, après le décès de l'instituant, autorisé à réclamer la restitution des objets dont ce dernier a disposé à titre gratuit, au mépris des droits conférés par l'institution contractuelle. Cette action en restitution [72] est, en général, régie par les mêmes principes que l'action en réduction compétant à l'héritier à réserve[73].

Ainsi, par exemple, elle peut, en matière immobilière, être exercée, non-seulement contre les donataires de l'instituant, mais même contre les tiers détenteurs [74].

Ainsi encore, elle fait évanouir les servitudes et les hypothèques créées, soit par les donataires, soit par les tiers détenteurs[75].

Enfin, elle se prescrit contre toutes personnes par trente ans, à dater de l'ouverture de la succession de l'instituant, et contre les tiers détenteurs, avec juste titre et bonne foi, par dix à vingt ans à partir de la même époque[76].

Les règles qui régissent les obligations des légataires, en ce qui concerne le paiement des dettes ou charges de la succession, autres que les legs, s'appliquent aussi, en général, aux donataires de biens à venir[77].

Ainsi, lorsque l'institution est universelle, et qu'il n'existe pas d'héritiers à réserve, le donataire est personnellement tenu,

---

[71] En pareil cas, l'institué se présente bien moins comme propriétaire ou copropriétaire des biens composant l'hérédité de l'instituant, que comme créancier de cette dernière, et se trouve dès lors soumis aux dispositions de l'art. 1153. Voy. cep. Demolombe, *loc. cit.*

[72] Cette action est une action en restitution, et non une action en nullité, parce que l'institué n'a point à demander l'annulation d'actes auxquels il a été étranger, et qui, faits au mépris du droit dont il se trouvait irrévocablement saisi du vivant de l'institué, sont par cela même à considérer, quant à lui, comme non avenus. Art. 1165. Demolombe, XXIII, 336.

[73] Cpr. §§ 685, 685 *bis*, 685 *ter* et 685 *quater*.

[74] Art. 930. Cpr. § 685 *ter*, texte et notes 5 à 7.

[75] Art. 929. Cpr. § 685 *ter*, texte et notes 3 et 4.

[76] Les biens compris dans l'institution, et ceux-là même qui ont été aliénés à titre gratuit au mépris de celle-ci, ne forment l'objet du droit de l'institué qu'en qualité de biens héréditaires, et à partir seulement du décès de l'instituant; ce n'est donc qu'à dater de cette époque qu'ils deviennent prescriptibles. Cpr. § 213, texte, n° 1, lett. *d*. Demolombe, XXIII, 336.

[77] Ce principe est généralement admis. La controverse ne porte que sur son application. Cpr. les notes suivantes.

même *ultra vires*, du paiement de toutes les dettes et charges de la succession, à moins qu'il n'ait usé du bénéfice d'inventaire[78]. Au contraire, le donataire universel, qui se trouve en concours avec des héritiers à réserve, et le donataire à titre universel ne sont personnellement tenus du paiement des dettes et charges de la succession que proportionnellement à leur part héréditaire, et ils n'en sont point tenus *ultra vires*, lors même qu'ils n'auraient pas eu recours au bénéfice d'inventaire[79]. Enfin, le donataire particulier n'est soumis à aucune obligation personnelle en ce qui concerne le paiement des dettes et charges de la succession de l'instituant[80].

Quant aux legs, l'institué n'est tenu de les acquitter ou de contribuer à leur paiement, que lorsqu'il s'agit de legs valables à son égard, d'après la disposition de l'art. 1083[81]. Hors de ce cas, l'acquittement des legs reste à la charge exclusive des héritiers *ab intestat* ou des légataires.

d. Tout ce qui a été dit, à la lettre *c*, sur les droits et obligations de l'époux institué, doit être étendu, *mutatis mutandis*, aux enfants et descendants issus du mariage, qui lui ont été expressément ou tacitement substitués.

Ces derniers sont, en cas de prédécès de l'institué, et sous la condition de leur survie à l'instituant, appelés à recueillir, *jure suo*, les biens compris dans l'institution, qu'ils partagent entre eux, suivant les règles admises en matière de succession.

---

[78] Chabot, *op. cit.*, sur l'art. 774, n° 14. Merlin, *op. et v° citt.*, § 11, n° 2. Duranton, IX, 721. Cpr. § 723, texte, n° 1, *in principio*.

[79] Duranton, *loc. cit.*, Cpr. § 723, texte, n° 1, notes 5 à 6, et texte, n° 2. Voy. en sens contraire Chabot, Merlin, et Demolombe, *locc. citt.*; Douai, 8 août 1864, Sir., 64, 2, 697. D'après ces auteurs et cet arrêt, les donataires dont il est question au texte seraient soumis à l'obligation de payer, même *ultra vires*, les dettes et charges de la succession, lorsqu'ils n'ont pas eu recours au bénéfice d'inventaire. L'opinion, sur ce point, de Chabot et Merlin se rattache à celle que nous avons déjà réfutée à la note 69 *supra*. Quant au sentiment de M. Demolombe, il se fonde sur la théorie que nous avons combattue aux §§ 582 et 583, et aux notes 5 et 6 du § 723. — Il est, du reste, bien entendu qu'en l'absence d'un inventaire régulier, les donataires dont il est ici question, pourraient se trouver soumis à l'obligation de payer les dettes et charges héréditaires, même au delà de leur émolument, faute par eux de justifier d'une manière régulière de la consistance de cet émolument.

[80] Cpr. art. 1024; § 723, texte, n° 3.

[81] Cpr. texte, n° 3, et notes 46 à 49 *supra*.

L'application de ce principe conduit aux conséquences suivantes :

α. L'institué et l'instituant ne peuvent, même d'un commun accord, anéantir ou modifier le droit éventuel dont les enfants et
descendants, nés et à naître du mariage en faveur duquel l'institution contractuelle a eu lieu, se trouvent saisis, en leur propre
nom, par la substitution vulgaire, expresse ou tacite, faite à leur
profit[82].

6. Ces enfants et descendants sont autorisés à accepter le bénéfice de l'institution, tout en renonçant à la succession de l'institué[83].

γ. Les enfants au premier degré partagent par tête. Les descendants d'enfants décédés avant l'instituant concourent avec les
enfants survivants. Le partage, dans ce cas, se fait par souche[84].

∂. Les enfants au premier degré, ou les descendants d'un degré
ultérieur, qui sont décédés sans enfants ou descendants avant
l'instituant, sont censés n'avoir jamais existé quant à l'institution,
dont l'émolument se partage entre les survivants de la manière
qui vient d'être indiquée[85].

Si, de deux époux institués conjointement[86], l'un décède avant
l'instituant, et que l'autre lui survive, la part du prémourant accroît au survivant[87]. Ce dernier est donc préféré aux enfants et
descendants issus du mariage, à moins cependant qu'ils n'aient
été substitués qu'au prémourant, auquel cas ils l'emportent sur
le survivant[88].

---

[82] Duranton, IX, 688 à 690. Grenier, II, 415 et 416. Merlin, *op. et
v° citt.*, § 13, n°ˢ 5 et 6. Zachariæ, § 739, texte, t. IV, p. 404.

[83] Toullier, V, 840. Grenier, II, 418. Duranton, IX, 679. Coin-Delisle sur
l'art. 1082, n° 41. Demolombe, XXIII, 327. Zachariæ, § 739, texte et note 14.

[84] Merlin, *op. et v° citt.*, § 13, n°ˢ 1 et 2. Grenier, II, 419. Toullier,
V, 843. Duranton, IX, 684 à 687. Colmet de Santerre, IV, 255 *bis*, IV. Demolombe, XXIII, 328. Zachariæ, § 739, texte et note 12.

[85] Duranton, IX, 687. Demolombe, *loc. cit.*

[86] Voy. sur ce qu'on doit entendre par une disposition faite conjointement :
§ 726, texte et notes 32 à 46.

[87] Ce droit d'accroissement résulte évidemment de la combinaison des
art. 1089, 1044 et 1045. Grenier, II, 422. Toullier, V, 844. Troplong, IV,
2363. Demolombe, XXIII, 326.

[88] Demolombe, *loc. cit.* — Toullier (*loc. cit.*) n'admet le droit d'accroissement que dans le cas où il n'existe pas d'enfants ou de descendants issus du
mariage. La solution adoptée au texte est conforme aux principes qui ont été
développés au § 726, texte et note 28.

Au cas, au contraire, où les époux, quoique institués tous deux, ne l'ont pas été conjointement, la part du prémourant n'accroît pas au survivant. Elle est recueillie par les enfants et descendants, lorsqu'ils ont été substitués, soit aux deux époux, soit à l'époux prédécédé. Elle devient caduque, lorsqu'ils n'ont été substitués qu'à l'époux survivant.

Toutes les règles qui viennent d'être développées relativement au prédécès, soit de l'époux ou de l'un des époux institués, soit de l'un ou l'autre des enfants ou descendants substitués, s'appliquent également au cas de renonciation, de la part de ces personnes, au bénéfice de l'institution ou de la substitution faite à leur profit[89].

Lorsque l'institué survit à l'instituant, et qu'il accepte la disposition faite en sa faveur, le droit éventuel de substitution des enfants ou descendants nés ou à naître du mariage s'éteint.

L'institué, qui a une fois recueilli les biens compris dans l'institution, peut en disposer comme bon lui semble. Les enfants ou descendants substitués n'y ont pas plus de droit qu'aux autres biens qui composent sa succession, et ils ne peuvent y prétendre qu'en acceptant cette dernière[90].

4° De la caducité, et de la révocation de l'institution contractuelle.

a. L'institution contractuelle devient caduque, lorsque ceux au profit desquels elle a été faite, soit en première, soit en seconde ligne, se trouvent, les uns et les autres, dans l'impossibilité de la recueillir pour une cause quelconque. Il en est ainsi notamment[51] :

Dans le cas prévu par l'art. 1088[92];

Lorsque l'époux ou les époux institués sont décédés avant l'instituant, sans laisser de postérité issue du mariage en faveur duquel l'institution contractuelle a été faite[93], comme aussi lorsque

---

[89] Cpr. note 29 *supra*.

[90] Toullier, V, 839. Duranton, IX, 680. Demolombe, XXIII, 327.

[91] Cpr. sur la caducité en général : § 726.

[92] Cpr. sur l'interprétation de cet article : § 737.

[93] L'existence d'enfants ou de descendants issus d'un autre mariage, n'empêcherait pas la caducité de l'institution contractuelle. L'art. 1089 s'exprime, à la vérité, d'une manière absolue, en disant *et à sa postérité*; mais il est évident que le législateur n'a entendu parler que de la postérité issue du mariage en considération duquel l'institution a eu lieu, puisque les enfants et descendants à naître de ce mariage peuvent seuls être appelés à recueillir, par voie de substitution vul-

les enfants et descendants issus de ce mariage sont eux-mêmes prédécédés sans postérité légitime. Art. 1089.

b. L'institution contractuelle est encore caduque, lorsque l'époux ou les époux institués, et les enfants ou descendants substitués, renoncent, les uns au bénéfice de l'institution, les autres à celui de la substitution [94].

L'institution contractuelle, devenue caduque par l'une ou l'autre des causes qui viennent d'être indiquées, est à considérer comme non avenue, et ne s'impute pas sur la quotité disponible. La caducité profite donc, dans les limites de cette quotité, aux donataires postérieurs et aux légataires, en ce sens qu'elle rend efficaces les dispositions faites à leur profit, qui, sans cette circonstance, auraient été, en tout ou en partie, privées d'exécution, comme portant atteinte, soit aux droits de l'institué, soit à ceux des héritiers à réserve [95].

gaire, le bénéfice de cette institution. Merlin, *Rép.* v° Institution contractuelle, § 12, n° 9. Grenier, II, 421. Duranton, IX, 722. Toullier, V, 842. Troplong, IV, 2357. Zachariæ, § 739, texte et note 37. Cpr. § 738, texte et note 5.

[94] Il est bien entendu qu'il ne peut être ici question que d'une renonciation purement abdicative, et non d'une renonciation faite en faveur d'une personne qui ne se trouverait point appelée à recueillir, exclusivement à toutes autres, le bénéfice de l'institution. Une renonciation de la dernière espèce constituerait plutôt une cession qu'une renonciation proprement dite, et n'entraînerait pas la caducité de l'institution. Cpr. art. 780.

[95] C'est bien à tort qu'on a essayé de contester la justesse de ces propositions, pour le cas où l'institution contractuelle est devenue caduque par suite de renonciation, et qu'on a voulu soutenir, en se fondant sur l'art. 786, que le bénéfice de la renonciation devait, en pareil cas, tourner au profit exclusif des héritiers *ab intestat*. L'art. 786 est étranger à l'hypothèse dont s'agit, puisque l'institué n'étant pas appelé, en vertu du même titre que les héritiers *ab intestat*, à la succession de l'instituant, n'est évidemment pas le cohéritier de ces derniers, dans le sens de l'article précité. La dévolution des biens formant l'objet de la renonciation, ne doit pas se régler d'après l'art. 786, mais d'après le principe que la caducité d'une disposition à titre gratuit tourne toujours au profit de ceux au préjudice desquels cette disposition aurait reçu son exécution. Cpr. § 726, texte et notes 23 à 25. De quel droit, d'ailleurs, les héritiers *ab intestat* voudraient-ils imputer sur la quotité disponible, une disposition devenue caduque, et qui, par cela même, est à considérer comme n'ayant jamais existé? De quel droit surtout se pourvoiraient-ils en réduction contre les donataires ou légataires gratifiés postérieurement à l'institution contractuelle, quoique, par suite de la caducité de cette institution, ils se trouvent remplis de leur réserve? Voy. dans le sens de notre opinion : Maleville, sur

L'institution contractuelle ne devient pas caduque par la mort de l'instituant avant la célébration du mariage en faveur duquel elle a été faite [96].

L'institution contractuelle est révocable pour inexécution des charges imposées à l'institué [97]. Mais, la révoca tion ne peut en être demandée pour cause d'ingratitude, à moins qu'elle n'ait été faite par l'un des époux au profit de l'autre [98].

Toute institution contractuelle, autre que celle qui a été faite par l'un des futurs époux au profit de l'autre, est révoquée, de plein droit, par survenance d'enfant [99].

5° De la promesse d'égalité [95].

La clause d'un contrat de mariage par laquelle des pères et mères s'engagent, en mariant un de leurs enfants, à lui laisser, dans leur succession, une part égale à celle des autres, vaut au profit du futur époux, par rapport à ses frères et sœurs, comme institution contractuelle [101] d'une part héréditaire dans la

---

l'art. 786 ; Benech, *De la quotité disponible entre époux*, p. 472 à 475 ; Troplong, IV, 2356 ; Bonnet, II, 458 ; Demolombe, XXIII, 340 ; Toulouse, 15 avril 1842, Sir., 42, 2, 385 ; Req. rej., 20 décembre 1843, Sir., 44, 1, 214 ; Bordeaux, 5 février 1844, Sir., 44, 2, 345 ; Agen, 22 avril 1844, Sir., 44, 2, 391 ; Riom, 6 mai 1846, Sir., 46, 2, 397. Cpr. Req. rej. 29 novembre 1858, Sir. 59, 1, 573.

[96] Grenier, II, 428.

[97] Merlin, *Rép.*, v° Institution contractuelle, § 12, n° 1. Zachariæ, § 739, texte et note 16.

[98] Art. 959. Voy. § 708, texte et notes 10 à 12; § 737, texte et note 2.

[99] Art. 960. Voy. § 709, texte, n° 2, et notes 12 à 16; § 737, texte et note 3.

[100] Cette clause est aussi désignée sous les noms d'*assurance de part héréditaire*, ou *de réserve à succession*.

[101] Merlin, *Rép.*, v° Institution contractuelle, § 6, n° 3. Rolland de Villargues, *Rép. du notariat, eod. v°*, n° 33. Duranton, IX, 698. Coin-Delisle, sur l'art. 1082, n° 65. Troplong, IV, 2376. Bonnet, I, 275. Demolombe, XXIII, 302. Paris, 26 janvier 1833, Sir., 33, 2, 197. Req. rej., 11 mars 1833, Sir., 34, 1, 178. Douai, 28 mars 1835, Sir., 35, 2, 379. Req. rej., 8 décembre 1837, Sir., 38, 1, 476. Amiens, 15 décembre 1838, Sir., 39, 2, 204. Limoges, 20 février 1844, Sir., 46, 2, 21. Bordeaux, 22 février 1858, Sir., 58, 2, 561. Bordeaux, 20 janvier 1863, Sir., 63, 2, 98. — MM. Championnière et Rigaud (*Traité des droits d'enregistrement*, IV, 2951) sont, à notre connaissance, les seuls auteurs modernes qui soutiennent, que la promesse d'égalité ne constitue pas une institution contractuelle. Ils se fondent : 1° Sur un passage que, par erreur, ils

quotité disponible, et ne vaut, du moins, en général, que comme telle [102].

Cette clause ne lie le père ou la mère que vis-à-vis de l'enfant qui figure comme futur époux au contrat de mariage, et non à l'égard des autres, quand même ils auraient stipulé dans ce contrat [103].

Elle a pour unique objet de garantir l'institué contre les dispositions ultérieures que l'instituant pourrait faire au profit de ses autres enfants ou descendants, et non contre celles qu'il ferait en faveur d'étrangers [104].

---

attribuent à Lebrun, tandis qu'il appartient à son annotateur Espiard, et suivant lequel la promesse d'égalité ne constituerait, ni une institution contractuelle, ni même une disposition entre-vifs ou à cause de mort, mais un simple pacte de famille, obligatoire comme tel. Lebrun, *Des successions*, liv. III, chap. II, n° 12. 2° Sur un arrêt de la Cour de cassation du 15 décembre 1818. 3° Sur ce que la promesse d'égalité n'enlève pas à celui qui l'a faite, la faculté de disposer à titre gratuit au profit d'étrangers. Nous répondrons : 1° L'opinion d'Espiard conduirait à refuser à la promesse d'égalité toute espèce d'efficacité sous l'empire de notre législation nouvelle, puisqu'elle constitue évidemment un pacte sur succession future, qui ne peut valoir que comme institution contractuelle ; cette considération doit suffire pour faire rejeter cette opinion. 2° L'arrêt de la Cour de cassation, invoqué par MM. Championnière et Rigaud, est étranger au point en discussion. Cet arrêt, que nous citons à la note 107 *infra*, a statué sur une tout autre question. 3° Si la promesse d'égalité n'enlève pas à celui qui l'a faite la faculté de disposer à titre gratuit au profit d'étrangers, cela n'empêche pas qu'elle ne vaille, comme institution contractuelle, à l'égard des frères et sœurs de celui au profit duquel elle a eu lieu.

[102] Il pourrait se présenter des circonstances dans lesquelles la promesse d'égalité emporterait donation entre-vifs de biens présents. Si, par exemple, un père avait fait, par contrat de mariage, une donation entre-vifs de biens présents à sa fille, et lui avait en même temps promis de l'égaliser dans le cas où il avantagerait ses autres enfants au delà de ce qu'il lui a donné, une pareille promesse constituerait une donation conditionnelle, qui donnerait ouverture à une action en égalisation, du moment où des avantages excédant celui qui se trouve fait par le contrat de mariage, auraient eu lieu au profit d'un autre enfant. Merlin, *op. et loc. citt.*, *in fine*.

[103] La raison en est que l'institution contractuelle ne peut avoir lieu qu'au profit des futurs époux et des enfants à naître du mariag. Art. 1082. Cpr. texte et notes 21 à 23 *supra*. Merlin, *Rép.*, v° Institution contractuelle, § 6, n° 11. Duranton, IX, 656 et 658. Delvincourt, II, p. 422. Demolombe, XXIII, 304. Bordeaux, 22 février 1858, Sir., 58, 2, 561.

[104] Le père qui promet à l'un de ses enfants de maintenir l'égalité entre lui et ses autres enfants, ne s'interdit que les dispositions qui la violeraient, par

Cette clause enfin n'a d'effet que jusqu'à concurrence de la part héréditaire du futur époux dans la quotité disponible[105].

Il résulte de la combinaison de ces diverses propositions, que l'instituant conserve la faculté de disposer, au profit d'un autre enfant, de tout ce qui excède la part héréditaire de l'institué dans la quotité disponible[106], et, au profit d'un étranger, de la totalité de cette même quotité[107].

suite des avantages qu'elles conféreraient à ces derniers au préjudice du premier. Cpr. note 107 *infra*.

[105] On dit ordinairement que la promesse d'égalité renferme, en faveur de celui au profit duquel elle est faite, une institution contractuelle de la portion qui doit lui revenir *ab intestat*. Cette manière de s'exprimer n'est pas entièrement exacte, puisque la part revenant à l'institué dans la réserve est indisponible, et qu'il la tient, non du défunt, mais de la loi. Il vaut donc mieux s'exprimer ainsi que nous l'avons fait au texte. Du reste, le montant de la quotité disponible se calcule, conformément à la règle ordinaire, d'après le nombre des enfants ou descendants existants au jour du décès de l'instituant. Si, par exemple, ce dernier ne laisse, y compris l'institué, que deux enfants, la quotité disponible sera d'un tiers, et l'institution contractuelle portera sur la moitié de ce tiers ou sur un sixième, bien qu'il ait existé trois enfants au moment où elle a été faite. *Vice versâ*, la quotité disponible ne sera que d'un quart, et l'institution contractuelle ne portera que sur le tiers de ce quart, c'est-à-dire sur un douzième, si l'instituant, qui n'avait que deux enfants, y compris l'institué, lors du contrat de mariage de ce dernier, en laisse trois à son décès. Duranton, IX, 698. Grenier, II, 425 *bis*. Cpr. cep. Limoges, 20 février 1844, Sir., 46, 2, 21.

[106] Ainsi, par exemple, s'il existe six enfants y compris l'institué, l'institution contractuelle ne vaudra que jusqu'à concurrence d'un sixième dans le quart formant le montant de la quotité disponible, c'est-à-dire jusqu'à concurrence d'un vingt-quatrième, et l'instituant aura pu valablement disposer, même au profit de l'un de ses enfants, des cinq autres vingt-quatrièmes formant le surplus de la quotité disponible. L'institué n'a point à se plaindre, car il a reçu tout ce qui lui avait été promis ; et, si l'égalité a été violée, elle ne l'a point été à son préjudice. Duranton, *loc. cit.* Troplong, IV, 2380. Demolombe, XXIII, 305.

[107]. Cpr. note 104 *supra*. Delvincourt, II, p. 422. Grenier, II, 425 *bis*. Duranton, IX, 699. Bonnet, *Dispositions par contrat de mariage*, I, 275, et *Partages d'ascendants*, I, 101 et 102. Demolombe, XXIII, 306. Zachariæ, § 739, note 2. Civ. cass., 15 décembre 1818, Sir., 19, 1, 119. Voy. en sens contraire : Merlin, *Rép.*, v° Institution contractuelle, § 8, n° 8 ; Troplong, IV, 237 ; Rolland de Villargues, *Rép. du not.*, v° Institution contractuelle, n° 50 ; Coin-Delisle, sur l'art. 1082, n° 65. La critique que Merlin a faite de l'arrêt de la Cour de cassation ci-dessus cité, repose sur la fausse supposition qu'il s'agissait, dans l'espèce sur laquelle cet arrêt a statué, d'une institution contractuelle ordinaire, tandis que les termes du contrat de mariage qui a donné naissance à la contes-

Du reste, la promesse d'égalité devient sans objet, lorsque celui dont elle émane n'a pas laissé d'autres enfants que celui au profit duquel elle a été faite [108].

§ 740.

c. *Des dispositions ayant cumulativement pour objet des biens présents et des biens à venir* [1].

Lorsque deux donations distinctes, dont l'une a pour objet tout ou partie des biens présents du donateur, et l'autre, tout ou partie de ses biens à venir, se trouvent renfermées dans un même contrat de mariage, la réunion de ces deux donations dans un seul acte instrumentaire, ne les fait pas dégénérer en une disposition unique d'une nature particulière. Malgré cette circonstance, elles n'en restent pas moins indépendantes l'une de l'autre, de telle sorte que chacune d'elles est régie par les règles qui lui sont propres, et qui ont été exposées aux §§ 738 et 739 [2].

Au contraire, lorsqu'un contrat de mariage renferme une seule et même disposition portant cumulativement sur tout ou partie des biens présents et à venir du donateur, on ne saurait plus considérer une pareille disposition comme un simple assemblage de deux donations distinctes, dont l'une aurait pour objet les biens présents, l'autre, les biens à venir; on doit y voir une donation

---

tation, indiquent clairement que l'instituant n'avait en vue qu'une promesse d'égalité.

[108] En effet, la promesse d'égalité, qui suppose, de sa nature, la coexistence de plusieurs enfants, n'a plus d'application possible, lorsque l'enfant en faveur duquel elle a été faite, vient seul à la succession. Demolombe, XXIII, 307. Bordeaux, 12 mai 1848, Sir., 48, 2, 417. Paris, 1er décembre 1855, Sir., 56, 2, 398. Voy. cep. Limoges, 23 juillet 1862, Sir., 63, 2, 98. Cet arrêt, d'après lequel la promesse d'égalité emporterait interdiction absolue de disposer, non-seulement en faveur des frères et sœurs de celui auquel l'égalité a été promise, mais encore au profit d'étrangers, dénature complétement l'objet de cette clause, et en étend arbitrairement la portée.

[1] Cpr. sur cette matière : Avis du Conseil d'État des 19-22 décembre 1809 ; *Dissertation*, par Delalleau, Sir., 15, 2, 249. Voy. aussi l'intéressant aperçu historique que donne M. Troplong (IV, 2382 à 2397) sur ce genre de disposition.

[2] Demolombe, XXIII, 347. Req. rej., 18 mai 1835, Sir., 35, 1, 862. Req. rej., 30 janvier 1839, Sir., 39, 1, 443.

unique, d'une nature particulière [3], et qui est régie par les dispositions des art. 1084 et 1085 [4].

[3] Zachariæ, § 740, note 8. Nîmes, 9 novembre 1859, Sir., 59, 2, 644.
Limoges, 26 novembre 1872, Sir., 74, 2, 10. — Delvincourt (II, part. I, p. 111,
et part. II, p. 429 à 432) enseigne, au contraire, d'après Furgole (*Obs. sur l'art.* 17
de l'ordonnance de 1731) et Lebrun (*Des successions,* liv. III, chap. II, n° 37),
que, même dans cette hypothèse, on doit admettre l'existence de deux donations
distinctes, dont l'une, ayant pour objet les biens présents, saisit actuellement
le donataire de la propriété de ces biens, et n'est pas subordonnée à la condition
de sa survie, et dont l'autre, portant sur les biens à venir, peut seule être assimilée à une institution contractuelle. Mais ce système est évidemment inconciliable avec les art. 1084, 1085, et 1089. Et d'abord, si la donation cumulative
de biens présents et à venir ne s'était présentée à l'esprit du législateur que
comme un assemblage de deux donations simplement juxtaposées, mais d'ailleurs entièrement distinctes l'une de l'autre, il n'aurait pas songé à lui consacrer des dispositions spéciales. Dans ce système, il devenait en effet inutile
d'attribuer au donataire, par une disposition formelle, un droit d'option qui
résultait nécessairement de la disjonction même des deux donations renfermées
dans la donation cumulative de biens présents et à venir ; et il eût même été
peu rationnel de subordonner à la confection d'un état des dettes et charges
existantes au jour de la donation, une option qui, découlant du Droit commun,
ne devait, par cela même, être assujettie à aucune condition particulière. D'un
autre côté, la faculté accordée au donataire de scinder la donation cumulative
de biens présents et à venir faite en sa faveur, ne pouvant être exercée qu'au
décès du donateur, n'en résulte-t-il pas que, jusqu'à ce moment, la loi ne voit
dans une pareille donation qu'une disposition unique, qui ne saisit pas plus le
donataire des biens présents qu'elle ne le saisit des biens à venir, et dont l'effet,
en ce qui concerne les premiers aussi bien que les seconds, est soumis au décès
du donateur et à l'exercice de l'option à laquelle ce décès donne ouverture ?
Comment enfin serait-il possible de soutenir que la donation cumulative de
biens présents et à venir n'est point, en ce qui concerne les biens présents,
subordonnée à la condition de la survie du donataire, en présence de l'art. 1089,
qui dit positivement le contraire ? Aussi Delvincourt est-il resté à peu près seul
de son avis. De tous les auteurs modernes, M. Guilhon (II, 903) est, à notre connaissance, le seul qui se soit prononcé en faveur de son système, que la jurisprudence et la doctrine ont également repoussé. Cpr. les autorités citées aux
notes 9 à 11 *infra.*

[4] Il pourrait, toutefois, se présenter telles circonstances à raison desquelles
une donation, quoique comprenant les biens présents et les biens à venir du donateur, ne devrait être considérée que comme une institution contractuelle pure
et simple, régie par les dispositions des art. 1082 et 1083. Cpr. Zachariæ,
§ 740, note 2 ; Bordeaux, 17 novembre 1828, Sir., 29, 2, 251. Voy. aussi
texte et note 13 *infra.*

Du reste, la question de savoir si telles ou telles dispositions, faites par contrat de mariage, rentrent dans la première ou dans la seconde des hypothèses qui viennent d'être indiquées, est une question de fait et d'interprétation d'acte, qui se trouve par cela même abandonnée à l'appréciation des tribunaux [5].

La donation cumulative de biens présents et à venir ne diffère, à vrai dire, de l'institution contractuelle, que par le droit d'option dont jouit le donataire, droit en vertu duquel il est, sous certaines conditions, et après le décès du donateur, autorisé à scinder la disposition faite à son profit, c'est-à-dire à répudier les biens à venir pour s'en tenir aux biens présents [6].

La similitude qui existe, sauf le droit d'option dont il vient d'être parlé, entre la donation de biens présents et à venir et l'institution contractuelle, conduit entre autres aux conséquences suivantes :

a. La donation de biens présents et à venir ne peut avoir lieu que par contrat de mariage, et ne peut être faite qu'au profit des futurs époux et des enfants ou descendants à naître du mariage [7]. Art. 1084.

b. Sauf déclaration contraire, cette donation est, de plein droit, censée faite au profit des enfants et descendants à naître du mariage, pour le cas où les donataires en premier ordre ne pourraient ou ne voudraient l'accepter [8]. Ce cas arrivant, ces enfants et descendants sont appelés à recueillir, *jure suo*, et en vertu d'une

---

[5] Bonnet, II, 549. Demolombe, XXIII, 364. Cpr. les arrêts cités à la note 2 *supra.*

[6] Voyez, pour la justification de cette proposition, les développements donnés à la note 3, *supra*, et les autorités citées aux notes 9 à 11 *infra.*

[7] Cpr. § 739, texte n° 2, notes 10 à 12 et 21 à 23. Une donation cumulative de biens présents et à venir serait donc nulle, même quant aux biens présents, si elle n'avait pas été faite par contrat de mariage, ou si elle avait eu lieu au profit de personnes autres que les futurs époux, et les enfants ou descendants à naître de leur mariage. Cpr. § 739, texte n° 2, notes 35 et 36.—Il est toutefois bien entendu que les tribunaux pourraient, par interprétation de l'acte, et par application de la règle *Actus intelligendi sunt potius ut valeant quam ut pereant*, décider qu'une disposition qui serait entachée de nullité, en tant qu'on y verrait une donation cumulative de biens présents et à venir, comprend deux donations distinctes, et reconnaître ainsi la validité de cette disposition quant aux biens présents, conformément à l'art. 943. Cpr. texte et note 5 *supra.*

[8] Arg. art. 1089. Cpr. § 739, texte n° 2, notes 27 et 29. Zachariæ, § 740, texte, t. IV, p. 409.

substitution vulgaire, tant les biens présents que les biens à venir compris dans la donation [9].

c. Le donataire de biens présents et à venir, bien qu'il soit, du vivant même du donateur, saisi de son droit considéré d'une manière abstraite, n'est cependant saisi, que par le décès de ce dernier, de la propriété des biens faisant l'objet de la donation. Il n'y a, à cet égard, aucune distinction à faire entre les biens à venir et les biens présents. Les uns et les autres demeurent, pendant la vie du donateur, la propriété de ce dernier, qui peut les aliéner à titre onéreux, et sur lequel ils peuvent être saisis, sous la réserve des droits du donataire, sans que celui-ci soit admis à s'opposer à l'aliénation ou à la saisie [10].

d. La donation de biens présents et à venir devient caduque, pour les premiers comme pour les seconds [11], lorsque le donateur survit tant au donataire, qu'aux enfants et descendants issus du mariage en vue duquel elle a été faite. Art. 1089.

---

[9] Ces enfants et descendants peuvent donc réclamer même les biens présents compris dans la disposition, tout en renonçant à la succession des donataires en premier ordre; et la cession de leurs droits successifs dans les hérédités délaissées par ces derniers ne comprend pas les biens dont s'agit. Cpr. § 739, texte, n° 3, lettre *d.* Ricard, *Des donations*, part. I, n° 1063. Auroux-des-Pommiers, *Coutume de Bourbonnais*, sur l'art. 20. Delalleau, *op. cit.* Toullier, V, 858 et 859. Grenier, II, 434. Duranton, IX, 735 et 736. Poujol, sur l'art. 1085, n° 5. Coin-Delisle, sur l'art. 1085, n°s 2 et 3. Troplong, IV, 2409. Bonnet, II, 542 et 543. Colmet de Santerre, IV, 267 *bis*, II. Demolombe, XXIII, 352. Req. rej., 19 décembre 1843, Sir., 44, 1, 273. Cpr. Req. rej., 11 janvier 1827, Sir., 27, 1, 148; Req. rej., 3 juillet 1827, Sir., 27, 1, 507; Req. rej., 22 avril 1834, Sir., 34, 1, 235. Ces trois arrêts, qu'on a invoqués comme contraires à l'opinion émise au texte, n'ont pas positivement statué sur la question. Voyez, du reste, note 3 *supra*.

[10] Troplong, IV, 2402. Bonnet, II, 521. Demolombe, XXIII, 349. Zachariæ, § 740, texte et note 6. Bordeaux, 19 juillet 1831, Sir., 31, 2, 341. Cpr. Req. rej., 1er décembre 1829, Sir., 30, 1, 27; Civ. rej., 15 février 1830, Sir., 30, 1, 87. Voy. aussi les autorités citées à la note précédente. Toullier (V, 856 et 857) dit bien que le donateur ne peut plus aliéner les biens présents; mais il résulte évidemment de la suite de ses idées, qu'il n'a voulu dire autre chose, si ce n'est que l'aliénation faite par le donateur ne saurait porter atteinte aux droits du donataire pour le cas où, en vertu de la faculté d'option dont il jouit, il déclarerait s'en tenir aux biens présents. Cpr. texte et note 20 *infra*.

[11] Toullier, V, 857. Vazeille, sur l'art. 1089, n° 3. Besançon, 5 janvier 1810, Sir., 13, 2, 346. Limoges, 8 janvier 1828, Sir., 28, 2, 331. Req. rej., 3 février 1835, Sir., 35, 1, 184. Voy. encore les autorités citées à la note 9 *supra*.

Le droit d'option, en vertu duquel les donataires en premier ordre et les substitués sont admis à s'en tenir aux biens présents, en répudiant les biens à venir, ne peut s'exercer qu'à la mort du donateur, et après l'ouverture de la succession. Ce droit, en outre, ne leur compète, qu'autant qu'il a été annexé au contrat de mariage qui contient la donation, un état des dettes et charges du donateur, existantes à l'époque où elle a été faite. Art. 1084.

En l'absence de cet état, qui ne peut être suppléé par une simple déclaration indiquant le montant total des dettes [12], la donation de biens présents et à venir dégénère en une institution contractuelle pure et simple [13]. Art. 1085. Il en est de même lorsque, malgré l'existence d'un pareil état, le donataire opte pour l'exécution intégrale de la disposition. Dans ces deux cas, la donation de biens présents et à venir est entièrement et exclusivement régie par les règles développées au paragraphe précédent.

Ainsi, le donataire est tenu de respecter les aliénations à titre onéreux faites sans fraude par le donateur, lors même qu'elles auraient eu pour objet des biens présents [14].

Ainsi encore, il est, en ce qui concerne le paiement des dettes et charges du donateur, soumis aux mêmes obligations que l'institué. Il est donc non-seulement tenu de celles qui existaient déjà à l'époque de la donation, mais encore de celles qui n'ont été contractées que depuis [15]. Dans le cas prévu par l'art. 1006, il en est tenu *ultra vires*, à moins qu'il n'ait recours au bénéfice d'inventaire [16]. Hors de ce cas, c'est-à-dire s'il se trouve en concours

---

[12] Bonnet, II, 530. Demolombe, XXIII, 360. Limoges, 19 mars 1841, Sir., 41, 2, 442. Cpr. Limoges, 26 novembre 1872, Sir., 74, 2, 10.

[13] Delvincourt, II, part. I, p. 111. Toullier, V, 555. Grenier, II, p. 432. Duranton, IX, 731 et 733. Colmet de Santerre, IV, 258 *bis*, I. Demolombe, XXIII, 345. Civ. rej., 17 mai 1815, Sir., 15, 1, 349. Civ. rej., 27 février 1821, Sir., 21, 1, 236. Grenoble, 19 janvier 1847, Sir., 48, 2, 144. Limoges, 26 novembre 1872, Sir., 74, 2, 10. Voy. cep. Troplong, IV, 2418.

[14] Cpr. § 739, texte n° 3. Vazeille, sur l'art. 1084, n° 3. Troplong, IV, 2414.

[15] Tel est le véritable sens des expressions finales de l'art. 1085 : « Et il sera tenu au paiement de *toutes* les dettes et charges de la succession. »

[16] Cpr. § 739, texte, n° 3, et note 78. — Suivant M. Troplong (IV, 2415 à 2417), qui adopte la doctrine émise dans un arrêt de la Cour de cassation du 29 février 1820 (Req. rej., Sir., 20, 1, 254), le donataire de biens présents et à venir ne serait jamais tenu des dettes *ultra vires*. Il en était sans doute ainsi dans le Droit coutumier, d'après lequel les légataires universels eux-mêmes n'étaient pas considérés comme les continuateurs de la personne du défunt, et qui, tout

avec des héritiers à réserve, ou si la donation faite à son profit n'est qu'à titre universel, il n'est personnellement obligé au paiement des dettes et charges grevant la succession du donateur que proportionnellement à sa part héréditaire [17], et il ne l'est pas *ultra vires*.

D'un autre côté, le donataire est admis à réclamer indistinctement tous les effets mobiliers qui se trouvent dans la succession du donateur, bien que ceux de ces effets qui existaient déjà à l'époque de la donation, n'aient point été décrits et estimés conformément à l'art. 948 [18].

Au contraire, lorsque l'état des dettes exigé par l'art. 1084 a été annexé à la donation de biens présents et à venir, et que le donataire opte pour les biens présents, en renonçant au surplus des biens du donateur, la disposition faite en sa faveur se transforme en une donation de biens présents, et se trouve comme telle régie par les règles indiquées au § 738. De là résultent, entre autres, les conséquences suivantes :

a. Le donataire n'est tenu que des dettes et charges existantes à

en permettant exceptionnellement de se donner un héritier par contrat de mariage, ne l'admettait cependant qu'au moyen d'une institution formelle. Mais ces anciens principes ont évidemment été modifiés par l'art. 1006. Aujourd'hui que le légataire universel, qui ne se trouve pas en concours avec des héritiers à réserve, représentant la personne du défunt, jouit incontestablement de la saisine héréditaire, et se trouve par suite soumis à l'obligation de payer *ultra vires* les dettes de la succession, on ne voit pas pourquoi il en serait autrement d'un donataire de tous biens présents et à venir, qui, en l'absence d'héritiers à réserve, recueillerait de fait l'universalité des biens héréditaires. D'ailleurs, si l'opinion de M. Troplong était exacte, ne faudrait-il pas également l'appliquer à une institution contractuelle faite sous la qualification de donation de tous biens à venir ? Et ne serait-ce pas attacher à une simple différence de mots une importance incompatible avec l'esprit de notre législation nouvelle, que d'attribuer des effets différents à des dispositions qui, au fond, sont parfaitement identiques. Cpr. art. 1002, Toullier, V, 855. Coin-Delisle, sur l'art. 1084, n° 9. Demolombe, XXIII, 354.

[17] Zachariæ, § 740, texte et note 7. Toulouse, 26 novembre 1826, Sir., 27, 2, 110. Nîmes, 12 juin 1832, Sir., 32, 2, 321. Limoges, 16 décembre 1835, Sir., 36, 2, 92. Voy. en sens contraire : Req. rej., 12 novembre 1818, Sir., 19, 1, 391. Cet arrêt ne repose que sur une fausse interprétation de la disposition finale de l'art. 1085.

[18] Cpr. § 739, texte n° 2 et note 14. Toullier, V, 854, à la note. Grenier, II, 435. Duranton, IX, 733. Req. rej., 27 février 1821, Sir., 21, 1, 236.

l'époque de la donation, et dont l'état a été annexé au contrat de mariage qui la renferme [19].

Il est admis à demander la restitution ou le délaissement des immeubles présents compris dans la donation, que le donateur aurait aliénés, fût-ce même à titre onéreux, et à les faire déclarer francs et quittes de toutes les hypothèques et servitudes établies du chef du donateur postérieurement à la donation [20]. Toutefois, l'action qui lui compète à cet effet n'est recevable, qu'autant que la disposition faite à son profit a été soumise à la formalité de la transcription [21].

Quant aux objets mobiliers compris dans une donation cumulative de biens présents et à venir, le donataire ne peut, même à l'égard des héritiers du donateur, faire valoir cette disposition comme donation de biens présents, que pour ceux de ces objets qui ont été décrits et estimés conformément à l'art. 948 [22].

Du reste, la prescription des actions en délaissement compétant au donataire ne commence à courir, même dans l'hypothèse dont il s'agit actuellement, qu'à partir du décès du donateur [23].

---

[19] Cpr. § 706, texte, notes 6 et 7.

[20] Toullier, V, 856. Troplong, IV, 2401. Duranton, IX, 737. Bonnet, II, 534. Demolombe, XXIII, 363. Zachariæ, § 740, texte et note 9.

[21] Cpr. § 704, texte A, n° 2, et note 7.

[22] Cpr. § 660; § 735 *bis*, texte et note 3; texte et note 18 *supra*. Quoique Toullier (V, 854, à la note) et Grenier (II, 435) n'expriment pas d'une manière bien nette leur opinion sur la question actuelle, nous croyons cependant qu'ils n'ont entendu écarter l'application de l'art. 948, que pour le cas où la donation cumulative de biens présents et à venir dégénère en une pure institution contractuelle, et non pour l'hypothèse où le donataire entend la faire valoir comme donation de biens présents. Voy. en ce sens : Rolland de Villargues, *Rép. du notariat*, v° Donation en faveur de mariage, n° 38; Vazeille, sur l'art. 1084, n° 2; Colmet de Santerre, IV, 257 *bis*, III et IV ; Demolombe, XXIII, 368 ; Zachariæ, § 740, texte et note 3 ; Req. rej., 27 février 1821, Sir., 21, 1, 236. Voy. en sens contraire : Duranton, IX, 733; Troplong, IV, 2444 ; Bonnet, II, 532.

[23] La donation cumulative de biens présents et à venir, ne devant être considérée que comme une institution contractuelle, aussi longtemps que le donataire n'a point fait usage de la faculté qu'il a de la diviser, et cette faculté ne pouvant être exercée qu'après le décès du donateur, il en résulte que, jusqu'à cet événement, le donataire de biens présents et à venir n'a pas, même en ce qui concerne les biens présents, de droits plus étendus qu'un simple donataire de biens

2. *Des dispositions faites, entre futurs époux, par contrat de mariage.*

§§ 741 et 742.

Les futurs époux peuvent, par leur contrat de mariage, faire l'un au profit de l'autre, ou se faire réciproquement l'un à l'autre, toutes les donations qu'un tiers est autorisé à faire en leur faveur par ce même contrat.

Ils ont donc la faculté de se donner, soit leurs biens présents, soit leurs biens à venir, soit cumulativement leurs biens présents et à venir ; et chacune de ces dispositions est, en général, régie par les règles développées aux §§ 738 à 740. Art. 1091 à 1093[1]. C'est ainsi notamment que, si la disposition entre futurs époux est une donation cumulative de biens présents et à venir, le donataire jouit du droit d'option attaché aux donations de ce genre[2].

Par exception au principe qui vient d'être posé, les donations entre futurs époux, soit de biens à venir, soit de biens présents

à venir, et que, dès lors, les principes admis en matière d'institution contractuelle doivent également recevoir leur application dans l'hypothèse dont il s'agit actuellement. Cpr. § 739, texte n° 3, lett. *b.* Civ. cass., 4 mai 1846, Sir., 46, 1, 482.

[1] Les donations de biens présents, quoique faites par contrat de mariage et entre futurs époux, étant, ainsi que cela résulte du rapprochement des art. 1092 et 1081, soumises aux règles qui régissent, en général, les donations entre-vifs, et ces dernières n'étant pas, de plein droit, subordonnées à la condition de la survie du donataire, la première partie de l'art. 1092 portant : « Toute donation « entre-vifs de biens présents, faite entre époux par contrat de mariage, ne sera « point censée faite sous la condition de survie du donataire, si cette condition « n'est formellement exprimée, » était à la rigueur inutile. Mais le législateur a cru devoir s'expliquer en termes exprès sur ce point pour trancher une controverse qui s'était élevée à ce sujet sous l'ancien Droit. Cpr. Grenier, II, 445. Il faut donc se garder de conclure, par argument *a contrario*, de la disposition précitée, que les donations entre-vifs de biens présents, faites en contrat de mariage par des tiers au profit des futurs époux, soient, de plein droit, subordonnées à la condition de la survie des donataires. Zachariæ, § 741, note 2.

[2] Demolombe, XXIII, 418. Zachariæ, § 741, note 2, *in fine.* Req. rej., 15 décembre 1813, Sir., 15, 1, 102.

et à venir, deviennent caduques par le prédécès du donataire[3], lors même qu'il laisse des enfants ou descendants issus de son mariage avec le donateur. Art. 1093. Il en serait toutefois autrement, si ces enfants ou descendants avaient été expressément substitués au donataire; dans ce cas, les dispositions dont s'agit ne deviendraient caduques que par le prédécès tant de ce dernier que des substitués[4].

D'un autre côté, les donations faites, entre futurs époux, par contrat de mariage, sont, à la différence de celles qui leur auraient été faites par des tiers, révocables pour cause d'ingratitude[5].

Enfin, ces donations ne sont pas révocables pour cause de survenance d'enfants[6]. Art. 960.

Les règles sur la capacité que supposent, dans la personne des futurs époux, les diverses dispositions dont il vient d'être parlé, ont été expliquées dans la matière du contrat de mariage.

---

[5] Req. rej., 20 décembre 1854, Sir., 56, 1, 207. — Lorsque la mort du donataire est le résultat d'un fait criminel de la part du donateur, la condition de survie est censée accomplie. Art. 1178. Troplong, IV, 2536. Demolombe, XXIII, 421. Caen, 13 décembre 1816, Sir., 18, 2, 187. Req. rej., 5 mai 1818, Sir., 19, 1, 162. Rouen, 8 mars 1838, Sir., 38, 2, 437.

[4] Il résulte bien de la disposition finale de l'art. 1093, qu'à la différence de ce qui a lieu dans les donations de biens à venir ou de biens présents et à venir, faites aux futurs époux par des tiers, les enfants et descendants à naître du mariage ne sont pas, de plein droit et par l'effet d'une substitution tacite, appelés, en cas de prédécès du donataire, à recueillir les donations de biens à venir ou de biens présents et à venir faites par les époux l'un à l'autre, et qu'ainsi ces donations deviennent, en général, caduques par l'événement de ce prédécès. Mais, comme la disposition exceptionnelle que contient à cet égard l'art. 1093 est uniquement fondée sur ce que, dans ces dernières donations, il n'existe pas, comme dans les premières, de motifs pour supposer au donateur l'intention de comprendre les enfants et descendants à naître dans sa libéralité, on doit conclure de là que cet article ne s'oppose pas à ce que, par une déclaration expresse, le donateur les comprenne dans la disposition. Duranton, IX, 759. Zachariæ, § 742, note 3. Cpr. Toullier, V, 908; Grenier, II, 448. Voy. en sens contraire : Delvincourt, II, 448; Coin-Delisle, sur l'art. 1093, n° 4; Troplong, IV, 2539; Colmet de Santerre, IV, 269 bis, II ; Demolombe, XXIII, 417.

[5] Cpr. § 708, texte et notes 10 à 12; § 737, texte et note 2.

[6] Cpr. § 709, texte, n° 2, et notes 12 à 16; § 737, texte et note 3.

III. DES DISPOSITIONS ENTRE ÉPOUX FAITES PENDANT LE MARIAGE[1].

§ 743.

Des dispositions entre époux pendant le mariage, sous le rapport de la forme.

Les époux peuvent, pendant le mariage, disposer en faveur l'un de l'autre, soit par acte de dernière volonté, soit par acte entre-vifs. Ce dernier mode peut être employé, alors même que la disposition a pour objet des biens à venir[2].

Lorsqu'ils disposent par acte de dernière volonté, ils doivent se conformer aux règles prescrites pour la forme des testaments, et lorsqu'ils disposent par acte entre-vifs, à celles qui sont prescrites pour la forme des actes portant donation entre-vifs.

De là résultent, en ce qui concerne les dispositions faites par acte entre-vifs, les conséquences suivantes :

---

[1] En Droit romain, les donations entre-vifs étaient, en général, prohibées entre époux, et, par suite, frappées de nullité. Néanmoins, lorsque l'époux donateur était décédé sans avoir changé de volonté, la donation se trouvait confirmée, en ce sens que ses héritiers étaient non recevables à l'attaquer. En pareil cas, on admettait par fiction que c'était une donation à cause de mort, permise entre époux, que le défunt avait entendu faire ; et cette fiction, nécessaire pour écarter la nullité résultant de la prohibition de la loi, conduisait tout naturellement à appliquer aux donations entre époux les règles sur les donations à cause de mort. Cpr. Ricard, partie I, chap. II, n°s 25 et 26 ; Pothier, *Des donations entre mari et femme*, n°s 1 et suiv.; Savigny, *System des heutigen römischen Rechts*, II, § 164; Troplong, IV, 2632 à 2639. Quant au système du Code civil, il repose sur une base toute différente. D'après les art. 1096 et 1097, les donations entre-vifs sont, en général, permises entre époux pendant le mariage ; et le seul caractère intrinsèque qui les distingue des donations faites entre époux par contrat de mariage, c'est qu'elles sont toujours et essentiellement révocables, tandis que ces dernières sont irrévocables. Ces observations suffisent pour démontrer qu'on s'exposerait à de graves erreurs en voulant appliquer aux donations faites entre époux pendant le mariage, les principes qui régissaient les donations à cause de mort. Voy. sur cette matière : *Des dispositions par contrat de mariage, et des dispositions entre époux*, par Bonnet; Paris, 1860, 3 vol. in-8.

[2] Arg. art. 943 cbn. 947. Troplong, IV, 2653. Colmet de Santerre, IV, 276. Demolombe, XXIII, 455 et 456. Civ. cass., dans l'intérêt de la loi, 22 juillet 1807, Sir., 7, 1, 361. Req. rej., 5 décembre 1816, Sir., 18, 1, 50.

a. Les actes portant de pareilles dispositions doivent, à peine de nullité, être passés dans la forme indiquée par l'art. 931 [3].

b. Ces dispositions doivent, à peine de nullité, être expressément acceptées par l'époux donataire [4]. Art. 932 à 938.

c. Lorsqu'elles ont pour objet des immeubles présents, elles ne deviennent efficaces à l'égard des tiers que par la transcription des actes qui les renferment [5]. Art. 939 à 942.

d. Lorsqu'elles ont pour objet, soit certains effets mobiliers, soit tout ou partie du mobilier présent du donateur [6], elles ne sont valables que pour les effets dont un état estimatif a été annexé à l'acte de donation [7]. Art. 948. La formalité dont s'agit s'applique même, pour ce qui regarde le mobilier présent, aux donations cumulatives de biens présents et à venir, en tant du moins que le donataire voudrait opter pour les biens présents [8]. Mais elle ne concerne pas les donations de biens à venir seulement [9].

---

[3] Toullier, V, 917. Grenier, II, 457. Troplong, IV, 2651. Colmet de Santerre, IV, 274 *bis*, II. Demolombe, XXIII, 445. Zachariæ, § 743, texte et note 1.

[4] Arg. *a contrario*, art. 1087. Toullier, V, 919. Grenier, II, 458. Duranton, IX, 744. Vazeille, sur l'art. 1096, n° 7. Coin-Delisle, *ibid.*, n° 10. Troplong, IV, 2653. Colmet de Santerre, IV, 276 *bis*, II. Demolombe, XXIII, 446. Zachariæ, § 743, texte et note 2. Rennes, 20 mars 1841, Sir., 41, 2, 418. Amiens, 24 novembre 1843, Sir., 47, 2, 343. Cpr. sur les art. 932 à 938 : §§ 658 et 659.

[5] Cpr. § 704, texte A, note 5, et texte B, note 47. Colmet de Santerre, 276 *bis*, V. Demolombe, XXIII, 447.

[6] Req. rej., 19 juin 1830, Sir., 30, 1, 325. Cpr. aussi § 660.

[7] Arg. *a contrario*, art. 947. L'art. 948 contient une règle générale qui s'applique indistinctement à toute donation entre-vifs d'effets mobiliers, et à laquelle aucune disposition spéciale n'a dérogé quant aux donations entre époux. Toullier, V, 917. Grenier, II, 459 *bis*. Vazeille, sur l'art. 948, n° 9. Colmet de Santerre, *loc. cit.* Demolombe, XXIII, 448. Zachariæ, § 743, texte et note 3. Civ. rej., 16 juillet 1817, Sir., 18, 1, 379. Voy. aussi l'arrêt cité à la note précédente. Voy. en sens contraire ; Duranton, 410.

[8] Cpr. § 660; § 735 *bis*, texte et note 3; § 740, texte et note 22. Voy. en sens contraire : Duranton, VIII, 411, et IX, 733. Cpr. Riom, 5 décembre 1825, Sir., 27, 2, 45.

[9] Dans de pareilles donations, il est impossible de dresser un état du mobilier, puisque l'état ne pourrait comprendre que les effets existants au jour de la donation, et que ce ne sont pas ces effets qui forment l'objet de la donation. Voy. § 739, texte, n° 2, et note 13. Duranton, VIII, 411. Troplong, IV, 2654. De-

Par exception aux règles ordinaires [10], les époux ne peuvent se faire pendant le mariage, fût-ce même sous la forme de donation entre-vifs, aucune disposition mutuelle ou réciproque par un seul et même acte [11]. Art. 1097.

Mais rien n'empêche qu'ils ne se gratifient réciproquement par des actes séparés, quoique passés immédiatement l'un à la suite de l'autre, devant le même notaire et les mêmes témoins [12].

La disposition de l'art. 1097 est applicable au cas où deux époux, en faisant entre leurs enfants une donation-partage de leurs biens respectifs, se réservent l'usufruit des biens donnés, et stipulent la réversibilité de la totalité de cet usufruit au profit du survivant [13]. Il en est de même lorsque les deux époux, au lieu d'une réserve d'usufruit, ont stipulé, comme charge de la donation, une rente viagère, réversible pour la totalité sur la tête du survivant d'entre eux [14].

---

molombe, XXIII, 457. Zachariæ, § 660, note 11, *in fine*. Paris, 29 août 1834, Sir., 34, 2, 643. Cpr. Riom, 5 décembre 1825, Sir., 26, 2, 45.

[10] Cpr. § 703. Par cela seul que les donations entre époux, faites pendant le mariage, sont essentiellement révocables, il était nécessaire d'y étendre la prohibition établie par l'art. 968, en matière de testaments, afin de prévenir les difficultés qui, en cas de révocation de la part de l'un des époux, se seraient élevées sur le point de savoir si la donation faite au profit de cet époux devait être maintenue.

[11] Cpr. Rennes, 15 février 1840, Sir., 40, 2, 226; Req. rej., 26 mars 1855, Sir., 56, 1, 355.

[12] Toullier, V, 916. Merlin, *Rép.*, v° Donation, sect. IX. Grenier, II, 482. Demolombe, XXIII, 450. Zachariæ, § 743, texte et note 5. Civ. cass., dans l'intérêt de la loi, 22 juillet 1807, Sir., 7, 1, 361. Req. rej., 16 juillet 1817, Sir., 18, 1, 379.

[13] Une pareille stipulation constitue, en effet, une donation réciproque de l'usufruit des biens du prémourant au profit du survivant. Réquier, *Des partages d'ascendants*, n° 137. Bonnet. *Des partages d'ascendants*, I, 276. Amiens, 10 novembre 1853, Sir., 53, 2, 690. Req. rej., 26 mars 1855, Sir., 55, 1, 355. Agen, 21 novembre 1860, Sir., 63, 1, 439. Cpr. Demolombe, XXIII, 449. Voy. en sens contraire : Bauby, *Revue pratique*, 1860, X, p. 455 et 481, XI, p. 69; Poitiers, 10 juin 1851, Sir., 51, 2, 609, et 20 février 1861, Sir., 61, 2, 465.

[14] Il est vrai que la prohibition établie par l'art. 1097 ne constitue, comme celle que renferme l'art. 968, qu'une condition de forme (cpr. § 667), et que, d'après l'art. 1973, la constitution d'une rente viagère, dont le prix est fourni par un tiers, n'est pas assujettie, bien qu'elle ait le caractère d'une libéralité, aux formes des donations. Mais il faut remarquer que ce dernier article, dans lequel

Mais, si la rente viagère ou l'usufruit, stipulé réversible, avait été constitué au moyen de biens de communauté, ou portait sur des biens de cette nature, et que la femme survivante renonçât à la commuuauté, l'effet de cette renonciation serait de faire considérer le mari comme ayant toujours été propriétaire exclusif des biens communs, et, par suite, de résoudre la clause réciproque de réversibilité en une donation simple, faite sous condition de survie par ce dernier à sa femme [15].

§ 744.

Des dispositions entre époux pendant le mariage, sous le rapport du fond.

1º La quotité de biens dont les époux peuvent, pendant le mariage, disposer en faveur l'un de l'autre, soit par acte entre-vifs, soit par testament, est, comme celle dont les futurs époux peuvent disposer, au profit l'un de l'autre, par contrat de mariage, réglée d'une manière exceptionnelle par les art. 1094 et 1098.

2º Les dispositions testamentaires faites entre époux sont, en ce qui concerne leur validité intrinsèque et leurs effets, soumises aux règles ordinaires sur les legs.

3º Quant aux dispositions faites entre époux par acte entre-vifs, elles sont, sous plusieurs rapports, régies par des règles exceptionnelles :

a. Elles sont essentiellement révocables au gré de l'époux donateur, alors même qu'elles portent exclusivement sur des biens présents. Toute clause par laquelle le donateur renoncerait à la faculté de révocation, serait à considérer comme non avenue. Art. 1096, al. 1.

le législateur n'a eu évidemment en vue que les constitutions simples de rente viagère, ne saurait, à raison de la nature exceptionnelle de sa disposition, être étendu aux constitutions mutuelles ou réciproques, ni déroger, en ce qui les concerne, à la prohibition de l'art. 1097. Rennes, 15 février 1840, Sir., 40, 2, 226. Voy. en sens contraire : Metz, 18 juin 1863, Sir., 63, 2, 211.

[15] Cette hypothèse, dans laquelle la mutualité disparaît par suite de la renonciation de la femme à la communauté, se trouve, par cela même, soustraite à l'application de l'art. 1097. Pont, *Des petits contrats*, I, 702. Paris, 25 mars 1844, Dalloz, 1844, 2, 97. Cpr. Agen, 21 novembre 1860, Sir., 63, 1, 439.

Les dispositions du second alinéa de l'art. 1099 et de l'art. 1100 se réfèrent à l'al. 1 de l'art. 1096, tout aussi bien qu'aux art. 1094 et 1098, et lui servent de sanction, en tant qu'il a pour objet de prohiber entre époux toute donation irrévocable.

Ainsi, d'une part, les présomptions d'interposition de personnes établies par l'art. 1100 sont applicables en matière de donations entre époux ; et, d'autre part, les donations faites, pendant le mariage, par l'un des époux à l'autre, sous le voile d'un contrat à titre onéreux ou sous le nom d'une personne interposée, sont frappées de nullité pour le tout, peu importe qu'elles aient ou non porté atteinte à la réserve des héritiers réservataires, ou qu'il n'existe pas même d'héritiers à réserve [1].

Cette nullité peut être invoquée, non-seulement par le donateur [2], mais encore par ses héritiers [3].

---

[1] Le déguisement employé pour soustraire une donation entre époux au principe de révocabilité posé dans l'art. 1096, ou du moins pour en rendre la révocation plus difficile, constitue par lui-même, abstraction faite de toute question de réserve et de quotité disponible, une fraude à la loi, qui doit entraîner pour le tout la nullité de la donation déguisée. Troplong, IV, 2741. Bonnet, III, 1096. Colmet de Santerre, IV, 279 *bis*, II. Demolombe , XXIII, 451 et 452. Civ. cass., 11 novembre 1834, Sir., 34, 1, 769. Paris, 14 août 1835, Sir., 36, 2, 343. Req. rej., 16 avril 1850, Sir., 50, 1, 591. Civ. cass., 2 mai 1855, Sir., 56, 1, 178. Orléans, 23 février 1861, Sir., 61, 2, 410. Req. rej., 11 mars 1862, Sir., 62, 1, 401. Dijon, 7 mars 1866, Sir., 66, 2, 314. Req. rej., 5 août 1867, Sir., 68, 1, 68. Paris, 24 avril 1869, Sir., 69, 2, 288. Voy. en sens contraire : Toulouse, 26 février 1861, Sir., 61, 2, 327.

[2] Req. rej., 22 janvier 1873, Sir., 73, 1, 57. — Pour recouvrer les biens donnés à son conjoint sous le voile d'un contrat à titre onéreux ou par l'intermédiaire d'une personne interposée, le donateur n'a pas même besoin de faire prononcer la nullité de la donation ; il lui suffit de faire judiciairement constater contre qui de droit le déguisement ou l'interposition de personne, et d'user ensuite de la faculté de révocation.

[3] Voy. cep. en sens contraire : Bourges, 9 mars 1836, Sir., 36, 2, 344. — On peut dire, à l'appui de cette opinion, que l'interposition de personne ou le déguisement employé dans une donation faite entre époux pendant le mariage, dans le but de mettre obstacle à la faculté de révocation, ne lèse que le donateur, qui doit seul être admis à proposer la nullité destinée à réprimer cette fraude. Mais on peut répondre, que le libre exercice de la faculté de révocation intéresse aussi jusqu'à un certain point les héritiers du donateur, et qu'il serait possible que ce dernier eût révoqué la donation, s'il ne s'était pas cru lié par la forme sous laquelle elle a été faite, ou s'il n'avait pas reculé devant la nécessité d'un procès pour faire reconnaître le déguisement ou l'interposition de personne.

L'époux donateur ne peut, pendant le mariage, renoncer par un acte quelconque à la faculté de révocation; il ne le pourrait même pas par un acquiescement donné au jugement qui aurait rejeté la demande en nullité par lui formée contre une donation déguisée ou faite par personne interposée [4].

b. Les dispositions dont s'agit ne sont, pas plus que les donations faites en faveur de mariage, soumises à l'application des art. 943, 944, 945 et 946. Art. 947. Tout ce qui a été dit au § 736 s'applique, par conséquent, aussi à ces dispositions. Ainsi, par exemple, elles peuvent avoir pour objet, non-seulement des biens présents, mais encore tout ou partie des biens que le donateur laissera à son décès. Elles peuvent aussi comprendre cumulativement des biens présents et des biens à venir [5].

c. Elles ne sont pas sujettes à révocation pour cause de survenance d'enfants. Art. 1096, al. 3.

Mais la révocation peut en être demandée par les héritiers du donateur, soit pour inexécution des charges imposées au donataire, soit pour cause d'ingratitude, dans les termes de l'art. 957 [6].

4° Sauf les exceptions qui viennent d'être indiquées, les dispositions par actes entre-vifs, faites entre époux pendant le mariage, restent, quant à leur validité intrinsèque et quant à leurs effets, soumises aux règles ordinaires sur les donations entre-vifs.

La révocabilité, qui en forme le caractère distinctif, ne leur enlève pas la nature de contrats [7], et ne permet pas de les

---

[4] Troplong, IV, 2663. Civ. cass., 22 juillet 1846, Sir., 46, 1, 604. Dijon, 7 mars 1866, Sir., 66, 2, 314. Req. rej., 22 janvier 1873, Sir., 73, 1, 57.

[5] Zachariæ, § 744, texte et note 1. Voy. aussi les autorités citées à la note 2 du § 743.

[6] La circonstance que le donateur reste le maître de révoquer à son gré les donations qu'il a faites durant le mariage à son conjoint ne saurait, en l'absence de toute disposition légale contraire, soustraire ces donations aux causes de révocation indiquées au texte, ni priver les héritiers du donateur du droit de les faire valoir. Colmet de Santerre, IV, 276 *bis*, VII. Demolombe, XXIII, 485 et 486.

[7] En effet, la révocabilité n'est contraire, ni à l'essence des conventions en général, ni à celle des donations entre-vifs en particulier. Cpr. § 699, texte et note 5. Demolombe, XXIII, 440. Civ. rej., 10 avril 1838, Sir., 38, 1, 289.

assimiler à des dispositions testamentaires proprement dites[8], ni même aux anciennes donations à cause de mort[9].

[8] Si la révocabilité forme un caractère commun aux testaments et aux donations faites entre époux pendant le mariage, cette seule circonstance ne saurait être une raison pour confondre ces deux espèces de dispositions, ou pour les ramener à une parfaite assimilation. Il existe entre elles des différences radicales, quant à la forme et à leurs conditions d'existence, et par suite aussi quant à leurs effets. Le testament est l'œuvre du testateur seul ; et par cela même qu'il est censé contenir l'expression de sa dernière volonté, tous les effets en restent forcément ajournés à l'époque de son décès. Au contraire, les donations entre époux exigent, comme condition de leur existence, le concours et l'expression solennelle de la volonté des deux parties (cpr. § 743, texte, notes 3 et 4); et, de là même il faut conclure que, dans la pensée du législateur, les donations de cette espèce opèrent des effets actuels et instantanés. Si les effets d'une pareille donation étaient, comme ceux d'un legs, ajournés au décès du disposant, l'acceptation du donataire du vivant du donateur serait complétement sans objet, et on ne comprendrait plus que le législateur l'eût exigée. L'acceptation, c'est-à-dire la déclaration de la volonté actuelle de recevoir, ne peut correspondre qu'à l'expression d'une volonté actuelle de donner, et ne saurait s'appliquer à de simples espérances de la nature de celles que, du vivant du testateur, le testament ouvre aux légataires. Cpr. Req. rej., 12 avril 1843, Sir., 43, 1, 273. Voy. cep. Zachariæ, § 744, texte et note 2.

[9] Arg. art. 893. Cpr. §§ 644-645, texte et note 2 ; § 743, note 1. Le motif qui avait fait assimiler les donations entre époux pendant le mariage aux donations à cause de mort, n'existant plus aujourd'hui, cette assimilation elle-même doit être rejetée. Vainement se prévaudrait-on, dans l'opinion contraire, des termes de l'art. 1096, *quoique qualifiées entre-vifs*, pour en conclure que, d'après la pensée du législateur, les donations faites entre époux pendant le mariage sont, de leur nature, des donations à cause de mort. Cette induction serait évidemment forcée, puisqu'elle tendrait à faire admettre un genre de disposition que l'art. 893 a formellement proscrit. L'art. 1096 doit s'entendre, non en ce sens que les donations entre époux ont le caractère de donations à cause de mort, mais en ce sens que, par exception au principe général de l'irrévocabilité des donations entre-vifs, et malgré toute stipulation contraire, notamment malgré la qualification expresse de donations entre-vifs donnée à de pareilles dispositions, elles sont toujours révocables. Demolombe, XXIII, 442 et 443. Voy. en sens contraire : Req. rej., 22 janvier 1838, Sir., 38, 1, 552; Toullier, V, 918 ; Grenier, II, 452 et 454 ; Duranton, IX, 777. Ces auteurs enseignent que les donations entre époux ne constituent, au fond et quant à leurs effets, que des dispositions à cause de mort. Et ils ne distinguent même pas entre les donations ayant pour objet des biens présents et celles qui portent uniquement sur des biens à venir. Mais leur manière de voir nous paraît entachée d'une double erreur. En premier lieu, ils partent de la fausse suppo-

Les avantages qu'elles ont pour objet de conférer, constituent donc de véritables droits conventionnels, et opèrent, sous la réserve des modifications que la révocabilité doit entraîner, tous les effets attachés aux droits de cette espèce.

Il en est ainsi, non-seulement en ce qui concerne les dispositions qui portent sur des biens présents, mais encore, en général[10], quant à celles qui portent sur tout ou partie des biens que le donateur laissera à son décès[11].

De ces propositions découlent entre autres les conséquences suivantes :

sition que la révocabilité est absolument inconciliable avec l'essence d'une donation entre-vifs. Cpr. § 699, texte et note 5. En second lieu, ils oublient que le caractère principal et essentiel des donations à cause de mort consiste dans la condition de survie du donataire, et que la faculté de révocation, même illimitée, n'emportant pas nécessairement cette condition, ne peut suffire à elle seule pour caractériser une donation à cause de mort. Cpr. Troplong, IV, 2640.

[10] Cpr. quant aux exceptions, notes 22 et 25, *infra*.

[11] La circonstance qu'une donation entre époux porte uniquement sur des biens à venir, n'altère, ni le caractère de la disposition elle-même, ni la nature juridique des droits qui en résultent. Ce serait une erreur de croire que cette circonstance, en se combinant avec celle de la révocabilité, ait nécessairement pour résultat de convertir la donation en disposition à cause de mort. Il est vrai qu'en pareil cas, les droits de l'époux donataire seront susceptibles d'être révoqués, et que, même indépendamment de toute révocation, ils demeureront sans effet, si l'époux donateur ne laisse pas de biens auxquels ils puissent s'appliquer. Mais, pour déterminer la nature juridique d'un droit, il faut bien moins s'attacher à l'émolument qui en résultera, qu'au titre d'où il procède. Un droit dérivant d'une convention, pour être tout à la fois révocable au gré de l'une des parties, et purement éventuel en ce qui concerne les résultats possibles de son application, n'en est pas moins un droit conventionnel. La partie au profit de laquelle un pareil droit est établi, en est saisie, c'est-à-dire légalement investie, tout comme s'il s'agissait d'un droit irrévocable et dont l'émolument fût actuellement certain. Nous ajouterons que les droits de l'époux qui, pendant le mariage, a reçu de son conjoint une donation de biens à venir, sont analogues ou comparables à ceux qui résulteraient d'une institution contractuelle faite sous des conditions dépendantes de la seule volonté du disposant. En effet, les droits de l'institué seraient aussi, en pareil cas, tout à la fois révocables, et purement éventuels quant à leurs effets ; et malgré cela, l'institution conserverait la nature de disposition entre-vifs. Voy. en sens contraire : Chabot, *Des successions*, sur l'art. 871, n° 11 ; Duranton, IX, 778. Cpr. notes 14 et 19 *infra*.

a. L'époux mineur ne peut, pendant le mariage, disposer par acte entre-vifs, au profit de son conjoint, ni de biens présents, ni même de biens à venir seulement [12]; et la personne pourvue d'un conseil judiciaire ne le peut qu'avec l'assistance de ce conseil [13].

b. Pour juger de la capacité des parties de donner ou de recevoir, on doit exclusivement s'attacher à l'époque de la donation, ou de la notification de l'acceptation, si elle a eu lieu par acte séparé. Ainsi, une donation, même de biens à venir seulement, faite entre époux pendant le mariage, reste valable, malgré la condamnation à une peine afflictive perpétuelle dont le donateur serait ultérieurement frappé [14]. Ainsi encore, une donation de cette espèce ne recevrait aucune atteinte d'une pa-

[12] Arg. *a contrario*, art. 904. Toullier, V, 925. Grenier, II, 461. Poujol, sur l'art. 1094, n° 4. Duranton, VIII, 184. Coin-Delisle, sur l'art. 1096, n° 9. De Fréminville, *De la minorité*, II, 585 et 973. Troplong, IV, 2645. Marcadé sur l'art. 1096, n° 1. Colmet de Santerre, IV, 276 *bis*, IV. Demolombe, XXIII, 462. Paris, 10 novembre 1820, Sir., 24, 2, 351. Req. rej., 12 avril 1843, Sir., 43, 1, 273. Bordeaux, 18 décembre 1866, Sir., 67, 2, 145. Voy. en sens contraire ; Delvincourt, II, p. 197; Vazeille, sur l'art. 904, n° 2. La proposition émise au texte ne peut, d'après les principes que nous avons posés sur la nature des donations faites entre époux pendant le mariage, souffrir aucune difficulté, alors même qu'il s'agit d'une donation de biens à venir. Cpr. notes 8 à 11 *supra*. Mais, dans le système de ceux qui assimilent les donations de cette dernière espèce à des dispositions testamentaires, la question nous semblerait devoir être résolue dans le sens contraire, puisque l'art. 904 pose une règle de capacité, et que, pour l'application de pareilles règles, il faut s'attacher bien plus à la nature intrinsèque des dispositions qu'il s'agit d'apprécier, qu'à la forme des actes qui les contiennent.

[13] Cpr. § 140, texte et note 10. Demolombe, VIII, 742, et XXIII, 646. Voy. en sens contraire : Merlin, *Rép.*, v° Don mutuel, § 2, n° 11.

[14] Toullier, V, 920. Grenier, II, 453. Troplong, IV, 2649. Demolombe, XXIII, 465. Voy. en sens contraire : Zachariæ, § 744, texte et note 5. Cpr. aussi Duranton, IX, 778. Cet auteur, qui admet la proposition émise au texte, quant aux donations de biens présents, enseigne que celles de biens à venir deviennent caduques par la perte dans la personne du donateur de la capacité de donner. Son opinion se trouve suffisamment réfutée par les observations déduites à la note 11 *supra*. Si, comme nous croyons l'avoir établi, l'époux en faveur duquel a été faite une disposition de cette nature, est saisi, par l'effet immédiat de la donation, du droit qu'elle a pour objet de lui conférer, il est évident qu'il ne peut plus être privé de ce droit par le changement d'état du donateur. Cpr. § 739, texte et note 19.

reille condamnation, que l'époux donataire encourrait dans la
suite [15].

c. Le donataire est, par l'effet immédiat de l'acceptation, saisi
du droit que l'acte de donation lui confère [16]. Ainsi, lorsqu'il s'agit
d'une donation de biens présents, les biens donnés ne sont pas
soumis à l'action des créanciers chirographaires de l'époux donateur [17], et ne passent pas sous l'affectation des hypothèques légales ou judiciaires qui ne seraient devenues efficaces que depuis
la transcription de la donation [18]. Ainsi encore, lorsqu'il s'agit
d'une donation de biens à venir, l'époux donataire est dispensé
de toute demande en délivrance, et a toujours droit aux fruits
des biens donnés à partir du décès du donateur [19], sauf seulement
aux héritiers de celui-ci à retenir les fruits qu'ils auraient perçus
de bonne foi.

d. Le donataire n'est soumis à l'action en réduction des héritiers à réserve de l'époux donateur, qu'après le retranchement de
toutes les dispositions testamentaires de ce dernier [20]. Lorsque la

[15] La révocabilité de la donation entre époux, et la condition de survie à
laquelle elle se trouve implicitement soumise lorsqu'elle porte sur des biens à
venir, n'empêchent pas que le donataire ne se trouve, dès le jour où elle devient
parfaite, contractuellement saisi des droits qu'elle lui confère. Il suit de là, que
la seule époque à considérer quant à la capacité du donataire, est celle de la
passation de la donation. Cpr., § 739, texte, n° 2, et note 20. Colmet de Santerre, IV, 276 *bis*, IV. Demolombe, XXIII, 465. Voy. cep. Troplong, IV,
2650.

[16] Cpr. note 11 *supra,* et les considérants de l'arrêt de la cour de cassation
du 12 avril 1843, Sir., 43, 1, 273.

[17] Civ. rej., 10 avril 1838, Sir., 38, 1, 289.

[18] Cpr. quant aux hypothèques conventionnelles : texte et note 36 *infra.*

[19] Les art. 1004, 1011 et 1014 ne sont point applicables en pareil cas.
Toullier, V, 291. Grenier, II, 453. Troplong, IV, 2660. Demolombe, XXIII,
461. Zachariæ, § 744, texte et note 11. Paris, 29 août 1834, Sir., 34, 2, 643.
Req. rej., 5 avril 1836, Sir., 37, 1, 35. Voy. aussi les considérants de l'arrêt
du 12 avril 1843, cité à la note 16 *supra.* — M. Duranton ne s'explique pas
sur cette question ; mais, pour rester conséquent à ses principes, il devrait la
décider contre notre opinion.

[20] Cpr. § 685 *bis,* texte et note 11. Voy. en ce sens : le réquisitoire de
M. l'avocat général Nicod, à l'occasion de l'arrêt de la cour de cassation du
5 avril 1836 (Sir., 37, 1, 35); les considérants de l'arrêt du 12 avril 1843,
cité à la note 16 *supra*; Troplong, IV, 2661 ; Colmet de Santerre, IV, 276
bis, VIII ; Demolombe, XXIII, 466. Voy. en sens contraire : Duranton, VIII,
357.

donation a pour objet des biens présents, elle n'est réductible, comparativement à d'autres donations entre-vifs, que dans l'ordre de leurs dates respectives [21]. Que si elle avait pour objet des biens à venir, elle serait réductible avant toutes autres donations entre vifs, même postérieures en date [22].

e. Les donations entre époux, ayant pour objet des biens présents, ne deviennent pas, en général [23], caduques par le prédécès de l'époux donataire [24].

[21] Troplong et Demolombe, *locc. citt.*

[22] Si, dans le cas d'une institution contractuelle faite par contrat de mariage, la réduction ne peut atteindre les biens compris dans cette institution qu'après épuisement des donations entre-vifs faites postérieurement, cela tient uniquement à ce que cette institution est irrévocable, et ne peut recevoir aucune atteinte par l'effet de dispositions postérieures. Cpr. § 685 *bis*, texte et note 10. Or, ce motif n'existe plus, lorsqu'il s'agit d'une donation de biens à venir faite entre époux pendant le mariage, puisqu'une pareille donation est essentiellement révocable. Le droit de l'époux donataire ne portant que sur des biens à venir ne peut, quant à son objet, rétroagir au jour du contrat, et ne prend date sous ce rapport que du jour du décès. Il est donc, au point de vue de la réduction, moins fort que celui des donataires de biens présents. Mais, par cela même que l'époux donataire est saisi de son droit en vertu de son titre, et n'a pas de délivrance à demander, il doit, au même point de vue, être préféré aux légataires. Troplong, *loc. cit.* Colmet de Santerre, IV, 276 *bis*, VIII. Voy. en sens contraire : Demolombe, XXIII, 467.

[23] Il en serait autrement, si l'effet de la donation devait être subordonné à la condition de survie de l'époux donataire; et nous reconnaissons que le juge pourrait, même en l'absence de toute clause expresse, décider, d'après l'ensemble de l'acte et les circonstances de la cause, que telle a été la volonté des parties. Demolombe, XXIII, 471. Cpr. note 27 *infra*. D'après cette observation, la question théorique, résolue au texte, perd beaucoup de son importance.

[24] La question de savoir si les donations de biens présents, faites entre époux pendant le mariage, deviennent caduques par le prédécès de l'époux donataire, est fort délicate. La solution négative nous semble être une conséquence forcée de la nature des donations dont s'agit, telle que nous l'avons déterminée. Troplong, IV, 2659. Saintespès-Lescot, V, 2000. Colmet de Santerre, IV, 276 *bis*, VI. Demolombe, XXIII, 469. Limoges, 1er février 1840, Sir., 40, 2, 245. Civ. cass., 18 juin 1845, Sir., 45, 1, 638. Angers, 27 juin 1848. Sir., 48, 2, 208. Toulouse, 20 février 1861, Sir., 61, 2, 327. Voy. en sens contraire : Toullier, V, 918; Duranton, IX, 777; Grenier, II, 454; Delvincourt, II, p. 667; Vazeille, sur l'art. 1096, n° 9; Rolland de Villargues, *Rép. du notariat*, v° Donations entre époux, n° 32; Marcadé sur l'art. 1094, n° 4; Championnière et Rigaud, *Des droits d'enregistrement*, IV,

Quant aux donations entre époux, qui ont pour objet des biens

2989; Coin-Delisle sur l'art. 1096, n° 6; Taulier, IV, p. 231; Zachariæ, § 744, texte et note 6. La plupart de ces auteurs se fondant uniquement sur la supposition, erronée selon nous, que les donations faites entre époux pendant le mariage ne constituent au fond que des dispositions testamentaires, nous nous bornerons, pour la réfutation de leur opinion, à renvoyer aux notes 7 à 9 supra. Quant à M. Duranton, il fait encore valoir les considérations suivantes : 1° Le législateur ayant cru nécessaire de déclarer, dans l'art. 1092, que la donation de biens présents, faite entre époux par contrat de mariage, n'est pas censée subordonnée à la condition de survie de l'époux donataire, on doit en conclure que cette condition est naturellement attachée aux donations faites entre époux pendant le mariage. 2° La disposition de l'art. 1093, qui déclare non-transmissibles aux enfants issus du mariage, en cas de décès de l'époux donataire avant l'époux donateur, les donations de biens à venir ou de biens présents et à venir faites par contrat de mariage, doit a fortiori s'appliquer aux donations, même de biens présents, faites entre époux pendant le mariage, puisque celles-ci sont essentiellement révocables, tandis que les premières sont irrévocables. 3° La faculté de révoquer, inhérente aux donations faites entre époux pendant le mariage, est plus large que la faculté de disposer d'un ou de plusieurs objets que le donateur se serait réservée dans une donation faite par contrat de mariage; et, comme il résulte de la combinaison des art. 1086, 1089 et 1093, qu'une donation de la dernière espèce, faite entre époux, devient caduque par le décès de l'époux donataire avant l'époux donateur, il doit, à plus forte raison, en être ainsi quant aux donations faites pendant le mariage. Ces différentes considérations nous paraissent faciles à réfuter. 1° L'argument a contrario que M. Duranton tire de l'art. 1092, ne pourrait avoir quelque valeur, qu'autant qu'il serait certain que les donations entre époux sont, en général et de leur nature, censées faites sous la condition de survie de l'époux donataire. Mais ce point n'est rien moins qu'établi; et l'admettre comme base d'un raisonnement, c'est faire en définitive une véritable pétition de principe. Les art. 1092 et 1093, relatifs aux donations faites entre époux par contrat de mariage, résolvant la question en sens opposé, selon qu'il s'agit d'une donation de biens présents ou de biens à venir, on ne peut assurément pas dire que ces articles supposent que les donations entre époux sont, de leur nature, subordonnées à la condition de survie de l'époux donataire. Si le législateur était réellement parti de cette supposition, on ne comprendrait pas pourquoi, dans l'art. 1093, il a pris soin de déclarer que les donations de biens à venir ne seront pas transmissibles aux enfants issus du mariage, en cas de décès de l'époux donataire avant l'époux donateur, puisque les dispositions dont s'agit seraient restées sous l'empire de la règle, par cela seul qu'elles n'en auraient pas été, comme celle de biens présents, formellement exceptées. Il ne faut d'ailleurs pas perdre de vue, que les art. 1092 et 1093 ne concernent que les donations faites par contrat de mariage, et laissent, par conséquent, la question indécise quant aux donations faites pendant

à venir, la mort de l'époux donataire avant l'époux donateur en

le mariage. Dans ces circonstances, on ne peut tirer de l'art. 1092 d'autre conclusion *a contrario sensu*, que celle que le législateur a lui-même formulée dans l'art. 1093. Vainement M. Duranton dit-il que l'unique motif, en raison duquel le législateur a exempté de la caducité, pour cause de prédécès de l'époux donataire, les donations de biens présents faites par contrat de mariage, c'est l'irrévocabilité de ces dispositions, et que ce motif manquant dans les donations faites pendant le mariage, elles doivent être soumises à la caducité. L'art. 1093 démontre jusqu'à l'évidence le vice de ce raisonnement. En effet, cet article déclarant caduques, pour cause de prédécès de l'époux donataire, les donations de biens à venir faites entre époux par contrat de mariage, donations qui sont cependant tout aussi irrévocables quant au titre que celles de biens présents, il en résulte, d'une manière péremptoire, que la question de savoir si telle donation faite entre époux devient ou non caduque par le prédécès de l'époux donataire, doit se résoudre, non d'après sa révocabilité ou son irrévocabilité, mais uniquement d'après la nature des biens qui en forment l'objet. 2° L'argument *a fortiori* que M. Duranton puise dans l'art. 1093, se trouve déjà réfuté par l'observation que nous avons présentée en dernier lieu. Si le législateur déclare caduques, en cas de prédécès de l'époux donataire, les donations de biens à venir faites entre époux par contrat de mariage, c'est uniquement à raison de la nature des biens qui en forment l'objet. On ne peut donc logiquement conclure de cet article que les donations faites entre époux pendant le mariage doivent, à cause de leur révocabilité, être soumises à la règle qu'il établit, alors même qu'elles ont pour objet des biens présents. Tout ce qu'il est possible d'induire de cet article, quant aux donations faites pendant le mariage, c'est que le prédécès de l'époux donataire les rend caduques, comme celles qui sont faites par contrat de mariage, lorsqu'elles portent sur des biens à venir; et cette conséquence, nous l'admettons nous-même. Cpr. la note suivante. 3° Quant au raisonnement que M. Duranton établit sur la combinaison des art. 1086 et 1089 avec l'art. 1093, il pèche sous un double rapport. D'une part, on ne peut conclure de l'art. 1093 qu'une donation de biens présents, faite entre époux par contrat de mariage, devienne caduque par le prédécès du donataire, si elle a eu lieu sous la réserve, de la part de l'époux donateur, de pouvoir disposer des biens qui en forment l'objet, puisque cet article s'occupe de donations de biens à venir, et que sa disposition est, ainsi que nous l'avons déjà fait remarquer, précisément fondée sur la nature des biens donnés. D'autre part, il n'est pas exact de dire que les causes de caducité établies pour des donations absolument irrévocables, ou qui ne sont soumises qu'à une révocabilité restreinte, doivent, à plus forte raison, être admises dans les donations qui sont révocables d'une manière absolue. En effet, lorsqu'il s'agit d'une donation irrévocable, le donateur ne peut, sauf l'application des causes ordinaires de révocation, rentrer dans les biens donnés que par l'effet de la caducité ; et on comprend parfaitement que, pour faciliter les donations par contrat de mariage, le législateur ait, dans certaines circon-

entraîne la caducité, comme elle entraîne celle de biens à venir faite, entre époux, par contrat de mariage[25].

Il est, du reste, bien entendu que l'époux, donateur de biens présents, conserve, après le décès de son conjoint, la faculté de révoquer la donation contre les héritiers de ce dernier[26].

Les effets des donations faites entre époux, pendant le mariage, sont, en général, indépendants de la qualification que les parties peuvent avoir donnée à de pareilles dispositions. Ainsi, la circonstance que l'époux donateur aurait déclaré disposer à cause de mort, ou par donation à cause de mort, serait sans influence quant à l'application des principes ci-dessus développés[27].

5° La révocation des donations faites entre époux, pendant le mariage, peut avoir lieu expressément ou tacitement.

Le Code civil n'ayant pas spécialement réglé les formes de la révocation expresse, on pouvait penser, sous l'empire de ce Code, que la question de savoir si la déclaration de révocation conte-

---

stances, admis la caducité de pareilles donations pour cause de prédécès de l'époux donataire, puisque par ce moyen le donateur obtient la certitude que, du moins de son vivant, les biens donnés ne passeront pas à des étrangers. Mais les mêmes considérations ne s'appliquent point aux donations faites entre époux, pendant le mariage. Le législateur n'avait aucun motif d'encourager de pareilles dispositions. D'ailleurs, comme l'époux donateur est le maître de révoquer la donation quand bon lui semble, il peut toujours empêcher que les biens donnés ne passent, de son vivant, à des tiers. Que si, après le décès du conjoint donataire, le donateur ne révoque pas la donation, son silence indique qu'il a entendu gratifier, non-seulement l'époux donataire, mais encore les héritiers de ce dernier.

[25] Sous ce rapport, l'art. 1093 fournit un argument d'analogie parfaitement applicable aux donations faites entre époux, pendant le mariage. D'ailleurs, comme les donations de biens à venir ont d'ordinaire pour objet une quote-part de l'hérédité du disposant, et que le donataire doit, par conséquent, devenir le successeur universel de ce dernier, il est tout naturel que son prédécès rende la donation caduque. Cpr. la note précédente. Demolombe, XXIII, 472.

[26] Colmet de Santerre, IV, 276 bis, VI. Demolombe, XXIII, 470. Cpr. les arrêts cités à la note 24, suprà.

[27] Néanmoins le juge pourrait, en s'attachant à la qualification de donation ou disposition à cause de mort, décider en fait que les parties ont entendu subordonner l'effet de la disposition à la condition de survie de l'époux donataire; et cette décision, appliquée à une donation de biens présents, aurait pour conséquence de la rendre caduque en cas de décès de l'époux donataire avant l'époux donateur. Cpr. notes 23 et 24, suprà. Demolombe, XXIII, 471.

nue dans un acte émané de l'époux donateur établit suffisamment l'intention de révoquer, était une simple question de fait, et restait, comme telle, abandonnée à l'appréciation souveraine des tribunaux, qui ne se trouvaient pas légalement obligés de la résoudre par application de l'art. 1035[28]. Mais aujourd'hui, et depuis la promulgation de la loi du 21 juin 1843 sur la forme des actes notariés, la révocation expresse des donations entre époux ne peut avoir lieu que par testament, ou par un acte notarié reçu conformément aux dispositions de l'art. 2 de cette loi[29].

Du reste, une clause de révocation de tous testaments antérieurs ne suffirait pas pour révoquer une donation de la nature de celles dont il s'agit[30].

La révocation tacite des donations entre époux résulte de tous les faits ou actes de l'époux donateur, qui indiquent, d'une manière non équivoque, son intention de révoquer la donation. On doit, pour la solution des questions qui peuvent se présenter à cet égard, suivre des règles analogues à celles qui ont été posées

[28] D'après cette manière de voir, un acte sous seing privé pouvait, avant la loi du 21 juin 1843, être considéré comme suffisant pour opérer la révocation, quoique n'étant pas entièrement écrit, daté et signé de la main de l'époux donateur. Toullier, V, 923. Coin-Delisle, sur l'art. 1096, n° 15. Cpr. Zachariæ, § 744, texte et note 3. Voy. en sens contraire : Grenier, II, 462 ; Duranton, IX, 779. Ces auteurs enseignaient que, par cela seul que les rédacteurs du Code ne s'étaient pas expliqués sur les formes de la révocation expresse des donations entre époux, on devait supposer qu'ils avaient voulu s'en référer, à cet égard, aux dispositions de l'art. 1035. La loi du 21 juin 1843 a été rendue dans le sens de cette dernière opinion.

[29] A la vérité, l'art. 2 de la loi du 21 juin 1843 ne porte pas expressément que la révocation des donations doit avoir lieu par acte notarié ; mais il suppose évidemment que telle est la règle, puisqu'il assimile, sous le rapport de la forme, les actes notariés contenant révocation de donation aux actes notariés contenant révocation de testament, et qu'il soumet les uns et les autres à des formalités plus solennelles que celles qui sont requises pour les actes notariés en général. On ne comprendrait pas qu'une révocation, qui ne peut plus aujourd'hui être valablement faite par un acte notarié ordinaire, pût cependant avoir lieu par un simple acte sous seing privé, non revêtu des formes testamentaires. Cpr. *Discussion* de la loi du 21 juin 1843, Sir., 43, 2, 437. Troplong, IV, 2665. Colmet de Santerre, IV, 276 *bis*, IX. Demolombe, XXIII, 478.

[30] Toullier, V, 928. Troplong, IV, 2666. Demolombe, XXIII, 479. Req. rej., 17 juillet 1837, Sir., 37, 1, 913. Cpr. Zachariæ, § 744, texte et note 4. Voy. cep. Toulouse, 2 juin 1862, Sir., 63, 2, 41.

au § 725, sur la révocation tacite des testaments [31]. L'application de ces règles conduit entre autres aux conséquences suivantes :

a. Une donation entre époux est révoquée par une donation entre-vifs ou par un testament faits postérieurement et contenant des dispositions contraires [32]. Arg. art. 1036. Spécialement, la donation d'une quote d'usufruit, par laquelle l'époux donateur avait épuisé la portion disponible fixée par l'art. 1094, se trouve révoquée par une donation faite ultérieurement au profit d'un tiers, jusqu'à concurrence du montant de cette disposition [33].

Mais la donation d'une somme d'argent faite par l'un des époux à l'autre, ne doit pas être réputée tacitement révoquée par la donation subséquente d'une autre somme au profit d'un tiers, bien que les deux sommes réunies excèdent la quotité disponible [34].

b. Toute donation entre époux de biens présents est tacitement révoquée, en tout ou partie, par l'aliénation, totale ou partielle, des biens donnés, faite ultérieurement par l'époux donateur, soit à titre onéreux, soit à titre gratuit. L'établissement par le donateur de droits d'usufruit ou de servitude sur les biens donnés aurait également pour résultat de restreindre la donation dans la mesure de ces droits [35].

Au contraire, la constitution d'hypothèques consentie par le donateur n'entraînerait, ni la révocation totale, ni même la réduction de la donation; elle donnerait seulement lieu à l'application, par analogie, des dispositions de l'art. 1020 [36].

---

[31] Demolombe, XXIII, 430. Voy. cep. Coin-Delisle sur l'art. 1096 ; Colmet de Santerre, IV, 276 *bis*, IX.

[32] Troplong, IV, 2667. Demolombe, XXIII, 481. Paris, 17 juillet 1826, Sir., 29, 2, 104. Cpr. Req. rej., 17 juillet 1837, Sir., 37, 1, 913 ; Douai, 15 juillet 1851, Sir., 52, 2, 576.

[33] Montpellier, 17 mars 1835, Sir., 36, 2, 198. Cpr. Civ. rej., 16 juin 1857, Sir., 57, 1, 754.

[34] En effet, cette circonstance ne prouve pas, de la part du donateur, la volonté de révoquer la première donation. Pour pouvoir en induire cette intention, il faudrait avant tout justifier que la dernière donation était excessive, eu égard à la fortune que le donateur possédait à l'époque où elle a été passée ; et, quand ce fait serait établi, il ne serait encore pas décisif, puisqu'il peut y avoir eu erreur du donateur dans l'appréciation de sa fortune présente ou future. Toulouse, 21 mai 1829, Sir., 30, 2, 22.

[35] Arg. art. 1038. Cpr. § 725, texte n° 2 et note 41. Demolombe, XXIII, 482.

[36] Toullier, V, 924. Delvincourt, II, p. 657. Vazeille, sur l'art. 1096.

A plus forte raison, la révocation ne peut-elle résulter de dettes contractées par le donateur, et en raison desquelles il n'a pas conféré de sûretés spéciales sur les biens donnés [37].

La femme qui, pendant le mariage, a fait une donation à son mari, peut la révoquer sans y être autorisée par ce dernier ou par justice. Art. 1096, al. 2.

Les créanciers de l'époux donateur ne peuvent révoquer la donation du chef de leur débiteur [38].

Troplong, IV, 2668. Demolombe, *loc. cit.* Cpr. Limoges, 1er février 1840, Sir., 40, 2, 241.

[37] Demolombe, *loc. cit.* Civ. rej., 10 avril 1838, Sir., 38, 1, 289.

[38] La révocation est, de sa nature, une faculté personnelle, que le législateur a voulu laisser à l'époux donateur pour en user à sa volonté; et il est évident que l'appréciation des motifs de révocation appartient au donateur seul. Les créanciers exerceraient la faculté de révoquer, non pour des motifs tels que le donateur aurait pu les avoir, mais dans leur intérêt pécuniaire. Demolombe, XXIII, 477. Limoges, 1er février 1840, Sir., 40, 2, 241.

DROIT CIVIL PRATIQUE FRANÇAIS.

CHAPITRE I.

DES ACTIONS ET DES EXCEPTIONS.

§ 745.

Généralités sur la manière de faire valoir ses droits.

On ne peut, en général, sauvegarder, défendre, ou poursuivre ses droits, que par les mesures conservatoires et les voies de droit autorisées ou établies par la loi. Les voies de fait ne sont exceptionnellement permises que dans le cas de légitime défense, et dans ceux où le droit de rétention est admis[1].

Les principales mesures conservatoires ont déjà été indiquées au § 311.

Les voies de droit à l'aide desquelles l'on poursuit ou l'on défend ses droits, sont les actions et les exceptions.

Les autorités et les fonctionnaires auxquels on peut, ou auxquels on doit, selon les circonstances, s'adresser pour la poursuite ou la défense de ses droits, sont les tribunaux et les officiers ministériels qui y sont attachés.

En général, les tribunaux civils sont seuls compétents pour connaître de la poursuite et de la défense des droits civils. Toutefois, les personnes lésées par un délit de Droit criminel, sont également autorisées à s'adresser aux tribunaux de justice répressive[2] pour réclamer, soit des auteurs de ce délit, soit de ceux qui en sont civilement responsables[3], les dommages-intérêts qui

---

[1] Voy. sur le droit de rétention : § 256 *bis*. Cpr. cependant encore art. 672, al. 3.

[2] Cpr. Code d'instruction criminelle, art. 3.

[3] Code d'instruction criminelle, art. 174 et 190. Code pénal, art. 74, et arg. de ces articles. Le Sellyer, *Traité de Droit criminel*, II, 721. Cour d'assises du Haut-Rhin, 23 janvier 1831, Sir., 31, 2, 379. Crim. rej., 18 juin 1847, Sir., 47, 1, 783. Crim. rej., 25 février 1848, Sir., 48, 1, 415.

peuvent leur être dus. D'un autre côté, il est certaines contestations, civiles de leur nature, dont la connaissance a été, par des
motifs politiques, attribuée aux tribunaux administratifs [4].

§ 746.

Des actions [1].

Une action est la voie de droit par laquelle une personne est
autorisée à réclamer ou à poursuivre, en justice contentieuse, ce
qui lui appartient ou ce qui lui est dû.

On appelle également action, le droit d'exercer une pareille
poursuite ou réclamation [2].

Le fait actuel de l'exercice d'une action constitue ce qu'on appelle une demande.

Les éléments que suppose, en théorie, toute demande, sont :
1° le fondement juridique, c'est-à-dire le principe de droit qui
confère l'action (*fundamentum agendi, propositio major*); 2° le fait
qui donne lieu à l'application de ce principe (*propositio minor*);
3° les conclusions, c'est-à-dire l'énonciation des prétentions du
demandeur (*petitum, conclusio*).

Une demande n'est recevable qu'autant que celui qui l'exerce
a un intérêt né et actuel à la présenter, et ne peut être formée
que dans la limite de cet intérêt. Tel est le sens de la maxime :
L'intérêt est la mesure des actions.

Cette maxime doit être appliquée avec discernement, et il ne
faut pas lui donner une extension exagérée.

Ainsi, celui qui se trouve menacé d'un dommage par les constructions ou travaux d'un propriétaire voisin, est autorisé à
demander que l'état actuel des lieux et les avantages qu'il en
retire, soient constatés par une expertise destinée à servir de base
à l'action qu'il pourrait avoir à former ultérieurement après le
dommage causé [3]. Il serait même en droit, si le dommage était
tellement imminent qu'il y eût pour lui un intérêt sérieux à le

---

[4] Cpr. § 46, texte, notes 5 et 6.

[1] BIBLIOGRAPHIE : *Traité des actions*, par Poncet; Paris, 1817, 1 vol. in-8°.
Des actions civiles, par Joccoton; Paris, 1846, 1 vol. in-8°.

[2] C'est dans ce sens que cette expression est employée aux *Inst. præ. de
act.* (4, 6), ainsi qu'aux art. 204, 724, 1352 et 1965 du Code civil.

[3] Besançon, 31 août 1844, Sir., 45, 2, 625.

conjurer, d'introduire une demande tendant à faire ordonner les mesures nécessaires pour le prévenir [4].

Ainsi encore, celui qu'un acte soumet à une obligation qu'il prétend n'avoir pu lui être imposée, a un intérêt né et actuel à s'en faire décharger, dès avant qu'on en réclame l'exécution contre lui. Spécialement, la personne à laquelle un legs a été fait sous la condition de ne pas se marier ou se remarier, peut, en poursuivant la délivrance de son legs ou après l'avoir obtenue, immédiatement demander que la condition sous laquelle il a été fait, soit déclarée non avenue, comme contraire aux bonnes mœurs [5].

D'un autre côté, il n'est pas nécessaire, pour l'admission d'une demande, que l'exercice d'un droit se trouve dès à présent entravé : il suffit que l'existence en soit compromise dans l'avenir.

Il résulte de là, que toute personne à laquelle compète, soit une hypothèque pour sûreté d'une créance conditionnelle, soit un droit de propriété subordonné à une condition suspensive, est autorisée, même avant l'événement de la condition, à agir en déclaration d'hypothèque ou en reconnaissance de son droit éventuel de propriété, contre les tiers détenteurs, à l'effet d'interrompre la prescription qui courrait en leur faveur [6].

Il suit également de là, que celui qui aurait acquis par prescription un droit de propriété ou de servitude, pourrait, même avant d'avoir été troublé dans l'exercice de ce droit, agir aux fins de le faire reconnaître, s'il avait juste sujet de craindre de voir dépérir ses preuves [7].

Il y a mieux : des menaces de poursuites proférées contre une personne, et même de simples jactances par lesquelles un tiers se serait targué d'avoir des prétentions quelconques à former con-

---

[4] Bordeaux, 18 mai 1849, Sir., 50, 2, 183. Cpr. § 188, sur la dénonciation de nouvel œuvre. Voy. aussi la note 18 *in fine*, du § 448. — Il en serait autrement du dommage éventuel que pourrait entraîner la ruine d'un bâtiment. Voy. la note précitée *in principio*.

[5] Paris, 1er avril 1862, Sir., 62, 2, 145. Cpr. aussi Colmar, 3 avril 1865, et Paris, 1er mai 1865, Sir., 66, 2, 183.

[6] Cpr. § 213, texte, n° 2, lett. *b*, et note 17 ; §§ 287 et 293 ; § 696, texte, n° 3, et note 69, texte, n° 4, et note 100 ; § 700, texte, *in fine*, et note 24 ; § 717, texte et note 7.

[7] Cpr. art. 691 ; Favard, *Rép.*, v° Servitude, sect. III, § 5, n° 4 ; Duraton, V, 581 ; Demolombe, XII, 801. Voy. aussi art. 2263.

tre elle, suffisent pour justifier de sa part une action judiciaire, lorsqu'elles sont de nature à porter atteinte, soit à son crédit, soit à la paisible possession de son état ou de son patrimoine, et l'autorisent à demander que l'auteur de ces menaces ou de ces jactances soit tenu de produire ses titres en justice, sous peine de se voir imposer un perpétuel silence [8].

Mais les actions simplement interrogatoires, c'est-à-dire celles dont l'objet serait de mettre le défendeur en demeure de s'expliquer sur le parti qu'il se propose de prendre, relativement à telle ou telle faculté qui lui appartient, ou sur la question de savoir s'il entend ou non élever certaines prétentions en vertu de tel ou tel titre, ne sont point en général recevables [9].

---

[8] Les actions de cette espèce, qu'on appelle provocatoires ou *ad futurum*, tirent leur origine de la loi *Diffamari* (L. 5, C. *de ing. manum.*, 7, 14). Cette loi a donné lieu à une fameuse controverse sur le point de savoir si l'application devait en être restreinte aux attaques dirigées contre l'état d'une personne, ou si le principe qu'elle a posé était susceptible d'être étendu à toutes les menaces ou jactances de la nature de celles dont il est parlé au texte. Nous n'hésitons pas à adopter, même au point de vue du Droit romain, la dernière de ces opinions, à laquelle on oppose vainement la loi unique, au Code, *ut nemo invitus agere cogatur* (3, 7). Si, comme le décide cette loi, nul ne peut être astreint à faire valoir en justice des droits sur lesquels il a gardé le silence, il n'en est plus de même lorsqu'une personne, en se targuant publiquement de droits qu'elle aurait à exercer contre un tiers, a, par cette manifestation même, lésé les légitimes intérêts de ce dernier. Mais, quoi qu'il en soit de la solution à donner à la question d'après les principes du Droit romain, la proposition émise au texte nous paraît suffisamment justifiée par cette considération, qu'en l'absence de règles précises sur le nombre et l'objet des actions, le juge jouit, en Droit français, d'une latitude beaucoup plus grande qu'en Droit romain, et qu'ainsi il peut et doit admettre toute demande formée en raison d'un intérêt légitime, actuellement lésé. Arg. art. 1382. Voy. en ce sens : Merlin, *Rép.*, v° *Diffamari* ; Poncet, p. 38 et 207 ; Chauveau, *Journal des avoués*, 1849, art. 642, p. 117 ; Devilleneuve, Sir., 50, 2, 1, à la note ; Ancelot, *Revue de législation*, 1852, I, p. 388 et 389 ; Demolombe, IV, 346 et 347 ; Aix, 12 juillet 1813, Sir., 14, 2, 334 ; Grenoble, 15 février 1816, Dev. et Car., *Coll. nouv.*, V, 2, 105 ; Bordeaux, 15 février 1851, Sir., 51, 2, 288 ; Caen, 4 août 1851, Sir., 52, 2, 216 ; Angers, 3 juillet 1868, Sir., 68, 2, 318. Cpr. Req. rej., 29 mai 1866, Sir., 66, 1, 338. Voy. en sens contraire : Fœlix et Demangeat, I, 189 ; Mittermaier, *Proc. civ. comparée*, p. 250 et suiv. Voy. aussi : Bonnier, I, 256 ; Nîmes, 15 juin 1835, Sir., 36, 2, 252.

[9] Cpr. § 610, texte, n° 2, et note 5. Voy. cep. § 623, texte, n° 2, et note 19. Rauter, *Procédure civile*, § 50. Liége, 3 février 1841, Sir., 50, 2, 6. Tou-

Les actions se divisent :

1º En mobilières et immobilières [10];

2º En personnelles, réelles, et mixtes.

Les actions sont réelles ou personnelles, suivant qu'elles ont pour fondement un droit réel ou un droit personnel, et suivant qu'elles peuvent, en conséquence, être exercées contre tout détenteur de la chose qui en forme l'objet, ou qu'elles ne peuvent être dirigées que contre la personne obligée et ses successeurs universels.

On assimile aux actions réelles, celles qui sont relatives à l'état des personnes [11].

Les actions mixtes sont celles qui ont tout à la fois pour fondement un droit personnel et un droit réel. Telles sont les trois actions divisoires, c'est-à-dire les actions en partage d'une hérédité ou d'une chose commune (*familiæ erciscundæ, communi dividundo*), et l'action en délimitation (*finium regundorum*) [12].

---

louse, 21 février 1854, Sir., 54, 2, 169. Douai, 25 novembre 1868, Sir., 69, 2, 148. Req. rej., 7 août 1871, Sir., 71, 1, 221. Voy. en sens contraire : Demolombe, IV, 346 et 347.

[10] Cpr. sur cette première division des actions : § 165.

[11] Cpr. § 52, texte et note 2. Rauter, *op. cit.*, § 55, *in fine*.

[12] « *Quædam actiones mixtam causam obtinere videntur, tam in rem quam* « *in personam : qualis est familiæ erciscundæ actio ; item communi dividundo ;* « *item finium regundorum.* » § 20, *Inst. de act.* (4, 6). Nous n'avons point à interpréter le texte précité des Institutes, ni à examiner si les trois actions divisoires constituent, d'après le Droit romain, de véritables actions mixtes, c'est-à-dire des actions tout à la fois réelles et personnelles. Cpr. Triaire-Brun, *Revue de Droit français et étranger*, I, p. 449 et 798. Il nous suffira de constater qu'elles ont toujours été envisagées comme telles en Droit français. Voy. Ferrière, *Dictionnaire de Droit*, vº Action mixte, et *Commentaire sur la coutume de Paris*, tit. V, t. I, p. 206 ; Bourjon, *Droit commun de la France*, liv. VI, tit. V, chap. IV ; Jousse, *Introduction au commentaire de l'ordonnance de 1667*, tit. III, sect. I ; Pothier, *Du quasi-contrat de communauté, à la suite du contrat de société*, art. 4, nº 194, et *Introduction générale aux coutumes*, nº 121 ; Berriat-Saint Prix, *Cours de procédure civile*, I, p. 101 ; Poncet, nº 119 ; Rauter, *op. cit.*, § 55 ; Bonnier, *Éléments d'organisation judiciaire*, I, 486 à 489. Voy. aussi : *Observations préliminaires de la Cour de cassation sur le projet de Code de procédure civile*, liv. I, tit. I, section II, art. 19 et 19 bis (Sir., 9, 1, 4). On peut encore consulter dans le même sens, Boncenne (*Théorie de la procédure civile*, Introduction, chap. V, t. I, p. 67 à 75) et M. Troplong (*De la vente*, II, 625), qui cependant ne s'expriment pas d'une manière aussi précise que les auteurs précédemment cités, le premier attribuant

On doit encore considérer comme mixtes, dans le sens de l'art. 59 du Code de procédure, les actions qui emportent tout à la fois contestation et sur un droit personnel et sur un droit réel, en ce sens que la décision qu'elles ont pour objet de provoquer en ce qui concerne l'existence du droit personnel, aura pour effet virtuel de résoudre la question de l'existence du droit réel [13].

aux actions divisoires une prédominance de personnalité, le second, au contraire, de réalité. Voy. en sens contraire : Carré, *Lois de l'organisation et de la compétence des juridictions civiles*, part. II, liv. II, tit. I, p. 474 et suiv., Chauveau, sur Carré, *Lois de la procédure*, quest. 253. Ces auteurs dénient positivement le caractère d'actions mixtes aux actions divisoires, qu'ils rangent parmi les actions réelles. Pour soutenir cette opinion, ils se fondent, d'une part, sur ce que l'action devant suivre la nature du droit auquel la loi l'attache, il ne saurait y avoir d'actions mixtes, puisqu'il n'existe pas de droits mixtes, et sur ce que, d'autre part, les demandes en restitution de fruits ou autres demandes accessoires qui accompagnent d'ordinaire les actions divisoires, ayant elles-mêmes pour fondement un droit réel, ne peuvent, par leur réunion à la demande principale en partage ou en délimitation, imprimer à cette demande un caractère de personnalité, ni par suite la transformer en une action mixte. Quoique ce dernier argument ne soit pas à l'abri de toute critique, et qu'il nous paraisse notamment inexact de prétendre qu'une demande en reddition de compte accessoirement jointe à une action en partage d'une hérédité ou d'une chose commune, soit uniquement fondée sur le droit de copropriété du demandeur, nous reconnaissons cependant, avec les auteurs ci-dessus cités, que l'adjonction accidentelle d'une pareille demande ne peut avoir pour résultat d'influer sur le caractère de l'action principale. Aussi n'est-ce pas sur ce motif, erronément invoqué par certains interprètes, que nous nous fondons pour ranger les actions divisoires au nombre des actions mixtes. Voici quel est, à cet égard, notre système. Les actions divisoires sont mixtes, quant à leur fondement (*quoad fundamentum agendi*), en ce que l'un des communistes ou voisins ne pourrait, en vertu du seul droit de propriété, contraindre les autres à la division ou à la délimitation, et qu'il ne puise cette faculté que dans l'obligation personnelle et positive imposée par la loi à tout communiste ou voisin de concourir, à frais communs, au partage ou au bornage. Cpr. art. 646 et 815 du Code civil. Ces actions sont en outre mixtes quant à leur objet (*quoad petitum*), en ce qu'elles tendent d'abord, et nécessairement, à l'exécution de l'obligation dont il vient d'être parlé, et ensuite au délaissement de ce qui, par le résultat du partage ou de la délimitation, sera attribué à chacune des parties. Voy. en ce sens: Pothier, *Introduction générale aux coutumes*, n° 121.

[15] Les actions dont il est ici question ne sont pas, à vrai dire, des actions mixtes, dans le sens des explications données à la note précédente. Mais il faut remarquer que, pour régler la compétence des tribunaux, l'art. 59 du Code de procédure s'attache bien moins au caractère que, d'après la division des ac-

Telles sont, d'une part, les actions résolutoires ou rescisoires de nature à réfléchir contre les tiers détenteurs [14], peu importe que l'immeuble formant l'objet de l'action se trouve encore entre les mains de l'obligé contre lequel la résolution est demandée, ou qu'il ait passé entre celles de tiers détenteurs, et que, dans le dernier cas, ces détenteurs aient ou non été mis en cause [15].

tions en personnelles, réelles, ou mixtes, il convient d'assigner à telle ou telle action, qu'à la nature de la contestation envisagée sous le rapport des droits qui s'y trouvent engagés. C'est ce qu'indiquent clairement les expressions *en matière personnelle, en matière réelle, en matière mixte*, qui se trouvent dans les al. 1, 3 et 4 de cet article. Or si, en pure théorie, on peut discuter sur la question de savoir s'il existe des actions mixtes, et quelles sont les actions auxquelles s'applique cette qualification, il paraît impossible de ne pas reconnaître un caractère mixte aux contestations dans lesquelles un droit réel se trouve lié d'une manière tellement intime avec un droit personnel, que la déclaration judiciaire de l'existence ou de la non-existence du second emporte virtuellement la reconnaissance ou la dénégation du premier.

[14] Dans l'ancien Droit, ces actions étaient généralement considérées comme mixtes; et la plupart des auteurs modernes professent la même opinion, qui a été également consacrée par la Cour de cassation. Tiraqueau, *De retractu gentilitio*, § 8, glose 3, n°s 8 et 9. Loyseau, *Du déguerpissement*, liv. II, chap. I, n° 3. D'Argentré, *Commentarii ad præcipuos juris britannici titulos, ad art. 9.* Hevin, sur l'art. 9 de la coutume de Bretagne. De Laurière, *Sur la coutume de Paris*, II, p. 5 et 6. Furgole, *Traité des testaments*, chap. VII, sect. III, n° 100. Bornier, *Conférences des ordonnances de Louis XIV*, sur l'art. 1, tit. IV, de l'ordonnance de 1667. Pothier, *Introduction générale aux coutumes*, n° 122. Rauter, *op. et loc. citt.* Boncenne, *Théorie de la procédure civile*, Introduction, chap. V, t. I, p. 75. Troplong, *De la vente*, II, 625 à 630. Bonnier, *op. cit.*, I, 491. De Fréminville, *De la minorité*, II, 932. Zachariæ, § 746, texte et note 6. Civ. rej., 5 mars 1806, Sir., 6, 1, 512. Lyon, 31 août 1849, Sir., 49, 2, 573. Civ. rej., 8 avril 1862, Sir., 62, 1, 736. Agen, 20 janvier 1868, Sir., 68, 2, 43. Rouen, 30 avril 1870, Sir., 71, 2, 75. Nancy, 10 juin 1871, Sir., 71, 2, 130. Voy. en sens contraire: Poncet, n° 119; Duvergier, *De la vente*, I, 467, II, 93. D'après le premier de ces auteurs, les actions dont s'agit seraient purement personnelles, tant à l'égard de la personne avec laquelle a été fait le contrat dont la résolution ou la rescision est demandée, qu'à l'égard du tiers détenteur de la chose formant l'objet de ce contrat. Suivant le second, elles seraient purement personnelles à l'égard du contractant contre lequel elles sont formées, et réelles à l'égard des tiers. Cpr. aussi Nîmes, 27 août 1847, Sir., 47, 2, 633.

[15] Zachariæ, *loc. cit.* Voy. en sens contraire: Carré, *op. et loc. citt.* Cet auteur enseigne que les actions résolutoires et rescisoires sont purement personnelles, lorsqu'elles sont exclusivement dirigées contre celui avec lequel a été

Telles sont, d'autre part, les actions en délivrance naissant d'un contrat translatif de la propriété d'immeubles corporels ou de droits réels immobiliers [16].

Au contraire, l'action par laquelle le vendeur poursuit la réalisation d'une vente et le paiement du prix de cette vente, est une pure action personnelle, et non une action mixte, bien que le demandeur offre de mettre l'acquéreur en possession de l'immeuble vendu [17].

D'un autre côté, et à la différence des actions résolutoires et rescisoires, l'action paulienne doit, d'après son fondement et d'après son objet, être rangée dans la classe des actions purement personnelles, et non dans celle des actions mixtes [18].

Une action, uniquement fondée sur un droit réel, ne peut être envisagée comme mixte, par cela seul que la demande principale se trouve accompagnée d'une demande accessoire en restitution de fruits ou en paiement de dommages-intérêts [19].

formé le contrat dont la résolution ou la rescision est demandée. — Il est, du reste, bien entendu que l'action qui serait uniquement dirigée contre le tiers détenteur, soit en cas de résolution de plein droit du contrat, soit après qu'il aurait été judiciairement résolu ou rescindé, ne constituerait plus qu'une action en revendication, c'est-à-dire une action purement réelle. Req. rej., 8 août 1847, Sir., 47, 1, 802.

[16] En effet, comme d'après notre Droit, les contrats qui ont pour objet la transmission de la propriété d'immeubles corporels ou de droits réels immobiliers, opèrent cette transmission par eux-mêmes, et indépendamment de la tradition, une action en délivrance fondée sur un pareil contrat emporte virtuellement contestation, non-seulement sur un *jus ad rem*, mais encore sur un *jus in re*. Merlin, *Rép.*, v° Vente, § 2, n° 7. Bonnier, *op. cit.*, II, 492. Troplong, *op. cit.*, I, 262. Req. régl., 2 février 1809, Sir., 9, 1, 138. Req. rej., 31 mai 1837, Sir., 37, 1, 631. Voy. en sens contraire : Poncet, p. 180 ; Carré, *op. cit.*, n° 225 ; Duvergier, *De la vente*, I, 258.

[17] Paris, 22 juillet 1848, Sir., 48, 2, 535. Civ. cass., 5 mars 1850, Sir., 50, 1, 469.

[18] Voy. § 313, texte, n° 1, et note 4.

[19] Il peut arriver que l'action en revendication ne soit accompagnée d'aucune demande en restitution de fruits ou en dommages-intérêts. Les demandes de ce genre ne sont donc qu'accidentelles et accessoires, et ne sauraient dès lors dénaturer le caractère de l'action à laquelle elles se trouvent jointes. On ne peut pas dire qu'en pareil cas, la matière soit mixte dans le sens indiqué à la note 13, *suprà*, puisque la contestation n'a pour objet principal et nécessaire qu'un droit réel. Zachariæ, § 746, texte et note 6. Amiens, 15 novembre 1824, Sir., 25, 2, 211. Req. rej., 3 août 1847, Sir., 47, 1, 802. Cpr. aussi les au-

Cette observation s'applique notamment à la pétition d'hérédité[20].

Du reste, une action qui a pour objet, soit l'exécution, soit la résiliation d'une convention constitutive seulement d'un droit personnel, par exemple, d'un bail, ne peut être envisagée comme mixte, alors même que le demandeur réclame la mise en possession ou le déguerpissement d'un immeuble[21].

Les actions se divisent encore :

3° En pétitoires et possessoires, suivant qu'elles ont pour fondement et pour objet un droit réel et la reconnaissance de ce droit, ou qu'elles portent exclusivement sur la possession, sans toucher au fond du droit[22].

4° En actions simples et doubles ou réciproques, suivant que les qualités de demandeur et de défendeur ne peuvent appartenir simultanément à l'une et à l'autre des parties, ou que chacune d'elles est à la fois demanderesse et défenderesse. Les actions divisoires rentrent dans la catégorie des actions réciproques[23].

---

torités citées à la note 12, *suprà.* Voy. cependant en sens contraire : Argou, *Institution au Droit français,* II, p. 463 ; Denisart, *Collection de jurisprudence,* v° Action, n° 5 ; Merlin, *Rép.,* v° Action, § 2.

[20] La question de savoir si la pétition d'hérédité, accompagnée de demandes en restitution de fruits, est une action réelle ou une action mixte, a été de tout temps controversée. Cpr. L. 25, § 18, *D. de hæred. pet.* (5, 3); L. 7. *G. de pet. hæred.* (3, 31). Mais nous ne voyons aucune raison solide pour distinguer, à cet égard, l'action en pétition d'hérédité de l'action en revendication. Voy. en ce sens : Bonnier, *op. cit.,* I, 490. Voy. en sens contraire : *Observations préliminaires de la Cour de cassation sur le projet du Code de procédure,* Sir., 9, 1, 4; Berriat-Saint-Prix, *op. et loc. citt.* ; Rauter, *op. et loc. citt.* ; Favard, *Rép.,* v° Action, § 1, n° 5.

[21] Bourges, 27 février 1852, Sir., 52, 2, 638. Voy. en sens contraire : Paris, 10 février 1853, Sir., 54, 2, 25 ; Paris, 12 mars 1858, Sir., 58, 2, 263; Paris, 29 mars 1860, Sir., 60, 2, 122. — Cpr. sur l'action en réparations locatives du preneur contre le bailleur, ou du bailleur contre le preneur : Civ. cass., 16 août 1854, Sir., 55, 1, 109 ; Rouen, 30 juillet 1855, Sir., 56, 2, 565. Ainsi que l'a fort bien jugé la Cour de cassation contrairement à la Cour de Rouen, une pareille action n'est évidemment qu'une action purement personnelle.

[22] Cpr. §§ 184.

[23] Cpr. § 631 *bis,* texte, n° 1, et note 1ʳᵉ.

§ 747.

Des moyens de défense et des exceptions, en général[1].

Les moyens à l'aide desquels le défendeur peut repousser une demande dirigée contre lui, se divisent en moyens de défense directe, et en exceptions (*hoc sensu*).

Les moyens de défense directe sont ceux par lesquels on conteste, soit l'exactitude du principe juridique, soit l'existence des faits qui servent de base à la demande.

Les exceptions sont les moyens de défense par lesquels on repousse une demande, sans la contester directement.

Les éléments constitutifs d'une exception sont les mêmes que ceux d'une demande.

Il est des exceptions qui ne sont opposées qu'à la demande considérée en elle-même, et indépendamment du point de savoir si l'action qu'elle a pour objet d'exercer est ou non recevable. Il en est d'autres qui sont opposées à la demande envisagée sous le rapport du droit d'action, dont elle constitue l'exercice.

Les unes et les autres sont péremptoires ou dilatoires.

En tant qu'elles sont opposées à la demande considérée en elle-même, les exceptions sont péremptoires ou dilatoires, suivant qu'elles tendent à faire rejeter la demande, ou qu'elles n'ont pour objet que d'en arrêter le cours. Ainsi, par exemple, les exceptions tirées du défaut de conciliation et de la péremption de l'instance, sont péremptoires. Au contraire, l'exception de la caution *iudicatum solvi* et celle du bénéfice d'inventaire sont dilatoires.

En tant qu'elles sont opposées à la demande envisagée sous le rapport du droit d'action, les exceptions sont péremptoires ou dilatoires, suivant qu'elles tendent à faire rejeter l'action pour toujours, ou qu'elles n'ont pour objet que de la faire écarter pendant un certain temps. Ainsi, par exemple, les exceptions de prescription, de transaction, de chose jugée, sont péremptoires. Au contraire, l'exception de terme est dilatoire.

---

[1] BIBLIOGRAPHIE. *Traité des fins de non-recevoir*, par Lemerle ; Paris, 1819, 1 vol. in-8°. *Traité des exceptions, en matière de procédure civile*, par Goubeau de la Bilennerie ; Paris, 1823, 1 vol. in-8°, *Des exceptions de procédure, en matière de procédure civile et commerciale*, par Joccotton ; Paris, 1858, 1 vol. in-8°.

On appelle spécialement exceptions déclinatoires, celles qui ont pour objet de faire renvoyer la demande à un autre tribunal, soit en raison de l'incompétence de celui auquel elle a été soumise, soit pour tout autre motif.

§ 747 *bis*.

De la caution judicatum solvi, *en particulier*[1].

La caution *judicatum solvi* est celle qu'est tenu de donner l'étranger demandeur, pour garantir le paiement des frais et dommages-intérêts auxquels il pourra être condamné par le jugement à intervenir sur la contestation qu'il a engagée. Art. 16, Code de procédure. Art. 166.

1º Cette caution ne peut être exigée que des étrangers, et non des Français, même établis en pays étranger[2].

L'étranger lui-même n'y est soumis que lorsqu'il est demandeur au principal ou en intervention, et non lorsqu'il est défendeur.

On doit, sous ce rapport, considérer comme défendeurs et comme dispensés de fournir caution : celui qui forme une demande reconventionnelle[3]; celui qui interjette appel du jugement dans lequel il a figuré en qualité de défendeur[4]; enfin,

---

[1] Voy. sur l'origine de la caution *judicatum solvi* : *Inst. de satisdationibus* (4, 11); Demangeat, *Histoire de la condition civile des étrangers en France*, p. 137 et suiv. Cpr. sur cette matière : *Dissertation*, par Joccotton, *Revue de législation*, 1852, I, p. 179 ; Fœlix, *Droit international privé*, 4e édit., revue par Demangeat ; Paris, 1866, 2 vol. in-8º.

[2] Loisel, *Inst. cout.*, liv. VI, tit. III, reg. 2. Boncenne, *Théorie de la procédure*, III, p. 174. Zachariæ, § 77, texte et note 16. Limoges, 14 août 1846, Sir., 47, 2, 346.

[3] Une demande reconventionnelle n'est, en effet, qu'un moyen de défense opposé à la demande principale. Boitard, *Leçons de procédure*, I, p. 321.

[4] L'appel ne constitue, en pareil cas, qu'une suite de la défense originaire. Delvincourt, I, p. 26. Merlin, *Rép.*, vº Caution *judicatum solvi*, § 1, nº 4. Favard, *Rép.*, vº Exception, § 1, nº 2. Coin-Delisle, *Jouissance et privation des droits civils*, sur l'art. 16, nº 14, p. 47. Carré, *Lois de la procédure*, I, quest. 700. Ponsot, *Du cautionnement*, nº 394. Demolombe, I, 255. Zachariæ, § 77, note 10. Metz, 27 août 1817, et Limoges, 20 juillet 1832, Sir., 32, 2, 594 et 595. Paris, 31 janvier 1835, Sir., 35, 2, 82.

celui qui provoque la nullité d'une saisie[5], ou d'un emprisonnement[6].

Tout étranger demandeur peut être tenu de donner la caution *judicatum solvi*, quels que soient les titres dont il est revêtu. Ainsi, les ambassadeurs et les souverains eux-mêmes y sont soumis, tout comme les simples particuliers[7].

D'un autre côté, l'étranger admis à l'assistance judiciaire n'en est pas pour cela dispensé[8].

L'obligation de fournir la caution *judicatum solvi* est, en général, indépendante du caractère de la juridiction devant laquelle la demande est portée[9].

Elle peut être exigée, non-seulement en matière civile, mais encore en matière criminelle, correctionnelle, ou de police[10].

---

[5] Une demande en nullité de saisie n'est en réalité qu'un moyen de résistance opposé aux poursuites. Merlin, *op. et v° citt.*, § 1, n° 3. Coin-Delisle, *op. et loc. citt.* Chauveau, sur Carré, *op. cit.*, I, quest. 698. Fœlix, I, 190. Nancy, 9 mars, 1872, Sir., 72, 2, 20. — *Quid* d'une demande en revendication d'objets saisis ? Voy. Paris, 3 mars 1854, Sir., 54, 2, 400.

[6] Fœlix, *loc. cit.* Boncenne, *op. cit.*, III, p. 177. Chauveau, sur Carré, *op. et loc. citt.* Zachariæ, *loc. cit.* Paris, 24 février 1849, Sir., 49, 2, 496. Voy. en sens contraire : Legat, *Code des étrangers*, p. 311 ; Paris, 20 octobre 1831, Sir., 31, 2, 327.

[7] Merlin, *Quest.*, v° Caution *judicatum solvi*, § 2. Favard, *Rép.*, v° Exception, § 1, n° 2. Boncenne, *op. cit.*, III, p. 173. Chauveau, sur Carré, *op. cit.*, I, quest. 701. Boitard, *op. et loc. citt.* Fœlix, I, 142. Zachariæ, § 77, texte et note 8.

[8] L'assistance judiciaire a bien pour effet de dispenser provisoirement l'assisté du paiement des droits du trésor, ainsi que des honoraires et émoluments dus aux avocats et officiers ministériels, mais ne modifie en rien les obligations qui lui incombent dans ses rapports avec sa partie adverse. Voy. Loi des 29 novembre, 7 décembre 1850, et 22 janvier 1851, art. 14. Dorigny, *De l'assistance judiciaire*, p. 150. Trib. de Soissons, 28 août 1861, Sir., 61, 2, 633. Trib. de la Seine, 29 décembre 1868, Sir., 69, 2, 123.

[9] *En toutes matières autres que celles de commerce.* L'exception confirme la généralité de la règle. Cpr. les deux notes suivantes.

[10] Favard, *Rép.*, v° Exception, § 1, n° 2. Duranton, I, 161. Legat, *op. cit.*, p. 312. Coin-Delisle, *op. cit.*, sur l'art. 16, n° 6, p. 44. Fœlix, I, 137. Demolombe, I, 256. Ponsot, *op. cit.*, n° 400. Carré, *op. cit.*, I, quest. 705. Boncenne, *op. cit.*, III, p. 187. Le Sellyer, *Droit criminel*, II, 560. Faustin Hélie, *Instruction criminelle*, II, p. 332. Mangin, *De l'action publique*, I, p. 259. Joccotton, *op. cit.*, p. 181 et suiv. Zachariæ, § 77, texte et note 9. Civ. cass., 3 février 1814, Sir., 14, 1, 116. Crim. cass., 18 février 1846, Sir., 46, 1, 320. Voy. cep. Chauveau, sur Carré, *ubi suprà*.

Elle peut être demandée devant les justices de paix, comme devant les tribunaux de première instance ou d'appel[11].

2º Par exception aux règles précédemment posées, l'étranger demandeur cesse d'être soumis à l'obligation de fournir la caution *iudicatum solvi*, dans les hypothèses suivantes :

a. Lorsque sa demande est de la compétence des tribunaux de commerce. Code civil, art. 16. Code de procédure, art. 423. Cette exception doit recevoir son application, alors même que l'étranger, demandeur devant un tribunal de commerce, se trouve renvoyé devant les tribunaux civils pour y faire statuer sur un incident, par exemple, sur une vérification d'écriture[12].

b. Lorsqu'il possède en France des immeubles corporels[13], d'une valeur suffisante pour assurer le paiement des frais et dommages-intérêts. Code civil, art. 16. Code de procédure, art. 167. Pour faire valoir cette exception, l'étranger demandeur n'est pas tenu de constituer hypothèque sur ces immeubles[14].

c. Lorsqu'il a été admis à établir son domicile en France conformément à l'art. 13[15]. L'étranger qui n'aurait en France qu'un domicile de fait, et celui-là même qui y aurait obtenu, avec un

---

[11] L'argument en sens contraire qu'on a voulu tirer de la place que l'art. 166 occupe au Code de procédure, est sans valeur en présence de la généralité du principe posé par l'art 16 du Code civil. Fœlix, I, 137.

[12] Merlin, *Quest.*, vº Caution *judicatum solvi*, § 1, nº 3. Coin-Delisle, *op. cit.*, sur l'art. 16, nº 7, p. 45. Fœlix, I, 141. Metz, 26 mars 1821, Sir., 23, 2, 126.

[13] Un droit d'usufruit immobilier ne dispenserait pas l'étranger de fournir caution. C'est ce qui résulte des termes mêmes de l'art. 167 du Code de procédure, *qui justifiera que ses immeubles sont situés en France.* Voy. aussi : L. 15, *D. qui satisdari coguntur* (2, 8). Proudhon, *De l'usufruit*, I, 19. Zachariæ, § 77, note 15.

[14] Toullier, I, 265, à la note. Merlin, *Rép.*, vº *cit.*, § 1, nº 11. Duranton, I, 162. Legat, *op. cit.*, p. 312. Coin-Delisle, *op. cit.*, sur l'art. 16, nº 10, p. 45. Richelot, I, p. 135. Demolombe, I, 259. Joccotton, *op. cit.*, p. 187 et suiv. Fœlix, I, 142. Massé, *Droit commercial*, II, 744. Zachariæ, *loc. cit.* Voy. en sens contraire : Delvincourt, I, part. II, p. 28 ; Favard, *Rép.*, vº Exception, § 1, nº 7 ; Boncenne, *op. cit.*, III, p. 93 ; Chauveau, sur Carré, *op. cit.*, quest. 708 *bis*.

[15] Coin-Delisle, *op. cit.*, sur l'art. 16, nº 2, p. 43. Fœlix, I, 133. Demolombe, I, 266. Boncenne, *op. cit.*, III, p. 180. Chauveau, sur Carré, *op. cit.*, quest. 701. Boitard, *op. cit.*, II, p. 11, Favard, *op. et* vº *citt.*, § 1, nº 3. Joccotton, *op. cit.*, p. 191.

brevet d'imprimeur, l'autorisation de gérer un journal, ne jouiraient pas du bénéfice de cette exception [16].

d. Lorsque des traités diplomatiques le dispensent de la donner [17].

Cette dispense résulterait virtuellement, et par voie de réciprocité, d'un traité par lequel elle aurait été accordée aux Français
dans le pays auquel appartient l'étranger.

Mais il ne suffirait pas pour l'admettre que, de fait, les Français
fussent appelés à en jouir en vertu de la jurisprudence ou de la
législation de ce pays [18].

D'un autre côté, un traité qui se bornerait à autoriser l'exécution à l'étranger des jugements rendus en France, et *vice versâ*,
n'emporterait pas virtuellement dispense de fournir la caution
judicatum solvi [19].

Du reste, l'obligation de fournir cette caution, est complétement
étrangère à l'hypothèse où l'étranger agit, non par voie de demande
en condamnation, mais par voie de poursuite en vertu d'un titre
exécutoire [20].

---

[16] Lyon, 26 juin 1873, Sir., 73, 2, 197.

[17] Merlin, *Rép. v° cit.*, § 1, n° 2. Coin-Delisle, sur l'art. 16, n° 8. Colmar,
28 mars 1810, Sir., 10, 2, 288. Bastia, 16 février 1844, Sir., 44, 2, 663.
Cpr. Traité avec la Sardaigne du 24 mars 1760, art. 22 ; Traités avec la Con-
fédération helvétique du 4 vendémiaire an XII, art. 14, du 18 juillet 1828,
art. 2 (ordonnance du 31 décembre 1828), et du 15 juin 1869, art. 13 (décret
du 19 octobre 1869) ; Traités avec la République de Guatémala et de Costarica
du 8 mars 1843, art. 4 (loi des 28 février, 23 avril et 10 mai 1849) ; Traité
avec le Paraguay du 2 février 1853, art. 9, al. 3 (décret du 9 février 1854).

[18] Cpr. § 79, texte et note 2. Favard, *op. et v° citt.*, § 1, n° 3. Carré et
Chauveau, sur Carré, *op. cit.*, I, quest. 696.

[19] Il n'existe pas de connexité nécessaire entre ces deux idées. Les difficultés
que peut encore présenter, malgré l'existence d'une pareille clause, l'exécution
à l'étranger des jugements rendus en France, sont un motif suffisant pour justifier, même dans ce cas, la nécessité de la caution. Massé, *Droit commercial*,
II, 739. Demangeat, sur Fœlix, I, p. 304, note *a*. Colmar, 12 avril 1859,
Sir., 59, 2, 428. Voy. en sens contraire : Merlin, *Rép., v° cit.*, § 1, n° 9;
Coin-Delisle, *op. cit.*, sur l'art. 16, n° 8.

[20] Merlin, *op. et v° citt.*, § 1, n°s 3 et 12. Delvincourt, I, part. II, p. 26.
Favard, *op. et v° citt.*, § 1, n° 3. Duranton, I, 164. Legat, *op. cit.*, p. 311.
Coin-Delisle, *op. cit.*, sur l'art. 16, n° 13, p. 47. Carré et Chauveau, *op.
cit.*, I, quest. 698. Demolombe, I, 255. Fœlix, I, 138 et 140. Zachariæ, § 77,
texte et note 14. Paris, 9 germinal an XIII, Sir., 7, 2, 1192. Req. rej.,
9 avril 1807, Sir., 7, 1, 308. Bordeaux, 3 février 1835, Sir., 35, 2, 267. —

3° La faculté de requérir la caution *judicatum solvi* est un privilége dont ne jouissent que les Français, ou les étrangers admis à établir leur domicile en France[21], et non les étrangers en général[22].

Cette caution est une caution légale à laquelle s'appliquent les art. 2040 et 2041. Elle peut être remplacée par un nantissement équivalent, ou par la consignation de la somme jusqu'à concurrence de laquelle elle doit être fournie. Code de proc., art. 167.

Le décret du 7 février 1809, qui soumet les étrangers à la nécessité de donner caution pour pouvoir exécuter, pendant le délai du recours au Conseil d'Etat, les décisions susceptibles de ce recours, ne forme point exception à la règle posée au texte, puisqu'il ne s'agit pas là d'une caution *judicatum solvi*.

[21] Demolombe, I, 266. Fœlix, I, 135. Orléans, 26 juin 1828, Sir., 28, 2, 193. Crim. rej., 15 avril 1842, Sir., 42, 1, 473.

[22] La caution *judicatum solvi* n'est point fondée sur un motif d'ordre public, puisque la partie qui est en droit de l'exiger, peut valablement y renoncer, et qu'elle est même censée y avoir renoncé, lorsqu'elle ne l'a pas requise *in limine litis*. Code de procédure, art. 166. L'étranger défendeur ne saurait en réclamer le bénéfice, sous le prétexte que la disposition qui l'établit, constitue une loi de police et de sûreté. Cela posé, la proposition énoncée au texte se justifie : par la discussion au Conseil d'Etat, lors de laquelle la caution *judicatum solvi* a été présentée comme la garantie *des Français* plaidant contre des étrangers ; par l'esprit dans lequel a été établie cette caution, qui a pour but de maintenir l'égalité entre les deux parties, dont l'une présente des sûretés que l'autre n'offre pas ; par la connexité qui existe entre l'art. 16 et les deux articles précédents, connexité de laquelle il résulte que le législateur n'a eu en vue que l'hypothèse où les plaideurs sont l'un Français et l'autre étranger ; par la place assignée à cet article qui figure au chapitre *De la jouissance des droits civils*; enfin, par la nature même du privilége dont il est ici question, qui est bien évidemment une création de la législation positive. Duranton, I, 166. Legat, *op. cit.*, p. 313 et 314. Fœlix, I, 134. Taulier, I, p. 119. Soloman, *De la condition des étrangers*, p. 112. Demolombe, I, 255. Du Caurroy, Bonnier et Roustain, I, 60. Massé, *Droit commercial*, II, 741. Orléans, 26 juin 1828, Sir., 28, 2, 193. Pau, 3 décembre 1836, Sir., 37, 2, 363. Crim. rej., 15 avril 1842, Sir., 42, 1, 473. Paris, 12 avril 1856, Sir., 57, 2, 104. Paris, 2 juillet 1861, Sir., 61, 2, 614. Voy. en sens contraire : Merlin, *Rép. v° cit.*, § 1, n° 7 ; Delvincourt, I, part. II, p. 30 ; Maleville, sur l'art. 16 ; Valette, sur Proudhon, I, p. 157 ; Demangeat, *Condition des étrangers*, p. 400, et sur Fœlix, I, p. 296, note *a*; Coin-Delisle, sur l'art. 16, n° 3 ; Carré et Chauveau, *op. cit.*, I, quest. 702 ; Boncenne, *op. cit.*, III, p. 184 : Zachariæ, § 77, texte et note 11 ; Paris, 28 mars, 1832, Sir., 32, 2, 288, et 30 juillet 1834, Sir., 34, 2, 434.

L'exception de caution *judicatum solvi* doit, à peine de déchéance, être proposée *in limine litis*[23]. Code de proc., art. 166. Toutefois, le Français défendeur qui ne l'aurait pas demandée en première instance, pourrait encore, comme intimé, la requérir en instance d'appel[24], pour la garantie des frais et dommages-intérêts résultant de cette instance[25].

[23] Fœlix, I, 138. Cpr. sur la conciliation des art. 166, 169 et 173 du Code de procédure : Delvincourt, I, part. II, p. 27 ; Duranton, I, 103 ; Legat, *op. cit.*, p. 311 ; Coin-Delisle, sur l'art. 16, n° 11 ; Demolombe, I, 258 ; Boncenne, *op. cit.*, III, p. 301 ; Ponsot, *Du cautionnement*, n° 397 ; Favard, *Rép.*, v° Exception, § 2 ; Carré et Chauveau, *op. cit.*, I, quest. 704 ; Metz, 26 avril 1820, Sir., 21, 2, 347 ; Bourges, 20 juillet 1837, Sir., 43, 2, 561.

[24] Le Français intimé, qui aurait été demandeur en première instance, ne pourrait exiger la caution en seconde instance, parce que l'appel est une suite de la défense originaire. Cpr. note 4 *suprà*. D'un autre côté, le Français appelant, qui aurait été défendeur en première instance, ne pourrait pas davantage demander la caution en seconde instance, par la raison qu'en ne proposant pas l'exception en première instance, il y a renoncé pour cette instance, et que sa qualité d'appelant ne lui donne pas le droit de la faire valoir sur son appel. Demangeat, sur Fœlix, I, p. 300. Voy. en sens contraire : Fœlix, *loc. cit.* Mais, lorsque le Français réunit la double qualité de défendeur en première instance et d'intimé en seconde instance, rien ne s'oppose à ce qu'il réclame en appel la caution qu'il n'avait pas originairement demandée. La déchéance qu'il a encourue, est restreinte quant à ses effets à la première instance, et ne lui enlève pas le droit de proposer en appel une exception à laquelle lui donne droit sa double qualité de défendeur et d'intimé. Legat, *op. cit.*, p. 314. Ponsot, *op. cit.*, n° 398. Fœlix, *loc. cit.* Paris, 14 mai 1831, Sir., 31, 2, 177. Paris, 19 mars 1838, Sir., 38, 2, 182. Paris, 22 juillet 1840, Sir., 40, 2, 429. Bordeaux, 23 janvier 1849, Sir., 51, 2, 45. Paris, 19 novembre 1856, Sir., 57, 2, 348. Lyon, 26 juin 1873, Sir., 73, 2, 197. Cpr. Toulouse, 27 décembre 1819, Sir., 20, 2, 312. Cet arrêt n'est point en opposition avec notre manière de voir. Dans l'espèce sur laquelle il a statué, le Français était appelant. Voy. en sens contraire : Coin-Delisle, sur l'art. 16, n° 2 ; Demolombe, I, 258 ; Zachariæ, § 77, note 12 ; Douai, 10 avril 1833, Sir., 33, 2, 242 ; Toulouse, 16 août 1831, Sir., 34, 2, 44 ; Bruxelles, 20 avril 1833, Sir., 34, 2, 240.

[25] Carré et Chauveau, *op. cit.*, I, quest. 700, à la note. Boncenne, *op. cit.*, III, p. 191. Fœlix, *loc. cit.* Bordeaux, 27 février 1843, Sir., 43, 2, 248.

§ 748.

Des personnes par lesquelles et contre lesquelles une demande peut être intentée.

Toute personne à laquelle compète une action est, par cela même, autorisée à l'exercer en justice au moyen d'une demande. Réciproquement, toute personne contre laquelle une action est ouverte, peut être recherchée par une demande ayant pour objet l'exercice de cette action.

Ce double principe reçoit cependant exception à l'égard des personnes pourvues d'un représentant, légalement chargé d'exercer les actions qui leur compètent, et de défendre aux demandes qui seraient dirigées contre elles.

D'un autre côté, il est des personnes qui ne peuvent ester en justice, soit en demandant, soit en défendant, qu'avec l'autorisation ou l'assistance d'autres personnes.

Les développements de ces deux propositions ont déjà été donnés dans le Droit civil théorique.

Il est de règle traditionnelle qu'*en France, nul, si ce n'est le chef de l'État, ne plaide par procureur*[1]. Cette maxime signifie que tout plaideur doit figurer en nom dans les actes de procédure et dans les qualités du jugement[2].

Elle ne s'oppose pas à ce qu'un mandataire, muni de pouvoirs suffisants, n'introduise valablement une action en justice pour le compte de son mandant, pourvu qu'il le fasse au nom de ce dernier, et non pas en son propre nom[3].

Elle ne forme pas davantage obstacle à ce que les personnes chargées directement par la loi, ou en vertu d'un mandat autorisé par la loi, de représenter en justice ceux dont les intérêts leur

---

[1] Cette règle, dont il serait difficile de préciser l'origine, est indiquée comme étant presque aussi ancienne que notre Droit. Merlin, *Rép.*, v° Plaider par procureur. — L'exception admise en faveur du roi avait été étendue à la reine par une déclaration du 30 novembre 1549. Sous le régime féodal, les seigneurs, plaidant dans leurs seigneuries, jouissaient du même privilége. Mais il n'a jamais été reconnu aux souverains étrangers. Merlin, *op. et v° cit.*, n°s 2 et 3.

[2] Cpr. Paris, 21 juin 1861, Sir., 61, 2, 508.

[3] Aix, 18 février 1808, Sir., 8, 2, 109. Req. rej., 30 mai 1854, Sir., 56, 1, 348. Cpr. Nimes, 23 décembre 1830, Sir., 31, 2, 225; Rennes, 26 mars 1849, Sir., 51, 2, 705; Bordeaux, 20 février 1851, Sir., 51, 2, 245.

sont confiés, tels que les administrateurs d'une personne morale, les tuteurs, les syndics d'une faillite, ou les liquidateurs d'une société de commerce, ne puissent, en leur qualité de représentants, agir en leur propre nom[4].

Il y a mieux : rien n'empêche que le titulaire apparent de droits réels ou personnels (*prête-nom*), ne puisse les faire valoir judiciairement en son propre nom, pourvu que la simulation ne soit entachée d'aucune fraude à la loi ou aux droits des tiers[5]. La procédure ainsi faite profite à l'ayant droit réel, qui peut à tout instant, et même en appel, se substituer au demandeur ou au poursuivant[6].

Les actes judiciaires ou de procédure faits à la requête d'un simple mandataire, agissant en son propre nom, sont, en vertu de la maxime ci-dessus citée, à considérer comme nuls[7].

Il en est de même des actes de cette nature faits par les prétendus représentants d'une association ou d'une réunion qui ne constitue pas une personne morale, et qui, d'un autre côté, ne se trouve pas légalement autorisée à se faire représenter en justice[8]. C'est ainsi que les procédures suivies au nom, soit d'une société civile, soit d'un cercle littéraire ou artistique, par les personnes chargées de gérer les intérêts communs, ne sont pas valables, alors même que ces personnes auraient reçu le pouvoir d'agir en justice.

---

[4] Aix, 5 avril 1832, Sir., 35, 2, 22. Cpr. Req. rej., 9 juin 1874, Sir., 74, 1, 296.

[5] Toullier, VI, 179. Chauveau, sur Carré, *Lois de procédure*, IV, quest. 1681 *quater*. Dev. et Car., *Coll. nouv.*, I, 2, 136. Civ. rej., 7 avril 1813, Sir., 13, 1, 374. Req. rej., 27 avril 1831, Sir., 31, 1, 194. Civ. rej., 8 juillet 1856, Sir., 56, 1, 878. Civ. rej., 22 février 1858, Sir., 58, 1, 444. Req. rej., 28 juillet 1869, Sir., 69, 1, 427.

[6] Req. rej., 2 janvier 1828, Sir., 28, 1, 319. Toulouse, 22 février 1828, Sir., 28, 2. 262. Bordeaux, 21 novembre 1828, Sir., 29, 2, 253. Civ. rej., 8 juillet 1856, Sir., 56, 1, 878. Civ. rej., 22 février 1858, Sir., 58, 1, 444.

[7] Liége, 15 floréal an XI, Dev. et Car., *Coll. nouv.*, *loc. cit.* Aix, 18 février 1808, Sir., 8, 2, 109. Nîmes, 23 décembre 1830, Sir., 31, 2, 225.

[8] Req. rej., 11 novembre 1829, Sir., 30, 1, 37. Req. rej., 8 novembre 1836, Sir., 36, 1, 811. Aix, 2 juillet 1844, Sir., 46, 2, 29. Civ. rej., 6 mai 1850, Sir., 50, 1, 516. Crim. cass., 21 juillet 1854, Sir., 54, 1, 580. Colmar, 5 juillet 1864, Sir., 65, 2, 16. Nancy, 18 mai 1872, Sir., 72, 2, 197.

Il est toutefois à remarquer que, lorsque les représentants d'une association ou d'une réunion en font eux-mêmes partie, et qu'ils ont agi et figuré aux actes de procédure tant en leur nom personnel qu'au nom de celle-ci, ces actes sont valables en ce qui concerne leurs parts d'intérêt. Ils vaudraient même pour le tout, si la demande avait pour objet l'exécution d'une obligation indivisible, ou d'une obligation divisible du genre de celles dont s'occupe l'art. 1221 [9].

La maxime que *Nul en France ne plaide par procureur*, n'est pas d'ordre public.

La nullité résultant de la violation de cette règle ne peut donc être suppléée d'office par le juge, alors même qu'elle aurait été relevée par le ministère public [10].

Il suit également de là, que cette nullité ne peut être proposée pour la première fois devant la Cour de cassation [11].

§ 748 *bis*.

Spécialités sur les contestations entre Français et étrangers, et sur les contestations entre étrangers [1].

I. *Des demandes formées par des Français contre des étrangers.*

1° Les Français sont autorisés à actionner les étrangers devant les tribunaux français, pour l'exécution des obligations que ces

[9] Req. rej., 29 juin 1847, Sir., 48, 1, 212.

[10] Req. rej., 14 décembre 1839, Sir.. 40, 1, 78.

[11] Req. rej., 6 avril 1831, Sir., 31, 1, 172. Req. rej., 9 juin 1841, Sir., 41, 1, 579. Req. rej., 30 mai 1854, Sir., 56, 1, 348. Civ. rej., 24 novembre 1875, Sir., 76, 1, 166. — Merlin (*Rép.*, *v° cit.*, n° 4) a même soutenu que la maxime dont s'agit n'étant fondée que sur un usage, sa violation ne pouvait jamais donner ouverture à cassation ; et son opinion avait été consacrée par un arrêt de la Chambre des requêtes du 22 brumaire an XII, Sir., 4, 2, 282. Mais cette manière de voir ne se trouve pas reproduite dans les décisions subséquentes de la Cour suprême, et elle a été virtuellement condamnée par un arrêt de la Chambre criminelle du 21 juillet 1854 (Sir., 54, 1, 489).

[1] Les règles établies sur cette matière par l'art. 14 du Code civil sont introductives d'un Droit nouveau. Elles sont en opposition avec les principes généralement admis dans les différents pays du continent européen. Cpr. sur cette matière : *Droit international privé*, par Fœlix,, 4° édit., revue par Demangeat ; Paris, 1866, 2 vol. in-8°.

derniers ont contractées à leur profit, soit en France, soit en pays
étranger. Il en est ainsi, bien que l'étranger n'ait pas de résidence
en France, ou qu'il ne s'y trouve pas au moment où la demande
est formée [2]. Art. 14.

Le Français jouit du droit que lui donne l'art. 14, lors même
qu'il a formé un établissement en pays étranger, et qu'il y réside
encore à l'époque de la demande, pourvu que cet établissement
n'exclue point de sa part l'esprit de retour [3].

L'étranger qui a, par un moyen quelconque, acquis la qualité
de Français, ne peut user de ce droit que pour les obligations
contractées à son profit depuis le moment où il est devenu Français [4].

---

[2] Cette proposition, qui ne peut être contestée en ce qui concerne les obligations contractées en France, l'a été, mais bien à tort, relativement aux obligations contractées en pays étranger. Il est vrai que la seconde partie de l'art. 14
ne reproduit pas les termes *même non résidant en France*, qui se trouvent
dans la première partie de cet article. Mais cette répétition était inutile en raison de l'intime connexité qui existe entre ces deux dispositions. Il résulte, d'ailleurs, clairement de la suppression des mots *s'il est trouvé en France*, qui figuraient primitivement en tête de la seconde partie de l'art. 14, que l'intention du
législateur a été de poser une règle uniforme pour les obligations contractées,
soit en France, soit à l'étranger. Cpr. sur la première rédaction de l'art. 14 :
Locré, *Lég.*, II, p. 34, art. 8. Maleville, sur l'art. 14. Merlin, *Rép.*, v° Etranger, § 5. Duranton, I, 151. Fœlix, I, 170. Zachariæ, § 748, texte et note 4.
Req. rej., 7 septembre 1808, Sir., 8, 1, 453. Req. rej., 1er juillet 1829, Sir.,
29, 1, 326.

[3] *Lex non distinguit.* Duranton, I, 151. Coin-Delisle, sur l'art. 14, n° 13.
Fœlix, I, 186. Demolombe, I, 249. Zachariæ, § 748, texte et note 3. Civ.
cass., 26 janvier 1836, Sir., 36, 1, 217. Voy. en sens contraire : Delvincourt, I, p. 30, *in fine ;* Paris, 28 février 1813, Sir., 14, 2, 363.

[4] En effet, l'art. 14, en parlant d'obligations contractées avec ou envers un
Français, suppose que le créancier possédait déjà la qualité de Français au moment de la formation de l'obligation. D'ailleurs, le changement qui peut s'o-
pérer dans la condition du créancier, ne doit pas empirer la position du débiteur. Massé, *Droit commercial*, I, 682. Paris, 5 juin 1829, Sir., 29, 2, 249.
Paris, 11 décembre 1847, Sir., 48, 2, 49. Voy. en sens contraire : Fœlix et
Demangeat, I, 276 ; Zachariæ, § 748, note 7 ; Trèves, 18 mai 1807, Sir.,
7, 2, 280; Aix, 24 juillet 1828, Dev. et Car., *Coll. nouv.*, VIII, 2, 245. Dans
cette dernière opinion, on se fonde sur ce que le privilége établi par l'art. 14
n'est relatif qu'à la forme de procéder, et sur ce qu'il est de principe que les
formes de procéder se règlent d'après la loi du temps où la demande est intentée. Cpr. Req. rej., 16 janvier 1867, Sir., 67, 1, 159. Cette argumentation

2° L'application de l'art. 14 est indépendante de la nature et du fondement de l'obligation dont le Français poursuit l'exécution : il est indifférent qu'elle dérive de la loi, d'un contrat, d'un quasi-contrat, d'un délit, ou d'un quasi-délit [5].

Ainsi, l'enfant né en France d'une étrangère peut, après avoir réclamé la qualité de Français, conformément à l'art. 9 du Code civil, assigner sa mère, devant les tribunaux français, en recherche de maternité et en paiement d'une pension alimentaire [6]. Ainsi encore, un étranger peut être traduit devant les tribunaux français, pour le paiement des dommages-intérêts dus à un Français par suite d'un délit ou d'un quasi-délit [7].

---

ne nous paraît pas concluante. En effet, l'art. 14, qui, dans l'intérêt des Français, rend les étrangers justiciables des tribunaux français, n'est pas une simple loi de procédure. Et si, d'un autre côté, les formes de procéder et les règles de compétence se déterminent d'après la loi en vigueur au moment de la demande, l'application de ce principe, qui suppose un changement de législation, est étrangère au cas où il ne s'agit que d'un changement dans la condition des parties. L'opinion émise par Fœlix et Zachariæ, sur la question dont il s'agit actuellement, nous paraît d'ailleurs peu compatible avec celle qu'ils professent en ce qui concerne le cas où un Français s'est rendu cessionnaire d'une créance contractée par un étranger au profit d'un autre étranger. Voy. note 16, infrà. Cpr. Civ. rej., 9 mars 1863, Sir., 63, 1, 325 ; Req. rej., 13 décembre 1865, Sir., 66, 1, 157.

[5] On a voulu se prévaloir des mots *obligations contractées*, qui se trouvent répétés à deux reprises dans l'art. 14, pour soutenir que cet article ne s'applique qu'à la poursuite des obligations dérivant d'un contrat. Mais il est évident que le législateur s'est servi de ces termes dans leur acception vulgaire, et pour rendre d'une manière plus concise l'idée suivante : *obligations auxquelles un étranger peut se trouver soumis envers un Français.* D'ailleurs, l'art. 14, qui permet au Français de poursuivre, devant les tribunaux français, l'exécution des obligations contractées à son profit par un étranger, même en pays étranger, ne repose pas sur le principe admis par d'autres législations, que tout contrat est, par lui-même et indépendamment d'une élection de domicile, attributif de juridiction pour le juge du lieu où il a été passé. Et dès lors, il n'y avait aucun motif rationnel de distinguer entre les obligations conventionnelles et celles qui dérivent d'une autre source. Merlin, *Rép.*, v° Étranger, § 4. Fœlix, I, 175. Demolombe, I, 250. Cpr. aussi les autorités citées aux trois notes suivantes : Voy. cependant : Paris, 5 juin 1829, Sir., 29, 2, 249.

[6] Civ. cass., 19 juillet 1848, Sir., 48, 1, 529. Req. rej., 13 décembre 1865, Sir., 66, 1, 157.

[7] Demangeat, sur Fœlix, I, 175. Poitiers, 8 prairial an XIII, Sir., 6, 2, 40. Req. rej., 13 décembre 1842, Sir., 43, 1, 14. Aix, 12 mai 1857, Sir.,

L'art. 14 ne déroge pas seulement à la règle générale *Actor sequitur forum rei*, mais encore aux dispositions spéciales des art. 59 et 420 du Code de procédure, sur la compétence en matière de succession, de société, de faillite, et de commerce[8].

Il suit de là, que les créanciers français d'une succession ouverte à l'étranger, peuvent, à toute époque, actionner les héritiers étrangers, devant les tribunaux français, en paiement de leurs créances[9]; et que les légataires français d'une pareille succession sont autorisés à porter, devant les mêmes tribunaux, leurs demandes en délivrance de legs et en exécution du testament[10].

Il suit également de là, que l'héritier ou l'associé français pourrait poursuivre, devant les tribunaux français, contre ses cohéritiers ou coassociés étrangers, le partage et la liquidation de la succession ou de la société, lors même que la succession se serait ouverte en pays étranger, ou que la société y aurait son siége[11].

Il en résulte enfin, que les créanciers français d'une société étrangère, déclarée en faillite par un tribunal étranger, conservent toujours le droit de l'actionner devant les tribunaux français[12].

57, 2, 721. Civ. cass., 12 août 1872, Sir., 72, 2, 223. Paris, 11 mars 1873, Sir., 74, 2, 145.

[8] En présence de l'art. 14 du Code civil, l'application des al. 5, 6 et 9 de l'art. 59 du Code de procédure, doit évidemment se restreindre aux successions ouvertes en France, aux sociétés qui y sont établies, et aux faillites qui y ont été déclarées. Voy. les autorités citées aux 4 notes suivantes. — Quant aux dispositions, purement facultatives, des al. 3 et 4 de l'art. 420 du Code de procédure, il est bien certain qu'elles n'ont point eu pour objet, et qu'elles ne sauraient avoir pour effet, d'enlever au Français, demandeur en matière commerciale, le bénéfice de l'art. 14. Voy. en ce sens : Colmar, 30 juin 1865, Sir., 66, 2, 55.

[9] Montpellier, 12 juillet 1826, Sir., 27, 2, 227. Paris, 11 décembre 1847, Sir., 48, 2, 49.

[10] Paris, 17 novembre 1834, Sir., 36, 2, 171. Paris, 11 décembre 1855, Sir., 56, 2, 302. Paris, 12 janvier 1858, Sir., 58, 2, 542. Req. rej., 19 avril 1859, Sir., 59, 1, 411. Cpr. Req. rej., 19 avril 1852, Sir., 52, 1, 801 ; Orléans, 4 août 1859, Sir., 60, 2, 37.

[11] Massé, *Droit commercial*, 1, 687. Demangeat, sur Fœlix, I, p. 359, note a, Lyon-Caen, *De la condition des sociétés étrangères en France*, n° 37. Req. rej., 8 juillet 1840, Sir., 40, 1, 866. Voy. cep. Req. rej., 15 décembre 1864, Sir., 65, 1, 217.

[12] Lyon, 24 avril 1850, Sir., 51, 2, 354. Aix, 15 décembre 1870, Sir., 70, 2, 297. Req. rej., 12 novembre 1872, Sir., 73, 1, 17. Cpr. cep. Req. rej., 30 novembre 1868, Sir., 69, 1, 267.

3º En principe, la disposition de l'art. 14 ne s'applique qu'aux obligations qui ont été directement contractées au profit de Français ; la circonstance que l'exécution d'une obligation originairement contractée envers un étranger, serait poursuivie par un Français, n'autoriserait pas ce dernier à invoquer le bénéfice dudit article [13].

Ainsi, des créanciers français qui exercent, en vertu de l'art. 1166, les actions compétant à leur débiteur étranger contre d'autres étrangers, ne sont pas autorisés à actionner ces derniers devant les tribunaux français [14].

De même, lorsqu'un étranger, exerçant en France le commerce, y est déclaré en faillite, le syndic, fût-il Français et représentât-il une masse composée en grande majorité, ou même en totalité, de créanciers français, n'est pas en droit de poursuivre, devant les tribunaux de France, les débiteurs étrangers du failli [15].

Il y a mieux : le Français cessionnaire d'une créance due par un étranger à un autre étranger, dans la personne duquel elle a pris naissance, n'est pas davantage admis à traduire le débiteur cédé devant les tribunaux français [16].

[13] Ce principe se déduit du texte même de l'art. 14 : En parlant à deux reprises *des obligations contractées avec un Français* ou *envers des Français,* cet article subordonne la compétence des tribunaux français à la nationalité française du créancier originaire, et n'attache pas le bénéfice de cette compétence exceptionnelle à la qualité de Français, dans la personne du demandeur qui poursuit l'exécution de l'obligation. Ce principe se justifie en raison, par la considération que l'étranger qui contracte avec un autre étranger, n'a pas dû s'attendre à être traduit devant les tribunaux français pour l'exécution de ses engagements. Voy. les autorités citées aux notes 15 et 16, *infrà.*

[14] Agissant au nom de leur débiteur étranger, les créanciers français ne peuvent évidemment exercer ses actions que devant les juges auxquels il eût pu lui-même s'adresser.

[15] La faillite ne dessaisissant le failli que de l'administration et non de la propriété de ses biens, les créanciers de la masse, et le syndic qui les représente, ne peuvent poursuivre les débiteurs du failli qu'au nom de ce dernier, en exerçant ses droits et actions, et ne sont dès lors autorisés à les traduire que devant les juges qu'il eût pu saisir lui-même. Civ. rej., 12 janvier 1875, Sir., 75, 1, 124.

[16] Le cessionnaire qui poursuit le débiteur cédé, exerce bien sa propre action et non celle du cédant ; mais ce n'est point un motif pour reconnaître au cessionnaire français d'une créance originairement due à un étranger par un autre étranger, le droit d'actionner ce dernier devant les tribunaux français. Il ne peut en effet l'exercer, ni du chef du cédant étranger qui n'en jouissait pas,

Mais le principe ci-dessus posé ne s'applique pas aux obligations résultant d'effets négociables, souscrits, acceptés, ou endossés par des étrangers au profit d'autres étrangers; et le Français porteur d'un effet de cette nature, en vertu d'un endossement opérant transmission de propriété, peut poursuivre, devant les tribunaux français, tous les étrangers tenus au paiement de cet effet [17].

Il est, du reste, bien entendu que, dans le cas où le cédant et le cessionnaire d'une créance due par un étranger sont tous deux Français, l'art. 14 doit sans difficulté recevoir son application en faveur du cessionnaire [18]. Que si le cédant était Français et le cessionnaire étranger, ce dernier ne pourrait se prévaloir du bénéfice de cet article [19].

---

ni de son propre chef, comme titulaire français de la créance cédée, puisque ce n'est pas envers lui, mais envers un étranger que l'obligation a été contractée. Merlin, *Quest.*, v° Étranger, § 4, n° 3. Massé, *Droit commercial*, II, 688. Fœlix, I, 172 et 173. Demolombe, I, 250. Zachariæ, § 748, texte et note 10. Paris, 27 mars 1835, Sir., 35, 2, 318. Paris, 1er mars 1856, Sir., 57, 2, 109. Voy. en sens contraire : Bodin, *Revue pratique*, 1858, V, p. 148; Demangeat, sur Fœlix, I, p. 358, note *a*.

[17] La raison en est, que celui qui souscrit, accepte, ou endosse un effet négociable, s'oblige directement et instantanément envers le tiers qui se trouvera, au jour de l'échéance, titulaire de cet effet. Merlin, *op. et v° citt.*, § 4, n° 4. Fœlix, *loc. cit.* Douai, 7 mai 1828, Sir., 29, 2, 79. Req. rej., 25 septembre 1829, Sir., 30, 1, 151. Req. rej., 26 janvier 1833, Sir., 33, 1, 100. Paris, 15 octobre 1834, Sir., 34, 2, 657. Req. rej., 18 août 1856, Sir., 57, 1, 586; Paris, 7 mai 1856, Sir., 58, 2, 41. Voy. en sens contraire. Douai, 27 février 1828, Sir., 28, 2, 284; Poitiers, 5 juillet 1832, Sir., 32, 2, 441. — *Quid*, du cas où c'est par voie de succession qu'un créancier français se trouve substitué au créancier étranger envers lequel l'obligation avait originairement été contractée? Cette question nous semble devoir être résolue dans le sens de l'application de l'art. 14, lorsqu'il s'agit d'un successeur universel *ab intestat*, puisque la position du débiteur se trouve modifiée par l'effet seul de la loi, indépendamment de tout fait du créancier. Cpr. Paris, 7 mai 1861, Sir., 63, 1, 225; Civ. rej., 17 février 1873, Dalloz, 1873, 1, 483.

[18] La cession ne modifie pas, en pareil cas, la condition de l'étranger, qui, en contractant avec un Français, était devenu justiciable des tribunaux de France. Req. rej., 5 novembre 1873, Sir., 74, 1, 433.

[19] Cette solution, qu'adopte M. Bodin (*Revue pratique*, 1858, V, p. 155), n'est pas, comme le prétend cet auteur, en opposition avec celle que nous avons donnée (texte et note 16, *supra*), pour le cas où la cession est consentie par un étranger au profit d'un Français. L'hypothèse dont il est question au texte,

4° La disposition de l'art. 14 peut être invoquée contre les personnes civiles, aussi bien que contre les personnes physiques, spécialement contre les sociétés ou compagnies étrangères; et ce, dans le cas même où elles n'auraient pas été reconnues en France [20].

Mais cet article ne s'applique pas aux gouvernements étrangers, qui ne peuvent être traduits devant les tribunaux français pour l'exécution des obligations qu'ils ont contractées envers des Français [21].

Il ne s'applique pas davantage aux ambassadeurs ou agents diplomatiques qui représentent en France un souverain étranger, ni aux autres personnes qui jouissent du privilége de l'exterritorialité [22].

Quant aux simples consuls et agents commerciaux, ils sont, comme les particuliers, justiciables des tribunaux français [23].

5° La disposition de l'art. 14 cesse de recevoir son application, lorsqu'il y a été expressément ou tacitement dérogé par des traités diplomatiques [24].

doit se décider par un principe supérieur, qui sera développé au n° 3, *infrà*, par le principe que les tribunaux français sont incompétents pour connaître, en matière personnelle et mobilière, des contestations entre étrangers.

[20] Outre les autorités citées à la note 25 du § 54, voy. encore en ce sens : Amiens, 2 mars 1865, et Paris, 9 mai 1865, Sir., 65, 2, 210 et 211 ; Paris, 5 novembre 1866, Sir., 66, 2, 117.

[21] Civ. cass., 22 janvier 1849, Sir., 49, 1, 81. Paris, 23 août 1870, Sir., 71, 2, 6. Nancy, 31 août 1871, Sir., 71, 2, 129. Paris, 15 mars 1872, Sir., 72, 2, 68. Voy. aussi les nombreuses autorités citées par M. Devilleneuve, dans sa note sur le premier de ces arrêts, Sir., *loc. cit.* Voy. en sens contraire : Demangeat, *Revue pratique*, 1856, I, p. 394 et suiv. — Un souverain étranger qui aurait contracté, comme personne privée, avec un Français, serait justiciable des tribunaux de France. Paris, 3 juin 1872, Sir., 72, 2, 298.

[22] Voy. sur cette proposition et les modifications dont elle est susceptible : Fœlix, I, 200 à 214.

[23] Fœlix, I, 215. Aix, 17 mai 1831, Sir., 31, 2, 209. Montpellier, 23 janvier 1841, Sir., 41, 2, 193. Paris, 2 mars 1863, Sir., 69, 2, 380.

[24] Fœlix, I, 180. Civ. cass., 26 août 1835, Dalloz, 1836, 1, 14. Voy. 1° Art. 7, du traité conclu avec la Russie le 11 janvier 1787 (*Anciennes lois françaises*, t. XXVIII, p. 290); 2° Art. 3 du traité passé avec la République de l'Equateur le 6 juin 1843, publié par ordonnance du 28 mars 1845; 3° Art. 1er du traité fait avec la Suisse le 15 juin 1869, publié par décret du 19 octobre 1869. — Le traité du 16 avril 1846, entre la France et le grand-duché de Bade, ne déroge pas à l'art. 14. Colmar, 11 décembre 1861, Sir., 62, 2, 205.

L'art. 14 reste également sans application, lorsque le Français a renoncé, comme il en a la faculté, au bénéfice de sa disposition [25].

Il peut y renoncer, soit expressément par une convention attributive de juridiction à un tribunal étranger [26], soit tacitement. La question de savoir s'il doit être considéré comme y ayant tacitement renoncé, lorsqu'il a traduit l'étranger devant un tribunal étranger, est une question de fait dont la solution dépend des circonstances [27].

       II. *Des demandes formées par des étrangers contre des Français.*

Les Français peuvent être traduits, par des étrangers, devant les tribunaux de France, même pour l'exécution d'obligations contractées en pays étranger. Art. 15.

---

[25] Massé, *Droit commercial*, II, 133 et suiv. Req. rej., 27 décembre 1852, Sir., 53, 1, 94. Cpr. Douai, 2 avril 1848, Sir., 48, 2, 626.

[26] Civ. rej., 21 novembre 1860, Sir., 61, 1, 331. Req. rej., 19 décembre 1864, Sir., 65, 1, 217. Paris, 11 janvier 1865, Sir., 66, 2, 147. Nîmes, 20 août 1866, Sir., 67, 2, 177. Civ. cass., 24 août 1869, Sir., 69, 1, 201.

[27] La renonciation nous paraît, en général et sauf induction contraire à tirer des autres circonstances de la cause, devoir être admise ou rejetée, suivant qu'au moment de la demande formée en pays étranger, le défendeur possédait en France, ou n'y possédait pas des biens suffisants pour assurer l'exécution des condamnations que le Français aurait pu provoquer contre lui devant les tribunaux français. Demolombe, I, 251. Rouen, 19 juillet 1842, Sir., 42, 2, 389. Paris, 22 novembre 1851, Sir., 51, 2, 783. Req. rej., 27 décembre 1852, Sir., 53, 1, 94. Cpr. Douai, 8 avril 1848, Sir., 48, 2, 626 ; Req. rej., 23 mars 1859, Sir., 59, 1, 289 ; Req. rej., 11 décembre 1860, Sir., 61, 1, 336 ; Lyon, 1er juin 1871, Sir., 72, 2, 174. — C'est à tort qu'on a voulu résoudre cette question en droit, et d'une manière absolue. Cpr. pour la renonciation : Fœlix, I, 181 ; Zachariæ, § 748, texte et note 9 ; Req. rej., 15 novembre 1827, Sir., 28, 1, 124 ; Paris, 3 mai 1834, Sir., 34, 2, 305 ; Req. rej., 14 février 1837, Sir., 37, 1, 251 ; Req. rej., 24 février 1846, Sir., 46, 1, 474. Voy. contre la renonciation : Boncenne, *Théorie de la procédure civile,* III, p. 224 et suiv. ; Turin, 21 août 1812, Sir., 14, 2, 191 ; Montpellier, 12 juillet 1826, Sir., 27, 2, 227 ; Paris, 22 juin 1843, Sir., 43, 2, 346. — Il est bien entendu qu'on ne pourrait, abstraction faite du moyen de la renonciation, opposer au Français demandeur devant les tribunaux français, ni l'exception de litispendance résultant d'une instance liée en pays étranger, ni même l'exception de chose jugée, si le jugement dont on prétend la faire résulter, n'avait pas été déclaré exécutoire en France.

La faculté accordée aux étrangers de poursuivre les Français devant les tribunaux de France, compète aux personnes civiles aussi bien qu'aux personnes physiques.

Toutefois, les sociétés anonymes et toutes associations commerciales, industrielles, ou financières, établies en pays étranger, même d'une manière régulière, ne peuvent ester en justice en France comme demanderesses, qu'autant qu'elles y ont été reconnues par un décret rendu en Conseil d'État, ou par un traité diplomatique [28].

Les étrangers naturalisés en France peuvent être traduits devant les tribunaux français, comme les Français d'origine; et ce, pour l'exécution même des obligations qu'ils ont contractées avant leur naturalisation [29].

Cette proposition s'applique également, *mutatis mutandis*, aux étrangers qui, conformément à l'art. 13 du Code civil, ont été admis à établir leur domicile en France [30].

III. *Des contestations entre étrangers.*

Les tribunaux français sont compétents pour statuer, même entre étrangers, sur les actions immobilières, pétitoires ou possessoires, réelles ou mixtes, relatives à des immeubles situés en France [31].

La même règle semble devoir s'appliquer aux actions réelles mobilières, concernant des meubles qui se trouvent en France [32].

Il est, au contraire, de principe qu'un étranger ne peut, en matière purement personnelle et mobilière, appeler un autre étranger devant les tribunaux français, même pour l'exécution d'obligations résultant de contrats passés en France [33].

---

[28] Voy., pour la justification de cette proposition : § 54, texte et note 22.

[29] Fœlix, I, 129. Req. rej., 27 mars 1833, Sir., 33, 1, 262. Req. rej., 16 janvier 1867, Sir., 67, 1, 159.

[30] Demangeat, sur Fœlix, *loc. cit.*, note *a*. Civ. rej., 23 juillet 1855, Sir., 56, 1, 148.

[31] Merlin, *Rép.*, v° Compétence, § 2, n° 9. Fœlix, I, 160. Demolombe, I, 261, 2°. Colmar, 12 août 1817, Sir., 18, 2, 290.

[32] Zachariæ, § 748, texte et note 19. Cpr. § 219, texte, n° 1, et note 2.

[33] Ce principe, qui n'est pas textuellement établi par la loi, résulte virtuellement de l'absence de toute disposition législative qui déroge, quant aux contestations entre étrangers, à la règle *Actor sequitur forum rei*. Il a d'ailleurs été implicitement reconnu, dins la discussion qui a précédé l'adoption de l'art. 14 du Code civil, et lors de laquelle on avait proposé de régler législative-

1° Ce principe s'applique également aux actions relatives à l'état des personnes [34], et aux demandes en séparation de corps ou de biens [35]. Toutefois, les tribunaux français peuvent, en se déclarant incompétents sur le fond, ordonner les mesures provisoires ou conservatoires que nécessiteraient les circonstances. Ils peuvent notamment autoriser la femme à quitter le domicile conjugal, et condamner son mari à lui payer une provision alimentaire [36].

La femme d'un étranger ne serait pas admise à saisir les tribunaux français d'une demande en séparation de corps ou de biens, lors même qu'elle serait née Française, et que son mariage aurait été célébré en France [37]. Mais la Française, devenue étrangère par son union avec un étranger, peut poursuivre, devant les tribunaux français, la nullité de son mariage [38].

---

ment les cas dans lesquels ce principe serait susceptible de recevoir exception. Locré, *Lég.*, II, p. 43 et 44, n°ˢ 15 et 16. Merlin, *Rép.*, v° Etranger, § 2. Toullier, I, 265. Duranton, I, 154. Coin-Delisle, sur l'art. 14, n°ˢ 17 et suiv. Fœlix, I, 150 à 153. Zachariæ, § 748, texte, notes 11 et 12. Req. rej., 22 janvier 1806, Sir., 6, 1, 257. Bourges, 8 décembre 1843, Sir., 44, 2, 491. Civ. cass., 18 août 1847, Sir., 47, 1, 645. Cpr. Civ. cass., 26 novembre 1828, Sir., 29, 1, 9 ; Paris, 28 juin 1834, Sir., 34, 2, 385 ; Rouen, 29 février 1840, Sir., 40, 2, 256 ; Paris, 13 mars 1849, Sir., 49, 2, 637 ; Paris, 8 avril 1865, Sir., 65, 2, 211. Voy. cep. Demangeat, sur Fœlix, I, p. 315, note *b* ; Req. rej., 6 avril 1851, Sir., 51, 1, 335.

[34] Fœlix, I, 158. Rennes, 16 mars 1842, Sir., 42, 2, 24.

[35] Lyon, 25 février 1857, Sir., 57, 2, 625. Voy. aussi les autorités citées à la note 37, *infrà*.

[36] Lyon, 25 février 1857, Sir., 57, 2, 625. Voy. encore les autorités citées à la note suivante.

[37] Duranton, II, 583. Fœlix, *loc. cit.* Vazeille, *Du mariage*, II, 562. Favard, *Rép.*, v° Séparation entre époux, sect. II, § 2, art. 1, n° 1. Req. rej., 14 avril 1818, Sir., 19, 1, 193. Req. rej., 27 novembre 1822, Sir., 24, 1, 48. Paris, 26 avril 1823, Sir., 24, 2, 65. Req. rej., 30 juin 1823, Sir., 24, 1, 49. Metz, 25 août 1825, Sir., 27, 2, 192. Paris, 23 juin 1836, Dalloz, 1836, 2, 160. Paris, 24 août 1844, Sir., 44, 2, 568. Poitiers, 15 juin 1847, Sir., 48, 2, 438. Req. rej., 16 mai 1849, Sir., 49, 1, 478. Paris, 23 juin 1859, Sir., 60, 2, 261. Angers, 20 février 1861, Sir., 61, 2, 409. Metz, 21 juillet 1865, Sir., 66, 2, 237.— Voy. en sens contraire, en ce qui concerne les demandes en séparation de biens : Paris, 21 juillet 1818, Sir., 18, 2, 356 ; Paris, 30 mai 1826, Sir., 27, 2, 49.

[38] Cette exception se justifie par la considération que la demande en nullité de mariage tend à faire déclarer, par voie de conséquence, que la demanderesse

2º Le principe que les tribunaux français sont incompétents pour statuer, en matière personnelle et mobilière, sur les contestations entre étrangers, n'est plus applicable, lorsque l'une ou l'autre des parties a établi son domicile en France, en vertu d'une autorisation obtenue en conformité de l'art. 13 [39]. Toutefois, un étranger, domicilié en France, ne peut se prévaloir de cette circonstance pour actionner, devant les tribunaux français, un autre étranger qui n'y est point domicilié, qu'autant qu'il s'agit de l'exécution d'obligations contractées directement à son profit depuis l'établissement de son domicile en France [40].

La seule circonstance qu'un étranger aurait formé un établissement en France, et y résiderait de fait, sans avoir été admis à y établir son domicile, ne suffirait pas pour l'autoriser à citer, devant les tribunaux français, un autre étranger, qui ne serait domicilié en France, ni de droit, ni de fait [41].

n'a jamais perdu la qualité de Française, de sorte que la question de compétence se confond avec le fond. Paris, 13 juin 1857, Sir., 57, 2, 579. Trib. d'Agen, 6 juillet 1860, Sir., 60, 2, 853. Paris, 2 mars 1868, Sir., 69, 2, 332. Trib. de la Seine, 2 juin 1872, Sir., 72, 2, 248. Cpr. Poitiers, 7 janvier 1845, Sir., 45, 2, 215 ; Req. rej., 16 décembre 1845, Sir., 46, 1, 100.

[39] Lorsque l'étranger qui a été admis à établir son domicile en France et à y jouir des droits civils, est demandeur, il doit pouvoir invoquer, à l'instar d'un Français, les dispositions de l'art. 14. Si cet étranger est défendeur, il ne peut, à aucun titre, décliner la compétence du tribunal français, qui est devenu le juge de son domicile. Fœlix, *op. cit.*, I, 152. Zachariæ, § 748, texte et note 14. Voy. en ce sens les arrêts cités à la note suivante.

[40] En effet, la position de l'étranger qui a été autorisé à jouir des droits civils en France, et qui se prévaut, à ce titre, des dispositions de l'art. 14, ne peut pas être plus favorable que celle du Français. Cpr. notes 4 et 13, *supra*. Voy. en sens contraire : Zachariæ, § 748, note 14. — Quand l'étranger, qui a été admis à établir son domicile en France, est défendeur, il est indifférent que l'obligation dont l'exécution est poursuivie contre lui, soit antérieure ou postérieure à l'établissement de son domicile en France. Metz, 17 janvier 1839, Sir., 39, 2, 474. Rennes, 27 avril 1847, Sir., 47, 2, 444. Civ. rej., 23 juillet 1855, Sir., 56, 1, 148.

[41] Colmar, 30 décembre 1815, Sir., 17, 2, 62. Req. rej., 2 avril 1833, Sir., 33, 1, 435. Rouen, 29 février 1840, Sir., 40, 2, 256. Paris, 13 mars 1849, Sir., 49, 2, 637. Voy. en sens contraire : Fœlix, I, 152 ; Req. rej., 24 avril 1827, Sir., 28, 1, 212.— Cpr. aussi Paris, 30 mai 1808, Sir., 8, 2, 211 ; Civ. rej., 30 novembre 1814, Sir., 15, 1, 186. Ces derniers arrêts ont statué sur des espèces où il s'agissait d'étrangers qui avaient formé des établissements en France dès avant la publication du Code civil et de l'avis du

Mais l'étranger défendeur qui aurait en France un domicile de fait suffisamment caractérisé, ne pourrait décliner la compétence des tribunaux français, devant lesquels il aurait été traduit par un autre étranger, bien que celui-ci ne fût pas même de fait domicilié en France [42].

3° Par exception au principe ci-dessus posé, les tribunaux français sont, même en matière personnelle et mobilière, compétents pour statuer sur des contestations entre étrangers, dans les cas suivants :

a. Lorsqu'il existe des traités diplomatiques qui donnent aux sujets du pays avec lequel ils ont été conclus, le droit de s'actionner, les uns les autres, devant les tribunaux de France, à l'instar des nationaux [43].

b. Lorsque l'action a pour objet la réparation du dommage causé par un délit ou par un quasi-délit commis en France contre la personne d'un étranger, ou contre les biens qu'il y possède [44].

c. Lorsque la demande se rapporte à l'exercice d'un droit ou à l'accomplissement d'un devoir dérivant d'une loi d'ordre public. C'est ainsi qu'une femme étrangère peut demander, devant les tribunaux français, que son mari soit tenu de la recevoir dans la maison conjugale, ou de lui fournir des aliments [45].

d. Lorsqu'il s'agit de contestations commerciales, dans lesquelles la compétence des tribunaux de commerce français se trouve justifiée par les dispositions de l'art. 420 du Code de pro-

---

Conseil d'Etat du 18 prairial an XI, et qui y étaient considérés comme jouissant des droits civils. Cpr. § 141, texte et note 5.

[42] Demangeat, sur Fœlix, I, p. 317, note *a.* Caen, 5 janvier 1846, Sir., 47, 2, 456. Cpr. § 141, texte et note 5.

[43] Zachariæ, § 748, texte, *in fine.* Voy. le traité avec la Russie du 11 janvier 1787, art. 7 et 16.— *Quid,* en ce qui concerne les Anglais et les Hollandais, des traités d'Utrecht du 11 avril 1713 ? Voy. Req. rej., 27 janvier 1857, Sir., 57, 1, 161.

[44] Arg. art. 3, al. 1. Voy. aussi avis du Conseil d'Etat des 31 mai — 4 juin 1806. Duranton, I, 153. Demolombe, I, 261. Zachariæ, § 748, texte et note 20. Crim. rej., 22 juin 1826, Sir., 27, 1, 200. Bordeaux, 11 août 1842, Sir., 43, 2, 216. Douai, 22 juillet 1852, Sir., 53, 2, 223. Paris, 21 mars 1862, Sir., 62, 2, 411.

[45] Fœlix, I, 162. Zachariæ, § 748, texte et note 21. Paris, 19 décembre 1833, Sir., 34, 2, 384. Voy. aussi texte, notes 36 et 37, *suprà;* Civ. rej., 25 août 1847, Sir., 47, 1, 712.

cédure[46]. Le négociant étranger qui possède en France un établissement de commerce, doit, quant à l'application de l'article précité, être réputé avoir indiqué le lieu où se trouve cet établissement, pour le paiement des obligations relatives à son commerce[47].

Mais, en dehors des cas où la compétence des tribunaux français trouve son fondement dans les dispositions de l'art. 420 précité, le principe général reprend son empire même en matière commerciale. Ainsi, les tribunaux français sont incompétents pour connaître de l'action formée par un étranger contre un autre étranger, à raison de contrats commerciaux, passés à l'étranger et qui doivent y être exécutés[48].

e. Lorsque les tribunaux français se trouvent compétemment saisis d'une contestation entre un Français et un étranger, ils deviennent compétents pour statuer sur le litige que l'intervention d'un tiers fait naître entre deux étrangers, à supposer que la décision de la contestation originaire soit subordonnée à celle de ce litige[49].

Au contraire, les tribunaux français, bien que compétemment saisis d'une demande formée par un Français contre un étranger, ne sont pas compétents pour statuer sur le recours en garantie dirigé par le défendeur contre un autre étranger[50], à

[46] On a toujours admis, dans l'intérêt du commerce, que le choix déféré au demandeur par l'art. 17 du titre 12 de l'ordonnance de 1673, dont l'art. 420 du Code de procédure n'est que la reproduction, appartient aux étrangers comme aux nationaux. Merlin, *Rép.*, v° Etranger, § 2. Toullier, I, 265. Pardessus, *Cours de Droit commercial*, V, 1477. Fœlix, I, 156. Demolombe, I, 261, 3°. Zachariæ, § 748, texte et note 2. Paris, 10 novembre 1825, Sir., 26, 2, 282. Req. rej., 24 avril 1827, Sir., 28, 1, 212. Civ. cass., 26 novembre 1828, Sir., 29, 1, 9. Civ. rej., 9 mars 1863, Sir., 63, 1, 225. Req. rej., 10 juillet 1865, Sir., 65, 1, 350.

[47] La force des choses et l'intérêt même de l'étranger qui possède un établissement commercial en France, conduisent à cette présomption. Merlin, *Rép.*, v° Etranger, § 2. Paris, 24 mars 1817, Sir., 18, 2, 5. Req. rej., 26 avril 1832, Sir., 32, 1, 455.

[48] Pau, 2 février 1870, Sir., 70, 2, 139.

[49] L'intérêt du Français demandeur l'exige ainsi dans ce cas. Voy. Code de procédure, art. 340. Civ. rej., 19 mai 1830, Sir., 30, 1, 325. Civ. cass., 7 juillet 1845, Sir., 45, 1, 738. Cpr. Zachariæ, § 743, texte et note 23 ; Req. rej., 2 février 1832, Sir., 32, 1, 433 ; Paris, 4 janvier 1856, Sir., 56, 2, 170.

[50] Req. rej., 27 janvier 1857, Sir., 57, 1, 161.

moins que l'étranger, ainsi appelé en garantie, n'ait été ou ne doive être réputé avoir été partie dans le contrat passé avec le Français, et qui sert de fondement à sa demande[51].

Dans les cinq cas d'exception qui viennent d'être énumérés, la compétence des tribunaux français résultant, expressément ou virtuellement, des dispositions de la loi française, ces tribunaux ont non-seulement la faculté, mais même le devoir de juger la contestation qui leur est soumise.

4° L'étranger qui, d'après le principe ci-dessus posé, serait admis à décliner la compétence des tribunaux français, n'est plus recevable à le faire dans les deux hypothèses suivantes :

a. Lorsque, avant toute contestation, il s'est soumis, expressément ou tacitement, à la juridiction des tribunaux français. C'est ce qui a lieu quand l'action est relative, soit à un contrat pour l'exécution duquel les parties ont fait élection de domicile en France, soit à un paiement qui doit y être effectué en vertu de la convention intervenue entre elles[52].

b. Lorsque, faute d'avoir proposé l'exception d'incompétence *in limine litis*, l'étranger défendeur est censé y avoir renoncé[53]. Il n'y a pas même à distinguer, sous ce rapport, entre les actions personnelles ordinaires et celles qui concernent l'état des personnes[54].

Mais, dans ces deux hypothèses, la compétence des tribunaux français n'étant plus fondée sur les dispositions de la loi fran-

---

[51] Douai, 10 mars 1870, Sir., 70, 2, 288.

[52] Merlin, *Rép.*, v° Etranger, § 2, *in fine*; et v° Domicile, § 2, n° 3. Fœlix, I, 155. Zachariæ, § 748, texte et notes 15 et 16. Paris, 23 thermidor an XIII, Sir., 7, 2, 855. Req. rej., 8 avril 1851, Sir., 51, 1, 335.

[53] Arg. art. 168 et 169 du Code de procédure. Merlin, *Rép.*, v° Etranger, § 2, *in fine*. Fœlix, *loc. cit.* Coin-Delisle, sur l'art. 15, n° 20. Demolombe, I, 261, 4°. Req. rej., 5 frimaire an XIV, Sir., 6, 2, 783. Douai, 7 mai 1828, Sir., 29, 2, 79. Req. rej., 29 mai 1833, Sir., 33, 1, 522. Douai, 1er décembre 1834, Dalloz, 1835, 2, 60.

[54] Req. rej., 4 septembre 1811, Sir., 12, 1, 157. Req. rej., 27 novembre 1823, Sir., 24, 1, 48. Douai, 17 juin 1853, Sir., 56, 1, 148. Paris, 15 février 1858, Sir., 58, 2, 72. Lyon, 21 juin 1871, Sir., 72, 2, 201. Voy. en sens contraire : Poitiers, 15 juin 1847, Sir., 48, 2, 438; Alger, 4 mars 1874, Sir., 74, 2, 103. Cpr. Civ. rej., 30 juin 1823, Sir., 24, 2, 49 ; Paris, 26 avril 1823, Sir., 24, 2, 65. Ces derniers arrêts ne sont pas, ainsi qu'on l'a supposé, contraires à ceux qui ont été cités en premier lieu. Ils s'expliquent par la proposition énoncée dans la suite du texte. Cpr. la note suivante.

çaise, et résultant simplement du consentement, exprès ou tacite, des parties à accepter leur juridiction, ces tribunaux, bien qu'autorisés à juger la contestation portée devant eux, n'y sont cependant pas obligés ; et ils peuvent d'office se déclarer incompétents [55].

5° Le principe d'après lequel les étrangers ne sont point admis à s'actionner devant les tribunaux français, ne s'oppose point à ce qu'un créancier étranger ne puisse demander à ces tribunaux de rendre exécutoire en France, contre son débiteur étranger, un acte reçu ou un jugement rendu par un officier public ou par un juge étranger.

Il ne s'oppose pas davantage à ce qu'un créancier étranger ne saisisse valablement, en France, en vertu d'un titre exécutoire émané d'une autorité française, ou même d'un titre émané d'une autorité étrangère, mais déclaré exécutoire par un juge français, les biens meubles ou immeubles appartenant à son débiteur étranger [56].

En ce qui concerne spécialement la saisie-arrêt, on applique les règles suivantes :

L'étranger, porteur d'un titre exécutoire, peut saisir-arrêter les sommes ou valeurs que son débiteur étranger possède en France, et former sa demande en validité devant les tribunaux français, qui sont autorisés à l'accueillir, soit purement et simplement, si le titre est émané d'une autorité française, soit à con-

---

[55] Il a toujours été reconnu, en France, que l'Etat ne doit, en général, la justice qu'à ses nationaux. Fœlix, I, 149. Demolombe, I, 261, 4°. Req. rej., 14 avril 1818, Sir., 19, 1, 193 ; Civ. rej., 8 avril 1818, Sir., 22, 1, 217 ; Req. rej., 2 avril 1833, Sir., 33, 1, 435. Rouen, 23 avril 1855, Sir., 57, 2, 383. Req. rej., 27 janvier 1857, Sir., 57, 1, 161. Lyon, 25 février 1857, Sir., 57, 2, 625. Req. rej., 10 mars 1858, Sir., 58, 1, 529. C'est par application de la règle indiquée au texte que la Cour de cassation a jugé, le 30 juin 1823 (Sir., 24, 1, 49), qu'une Cour d'appel avait pu se déclarer incompétente pour connaître d'une demande en séparation de corps, bien que le défendeur n'eût pas, en première instance, décliné la juridiction des tribunaux français. Envisagée à ce point de vue, cette décision se concilie parfaitement avec celle que la même Cour a rendue le 4 septembre 1811 (Sir., 12, 1, 157), en jugeant que l'incompétence des tribunaux français n'est, même en fait de question d'état, que personnelle, et qu'ainsi, l'étranger qui ne l'a proposée, ni en première instance, ni en instance d'appel, ne peut s'en faire un moyen de cassation.

[56] Fœlix et Demangeat, I, 161. Paris, 7 janvier 1833, Sir., 33, 2, 145. Paris, 7 mai 1836, Sir., 36, 2, 309. Civ. cass. 10 mars 1863, Sir., 63, 1, 293.

dition de le déclarer au préalable exécutoire en France, s'il est émané d'une autorité étrangère [57].

La même faculté de saisir-arrêter les sommes et valeurs appartenant en France à son débiteur étranger, compète au créancier étranger, dont le titre de créance n'est pas en forme exécutoire. A défaut de titre, le juge français est compétent pour autoriser la saisie-arrêt.

Dans ces deux cas, la demande en validité est encore régulièrement portée devant un tribunal français; et, si le tribunal est, malgré l'extranéité des parties, exceptionnellement compétent pour statuer quant au fond, il poura valider la saisie-arrêt d'une manière complète, et ordonner la main-vidange des sommes et valeurs saisies-arrêtées [38]. Si, au contraire, la contestation sur le fond ne rentre pas dans la catégorie de celles sur lesquelles les juges français sont compétents pour statuer, même entre étrangers, le tribunal français devant lequel est portée la demande en validité, bien que non autorisé à valider la saisie-arrêt quant au fond, pourra cependant la déclarer valable en la forme, et la maintenir provisoirement comme mesure conservatoire, à charge d'impartir au demandeur un délai dans lequel il devra, à peine de déchéance, justifier qu'il a saisi de sa réclamation le tribunal étranger compétent [59].

---

[57] Roger, *Traité de la saisie-arrêt*, n° 523. Fœlix, I, 161. Demangeat, *Revue pratique*, 1856, I, p. 387. Paris, 5 août 1832, Sir., 33, 2, 20. Cpr. Rouen, 14 janvier 1817, Sir., 17, 2, 89.

[58] Aucune difficulté ne saurait s'élever sur ce premier point, qui paraît généralement admis.

[59] La jurisprudence s'était d'abord prononcée en sens contraire, par le motif que le juge français, incompétent pour statuer sur la demande en validité envisagée quant au fond, était par cela même incompétent pour déclarer la saisie-arrêt valable en la forme. Voy. Paris, 6 août 1817, Dev. et Car., *Coll. nouv.*, V, 2, 314 ; Bordeaux, 16 août 1817, Sir., 18, 2, 58 ; Aix, 13 juillet 1831, Sir., 33, 2, 45 ; Paris, 24 avril 1841, Sir., 41, 2, 537 ; Douai, 12 juillet 1844, Sir., 44, 2, 491. Voy. aussi dans ce sens : Roger, *op. cit.*, n° 521 ; Fœlix, I, 163. Mais cette opinion, à laquelle nous avions d'abord adhéré, nous paraît, après nouvel examen, devoir être rejetée, parce qu'elle ne tient pas suffisamment compte du caractère purement conservatoire de la saisie-arrêt, en tant qu'on la restreint à une opposition provisoire, dont l'effet définitif reste subordonné à la décision à rendre sur le fond par le juge étranger. Or, les tribunaux français ont toujours été reconnus compétents pour ordonner, même entre étrangers, des mesures conservatoires. Voy. texte n° 3, notes 36 et 37 *suprà*.

CHAPITRE II.

DE LA PREUVE [1].

§ 749.

Introduction.

1° *De la preuve et de son objet, en général.*

Prouver (*hoc sensu*), c'est, de la part de l'une des parties, soumettre au juge saisi d'une contestation, des éléments de conviction propres à justifier la vérité d'un fait qu'elle allègue et que l'autre partie dénie, fait que sans cela le juge ne serait, ni obligé, ni même autorisé à tenir pour vrai [2].

Le mot *preuve*, en matière judiciaire, se prend dans différentes acceptions.

a. Il désigne ce que les docteurs appellent *actus probandi*, c'est-à-dire le fait de la production d'éléments de conviction à l'aide desquels l'une des parties entend établir la vérité d'une allégation. C'est en ce sens que l'on parle de la charge de la preuve.

b. Il s'entend de ces éléments de conviction considérés en eux-mêmes. C'est en ce sens que l'on dit qu'une partie est munie ou

Ainsi le veulent les principes de l'ordre public, les règles de l'équité, et les convenances des relations internationales. Voy. en ce sens : Massé, *Droit commercial*, II, 668 ; Demangeat, sur Fœlix, I, p. 341 et suiv., note *a* ; Paris, 19 janvier 1850, Sir., 50, 2, 462 ; Civ. rej., 23 mars 1868, Sir., 68, 1, 328. Cpr. Aix, 6 janvier 1831, Sir., 33, 2, 43.

[1] BIBLIOGRAPHIE. *Ueber die Verbindlichkeit zur Beweisführung im Civilprocess*, von Weber, *mit Anmerkungen und Zusätzen*, von Heffter ; Halle, 1832, 1 vol. in-8°. *Essai sur la nature, les différentes espèces et les divers degrés de la force des preuves*, par Gabriel ; nouvelle édition, revue et augmentée par Solon, Paris, 1846, 1 vol. in-8°. *Traité théorique et pratique des preuves*, par Bonnier ; quatrième édition, Paris, 1873, 2 vol. in-8°. Voy. aussi Larombière, *Traité des obligations*, vol. IV et V. — Sur l'application de la règle de la non-rétroactivité des lois à la matière de la preuve, voy. § 30, texte II, notes 65 et 66.

[2] Voy. Code de procédure, art. 252 et 253. Dans une acception plus large, prouver, c'est établir l'exactitude d'une proposition quelconque, avancée, soit en justice, soit hors justice.

dénuée de preuves, et que l'on distingue les différentes preuves admissibles en justice.

c. Il exprime le résultat de la production de ces éléments, quant à la conviction du juge. En ce sens, on dit qu'une partie a fait ou n'a pas fait telle preuve, que la preuve est ou non complète.

La preuve judiciaire, qui, comme toute preuve historique, ne peut conduire à une certitude absolue, a pour objet de convaincre le juge, en cette qualité, de la vérité des faits sur lesquels elle porte. Le but en est atteint dès qu'il existe pour le juge, soit d'après les données de l'expérience ou les règles de la logique, soit d'après les dispositions de la loi, des éléments de conviction suffisants pour faire tenir ces faits comme certains.

De sa nature, la preuve judiciaire n'a pour objet que la constatation de points de fait susceptibles d'être déniés.

Les règles de Droit ne sauraient, en général, faire la matière d'une preuve proprement dite [3]. Il en est cependant autrement, lorsqu'il y a contestation sur la teneur d'une loi étrangère ou d'un usage local, dont le juge est appelé à faire l'application. En pareil cas, la partie qui invoque la loi étrangère ou l'usage, comme établissant une règle contestée par l'autre partie, est tenue de prouver l'exactitude de son assertion [4].

---

[3] Larombière, IV, art. 1315, n° 17. Demolombe, XXIX, 183.

[4] On discute beaucoup en Allemagne le point de savoir si le juge devant lequel s'élève une contestation sur la teneur d'un usage, peut, sans instruction préalable, décider la contestation d'après la notoriété judiciaire, c'est-à-dire, d'après la connaissance qu'il a personnellement acquise, en qualité de juge, des précédents relatifs à l'usage en question. Cpr. Vangerow, *Pandecten*, I, p. 31 ; Heffter, p. 252 ; Stabel, *Vortrage über das französische und badische Civilrecht*, p. 41 à 43. A notre avis, il n'existe aucun motif pour dispenser le juge d'ordonner la preuve de l'usage contesté. Il y a mieux, le caractère variable de l'usage ne permet pas de s'en tenir exclusivement, pour sa constatation, à la notoriété résultant de précédents judiciaires qui pourraient remonter à des époques plus ou moins reculées. C'est, au surplus, dans ce sens que la question paraît avoir toujours été décidée en France. Voy. Loisel, *Institutes coutumières*, liv. V, tit. II, reg. 11 et 13 ; Jousse, sur l'art. 1, tit. XIII de l'ordonnance de 1667 ; Merlin, *Rép.*, v° Notoriété (acte de), n° 1 ; Demolombe, XXIX, 184 et 185. — La preuve de l'usage peut se faire par témoins. Demolombe, XI, 491. Bourges, 16 novembre 1830, Sir., 31, 2, 152. Poitiers, 7 janvier 1834, Sir., 34, 2, 165. — Les usages commerciaux peuvent se prouver par des parères, ou avis de négociants.

2° Des faits dont le juge peut et doit exiger ou admettre la preuve.

Le juge ne peut ni exiger ni admettre de preuve, lorsqu'il s'agit de faits légalement constants. Ainsi, il ne saurait être question de preuve quant aux faits que la loi répute certains, soit en vertu d'une présomption efficace à l'égard de toutes personnes indistinctement, telles que les présomptions de légitimité, d'interposition de personnes, de remise de dette, soit en vertu d'une présomption dont l'effet n'est que relatif, telles que les présomptions attachées à l'aveu, au serment, ou à la chose jugée [5]. Art. 1350 et 1352.

Le juge ne doit s'arrêter qu'aux faits articulés par les parties ; et il ne peut les tenir pour avérés, qu'autant qu'ils ont été régulièrement prouvés : *Secundum allegata et probata judex judicare debet* [6]. Ainsi, il n'est point autorisé à déclarer un fait constant, par cela seul qu'il en aurait personnellement acquis, en dehors du procès, la connaissance positive [7], ou que ce fait serait considéré comme certain d'après l'opinion publique [8].

---

[5] Les effets principaux de la chose jugée consistent dans l'action et l'exception qui en résultent. Sous ce rapport, la matière de l'autorité de la chose jugée n'a rien de commun avec celle de la preuve. C'est ce qui explique pourquoi nous en traiterons séparément. Toutefois, il est des circonstances particulières dans lesquelles un fait déclaré constant, vis-à-vis d'une personne, par un jugement passé en force de chose jugée, doit être tenu pour certain à l'égard de cette personne, alors même qu'il est allégué contre elle dans une contestation nouvelle, et que le jugement n'est point invoqué comme engendrant une action ou une exception de chose jugée. C'est ainsi, par exemple, qu'une personne qui a été condamnée par un tribunal de justice répressive, en raison d'un fait constituant un délit, ne peut, lorsqu'elle est actionnée au civil en réparation du dommage causé par ce délit, soutenir qu'elle n'est pas l'auteur de ce fait, et en exiger la preuve. Larombière, IV, art. 1316, n° 10.

[6] Ordonnance de Montils-les-Tours, du mois d'avril 1453, art. 123. Loisel, *Inst. cout.*, liv. II, tit. III, reg. 11.

[7] Toullier, VIII, 39. Duranton, XIII, 9. Rauter, *Cours de procédure civile*, n° 70. Bonnier, I, 101. Larombière, IV, art. 1316, n° 9. Demolombe, XXIX, 199 à 202. Zachariæ, § 749, texte et note 7. Riom, 3 novembre 1809, Sir., 14, 2, 226. Rennes, 23 février 1820, Dev. et Car., *Coll. nouv.*, VI, 2, 216. Civ. cass., 16 janvier 1839, Sir., 39, 1, 111. Montpellier, 23 août 1852, Sir., 53, 2, 239. Bastia, 7 février 1855, Sir., 55, 2, 137. Civ. cass., 28 avril 1874, Sir., 74, 1, 320. Cpr. cep. Req. rej., 31 août 1831, Sir., 32, 1, 271.

[8] Denisart, *Collection de jurisprudence*, v° Notoriété, nos 5 et 6. Toullier, VIII, 13. Demolombe, XXIX, 203. Zachariæ, § 749, texte et note 6. Paris;

Dans le cas où la notoriété d'un fait est requise pour l'application d'une disposition de la loi, l'existence de cette notoriété doit
elle-même être prouvée, si elle est déniée[9].

Le juge ne doit admettre ou ordonner la preuve que de faits
relevants, pertinents, ou concluants, c'est-à-dire de faits qui soient
de nature à influer, d'une manière plus ou moins décisive, sur le
jugement de la cause à l'occasion de laquelle ils sont allégués :
Frustra probatur quod probatum non relevat[10].

La décision sur la pertinence des faits dont la preuve est offerte, est souveraine et ne tombe pas sous la censure de la Cour
de cassation, lorsque le juge déclare que les faits *articulés* suffisent ou ne suffisent pas pour fournir la preuve du fait *allégué* à
l'appui de la demande ou de l'exception[11]. Mais il n'en est plus
de même, lorsque le juge admet ou rejette la preuve offerte par
des motifs de droit, et notamment, en se fondant sur ce que le
fait allégué à l'appui de la demande ou de l'exception serait ou
ne serait pas suffisant pour justifier en droit cette demande ou
cette exception; dans ce cas, sa décision est soumise au contrôle
de la Cour régulatrice[12].

3° De la charge de la preuve, et de ce qui doit être prouvé.

Toute personne qui forme une action en justice, ou qui oppose
une exception à une action dirigée contre elle, est, en général,
tenue de prouver les faits dont son action ou son exception sup-

---

9 mars 1838, Sir., 38, 2, 256. Cpr. Civ. rej., 22 juillet 1873, Sir., 74, 1,
127. Voy. cep. Larombière, *loc. cit.*

9 Cpr. art. 444, 503, et 1994, n° 2. On objecte, à tort, qu'un fait ne pouvant être réputé notoire qu'autant qu'il n'a pas besoin d'être prouvé, il ne saurait être question de la preuve de la notoriété. Cette objection repose sur une
confusion entre la preuve du fait dont la notoriété est alléguée, et celle de l'existence de cette notoriété elle-même. Cpr. § 104, note 10 ; Req. rej., 12 mai
1830, Sir., 30, 1, 326.

10 Cette règle s'applique non-seulement à la preuve testimoniale, mais à toute
espèce de preuves, et notamment à celle que l'on offrirait de faire tant par
titres que par témoins. Bonnier, I, 61. Req. rej., 24 août 1831, Sir., 31, 1,
321. Cpr. Larombière, IV, art. 1315, n° 13.

11 Req. rej., 18 juin 1864, Sir., 64, 1, 337. Req. rej., 20 février 1866,
Sir., 66, 1, 193. Civ. rej., 16 février 1874, Sir., 75, 1, 416.

12 Civ. cass., 16 février 1874, Sir., 75, 1, 416. Civ. cass., 10 novembre
1874, Sir., 75, 1, 313.

posent l'existence. *Actori incumbit onus probandi. Excipiendo, reus fit actor.* Art. 1315, et arg. de cet article.

Au contraire, celui qui, pour repousser, soit une action, soit une exception, se borne à nier les faits sur lesquels elles sont fondées, n'est, en général, tenu à aucune preuve. *Ei incumbit probatio qui dicit, non qui negat. Negantis, naturali ratione, nulla est probatio* [13].

L'application du premier de ces principes est indépendante de la nature des faits à prouver, et de l'impossibilité plus ou moins absolue où se trouverait la partie chargée de les établir, d'en rapporter la preuve.

Il n'y a notamment aucune distinction à admettre, sous ce rapport, entre les faits positifs et les faits négatifs. Un fait négatif allégué à l'appui d'une demande ou d'une exception, doit donc être prouvé par le demandeur, ou respectivement par le défendeur, alors même qu'il ne serait pas de nature à pouvoir être établi au moyen de la justification d'un fait affirmatif contraire [14].

---

[13] L. 2, D. *de probat. et præsumpt.* (22, 3). L. 23, C. *de probat.* (4, 19). Le double principe posé au texte relativement à la charge de la preuve, est fondé sur la nature des contestations judiciaires, et sur la position respective des parties engagées dans de pareilles contestations. Toute demande tend, en effet, à obtenir du juge la reconnaissance des prétentions qui en forment l'objet, et à priver le défendeur, dans une mesure plus ou moins étendue, des avantages de sa position actuelle. Or, si, au point de vue de la morale et d'une justice absolue, il pourrait être permis d'exiger du défendeur la preuve de la légitimité de la position dans laquelle il entend se maintenir, la loi civile n'a pas dû lui imposer une pareille obligation, dont le résultat serait de conférer au juge une sorte de pouvoir inquisitorial, et de mettre en péril les droits les mieux fondés en réalité, par l'impossibilité où se trouverait le plus souvent le défendeur de justifier sa résistance aux prétentions du demandeur. Quant à l'obligation imposée au défendeur d'établir l'existence des faits servant de base aux exceptions au moyen desquelles il entend repousser la demande dirigée contre lui, elle se justifie par la considération que, si le défendeur, au lieu de contester le fondement même de la demande, y oppose une exception proprement dite, il reconnaît, au moins d'une manière hypothétique, l'existence du droit qui forme l'objet de la demande, et que dès lors sa résistance à la réalisation ou à l'exercice d'un droit ainsi reconnu, constitue de sa part une prétention dont il est tenu de prouver la légitimité. Weber et Heffter, p. 110 et suiv., p. 256 et suiv. Bonnier, I, 37 et 38. Larombière, IV, art. 1315, n° 16.

[14] On tenait autrefois assez généralement pour maxime, que celui qui allègue un fait négatif, n'est pas tenu de le prouver, à moins que la preuve n'en puisse être indirectement administrée au moyen de celle d'un fait affirmatif

C'est ainsi que le demandeur en déclaration d'absence est tenu de prouver que le présumé absent n'a pas donné de ses nouvelles depuis sa disparition ; et que le successeur irrégulier, qui demande l'envoi en possession d'une succession, est tenu de prouver qu'aucun parent légitime ne s'est présenté pour la réclamer[15]. De même, celui qui forme une demande en répétition de l'indû, est tenu de prouver qu'il ne devait rien à la personne à laquelle il a fait ce paiement[16]. De même encore, celui qui se prévaut d'un droit subordonné à la condition suspensive d'un fait négatif, est tenu de prouver l'existence de ce fait[17].

Du reste, il résulte de la nature même des choses que le juge ne peut, lorsqu'il s'agit d'un fait négatif, exiger une preuve aussi rigoureuse que quand il est question d'un fait positif[18].

contraire : *Negativa non est probanda*. Cette opinion, qui s'était établie par suite d'une fausse interprétation des deux lois romaines citées au commencement de la note précédente, et que l'on cherchait à appuyer sur les dispositions de différentes décrétales, doit être rejetée par les considérations suivantes : 1° Il est, sans doute, des négatives tellement indéfinies ou absolues, que la preuve en devient impossible. Mais il est difficile de comprendre que de pareilles négatives puissent former l'objet de contestations judiciaires, puisque les faits auxquels se rattachent l'acquisition et l'extinction des droits, sont d'ordinaire limités et circonscrits par des circonstances de temps et de lieu, qui permettent d'en faire la preuve, lors même qu'ils sont négatifs. 2° L'impossibilité, même absolue, où se trouverait le demandeur de justifier des faits négatifs servant de base à sa demande, ne saurait être un motif de le décharger du fardeau de la preuve, pour l'imposer au défendeur. 3° Enfin, il existe des dispositions législatives qui imposent incontestablement au demandeur l'obligation de prouver les faits négatifs sur lesquels sa demande est fondée, bien que ces faits ne soient pas de nature à se résoudre facilement en une affirmation contraire. Cpr. texte et notes 15 à 17 *infrà*. Weber et Heffter, p. 132 et suiv., p. 264, p. 280 et suiv. Toullier, VIII, 16 à 19. Bonnier, I, 39 à 49. Larombière, IV, art. 1315, n° 16. Colmet de Santerre, V, 276, VII. Demolombe, XXIX, 193. Req. rej., 21 novembre 1826, Sir., 27, 1, 34. Voy. en sens contraire : Rauter, *Cours de procédure civile*, n° 125. Cpr. aussi Zachariæ, § 749, texte et note 2.

[15] Cpr. art. 115 et 116 ; § 151, texte, *in fine*, notes 11 et 12 ; § 639, texte, n° 3, et note 14.

[16] Cpr. sur cette proposition, et sur le tempérament dont elle est susceptible dans le cas où le défendeur à la demande en restitution de l'indû, aura nié le fait du paiement : § 442, texte, n° 1, et notes 9 à 12.

[17] L. 10, *D. de V. O.* (45, 1). On trouvera au § 339, note 38, et au § 545 *bis*, texte, n° 1, et note 19, d'autres applications du principe posé au texte.

[18] Cpr. art. 1299, *in fine* ; § 329, texte et note 5.

Lorsque le litige a pour objet un droit réel sur la chose d'autrui, dont le titre constitutif remonte à plus de trente ans, la question de savoir, si c'est au propriétaire qui se prévaut de l'extinction de ce droit par le non-usage, à prouver ce non-usage, ou si c'est, au contraire, à son adversaire à établir la conservation du droit par son exercice depuis moins de trente ans, dépend du fait de la possession actuelle, de sorte que la charge de la preuve incombe, soit au propriétaire, soit à l'autre partie, suivant que celle-ci est ou n'est pas actuellement en possession du droit litigieux [19].

La partie à laquelle incombe la charge de la preuve, soit comme demanderesse, soit comme défenderesse, doit établir chacun des éléments de fait dont le droit ou le bénéfice légal qu'elle entend faire valoir, suppose le concours.

Mais aussi l'obligation de prouver ne s'étend point, en général, au delà. La partie qui s'y trouve soumise, n'est donc pas tenue de prouver l'absence des causes ou circonstances dont l'existence aurait pu faire obstacle à l'acquisition du droit, ou entraîner la déchéance du bénéfice légal qu'elle invoque. Elle n'est pas tenue davantage de justifier que ce droit ou ce bénéfice n'a pas été modifié ou restreint au profit de son adversaire [20].

De la combinaison de ces propositions découlent, entre autres, les conséquences suivantes :

a. Le demandeur qui réclame le paiement d'une somme d'argent, en vertu d'un billet qui n'indique pas la cause de l'engagement contracté par le souscripteur, est tenu de prouver l'existence de la cause qu'il assigne à cet engagement [21].

b. Celui qui repousse une action ou une exception de nullité, en se fondant sur l'exécution donnée à l'acte par l'autre partie,

---

[19] Cette proposition se justifie par les développements donnés à la note 13 *suprà*, d'après lesquels la charge de la preuve incombe toujours à celle des parties qui prétend enlever à l'autre les avantages de sa position actuelle. Merlin, *Quest.*, v° Usage, § 9, n° 3. Pardessus, *Des servitudes*, II, n° 305, p. 169 et suiv. Proudhon, *De l'usufruit*, VIII, 3711. Curasson, sur Proudhon, II, 605. Demolombe, XII, 1015. Larombière, IV, art. 1315, n° 10. Civ. cass., 21 mars 1832, Sir., 32, 1, 470. Civ. cass., 6 février 1833, Sir., 33, 1, 161. Civ. cass., 3 avril 1833, Sir., 33, 1, 579. Req. rej., 11 juin 1834, Sir., 34 1, 613. Civ. cass., 28 août 1834, Sir., 34, 1, 609. Req. rej., 15 février 1842, Sir., 42, 1, 344.

[20] Larombière, IV, art. 1315, n° 9.

[21] Cpr. § 345, texte, *in fine*, et notes 20 à 22.

est non-seulement obligé d'établir le fait même de cette exécution, mais encore de prouver qu'elle a eu lieu en connaissance
de cause, et dans l'intention de couvrir le vice de l'acte[22].

c. Celui qui invoque la prescription, n'est pas tenu de prouver
que le cours n'en a été ni suspendu, ni interrompu.

d. Le propriétaire qui forme une action négatoire, n'a d'autre
preuve à faire que celle de son droit de propriété, et n'est pas
tenu de justifier qu'il ne compète à sa partie adverse aucun droit
de servitude sur la chose litigieuse. Il en est ainsi, alors même
que cette dernière a été, au possessoire, maintenue ou réintégrée
dans l'exercice de la servitude qui lui est déniée[23].

Du reste, aucune des parties ne peut, sous prétexte que le fait
dont la preuve lui incombe, se trouverait justifié par un titre ou
document qu'elle prétend être en la possession de son adversaire, exiger de lui la production de ce titre ou document. *Nemo
tenetur edere contra se*[24].

Cette règle ne s'applique, toutefois, qu'aux titres ou documents
propres et particuliers à l'une des parties ; elle est étrangère à
ceux qui, d'après leur nature même, sont à considérer comme
communs à toutes deux[25], ainsi qu'à ceux qui leur étaient devenus communs par la production que l'une d'elles en avait faite
dans la cause[26].

4° *Des moyens de preuve.*

La preuve, envisagée sous le rapport des moyens employés
pour opérer la conviction du juge, est directe ou indirecte. Cpr.
art. 1316.

---

[22] Cpr. § 337, texte, n° 3, notes 22 et 23.

[23] Cpr. § 219, texte, n° 2, et note 48.

[24] Cette maxime, tirée de la loi 4, au Code, *de edendo* (29, 1), se trouve
confirmée dans notre Droit par l'application qu'en fait l'art. 14 du Code de
commerce, et par les exceptions ou modifications qu'y apportent les art. 15 à
17 du même Code. Cpr. Req. rej., 22 juin 1843, Sir., 44, 1, 303.

[25] Tels sont, par exemple, les inventaires, les partages et liquidations en
matière de succession, de société ou de communauté, les livres de commerce,
dans les cas spécialement indiqués par l'art. 14 du Code de commerce, les livres
terriers. Cpr. Paris, 29 mai 1832, Sir., 32, 2, 516.

[26] Carré et Chauveau, *Lois de la procédure*, quest., 791. Rodière, *Compétence et procédure*, II, p. 77. Rouen, 31 mai 1844, Sir., 44, 2, 567. Req.
rej., 22 mai 1865, Sir., 65, 1, 359. Req. rej., 6 février 1867, Sir., 67, 1, 110.

La preuve directe est celle qui tend à établir le fait contesté entre les parties, à l'aide de moyens de conviction empruntés immédiatement à l'expérience, et s'appliquant précisément à ce fait.

La preuve indirecte, au contraire, est celle qui ne tend à établir le fait contesté qu'à l'aide d'inductions ou de conséquences tirées d'autres faits connus. Ces inductions constituent ce qu'on appelle des présomptions de fait ou de l'homme. Art. 1349.

Les moyens à l'aide desquels se fait la preuve directe sont : les descentes et vues des lieux ; les actes ou titres (*hoc sensu, instrumenta*) ; les dépositions des témoins ; et, dans certaines circonstances, les rapports ou avis d'experts [27].

Quant au serment litis-décisoire, il ne constitue point, à proprement parler, un moyen de preuve [28]. Il en est de même de l'aveu, dans les cas où il fait pleine foi [29].

[27] Le juge étant expert de droit, il n'est point, en général, tenu de recourir à la voie de l'expertise ; et, lorsqu'il l'ordonne, soit d'office, soit sur la demande des parties, cette mesure d'instruction doit plutôt être envisagée comme le complément de son expérience personnelle que comme un moyen de preuve. Zachariæ, § 749, texte, t. IV, p. 431. Mais il en est autrement dans les cas exceptionnels où le juge est légalement tenu d'ordonner une expertise. Cpr. texte et note 30 *infrà*.

[28] La plupart des auteurs rangent le serment litis-décisoire au nombre des moyens de preuve. Cette manière de voir nous paraît erronée. En autorisant les parties à se déférer respectivement un serment litis-décisoire, la loi a entendu leur donner un moyen de couper court à la contestation sans preuve ni instruction. Lorsque l'une des parties use de ce moyen, il s'établit entre elles une sorte de transaction conditionnelle, en vertu de laquelle la partie qui défère le serment, renonce à ses prétentions pour le cas où il serait prêté, et doit, au cas contraire, obtenir l'adjudication de sa demande sans être obligée de la prouver. Cpr. art. 1350, n° 4, 1352, al. 1, et 1361, Zachariæ, § 749, note 5. Voy. cep. Larombière, IV, art. 1316, n° 8 ; Demolombe, XXIX, 217 à 219.

[29] Il est contraire à la logique de ne voir dans l'aveu qu'un simple moyen de preuve. En effet, l'aveu emportant une présomption légale de la vérité du fait avoué, a pour conséquence de dispenser de toute preuve celui qui l'invoque, et d'enlever au juge le pouvoir d'en exiger une. Arg. art. 1350, n° 4, et 1352, al. 1. Voy. aussi Code de procédure, art. 253. L'aveu constitue, en réalité, un motif de décision imposé au juge par la loi, et non un simple moyen de preuve. *Confessus pro judicato est.* L. 1, D. *de confessis* (42, 2). Jaubert, *Rapport au Tribunat* (Locré, *Lég.*, XII, p. 535 et 536, n°s 34 et 36). Pothier, *Des obligations*, n° 832. Zachariæ, *loc. cit.*, et § 767. Ce n'est pas là une

La preuve directe est indistinctement admise, quels que soient l'objet de la contestation et la nature des faits qu'il s'agit d'établir. Toutefois, la loi ne laisse pas toujours aux parties ou au juge le choix des moyens à l'aide desquels cette preuve peut être administrée. Il est, en effet, des cas où elle prescrit impérieusement l'emploi de tel moyen de preuve, par exemple, de l'expertise[30], et des cas où elle rejette tel autre moyen, par exemple, la preuve testimoniale. Art. 1341.

La preuve indirecte n'est admise que dans les circonstances indiquées dans la loi. Art. 1353.

5° De la preuve envisagée sous le rapport de la conviction du juge.

La preuve, soit directe, soit indirecte, est complète, lorsqu'il en résulte un degré de certitude suffisant pour faire tenir comme vrai le fait qui en formait l'objet. Au cas contraire, elle est incomplète.

La question de savoir si, dans tel cas donné, la preuve fournie par l'une des parties est ou non complète, reste, en général, abandonnée à l'appréciation des tribunaux.

Toutefois, pour ne pas laisser à cet égard trop de latitude à l'arbitrage du juge, et pour diminuer, autant que possible, les chances d'erreur, la loi a déterminé le degré de force probante de certains moyens de preuve. Les règles établies à ce sujet sont obligatoires pour le juge, qui violerait la loi, ou commettrait un excès de pouvoir, s'il s'en écartait.

D'un autre côté, au point de vue de la preuve directe, un fait

---

pure querelle de mots, mais une question de rectitude juridique et de méthode. Nous reconnaissons que dans le cas de dénégation, soit d'un aveu extra-judiciaire, soit d'un aveu judiciaire fait dans le cours d'une autre instance, le juge peut ou doit, selon les circonstances, en admettre ou en ordonner la preuve ; mais, si l'aveu devient, en pareil cas, l'objet d'une preuve, ce n'est pas une raison pour le considérer lui-même comme un simple moyen de preuve. Cpr. texte n° 1, *suprà*. — Du reste, lorsque l'aveu n'est pas de nature à faire pleine foi, et qu'il n'est invoqué que comme élément ou adminicule de preuve, il rentre dans la classe des simples moyens de preuve.

[30] Cpr. art. 1678, § 358, texte et note 15 ; Loi du 22 frimaire an VII, art. 17 à 19 ; Loi du 20 mai 1838, concernant les vices rédhibitoires dans les ventes et échanges d'animaux domestiques, art. 5 ; Amiens, 2 mai 1855, Sir., 55, 2, 313.

ne peut, en général [31], être considéré comme établi d'une manière complète, qu'autant que la preuve en a été administrée dans la même instance, et contradictoirement avec la partie à laquelle on l'oppose [32]. Ainsi, un tribunal civil ne peut puiser la preuve d'un fait contesté, dans une enquête qui a eu lieu devant un tribunal de justice repressive [33]. Ainsi encore, la preuve résultant d'une enquête ne peut être opposée à celui qui n'y a pas été appelé et qui n'y a pas assisté, quoique, d'ailleurs, il fût partie dans l'instance [34].

Lorsque la preuve, qui devait être rapportée à l'appui d'une action ou d'une exception, n'a pas été administrée d'une manière complète, le juge doit rejeter la demande ou l'exception : *Actore non probante, absolvitur reus* [35]. Cependant il peut, pour compléter une preuve insuffisante, déférer un serment supplétif à l'une ou à l'autre des parties. Il est également autorisé, dans le cas prévu par l'art. 1369, à déférer au demandeur le serment sur la valeur des choses dont la restitution est réclamée. Art. 1366 et suiv.

I. DES CAS DANS LESQUELS IL N'Y A PAS LIEU A PREUVE, ET DU SERMENT LITIS-DÉCISOIRE.

A. *Des présomptions légales en général.*

§ 750.

Les présomptions légales sont des conséquences que la loi tire d'un fait connu à un fait inconnu. Art. 1349.

[31] Voy. l'exception indiquée à la note 5 *suprà*.

[32] Ces conditions ne sont pas exigées, quand il ne s'agit que d'un commencement de preuve ou de preuve indirecte. Voy. § 764 ; § 766, texte, *in fine*.

[33] Toullier, VIII, 26 à 29. Rauter, *Cours de procédure*, n° 129. Larombière, IV, art. 1316, n° 10. Demolombe, XXIX, 205. Civ. cass., 22 messidor an VII, Sir., 1, 1, 226. Colmar, 23 juillet 1810, Sir., 12, 2, 99. Paris, 13 août 1836, Sir., 36, 2, 452.

[34] Larombière, *loc. cit.* Demolombe, XXIX, 204. Civ. cass., 11 janvier 1815, Sir., 15, 1, 255. Voy. une autre application de la proposition énoncée au texte, à la note 7 du § 127.

[35] Bonnier, I, 50 et 51. Zachariæ, § 749, texte, t. IV, p. 431. Civ. cass., 12 mars 1850, Sir., 50, 1, 257.

Les diverses présomptions légales établies par le Code ayant été indiquées dans les matières auxquelles elles se rattachent, il est inutile d'en présenter ici le détail. Il suffira de faire remarquer que l'énumération, simplement énonciative que renferme à cet égard l'art. 1350 [1], est loin d'être complète [2].

Toute présomption légale a pour effet de dispenser la partie qui allègue un fait réputé certain en vertu d'une pareille présomption, de l'obligation de le prouver. Art. 1352, al. 1. Toutefois, celui qui invoque une présomption légale est, en principe [3], tenu d'établir l'existence des faits qui lui servent de base [4].

En règle générale, les présomptions légales sont susceptibles d'être combattues par la preuve contraire [5]; et, lorsqu'il en est

---

[1] Les présomptions légales auxquelles se réfèrent les dispositions des n°ˢ 1 et 2 de l'art. 1350, sont notamment celles qui se trouvent indiquées, d'une part, aux art. 911 et 1100 du Code civil, et 446 du Code de commerce, d'autre part, aux art. 553, 653, 666, 670, 1282, 1283, 1402, 1908, 2219 et 2279 du Code civil.

[2] Voy., par exemple, art. 1, 312, 314 et 315, 472, 720 à 722, 847 et 849, 918, 2230, 2231, 2234 et 2268.

[3] Voy. cep. art, 1282 et 1283 ; § 323, texte B, et note 32.

[4] La partie à laquelle on oppose une présomption légale, et qui se borne à dénier les faits sur lesquels elle est fondée, n'a, en général, aucune preuve à apporter à l'appui de sa dénégation. Si la partie qui se prévaut de la présomption, offre d'administrer la preuve de ces faits, l'autre partie est toujours admise à la preuve contraire. C'est à tort que Toullier (X, 57 à 59) considère cette preuve contraire comme une preuve indirecte dirigée contre la présomption elle-même. Duranton, XIII, 413. Bonnier, II, 840. Larombière, V, art. 1352, n° 2. Zachariæ, § 766, texte et note 1ʳᵉ.

[5] Ce principe ressort nettement, par argument à contrario, du second alinéa de l'art. 1352, dont l'objet est précisément de rejeter la preuve contraire dans les deux cas qui y sont indiqués. Cette disposition, en effet, n'aurait aucun sens, si la preuve contraire ne devait être admise, qu'autant qu'elle aurait été exceptionnellement et spécialement réservée. Il est vrai que, le plus souvent, le législateur a pris soin, en établissant une présomption légale contre laquelle il entendait admettre la preuve contraire, d'en faire expressément la réserve ; mais cette précaution, qu'il paraît avoir prise, dans le but de prévenir toute contestation sur le point de savoir, si telle ou telle présomption légale est à considérer comme rentrant ou non dans la classe de celles qui, d'après la règle énoncée au second alinéa de l'art. 1352, sont exclusives de la preuve contraire, ne peut, en aucune manière, faire obstacle à l'application du principe qui se trouve énoncé au texte. C'est dans ce sens que doivent être entendues les observations présentées par le Tribunat à l'occasion de l'art. 2234. Voy. Locré, Lég., XVI,

ainsi, elles constituent des présomptions simples (*prœsumptiones juris, vel juris tantum*).

La preuve contraire dont il est ici question, peut s'administrer par tous les moyens que la loi autorise. Elle peut notamment se faire par témoins, et même à l'aide de présomptions de l'homme, pourvu que ces moyens de preuve soient admissibles d'après la nature des faits qu'il s'agit d'établir[6].

Du reste, il n'est jamais permis de combattre une présomption légale en contestant *in thesi*, c'est-à-dire d'une manière générale, et autrement qu'à l'aide des circonstances particulières de la cause, l'exactitude de la conséquence tirée par le législateur des faits qui servent de base à cette présomption[7].

Par exception à la règle générale d'après laquelle les présomptions légales sont susceptibles d'être combattues par la preuve contraire, il en est qui sont complétement exclusives de cette preuve. Ce sont les présomptions absolues (*prœsumptiones juris et de jure*).

On doit considérer comme des présomptions absolues, celles sur le fondement desquelles la loi annule certains actes[8], ou accorde

---

p. 546, n° 3 ; *Rapport au Tribunat,* par Jaubert (Locré, *Lég.,* XII, p. 532, n° 32). Toullier, X, 48. Duranton, XIII, 412 et suiv. Bonnier, II, 841. Larombière, V, art. 1352, n° 7. Zachariæ, § 766, texte et note 2.

[6] Bonnier, *loc. cit.* Larombière, V, art. 1352, n° 8. Nîmes, 22 mai 1819, Sir., 20, 2, 33. — Toullier (X, 63) enseigne, au contraire, que les présomptions légales ne peuvent jamais être combattues par des présomptions de l'homme. Voy. aussi dans ce sens : Zachariæ, § 766, texte, *in fine,* et note 5. Mais toute l'argumentation de Toullier nous paraît reposer sur la confusion qu'il a faite entre la question dont il s'agit ici, et celle de savoir, si une présomption légale peut être écartée par le juge, sous le prétexte que le législateur aurait tiré du fait qui lui sert de base une induction contraire, soit aux données de l'expérience, soit aux règles de la logique. Voy. la suite du texte. Cette confusion est d'autant plus étonnante que le passage de Voet cité par Toullier à l'appui de son opinion, indique nettement la différence qui existe entre ces deux questions.

[7] Le juge, qui ferait abstraction d'une présomption légale, par cela seul qu'il la considérerait comme erronée en elle-même, et indépendamment de toute preuve contraire, soit directe, soit indirecte, corrigerait la loi, et usurperait les fonctions législatives.

[8] C'est ce qui a lieu pour les présomptions d'interposition de personnes établies par les art. 911 et 1100. Voy. aussi Code civil, art. 472 ; Code de commerce, art. 446.

une exception péremptoire contre une action [9], lorsque, dans ces hypothèses, elle n'a pas formellement réservé la preuve contraire [10]. Art. 1352.

Mais, quelque absolue que soit une présomption légale, elle ne forme point obstacle à l'efficacité de l'aveu du fait contraire, ni à la délation d'un serment litis-décisoire sur ce fait, pourvu qu'il s'agisse de présomptions qui soient exclusivement établies dans un intérêt privé, et qui ne se rattachent pas à des matières dans lesquelles l'aveu et le serment sont inadmissibles [11]. Art. 1352.

C'est ainsi, par exemple, que la présomption de libération résultant de la remise volontaire de l'acte original, sous signature privée, constatant l'existence d'une dette, n'empêche pas que le créancier ne défère au débiteur le serment litis-décisoire sur le

---

[9] C'est ainsi qu'il faut entendre les expressions de l'art. 1352, *ou dénie l'action en justice : Nihil interest, ipso jure, quis actionem non habeat, an per exceptionem infirmetur.* L. 112, D. *de R. J.* (50, 17). Dans la pensée du législateur, l'action est censée déniée, toutes les fois qu'elle peut être repoussée à l'aide d'une exception péremptoire. C'est ce qui a lieu notamment en matière de prescription, et dans les cas de présomptions de libération établies par les art. 1282 et 1283. Larombière, V, art. 1352, n° 4.

[10] L'art. 1283 fournit un exemple d'une pareille réserve appliquée à une présomption légale sur le fondement de laquelle la loi accorde une exception péremptoire. Mais on ne trouve dans le Code aucun exemple d'une semblable réserve, en ce qui concerne les présomptions sur le fondement desquelles il annule certains actes. Duranton, XIII, 413. Bonnier, II, 845.

[11] Les exceptions finales de l'art. 1352, *et sauf ce qui sera dit sur le serment et l'aveu judiciaire,* ont donné lieu à diverses interprétations. Cpr. Duranton, XIII, 414 et 415 ; Bonnier, II, 846 ; Marcadé, sur l'art. 1352, n° 3 ; Larombière, V, art. 1352, n°s 9 à 11 ; Zachariæ, § 766, texte et note 4, et § 768, texte et note 4. L'explication à laquelle nous nous sommes arrêtés, est tout à la fois conforme au texte de la loi, et rationnelle dans les applications auxquelles elle conduit. En effet, d'une part, il est évident, d'après la construction grammaticale de l'art. 1352, que les expressions ci-dessus rappelées y ont été insérées pour indiquer que l'aveu et le serment pourraient, du moins dans certaines circonstances, fournir un moyen exceptionnel de combattre même les présomptions légales qui n'admettent point de preuve contraire. D'autre part, le serment et l'aveu ne sont pas des moyens de preuve proprement dits ; et, comme l'un et l'autre laissent, en définitive, la décision de la contestation à la conscience de la partie en faveur de laquelle milite la présomption légale, il n'existe aucun motif de les rejeter, alors du moins qu'il s'agit d'une présomption exclusivement établie dans l'intérêt privé de cette partie. Cpr. les notes suivantes.

point de savoir si cette remise a été réellement faite dans le but de le libérer, ou ne le fasse, à cet égard, interroger sur faits et articles [12].

C'est ainsi encore, que celui auquel on oppose une courte prescription fondée sur une présomption de paiement, peut combattre cette présomption par une délation de serment. Mais, en dehors des cas exceptionnels où la prescription repose exclusivement sur une présomption de paiement, il n'est pas permis de la combattre par une délation de serment sur le point de savoir si la dette a été acquittée [13].

Quant aux présomptions d'interposition établies par les art. 911 et 1100, le serment et l'aveu nous semblent devoir être admis pour les combattre, lorsque la libéralité est attaquée par le disposant lui-même, mais non dans le cas où la demande en nullité est formée par les héritiers de ce dernier [14].

[12] Il ne s'agit ici, en effet, que de présomptions [établies en vue d'intérêts purement privés, sans aucun mélange de considérations d'ordre public ou d'intérêt général. Rien ne s'oppose dès lors à l'admissibilité du serment et de l'aveu, comme moyens de combattre ces présomptions. Cpr. § 323, texte B et note 39. Marcadé, sur l'art. 1352. Bonnier, II, 846. — La proposition énoncée au texte s'applique également à la présomption de libération admise par l'art. 1908. Cpr. § 396, texte, n° 1, et note 8. Civ. rej., 12 janvier 1875, Sir., 75, 1, 244.

[13] Voy. sur ces deux propositions : Code civil, art. 2275 ; Code de commerce, art. 189 ; § 775, texte, in fine.

[14] Au premier cas, la personne, réputée interposée, contre laquelle l'action en nullité est dirigée, doit être admise à déférer au donateur le serment litisdécisoire ou à le faire interroger sur le point de savoir si, dans la réalité, la disposition n'a pas été faite à son profit personnel, puisqu'une pareille contestation, dans laquelle il n'y a d'engagés que les intérêts pécuniaires et privés du donateur et du donataire, ne touche en aucune manière à l'ordre public, ni à l'intérêt général, et que, d'un autre côté, il s'agit d'un fait d'intention, personnel au donateur, fait sur lequel son refus de s'expliquer ne serait justifié par aucun motif plausible. Au second cas, la délation de serment et l'interrogatoire sur faits et articles devraient, à notre avis, être rejetés, puisque les héritiers du disposant ne sont point, en tant qu'ils attaquent les libéralités frauduleuses faites par leur auteur, les représentants de ce dernier, que le fait sur lequel devrait porter le serment ou l'interrogatoire, ne leur est point personnel, et qu'ils peuvent d'autant moins être tenus de s'expliquer à cet égard, que ce fait est purement intentionnel. Voy. cep. Bonnier, II, 846 ; Larombière, V, art. 1352, n° 10, et art. 1358, n° 11. Ces deux auteurs, tout en rejetant la distinction que nous avons proposée, ne sont pas d'accord sur la solution à donner à la

Entre les présomptions simples et les présomptions absolues, se placent des présomptions d'une espèce intermédiaire, en ce que la loi, sans rejeter la preuve contraire d'une manière absolue, ne l'admet cependant que dans certains cas spécialement déterminés, ou ne permet de la faire qu'à l'aide des moyens particuliers de preuve qu'elle indique. C'est ainsi que la présomption de filiation légitime résultant de la maxime *Pater is est quem nuptiæ demonstrant*, ne peut être combattue que dans les hypothèses prévues par les art. 312 et 313, et que la présomption de propriété militant en faveur du possesseur d'un meuble corporel, ne peut être écartée par la preuve contraire qu'en cas de perte ou de vol. C'est ainsi encore que, pour détruire les présomptions de mitoyenneté établies par les art. 653, 666 et 670, on ne peut se prévaloir que de la preuve littérale, de marques de non-mitoyenneté, ou de la prescription[15].

question. — Suivant M. Larombière, l'incapacité de la personne au profit de laquelle la loi présume que la libéralité a été faite, rejaillirait sur la personne présumée interposée, et la frapperait elle-même d'incapacité. Il en conclut que vainement on chercherait à établir, au moyen d'une délation de serment, ou d'un interrogatoire sur faits et articles, que la disposition a été faite en réalité au profit de la personne présumée interposée, puisque, le fait fût-il admis, la disposition n'en serait pas moins nulle, comme adressée à un incapable. A notre avis, cette doctrine n'est point exacte. Nous pensons, avec M. Demolombe (XVIII, 664), qu'autre chose est l'incapacité, autre chose la présomption légale d'interposition. La présomption d'interposition suppose sans doute l'incapacité d'un tiers ; mais cette incapacité ne rejaillit pas sur la personne présumée interposée, de manière à la rendre elle-même directement et personnellement incapable. — M. Bonnier enseigne, au contraire, que le serment peut être déféré, non-seulement au donateur, mais encore à ses héritiers, parce que l'ordre public ne se trouverait pas plus intéressé dans le second cas que dans le premier. En le décidant ainsi, le savant professeur ne tient pas compte des autres considérations ci-dessus exposées, qui, en dehors de toute raison tirée de l'ordre public, doivent faire rejeter sa manière de voir. Il nous paraît d'ailleurs avoir perdu de vue que, dût-on admettre que l'ordre public proprement dit ne se trouve pas engagé dans la cause, même au cas où la demande en nullité de la disposition est formée par les héritiers du disposant, la contestation n'en soulève pas moins, dans ce cas, une question qui n'est plus de pur intérêt privé, puisqu'elle se rattache à l'intérêt des familles et, par suite, à l'intérêt général.

[15] Cpr. Angers, 6 mars 1835, Sir., 35, 2, 244.

B. *De l'aveu.*

§ 751.

1° *Notion de l'aveu.*

L'aveu (*hoc sensu*) est la déclaration par laquelle une personne reconnaît pour vrai, et comme devant être tenu pour avéré à son égard, un fait de nature à produire contre elle des conséquences juridiques [1].

Il résulte de cette définition, que toutes espèces de déclarations faites par une personne relativement à ses affaires, ne constituent point des aveux, et qu'on ne doit considérer comme tels que les déclarations faites d'une manière sérieuse, et avec la pensée que celui au profit duquel elles ont eu lieu, se trouvera, en les invoquant, dispensé de prouver les faits qui en forment l'objet. Ainsi, les allégations faites par une partie à l'appui des moyens sur lesquels elle fonde sa demande ou sa défense, ne sont point à considérer comme des aveux, alors même que ces allégations se trouveraient consignées dans un interogatoire sur faits et articles, et qu'elles auraient été répétées à l'audience [2]. Ainsi encore, les déclarations faites par un témoin, dans une procédure civile ou criminelle, ne forment pas des aveux [3].

Il résulte également de la définition ci-dessus donnée, que les déclarations concernant les règles de droit applicables à la décision de la cause, ne constituent pas des aveux. Ainsi, on ne peut voir un aveu dans la déclaration par laquelle une des parties litigantes reconnaît que la contestation doit être décidée d'après les dispositions d'une loi étrangère [4].

---

[1] Weber, p. 41 et suiv. Les définitions que la plupart des auteurs français donnent de l'aveu sont incomplètes, et ne font pas connaître les caractères qui le distinguent des autres déclarations. Cpr. Pothier, *Des obligations*, n° 831 ; Toullier, X, 260 ; Duranton, XIII, 534. Notre définition a été adoptée par Marcadé (sur l'art. 1356, n° 2). Voy. aussi Larombière, V, art. 1354, n° 1.

[2] Larombière, V, art. 1354, n° 3. Req. rej., 3 juin 1829, Sir., 29, 1, 225. Req. rej., 25 février 1836, Sir., 36, 1, 603.

[3] Crim. rej., 18 novembre 1854, Sir., 54, 1, 814.

[4] Larombière, V, art. 1354, n° 2. Req. rej., 8 août 1808, Sir. 8, 1, 505.

Il résulte enfin de cette définition, que le simple défaut de dénégation, de la part de l'une des parties, d'un fait articulé par
l'autre, n'équivaut point, en général, à un aveu [5]. Il pourrait cependant en être autrement, si une partie, légalement interpellée
de s'expliquer sur un fait, avait omis ou refusé de le faire [6].

2° Des différentes espèces d'aveux.

L'aveu est judiciaire ou extrajudiciaire. Art. 1354.

L'aveu judiciaire est celui qui est fait en justice par la partie
elle-même, ou par son fondé de pouvoir spécial, et notamment
par les officiers ministériels qui la représentent ou qui agissent à
sa requête. Art. 1356.

On ne doit considérer comme faits en justice, que les aveux qui
ont eu lieu pendant l'instance dans le cours de laquelle ils sont
invoqués, et qui ont été, ou signifiés dans les actes de procédure,
ou consignés dans un procès-verbal d'interrogatoire sur faits et
articles, ou enfin proférés à l'audience.

Il résulte de là, que l'aveu fait dans une précédente instance
n'a pas le caractère ni les effets d'un aveu judiciaire, lorsqu'on
veut s'en prévaloir dans une nouvelle instance [7].

---

[5] *Qui tacet, non utique fatetur.* L. 142, D. *de R. J.* (50, 17). Rauter,
Cours de procédure civile, n° 221. Toullier, X, 299. Larombière, V, art. 1356,
n° 8. Limoges, 22 janvier 1836, Sir., 36, 2, 132. Req. rej., 11 août 1851.
Sir., 51, 1, 742.

[6] Cpr. Code de procédure civile, art. 252 et 330. Les dispositions de ce
dernier article s'appliquent également au cas où la comparution des parties en
personne ayant été ordonnée, l'une d'elles refuse de se présenter, et au cas où
une partie qui se trouve à l'audience, refuse de répondre aux interpellations
qui lui sont adressées par le juge. Mais elles ne doivent pas être étendues à
l'hypothèse où, soit l'avocat, soit l'avoué de l'une des parties, interpellé
sur un fait en l'absence de son client, déclarerait ne pouvoir s'expliquer sur ce
fait.

[7] Voy. § 749, texte, n° 1, *in fine*. Merlin, *Quest.*, v° Confession, § 1. Rauter, *op. cit.*, n° 133. Mühlenbruch, *Doctrina Pandectarum*, I, § 146, texte et
note 4. Toullier, VIII, 26. Larombière, V, art. 1356, n° 5. Req. rej., 4 août
1840, Sir., 40, 1, 903. Voy. cep. Marcadé, sur l'art. 1356, n° 2 ; Baroche,
Encyclopédie du Droit, v° Aveu, n° 14 ; Bonnier, I, 350 ; Req. rej., 16 mars
1863, Sir., 63, 1, 409. D'après cette dernière opinion, l'aveu fait dans une
instance conserverait sa valeur, comme aveu judiciaire, dans toute instance qui
serait ultérieurement engagée entre les même parties, parce que, comme le dit
Marcadé, « le même fait ne peut pas être vrai dans le premier procès et faux

Il en résulte encore, que le caractère d'aveu judiciaire ne peut être attribué, ni à des énonciations contenues dans une lettre missive adressée, même durant l'instance, par l'une des parties à l'autre, ni à des déclarations insérées dans une requête présentée à l'autorité administrative, à l'occasion d'une contestation liée devant la juridiction civile [8].

Mais l'aveu fait au bureau de paix doit être considéré comme équivalent à un aveu judiciaire [9].

Quant à l'aveu fait devant des arbitres, il constitue un véritable aveu judiciaire [10].

L'aveu écrit, fait d'abord extrajudiciairement, continue, quoi-

---

dans le second. » En raisonnant ainsi, on oublie que la vérité judiciaire est essentiellement relative ; que, d'un autre côté, la question n'est pas de savoir, si le fait avoué dans une première instance est en lui-même vrai ou faux, mais de savoir si ce fait doit être tenu pour légalement avéré dans une seconde instance, et si, par suite, la partie qui se prévaut de l'aveu se trouve ou non déchargée, d'une manière absolue, du fardeau de la preuve ; et, qu'enfin l'aveu est bien moins un moyen de preuve, qu'un motif de décision dicté au juge par la loi, pour le jugement du litige à l'occasion duquel il est intervenu, et dont l'effet dès lors doit naturellement se restreindre à ce litige. La raison invoquée par Marcadé conduirait à cette conséquence, que l'aveu fait dans le cours d'une instance, pourrait être ultérieurement invoqué, comme aveu judiciaire, par les personnes mêmes qui n'auraient pas figuré dans cette instance. Or, cette conséquence est évidemment inadmissible, et l'auteur précité la rejette lui-même implicitement. — Il est, d'ailleurs, bien entendu qu'en refusant à l'aveu fait dans une instance, le caractère d'aveu judiciaire pour une autre instance, nous ne lui dénions pas pour cela toute efficacité : un pareil aveu produira toujours les effets d'un aveu extrajudiciaire.

[8] Bonnier, I, 347. Larombière, V, art. 1356, nos 5 et 6. Req. rej., 7 novembre 1827, Sir., 28, 1, 425. Req. rej., 9 janvier 1839, Sir., 39, 1, 22. Req. rej., 21 novembre 1871, Sir., 72, 1, 20.

[9] Le préliminaire de conciliation ne forme pas, il est vrai, par lui-même une instance; mais, lorsqu'il a été suivi d'une demande en justice, il se lie à l'instance d'une manière indivisible ; et, dès lors, il n'existe aucun motif de distinguer, quant aux effets que la loi attache à l'aveu judiciaire, entre l'aveu fait dans le cours d'une instance et celui qui a lieu au bureau de paix. L'art. 54 du Code de procédure vient également à l'appui de cette manière de voir. Delvincourt, II, p. 628. Toullier, X, 271. Duranton, XII, 561. Larombière, V, art. 1356, n° 2. Zachariæ, § 767, note 1, in medio. Paris, 31 janvier 1807, Sir., 7, 2, 799. Turin, 6 décembre 1808, Sir., 14, 2, 113. Limoges, 17 juillet 1849, Sir., 49, 2, 710. Voy. en sens contraire : Carré et Chauveau, Lois de la procédure civile, I, quest. 229 ; Bonnier, I, 358.

que répété ensuite en justice, de subsister comme aveu extrajudiciaire. Il existe, en pareil cas, deux aveux, l'un extrajudiciaire, l'autre judiciaire; et chacun d'eux est régi par les règles qui lui sont propres[11].

3° De la capacité en matière d'aveu.

Quoique l'aveu n'engendre pas par lui-même d'obligation, il a cependant pour résultat de détériorer la condition de la personne dont il émane, en ce que cette personne renonce à l'avantage de sa position de défendeur, quant à la preuve du fait avoué, et se soumet ainsi à la nécessité de démontrer la fausseté de ce fait, lorsqu'elle voudra se soustraire aux conséquences de son aveu. Cette considération conduit à reconnaître, en principe, que les personnes qui sont incapables de disposer de l'objet formant la matière d'une contestation, ne peuvent pas non plus faire, quant à cet objet, d'aveu qui les lie[12]. De ce principe découlent les conséquences suivantes :

a. L'aveu émané d'un mineur, d'un interdit, ou d'une femme mariée non autorisée, ne peut leur être opposé[13].

---

[10] Req. rej., 20 mars 1860, Sir., 61, 1, 61.

[11] Merlin (*Quest.*, v° Confession, § 4, n° 1) enseigne, au contraire, et la Cour de cassation a jugé (Civ. cas., 30 avril 1821, Sir., 22, 1, 54), que l'aveu extrajudiciaire écrit devient, par sa réitération en justice, un aveu judiciaire, et ne peut plus, comme tel, être divisé. Voy. aussi dans ce sens : Bonnier, I, 361. Nous pensons qu'il faut distinguer : Si la partie intéressée se prévaut de l'aveu judiciaire, afin de pouvoir invoquer le deuxième alinéa de l'art. 1356, suivant lequel un pareil aveu fait pleine foi, elle est également tenue de se soumettre à l'application du troisième alinéa du même article, qui consacre l'indivisibilité de cet aveu. Si, au contraire, la partie intéressée se borne à se prévaloir de l'aveu extrajudiciaire qui, ainsi que nous l'établirons (texte, n° 4, lett. *b*, *infrà*), n'est pas nécessairement indivisible, on ne voit pas comment il serait possible de qualifier cet aveu de judiciaire, et de le déclarer, comme tel, indivisible. On ne pourrait le faire qu'en dénaturant le caractère de l'aveu, tel qu'il est invoqué, ou qu'en privant la partie qui s'en prévaut, du droit de l'invoquer, tel qu'il lui était acquis. Larombière, V, art. 1356, n° 7. Orléans, 7 mai 1818, Sir., 20, 1, 232. Cpr. aussi Req. rej., 10 décembre 1839, Sir., 40, 1, 467.

[12] Pothier, *Des obligations*, II, 837. Duranton, XIII, 542. De Fréminville, *De la minorité*, II, 770. Larombière, V, art. 1356, n° 10. Zachariæ, § 567, texte et note 5.

[13] Larombière, *loc. cit.* Bonnier, I, 351. Limoges, 3 août 1860, Sir., 61, 2, 241.

Mais la femme autorisée à ester en justice doit, par cela même, être considérée comme autorisée à répondre aux questions qui lui sont adressées dans un interrogatoire sur faits et articles, ou lors d'une comparution des parties en personne ; et l'aveu qu'elle fait en pareille circonstance est valable[14].

b. L'aveu émané d'un mandataire ne lie le mandant que lorsqu'il a été fait en vertu d'un pouvoir spécial. Art. 1536, al. 1.

Toutefois, s'il s'agissait d'un aveu portant sur des faits personnels au mandataire et relatifs à l'affaire qu'il avait été chargé de traiter, l'aveu par lui fait, même sans pouvoir spécial, lierait le mandant, pourvu que les faits avoués n'excédassent pas les limites du mandat.

La proposition énoncée ci-dessus s'applique même aux officiers ministériels chargés, soit de représenter les parties en justice, soit de faire en leur nom des significations judiciaires ou extrajudiciaires, c'est-à-dire aux avoués et aux huissiers, avec cette restriction cependant, que les aveux qu'ils feraient sans pouvoir spécial, ne pourraient être repoussés par la partie à laquelle ils préjudicient, qu'au moyen d'un désaveu proposé dans les formes spécialement prescrites à cet égard[15].

Les aveux faits par un avocat, plaidant avec l'assistance d'un avoué, sont censés faits par ce dernier, lorsqu'ils ne les a pas rétractés ; et, la partie au nom de laquelle ils ont eu lieu, n'est admise à les repousser qu'à l'aide d'un désaveu dirigé contre son avoué[16].

c. Le tuteur ne peut faire d'aveux spontanés opposables au mineur, si ce n'est sur des faits personnels d'administration, qui n'excéderaient pas les limites de ses pouvoirs[17].

---

[14] Demolombe, IV, 284. Bonnier, *loc. cit.* Larombière, V, art. 1356, n° 10. Civ. rej., 22 avril 1828, Sir., 28, 2, 208. — L'aveu judiciaire fait sans autorisation spéciale par une femme mariée, ne pourrait lui être opposé, s'il avait eu lieu d'une manière spontanée, et sans avoir été provoqué par interpellation du juge, lors d'un interrogatoire sur faits et articles ou d'une comparution des parties en personne. Larombière, *loc. cit.*

[15] Cpr. Code de procédure, art. 352 à 362. Duranton, XIII, 586. Larombière, V, art. 1356, n° 9.

[16] Merlin, *Rép.*, v° Désaveu d'avoué, § 3. Toullier, X, 298. Bonnier, I, 351. Larombière, V, art. 1356, n° 9. Req. rej., 16 mars 1814, Sir., 14, 1, 296. Cpr. Req. rej., 9 avril 1838, Sir., 38, 1, 442 ; Civ. rej., 30 mars 1869, Sir., 69, 1, 245 ; Civ. rej., 22 mars 1870, Sir., 71, 1, 146.

[17] De Fréminville, *De la minorité*, II, 772 et 773. Demolombe, VII, 690.

Il est permis de provoquer la comparution d'un tuteur à l'audience ou son interrogatoire sur faits et articles, pour qu'il ait à répondre sur des faits qui ne lui seraient pas personnels, mais dont il aurait pu obtenir connaissance en sa qualité, sauf au tribunal à avoir tel égard que de raison à ses déclarations [18].

4° De la force probante de l'aveu.

a. De l'aveu judiciaire.

α. L'efficacité de l'aveu judiciaire est indépendante de l'acceptation de celui au profit duquel il est fait. Il en est ainsi, non-seulement de l'aveu qui a été provoqué par une interpellation du juge, soit à l'audience, soit dans un interrogatoire sur faits et articles, mais encore de celui qui a été fait spontanément, soit dans les écritures du procès, soit lors des plaidoiries. Toutefois, pour éviter toute discussion sur l'existence ou sur la teneur d'un aveu purement verbal, il est prudent d'en demander acte au juge devant lequel il a lieu.

L'aveu judiciaire ne peut donc être rétracté par cela seul qu'il n'a pas encore été accepté [19]. Il ne peut l'être, qu'autant qu'il est

---

Bourges, 26 avril 1831, Dalloz, 1831, 2, 241. Lyon, 18 juillet 1861, Sir., 61, 2, 177.

[18] Il serait injuste qu'un plaideur fût privé de la faculté de faire interpeller son adversaire en justice, en raison de la circonstance que ce dernier se trouverait être un mineur. D'ailleurs, les intérêts du mineur se trouveront suffisamment protégés, contre les aveux inconsidérés que pourrait faire son tuteur, par le pouvoir d'appréciation laissé aux tribunaux et par la disposition de l'art. 481 du Code de procédure. Cpr. Duranton, XIII, 548 ; Larombière, V, art. 1356, n° 9. Voy. en sens contraire : Lyon, 18 juillet 1861, Sir., 61, 2, 177.

[19] Weber, p. 62. Solon, *Additions à l'essai sur les preuves* de Gabriel, § 128. Marcadé, sur l'art. 1356, n° 2. Larombière, V, art. 1356, n° 30. Req. rej., 7 juillet 1858, Sir., 58, 1,76. Dans la pratique, on admet assez généralement l'opinion contraire, en reconnaissant toutefois que les aveux faits dans un interrogatoire sur faits et articles, ou lors d'une comparution des parties en personne, doivent, par leur nature, être présumés avoir été acceptés. Cpr. Merlin, *Rép.*, v° Preuve, sect. II, § 1, n° 6 ; Toullier, X, 285 à 292 ; Rauter, *Cours de procédure civile*, n° 133 ; Bonnier, I, 354 ; Zachariæ, § 767, texte et notes 7 et 8. Cette manière de voir nous paraît dénuée de tout fondement. L'aveu est essentiellement un acte unilatéral, qui tire toute son efficacité de la présomption de vérité attachée à une déclaration, par cela même et par cela

le résultat d'une erreur de fait, c'est-à-dire dans le cas seulement où la personne dont il émane a, par erreur, reconnu l'existence d'un fait qui, en réalité, n'existait pas. Encore, la rétractation de l'aveu n'est-elle, en pareil cas, admise, qu'à charge par l'auteur de l'aveu de prouver l'erreur de fait qu'il allègue [20].

L'erreur de droit sur les conséquences juridiques du fait avoué, ne saurait jamais autoriser la rétractation d'un aveu. Art. 1356, al. 4. Mais il est bien entendu que cette règle ne reçoit application que quand il s'agit du simple aveu d'un fait, et qu'elle est étrangère au cas où il est question de la confirmation d'un acte annulable ou rescindable; une pareille confirmation peut être attaquée pour erreur de droit, aussi bien que pour erreur de fait [21].

β. L'aveu judiciaire doit, d'après sa nature même et les circonstances dans lesquelles il a lieu, être considéré comme réunissant toutes les conditions qui sont essentielles à l'aveu, et qui ont été indiquées au n° 1 du présent paragraphe.

seul qu'elle est susceptible d'entraîner des conséquences désavantageuses à celui qui l'a faite; et, l'on ne comprend pas quelle force l'acceptation de l'aveu pourrait ajouter à cette présomption. Vainement se prévaut-on de l'art. 1211 du Code civil, et de l'art. 403 du Code de procédure. Ces articles, que nous avons nous-mêmes cités au § 323, note 1, à l'appui du principe que la renonciation à un droit peut, en général, être rétractée, tant qu'elle n'a pas été acceptée, sont sans application à la question dont nous nous occupons. En effet, l'aveu, en tant qu'on ne le considère que comme simple reconnaissance d'un fait, ne constitue point une renonciation à un droit. Que si une déclaration faite par une partie était invoquée, non pas seulement comme établissant contre elle la vérité du fait qui en forme l'objet, mais comme emportant de sa part, soit une renonciation à un droit ou au bénéfice d'une exception, soit une offre, on rentrerait sous l'application du principe ci-dessus rappelé; et c'est dans ce sens qu'on doit expliquer l'arrêt de la Cour de Colmar du 21 avril 1818, Sir., 18, 2, 265, qui est ordinairement cité comme ayant formellement consacré l'opinion que nous combattons. Cpr. aussi: Req. rej., 12 août 1839, Sir., 40, 1, 220; Req. rej., 9 juin 1863, Sir., 65, 1, 184. Cette opinion, au surplus, ne paraît avoir prévalu que par l'habitude où sont les praticiens de demander acte des aveux qu'ils croient favorables aux intérêts de leurs clients. Mais cet usage doit être considéré comme n'ayant d'autre but que de faire constater, d'une manière régulière, l'existence de l'aveu et les termes dans lesquels il a eu lieu.

[20] Cpr. Turin, 6 décembre 1808, Sir., 14, 2, 113; Req. rej., 15 février 1836, Sir., 36, 1, 219.

[21] Voy. § 337, texte, n° 3, et note 23. Bonnier, I, 355. Larombière. V, p. 422

Aussi l'aveu judiciaire fait-il, contre la personne dont il émane, pleine foi du fait qui en forme l'objet. Art. 1356, al. 2.

Il en résulte, d'une part, que celui qui se prévaut d'un aveu, est dispensé de rapporter la preuve du fait avoué, et, d'autre part, que le juge est légalement obligé de tenir ce fait pour constant [22].

Le principe que l'aveu judiciaire fait pleine foi, reçoit exception dans les cas suivants :

Lorsque l'aveu est de nature à entraîner la perte ou la déchéance d'un droit auquel l'avouant ne pouvait renoncer, ou sur lequel il lui était interdit de transiger [23] ;

Lorsque l'aveu porte sur un fait dont la loi prohibe la reconnaissance [24] ;

Lorsque, par des motifs particuliers, et notamment en vue de l'intérêt des tiers, la loi déclare l'aveu inefficace [25].

γ. Dans l'application du principe que l'aveu judiciaire fait pleine foi, il faut distinguer l'aveu pur et simple, l'aveu qualifié, et l'aveu complexe.

L'aveu pur et simple est celui qui renferme, sans modifications ni additions, la reconnaissance du fait allégué par l'une des parties à l'appui de sa demande ou de son exception.

L'aveu est qualifié, lorsque la reconnaissance d'un fait allégué par l'une des parties, n'a lieu que sous certaines modifications, qui altèrent l'essence ou la nature juridique de ce fait.

L'aveu est complexe, quand celui dont il émane, tout en reconnaissant sans modifications le fait allégué par l'autre partie, articule en même temps un nouveau fait, dont le résultat serait de créer une exception à son profit.

Dans le cas où l'aveu est pur et simple, l'application du principe ci-dessus posé ne peut donner lieu à aucune difficulté. Il en est autrement, lorsque l'aveu est qualifié ou complexe. Dans ces deux cas se présente, la question de savoir, si la partie qui entend

---

[22] Cpr. § 749, texte, n° 1.

[23] Cpr. § 323, texte, n° 1 ; § 420, texte, n° 4. Voy. aussi § 491, texte, n° 2, notes 40 et 41. Larombière, V, art. 1356, n° 13. Zachariæ, § 567, texte, t. IV, p. 472.

[24] C'est ainsi que l'aveu judiciaire ne peut avoir aucun effet, lorsqu'il porte sur une paternité ou une maternité incestueuse ou adultérine. Bonnier, I, 352. Req. rej., 25 juin 1815, Sir., 15, 1, 329. Cpr. § 572.

[25] Voy. Code de procédure, art. 870. Cpr. § 516, texte, n° 3, et note 21.

se prévaloir d'un aveu, est autorisée à invoquer comme constant, le fait principal qui en forme l'objet, tout en rejetant les déclarations accessoires qui modifient ou qui accompagnent cet aveu. Pour la solution de cette question, on doit s'attacher aux règles suivantes :

L'aveu qualifié est indivisible. En conséquence, la partie qui l'invoque, ne peut retenir ce qui est à son avantage, et rejeter ce qui lui est contraire.

Ainsi, lorsqu'un débiteur, assigné en paiement d'une somme que le demandeur prétend lui avoir remise à titre de prêt, avoue qu'en effet cette somme lui a été comptée, mais déclare en même temps que le capital lui en a été abandonné, moyennant une rente viagère dont il se reconnaît chargé, cet aveu est indivisible. Il en est de même, lorsque le porteur d'un billet, tout en avouant que la cause énoncée dans ce billet n'est pas véritable, assigne en même temps une autre cause licite à sa créance [26].

L'aveu complexe est également indivisible, toutes les fois que la déclaration accessoire qu'il renferme, se rattachant, comme une suite ordinaire ou même simplement accidentelle, au fait principal dont elle suppose l'existence, a pour effet de restreindre ou de neutraliser les conséquences juridiques résultant de l'aveu de ce fait.

---

[26] Bonnier, I, 356. Zachariæ, § 767, texte et note 13. Civ. cass., 22 avril 1807. Sir., 7, 2, 810. Riom, 25 juillet 1827, Sir., 30, 2, 12. L'indivisibilité de l'aveu est, lorsqu'il s'agit d'un aveu qualifié, fondée sur la nature même des choses, et ne saurait, par conséquent, être contestée, même au point de vue de la théorie. En effet, par cela seul que l'une des parties n'avoue pas le fait allégué par l'autre, tel que celle-ci est tenue de le prouver pour justifier sa demande, cette dernière ne peut puiser dans cet aveu aucun motif qui la dispense de la charge de la preuve. C'est ainsi que, dans les deux exemples cités au texte, le demandeur en remboursement d'un prêt ou en nullité d'un billet pour défaut de cause, étant tenu de prouver l'existence du prêt ou l'absence de cause, ne peut se prévaloir de déclarations qui, loin de reconnaître l'existence de ces faits, tendent au contraire à les nier. — Voy. encore d'autres exemples relatifs à l'indivisibilité de l'aveu qualifié, dans les espèces jugées par les arrêts suivants : Civ. cass., 3 décembre 1817, Sir., 18, 1, 175; Civ. cass., 30 août 1821, Sir., 22, 1, 54; Civ. cass., 4 décembre 1827, Sir., 28, 1, 42; Req. rej., 10 janvier 1832, Sir., 32, 1, 90; Civ. cass., 26 novembre 1849, Sir., 50, 1, 29; Paris, 20 février 1852, Sir., 52, 2, 124; Civ. cass., 14 avril 1852, Sir., 52, 1, 453; Req. rej., 29 mai 1861, Sir., 61, 1, 606; Req. rej., 11 mars 1862, Sir., 63, 1, 135; Req. rej., 18 février 1873, Sir., 73, 1, 463; Req. rej., 3 mars 1873, Sir., 73, 1, 437; Civ. cass., 13 mai 1874, Sir., 75, 1, 342.

Ainsi, lorsqu'une personne assignée en paiement d'une dette, en avoue l'existence, mais allègue en même temps qu'elle en a soldé le montant, son aveu est indivisible[27].

Il en est encore ainsi, quand, au lieu d'invoquer le paiement de la dette, le défendeur soutient que le demandeur lui en a fait la remise, ou qu'elle a été transformée en une nouvelle dette par voie de novation[28].

Enfin, on doit également décider que l'aveu est indivisible, lorsque la partie qui reconnaît l'existence d'une convention, allègue en même temps que cette convention a été plus tard modifiée ou résolue d'un commun accord[29].

[27] Il est plus difficile de justifier, en pure théorie, l'indivisibilité de l'aveu complexe, que celle de l'aveu qualifié. Aussi, a-t-elle été rejetée par de graves auteurs. Voy. Weber, p. 220 et suiv. ; Zachariæ, § 767, texte, notes 14 et 15. Toutefois, le principe de l'indivisibilité a toujours été appliqué en France, non-seulement à l'aveu qualifié, mais encore à l'aveu complexe, du moins dans l'hypothèse indiquée au texte. Cpr. Pothier, *Des obligations*, n° 883 ; Merlin, *Quest.*, v° Confession, § 2, n° 2. C'est évidemment dans ce sens que les rédacteurs du Code ont entendu poser ce principe, ainsi que cela résulte d'ailleurs des art. 1330 et 1924. *Rapport fait au Tribunat* par Jaubert (Locré, *Lég.*, XII, p. 536, n° 36). Cette doctrine se justifie, au point de vue pratique, par la considération que le débiteur ne peut avoir aucun motif pour exiger une quittance, lorsque la dette qu'il paie n'est point elle-même constatée par écrit. Delvincourt, II, p. 629. Toullier, V, 339. Duranton, XIII, 555. Bonnier, *loc. cit.* Marcadé, sur l'art. 1356. Larombière, V, art. 1356, n° 15. Req. rej., 6 novembre 1838, Sir., 38, 1, 892. Civ. cass., 25 avril 1853, Sir., 53, 1, 368. Civ. cass., 21 avril 1856, Sir., 57, 1, 280. Req. rej., 30 juillet 1862, Sir., 63, 1, 136. Civ. cass., 24 juin 1863, Sir., 63, 1, 341. Civ. cass., 8 avril 1874, Sir., 75, 1, 76.

[28] Il n'existe aucun motif rationnel de distinguer entre ces deux hypothèses et la précédente. D'ailleurs, il ne faut pas perdre de vue que l'art. 1356 pose le principe de l'indivisibilité de l'aveu en termes généraux, et sans en restreindre l'application au cas où l'aveu porterait sur un fait unique. Larombière, *loc. cit.*

[29] Crim. rej., 28 juillet 1854, Sir., 54, 1, 655. Voy. cep. Req. rej., 6 février 1838, Sir., 38, 1, 108. La doctrine établie dans les considérants de cet arrêt est beaucoup trop absolue, puisqu'elle conduirait forcément à admettre la divisibilité de l'aveu dans le cas où le débiteur aurait, en reconnaissant la dette, allégué qu'elle se trouve éteinte, soit par remise, soit par novation, et même dans celui où il se serait borné à prétendre que, par une nouvelle convention, le créancier lui a accordé des termes. Au surplus, cet arrêt a été rendu dans des circonstances toutes spéciales, d'après lesquelles la preuve testimoniale et de simples présomptions pouvaient être admises pour faire rejeter la seconde partie de l'aveu. Cpr. texte et notes 36 et 37 *infrà*.

Au contraire, lorsque la déclaration accessoire que renferme un aveu complexe, porte sur un fait à tous égards distinct du fait principal, dont il ne suppose pas nécessairement l'existence, rien ne s'oppose à la division d'un pareil aveu. C'est ainsi que l'aveu par lequel une personne reconnaîtrait l'existence d'une dette, en ajoutant qu'elle se trouve compensée par une créance résultant à son profit d'un fait antérieur ou postérieur à celui qui a donné naissance à son obligation, est susceptible d'être divisé [30].

La prohibition de diviser l'aveu ne s'applique point à l'ensemble des réponses contenues dans un interrogatoire sur faits et articles; ces réponses peuvent être séparées les unes des autres et appréciées isolément, pourvu que l'on ne divise pas chaque réponse prise en elle-même [31].

Il en est de même, à plus forte raison, des aveux faits par une partie dans une contestation qui porte sur plusieurs chefs distincts; ces aveux sont susceptibles d'être admis pour quelques-uns de ces chefs, et rejetés pour les autres [32].

[30] L. 26, § 2, *D. depos.* (16, 3). Toullier, X, 339. Bonnier, *loc. cit.* Larombière, V, art. 1356, n° 18. Req. rej., 14 janvier 1824, Sir., 25, 1, 118. Douai, 13 mai 1836, Sir., 36, 2, 450. Voy. en sens contraire : Merlin, *Quest.*, v° Confession, § 2, n° 2. On comprend l'immense différence qui existe entre cette hypothèse et celle dont il a été question aux trois notes précédentes. Ce serait diviser l'aveu, que de séparer la déclaration du paiement de la reconnaissance de la dette, parce qu'il s'agit, en pareil cas, de deux faits entre lesquels il existe une intime connexité. Mais, lorsque le débiteur, en reconnaissant une dette, ajoute à cet aveu l'allégation d'une créance, ce n'est plus diviser l'aveu que de faire abstraction de cette allégation, puisqu'il s'agit alors de deux faits qui n'ont entre eux aucune liaison. Voy. aussi dans le sens de la proposition émise au texte : Req. rej., 8 mai 1855, Sir., 56, 1, 62 ; Civ. cass., 30 juin 1857, Sir., 57, 1, 202. En décidant par ces arrêts que l'aveu complexe peut être divisé, lorsqu'il se rapporte à deux faits distincts par leur *objet*, leur *nature*, et leur époque, la Cour de cassation nous paraît avoir consacré la distinction à l'aide de laquelle nous résolvons la question de savoir, si un aveu complexe peut ou non être divisé.

[31] Merlin, *Rép.*, v° Chose jugée, § 15. Toullier, *loc. cit.* Carré, *Lois de la procédure civile*, I, 262. Boncenne, *Théorie de la procédure civile*, IV, p. 551 et 552. Bonnier, I, 356. Larombière, V, art. 1356, n° 20. Req. rej., 30 avril 1807, Sir., 7, 2, 799. Req. rej., 19 juin 1839, Sir., 39, 1, 462. Caen, 25 avril 1842, Sir., 42, 2, 374. Angers, 15 mars 1865, Sir., 65, 2, 292. Cpr. Req. rej., 4 décembre 1872, Sir., 72, 1, 430.

[32] Larombière, V, art. 1356, n° 19. Req. rej., 14 janvier 1824, Sir., 25, 1, 118. Req. rej., 8 août 1826, Sir., 27, 1, 47. Civ. rej., 23 janvier 1835,

L'aveu, qui doit être considéré comme indivisible d'après les règles précédemment établies, ne peut être divisé à raison de la seule invraisemblance des déclarations accessoires dont il est accompagné [33]. Il pourrait, au contraire, être divisé, s'il ne s'agissait pas d'une déclaration unique, mais de versions successives et diverses dont la contradiction démontrerait la fausseté [34].

Il faut se garder de donner au principe de l'indivisibilité de l'aveu, plus de portée qu'il n'en a en réalité ; son véritable sens est celui-ci : La partie qui entend se prévaloir d'un aveu indivisible, comme faisant pleine foi, ne peut invoquer, comme constant, le fait principal qui en forme l'objet, et rejeter purement et simplement, comme n'étant pas prouvées, les déclarations accessoires qui tendent à neutraliser ou à modifier, au profit de sa partie adverse, les conséquences juridiques du fait principal reconnu par cette dernière.

Ainsi, le principe de l'indivisibilité de l'aveu est étranger au cas où l'aveu est invoqué, non comme faisant pleine foi, mais seulement comme commencement de preuve par écrit [35].

Ainsi encore, ce principe ne s'oppose nullement à ce que celui qui se prévaut d'un aveu indivisible, soit admis à combattre les déclarations accessoires qui en font partie, à l'aide d'une présomption légale ou d'une preuve contraire [36]. Cette preuve pourrait

Sir., 36, 142. Voy. aussi les autorités citées à la note précédente. — Il a cependant été jugé, à l'occasion d'un compte (Req. rej., 8 juin 1842, Sir., 42, 1, 844), que, quand les recettes se trouvent uniquement établies par l'aveu du rendant et que les dépenses par lui indiquées ne sont pas valablement contredites, l'ensemble de ses déclarations peut être considéré comme formant un aveu indivisible.

[33] Civ. cass., 19 avril 1858, Sir., 58, 1, 734.

[34] Req. rej., 22 novembre 1869, Sir., 70, 1, 339. Cpr. Bourges, 4 juin 1825, Sir., 26, 2, 159.

[35] Req. rej., 6 avril 1836, Sir., 36, 1, 747. Crim. rej., 18 août 1854, Sir., 54, 1, 655. Req. rej., 2 janvier 1872, Sir., 72, 1, 129. Paris, 21 juin 1872, Sir., 74, 2, 37.

[36] Le principe de l'indivisibilité de l'aveu a pour unique objet d'empêcher que l'on ne puisse intervertir la position des parties, en ce qui concerne la charge de la preuve. De même que la partie au profit de laquelle le fait principal a été reconnu, se trouve affranchie de l'obligation de le prouver, de même aussi la partie qui a fait l'aveu, doit être dispensée de prouver les déclarations accessoires qu'il renferme, puisque, autrement, elle serait privée de l'avantage que lui donnait sa position de défenderesse à la demande ou à l'exception.

même se faire par témoins, ou au moyen de simples présomptions, si le fait principal était lui-même susceptible d'être prouvé de cette manière [37]. Au cas contraire, la preuve testimoniale et de simples présomptions ne sont point, en général, admissibles [38].

D'un autre côté, le principe de l'indivisibilité de l'aveu n'enlève point au juge le pouvoir d'interpréter un aveu qui présenterait quelque obscurité ou ambiguïté, comme il est autorisé à le faire pour toute déclaration de volonté [39].

Enfin, il est bien évident que, lorsqu'un fait reconnu par l'une des parties, est établi par l'autre au moyen de preuves puisées en dehors de l'aveu, il ne saurait y avoir place dans la cause à l'application du principe de l'indivisibilité de l'aveu [40].

Mais on donnerait au principe dont s'agit une extension contraire à la raison, si l'on interdisait à celui qui se prévaut d'un aveu indivisible, la faculté de prouver la fausseté des déclarations accessoires qui lui seraient contraires. Comme l'aveu ne constitue pas une présomption absolue, et que celui qui l'a fait, conserve la faculté de le rétracter en prouvant que, par erreur, il a reconnu un fait contraire à la vérité, on ne voit pas pourquoi son adversaire ne serait point admis à établir la fausseté des faits accessoires ajoutés à l'aveu. La doctrine énoncée au texte a été adoptée, en ce qui concerne l'admission de la preuve contraire, par les arrêts qui seront cités aux notes 37 et 38 infrà, ainsi que par les deux arrêts suivants : Bourges, 4 juin 1825, Sir., 26, 2, 159 ; Req. rej., 8 février 1864, Sir., 64, 1, 227. Elle a été consacrée, en ce qui concerne l'admission des présomptions légales, par un arrêt de la Cour de cassation (Req. rej., 15 novembre 1842, Sir., 43, 1, 204), qui décide que, lorsqu'une partie à laquelle on oppose l'usucapion, convient du fait matériel de la possession trentenaire de son adversaire, mais soutient que cette possession n'a eu lieu qu'à titre précaire, le juge peut admettre le fait de la possession comme constant, et rejeter, en vertu de l'art. 2230, l'allégation de précarité.

[37] C'est ce qui aurait lieu, par exemple, dans le cas où la contestation porterait sur la restitution d'un dépôt nécessaire, et que le dépositaire, en reconnaissant le fait du dépôt, alléguerait qu'il a remis les objets déposés au tiers indiqué pour les recevoir. Larombière, V, art. 1356, n° 21. Paris, 6 avril 1829, Sir., 29, 2, 154. Cpr. Grenoble, 29 novembre 1861, Sir., 62, 2, 111.

[38] Ainsi, lorsqu'en matière de dépôt volontaire, le dépositaire reconnaît le fait du dépôt, mais déclare en même temps représenter les objets déposés dans l'état où il les a reçus, le déposant n'est pas admis à combattre cette allégation par la preuve testimoniale. Req. rej., 10 janvier 1832, Sir., 32, 1, 90.

[39] Larombière, V, art. 1356, n° 24. Req. rej., 11 août 1851, Sir., 51, 1, 742. Civ. rej., 26 août 1863, Sir., 63, 1, 502.

[40] Larombière, V, art. 1356, n° 21. Bonnier, I, 356. Req. rej., 20 juin 1826, Sir., 26, 1, 430. Req. rej., 21 mai 1838, Sir., 42, 1, 37. Req. rej.,

b. *De l'aveu extrajudiciaire.*

Les règles qui viennent d'être développées sur la force probante de l'aveu judiciaire, étant puisées dans la nature même des choses, sont, au point de vue de la raison, communes à l'aveu extrajudiciaire, à supposer d'ailleurs qu'il réunisse les conditions qui sont de l'essence de l'aveu. Mais comme, à la différence de l'aveu judiciaire, les aveux extrajudiciaires, faits dans des circonstances moins solennelles, ne présentent pas, par eux-mêmes, des garanties suffisantes de l'existence de ces conditions, le législateur a dû s'en rapporter aux tribunaux pour l'appréciation de la force probante de ces aveux [41].

Il suit de là, que le juge peut admettre la rétractation d'un aveu extrajudiciaire, sans que la partie dont il émane ait prouvé qu'il est le résultat d'une erreur de fait. Il suit encore de là, que, si le juge est autorisé à tenir pour constant un fait extrajudiciairement avoué, il lui est aussi permis de rejeter ce fait comme n'étant pas suffisamment justifié. Il en résulte enfin, que le juge est libre, en matière d'aveu extrajudiciaire, de se conformer au principe de l'indivisibilité de l'aveu, ou de s'en écarter. Quelle que soit sa décision sur ces différents points, elle est à l'abri de la censure de la cour de cassation [42].

---

22 novembre 1841, Sir., 42, 1, 181. Req. rej., 18 février 1851, Sir., 51, 1, 353. Req. rej., 26 février 1851, Sir., 51, 1, 327. Req. rej., 7 juillet 1859, Sir., 59, 1, 76. Civ. cass., 28 décembre 1859, Sir., 60, 1, 330. Civ. rej., 3 juin 1867, Sir., 67, 1, 293. Req. rej., 5 août 1869, Sir., 69, 1, 398. Req. rej., 28 novembre 1871, Sir., 72, 1, 219.

[41] Tel est le véritable motif pour lequel le législateur a restreint à l'aveu judiciaire les dispositions de l'art. 1356, sans s'expliquer sur la force probante de l'aveu extrajudiciaire.

[42] Arg. *à contrario*, de l'art. 1356. Cet argument est ici très-concluant, quoi qu'en dise Toullier (*loc. infrà cit.*), parce qu'en principe général, le juge est autorisé à apprécier, d'après sa conscience, les éléments de conviction qui lui sont soumis (cpr. § 749, texte n° 5), et qu'ainsi, en rejetant l'application à l'aveu extrajudiciaire des dispositions impératives de l'art. 1356, relatives à la force probante de l'aveu judiciaire, on ne fait qu'écarter une disposition exceptionnelle pour se placer sous l'empire du Droit commun. Bonnier, I, 359 à 361; Larombière, V, art. 1355, n° 6; art. 1356, n°s 23 et 31. Zachariæ, § 767, texte et note 20. Req. rej., 29 février 1820, Sir., 20, 1, 232. Req. rej., 10 décembre 1839, Sir., 40, 1, 467. Limoges, 20 mars 1848, Sir., 48, 2, 736. Cpr. Toullier, X,

Du reste, l'aveu extrajudiciaire fait verbalement ne peut être prouvé par témoins, qu'autant que le fait juridique sur lequel il porte, eût été lui-même susceptible d'être établi par la preuve testimoniale. Art. 1355.

C. *Du serment.*

§ 752.

Du serment en général.

Le serment est un acte, tout à la fois civil et religieux [1], par lequel celui qui jure, prend Dieu à témoin de la vérité d'un fait, ou de la sincérité d'une promesse, et l'invoque comme vengeur du parjure.

Le serment est judiciaire ou extrajudiciaire, suivant qu'il est prêté en justice ou hors de justice. Cpr. art. 1357.

Les serments que doivent prêter les fonctionnaires publics, et celui qui aurait été ajouté à une promesse pour en assurer l'accomplissement, constituent des serments extrajudiciaires [2].

Tel est également le caractère du serment dont, en vertu d'une convention passée hors justice, on aurait fait dépendre l'issue d'un différend. Un pareil serment, bien que prêté extrajudiciairement, emporte, comme le serment judiciaire, une fin de non-

340 et 341. Voy. cependant, en ce qui concerne l'indivisibilité de l'aveu extrajudiciaire : Merlin, *Quest.*, v° Confession, §§ 3 et 4.

[1] Le serment, considéré comme une simple déclaration civile, serait un non-sens. On ne pourrait, dans ce système, justifier les dispositions du Code sur cette matière, ni surtout celle qui, dans certaines circonstances, donne au juge le pouvoir de déférer un serment supplétif, même au demandeur. Ce qui prouve, au surplus, que les rédacteurs du Code ont entendu conserver au serment le caractère religieux qui lui a toujours été reconnu, c'est la substitution faite par le Conseil d'Etat du mot *serment* au mot *affirmation*, qui se trouvait dans le projet de la Commission de rédaction. Voy. également dans ce sens : *Rapport fait au Tribunal*, par Favard (Locré, *Lég.*, p. 538, n° 37, p. 541, n° 46); Toullier, X, 342; Duranton, XIII, 565. — C'est par oubli que, dans l'art. 1781, on a laissé subsister le mot *affirmation.* Cpr. Favard, *Rép.*, v° Serment, sect. III, § 1, n° 26.

[2] Cpr. § 417; Pothier, *Des Obligations*, n° 103; Merlin, *Rép.*, v° Convention, § 8; Zachariæ, § 763, texte, et notes 2 et 3.

recevoir contre toute demande ultérieure, formée pour le même objet, entre les mêmes parties [3].

Le serment déféré au bureau de paix doit être considéré comme déféré extrajudiciairement, en ce sens du moins qu'on ne peut y appliquer les dispositions de l'article 1361, et que la partie qui a refusé de le prêter au bureau de conciliation, est toujours admise, lorsqu'il lui est déféré judiciairement, à le prêter devant le tribunal saisi de la contestation [4].

Dans la pratique, le serment judiciaire, dont la loi n'a point indiqué, d'une manière générale, la formule et le mode de prestation, se prête en levant la main droite et en disant : *Je le jure* [5].

Mais cette formule et ce mode de prestation ne peuvent être imposés à ceux qui professent une religion dont les dogmes défendent de prendre Dieu à témoin, et d'après laquelle une simple affirmation équivaut à un serment. C'est ainsi que les anabaptistes et les quakers ne sauraient être astreints à jurer dans la forme ordinaire ; on ne peut exiger d'eux qu'une affirmation conforme à leurs croyances religieuses [6].

D'un autre côté, il était autrefois assez généralement admis que les personnes attachées à un culte selon lequel le serment n'ac-

---

[3] Toullier, X, 362. Duranton, XIII, 568. Bonnier, I, 423. Larombière, V, sur l'art. 1358, n°s 2 et 3. Zachariæ, § 763, texte et note 9. Cpr. Favard, *Rép.*, v° Serment, sect. II, n°s 1 à 5.

[4] En effet, l'art. 55 du Code de procédure ne donne pas au juge de paix, siégeant en bureau de conciliation, le pouvoir de contraindre au serment ou de condamner. — La seule conséquence qui puisse résulter du refus de prêter un serment déféré au bureau de paix serait, le cas échéant, la condamnation aux dépens de l'instance, si le serment était de nouveau déféré devant le juge compétent, et si ce dernier reconnaissait qu'il doit être prêté dans les termes dans lesquels il avait été déféré au bureau de conciliation. Toullier, X, 363. Carré, *Lois de la procédure civile*, I, 239. Boncenne, *Théorie de la procédure*, II, 43. Rodière, *Compétence et procédure*, I, p. 255. Bonnier, I, 415. De Fréminville, *De la minorité*, II, 774 et 775. Larombière, V, art. 1360, n°s 11 et 12. Zachariæ, § 768, note 21. Civ. rej., 17 juillet 1810, Sir., 10, 1, 327. Douai, 5 janvier 1854, Sir., 54, 2, 125. Voy. en sens contraire : Duranton, XIII, 569.

[5] Cpr. Code de procédure, art. 121; Code d'instruction criminelle, art. 312; Merlin, *Rép.*, v° Serment, § 3, n° 1; Bonnier, I, 420; Larombière, V, art. 1357, n°s 7 à 9; Zachariæ, § 763, texte et note 5.

[6] Cpr. L. 5, § 1, D. *de jurejur.* (12, 2). Merlin, *Rép.*, v° Serment, § 3, n° 3; *Quest.*, eod. v°, § 1. Duranton, XIII, 592. Zachariæ, § 763, texte et note 6. Req. rej., 28 mars 1810, Sir., 10, 1, 226.

quiert toute la force d'un lien religieux, qu'autant qu'il est prêté dans une forme déterminée et avec certaines solennités particulières, pouvaient être astreintes à prêter serment dans cette forme et avec ces solennités[7]. Cette doctrine avait été notamment appliquée aux juifs talmudistes de l'Alsace, de la Lorraine, et de l'Algérie[8]. Mais elle a été rejetée en 1846 par la cour de cassation, à la jurisprudence de laquelle la pratique s'est depuis conformée[9].

Le serment, tant judiciaire qu'extrajudiciaire, est promissoire ou affirmatif, suivant qu'il a pour objet d'assurer l'accomplissement d'une promesse, ou de garantir la sincérité d'une assertion. Au nombre des serments promissoires se trouvent, notamment, celui que doivent prêter les témoins avant de déposer, et celui dont il est question en l'art. 603 du Code civil.

Le serment judiciaire affirmatif est litis-décisoire ou supplétif. Art. 1357. Le premier est celui que l'une des parties défère à l'autre, pour en faire dépendre la décision du litige. Le second est celui que le juge défère d'office, soit sur le fait même qui sert de fondement à la demande ou à la défense, soit sur la valeur de la chose litigieuse. Ce dernier serment s'appelle serment *in litem*, ou en plaids.

Nous n'avons à nous occuper ici que du serment litis-décisoire. Les règles relatives au serment supplétif et au serment *in litem* seront développées ultérieurement, sous la rubrique du *Complément de preuve*.

---

[7] Toullier, X, 342. Duranton, XIII, 593. Rolland de Villargues, *Rép. du notariat*, v° Serment judiciaire, n°s 30 et 31. Favard, *Rép.*, eod. v°, sect. III, § 1, n° 23. Carré, *Lois de la procédure*, 1, 518 et 519. Rauter, *Cours de procédure civile*, n° 134, texte et note c. Boncenne, *Théorie de la procédure*, II, 511. Devilleneuve et Carette, *Coll. nouv.*, III, 1, 210. Nancy, 15 juillet 1808, Sir., 9, 2, 237. Req. rej., 12 juillet 1810, Sir, 10, 1, 329. Colmar, 5 mai 1815, Sir., 16, 2, 55. Colmar, 18 janvier 1828, Sir., 28, 2, 131. Pau, 11 mai 1830, Sir., 31, 2, 151. Alger, 18 juin 1845, Sir., 46, 2, 138. — Merlin, qui avait dans le principe adopté la même opinion, a plus tard émis un avis contraire. Voy. *Rép.*, v° Serment, § 3, n° 2 ; *Quest.*, eod. v°, § 2.

[8] Elle n'avait pas été étendue aux israélites du Midi. Voy. Turin, 22 février 1809, Sir., 9, 2, 328 ; Nîmes, 10 janvier 1827, Sir., 27, 2, 58 ; Nîmes, 7 juin 1827, Sir., 28, 2, 19 ; Aix, 13 août 1829, Sir., 29, 2, 286.

[9] Civ. cass., 3 mars 1846, Sir., 46, 1, 193. Besançon, 15 janvier 1847, Sir., 47, 2, 142. Crim. rej., 18 novembre 1847, Sir., 48, 1, 175. Req. rej., 16 juin 1869, Sir., 69, 1, 377.

§ 753.

Du serment litis-décisoire.

Toute partie qui, soit comme demanderesse, soit comme défenderesse, est obligée à faire une preuve, jouit, en général, de la faculté de se décharger de cette obligation, en déférant à son adversaire le serment sur le fait qui sert de fondement à sa demande ou à son exception.

1° Notion du serment décisoire. — Des conditions auxquelles est subordonnée la faculté de le déférer.

La délation du serment décisoire constitue une proposition de renonciation conditionnelle à la demande ou à l'exception, c'est-à-dire une sorte de transaction [1].

La partie à laquelle cette proposition est faite, est tenue de l'accepter, lorsque le serment est admissible, eu égard à la condition des parties litigantes, à l'objet de la contestation, à la nature du fait sur lequel porte le serment, et à la manière dont il est déféré.

a. Le serment ne peut être déféré que par l'une des parties à l'autre; il ne peut l'être à un tiers qui ne figure pas dans la cause comme partie, par exemple, au mari qui ne se trouve dans l'instance que pour autoriser sa femme [2].

La faculté de déférer le serment n'appartient qu'aux personnes qui jouissent de la capacité de transiger sur l'objet de la contestation.

Ainsi, par exemple, les syndics d'une faillite ne peuvent déférer un serment qu'avec l'autorisation du juge-commissaire [3].

Ainsi encore, le tuteur ne peut, quel que soit l'objet de la contestation, déférer un serment au nom de son pupille, sans remplir

---

[1] *Jusjurandum speciem transactionis continet.* L. 2, D. *de jurejur.* (12, 2).

[2] Larombière, V, art. 1359, n° 5. Zachariæ, § 768, texte et note 6. Angers, 28 janvier 1825, Sir., 25, 2, 159. Cpr. cependant : Civ. rej., 10 mai 1842, Sir., 42, 1, 635. — Voy. une autre application du principe posé au texte, dans une espèce jugée par la cour de Grenoble le 11 juillet 1806 (Sir., 7, 2, 47).

[3] Arg. Code de commerce, art. 487. Marcadé, sur l'art. 1358, n° 1. Larombière, V, art. 1359, n° 2. Paris, 20 février 1844, Sir., 44, 2, 638. Rennes, 29 mai 1858, Sir., 58, 2, 216.

les formalités prescrites par l'art. 467[4]. Mais rien n'empêche que le tuteur ne défère le serment en son nom personnel, lorsque la contestation porte sur un acte d'administration à raison duquel sa responsabilité se trouverait engagée vis-à-vis du pupille, par exemple, sur un paiement qu'il prétendrait avoir fait pour le compte de ce dernier, sans en retirer quittance[5].

Enfin, les mandataires et les avoués ne peuvent, sans pouvoir spécial, déférer un serment[6].

Le serment ne peut être déféré qu'à celui qui plaide en son nom

---

[4] Cpr. L. 17, § 2, L. 35, *præ. D. de jurejur.* (12, 2). M. Duranton (XIII, 582) enseigne, en se fondant sur les lois précitées, que le tuteur est autorisé à déférer un serment sur les objets dont l'aliénation lui est permise, et notamment sur une vente de denrées provenant de la récolte des biens du pupille. Mais cette opinion n'est compatible, ni avec le principe généralement admis et reconnu par M. Duranton lui-même (XIII, 571), que la délation de serment a l'effet d'une transaction, ni avec la disposition de l'art. 2045, qui interdit au tuteur de transiger au nom du pupille, quel que soit l'objet de la contestation, autrement que d'après le mode indiqué par l'art. 467. Quant à l'autorité du Droit romain, elle ne nous paraît pas pouvoir être invoquée, puisque ce Droit avait établi, sur l'administration du tuteur, un système dont le Code civil s'est notablement écarté, et, qu'à la différence de ce Code, il ne défendait pas, d'une manière absolue, au tuteur, de transiger sans autorisation de justice sur les affaires du pupille. Cpr. L. 46, § *ult. D. de adm. tut.* (26, 7); L. 22, *C. eod. tit.* (5, 37); L. 54, § 5, et L. 56, § 4, *D. de furtis* (47, 2); Thibaut, *System des Pandectenrechts*, § 921. M. Duranton ajoute, il est vrai, comme correctif à son opinion, que le mineur jouirait, en vertu de l'art. 481 du Code de procédure, de la requête civile, pour faire rétracter le jugement rendu à la suite d'un serment déféré par son tuteur, s'il était à même de prouver qu'en le déférant ce dernier a mal défendu ses intérêts. Mais ce tempérament nous semble inadmissible, par la raison que la partie qui plaide contre un mineur, ne saurait être astreinte à accepter la délation d'un serment dont l'effet ne serait pas irrévocable. Toullier, X, 375. Bonnier, I, 412. De Fréminville, *De la minorité*, II, 779. Demolombe, VII, 691. Larombière, V, art. 1359, n° 3.

[5] Dans ce cas, en effet, le tuteur est le principal intéressé, et la délation de serment ne saurait compromettre en rien les droits du pupille. Larombière, V, art. 1359, n° 4. Cpr. Toullier, X, 375.

[6] Arg. art. 1988 et 1989; Code de procédure, art. 352. Toullier, X, 375. Duranton, XIII, 587. Larombière, V, art. 1359, n° 2. Zachariæ, § 768, texte et note 5. Grenoble, 23 février 1827, Sir., 27, 2, 137. Bordeaux, 30 juillet 1829, Sir., 30, 2, 7. Req. rej., 27 avril 1831, Sir., 31, 1, 194. Rouen, 21 février 1842, Sir., 42, 2, 262. Nîmes, 12 janvier 1848, Sir., 48, 2, 393. Rennes, 6 août 1849, Sir., 51, 2, 731.

personnel, et non à celui qui ne fait que représenter en justice
l'une des parties. Ainsi, le serment ne peut être déféré aux tuteurs,
aux administrateurs d'une commune ou d'un établissement public, ni aux syndics d'une faillite[7].

Que si la contestation portait sur un fait personnel au représentant, par exemple, sur un paiement qui lui aurait été fait sans
quittance, et qu'il eût été mis en cause, non-seulement en qualité de représentant, mais encore en son propre nom, le serment
lui serait valablement déféré, et produirait à son égard les effets
d'une transaction ; mais le refus de le prêter ne pourrait nuire
aux intérêts de la partie qu'il représente[8].

D'un autre côté, l'art. 2275 permet de déférer au tuteur d'un
héritier mineur, au nom duquel il fait valoir l'une des prescriptions de courte durée établies par les art. 2271 à 2274 du Code
civil, un serment à l'effet de déclarer s'il ne sait pas que la
somme ou la chose réclamée soit réellement due[9]. La disposition
de l'article 2275 paraît devoir également s'appliquer au cas prévu
par l'art. 189 du Code de commerce[10]. Mais elle ne saurait, en ce
qui concerne le serment à déférer au tuteur, être étendue à d'autres hypothèses[11].

---

[7] Pothier, *Des obligations*, n° 821. Toullier, X, 373. De Fréminville, *op.
et loc. citt.* Larombière, V, art. 1359, n° 5. Colmar, 25 août 1859, Sir., 60,
2, 425. Req. rej., 14 novembre 1860, Sir., 61, 1, 919.

[8] Larombière, V, art. 1359, n°s 8 et 9.

[9] Ce serment, désigné d'ancienneté sous le nom assez impropre de serment de
crédulité, est tout aussi inexactement appelé par quelques auteurs modernes
serment de *crédibilité*. Nous avons cru devoir conserver le nom que lui assigne
la tradition. Cpr. le passage des statuts de Milan de 1498, cité par Bonnier, I,
412 ; Larombière, V, art. 1359, n° 11.

[10] Autrement, on dénaturerait le caractère de la prescription établie par cet article, qui ne peut être invoquée qu'à charge de serment. Larombière, *loc. cit.*

[11] Nous verrons ultérieurement que le serment de crédulité peut, dans toute
contestation, être déféré aux héritiers majeurs, et que, pour ce qui les concerne,
les dispositions des art. 2275 du Code civil et 189 du Code de commerce ne
doivent point être considérées comme exceptionnelles. Mais il en est tout autrement du tuteur, qui ne jouit pas de la faculté de transiger sur les affaires du
pupille ; et l'on comprend que les intérêts de ce dernier seraient gravement
compromis, si le refus de prêter serment, qui pourrait n'être de la part du tuteur
que l'effet d'une conscience timorée, devait entraîner la condamnation du pupille. Bonnier, I, 412. Larombière, V, art. 1359, n° 12. Req. rej., 14 novembre 1860, Sir., 61, 1, 949.

b. Le serment peut, en général, ètre déféré dans quelque espèce de contestation que ce soit. Art. 1358.

Cette règle reçoit cependant exception, lorsque la contestation porte sur des droits qui ne sont pas susceptibles de former l'objet d'une renonciation, d'une transaction, ou d'un aveu[12]. C'est ainsi que, dans une instance en séparation de corps, le serment ne peut ètre déféré sur les griefs qui servent de fondement à la demande[13], et que, dans une action en réclamation ou en contestation d'état, il ne peut l'ètre sur des faits de filiation ou de légitimité[14].

La mème règle reçoit également exception, toutes les fois qu'il s'agit d'une action à laquelle on oppose l'autorité de la chose jugée[15], ou une prescription qui ne serait pas exclusivement fondée sur une présomption de paiement[16].

c. Le serment ne peut ètre déféré que sur des faits relevants, c'est-à-dire sur des faits de nature à motiver la décision de la contestation dans le sens de l'admission de la demande ou de l'exception à l'appui de laquelle ils sont articulés[17].

Ainsi, par exemple, le serment ne peut ètre déféré, ni sur l'existence d'une obligation naturelle aux fins d'en poursuivre l'exécution en justice[18], ni sur l'existence d'une donation ou d'un testament faits verbalement, ou mème par écrit, mais sans accom-

[12] Cpr. § 323, texte, lett. A, et note 3 ; § 420, texte, n° 4 ; § 751, texte, n° 4, lett. *a.*

[13] Cpr. § 491, texte, n° 2, et notes 40 à 43. Bonnier, I, 410. Larombière, V, art. 1358, n° 9. Zachariæ, § 768, texte et note 9. — Mais le serment peut ètre déféré sur des faits de réconciliation. Cpr. § 492, texte, n° 2, notes 14 et 15. — Voy. aussi quant à la question de savoir, s'il est permis de déférer un serment sur l'existence d'un mariage : § 452 *bis*, texte et note 1.

[14] Arg. art. 328 ; Code de procédure, art. 1004. Bonnier, *loc. cit.*

[15] Bonnier, *loc. cit.* Larombière, V, art. 1358, n° 11. Turin, 15 juillet 1806, Sir., 7, 2, 1198. Req. rej., 22 août 1822, Sir., 23, 1, 66.

[16] Duranton, XIII, 577. Larombière, *loc. cit.* — Voy. aussi sur l'action en paiement de frais, formée par un avoué qui ne représente pas le registre dont l'art. 151 du tarif civil prescrit la tenue : Bonnier, *loc. cit.* ; Larombière, art. 1358, n° 12 ; Zachariæ, § 768, texte et note 14 ; Req. rej., 1er mai 1849, Sir.. 49, 1, 699 ; Douai, 21 mars 1863, Sir., 63, 2, 186.

[17] Larombière, V, art. 1359, n° 14. Cpr. Req. rej., 9 novembre 1846, Sir., 47, 1, 45 ; Civ. rej., 12 mai 1852, Sir., 52, 1, 782.

[18] Cpr. Bordeaux, 14 janvier 1869, Sir., 69, 2, 164. Cet arrêt, bien rendu au fond, repose sur des motifs tout au moins hasardés, si ce n'est erronés.

plissement des formalités auxquelles la loi subordonne l'efficacité de pareils actes[19].

Le juge jouit d'un pouvoir discrétionnaire pour apprécier la pertinence des faits qui font l'objet du serment; et sa décision sur ce point ne peut donner ouverture à cassation, à moins que, dans son appréciation, il n'ait violé ou faussement appliqué quelque disposition légale[20].

Les faits même relevants ne peuvent former la matière d'un serment, qu'autant qu'ils sont personnels à la partie à laquelle le serment est déféré[21]. Art. 1359.

Cependant, il est permis de déférer aux veuve et héritiers d'une personne décédée, un serment de crédulité sur un fait personnel à leur auteur, c'est-à-dire de les interpeller sous serment sur le point de savoir s'ils ont, ou non, connaissance de ce fait. Code civil, art. 2275; Code de commerce, art. 189; et arg. de ces articles[22].

---

[19] Duranton, XIII, 574 et 575. Marcadé, sur les art. 1358 à 1360, n° 1. Taulier, IV, p. 567. Bonnier, I, 410. Larombière, V, art. 1358, n° 10. Zachariæ, § 768, texte et note 3. Pau, 24 août 1870, Sir., 70, 2, 99. — Voy. encore sur d'autres cas analogues : Art. 1793, et § 374, texte et note 36; Civ. cass., 21 juillet 1852, Sir., 52, 1, 696.

[20] Lorsque le juge admet ou rejette un serment, par le motif que les faits sur lesquels il porte, sont ou ne sont pas de nature à remplacer, d'une manière complète, la preuve à faire par la partie qui a déféré le serment, son appréciation plus ou moins inexacte ne constitue qu'un mal jugé. Larombière, V, art. 1359, n° 15. Civ. rej., 6 mars 1834, Sir., 34, 1, 756. Req. rej., 5 mai 1852, Sir., 52, 1, 395. Civ. rej., 6 février 1860, Sir., 60, 1, 337. Lors, au contraire, que le juge admet ou rejette un serment, en appréciant d'une manière erronée les conséquences légales des faits qui en forment l'objet, sa décision peut être attaquée par la voie de la cassation, à supposer que l'erreur qu'il a commise, constitue une violation ou une fausse application de quelque disposition de la loi. Larombière, loc. cit. Civ. cass., 21 juillet 1852, Sir., 52, 1, 625.

[21] Req. rej., 9 nov. 1846, Sir., 47, 1, 45. Poitiers, 27 novembre 1850, Sir., 51, 2, 417. Civ. rej., 1er mars 1859, Sir., 59, 1, 329.

[22] On ne peut se dissimuler que si le refus d'une partie de prêter serment sur un fait qui lui est personnel, entraîne contre elle une présomption assez grave pour faire regarder comme constante la proposition inverse de celle qu'elle a refusé d'affirmer, il n'en est pas de même du refus de prêter un simple serment de crédulité, puisqu'on peut, par suite de communications inexactes ou de toute autre circonstance, être amené à croire, d'une manière plus ou moins complète, à l'existence d'un fait faux. On serait, d'après cela, porté à penser que les art. 2275 du Code civil et 189 du Code de commerce ne sont

Mais, sauf ce qui a été dit ci-dessus quant au tuteur, le serment de crédulité ne peut être déféré à d'autres personnes qu'aux veuve et héritiers [23].

Du reste, le serment décisoire peut être déféré sur quelque espèce de faits que ce soit.

Il peut notamment être déféré sur des faits honteux ou illicites, par exemple, sur des faits usuraires, ou sur des entraves apportées à la liberté de tester [24].

Il peut l'être également contre et outre le contenu aux actes authentiques, sous cette distinction toutefois que, dans le cas où les faits contestés sont réputés constants jusqu'à inscription de faux, la délation de serment n'est recevable qu'après l'admission de l'inscription de faux, tandis qu'elle n'est pas soumise à cette

---

pas, à raison de leur nature exceptionnelle, susceptibles d'être étendues à des hypothèses autres que celles sur lesquelles ils statuent. Toutefois, il a toujours été admis, en Droit français, que le serment de crédulité peut être déféré aux veuve et héritiers d'une personne décédée, dans toute espèce de contestation. A l'appui de cette opinion, on a coutume de dire que le serment de crédulité portant, non sur l'existence même du fait contesté, mais simplement sur l'opinion que s'est formée, quant à ce fait, la personne à laquelle on le défère, n'a en réalité pour objet qu'un fait personnel à cette dernière. Cette raison ne nous paraît pas concluante, puisqu'il en résulterait, contrairement à l'opinion généralement reçue, qu'un pareil serment pourrait être déféré à toute personne indistinctement, et non pas seulement aux veuve et héritiers. Mais nous croyons que la doctrine admise à cet égard se justifie par les considérations suivantes : d'une part, on ne peut supposer que les veuve et héritiers d'une personne décédée se trouvent dans une ignorance complète au sujet de ses affaires ; d'autre part, il ne faut pas que la condition du créancier, qui aurait eu la faculté de déférer un serment litis-décisoire à son débiteur, soit empirée par l'événement de son décès. *Rapport au Tribunat*, par Favard (Locré, *Lég.*, XII, p. 539, n° 391). Pothier, *Des obligations*, n° 913. Toullier, X, 372. Duranton, XIII, 580. Boncenne, *Procédure civile*, II, p. 492. Larombière, *loc. cit.* Zachariæ, § 768, texte et note 16. Cpr. cependant Rauter, *Cours de procédure civile*, n° 134 ; Req. rej., 9 novembre 1846, Sir., 47, 1, 45.

[23] L'opinion contraire, émise par M. Larombière (V, art. 1359, n° 12), nous paraît en opposition avec la règle posée dans l'art. 1359, dont l'esprit est évidemment de rejeter, en général, le serment de crédulité, exceptionnellement admis, contre les veuve et héritiers, par les motifs tout spéciaux déduits à la note précédente.

[24] Zachariæ, § 768, texte et note 11. Turin, 13 avril 1808, Sir., 9, 2, 77. Bruxelles, 1er février 1809, Sir., 9, 2, 217. Pau, 3 septembre 1829, Sir., 30, 2, 107.

condition préalable, lorsque les faits contredits ne sont constatés que jusqu'à preuve contraire [25].

d. Le serment ne peut être déféré qu'autant qu'il doit, d'après la manière dont il est formulé, avoir pour résultat de terminer la contestation d'une manière définitive et absolue [26]. Ainsi, il ne peut être déféré sur l'un des moyens seulement de la demande ou de la défense, avec réserve de produire ultérieurement les autres. Ainsi encore, il ne peut l'être sur les conclusions principales, avec réserve de faire valoir des conclusions subsidiaires [27].

e. La faculté de déférer un serment n'est pas subordonnée à l'existence d'un commencement de preuve quelconque. Art. 1360.

La délation de serment peut avoir lieu en tout état de cause, c'est-à-dire tant qu'il n'est point intervenu, sur la contestation, de décision passée en force de chose jugée. Art. 1360. Il peut donc être déféré après le rejet de tous autres moyens invoqués à l'appui de la demande ou de l'exception; et ce, tant en instance d'appel qu'en première instance [28].

La seule circonstance que le serment n'aurait été déféré que par forme de conclusions subsidiaires [29], ne lui enlèverait pas le caractère de serment litis-décisoire, si d'ailleurs il portait sur les moyens mêmes qui forment l'objet des conclusions principales, et qu'il impliquât ainsi renonciation à faire valoir ultérieurement ces moyens [30].

---

[25] Cpr. § 755, texte, II, lett. *a;* Toullier, X, 380; Bonnier, I, 410; Larombière, V, art. 1360, n°⁹ 2 et 3; Zachariæ, § 768, texte et note 12; Turin, 10 nivôse an XII, Sir., 6, 2, 87; Grenoble, 11 juillet 1806, Sir., 7, 2, 47.

[26] Cpr. sur cette proposition : Agen, 17 février 1830, Sir., 32, 2, 109; Civ. rej., 12 mai 1852, Sir., 52, 1, 782; Req. rej., 27 avril 1853, Sir., 53, 1, 698.

[27] Cpr. aussi texte, lett. *e,* et note 31, *infrà.*

[28] Larombière, V, art. 1360, n° 4. Zachariæ, § 768, texte et notes 18 et 19.

[29] La question de savoir si un serment déféré subsidiairement est à considérer comme litis-décisoire ou comme simplement supplétif, présente de sérieuses difficultés, et n'est pas, à notre avis, susceptible d'une solution absolue. La distinction que nous proposons pour la décider, nous semble implicitement ressortir de la plupart des monuments de la jurisprudence.

[30] Pau, 3 décembre 1829, Sir., 30, 2, 107. Nîmes, 24 mars 1852, Sir., 52, 2, 328. Bastia, 12 avril 1864, Sir., 64, 2, 89. Civ. cass., 7 mai 1876, Bull. civ., 1876, p, 122, n° 61. Cpr. Marcadé, sur l'art. 1360, n° 1; Larombière, V, art. 1360, n° 6; Zachariæ, § 764, texte et note 2. Voy. cep. Merlin, *Rép.,* v° Serment, § 2, n° 7, *Quest.; eod. v°,* § 4; Toullier, X, 404 et 405; Favard, *Rép.,* v° Serment, section III, § 2, n° 6; Civ. rej., 30 octobre 1810.

Lors, au contraire, qu'un serment proposé subsidiairement, porte sur des moyens distincts de ceux qui forment l'objet des conclusions principales, et que, d'après les termes dans lesquels il est conçu, il n'emporte pas nécessairement renonciation à ces derniers moyens, il ne saurait être considéré comme litis-décisoire, et ne constitue plus qu'un serment supplétif; de telle sorte que le juge ne serait, ni tenu de l'imposer, ni même autorisé à le faire, en dehors des circonstances prévues par l'art. 1367, et que la prestation d'un pareil serment ne formerait pas obstacle à la recevabilité de l'appel interjeté par la partie à la demande de laquelle il aurait été déféré[31].

f. En autorisant la délation du serment dans toute espèce de contestation et en tout état de cause, la loi attribue une faculté à la partie et non au juge. Il en résulte que, lorsque le serment est valablement déféré, ce dernier est, en général, tenu de l'admettre[32].

[31] Sir., 11, 1, 38; Req. rej., 7 novembre 1838, Sir., 38, 1, 875; Douai, 30 janvier 1855, Sir., 55, 2, 247; Bordeaux, 23 août 1871, Sir., 71, 2, 273. Ces auteurs et ces arrêts semblent admettre qu'un serment ne peut être regardé comme litis-décisoire, qu'autant que celui qui le défère en fait uniquement dépendre la décision de la contestation; mais cette idée ne nous paraît pas exacte. Si l'art. 1357 définit le serment litis-décisoire, celui qu'une partie défère à l'autre pour en faire dépendre le jugement de la cause, ce n'est point en ce sens que le serment doive être l'unique moyen que propose celui qui le défère, mais en ce sens que la délation de serment doit avoir pour résultat de terminer nécessairement et irrévocablement le litige, en enlevant à celui dont elle émane toute possibilité de remettre ultérieurement en question, une fois que le serment aura été prêté, le fait qui en forme l'objet. La doctrine que nous combattons nous paraît d'ailleurs contraire au texte de l'art. 1360, d'après lequel le serment peut être déféré *en tout état de cause.* Ces termes, en effet, indiquent que le serment est une ressource extrême à laquelle les parties sont autorisées à recourir, quand elles ont inutilement proposé d'autres moyens. Nous ajouterons que cette doctrine serait évidemment inadmissible dans le cas où une partie, après avoir proposé sans succès, soit un défaut de qualité, soit toute autre fin de non-recevoir, déférerait ensuite le serment sur le fond même de l'action ou de l'exception, ainsi que dans le cas où une partie, après avoir fait valoir, en première instance, tous les moyens que sa cause lui paraissait comporter, ferait, en instance d'appel, abstraction de tous ces moyens, et se bornerait à déférer le serment.

[31] Colmar, 5 février 1834, Sir., 35, 2, 143. Colmar, 7 mars 1835, Sir., 35, 2, 415. Req. rej., 12 novembre 1835, Sir., 36, 1, 923. Req. rej., 15 mars 1852, Sir., 52, 1, 324. Grenoble, 17 décembre 1858, Sir., 59, 2, 433.

[32] Les expressions *le serment peut être déféré*, ne s'appliquent point au juge.

Il peut cependant se dispenser de le faire dans le cas où il lui paraît constant que la délation de serment a eu lieu par esprit de vexation, ou dans le but d'exploiter les scrupules d'une conscience timorée, et à charge de le déclarer dans son jugement[33]. La jurisprudence va plus loin encore. Elle reconnaît aux tribunaux une sorte de pouvoir discrétionnaire, en vertu duquel ils seraient autorisés à rejeter le serment comme inutile et sans objet, lorsque les faits, soit allégués, soit contestés par la partie qui le défère, se trouvent d'ores et déjà, les uns, démentis par leur invraisemblance ou par les documents de la cause, les autres justifiés par les preuves produites au procès[34].

2° *Des effets que produisent la délation du serment, son acceptation, le refus de le prêter, et sa prestation.*

a. La partie à laquelle un serment a été valablement déféré, est tenue de le prêter. Elle peut cependant, lorsqu'il s'agit de faits qui lui sont communs avec sa partie adverse ou avec l'auteur de celle-ci, se soustraire à cette obligation, en référant à son adversaire le serment qu'il lui a déféré, ou en lui déférant, sur la con-

mais aux parties, puisque la délation du serment litis-décisoire constitue une proposition de transaction, qui ne peut émaner que de l'une d'elles. Il résulte, d'ailleurs, nettement de la définition donnée par le n° 1 de l'art. 1357, que c'est bien en réalité la partie et non le juge qui défère le serment litis-décisoire. Voy. aussi art. 1357, n° 2, et art. 1366. Marcadé, sur les art. 1358 à 1360, n° 2. Boncenne, *Théorie de la procédure*, II, p. 494. Bonnier, I, 413. Larombière, V, art. 1361, n° 6. Colmet de Santerre, V, 337 *bis*, V. Cpr. Alfred Giraud, *Revue critique*, 1864, XXV, p. 248.

[33] En pareil cas, la délation de serment ne serait plus l'usage, mais l'abus d'une faculté légale; et l'on doit dès lors appliquer à cette hypothèse, la maxime *malitiis non est indulgendum*. Larombière, V, art. 1361, n° 7. Cpr. Limoges, 10 mai 1845, Sir., 46, 2, 73; Bastia, 1er avril 1864, Sir., 64, 2, 189.

[34] Voy. Req. rej., 23 avril 1829, Sir., 29, 1, 366; Bordeaux, 19 janvier 1830, Sir., 32, 2, 165; Req. rej., 6 août 1856, Sir., 58, 1, 669; Civ. rej., 1er mars 1859, Sir., 59, 1, 329; Agen, 8 décembre 1859, Sir., 60, 2, 15; Civ. rej., 9 février 1860, Sir., 60, 1, 337; Chambéry, 22 mars 1861, Sir., 62, 2, 32; Civ. rej., 17 mars 1862, Sir 62, 1, 507; Req. rej., 11 novembre 1862, Sir., 63, 1, 151; Req. rej., 17 novembre 1863, Sir., 64, 1, 49; Req. rej., 19 avril 1870, Sir., 72, 1, 420; Dijon, 24 juillet 1874, Sir., 74, 2, 240; Req. rej., 27 juillet 1875, Sir., 75, 1, 414. A notre avis, cette jurisprudence ne saurait se justifier en théorie. En subordonnant à l'arbitrage du juge, l'exercice d'une faculté que les parties tiennent directement de la loi elle-même, on dénature le caractère du serment litis-décisoire.

naissance du fait qui en forme l'objet, un serment de crédulité [35].
Art. 1362.

La partie à laquelle un serment a été référé, ne peut à son
tour le référer à son adversaire [36].

Le serment doit, en principe, être prêté dans les termes mêmes
de sa délation. Il est toutefois permis à la partie à laquelle il est
déféré, d'y apporter des modifications qui seraient sans influence
sur la décision du litige [37]. Elle est aussi admise à demander le
changement des termes dans lesquels le serment est conçu, lorsque ces termes sont ambigus ou captieux. Enfin, elle peut même,
en avouant le fait principal sur lequel porte le serment, ajouter à
son aveu des circonstances accessoires de nature à modifier ou
à neutraliser les conséquences qui découleraient de ce fait, et
exiger que le serment ne porte que sur ces circonstances [38]. Ces
diverses facultés peuvent s'exercer même après le jugement qui a
imposé le serment, tant que ce jugement n'est point passé en force
de chose jugée.

b. La délation de serment n'est point par elle-même irrévocable. Le serment déféré ou référé peut être rétracté tant qu'il
n'a pas été accepté. Il ne peut plus l'être après acceptation, à
moins que sa délation n'ait été la suite de violences, ou qu'elle
n'ait été provoquée par le dol de la partie adverse. Art. 1364.

La rétractation du serment n'est soumise à aucune forme spéciale. L'appel émis par la partie qui a déféré ou référé un serment, du jugement par lequel il a été imposé, en emporte virtuellement la rétractation [39].

Le serment rétracté peut être déféré de nouveau. Il n'en se-

---

[35] Cpr. texte et notes 9 à 11, 22 et 23 *suprà*. Duranton, XIII, 596. Larombière, V, art. 1362, n° 2. Zachariæ, § 768, note 20.

[36] Arg. art. 1361. Pothier, *Des obligations*, n° 822, Larombière, V, art.
1361, n° 3. Zachariæ, § 768, texte et note 22.

[37] Civ. cass., 18 août 1830, Sir., 30, 1, 402.

[38] Une délation de serment ne saurait avoir pour effet d'enlever indirectement le bénéfice de l'indivisibilité de l'aveu à la partie qui, tout en reconnaissant le fait formant l'objet du serment, y ajouterait des déclarations destinées
à restreindre ou même à faire disparaître les effets juridiques de son aveu.
Toullier, I, 396. Bonnier, I, 424. Larombière, V, art. 1363, n° 2. Civ. cass.,
18 janvier 1813, Sir., 13, 1, 104.

[39] Larombière, V, art. 1364, n° 4. Montpellier, 22 avril 1832, Dalloz,
1833, 2, 340. Civ. cass. 3 mai 1876, Sir., 76, 1, 216.

rait autrement qu'autant que la partie qui s'est rétractée aurait, expressément ou tacitement, renoncé à cette faculté, et que sa renonciation aurait été acceptée par la partie adverse [40].

c. Celui qui refuse de prêter le serment à lui déféré, et qui ne veut ou qui ne peut le référer à son adversaire, doit succomber dans sa demande ou dans son exception, en tant que l'admission en était subordonnée à la prestation du serment. Il en est de même de celui qui refuse de prêter un serment qui lui a été régulièrement déféré. Art. 1361, et arg. de cet article.

Le refus de prêter un serment ne profite, en général, qu'à la partie qui l'a déféré et à ses héritiers ou ayants cause. Arg. art. 1365, al. 1.

Ainsi, le refus de serment de l'un des créanciers solidaires ne profite au débiteur que pour la part de ce créancier, sans nuire aux autres. Réciproquement, le refus de serment de l'un des codébiteurs solidaires n'a d'effet que pour la part de celui-ci, et ne peut être opposé aux autres.

Ainsi encore, le refus de serment du débiteur principal ne nuit pas à la caution [41].

Par exception à la règle ci-dessus posée, le refus par le débiteur de prêter un serment déféré par l'un des créanciers solidaires, profite à tous les autres créanciers; et le refus par le créancier de prêter le serment déféré par l'un des codébiteurs solidaires, profite à tous les autres débiteurs. Arg. art. 1365, al. 4.

Lorsque, de plusieurs personnes auxquelles le serment a été déféré ou référé, l'une refuse de le prêter, son refus ne peut priver

---

[40] Le Code civil n'a pas reproduit la prohibition de la loi 11, au Code, *de reb. cred. et jur.* (4, 1.). Il ne renferme même aucune disposition de laquelle on puisse inférer que ses rédacteurs aient entendu maintenir la défense de déférer à nouveau un serment une fois rétracté. Loin de là, l'art. 1360, qui permet de déférer le serment en tout état de cause, conduit à une conclusion opposée. Toullier, X, 367. Carré et Chauveau, *Lois de la procédure*, quest. 508. Zachariæ, § 768, note 28. Voy. en sens contraire : Duranton, XIII, 597. M. Larombière, qui se prononce en principe dans le même sens que M. Duranton (V. art. 1364, n° 3), admet cependant que, si la partie qui a déféré le serment ne s'était rétractée que pour mieux en préciser les termes, rien ne s'opposerait à une seconde délation du serment.

[41] Duranton, XIII, 604. Larombière, V, art. 1365, n° 8. Voy. en sens contraire : Troplong, *Du cautionnement*, n° 513 ; Ponsot, *Du cautionnement*, n° 560.

les autres du bénéfice du jugement qui en a ordonné la prestation [42].

Le serment, ordonné par jugement, ne peut être réputé prêté,
par cela seul que la partie à laquelle il a été imposé, l'avait formellement accepté et qu'elle est décédée sans avoir été constituée en demeure de le prêter. Mais aussi le décès d'une partie à
laquelle un serment a été imposé par jugement, ne peut, bien
qu'elle ne l'ait pas formellement accepté, la faire considérer
comme l'ayant refusé, à moins qu'elle n'ait été constituée en demeure de le prêter. Dans l'une et dans l'autre hypothèse, les parties sont, par la force même des choses, remises au même état
où elles se trouvaient avant le jugement qui a ordonné le serment, de telle sorte que la partie qui l'avait déféré ou référé, est
admise à déférer, sur le fait qui en formait l'objet, un serment de
crédulité aux héritiers du défunt [43].

Lorsque la partie à laquelle un serment a été imposé, au lieu de
dénier le fait sur lequel il porte, se borne à déclarer qu'elle
l'ignore ou qu'elle n'en a gardé aucun souvenir, sa réponse doit
être assimilée à un refus de prêter le serment déféré, à moins
que, d'après les circonstances de la cause, elle ne puisse être considérée comme emportant dénégation implicite du fait formant
l'objet de ce serment [44].

[42] Larombière, V, art. 1361, n° 4. Colmar, 5 mai 1819, Sir., 20, 2, 213.
[43] Cpr. en sens divers : Favard, *Rép.*, v° Serment, sect. III, § 1, n° 18 ;
Carré et Chauveau, *Lois de la procédure*, I, 511 ; Boncenne, *Théorie de la
procédure civile*, II, p. 513 et suiv.; Toullier, X, 385 ; Bonnier, I, 425 ; Marcadé, sur les art. 1361 à 1364, n° 2 ; Larombière, art. 1364, n°s 7 et 8 ; Zachariæ, § 768, note 21, *in fine* ; Caen, 20 janvier 1846, Sir., 46, 2, 499. —
Quid, lorsqu'il s'agit d'un serment supplétif ? Cpr. § 767, texte, *in fine*.
[44] Une déclaration, même assermentée, mais qui ne porte pas sur la vérité
ou la fausseté du fait énoncé dans la délation du serment, ne saurait, en règle
et par elle-même, équivaloir à la prestation du serment déféré. Bruxelles,
22 janvier 1819, Pal. XV, p. 110. Cpr. Bonnier, I, 412 ; Req. rej., 8 juin
1863, Sir., 63, 1, 437. Toutefois, comme la déclaration assermentée qu'on
ignore tel fait, ou qu'on n'en a conservé aucun souvenir, ne constitue pas un
aveu de ce fait, équivalent à celui qui résulterait d'un refus absolu de serment,
et qu'elle pourrait même, en certain cas, en emporter implicitement la dénégation, nous pensons que, suivant les circonstances, le juge serait autorisé à
considérer une pareille déclaration comme équivalant à la prestation du serment déféré. Cpr. Besançon, 1er février 1856, Sir., 56, 2, 95. — Suivant
M. Larombière (V, art. 1363, n° 3), la déclaration dont s'agit équivaudrait, du

d. La prestation du serment déféré par le demandeur au prin-cipal ou en exception, réalise la condition sous laquelle ce der-nier a renoncé à l'action ou à l'exception à l'appui de laquelle la délation en avait eu lieu, et rend ainsi cette renonciation définitive et irrévocable. Réciproquement, la prestation d'un serment référé emporte de la part de celui qui l'a référé, adhésion définitive et irrévocable à la demande ou à l'exception.

Il résulte de là, qu'on ne peut être admis, ni à revenir directe-ment contre la transaction qui s'est formée par la délation et la prestation d'un serment, en offrant d'en prouver la fausseté, ni à neutraliser indirectement les effets de cette transaction, soit en in-tervenant comme partie civile, demanderesse en dommages-inté-rêts, dans une poursuite dirigée à la requête du ministère public pour crime de faux serment [45], soit en attaquant par voie d'in-

moins en général, à la prestation du serment déféré, par le double motif qu'elle ne fournirait à l'adversaire aucune preuve du fait sur lequel repose la demande ou l'exception, et qu'elle devrait même être considérée comme emportant vir-tuellement dénégation de ce fait. Le premier de ces motifs ne tient pas, à notre avis, un compte suffisamment exact de la nature et des effets de la transaction forcée qu'entraîne la délation de serment. Celui qui défère un serment, dans le but précisément de se décharger du fardeau de la preuve, en s'en remettant, pour la décision du litige, à la conscience de son adversaire, n'a plus aucune justification à faire. C'est à ce dernier qu'incombe l'obligation d'affirmer sous serment la fausseté du fait allégué par celui qui l'a déféré. Or, il nous paraît évident qu'en se bornant à déclarer qu'il ignore ce fait ou qu'il n'en a gardé aucun souvenir, il n'en affirme nullement la fausseté ; d'où la conséquence que, faute d'avoir satisfait à l'obligation qui lui était imposée, il doit succomber dans sa demande ou dans son exception. Quant au second motif, nous ferons simplement remarquer que si, comme nous le reconnaissons nous-même, il peut se présenter des cas dans lesquels une déclaration de non-connaissance ou de non-souvenir du fait sur lequel le serment a été déféré, emportera virtuel-lement négation de ce fait, ce ne sont là que des cas exceptionnels. Nous ne saurions admettre qu'une pareille réponse, purement évasive de sa nature, puisse, en règle générale, être considérée comme équipollente à une dénégation, et qu'en dehors de toute circonstance qui permette de l'interpréter en ce sens, on doive lui en attribuer la portée et les effets.

[45] *Non obstat* Code d'inst. crim., art. 1, cbn. Code pénal, art. 366 : *Sufficit perjurii pœna.* LL. 21 et 22, *D. de dolo malo* (4, 2). *Exposé de motifs et Rapport au Corps législatif*, par Faure et Monseignat (Locré, *Lég.* XXX, p. 490, n° 22, p. 532 et 533, n° 34). Toullier, X, 389. Bonnier, I, 426. Marcadé, *art. citt.*, n° 3. Larombière, V, art. 1363, n° 7. Zachariæ, § 768, texte et note 27. Crim. rej., 21 août 1834, Sir., 35, 1, 119. Crim. rej., 7 juillet

scription de faux l'acte authentique sur le contenu duquel le serment a été déféré [46]. Art. 1363, et arg. de cet article.

Mais on peut se faire restituer contre les conséquences de la prestation d'un serment, en prouvant qu'on n'a été amené à le déférer que par violence, ou par le dol de la partie adverse [47].

La prestation d'un serment ne peut être opposée qu'à la partie qui l'a déféré, et à ses héritiers ou ayants cause. Il en est ainsi même du serment déféré par l'un des créanciers solidaires, en ce sens que le débiteur n'est libéré que pour la part de ce créancier [48]. Art. 1365, al. 1 et 2.

Réciproquement, la prestation d'un serment ne profite qu'à la partie qui l'a prêté, et à ses héritiers ou ayants cause.

Néanmoins, le serment prêté par l'un des débiteurs solidaires, sur l'existence même de la dette, profite aux autres [49]. Art. 1365, al. 4 et 6. D'un autre côté, le serment prêté par le débiteur principal profite à la caution, à moins qu'il n'ait été déféré sur l'existence d'une exception personnelle à ce débiteur [50]; et celui qui a été prêté par la caution profite au débiteur principal, lorsqu'il porte sur l'existence même de la dette. Art. 1365, al. 3, 5 et 6.

1843, Sir., 44, 1, 36. Voy. en sens contraire : Duranton, XIII, 600. L'opinion de cet auteur repose sur une double erreur. C'est évidemment à tort que M. Duranton suppose que le faux serment est en lui-même une cause de préjudice, car lors même qu'il serait certain que la prétention de celui qui a déféré le serment était fondée, le préjudice que lui a causé le rejet de sa prétention est plutôt le résultat de la délation du serment que de sa prestation. D'un autre côté, la seule preuve de la fausseté du serment ne suffisant pas pour établir la justice des prétentions de celui qui l'a déféré, il faudrait, pour reconnaître l'existence d'un préjudice causé par le faux serment, renouveler le débat originaire, et toute discussion nouvelle à cet égard se trouve irrévocablement écartée par la transaction intervenue entre les parties.

[46] Larombière, *loc. cit.* Colmar, 25 avril 1827, Sir., 28, 2, 176.

[47] Tel serait le cas où la partie à laquelle le serment a été déféré, aurait frauduleusement soustrait ou retenu des pièces décisives. Cpr. Code de procédure, art. 480. Pothier, *Des obligations*, n° 919. Toullier, X, 390. Duranton, XIII, 601. Favard, *Rép.*, v° Serment, sect. III, § 1, n° 20. Larombière, V, art. 1363, n° 9.

[48] Cpr. § 298 *bis*.

[49] Cpr. § 298 *ter*, texte, n° 3, et note 36.

[50] Voy. art. 2012 et 2036. Larombière, V, art. 1365, n° 7.

I. DE LA PREUVE DIRECTE [1].

A. *De la preuve littérale.*

§ 754.

Notions générales.

La preuve d'un fait juridique peut, sous les distinctions qui seront ultérieurement indiquées, résulter de toute espèce d'écrits, qu'ils aient ou non été rédigés dans le but de le constater et d'en fournir la preuve.

Les écrits rédigés ou dressés dans le but de constater un fait juridique, s'appellent plus spécialement actes [2].

Les actes se divisent :

1° En actes authentiques et en actes sous seing privé ;

2° En actes originaux et en copies ;

3° En actes primordiaux et en actes récognitifs.

La loi ne règle pas la force probante de tous les genres d'écrits susceptibles de servir de preuve en justice. Elle ne détermine cette force que pour les actes proprement dits, les livres de commerce, les registres domestiques, et les mentions faites à la suite, en marge, ou au dos d'un acte. Il en résulte que la question de savoir quel degré de foi peuvent mériter d'autres écrits, reste abandonnée à l'appréciation des tribunaux [3].

Il sera traité des lettres missives au § 760 *ter.*

La loi assimile à la preuve littérale, celle qui résulte des tailles. Art. 1333. On peut également placer sur la même ligne, la preuve que fournissent certains signes propres à constater un fait juri-

---

[1] Nous ne parlerons point des éléments de conviction que le juge peut puiser, soit dans une inspection des lieux litigieux, soit dans une expertise, puisque ces matières se trouvent exclusivement traitées au Code de procédure.

[2] Ainsi que nous l'avons déjà fait remarquer, il faut se garder de confondre les actes (*instrumenta*) destinés à constater des conventions ou des dispositions, avec ces conventions et ces dispositions elles-mêmes, qui constituent des actes juridiques (*negotia juridica*). C'est pour éviter toute confusion à cet égard, que d'ordinaire nous avons qualifié les premiers d'actes instrumentaires.

[3] Cpr. § 749, texte, n° 4. Zachariæ, § 750, texte, *in medio*, t. IV, p. 433. Civ. rej., 27 novembre 1843, Sir., 44, 1, 87.

dique, tels, par exemple, que les pierres-bornes et les marques de non-mitoyenneté. Cpr. art. 653, 654, 666 et 670.

§ 755.

Des actes authentiques.

1. De la forme constitutive des actes authentiques.

1° Généralités.

L'acte authentique est celui qui a été reçu ou dressé par un officier public, ayant capacité et compétence à cet effet, et avec les solennités requises[1]. Art. 1317. Le concours des conditions suivantes est donc nécessaire pour constituer l'authenticité d'un acte.

a. Il faut que l'acte ait été reçu ou dressé par un officier public en cette qualité. Les actes qu'un officier public suspendu, destitué, ou remplacé, aurait passés depuis la notification à lui faite de sa suspension, de sa destitution, ou de son remplacement[2], seraient nuls comme actes authentiques[3].

b. Il faut qu'aucun empêchement particulier et relatif n'ait rendu l'officier public, rédacteur de l'acte, incapable de le recevoir ou de le dresser. Au cas contraire, l'acte ne vaudrait pas comme authentique. C'est ce qui aurait lieu, par exemple, si un officier public avait reçu un acte dans lequel il était personnelle-

---

[1] Voy. en particulier : Sur les actes de l'état civil, § 58 et suiv.; sur les actes de reconnaissances d'enfants naturels, § 568 *bis*. — L'approbation que l'autorité supérieure est appelée à donner aux aliénations consenties ou aux marchés passés par des administrations publiques, par exemple, par la commission administrative d'un hospice, formant le complément nécessaire de pareilles conventions, auxquelles elle confère la force juridique, imprime en même temps aux actes sous seing privé qui les renferment, le caractère de l'authenticité. Civ. cass., 28 janvier 1868, Sir., 68, 1, 328.

[2] L. 25 ventôse an XI, art. 52 et 68, et arg. de ces articles. — Les actes faits antérieurement à cette notification sont valables, malgré la suspension, la destitution, ou le remplacement de l'officier public qui les a reçus ou dressés. Duranton, XIII, 75. Bonnier, II, 472. Demolombe, XXIX, 234. Req. rej., 25 novembre 1813, Sir., 14, 1, 76.

[3] L'art. 1318 serait-il applicable à de pareils actes? Voy. texte, III, et note 73, *infra*.

ment intéressé, ou qui concernait un de ses parents ou alliés au degré prohibé[4].

Mais l'absence, dans la personne d'un officier public, des qualités ou conditions générales d'aptitude requises pour la nomination aux fonctions dont il a été revêtu, n'enlève pas aux actes qu'il a passés le caractère de l'authenticité. Ainsi, par exemple, si un étranger, ou un Français n'ayant pas l'âge requis, avait été nommé aux fonctions de notaire, les actes par lui passés en cette qualité vaudraient comme authentiques, malgré l'irrégularité de sa nomination[5].

c. Il faut que l'officier public ait agi dans les limites de ses attributions, sous le double rapport de la nature de l'acte qu'il a reçu ou dressé, et du lieu où il a instrumenté. Un acte qui, d'après son objet, ne rentrait pas dans les attributions de l'officier public qui l'a reçu, ne vaut pas comme acte authentique[6]. Il en serait de même d'un acte qu'un officier public aurait reçu hors des limites de son ressort, c'est-à-dire du territoire qui lui est assigné pour l'exercice de ses fonctions[7].

d. Il faut enfin que l'acte ait été reçu ou dressé avec les formalités prescrites par la loi à peine de nullité[8].

Un acte sous seing privé revêt, d'une manière absolue, le caractère d'acte authentique, lorsqu'il est déposé dans l'étude d'un notaire par toutes les parties qui l'ont signé, et que le dépôt en est régulièrement constaté. Le dépôt d'un pareil acte, fait par celle des parties qu'il constitue débitrice, suffit même pour le rendre authentique contre elle[9].

---

[4] L. 25 ventôse an XI, art. 8 et 10 cbn. art. 68. Demolombe, XXIX, 235. Cpr. § 56, texte et note 5. Voy. cep. même paragraphe, texte et note 4.

[5] *Error communis facit jus.* L. 3, D. de offic. præt. (1, 14), et L. 2, C. de interloc. omn. jud. (7, 45). Arg. L. 25 ventôse an XI, art. 68 cbn. art. 7 et 35. Duranton, XIII, 77. Bonnier, II, 471. Cpr. texte et note 22, *infrà ;* § 670, notes 27 et 28.

[6] Cpr. § 568 *bis,* texte et note 3. Duranton, XIII, 22. Demolombe, XXIX, 239.

[7] Toullier, VIII, 68 et 72. Duranton, XIII, 22 et 26. Bonnier, II, 473. Demolombe, XXIX, 238. Voy. cep. § 467, texte, n° 1.

[8] Nous indiquerons ci-après les formalités prescrites pour la validité des actes notariés, qui constituent, abstraction faite des actes de l'état civil dont il a été spécialement traité aux §§ 58 et suiv., la classe la plus importante des actes authentiques.

[9] Cpr. § 266, texte, n° 2 ; § 503, texte, n° 1; Req. rej., 27 mars 1821, Sir., 21, 1, 327 ; Bourges, 27 juin 1823, Sir., 24, 2, 51. Voy. cep. en ce qui

2° *Spécialités sur les actes notariés.*

a. Les notaires sont des fonctionnaires publics établis pour recevoir ou dresser tous les actes auxquels les parties doivent ou veulent donner le caractère d'authenticité attaché aux actes de l'autorité publique, pour en assurer la date, en conserver le dépôt, et en délivrer des grosses et expéditions. L. du 25 ventôse an XI, art. 1. Leur compétence est donc générale de sa nature, et ne reçoit d'exception que relativement aux actes pour la passation desquels la loi a spécialement et exclusivement désigné des officiers publics d'un autre ordre [10].

Les notaires exercent leurs fonctions, savoir : ceux des villes où est établie une cour d'appel, dans toute l'étendue du ressort de cette cour; ceux des villes où il n'y a qu'un tribunal de première instance, dans l'étendue du ressort de ce tribunal; enfin ceux des autres communes, dans l'étendue du ressort de la justice de paix de leur résidence. L. précitée, art. 8.

Les notaires ne peuvent recevoir des actes dans lesquels ils sont personnellement intéressés [11], peu importe qu'ils y figurent en propre nom, ou par le ministère d'une personne coïntéressée ou interposée [12].

concerne les reconnaissances d'enfants naturels et les testaments olographes : § 568 *bis*, texte et note 21 ; § 669, texte, et notes 2 et 3.

[10] Cpr. art. 353, 363 et 477.—Il est des actes pour lesquels la compétence des notaires concourt avec celle d'autres officiers publics : tels sont, par exemple, les actes d'offres réelles et les protêts. Cpr. § 322, note 4 ; Code de commerce, art. 173. Cpr. également, quant à la reconnaissance des enfants naturels, § 568 *bis.*—Voy. sur les attributions respectives des notaires, des commissaires-priseurs, des courtiers de commerce, des huissiers et des greffiers, en matière de ventes publiques de choses mobilières, et spécialement de marchandises, les lois et ordonnances citées à la note 7 du § 350.

[11] Cpr. sur les cas dans lesquels le notaire est à considérer comme intéressé dans un acte qu'il a reçu : Req. rej., 25 novembre 1856, et 16 décembre 1856, Sir., 57, 1, 449 et 452; Civ. cass., 11 juillet 1859, Sir., 59, 1, 551; Civ. rej., 15 avril 1862, Sir., 62, 1, 458; Req., rej., 29 juillet 1863, Sir., 63, 1, 477; Req. rej., 4 août 1864, Sir., 64, 1, 401; Limoges, 1er juillet 1865, Sir., 65, 2, 225; Grenoble, 20 décembre 1865, Sir., 66, 2, 190; Civ. rej., 6 août 1873, Sir., 74, 1, 56 ; Req., rej., 20 janvier 1874, Sir., 74, 1, 110.

[12] Arg. *à fortiori* art. 8, loi du 25 ventôse an XI. Toullier, VIII, 73. Grenier, *Des donations*, I, 249. Duranton, XIII, 28. Bonnier, II, 474. Amiens, 6 mars 1844, Sir., 47, 2, 371. Orléans, 5 mai 1849, Sir., 49, 2, 453. Douai,

L'acte dans lequel se trouvait intéressé le notaire qui l'a reçu, est absolument nul. Il ne peut, lorsqu'il est destiné à constater un prêt, servir de reconnaissance au prêteur fictif que le notaire y a fait figurer[13]. La nullité de l'acte s'étend même aux dispositions qui n'intéressent pas le notaire[14].

Les notaires ne peuvent pas non plus recevoir des actes dans lesquels leurs parents ou alliés, en ligne directe, à tous les degrés, et en collatérale, jusqu'au troisième degré inclusivement, se trouvent être parties[15]. L. précitée, art. 8.

Enfin, ils ne peuvent pas davantage stipuler, dans les actes qu'ils reçoivent, comme mandataire ou porte-fort de l'une des parties, par exemple, accepter un engagement contracté à son profit[16].

b. Les actes du ministère des notaires doivent être reçus ou dressés, soit par deux notaires, soit par un notaire assisté de deux témoins. L. précitée, art. 9. Néanmoins, la présence réelle ou effective du notaire en second ou des témoins instrumentaires n'est requise à peine de nullité, qu'autant qu'il s'agit, soit d'actes contenant donation entre-vifs[17], donation entre époux pendant le

10 février 1851, Sir., 51, 2, 70. Civ. cass., 15 juin 1853, Sir., 53, 1, 529 et 665. Voyez aussi les arrêts cités à la note précédente et aux deux notes suivantes.

[13] Req., rej., 20 janvier 1874, Sir., 74, 1, 110.

[14] Civ. cass., 15 juin 1853, Sir., 53, 1, 529. Req. rej., 29 juillet 1863, Sir., 63, 1, 477.

[15] Un notaire peut-il valablement recevoir des actes dans lesquels un de ses parents ou alliés au degré prohibé figure, non point comme partie, mais comme mandataire de l'une des parties? Peut-il recevoir des actes pour une société anonyme, quoiqu'un de ses parents ou alliés soit actionnaire ou même administrateur de cette société, ou qu'il soit lui-même porteur de quelques actions? Voy. pour l'affirmative, Grenoble, 7 juillet 1830, Sir., 32, 2, 417 ; Civ. rej., 30 juillet 1834, Sir., 34, 1, 678 ; Paris, 22 mai 1848, Sir., 48, 2, 322.

[16] Merville, *Revue pratique*, 1856, I, p. 308. Rouen, 2 février 1829, Sir., 30, 2, 175. Toulouse, 31 juillet 1830, Sir., 31, 2, 133. Besançon, 17 juillet 1844, Sir., 46, 2, 171. Civ. rej., 3 août 1847, Sir., 47, 1, 725. Limoges, 11 juillet 1854, Sir., 54, 2, 769. Amiens, 9 avril 1856, Sir., 56, 2, 338.

[17] La présence réelle du notaire en second ou des témoins instrumentaires n'est pas exigée pour les contrats de mariage, lors même qu'ils contiennent des donations entre-vifs. C'est ce qui résulte clairement de la discussion de la loi du 21 juin 1843 à la Chambre des députés, discussion à la suite de laquelle on retrancha de l'énumération des actes indiqués dans l'art. 2 de cette loi, les contrats de mariage qui y figuraient d'après le projet présenté par le Gouvernement et amendé par la Commission. Duvergier, *Collection des lois*, XLIII,

mariage, révocation de donation ou de testament, reconnaissance d'enfants naturels, soit de procurations pour faire de pareilles dispositions ou déclarations. Encore, les actes de cette espèce, passés avant la promulgation de la loi du 21 juin 1843, ne peuvent-ils être annulés par le motif que le notaire en second ou les deux témoins instrumentaires n'auraient pas été présents à la réception de ces actes. Dans les cas où la présence effective du notaire en second ou des témoins est requise à peine de nullité, il suffit qu'elle ait lieu au moment de la lecture de l'acte par le notaire et de sa signature par les parties ; mais elle doit, à peine de nullité, être mentionnée dans l'acte[18]. L. du 21 juin 1843, art. 1, 2 et 3.

Deux notaires parents ou alliés, en ligne directe à l'infini, et en ligne collatérale, jusqu'au troisième degré inclusivement, ne peuvent concourir à la confection du même acte. L. du 25 ventôse an XI, art. 10.

c. Pour être capable de servir de témoin dans un acte notarié, il faut jouir de la qualité de citoyen français, savoir signer, et être domicilié dans l'arrondissement communal où l'acte est passé. L. précitée, art. 9. Ceux qui, quoique Français, mâles, majeurs, et jouissant des droits civils, se trouvent privés de la jouissance ou de l'exercice des droits politiques, sont incapables, aussi longtemps que dure cet état de privation, de servir de témoins dans un acte notarié. Tels sont : les individus condamnés à une peine afflictive ou infamante, même après l'expiration de la peine et jusqu'à leur réhabilitation, les commerçants faillis non réhabilités, les individus en état d'interdiction judiciaire ou de contumace, et ceux qu'un jugement correctionnel a privés du droit d'être employés comme témoins dans les actes[19].

p. 268. Troplong, *Du contrat de mariage*, I, 184. Marcadé, sur l'art. 1394, n° 1. Rodière et Pont, *Du contrat de mariage*, I, 142. Bordeaux, 27 mai 1853, Sir., 53, 2, 587.

[18] Cpr. Civ. cass., 8 novembre 1848, Sir., 48, 1, 683 ; Civ. cass., 28 novembre 1849, Sir., 50, 1, 134 ; Toulouse, 1er avril 1868, Sir., 68, 2, 205.

[19] Constitution du 22 frimaire an VIII, art. 4 et 5. Décret organique du 2 février 1852, art. 15, n°s 1, 15 et 16. Code d'inst. crim., art. 465. Code pénal, art. 28, 34 et 42. *Rapport fait au Tribunat*, par Jaubert (Locré, *Lég.*, XI, p. 466, n° 57). Duranton, XIII, 31. Coin-Delisle, *Jouissance des droits civils*, sur l'art. 7, n° 17. Rennes, 11 août 1809, Sir., 10, 2, 9. Crim. cass., 24 juillet 1862, Sir., 63, 1, 48. Cpr. § 670, texte et notes 11 à 15. Voy. cep., en sens contraire, quant aux faillis : Pardessus, *Cours de droit commercial*, IV,

Les individus qui réunissent les conditions de capacité ci-dessus indiquées, ne peuvent, malgré cela, servir de témoins, lorsqu'ils sont, soit parents ou alliés, en ligne directe, à tous les degrés, et en collatérale, jusqu'au troisième degré inclusivement, soit serviteurs ou clercs[20] du notaire ou des parties qui figurent dans l'acte. L. précitée, art. 10, al. 2.

Deux individus parents ou alliés entre eux, mais qui ne le sont, ni du notaire, ni des parties, par exemple, deux frères, peuvent servir de témoins dans un même acte[21].

Le défaut absolu de capacité, ou l'incapacité relative de l'un des témoins, entraîne, en général, la nullité de l'acte. Toutefois, un acte irrégulier en raison du défaut absolu de capacité de l'un des témoins doit être maintenu, si, à l'époque de sa passation, une erreur commune et publique attribuait à ce témoin la qualité dont il était dépourvu[22].

d. Les actes notariés doivent, comme les actes publics en général, être rédigés en langue française[23]. L'inobservation de cette règle, qui est d'ordre public, emporte, outre l'amende et la des-

---

1313 ; Rolland de Villargues, *Rép. du notariat*, v° Témoin instrumentaire, n° 16 ; Bonnier, II, 478 ; Req. rej., 10 juin 1824, Sir., 24, 1, 294. — La proposition énoncée au texte, en ce qui concerne les individus en état d'interdiction judiciaire, n'est point en opposition avec l'opinion que nous avons émise à la note 10 du § 670, et d'après laquelle les personnes interdites pour cause de démence sont habiles à servir de témoins testamentaires dans un intervalle lucide. En effet, il n'est pas nécessaire, pour pouvoir servir de témoin dans un testament, de jouir des droits politiques, et l'interdiction judiciaire n'ôte pas à ceux qui en sont frappés la jouissance des droits civils.

20 Que faut-il entendre par le terme *clercs de notaire ?* Voy. § 670, note 19; Bruxelles, 12 avril 1810, Sir., 17, 2, 161 ; Grenoble, 7 avril 1827, Sir., 28, 2, 168 ; Paris, 13 mars 1832, Sir., 32, 2, 385.

21 Cpr. § 670, texte et note 24.

22 Voy. § 670, texte, notes 27 et 28, et note 5 *suprà.* Duranton, XIII, 35. Bonnier, II, 479. Req. rej., 28 juillet 1831, Sir., 32, 1, 174. Req. rej., 24 juillet 1839, Sir., 39, 1, 653. Cpr. en particulier sur l'incapacité résultant du défaut d'âge : Aix, 30 juillet 1838, Sir., 39, 2, 85.

23 Ordonnance d'août 1539. Décret du 2 thermidor an II et Arrêté du 24 prairial an X. — Plusieurs arrêtés ou décrets avaient sursis, pour un temps, à l'observation de cette règle, en ce qui concernait les provinces successivement réunies à la France. Voyez-en l'énumération dans Merlin (*Rép.*, v° Langue française, n°ˢ 2 et 3), et Toullier (VIII, 98). — Voy. en ce qui concerne spécialement les testaments : § 665, texte, *in fine*, et notes 8 à 11.

titution de l'officier public, la nullité des actes, en tant qu'actes authentiques[24].

Les actes doivent être reçus par le notaire lui-même : l'acte reçu par un clerc, arrière du notaire et en son absence, ne saurait être considéré comme un acte notarié[25], alors même que le notaire l'aurait signé après coup[26].

Tout notaire est tenu, sous peine d'amende, d'énoncer, dans les actes qu'il reçoit ou dresse, son nom et le lieu de sa résidence, ainsi que les noms, prénoms, qualités et demeures des parties et des témoins qui seraient appelés pour attester l'individualité des parties. Mais l'absence ou l'irrégularité de l'une ou de l'autre de ces énonciations n'entraîne pas la nullité de l'acte[27]. L. précitée, art. 12, al. 1, et art. 13.

Les actes notariés doivent, à peine de nullité, énoncer : 1o les noms et la demeure des témoins instrumentaires, c'est-à-dire de ceux qui ne sont pas seulement appelés pour attester l'individualité des parties, mais pour assister à la confection même des actes[28]; 2o le lieu[29], l'année et le jour où ils sont passés. L. précitée, art. 12, al. 2. Le lieu est suffisamment indiqué par l'énonciation de la ville ou de la commune où l'acte est passé, sans qu'il soit nécessaire de désigner, d'une manière spéciale, la maison où il a été reçu (*locus loci*)[30]. Quant à l'énonciation de l'année et du jour, elle doit, pour être complète, comprendre nécessaire-

---

[24] Toullier, *loc. cit.* Taulier, IV, 121. Larombière, IV, art. 1317, no 33. Bonnier, II, 488. Civ. rej. 4 mai 1807, Sir., 7, 1, 224 ; Req. rej., 4 août 1859, Sir., 60, 1, 239. Voy. en sens contraire : Grenier, *Des donations*, I, 255 bis ; Rolland de Villargues, *Rép. du Not.*, vo Langue des actes, no 13 ; Marcadé, sur l'art. 972, no 2.

[25] Cpr. texte, III, et note 71, *infrà*.

[26] Demolombe, XXIX, 236. Caen, 16 avril 1845, Sir., 45, 2, 654. Riom, 13 juin 1855, Sir., 56, 2, 273. Voy. cep. Rolland de Villargues, *Rép. du Notariat*, vo Acte notarié, no 438 ; Paris, 28 août 1841, Pal., XLV, 547.

[27] Duranton, XIII, 39 et 41. Bonnier, II, 484. Cpr. Toullier, VIII, 84. — Il faut toutefois remarquer, qu'à défaut de désignation suffisante des parties, l'acte pourrait en fait demeurer inefficace.

[28] Cpr. Bourges, 9 mars 1836, Sir., 36, 2, 347.

[29] Cpr. Rennes, 9 mars 1809, Sir., 9, 2, 216.

[30] Toullier, VIII, 82. Merlin, *Quest.*, vo Date, § 2. Bonnier, II, 483. Caen, 12 novembre 1814, Sir., 16, 2, 361. Bruxelles, 10 juin 1819, Sir., 21, 2, 175. Req. rej., 23 novembre 1825, Sir., 26, 1, 157. Riom, 18 mai 1841, Sir., 41, 2, 571.

ment celle du mois. Du reste, l'indication des différents éléments qui constituent la date des actes notariés, est susceptible d'être remplacée à l'aide d'énonciations parfaitement équipollentes[31].

La loi veut que les actes notariés soient écrits en un seul et même contexte, lisiblement, sans abréviation, blanc, lacune, ni intervalle, et sans surcharge, interligne, ni addition dans le corps des actes. Mais l'inobservation de ces prescriptions n'entraîne qu'une amende contre le notaire, et reste, en général, sans influence sur la validité des actes. Néanmoins, les mots surchargés, interlignés, ou ajoutés dans le corps d'un acte, sont nuls, alors même qu'ils auraient été écrits avant que l'acte eût reçu sa perfection par la signature des parties[32]; et la nullité de ces mots entraîne celle de l'acte tout entier, lorsqu'ils portent sur des énonciations essentielles à la validité de l'acte. C'est ainsi, par exemple, que la surcharge, ou l'insertion par interligne, de la date ou de l'un des éléments dont elle se compose, emporte la nullité de l'acte tout entier[33]. L. précitée, art. 13 et 16.

Les renvois et apostilles doivent, en général, être écrits en marge de l'acte, et signés ou du moins paraphés, tant par les notaires que par les autres signataires, parties ou témoins[34]. Si la longueur d'un renvoi exige qu'il soit transporté à la fin de l'acte, il doit être non-seulement signé ou paraphé, comme les renvois écrits en marge, mais encore expressément approuvé[35]. L'inobservation de ces formalités entraîne la nullité des renvois ou apostilles, mais ne vicie pas l'acte même. L. précitée, art. 15.

Les actes notariés doivent, à peine de nullité, être signés[36] par les parties, les témoins, et les notaires, et contenir la mention de

---

[31] Cpr. § 668, texte, n° 2, et notes 6 et 7.

[32] Toulouse, 7 décembre 1850, Sir., 51, 2, 29.

[33] Merlin, *Rép.*, v° Ratification, § 9. Duranton, XIII, 52. Bonnier, II, 487. Req. rej., 27 mars 1812, Sir., 12, 1, 369. Cpr. cependant Toullier, VIII. 114.

[34] Alger, 11 décembre 1861, Sir., 62, 2, 61.

[35] Il ne suffit pas que les renvois mis à la fin des actes notariés soient placés avant les signatures, et suivis des mots *approuvé le renvoi*; il faut qu'il y ait, de la part des signataires, une approbation spéciale et expresse. Req. rej., 6 juin 1826. Sir., 27, 1, 211. Montpellier, 13 février 1829, Sir., 30, 2, 13. Civ. cas., 23 mars 1829, Sir., 29, 1, 138. Lyon, 18 janvier 1832, Sir., 32, 2, 363. Grenoble, 26 décembre 1832, Sir., 33, 2, 233. Voy. cep. Req. rej., 13 août 1844, Sir., 44, 1, 791.

[36] Voy. sur ce qui constitue la signature, § 666.

l'accomplissement de cette formalité[37], en ce qui concerne les parties et les témoins[38]. L. précitée, art. 14, al. 1er. L'existence matérielle de leurs signatures ne couvrirait pas la nullité résultant de l'absence de cette mention[39].

Si les parties ou l'une d'elles ne savent ou ne peuvent signer, le notaire doit, à peine de nullité, faire mention de leurs déclarations à cet égard. L. précitée, art. 14, al. 2. La simple énonciation, insérée dans l'acte, que les parties, ou l'une d'elles, ne savaient ou ne pouvaient signer, ne suffirait pas[40].

---

[37] Il n'est pas absolument nécessaire que la mention de la signature des parties et des témoins se trouve placée à la fin de l'acte. L'art. 14 de la loi du 25 ventôse an XI paraît, il est vrai, l'exiger en disant « qui doivent en faire mention *à la fin de l'acte.* » Mais ces dernières expressions sont à considérer, bien moins comme impératives ou dispositives, que comme simplement indicatives ou réglementaires. Il est, en effet, évident que la mention de la signature des parties et des témoins, soit qu'elle se trouve au commencement ou à la fin de l'acte, précède nécessairement l'apposition réelle des signatures, et que, dans l'un comme dans l'autre cas, elle reçoit une sanction complète de la signature du notaire, qui n'est apposée qu'après l'accomplissement de toutes les autres formalités. On ne saurait donc admettre que le législateur ait voulu faire dépendre la validité des actes notariés de la place où se trouverait la mention de la signature des parties et des témoins, place qui en elle-même est complétement indifférente ; et s'il en est ainsi, la nullité prononcée par l'art. 68 de la loi du 25 ventôse an XI contre tout acte fait en contravention de l'art. 14, doit, en ce qui concerne les mentions relatives à la signature des parties et des témoins, être restreinte à l'absence ou à l'irrégularité de ces mentions, sans pouvoir être étendue au cas où ces énonciations, d'ailleurs régulières et complètes, au lieu de se trouver à la fin de l'acte, seraient placées au commencement. Turin, 25 février 1810, Sir., 11, 2, 6. Civ. rej., 4 juin 1823, Sir., 23, 1, 266. Metz, 22 janvier 1833, Sir., 35, 2, 70. Poitiers, 16 avril 1842, Sir., 43, 2, 265. Req. rej., 18 juin 1844, Sir., 44, 1, 489. Voy. aussi les autorités citées à la note 87 du § 670.

[38] L'art. 68 de la loi de ventôse an XI, combiné avec l'art. 14, semblait attacher la peine de nullité au défaut de mention de la signature des notaires, comme au défaut de mention de celles des parties et des témoins. Cependant le Conseil d'Etat, consulté sur ce point, décida le contraire par un avis des 10-20 juin 1810, en se fondant principalement sur l'arrêté du 15 prairial de l'an X. Voy. aussi dans le sens de cet avis : Civ. cass., 11 mars 1812, Sir., 12, 1, 353 ; Bastia, 29 décembre 1856, Sir., 57, 2, 333.

[59] Bruxelles, 26 avril 1806, Sir., 7, 2, 1222. Civ. rej., 6 juin 1821, Sir., 23, 1, 41. Bourges, 28 juillet 1829, Sir., 29, 2, 297. Bastia, 29 décembre 1856, Sir., 56, 2, 333. Cpr. § 664, texte, n° 5, et note 7.

Mais il n'est pas nécessaire que les parties qui déclarent ne pouvoir signer, indiquent en même temps la cause de l'empêchement [41].

e. Les notaires sont tenus de garder minute des actes qu'ils reçoivent ou dressent. Cette règle, prescrite à peine de nullité, reçoit cependant exception pour certaines classes d'actes que les notaires sont spécialement autorisés à délivrer en brevet [42]. L. précitée, art. 20 cbn. art. 68.

Les notaires ne peuvent se dessaisir d'aucune minute, si ce n'est dans les cas prévus par la loi, et en vertu d'un jugement. L. précitée, art. 22. Cette règle s'applique même aux testaments par acte public [43]. Mais elle ne concerne pas les testaments mystiques, dont le testateur peut exiger la remise contre décharge [44].

Les juges ne peuvent, en principe, ordonner ou autoriser la communication des minutes d'un notaire que par la voie d'un

---

[40] Voy. les autorités citées à la note 83 du § 670. Cpr. cependant : Grenoble, 20 janvier 1830, Sir., 30, 2, 133.

[41] Il en est autrement dans les testaments par acte public. Voy. art. 973; § 670, texte et notes 77 à 80.

[42] Une déclaration royale du 7 décembre 1723, qui est encore aujourd'hui en vigueur, détermine quels actes peuvent être délivrés en brevet. Voy. Denisart, v° Minute, n° 8.

[43] Avis du comité de législation du Conseil d'Etat en date du 9 avril 1821, Sir., 23, 2, 82. Grenier, *Des donations*, I, 277 et 277 *bis*. Duranton, IX, 61. *Dictionnaire du notariat*, v° Minute, n° 6, et v° Testament, n° 107. Rolland de Villargues, *Rép. du notariat*, v° Minute, n°s 99 et 100. Coin-Delisle, *Des donations*, sur l'art. 971, n° 52. Troplong, *Des donations*, IV, 2114. Demante, *Cours*, IV, 106 *bis*, V. Demolombe, XXI, 236. Tribunal d'Amiens, 29 novembre 1837, Sir., 38, 2, 103. Cpr. Delvincourt, II, p. 304. Voy. en sens contraire : Merlin, *Rép.*, v° Notaire, § 5, n° 6 ; Toullier, V, 659 ; Favard, *Rép.*, v° Acte notarié, § 3 ; Vazeille, *Des donations*, sur l'art. 1035, n° 6 ; Tribunal de Clamecy, 14 juillet 1836, Sir., 36, 2, 484.

[44] Le testament mystique n'est pas reçu par le notaire ; et l'acte de suscription, qui ne constitue qu'un procès-verbal, rentre de sa nature dans la classe des actes simples dont parle l'art. 20 de la loi du 25 ventôse an XI. Cpr. art. 1007. Merlin, *Quest.*, v° Notaire, § 14. Toullier, *loc. cit.* Coin-Delisle, *op. cit.*, sur l'art. 976, n° 20. Troplong, *op. cit.*, III, 1653, IV, 2116. Riom, 1er décembre 1818, Sir., 20, 2, 132. Cour supr. de Bruxelles, 26 mai 1826, Merlin, *op. et loc. citt.* Paris, 10 juin 1848, Sir., 48, 2, 356. Voy. en sens contraire : Grenier, *op. et loc. cit.* ; *Dictionnaire du notariat*, v° Testament, n°s 126 et 127 ; Rolland de Villargues, *op. cit.*, v° Testament, n° 259 ; Poujol, *Des donations*, sur l'art. 976, n° 22.

compulsoire restreint à certains actes déterminés. La communication générale de ces minutes ne peut être ordonnée ou autorisée qu'exceptionnellement, et dans les cas spécialement indiqués par la loi. Ces exceptions ne sauraient être étendues même à des contestations qui engageraient, à un certain degré, l'intérêt public, telles qu'une demande en réduction du prix d'un office [45].

Les art. 23 de la loi du 25 ventôse an XI et 839 du Code de procédure civile prescrivent aux notaires de délivrer expédition des actes dont ils sont dépositaires, aux parties intéressées en nom direct, et à leurs héritiers ou ayants droit. L'expédition doit, en général, être la reproduction complète de toutes les dispositions et déclarations contenues dans ces actes : le notaire pourrait cependant refuser une pareille expédition, lorsque celui qui la requiert n'est intéressé que dans l'une des dispositions ou énonciations de l'acte, et que l'expédition, quant au surplus, serait sans aucun intérêt pour la défense ou la garantie de ses droits [46].

Le défaut d'enregistrement des actes notariés, dans le délai fixé à cet effet, ne leur enlève pas le caractère de l'authenticité, et n'empêche même pas qu'ils n'aient date certaine [47].

II. *De la force probante des actes authentiques* [48].

L'acte qui présente la forme et l'apparence extérieure de l'authenticité doit, jusqu'à preuve contraire, à fournir par la

---

[45] Art. 22, 23 et 24 de la loi du 25 ventôse an XI, et 846 et suiv. du Code de procédure civile. Grenoble, 2 mars 1850, Sir., 51, 2, 84. Civ. cass., 19 janvier 1870, Sir., 70, 1, 149. Req. rej., 28 janvier 1874, Sir., 74, 1, 253.

[46] Paris, 29 avril 1864 et 16 juillet 1866, Sir., 64, 2, 168, et 66, 2, 359. Civ. rej., 11 février 1868, Sir., 68, 1, 108.

[47] Cpr. § 266, texte, n° 2, et note 47. Voy. encore dans le sens de la proposition émise au texte : Championnière et Rigaud, *Traité des droits d'enregistrement*, IV, 3811 ; Bourges, 17 mai 1827, Sir., 29, 2, 109 ; Bastia, 26 décembre 1849, Sir., 52, 2, 165. Voy. en sens contraire : Zachariæ, § 751, note 4.

[48] Cpr. sur cette matière : Dumoulin, *Commentarii in consuetudines Parisienses*, tit. 1, § 8, n°s 9, 10 et 64. — La rédaction des art. 1319, 1320 et 1321, qui traitent de la force probante des actes authentiques, est à la fois incomplète et incorrecte. D'une part, en effet, ces articles n'indiquent pas les faits dont les actes authentiques font foi jusqu'à inscription de faux. D'autre part, ils confondent la question de savoir, quel est le degré de foi dû aux actes authentiques, considérés comme moyens de preuve, avec celle de savoir quelle est, soit entre

partie à laquelle on l'oppose, être considéré comme authentique[49].

Le degré de foi attaché aux actes authentiques varie suivant la nature des faits pour la preuve desquels on les invoque.

a. Tout acte authentique fait foi[50], jusqu'à inscription de faux, de l'existence matérielle des faits que l'officier public y a énoncés, comme les ayant accomplis lui-même, ou comme s'étant passés en sa présence, dans l'exercice de ses fonctions[51].

Ainsi, les actes authentiques font foi, jusqu'à inscription de faux, de la date qu'ils portent, des signatures qui y sont apposées, et de l'observation des autres formalités dont ils mentionnent l'accomplissement. Ainsi encore, ils prouvent, jusqu'à inscription de faux, que les parties ont réellement fait les déclarations ou énonciations que l'officier public y a consignées, ou qu'elles ont réellement pris la qualité en laquelle elles ont déclaré agir[52]. Enfin, lorsqu'un acte authentique constate, comme ayant eu lieu en présence de l'officier public, la numération d'une somme d'argent par l'une des parties, et la remise des espèces à l'autre, l'acte fait foi de ces faits jusqu'à inscription de faux[53].

---

les parties, soit au regard des tiers, l'efficacité des conventions, dispositions, déclarations, ou énonciations contenues dans de pareils actes. Cette confusion, qui apparaît surtout dans le deuxième alinéa de l'art. 1319, où il est question des causes qui peuvent arrêter l'exécution d'une convention constatée par acte authentique, explique pourquoi le premier alinéa de cet article et l'art. 1320 paraissent restreindre aux parties contractantes la foi due aux actes authentiques, lorsqu'il est cependant certain que le caractère d'authenticité, d'où dérive leur force probante, est indivisible et existe au regard des tiers, aussi bien qu'entre les parties. Cpr. *Rapport fait au Tribunat*, par Jaubert (Locré, *Lég.*, XII, p. 508, n° 8). Demolombe, XXIX, 269. Zachariæ, § 751, note 14.

[49] *Est probatio probata, non probanda,* — *Acta probant se ipsa.* Bonnier, II, 506. Demolombe, XXIX, 270. Cpr. Req. rej., 12 janvier 1833, Sir., 34, 1, 798.

[50] La foi due aux actes authentiques est indépendante de toute reconnaissance ou vérification préalable des signatures des parties. Voy. sur la différence qui existe, à cet égard, entre les actes authentiques et les actes sous seing privé, § 756, texte II, lett. *a.*

[51] Demolombe, XXIX, 277. Zachariæ, § 751, texte et notes 13 et 14. Req. rej., 14 février 1823, Sir., 28, 1, 339. Civ. rej., 18 août 1840, Sir., 40, 1, 785.

[52] Amiens, 28 avril 1869, Sir., 70, 2, 154.

[53] Si un acte de vente, passé par plusieurs personnes, constatait que l'acheteur a compté son prix aux vendeurs conjointement, le juge ne pourrait faire

Au contraire, les actes authentiques ne font pas foi, jusqu'à inscription de faux, de la sincérité ou de la vérité intrinsèque des déclarations que l'officier public y a consignées comme ayant été faites en sa présence par les parties. La force probante, attachée sous ce rapport aux actes authentiques, sera plus amplement expliquée sous la lettre *b* ci-après.

La procédure spéciale et compliquée du faux incident est régulièrement la seule voie ouverte, non-seulement aux parties et à leurs successeurs universels, mais même aux tiers, pour combattre des faits constatés par un acte authentique, lorsqu'ils rentrent dans la classe de ceux dont l'acte fait foi jusqu'à inscription de faux[54]. Celui qui entend contester un pareil fait n'est donc admis, *de plano*, ni à faire interroger son adversaire sur l'existence de ce fait, ni à lui déférer, à cet égard, un serment litis-décisoire[55]. Il ne serait pas davantage recevable à prouver, à l'aide d'une enquête ordinaire, et sans inscription de faux, soit la fausseté du fait dont s'agit, soit d'autres faits qui y seraient directement contraires, alors même qu'il rapporterait un commencement de preuve par écrit à l'appui de ses allégations[56].

Toutefois, les juges pourraient, sans inscription de faux préalable, déclarer faux, et rejeter comme tel, un acte authentique

---

abstraction de ce fait, pour déclarer que la vente a été sans prix à l'égard de l'un des vendeurs. Civ. cass., 12 août 1812, Sir., 13, 1, 9.

[54] Civ. cass., 2 juin 1834, Sir., 34, 1, 583. — Nous n'avons pas à nous occuper du faux principal, poursuivi en justice criminelle par le ministère public, ni de la demande en dommages-intérêts formée par la partie lésée contre l'auteur d'un crime de faux ou contre ses héritiers.—Voy. sur le faux incident civil : Code de procédure, art. 214 et suiv.; et sur le faux incident criminel : Code d'instruction criminelle, art. 448 et suiv.

[55] Duranton, XIII, 579. Bonnier, I, 410.

[56] *Nec obstat*, art. 1347 et 1341 combinés. L'admission, par application de l'art. 1347, de la preuve testimoniale ou de simples présomptions contre ou outre les faits constatés par un acte authentique jusqu'à inscription de faux, serait contraire à l'intérêt public, qui s'oppose à ce que la foi due aux actes authentiques puisse être ébranlée à l'aide de pareils moyens de preuve. La nécessité d'une inscription de faux est, d'ailleurs, une garantie pour l'officier public, qui ne doit pas être exposé à des actions en responsabilité ou en garantie, que pourrait faciliter une entente entre les parties. Larombière, IV, art. 1319, n° 22. Toulouse, 15 messidor an XII, Dev. et Car., *Coll. nouv.*, I, 2, 203. Agen, 3 mars 1846, Sir., 46, 2, 561. Bordeaux, 7 décembre 1860, Sir., 67, 2, 187.

dont la contexture, la forme et l'ensemble présenteraient des vices tellement matériels et palpables, que la simple inspection oculaire suffirait pour rendre évidente la fausseté ou l'altération de l'acte[57].

b. Les actes authentiques font pleine foi, non-seulement entre les parties, mais encore contre les tiers[58], des conventions, dispositions, paiements, reconnaissances, aveux, interpellations, qui y sont contenus, ainsi que de la réalité du caractère juridique qui leur est attribué, et des modalités qui y sont attachées. Il en résulte, par exemple, que celui qui allègue, soit contre la personne avec laquelle il a traité, soit contre un tiers, une convention ou un paiement constaté par un acte authentique, est dispensé de toute autre preuve, et que le juge ne peut, sur la production de l'acte, refuser de tenir pour constant le paiement ou la convention.

La foi qui est attachée aux actes authentiques, en ce qui concerne la réalité et la sincérité des faits juridiques qu'ils constatent, leur est bien due jusqu'à preuve contraire, mais non jusqu'à inscription de faux. Elle ne fait point obstacle à ce que les conventions, dispositions, ou déclarations qu'ils contiennent, ne puissent être arguées de simulation, soit par des tiers, soit même par l'une des parties[59].

---

[57] Merlin, *Quest.*, v° Inscription de faux, § 1. Larombière, IV, art. 1319, n° 21. Demolombe, XXIX, 284. Req. rej., 18 août 1813, Sir., 14, 1, 40. Req. rej., 20 février 1821, Sir., 22, 1, 11. Req. rej., 12 janvier 1833, Sir., 34, 1, 798. Cpr. Carré, *Lois de la procédure civile*, I, quest. 868; Req. rej., 23 août 1836, Sir., 36, 1, 740.

[58] *Non obstat*, art. 1319, al. 1. *Acta vel quæcumque scripta publica probant se ipsa, id est rei taliter gestæ fidem faciunt, inter* QUOSCUMQUE. *Publicum instrumentum erga omnes est æque publicum et probans.* Dumoulin, *op. et loc. citt.* Toullier, VIII, 148. Duranton, XIII, 80 et 81. Bonnier, II, 508. Demolombe, XXIX, 271 à 276. Zachariæ, § 751, texte et note 14.

[59] De pareilles attaques, uniquement relatives aux caractères intrinsèques et à l'efficacité des conventions, dispositions, ou déclarations contenues dans un acte authentique, sont évidemment étrangères à cet acte, considéré comme moyen de preuve, et ne touchent en aucune manière à la foi qui lui est due. Aussi la proposition énoncée au texte est-elle généralement admise par les auteurs et la jurisprudence. Toullier, VIII, 122. Duranton, XIII, 84 et 85. Bonnier, II, 507. Boncenne, *Théorie de la procédure*, IV, p. 35. Demolombe, XXIX, 279. Zachariæ, § 751, note 13. Civ. cass., 10 juin 1816, Sir., 16, 1, 447. Req. rej., 5 février 1828, Sir., 28, 1, 232. Req. rej., 31 juillet 1833, Sir., 33, 1, 840.

Ainsi, celui auquel on oppose un acte authentique de vente, est autorisé à prouver que la convention réellement intervenue entre les parties n'est qu'une simple impignoration déguisée sous l'apparence d'une vente. Ainsi encore, le débiteur contre lequel on poursuit le remboursement d'un prêt constaté par un acte notarié, qui mentionne la numération des espèces en présence du notaire, est admis, en attaquant l'obligation comme entachée d'usure, à prouver que la numération des espèces n'a été qu'un simulacre, et qu'il n'a, en réalité, pas reçu l'intégralité de la somme prétendûment prêtée.

A plus forte raison, le créancier saisissant, auquel le tiers saisi opposerait une quittance notariée mentionnant la numération des espèces en présence du notaire, serait-il admis à prouver que cette numération n'a pas été sérieuse.

D'un autre côté, la foi due aux actes authentiques, quant à la réalité et à la sincérité des faits juridiques qu'ils constatent, n'empêche pas que l'une des parties ou des tiers ne puissent établir qu'un acte de cette espèce n'énonce pas, d'une manière exacte et complète, ce qui s'est passé entre les parties, et notamment que la convention ou disposition qu'il contient a été modifiée par des clauses accessoires qui n'y sont pas exprimées, pourvu qu'on ne reproche à l'officier public, rédacteur de l'acte, aucune altération intentionnelle des conventions ou déclarations des parties[60]. C'est ainsi que le vendeur contre lequel on poursuit l'exécution d'une vente contenue dans un acte notarié, qui indique cette vente comme pure et simple, est admis à prouver qu'elle a été conclue sous une condition suspensive ou résolutoire quelconque, et notamment avec faculté de rachat.

Celui qui argue de simulation une convention, une disposition, ou une déclaration quelconque, contenue dans un acte authentique, ou qui prétend que la convention ou disposition a été modifiée par des clauses accessoires qui ne se trouvent pas exprimées

---

Req. rej., 4 février 1836, Sir., 36, 1, 839. Req. rej., 2 mars 1837, Sir., 37, 1, 985. Civ. cass., 23 décembre 1853, Sir., 54, 1, 405. Crim. rej., 26 novembre 1858, Sir., 59, 1, 367. Req. rej., 22 novembre 1869, Sir., 69, 1, 339. Req. rej., 13 juillet 1874, Sir., 74, 1, 469. Req. rej., 14 juillet 1874, Sir., 75, 1, 11. Cpr. § 648, texte, n° 1, et notes 10 à 12; § 670, texte, n° 3, et notes 95 à 98.

[60] Demolombe, XXIX, 281. Civ. rej., 26 janvier 1820, Dev. et Car. Coll. nouv., VI, 1, 173. Civ. rej., 23 juillet 1851, Sir., 51, 1, 783.

dans l'acte, peut faire interroger son adversaire sur faits et articles, ou lui déférer un serment litis-décisoire. Il est également
autorisé, lorsqu'il possède un commencement de preuve par écrit,
à prouver par témoins le fait de la simulation ou l'existence des
clauses accessoires qu'il allègue[61]. Bien plus, s'il s'agit d'une
simulation qui implique une fraude à la personne ou à la loi,
l'existence peut en être établie, même sans commencement de
preuve par écrit, soit au moyen d'une enquête, soit à l'aide de
simples présomptions, non-seulement par les tiers, mais encore
par l'une des parties qui a figuré dans l'acte[62]. C'est ainsi, par
exemple, que le débiteur, poursuivi en exécution d'une obligation
qu'il prétend être entachée d'usure, est admis à établir, au moyen
de simples présomptions, la simulation de la numération et de la
remise d'espèces constatées dans l'acte.

c. L'acte authentique fait foi, non-seulement de l'existence de
la convention ou disposition pour la constatation de laquelle il a
été dressé, mais encore des faits ou actes juridiques antérieurs,
qui y sont relatés en termes simplement énonciatifs, pourvu que
l'énonciation ait un trait direct à la convention ou disposition
principale. Ainsi, lorsque dans un titre nouveau, passé en reconnaissance d'une rente perpétuelle, il est dit que le montant primitif de la rente a été réduit par suite d'un remboursement partiel
du capital, ou que les arrérages en ont été acquittés jusqu'à une
certaine époque, ces énonciations ayant un rapport direct à la
reconnaissance de la rente, l'acte en fait pleine foi, comme de
l'obligation principale. Art. 1320.

Les actes authentiques font foi des énonciations directement
relatives au fait juridique qui en forme l'objet principal, non-
seulement entre les parties, mais encore au regard des tiers[63].

---

[61] Civ. rej., 26 janvier 1820, Sir., 21, 1, 10. Civ. rej., 23 juillet 1851,
Sir., 51, 1, 753. Cpr. §§ 763, 763 *ter* et 764.

[62] Cpr. §§ 765 et 766. Voy. aussi les autorités citées à la note 59 *supra.*

[63] Toullier (VIII, 157 et 161), Duranton (XIII, 98), et Zachariæ (§ 751, texte
et note 15) enseignent, au contraire, d'après Pothier (*Des obligations*, n° 739),
que les actes authentiques n'ont, à l'égard des tiers, aucune force probante, en
ce qui concerne les énonciations même directement relatives à la convention ou
disposition principale. Mais ces auteurs nous paraissent, sous ce rapport, être
tombés dans la confusion d'idées que nous avons déjà signalée à la note 48 *supra.*
Les énonciations dont il s'agit valent, entre les parties, comme aveu ou reconnaissance des faits sur lesquels elles portent. L'acte qui les contient prouve

Ainsi, dans l'hypothèse ci-dessus indiquée, l'énonciation relative à la réduction de la rente et au paiement des arrérages, peut être opposée par le débiteur, même à un créancier saisissant, ou au cessionnaire de la rente[64].

Il est, du reste, bien entendu qu'une simple énonciation contenue dans un acte authentique, ne peut jamais être invoquée contre un tiers, c'est-à-dire contre une personne qui n'a pas figuré dans l'acte et qui n'y a pas été représentée, comme titre constitutif d'un droit qu'il n'était pas au pouvoir de l'une des parties d'éta-

l'existence de cet aveu ou de cette reconnaissance ; et, cette preuve, il la fournit à l'égard des tiers, aussi bien qu'entre les parties. Comment, en effet, le tiers auquel on opposerait cet acte, pourrait-il soutenir qu'il ne prouve pas, quant à lui, l'aveu ou la reconnaissance tacite de la part de l'une des parties sur les faits énoncés dans l'acte? Les éléments sur lesquels repose cet aveu, à savoir l'énonciation elle-même et le défaut de protestation de la part de celle des parties qui aurait eu intérêt à contester les faits énoncés, n'existent-ils pas et ne se trouvent-ils pas constatés pour les tiers, comme pour les parties elles-mêmes? Que si on demande quel peut être, vis-à-vis des tiers, l'effet de simples énonciations contenues dans un acte, il faudra, comme nous le faisons dans la suite du texte, distinguer entre les énonciations qui portent sur des droits ou des faits juridiques susceptibles d'être constitués ou reconnus par les parties, et celles qui portent sur des droits que la volonté seule des parties qui figurent dans l'acte, est impuissante à établir. En vain se prévaudrait-on, pour combattre cette manière de voir, des termes de l'art. 1320 *fait foi entre les parties*, termes qui semblent implicitement refuser, en ce qui concerne les tiers, toute force probante aux simples énonciations contenues dans un acte authentique. Cette objection se réfute par une considération bien simple. L'art. 1319 contient, tout aussi bien que l'art. 1320, les termes qui viennent d'être cités. Si donc on devait conclure, *a contrario sensu* de l'art. 1320, que l'acte authentique ne fait pas foi, à l'égard des tiers, des énonciations qu'il renferme, l'art. 1319 fournirait la même induction quant à la convention ou disposition principale; et cependant tout le monde s'accorde à repousser cette induction, et à reconnaître qu'en ce qui concerne la convention ou disposition principale, l'acte authentique fait pleine foi à l'égard des tiers, comme entre les parties. Voy. en ce sens : Dumoulin, *op. et §§ citt.;* Marcadé, sur l'art. 1319, n° 2 ; Bonnier, II, 509 ; Demolombe, XXIX, 292 et suiv. Cpr. cependant : Req. rej., 14 février 1828, Dev. et Car. *Coll. nouv.,* IX, 1, 33 ; Civ. rej., 21 janvier 1857, Sir., 58, 1, 296.

[64] Dans le système que nous avons combattu à la note précédente, il faudrait refuser à la mention de la réduction de la rente ou du paiement des arrérages, toute foi à l'égard du créancier saisissant ou du cessionnaire. Cette conséquence, évidemment inadmissible, achève de démontrer la fausseté du système qui y conduit.

blir au détriment de ce tiers. Ainsi, lorsque l'acte de vente d'une maison énonce qu'il existe au profit de cet immeuble un droit de vue ou de passage sur la cour du voisin, cette énonciation, bien que directement relative à la convention principale, ne forme pas, pour l'acquéreur, un titre en vertu duquel il puisse réclamer la servitude. De même, lorsque dans un acte de vente, il est dit que le vendeur a acquis la propriété de l'immeuble vendu par un contrat dont la date est indiquée, cette énonciation n'autorise pas l'acheteur à soutenir que la possession de son auteur était fondée en titre, et qu'il peut ainsi la joindre à la sienne propre, comme utile à la prescription de dix à vingt ans.

Le principe que les simples énonciations, contenues dans un acte authentique, ne forment pas titre contre les tiers, est absolu sous l'empire du Code civil, et ne reçoit même plus exception au cas où des énonciations renfermées dans des actes anciens se trouveraient appuyées d'une possession conforme[65].

d. Les énonciations étrangères à la convention ou disposition dont la constatation forme l'objet principal d'un acte authentique, ne peuvent servir que de commencement de preuve par écrit; et encore, n'ont-elles cet effet qu'entre les parties[66]. Art. 1320.

---

[65] Autrefois on tenait pour principe que, les énonciations contenues dans des actes anciens devaient, lorsqu'elles se trouvaient soutenues par une longue possession, faire présumer, même à l'égard d'une tierce personne, l'existence d'un titre régulier émané de cette personne ou de l'un de ses auteurs, et suppléer ainsi au défaut de justification de ce titre : *In antiquis verba enunciativa plene probant, etiam contra alios et in præjudicium tertii.* Dumoulin, *op. cit.,* tit. I, § 8, n° 76. Pothier, *Des obligations,* n° 740. Cette doctrine, surtout admise en matière de servitude, et comme correctif de la règle coutumière *Nulle servitude sans titre,* nous paraît avoir été formellement proscrite, pour l'avenir, par l'art. 695 du Code civil, Duranton, XIII, 98. Pardessus, *Des servitudes,* II, p. 50 et suiv. Bonnier, II, 510. Larombière, IV, art. 1310, n° 10. Demolombe, XXIX, 300. Bordeaux, 28 mai 1834, Sir., 34, 2, 554. Civ. rej., 16 juillet 1849, Sir., 49, 1, 545. Cpr. Toullier, VIII, 164 et 165. Cet auteur semble admettre qu'en dehors de la matière des servitudes, la maxime dont s'agit a conservé toute sa force.

[66] Lorsqu'il s'agit d'une énonciation étrangère à la convention ou disposition que l'acte a pour objet principal de constater, les parties ne peuvent être présumées avoir fixé leur attention sur le fait ainsi énoncé, ni conséquemment avoir entendu qu'il fût regardé comme reconnu par l'une d'elles au profit de l'autre. Quant aux tiers, de pareilles énonciations ne peuvent pas même servir de commencement de preuve, puisqu'elles n'émanent pas d'eux. Art. 1347.

III. *Des actes nuls comme actes authentiques.*

Lorsqu'un acte que les parties avaient l'intention de revêtir de l'authenticité manque de ce caractère, soit par l'incompétence ou l'incapacité de l'officier public qui l'a reçu, soit par un défaut de forme, il vaut, malgré cela, comme acte sous seing privé, s'il a été signé des parties. Art. 1318 du Code civil, et art. 68 de la loi du 25 ventôse an XI.

La force probante d'un pareil acte n'est pas même subordonnée à l'observation des formalités qui auraient été nécessaires pour la validité d'un acte sous seing privé proprement dit[67]. C'est ainsi qu'un acte notarié, nul comme acte authentique, mais signé des parties, vaut comme acte sous seing privé, bien que, contenant des conventions synallagmatiques, il n'ait pas été fait en double, ou que, destiné à constater une obligation de la nature de celles que prévoit l'art. 1326, il ne contienne pas de *bon* ou *approuvé* de la part de l'obligé[68].

a. La disposition de l'art. 1318 étant fondée sur la confiance que méritent les officiers publics dans la rédaction des actes de leur ministère, et sur les garanties que leur intervention offre aux parties, l'application de cette disposition exige, comme condition première et essentielle, qu'il s'agisse d'un acte reçu ou dressé par

---

[67] L'art. 1318 statue sur des actes d'une nature toute particulière, et comme, pour leur donner la force probante d'actes sous seing privé, il n'exige d'autre condition que la signature des parties, on ne peut, sans dénaturer sa disposition, la combiner avec les art. 1325 et 1326. Il est, d'ailleurs, bien évident que les parties qui s'adressent à un officier public, pour faire constater leurs conventions, ne peuvent songer à remplir des formalités qui ne sont pas requises dans les actes publics, et qu'en subordonnant l'application de l'art. 1318 à l'observation des formalités prescrites par les art. 1325 et 1326, on rendrait sa disposition à peu près illusoire. Voy. en ce sens les autorités citées à la note suivante. Voy. en sens contraire : Delvincourt, sur l'art. 1326. Cpr. aussi : Zachariæ, § 751, texte et notes 9 et 10.

[68] C'est ce qui a été formellement reconnu au Conseil d'État, lors de la discussion sur l'art. 1318. Voy. Locré, *Lég.*, XII, p. 215, n° 11. Favard, *Rép.*, v° Acte notarié, § 7, n° 5. Rolland de Villargues, *Rép. du notariat, eod. v°*, n° 468. Duranton, XIII, 71. Bonnier, II, 491. Larombière, IV, art. 1313, n° 3. Demolombe, XXIX, 245 et 246. Bruxelles, 17 juin 1812, Sir., 13, 2, 67. Paris, 13 avril 1813, Sir., 14, 2, 255. Req. rej., 8 mai 1827, Sir., 27, 1, 453. Caen, 23 juillet 1861, Sir., 62, 2, 59.

un officier public dans l'exercice de son ministère, et revêtu de sa signature[69].

Il en résulte, que l'art. 1318 est inapplicable aux actes rédigés par un officier public matériellement et absolument incompétent pour recevoir ou dresser des actes de cette espèce[70].

On doit aussi en conclure, qu'un acte reçu par le clerc d'un notaire en l'absence de ce dernier, ne peut donner lieu à l'application de cet article, et cela dans le cas même où le notaire y aurait apposé sa signature après coup, et qu'il l'aurait placé au rang de ses minutes[71].

Quant aux actes passés par un notaire suspendu, destitué, ou remplacé, même depuis la notification à lui faite de sa suspension, de sa destitution, ou de son remplacement[72], rien ne semble faire obstacle à l'application de l'art. 1318, si les parties contractantes ont agi de bonne foi, et si, au moment de la confection de cet acte, le notaire exerçait encore publiquement ses fonctions[73].

[69] La preuve que l'acte a été reçu par un officier public, ne peut résulter que de la signature de cet officier. Marcadé, art. 1318, n° 5. Bonnier, II, 492. Demolombe, XXIX, 262. Riom, 13 juin 1855, Sir., 56, 2, 273. — M. Larombière (IV, art. 1318, n°s 2 et 3) considère le défaut de signature comme un simple vice de forme et admet, par suite, l'application de l'art. 1318.

[70] Ainsi, un acte de vente dressé par un huissier, ou par un officier de l'état civil, ne vaudrait pas comme acte sous seing privé, s'il n'avait pas été fait en double. L'art. 1318 est évidemment inapplicable à de pareils actes. Si cet article parle de l'incompétence ou de l'incapacité de l'officier public en termes généraux et sans aucune restriction, il suffit cependant de le rapprocher de l'art. 68 de la loi du 25 ventôse an XI, auquel il a été emprunté, et des art. 6 et 8 de cette même loi, pour se convaincre que le législateur n'a eu en vue que l'incompétence territoriale et l'incapacité personnelle de l'officier public, qui, l'une et l'autre, ne constituent que des empêchements relatifs. Bonnier, II, 492. Larombière, IV, art. 1318, n° 4. Demolombe, XXIX, 259.

[71] En pareil cas, l'acte ne serait pas seulement annulable comme authentique; il serait, d'une manière absolue, dépourvu de tout caractère d'authenticité pour n'avoir pas été *reçu* par un officier public. Cpr. note 26 *suprà*. Demolombe, XXIX, 236, 253 et suiv. Paris, 17 décembre 1829, Sir., 30, 2, 119. Req. rej., 16 avril 1845, Sir., 45, 1, 654. Cpr. Riom, 13 juin 1855, Sir., 56, 2, 273. Voy. en sens contraire : Rolland de Villargues, *Rép. du notariat*, v° Acte notarié, n° 438; Civ. cass., 27 janvier 1869, Sir., 70, 1, 169.

[72] Cpr. texte I, lett. *a*, et note 3, *suprà*.

[73] *Arg.* art. 68 cbn. avec l'art. 52 de la loi du 25 ventôse an XI. Marcadé, art. 1318, n° 5. Larombière, IV, art. 1318, n° 4. Demolombe XXIX, 260.

Le notaire qui a reçu un acte destiné à constater une convention dans laquelle il était personnellement intéressé, ou contenant en sa faveur des stipulations ou énonciations quelconques, et les ayants cause du notaire, ne sont pas autorisés à se prévaloir de la disposition de l'art. 1318[74]. Mais le contraire semble devoir être admis en ce qui concerne les parties contractantes, dans leurs rapports, l'une avec l'autre, ou même avec des tiers.

En résumé, les actes que l'art. 1318 déclare valoir comme écritures privées, sont les actes qui, réunissant les conditions essentielles de l'authenticité, sont entachées, comme actes authentiques, d'une cause de nullité tenant, soit à l'incompétence territoriale ou personnelle de l'officier public, soit à l'incapacité des témoins, ou enfin à un défaut de forme.

b. L'art. 1318 suppose, en second lieu, que l'acte, nul comme acte authentique, se trouve revêtu des signatures de tous les obligés[75].

Lorsque plusieurs personnes doivent s'engager, soit conjointement, soit même solidairement, et que l'acte ne porte que les signatures d'une ou de plusieurs de ces personnes, il ne peut,

---

[74] Larombière, IV, art. 1318, n° 5. Demolombe, XXIX, 258. Orléans, 31 mai 1845, Sir., 49, 2, 631. Orléans, 5 mai 1849, Sir., 49, 2, 453. Civ. cass., 15 juin 1853, Sir., 53, 1, 529 et 655.

[75] L'art. 68 de la loi du 25 ventôse an XI exige formellement, pour qu'un acte notarié, nul comme tel, puisse valoir comme écrit privé, qu'il soit revêtu de la signature *de toutes les parties contractantes*, et il n'est pas douteux que l'art. 1318 n'ait été rédigé dans le même esprit. Par cela seul qu'un acte authentique, nul comme tel, et qui ne se trouve pas signé de toutes les parties contractantes, ne fournit en aucune façon, contre les non-signataires, la preuve des engagements qu'il constate à leur charge, et ne peut leur être opposé, il ne peut pas non plus servir de preuve contre les signataires. Autrement la position des parties ne serait plus égale, et il dépendrait des non-signataires de s'emparer de l'acte ou de le repousser, selon leur intérêt ou leur caprice; ce qui est inadmissible. Bonnier, II, 490. Marcadé, sur l'art. 1318, n° 4. Demolombe, XXIX, 266. Req. rej., 27 mars 1812, Sir., 12, 1, 369. Cpr. cep. Toullier, VIII, 103 et 135 à 137; Larombière, IV, art. 1318, n°s 9 et 10. — Du reste, il semble que l'on ne doive considérer comme parties contractantes, dans le sens de l'art. 68 de la loi du 25 ventôse an XI et de l'art. 1318, que celles des parties qui contractent un engagement quelconque. S'il s'agissait d'un acte contenant un contrat unilatéral, tel qu'un prêt, le défaut de signature du créancier ne ferait pas obstacle à l'application de ces articles. Duranton, XIII, 73. Bonnier, *loc. cit.* Larombière, IV, art. 1318, n° 8. Colmet de Santerre, V, 280 *bis*, IV. Demolombe, XXIX, 265. Zachariæ, § 751, note 7.

comme écrit sous seing privé, faire preuve, même contre les signataires, de l'existence de la convention[76].

§ 756.

Des actes sous seing privé[1].

I. *De la forme des actes sous seing privé.*

Les actes sous seing privé sont des actes faits sans l'intervention d'officiers publics, et sous la signature des parties.

La signature des parties forme une condition essentielle à l'existence de tout acte sous seing privé[2]. Elle ne peut être remplacée, ni par une simple croix, ni par d'autres marques[3]. Un acte simplement sous-marqué par l'une des parties ne forme même pas contre elle de commencement de preuve par écrit[4].

[76] Si l'acte devait, en raison de la solidarité qui y est énoncée, faire preuve de la convention à l'égard des signataires, et si, par suite, le créancier était autorisé à poursuivre contre eux, en vertu de cet acte, l'exécution de la convention, leur position se trouverait singulièrement aggravée, puisqu'ils seraient privés de tout recours contre les non-signataires, recours sur lequel ils avaient peut-être compté. Bonnier, *loc. cit.* Marcadé, sur l'art. 1318, n° 4. Demolombe, XXIX, 226. Cpr. Req. rej., 26 juillet 1832, Sir., 32, 1, 492 ; Req. rej., 26 janvier 1870, Sir., 70, 1, 169. Voy. en sens contraire : Duranton, XIII, 72. Cpr. aussi : Toullier, VIII, 137 ; Larombière, IV, 1318, n° 9. — Un pareil acte peut-il servir de commencement de preuve par écrit pour établir que les parties qui l'ont signé, ont entendu que la convention recevrait son exécution, nonobstant l'absence de signature de la part des autres ? Cpr. § 764, note 27.

[1] BIBLIOGRAPHIE. Malapeyre, *Traité pratique des actes privés, ou modèles de tous les actes, tant civils que commerciaux, que l'on peut faire sous signatures privées*; Paris, 1830, in-18. Biret, *Manuel de tous les actes sous signatures privées, en matière civile, commerciale, etc.*; Paris, 1836, in-18.

[2] Larombière, IV, art. 1325, n° 1. Demolombe, XXIX, 355 et 356. Civ. rej., 8 novembre 1842, Sir., 43, 1, 33. Req. rej., 9 novembre 1869, Sir., 70, 1, 314. Voy. sur ce qu'on entend par signature : § 666.

[3] Cpr. § 666, texte et note 7. Voy. cep. Zachariæ, § 752, note 3. Cet auteur semble admettre, mais à tort, que la signature peut être remplacée par un simple parafe.

[4] Bruxelles, 27 janvier 1807, Sir., 7, 2, 249. Colmar, 23 décembre 1809, Sir., 10, 2, 268. Bourges, 21 novembre 1871, Sir., 72, 2, 206.

La signature peut être donnée en blanc, c'est-à-dire avant la rédaction par écrit des conventions arrêtées entre les parties[5].

Lorsque l'acte, ainsi signé, est plus tard rempli par la partie à laquelle il a été confié, ou de son ordre, il fait foi des déclarations, conventions, ou obligations qu'il constate, tout comme si la signature n'y avait été apposée qu'après la confection du corps d'écriture, sauf au signataire auquel on l'oppose, à prouver que les déclarations, conventions, ou obligations qui s'y trouvent énoncées, ne sont pas celles qu'il a été dans son intention de faire, de passer on de contracter. Cette preuve ne peut, en l'absence de commencement de preuve par écrit, être faite par témoins[6]; et, lors même qu'elle est régulièrement et complétement rapportée, le signataire reste engagé envers les tiers qui, sur le vu de l'acte, ont contracté de bonne foi avec l'autre partie[7].

Les règles qui viennent d'être posées ne s'appliqueraient point au cas où le blanc seing aurait été frauduleusement soustrait à la personne à laquelle il a été confié, et rempli par un tiers à l'insu de cette personne. En pareil cas, la preuve de la soustraction et de l'abus de blanc seing peut, même en l'absence de tout commencement de preuve par écrit, être faite par témoins; et, si elle est rapportée, les conventions passées par le porteur de l'acte avec les tiers ne sont pas opposables au signataire, encore'que ces derniers aient été de bonne foi[8].

---

[5] On appelle blancs seings les actes de cette espèce. Dans l'ancienne jurisprudence, il y avait controverse sur le point de savoir si les engagements constatés par des actes signés en blanc étaient ou non valables. Cependant l'affirmative paraît avoir prévalu dans la pratique. L'abus qu'on fit des blancs seings donna lieu à la déclaration du 22 septembre 1733, dans laquelle a été puisée la disposition de l'art. 1326 du Code civil. Merlin, *Rép.*, v° Blanc seing. Aujourd'hui, la validité des blancs seings ne peut plus être sérieusement contestée, puisqu'en punissant l'abus de pareils actes, la loi en reconnaît implicitement l'efficacité. Voy. Code pénal, art. 407. Toullier, VIII, 265. Bonnier, II, 671. Demolombe, XXIX, 358 et 359.

[6] Arg. art. 1341. Demolombe, XXIX, 361. Cpr. § 765, texte n° 1, lett. *b*, et note 11.

[7] Cpr. § 415, texte et note 1. Toullier, VIII, 267. Demolombe, XXIX, 361. Zachariæ, § 752, note 4, *in fine.*

[8] L'abus de blanc seing commis, non par la personne à laquelle l'acte a été confié, mais par un tiers, ne constitue plus un simple délit d'abus de blanc seing, mais un crime de faux, dont le signataire du blanc seing n'a point à supporter les conséquences, puisque ce crime n'est pas le résultat d'un mandat

La loi n'ayant pas réglé la forme des actes sous seing privé en général, les parties sont libres de les rédiger de la manière qu'elles jugent convenable, sans être soumises à l'observation d'aucune des formalités prescrites pour la passation des actes authentiques [9]. C'est ainsi, notamment, que les actes sous seing privé peuvent être rédigés en langue étrangère, et qu'ils n'ont pas besoin d'être datés [10]. C'est ainsi encore, que les surcharges ou interlignes n'y sont pas défendus, à peine de nullité des mots surchargés ou interlignés [11], et que les renvois ou apostilles peuvent valoir, quoiqu'ils ne soient, ni signés ou paraphés, ni approuvés par les parties [12].

Par exception à ce qui vient d'être dit, il est deux espèces d'actes sous seing privé, pour lesquels la loi exige des formalités spéciales, en raison de la nature des conventions ou obligations qu'ils ont pour objet de constater.

que ce dernier aurait imprudemment donné à celui qui l'a commis. Toullier, VIII, 269 et 270. Bonnier, II, 672. Demolombe, XXIX, 362. Cpr. Grenoble, 24 juin 1829, Sir., 30, 2, 30 ; Crim. cass., 2 juillet 1829, Sir., 29, 1, 259.

[9] Toullier, VIII, 257 et 258. Duranton, XIII, 127 et 128. Demolombe, XXIX, 353. Zachariæ, § 752, texte et note 4.

[10] Toullier et Duranton, *locc. citt.* Zachariæ, § 752, texte et note 4. Voy. cep. art. 970 ; Code de comm., art. 110, 137, 188 et 332.

[11] En disant que les mots surchargés ou interlignés ne sont pas nuls, nous voulons simplement indiquer qu'on ne doit pas leur appliquer la peine de nullité prononcée par l'art. 16 de la loi du 25 ventôse an XI, et nous n'entendons pas soutenir qu'ils doivent toujours être considérés comme faisant partie intégrante de l'acte, et jouir, en conséquence, de la foi qui s'attache à cet acte. La question de savoir quelle est la valeur de pareils mots, dépend entièrement et uniquement de celle de savoir si la signature de la partie à laquelle on les oppose, s'y applique ou non. Or, si cette dernière question doit être résolue affirmativement, par exemple, dans le cas où les mots surchargés ou interlignés sont de la main de la partie contre laquelle on s'en prévaut, et dans celui où s'agissant d'un acte fait en double, ces mots se trouvent également dans les deux originaux, elle doit, au contraire, être décidée par la négative, dans les hypothèses inverses. Demolombe, XXIX, 366. Cpr. Bordeaux, 17 juin 1829, Sir., 29, 2, 351. Voy. en particulier sur un cas de surcharge de la date d'un testament olographe : Civ. rej., 11 juin 1810, Sir., 10, 1, 289 ; et sur la rature d'une quittance écrite au bas d'un acte d'obligation : Civ. cass., 23 décembre 1828, Sir., 29, 1, 17.

[12] Cpr. L. 25 ventôse an XI, art. 15. Les observations faites à la note précédente, sur les surcharges et les interlignes, s'appliquent également aux renvois et aux apostilles.

1° *De la formalité du double écrit* [15].

Les actes sous seing privé qui contiennent des conventions synallagmatiques doivent être rédigés en autant d'originaux

[15] La théorie des doubles écrits, inconnue en Droit romain et dans l'ancien Droit français, fut introduite par plusieurs arrêts du parlement de Paris, dont le premier est du 30 août 1736. Cette jurisprudence était fondée sur les idées suivantes : Il est de l'essence des conventions synallagmatiques, que le lien de droit qui en résulte, existe avec la même efficacité pour chacune des parties, et qu'elles aient, l'une et l'autre, les mêmes moyens de se contraindre réciproquement à l'accomplissement de leurs obligations. Or, lorsqu'il n'existe qu'un seul original de l'acte sous seing privé constatant une pareille convention, la partie entre les mains de laquelle il se trouve, est, sous ce rapport, dans une position plus favorable que l'autre partie, puisqu'elle peut, en produisant cet original, contraindre celle-ci à l'exécution de la convention, et que, d'un autre côté, il dépend d'elle, en ne le produisant pas, de se soustraire à cette exécution. La circonstance que l'acte n'est rédigé qu'en un seul original, empêche donc que le lien de droit existe avec une égale force pour les deux parties, et vicie, par cela même, la convention dans son principe. Mais cette argumentation n'est que spécieuse, et repose en définitive sur une confusion entre le lien juridique résultant d'une convention, et la preuve de l'existence de cette convention. En effet, la convention se trouve formée, dès que les deux parties ont donné leur consentement ; et, soit qu'on puisse le prouver ou non, elle n'en a pas moins la vertu intrinsèque de lier irrévocablement les contractants, aux yeux de la loi. Aussi, la jurisprudence du parlement de Paris rencontra-t-elle beaucoup d'opposition, et ne fut-elle pas universellement adoptée. Cpr. Denisart, *Collection nouvelle*, v° Double écrit ; Merlin, *Rép.*, eod. v°, n°s 1 à 7. Les rédacteurs du Code civil n'ont voulu, ni rejeter d'une manière absolue, ni consacrer purement et simplement la doctrine du parlement de Paris, Dans le système qu'ils ont adopté, le vice résultant de ce qu'un acte sous seing privé, contenant une convention synallagmatique, aurait été rédigé en un seul original, a bien pour effet de priver de toute efficacité l'acte considéré comme moyen de preuve, mais n'affecte pas la convention elle-même. Ce système, quoique moins vicieux que celui du parlement de Paris, n'est pas à l'abri de toute critique, puisqu'un acte revêtu de la signature des parties semble prouver, d'une manière suffisante, la convention qu'il a pour objet de constater, et qu'il est difficile de comprendre que la nature particulière de cette convention puisse influer sur la force probante d'un pareil acte. On a bien dit, pour justifier l'art. 1325, que la position des parties doit, en fait de conventions synallagmatiques, être égale en ce qui concerne les moyens de preuve. Voy. Delvincourt, II, p. 615 ; Duranton, XIII, 164. Mais cette idée, qui repose encore, jusqu'à certain point, sur la confusion entre les conditions de la validité de la convention elle-même et celles de la force probante de l'acte, est tout au moins contestable. Car, après tout, si l'une

qu'il y a de parties ayant un intérêt distinct, et chaque original

des parties, s'en rapportant à la bonne foi de l'autre, n'a pas exigé la remise d'une preuve écrite, elle ne doit s'imputer qu'à elle-même les difficultés qu'elle peut éprouver pour établir l'existence de la convention. A notre avis, la seule explication plausible de l'art. 1325 est celle-ci : Lorsqu'un acte contenant une convention synallagmatique n'a été rédigé qu'en un seul original, la partie contre laquelle l'exécution de cette convention est poursuivie, peut, sans dénier la signature apposée à l'acte qu'on lui oppose, soutenir, avec quelque apparence de raison, que la convention est demeurée à l'état de simple projet, et que, si elle avait entendu s'engager définitivement, elle n'aurait pas manqué d'exiger la remise d'un second original, afin de se trouver en mesure d'administrer la preuve de la convention. C'est en admettant que les choses ont pu se passer ainsi, que le législateur a cru devoir refuser à l'acte rédigé en un seul original, la vertu de prouver, d'une manière complète, la conclusion définitive d'une convention synallagmatique. Voy. en ce sens : Merlin, *Rép.*, v° Double écrit, n° VIII, 1°; Marcadé, sur l'art. 1347, n° 5. — Zachariæ (§ 752, notes 9 et 11), va plus loin encore. Suivant lui, la circonstance qu'un acte contenant une convention synallagmatique n'aurait été rédigé qu'en un seul original, emporterait présomption légale que cette convention est restée à l'état de simple projet. Il nous paraît difficile d'admettre une pareille présomption, qui ne peut s'induire avec certitude, ni de l'art. 1325, ni d'aucun autre texte de la loi. — M. Demolombe n'admet pas, plus que nous, l'existence d'une présomption légale dans les termes formulés par Zachariæ ; mais il n'en estime pas moins que les dispositions de l'art. 1325 reposent sur une présomption que les rédacteurs du Code ont entendu consacrer et appliquer. Selon lui, les parties qui se sont entendues pour constater une convention synallagmatique au moyen d'un acte sous seing privé, sont censées avoir voulu subordonner la conclusion de leur convention à la régularité de l'acte qu'elles se proposaient d'en dresser, et à la condition qu'il fournirait ainsi à chacune d'elles un égal moyen de preuve. Il en infère, que l'omission de la formalité du double écrit n'entraîne pas seulement la nullité de l'acte instrumentaire, mais atteint la convention elle-même, et que, s'agissant là d'une présomption sur le fondement de laquelle la loi annule un acte, l'exécution de la convention, réservée par la loi, est la seule preuve contraire qu'il soit possible d'admettre. M. Demolombe s'attache, dans une discussion longuement développée (XXIX, 425 à 433), à démontrer que sa doctrine n'a rien de contraire au texte de l'art. 1325, et se trouve, au fond, parfaitement rationnelle et juridique. Mais nous n'hésitons pas à déclarer que son argumentation ne nous a pas touchés. Comme la réfutation détaillée de cette argumentation exigerait des développements trop étendus pour trouver place dans cette note, nous nous bornerons à présenter à ce sujet les observations suivantes : 1° La présomption qui sert de base à la théorie de M. Demolombe, porte sur l'intention des parties : cette intention n'étant pas certaine, et pouvant en fait être contraire, la présomption aurait besoin d'être établie par un texte formel. Or, elle ne résulte, ni des dispositions de l'art. 1325, ni même de

doit renfermer la mention de l'observation de cette formalité.
Art. 1325, al. 1 et 3.

l'*exposé de motifs* de Bigot-Préameneu et du *discours* de Jaubert, qui, d'après l'analyse même que M. Demolombe a faite de leurs explications, se sont placés à un point de vue purement doctrinal, et tout différent de celui de l'éminent auteur. Son système manque donc par la base même. 2° Pour écarter l'objection décisive qui se tire, contre ce système, de ce que l'art. 1325 ne statue pas sur la convention elle-même, mais uniquement sur l'acte instrumentaire qui la contient, M. Demolombe fait remarquer que les rédacteurs du Code emploient souvent le mot *acte* pour désigner la convention ou disposition contenue dans un écrit. La remarque est exacte ; mais la rédaction de l'art 1325 prouve, avec une entière certitude, qu'il n'y est question que de l'acte instrumentaire. Les termes, « les actes *sous seing privé*, qui *contiennent* des conventions synallagmatiques, ne sont valables qu'autant qu'ils ont été *faits en autant d'originaux.....; chaque original doit contenir la mention.....,* » ne peuvent évidemment s'entendre que d'écrits ayant pour objet de constater des conventions synallagmatiques. L'objection subsiste donc dans toute sa force. 3° Exiger, comme le fait l'art. 1325, que l'écrit destiné à constater une convention synallagmatique, soit rédigé en double, et déclarer qu'à défaut de cette formalité cet écrit ne sera pas valable, ce n'est évidemment pas dire que, dans ce cas, la convention sera considérée comme non avenue ; et que l'acte qui la renferme ne pourra servir de commencement de preuve par écrit pour en établir l'existence et les conditions. Il n'existe, d'ailleurs, aucune raison juridique, qui s'oppose à ce qu'un acte constatant en fait une convention synallagmatique, mais qui, manquant de la formalité exigée par l'art. 1325, n'en forme pas une preuve légale, soit considéré comme un commencement de preuve par écrit, susceptible d'être complété au moyen de la preuve testimoniale ou de simples présomptions. 4° La doctrine que nous combattons, aboutit à faire d'une formalité requise pour la validité de l'acte sous seing privé ayant pour objet de constater une convention synallagmatique, une condition de la conclusion définitive de cette convention. M. Demolombe le reconnaît, en disant au n° 426. « Voilà comment une formalité, qui se rapporte, par elle-même, à une question de forme et de preuve, s'est toujours transformée en une question de fond et de validité de la convention, parce qu'en effet, les deux questions, en ce point, sont indivisibles. » Cela serait peut-être vrai, même sous l'empire du Code civil, si l'art. 1325 reposait effectivement sur la présomption que l'on croit pouvoir en déduire. Mais cette supposition, qui est contraire aux principes généraux sur la formation et les conditions de validité des conventions, devient une véritable pétition de principe et ne saurait être admise, alors qu'il s'agit précisément de déterminer la portée de l'art. 1325, et de savoir s'il a réellement consacré et appliqué la présomption dont s'agit. Nous ferons remarquer, en terminant, que les explications données, sur l'art. 1325, par Bigot-Préameneu (*Exposé des motifs*. Locré, *Lég.*, XII, p. 396, n° 193) et Jaubert (*Rapport au Tribunat*, Locré, *Lég.*, XII, p. 511, n° 11), ne sont point exactes, puisqu'elles assignent à la disposition de

a. La disposition de l'art. 1325 ne concerne que les actes con-statant des conventions parfaitement synallagmatiques, c'est-à-dire des conventions qui, d'après leur nature et dès l'origine, soumettent les parties à des engagements réciproques, telles que la vente, le louage, la société, la transaction, le partage[14]. Mais elle s'applique à toutes les conventions de cette espèce, et notam-ment aux souscriptions à des ouvrages de librairie[15].

Cette disposition ne concerne pas les conventions imparfaite-ment synallagmatiques, telles que le mandat et le dépôt, encore qu'un salaire ait été stipulé au profit du mandataire ou du dépo-sitaire[16].

A plus forte raison, la disposition dont s'agit est-elle étran-gère aux contrats ou actes purement unilatéraux, et parti-culièrement aux simples reconnaissances de dette, quoique faites avec stipulation de termes[17], aux arrêtés de compte[18],

cet article les motifs qui servaient de base à la jurisprudence du parlement de Paris, et conduiraient ainsi à conclure que l'inobservation de la formalité du double écrit rend nulle la convention elle-même, conclusion que repousse évi-demment la rédaction de l'art. 1325. Cpr. texte et notes 36 à 38 *infrà*.

[14] Delvincourt, II, p. 614. Toullier, VIII, 326. Duranton, XIII, 146. Bon-nier, II, 691. Marcadé, sur l'art. 1325, n° 4. Demolombe, XXIX, 390. Cpr. § 341, texte, n° 1. — Voy. sur la distinction des actes qui sont soumis à la for-malité du double, comme ayant pour objet de constater des conventions synal-lagmatiques, et des actes qui en sont dispensés, comme ne contenant que des conventions unilatérales : Civ. cass., 26 octobre 1808, Sir., 9, 1, 154 ; Req. rej., 11 janvier 1864, Sir., 64, 1, 119 ; Civ. rej., 5 avril 1870, Sir., 70, 1, 252 ; Civ. rej., 21 juin 1870, Sir., 71, 1, 49 ; Civ. rej., 12 décembre 1870, Sir., 71, 1, 191 ; Civ. rej., 17 décembre 1872, Sir., 72, 1, 421. — Les con-gés amiables donnés par le locataire au propriétaire, ou par le propriétaire au locataire, ne sont pas soumis à la formalité du double écrit : ils ne sont que l'exercice d'une faculté, et ne constituent pas des engagements réciproques. Troplong, *Du louage*, II, 425. Larombière, IV, art. 1325, n° 18. Demolombe, XXIX, 404 et 405.

[15] Demolombe, XXIX, 391. Req. rej., 8 novembre 1843, Sir., 43, 1, 852. Paris, 1er mai, 1848, Sir., 49, 2, 110. Paris, 2 mai 1849, Sir., 49, 2, 636.

[16] Duranton, XIII, 150. Demolombe, XXIX, 394. Zachariæ, § 411, note 17. Cpr. § 341, texte, n° 1, et note 3.

[17] Civ. cass., 26 octobre 1808, Sir., 9, 1, 154.

[18] Toullier, VIII, 331. Rolland de Villargues, *Répertoire du notariat*, v° Double écrit, n°s 20 et 21. Larombière, IV, art. 1325, n° 14. Demolombe, XXIX, 396. Aix, 12 juillet 1813, Sir., 14, 2, 234. Orléans, 22 août 1840, Sir., 40, 2, 433.

aux actes de cautionnement[19], et aux promesses unilatérales de vente[20].

Toutefois, une convention unilatérale de sa nature peut, en raison des clauses et conditions particulières sous lesquelles elle est conclue, prendre le caractère d'une véritable convention synallagmatique, donnant lieu à l'application de l'art. 1325. C'est ce qui arrive, par exemple, en matière de cautionnement, lorsque, en retour de l'obligation contractée par la caution, le créancier s'engage de son côté à suspendre ses poursuites contre le débiteur pendant un temps déterminé[21]. C'est encore ce qui a lieu, lorsque le débiteur lui-même contracte, sous la même condition, un nouvel engagement envers le créancier[22].

La disposition de l'art. 1325 cesse de recevoir application, même en matière de conventions parfaitement synallagmatiques, lorsque l'une des parties contractantes a, dès avant la rédaction de l'acte, pleinement exécuté toutes ses obligations, ou qu'elle

---

[19] Req. rej., 22 novembre 1825, Sir., 26, 1, 146.

[20] Duranton, XIII, 147. Troplong, *De la vente*, I, 114 à 116. Marcadé, sur l'art. 1325, n° 4. Larombière, IV, art. 1325, n° 19. Demolombe, XXIX, 397. Bourges, 15 juin 1841, Sir., 43, 1, 181. Cpr. Colmar, 8 mai 1845, Sir., 47, 2, 17.

[21] En effet, la promesse faite par le créancier de suspendre ses poursuites contre le débiteur, est une obligation de ne pas faire, dont la violation peut et doit donner lieu à des dommages-intérêts ; et, comme la caution ne devait s'engager que sous la foi de cette promesse, il n'est pas à présumer qu'elle se soit effectivement engagée, en laissant au créancier le pouvoir d'accomplir sa promesse pour profiter du cautionnement, ou de renoncer au cautionnement pour se soustraire à sa promesse. Duranton, XIII, 152. Favard, *Rép.*, v° Acte sous seing privé, sect. I, § 2, n° 6. Larombière, IV, art. 1325, n° 15. Demolombe, XXIX, 401. Paris, 16 décembre 1814, Sir., 16, 2, 168. Civ. rej., 14 mai 1817, Sir., 18, 1, 47. Req. rej., 23 juillet 1818, Sir., 19, 1, 242. Req. rej., 3 avril 1850, Sir., 50, 1, 246. Nîmes, 18 novembre 1851, Sir., 52, 2, 363. Voy. aussi Civ. cass., 14 juin 1847, Sir., 47, 1, 663.

[22] Cette proposition n'est pas contraire à ce qui a été dit plus haut (texte et note 17) sur les reconnaissances de dette faites avec stipulation de termes de paiement. En effet, le débiteur qui, en reconnaissant une dette non encore régulièrement constatée, se fait accorder des termes, n'a pas besoin d'un double de l'acte qu'il fournit au créancier, puisque, pour le poursuivre, ce dernier sera dans la nécessité de produire cet acte. Mais il en est tout autrement du débiteur dont la dette est régulièrement constatée, et qui contracte un engagement nouveau dans le but d'obtenir des termes. Les observations présentées à la note précédente, s'appliquent parfaitement à cette dernière hypothèse. Demolombe, XXIX, 402.

les exécute au moment de cette rédaction, et que l'autre partie, n'ayant plus à faire valoir aucun droit, même simplement éventuel, sur la chose qui forme l'objet de la convention, est absolument sans intérêt à avoir un original en sa possession. C'est ainsi que l'acte sous seing privé qui constate une vente faite au comptant, et sans condition ni réserve au profit du vendeur, n'a pas *besoin d'être rédigé en double[23]. Il en serait autrement, si la vente, quoique faite au comptant, avait eu lieu sous la réserve d'un droit ou d'une faculté quelconque en faveur du vendeur[24].

b. Lorsque, dans une convention synallagmatique, il figure plus de deux personnes, on ne doit considérer comme parties ayant un intérêt distinct, que celles auxquelles la convention impose, par elle-même et dès l'origine, des obligations réciproques, les unes à l'égard des autres. Quant à ceux des contractants que la convention ne soumet pas, dès le principe, à des obligations réciproques, ils sont à considérer comme ayant un intérêt commun, et par suite, comme ne formant ensemble qu'une seule et même partie, encore que l'exécution de la convention puisse faire surgir entre eux des intérêts opposés, et donner lieu à des actions en recours, ou à des opérations de partage, de liquidation, ou de règlement de comptes[25].

---

[23] Toullier, VIII, 327 et 328. Duranton, XIII, 146. Bonnier, II, 691. Demolombe, XXIX, 399 et 400. Zachariæ, § 752, texte et note 6. Montpellier, 10 juin 1828, Sir., 28, 2, 341. Bordeaux, 30 janvier 1834, Sir., 34, 2, 281.

[24] En pareil cas, le vendeur a besoin d'un original de l'acte de vente, pour pouvoir exercer les droits réservés à son profit, soit contre l'acheteur, soit contre des tiers. Civ. cass., 31 janvier 1837, Sir., 37, 1, 533. Agen, 17 août 1837, Sir., 38, 2, 122.

[25] C'est ainsi qu'il faut entendre les expressions de l'art. 1325, *parties ayant un intérêt distinct, personnes ayant le même intérêt*, expressions qui doivent être interprétées *secundum subjectam materiam*, c'est-à-dire, d'après les idées sur lesquelles repose cet article, et le but que le législateur s'est proposé en l'insérant dans le Code. Il peut, sans doute, arriver que celui des contractants qui aura reçu un des doubles, tant pour lui que pour ses coïntéressés, s'entende avec l'autre partie pour supprimer l'acte, et frustrer ainsi ces derniers du bénéfice de la convention; mais, en pareil cas, ceux-ci doivent s'imputer d'avoir mal placé leur confiance. D'ailleurs, cet inconvénient n'est pas celui que l'art. 1325 a eu pour objet de prévenir. Cpr. *Observations du Tribunat* (Locré, *Lég.*, XII, p. 282, n° 67). Duranton, XIII, 154. Larombière, IV, art. 1325, n° 23. Demolombe, XXIX, 407. Zachariæ, § 752, texte et note 7. Metz, 6 mai 1817, Sir., 19, 2, 133.

Ainsi, lorsque plusieurs associés traitent avec un tiers pour des affaires de la société, ils doivent être envisagés comme une seule partie, de telle sorte qu'il suffit que l'acte sous seing privé qui constate la convention, soit rédigé en deux originaux. Il en est de même dans le cas où plusieurs copropriétaires vendent ensemble une chose commune [26], et dans celui où plusieurs enfants, agissant comme héritiers de leur père, font avec leur mère un traité relatif à ses reprises ou conventions matrimoniales [27].

Pareillement, lorsqu'une femme mariée s'engage, envers un tiers, conjointement ou solidairement avec son mari, ou comme sa caution, il suffit de deux originaux, bien que l'engagement donne lieu, au profit de la femme et contre son mari, à une indemnité garantie par l'hypothèque légale [28].

Par la même raison, on doit, dans un acte constatant une société en commandite, considérer tous les associés gérants d'une part, et tous les commanditaires d'autre part, comme ne constituant, les uns à l'égard des autres, que deux parties ayant un intérêt distinct [29].

c. Il n'est pas indispensable que la signature de toutes les parties se trouve sur chacun des originaux. Il suffit que les originaux qui sont entre les mains de chacune des parties, portent la signature de toutes les autres [30].

Lorsqu'il se rencontre des différences de rédaction entre l'un et l'autre original, ces différences n'affectent en rien la validité et

---

[26] Duranton, *loc. cit.* Amiens, 24 prairial an XIII, Sir., 7, 2, 923.

[27] Req. rej., 2 mars 1808, Sir., 8, 1, 232.

[28] Larombière, IV, art. 1325, n° 23. Demolombe, XXIX, 409.

[29] Req. rej., 20 décembre 1830, Sir., 31, 1, 38.

[30] Il est d'usage que les parties qui contractent une convention synallagmatique, se contentent de l'échange de leurs signatures ; et cet échange remplit complétement le vœu de la loi. Si chacun des contractants doit, par sa signature, fournir aux autres un titre contre lui, les parties n'ont pas besoin de s'engager envers elles-mêmes par leurs propres signatures. Merlin, *Rép.*, v° Double écrit, n° 6. Toullier, VIII, 344. Duranton, XIII, 156. Rolland de Villargues, *Rép. du notariat*, v° Double écrit, n° 51. Championnière et Rigaud, *Des droits d'enregistrement*, I, 171. Larombière, IV, art. 1325, n° 35. Demolombe, XXIX, 413. Zachariæ, § 752, texte et note 10. Bordeaux, 16 décembre 1844, Sir., 45, 2, 548. Nancy, 23 juin 1849, Sir., 52, 2, 454. Rennes, 15 novembre 1869, Sir., 70, 2, 314. Cpr. Civ. cass., 13 octobre 1806, Sir., 7, 1, 923; Civ. rej., 8 novembre 1842, Sir., 43, 1, 33 ; Paris, 1er mars 1869, Sir., 69, 2, 139.

la force probante de l'acte, si elles ne sont que de forme. Que si elles portaient sur le fond même des clauses et conditions de la convention, il appartiendrait au juge de déterminer, d'après l'ensemble des énonciations des différents originaux et des circonstances de l'espèce, le sens et la portée de la convention, et surtout de rechercher si le défaut de conformité des originaux n'est pas le résultat d'une fraude pratiquée par l'une des parties au préjudice de l'autre [31].

La mention que l'acte a été fait en autant d'originaux qu'il y a de parties intéressées, remplit suffisamment le vœu de la loi, bien qu'elle ne soit pas accompagnée de l'indication du nombre de ces originaux [32].

La mention mensongère qu'un acte a été rédigé en plusieurs originaux, ne couvre pas le vice résultant de ce qu'en réalité cette formalité n'a pas été accomplie. Si donc il était reconnu qu'un acte n'a été rédigé qu'en un seul original, il devrait, nonobstant la mention contraire qui y serait contenue, être déclaré non valable [33].

Réciproquement, la circonstance qu'un acte aurait été, de fait, rédigé en plusieurs originaux, ne couvre pas le défaut de mention de l'accomplissement de cette formalité, en ce sens que si l'une des parties niait la rédaction de l'acte en double original, l'autre partie ne serait pas admise à prouver ce fait [34]. Mais il est bien entendu que celui des contractants qui produit lui-même l'original dont il a obtenu la remise, ne peut se prévaloir de l'absence de la mention requise par la loi [35].

---

[31] Larombière, IV, art. 1325, nᵒˢ 34 et 35. Demolombe, XXIX, 412. Cpr. Req. rej., 16 mai 1859, Sir., 59, 1, 66.

[32] Larombière, IV, art. 1325, nᵒ 27. Lyon, 18 février 1832, Sir., 33, 1, 757. Voy. cep. Colmet de Santerre, V, 288 bis; Demolombe, XXIX, 420.

[33] Cpr. Req. rej., 25 février 1835, Sir., 35, 1, 225 ; Bordeaux, 23 novembre 1843, Sir., 44, 2, 299.

[34] L'absence de la mention requise par la loi laisse les parties dans la même position où elles se trouveraient, si l'acte n'avait pas été rédigé en double, puisque chacune d'elles peut, en supprimant son original, nier que l'acte ait été fait double ; et toute preuve de ce fait devrait être rejetée comme non relevante. La Cour de Bourges (29 mars 1831, Sir., 32, 2, 82) n'est donc pas allée assez loin, lorsque, dans une espèce où l'une des parties avait offert de prouver par témoins que l'acte avait été fait double, elle n'a rejeté cette preuve que par application de l'art. 1341. Larombière, IV, art. 1325, nᵒ 29. Demolombe, XXIX, 416 et 418.

[35] Marcadé, sur l'art. 1325, nᵒ 2. Larombière, IV, art. 1325, nᵒ 28. Demo-

d. Le défaut de rédaction en double d'un acte sous seing privé contenant une convention synallagmatique, ou le défaut de mention de l'accomplissement de cette formalité, empêche que cet acte ne fasse pleine foi de la convention qu'il renferme. Mais cette irrégularité ne porte aucune atteinte à l'efficacité de la convention elle-même, lorsqu'il est établi, à l'aide d'autres moyens de preuve, qu'elle a été conclue d'une manière définitive [36].

Il en résulte que l'une des parties est admise à déférer à l'autre un serment litis-décisoire ou à la faire interroger sur l'existence d'une convention définitive, et même à prouver ce fait par témoins, si l'objet de la convention ne dépasse pas 150 francs [37].

Il y a mieux, l'acte non fait double, insuffisant pour prouver la convention synallagmatique qui s'y trouve contenue, peut cependant, suivant les circonstances, être considéré comme formant un commencement de preuve par écrit de nature à rendre admissible la preuve testimoniale, même au-dessus de 150 francs [38].

lombe, XXIX, 417. Grenoble, 8 avril 1829, Sir., 30, 2, 67. Req. rej., 25 février 1835, Sir., 35, 1, 225. Bordeaux, 23 novembre 1843, Sir., 44, 2, 299.

[36] D'après la jurisprudence du parlement de Paris, l'inobservation de la formalité du double viciait la convention dans son essence, et la faisait considérer comme non avenue à défaut de lien réciproque. On concluait logiquement de ce principe, que l'exécution même de la convention n'en opérait pas la confirmation. En rejetant cette conséquence, les rédacteurs du Code civil ont implicitement abandonné le principe d'où elle découlait. Ce qui prouve, d'ailleurs, qu'ils n'ont pas voulu consacrer, dans toute son étendue, la doctrine du parlement de Paris, c'est la rédaction même du 1er al. de l'art. 1325. En effet, cet article ne dit pas : *Les conventions synallagmatiques contenues dans des actes sous seing privé ne sont valables qu'autant que ces actes ont été faits, etc.* Il porte : *Les actes sous seing privé qui contiennent des conventions synallagmatiques ne sont valables, etc.*, ce qui indique clairement que, dans la pensée du législateur, la non-validité ne s'attache qu'au contenant, c'est-à-dire, à l'acte sous seing privé comme tel, et non au contenu, c'est-à-dire à la convention qu'il renferme. Tous les commentateurs du Code, à l'exception de M. Demolombe, sont d'accord sur ce point. Voy. notamment Toullier, VIII, 348 ; Merlin, *Rép.*, v° *cit.*, n° 8 ; Bonnier, II, 685 ; Marcadé, sur l'art. 1325, n° 1 ; Zachariæ, § 752, texte et note 12. Cpr. note 13 *supra*.

[37] Voy. les autorités citées à la note précédente ; Paris, 4 juin 1859, Sir., 59, 2, 542.

[38] La question de savoir si l'acte sous seing privé, non valable pour cause d'inobservation des formalités prescrites par l'art. 1325, peut du moins servir de commencement de preuve par écrit, est fortement controversée. La solution affir-

e. La non-validité d'un acte sous seing privé résultant, soit du défaut de mention de sa rédaction en plusieurs originaux, soit de ce qu'en réalité il n'a été rédigé qu'en un seul original[39],

mative, indiquée au texte, nous paraît se justifier par des considérations bien simples. Un acte signé par la partie à laquelle on l'oppose, présente incontestablement la première des conditions exigées par l'art. 1347, et quant au point de savoir si un pareil acte rend vraisemblable le fait allégué de la conclusion d'une convention définitive, il reste, de sa nature et de Droit commun, abandonné à l'appréciation des tribunaux. Pour dénier au juge le pouvoir d'appréciation en ce qui concerne les actes dont s'agit, il faudrait qu'il s'en trouvât exceptionnellement privé par une disposition formelle ou implicite de la loi. Or, il n'en est point ainsi : S'il est possible que l'absence d'un second original ait pour cause la non-conclusion définitive de la convention, il est tout aussi possible que ce fait tienne à d'autres motifs, et qu'en réalité la convention ait été définitivement conclue. Le législateur, en s'attachant à la première de ces suppositions pour refuser à l'acte rédigé en un seul original la force de prouver, d'une manière complète, l'existence de la convention, n'a cependant pas érigé cette supposition en présomption légale, et rien n'autorise à dire qu'il ait entendu interdire au juge la faculté de considérer, d'après les circonstances, l'acte non fait double, comme tendant à rendre vraisemblable l'allégation d'une convention définitive. On peut ajouter que le système contraire prêterait au législateur une inconséquence choquante, puisque, aux termes de l'art 1347, des énonciations plus ou moins précises contenues dans de simples lettres missives, même antérieures à l'époque assignée à la conclusion définitive de la convention alléguée, peuvent être admises comme en formant un commencement de preuve par écrit. Voy. en ce sens : Toullier, VIII, 322, IX, 84 et 85 ; Merlin, *Rép.*, v° Double écrit, n° 8, 3° ; Delvincourt, II, p. 615 ; Boncenne, *Théorie de la procédure*, IV, 197 ; Troplong, *De la vente*, I, 33 ; Solon, *Théorie des nullités*, II, 29 et suiv. ; Marcadé, sur l'art. 1347, n° 5 ; Bonnier, II, 689 ; Massé, *Droit commercial*, IV, 2432 ; Larombière, IV, art. 1325, n° 38 ; Pont, *Revue critique*, 1864, XXV, p. 181 ; Bordeaux, 3 mars 1826, Sir., 26, 2, 267 ; Besançon, 12 juin 1828, Sir., 28, 2, 274 ; Grenoble, 2 août 1839, Sir., 40, 2, 196 ; Nîmes, 18 novembre 1851, Sir., 52, 2, 363 ; Civ. rej., 28 novembre 1864, Sir., 65, 1, 5 ; Cpr. note 13 *suprà.* Voy. en sens contraire : Duranton, XIII, 164 ; Favard, *Rép.*, v° Acte sous seing privé, sect. I, § 2, n° 10 ; Chardon, *Du dol et de la fraude*, I, 125 ; Demolombe, XXIX, 429 ; Zachariæ, § 752, texte et note 11 ; Paris, 27 novembre 1811, Sir., 12, 2, 60 ; Colmar, 6 mars 1813, Sir., 13, 2, 275 ; Aix, 23 novembre 1813, Sir., 14, 2, 209 ; Amiens, 15 juillet 1826, Sir., 28, 2, 175 ; Bourges, 29 mars 1831, Sir., 32, 2, 82 ; Bastia, 11 juillet 1838, Dalloz, 1838, 2, 150.

[39] Le quatrième alinéa de l'art. 1325 ne parlant que du défaut de mention de la rédaction en double, on a voulu en conclure, par argument *à contrario*, que l'exécution de la convention couvre bien l'irrégularité résultant de l'absence

se couvre par l'exécution ultérieure, soit totale, soit même partielle, de la convention qu'il renferme [40].

Toutefois, si la convention n'avait été exécutée que par l'une des parties, sans que l'autre eût, en aucune façon, concouru ou participé à l'exécution, le vice de l'acte subsisterait quant à cette dernière, qui serait encore admise à l'opposer [41]. Art. 1325, al. 2. C'est ainsi, par exemple, que dans le cas d'une vente constatée par un acte sous seing privé non fait double, le paiement d'une partie du prix, versée par l'acquéreur entre les mains du vendeur lui-même, couvre le vice de l'acte à l'égard des deux parties, tandis que le paiement fait entre les mains d'un tiers, en vertu d'une délégation contenue dans l'acte, ne produit cet effet qu'à l'égard de l'acquéreur.

D'un autre côté, les faits d'exécution partielle, tels que le paiement d'un à-compte, n'effaceraient pas le vice dont il s'agit, s'ils étaient constatés par l'acte même [42].

de cette mention, mais n'efface pas le vice résultant de ce qu'en réalité l'acte n'a pas été fait double. Voy. en ce sens : Bruxelles, 2 décembre 1807, Sir., 8, 2, 76. Cet argument est fautif, puisqu'il tend à créer une exception au principe général posé par l'art. 1338, et qu'il n'existe aucun motif de distinguer, quant à l'application de ce principe, entre les deux hypothèses dont s'agit. Toullier, VIII, 333. Duranton, XIII, 161. Bonnier, II, 686. Marcadé, sur l'art. 1325, n° 2. Demolombe, XXIX, 425. Zachariæ, § 752, texte et note 8. Turin, 6 mai 1806, Sir., 6, 2, 661. Bruxelles, 22 avril 1812, Sir., 13, 2, 15. Civ. cass., 15 février 1814, Sir., 14, 1, 154. Req. rej., 1er mars 1830, Sir., 30, 1, 83. Req. rej., 29 mars 1852, Sir., 52, 1, 385. Req. rej., 29 juillet 1873, Sir., 74, 1, 360.

[40] Les faits d'exécution même partielle, mais postérieure à la signature de l'acte, écartent complétement la supposition qu'il n'a existé entre les parties qu'un simple projet de convention. Demolombe, XXIX, 438. Req. rej., 19 mars 1852, Sir., 52, 1, 385. Cpr. Riom, 13 juin 1855, Sir., 56, 2, 273.

[41] Le plus souvent, les faits d'exécution d'une convention synallagmatique sont communs aux deux parties, en ce que l'une d'elles reçoit ou accepte ce que l'autre paie ou livre ; et lorsqu'il en est ainsi, la convention doit être considérée comme ayant été exécutée par les deux parties. Toullier, VIII, 341. Duranton, XIII, 162.

[42] Un acte qui ne prouve pas, d'une manière complète, que les parties aient définitivement conclu la convention qu'il énonce, ne peut pas davantage prouver qu'elles aient entendu l'exécuter comme une convention définitivement arrêtée. Lors donc qu'un pareil acte constate le paiement d'un à-compte, on est conduit, par la force des choses, à n'envisager ce paiement que comme ayant été fait à valoir sur la convention que les parties se proposaient de con-

Le dépôt d'un acte sous seing privé non valable d'après l'art. 1325, fait entre les mains d'un notaire, ou même d'une personne privée chargée de le conserver ou d'en faire usage dans l'intérêt commun des parties, équivaut, de la part de celles qui ont concouru à ce dépôt, à l'exécution de la convention contenue dans l'acte [43]. Ainsi, lorsque le dépôt a été effectué, d'un commun accord, par les deux parties, le vice de l'acte se trouve purgé par rapport à toutes deux [44]. Si, au contraire, le dépôt n'avait été fait que par l'une des parties, l'irrégularité ne serait couverte qu'à son égard [45].

L'omission de la formalité du double ne serait pas réparée, d'une manière complète, par la notification, soit de l'acte même, soit de son dépôt en l'étude d'un notaire, que l'une des parties ferait à l'autre, avec déclaration qu'elle tient la convention pour

clure, c'est-à-dire dans une prévision qui ne s'est pas réalisée. Toullier, VIII, 335 et 337. Bruxelles, 2 décembre 1807, Sir., 8, 2, 76. Voy. aussi la note 24 *suprà*, et les autorités qui y sont citées. — Mais il est hors de doute, que si un acte sous seing privé non fait double ne prouve pas, d'une manière complète, l'existence d'une convention définitive, il n'en fait pas moins pleine foi des paiements qu'il constate, en tant qu'on les envisage comme faits à valoir sur la convention projetée entre les parties ; et la restitution de paiements ainsi faits peut être demandée au moyen d'une véritable *condictio, causa data, causa non secuta.* Larombière, IV, art. 1325, n° 32. Demolombe, XXIX, 39.

[43] En effet, le dépôt d'un acte sous seing privé fait pour le compte et dans l'intérêt commun de toutes les parties, exclut de la part de celles qui ont concouru à ce dépôt, l'idée d'un simple projet de convention. Cpr. les autorités citées aux notes 44 et 45 *infrà*. A cet égard, il n'y a pas de distinction à établir entre le cas où le dépôt a eu lieu dans l'étude d'un notaire, et celui où l'acte a été remis à un simple particulier. Larombière, IV, art. 1325, n° 42. Demolombe, XXIX, 442. Zachariæ, § 752, texte et note 13. Aix, 6 mars 1829, Sir., 29, 2, 303. Grenoble, 2 août 1839, Sir., 40, 2, 196. Req. rej., 29 mars 1852, Sir., 52, 1, 385. Civ. rej., 12 décembre 1871, Sir., 72, 1, 191. Voy. en sens contraire : Caen, 24 avril 1822, Sir., 25, 2, 169. — Si le porteur d'un acte fait en un seul original l'avait déposé entre les mains d'un tiers, non pour le compte de toutes les parties, mais uniquement dans son intérêt personnel, ce dépôt ne couvrirait pas, même à son égard, le vice de l'acte. Demolombe, XXIX, 443.

[44] Paris, 27 janvier 1806, Sir., 7, 2, 924. Req. rej., 25 février 1835, Sir., 35, 1, 225. Bordeaux, 23 novembre 1843, Sir., 44, 2, 299.

[45] Demolombe, XXIX, 436. Bourges, 27 juin 1823, Sir., 24, 2, 51. Bordeaux, 13 mars 1829, Sir., 29, 2, 170. Cpr. cependant : Req. rej., 20 décembre 1830, Sir., 31, 1, 38.

définitivement conclue et qu'elle entend l'exécuter. Le silence gardé par l'autre partie sur cette notification, ne constituant point de sa part une exécution de la convention, ne suffirait point pour couvrir à son égard le vice de l'acte [46].

De même, la remise de l'acte contenant un compromis, faite aux arbitres par l'une des parties, sans le concours de l'autre, ne couvre point, à l'égard de cette dernière, le vice résultant de l'inobservation de la formalité dont il s'agit [47].

Ce vice, du reste, ne se couvre point par la prescription de dix ans établie par l'article 1304 [48].

f. La disposition de l'art. 1325 ne s'applique point aux conventions synallagmatiques qui constituent, à l'égard de toutes les parties, des actes de commerce, peu importe, d'ailleurs, qu'elles soient ou non intervenues entre commerçants [49].

---

[46] Demolombe, XXIX, 440. Cpr. Bonnier, II, 687 ; Colmet de Santerre, V, 298 *bis*, V ; Larombière, IV, art. 1325, n° 41. — Toullier (VIII, 325) et Rolland de Villargues (*Rép. du notariat*, v° Double écrit, n° 51) enseignent le contraire, en se fondant sur un arrêt du parlement de Paris du 30 août 1777, rapporté par Merlin (*Rép.*, v° Double écrit, n° 2). Mais cette décision, rendue dans des circonstances toutes particulières, ne peut être suivie sous le Code civil. Il résulte, en effet, clairement du dernier alinéa de l'art. 1325, que si l'une des parties peut, par son fait, perdre le droit d'exciper de l'omission de la formalité du double, elle ne peut pas priver l'autre du bénéfice de cette exception. Vainement dit-on que la convention synallagmatique contenue dans un acte non fait double doit, pour le moins, avoir l'effet d'une offre faite par l'une des parties à l'autre, et que l'acceptation de l'offre rend le contrat parfait. Ce raisonnement repose sur une confusion évidente d'idées. En effet, l'art. 1325 s'occupe, non de la convention elle-même, mais uniquement de la force probante de l'acte qui la contient, et dès lors les règles sur la formation des contrats ne peuvent servir à l'interprétation de cet article.

[47] Toullier, VIII, 341. Larombière, IV, art. 1325, n° 30. Demolombe, XXIX, 437.

[48] Duranton, XIII, 165. Cpr. § 339, note 6.

[49] Cette exception résulte de l'art. 109 du Code de commerce, qui s'applique non-seulement aux achats et ventes, mais à toutes les conventions constituant des actes de commerce, et qui, d'un autre côté, ne distingue point entre le cas où de pareilles conventions sont intervenues entre commerçants et celui où elles ont eu lieu entre non-commerçants. Toullier, VIII, 342. Duranton, XIII, 149. Bonnier, II, 693. Larombière, art. 1325, n° 36. Trèves, 30 mai 1810, Sir., 7, 2, 924. Voy. en sens contraire : Massé, *Droit commercial*, IV, 2416. — Pardessus (*Cours de droit commercial*, I, 245) ne paraît admettre l'exception dont s'agit que pour les conventions intervenues entre commerçants.

Si une convention synallagmatique ne constituait un acte de commerce que par rapport à l'une des parties, l'acte sous seing privé destiné à la constater devrait, pour être valable quant à l'autre partie, être fait double.

D'un autre côté, la formalité du double doit être observée, toutes les fois qu'il s'agit de conventions synallagmatiques qui, quoique faites entre commerçants, et réglées par le Droit commercial, ne constituent cependant pas des actes de commerce[50]. C'est ce qui a lieu notamment pour les conventions constitutives de sociétés commerciales, soit proprement dites, soit en participation[51].

2° *Du bon pour ou approuvé*[52].

Tout acte sous seing privé contenant un engagement unilatéral de payer une somme d'argent ou de livrer une certaine quantité

---

[50] Toullier (VIII, 342) enseigne, par argument *à contrario* de l'art. 39 du Code de commerce, que l'art. 1325 est inapplicable à toutes les conventions qui rentrent dans le Droit commercial ; et Pardessus (*op. et loc. citt.*) semble être du même avis. Mais cette manière de voir nous paraît inexacte. L'art. 39 du Code de commerce ne rappelle, en effet, que transitoirement la disposition de l'art. 1325 du Code civil, et rien n'indique qu'en la déclarant applicable aux actes de société, le législateur soit parti de la supposition que, de sa nature, elle était étrangère à toute espèce de conventions réglées par le Droit commercial, et qu'il ait entendu établir une règle spéciale et tout exceptionnelle pour les actes de société. L'argument *à contrario* que l'on tire de l'art. 39 du Code de commerce est sans force et doit être rejeté, puisqu'il tend, en définitive, à créer une exception à une règle de Droit commun. Cpr. Code de commerce, art. 195, 282, 311 et 332.

[51] Colmar, 28 août 1816, Sir., 17, 2, 408. — La Cour de Lyon (18 décembre 1826, Sir., 27, 2, 194) a également appliqué l'art. 1325 à un acte sous seing privé qui contenait, de la part de l'un des créanciers d'une faillite, adhésion au concordat fait avec le failli.

[52] La formalité du *bon pour* ou *approuvé* a été empruntée à la déclaration du 22 septembre 1733, qui l'avait établie dans le but de mettre un terme aux abus de blancs-seings, dont les exemples étaient devenus très-fréquents. Cpr. note 5, *suprà*. On a fait observer, avec raison, que ce remède est en lui-même insuffisant, et que les exceptions admises pour les actes souscrits par des artisans, laboureurs, vignerons, gens de journée et de service, enlèvent à la loi toute utilité réelle, en laissant sans protection la classe la plus nombreuse de la société, et celle qui, précisément, aurait eu besoin d'une protection plus particu-

de choses qui se déterminent au compte, au poids, ou à la mesure[53], doit, à moins qu'il ne soit écrit en entier de la main de la partie obligée, être revêtu d'un *bon pour* ou *approuvé* écrit de sa main, et énonçant, en toutes lettres, la somme ou la quantité promise. Art. 1326.

Il importe peu, sous ce rapport, que l'acte soit signé par une seule personne ou par plusieurs, et que les divers signataires se soient obligés conjointement ou même solidairement. Ainsi, lorsque plusieurs personnes se sont engagées conjointement ou solidairement, la formalité dont s'agit doit, encore que le corps de l'acte soit écrit en entier de la main de l'un des obligés, être remplie par chacun des autres [54]. C'est ce qui a lieu notamment dans le cas où une femme mariée signe, avec son mari, un acte écrit en entier de la main de ce dernier [55].

lière contre les surprises et les abus de blancs-seings. Cpr. Toullier, VIII, 277 et suiv.; Duranton, XIII, 168. Du reste, il est à remarquer, d'une part, que la rédaction de l'art. 1326, plus large que celle de la déclaration de 1733, étend la formalité du *bon pour* à des actes qui, autrefois, n'y étaient pas soumis, et d'autre part, que la disposition de cet article est moins rigoureuse que celle de la déclaration de 1733, en ce qu'il ne prononce pas, comme cette dernière, la nullité des actes dans lesquels cette formalité n'a pas été remplie.

[53] C'est ainsi qu'il faut entendre les termes de l'art. 1326, *ou une chose appréciable*, termes qui, par leur généralité, semblent comprendre tout ce qui présente une valeur pécuniaire, mais dont le véritable sens est nettement indiqué par les mots qui suivent, *la somme ou la quantité de la chose.* L'art. 1326 est donc étranger aux actes qui constatent un engagement unilatéral de livrer une chose déterminée dans son individualité. Toullier, VIII, 303. Bonnier, II, 675. Marcadé, sur l'art. 1326, n° 1. Demolombe, XXIX, 462 et 463. Zachariæ, § 752, texte et note 17. — M. Duranton (XIII, 170) paraît être d'un avis contraire.

[54] Lorsque l'art. 1326 parle d'une promesse par laquelle *une seule partie s'engage envers l'autre*, cela doit s'entendre d'une promesse unilatérale, qu'elle soit souscrite par *un seul* ou par *plusieurs*, et non d'un engagement contracté par *une seule personne*. Toullier, VIII, 300 et 301. Duranton, XIII, 179. Marcadé, sur l'art. 1326, n° 2. Bonnier, II, 694. Larombière, IV, art. 1326, n° 6. Demolombe, XXIX, 458. Zachariæ, § 752, note 16. Bruxelles, 23 juillet 1811, Sir., 12, 2, 105. Civ. cass., 8 août 1815, Sir., 16, 1, 97. Voy. en sens contraire : Consultation de MM. Dupin, Tripier et Boulanger, Sir., 16, 1, 98 ; Bruxelles, 27 juin 1809, Sir., 9, 2, 407. Cpr. les autorités citées à la note suivante.

[55] Nouguier, *De la lettre de change*, I, p. 502. Demolombe, XXIX, 459. Zachariæ, *loc. cit.* Civ. cass., 8 août 1815, Sir., 16, 1, 97. Civ. cass., 6 mai

D'un autre côté, il n'y a, pour l'application de l'art. 1326, aucune distinction à faire, en raison, soit de la forme de l'acte, soit de la nature particulière de l'engagement et des circonstances dans lesquelles il a été contracté[56]. De là résultent, entre autres, les conséquences suivantes :

a. Un acte qui, en réalité, contient un engagement unilatéral, doit être revêtu du *bon pour* ou *approuvé,* lors même que les parties lui ont donné la forme d'un acte synallagmatique[57].

b. Les billets à ordre ou au porteur, souscrits par des non-commerçants, sont, comme de simples promesses, soumis à la formalité dont s'agit[58].

Il en est, en général, autrement pour les lettres de change[59].

1816, Sir., 16, 1, 227. Req. rej., 22 avril 1818, Sir., 19, 1, 195. Caen, 3 janvier 1827, Sir., 28, 2, 84. Voy. en sens contraire : Paris, 29 mars 1813, Sir., 14, 2, 78.

[56] La généralité des termes de l'art. 1326, et les motifs sur lesquels repose sa disposition, repoussent toute distinction. Ce qui ne laisse, d'ailleurs, aucun doute sur la portée de cet article, c'est la différence qui existe entre sa rédaction et celle de la déclaration de 1733. En effet, cette déclaration était ainsi conçue : « *Tous les billets sous signature privée, au porteur, à ordre, ou autrement, causés pour valeur en argent, seront de nul effet, etc.* ; » et l'on comprend que la doctrine et la jurisprudence aient assez généralement considéré cette disposition comme inapplicable à des actes qui, quoique constatant un engagement unilatéral, ne rentraient cependant pas dans l'énumération qui vient d'être rappelée, tels, par exemple, que des actes de constitution de rente ou de cautionnement. Mais en ajoutant au mot *billets,* dont le sens usuel est assez restreint, le mot générique de *promesses,* et en substituant aux expressions, *causés pour valeur en argent,* les termes généraux, *par lesquels une seule partie s'engage envers l'autre à lui payer une somme d'argent ou une chose appréciable,* les rédacteurs du Code civil ont clairement manifesté l'intention de soumettre indistinctement à la formalité du *bon pour,* tout acte sous seing privé contenant un engagement unilatéral de payer une somme d'argent, ou une certaine quantité de denrées ou marchandises.

[57] Toullier, VIII, 307. Marcadé, *loc. cit.* Demolombe, XXIX, 461. Zachariæ, § 752, note 6, *in fine.* Cpr. Civ. cass., 7 juin 1793, Sir., 1, 1, 34 ; Bordeaux, 3 janvier 1832, Sir., 32, 2, 204.

[58] Cpr. déclaration de 1733, et note 52, *suprà.* Merlin, *Rép.,* v° Ordre (billet à), § 1, art. 5. Duranton, XIII, 178. Pardessus, *Cours de Droit commercial,* I, 245. Nouguier, *op. cit.,* I, p. 500. Demolombe, XXIX, 474. Civ. cass., 27 janvier 1812, Sir., 12, 1, 144. Paris, 20 mars 1830, Sir., 31, 2, 174. Voy. en sens contraire : Liége, 14 avril 1813, Sir., 14, 2, 183.

[59] Arg. Code de commerce, art. 110. Merlin, *op. et* v° *citt.* Delvincourt, II, p. 614. Duranton, XIII, 176. Pardessus, *op. et loc. citt.* Larombière, IV,

Toutefois, si une lettre de change devait, à raison de circonstances quelconques, être réputée simple promesse, elle ne vaudrait qu'autant qu'elle porterait le *bon pour* ou *approuvé*[60]. C'est ce qui a lieu notamment, pour les lettres de change souscrites par des femmes qui ne sont pas marchandes publiques[61].

c. La formalité du *bon pour* est applicable aux arrêtés de compte, par lesquels une partie s'oblige à en payer le reliquat[62], aux actes de reconnaissance de dépôt[63], et aux actes de constitution de rente[64].

d. Cette formalité est exigée pour les actes qui contiennent un engagement accessoire, tel qu'un cautionnement, comme pour ceux qui renferment un engagement principal[65]. Elle n'est cependant pas nécessaire, lorsqu'il s'agit du cautionnement fourni, sous forme d'aval, par toute personne autre qu'une femme non mar-

---

art. 1326, n° 20. Bonnier, II, 676. Demolombe, XXIX, 472. Toulouse, 30 décembre 1829, Sir., 30, 2, 128. Montpellier, 20 janvier 1835, Sir., 35, 2, 336. Voy. en sens contraire : Nouguier, *op. cit.*, I, p. 73.

[60] Cpr. Code de commerce, art. 112. Duranton, XIII, 176. Voy. la note suivante.

[61] Cpr. Code de commerce, art. 113. Demolombe, XXIX, 473. Voy. aussi les autres auteurs cités à la note 59, *suprà.* Civ. cass., 17 août 1808, Sir., 8, 1, 492. Civ. cass., 26 mai 1823, Sir., 24, 1, 122.

[62] Merlin, *Rép.*, v° Billet, § 1, n° 9. Duranton, XIII, 172. Larombière, IV, art. 1326, n° 9. Demolombe, XXIX, 468. Zachariæ, § 752, texte et note 18. Bordeaux, 3 janvier 1832, Sir., 32, 2, 204. Voy. en sens contraire : Toullier, VIII, 306 ; Rolland de Villargues, *Rép. du notariat*, v° Approbation d'écriture, n° 18 ; Metz, 20 février 1811, Dev. et Car., *Coll. nouv.*, III, 2, 421 ; Angers, 9 août 1820, Sir., 21, 2, 180 ; Grenoble, 26 janvier 1826, Sir., 26, 2, 308.

[63] Toullier, VIII, 304. Duranton, XIII, 171. Demolombe, XXIX, 469. Civ. cass., 12 janvier 1814, Sir., 14, 1, 33.

[64] Duranton, XIII, 173. Larombière, *loc. cit.* Demolombe, XXIX, 470. Voy. en sens contraire : Toullier, VIII, 305 ; Rolland de Villargues, *op. et v°* *citt.*, n° 16. Cpr. Req. rej., 13 fructidor an XI, Sir., 4, 2, 25.

[65] Merlin, *op. et v° citt.*, § 1, n° 8. Duranton, XIII, 175. Favard, *Rép.*, v° Acte sous seing privé, sect. I, § 3, n° 8. Larombière, *loc. cit.* Demolombe, XXIX, 471. Zachariæ, *loc. cit.* Civ. cass., 21 août 1827, Sir., 28, 1, 60. Orléans, 14 janvier 1828, Sir., 28, 2, 106. Paris, 14 mai 1846, Sir., 46, 2, 299. Req. rej., 1er mars 1853, Sir., 55, 1, 212. Paris, 24 mai 1855, Sir., 55, 2, 574. Voy. aussi les autorités citées à la note suivante. Voy. en sens contraire : Paris, 13 mars 1816, Sir., 17, 2, 48 ; Lyon, 12 avril 1832, Sir., 33, 2, 428.

chande publique [66], pour garantie d'une lettre de change tirée, soit par un commerçant, soit par un non-commerçant, ou même d'un simple billet à ordre, mais émané d'un commerçant [67].

e. Enfin, la formalité du *bon pour* ou *approuvé* est requise même dans le cas où un engagement unilatéral, contracté à l'occasion d'une convention synallagmatique, se trouve constaté dans le même acte que cette dernière. C'est ainsi, par exemple, qu'un acte de bail, qui constate en même temps une avance faite par le bailleur au preneur, doit, quant à cette avance, être revêtu du *bon pour* ou *approuvé* [68].

La disposition de l'art. 1326 reste sans application, lorsque la somme ou la quantité promise ne peut être déterminée ou évaluée au moment de la souscription de l'acte [69].

---

[66] Arg. Code de commerce, art. 113. Merlin, *op. et loc. citt.* Pardessus, *Du contrat de change*, II, 316 et 317. Nouguier, *op. cit.*, I, 315. Nancy, 9 mars 1818, Sir., 18, 2, 274. Civ. cass., 18 février 1822, Sir., 22, 1, 318. Paris, 20 mars 1831, Sir., 31, 2, 174.

[67] Arg. Code de commerce, art. 141 et 187. Merlin, *op. et loc. citt.* Duranton, XIII, 176. Civ. cass., 25 janvier 1814, Dev. et Car., *Coll. nouv.*, IV, 1, 520.

[68] Duranton, XIII, 174. Paris, 15 ventôse an XIII, Sir., 5, 2, 550.

[69] Il résulte clairement de ces termes de l'art. 1326, *portant* EN TOUTES LETTRES *la somme ou la quantité*, que le législateur a eu en vue des engagements dont le montant serait susceptible d'être indiqué en chiffres ; et cela suppose que la somme où la quantité promise est déterminée et connue au moment de la signature de l'acte. Demolombe, XXIX, 464. Agen, 9 novembre 1823, Sir., 26, 2, 3. Douai, 25 novembre 1853, Sir., 54, 2, 696. Cpr. Req. rej., 6 février 1861, Sir., 62, 1, 72. On a cependant prétendu que les actes contenant un engagement indéterminé, devaient être revêtus d'une approbation écrite de la main du souscripteur, et énonçant *qu'il s'oblige pour une somme ou une quantité indéterminée ;* et que les actes portant, sans limitation de sommes ou de valeurs, cautionnement d'avances ou de marchandises à fournir à une personne pour le besoin de son commerce ou pour tout autre usage, devaient porter, de la main du signataire, des mentions conçues en ces termes, ou dans des termes analogues : *bon pour les avances ou les marchandises à fournir par Paul à Jacques.* Voy. en ce sens : Larombière, IV, art. 1326, n° 3 ; Zachariæ, § 752, note 19 ; Metz, 28 mars 1833, Sir., 35, 2, 49 ; Req. rej., 1er mars 1853, Sir., 55, 1, 212 ; Paris, 24 mai 1855, Sir., 55, 2, 574 ; Orléans, 24 décembre 1864, Sir., 65, 2, 213 ; Montpellier, 6 décembre 1865, Sir., 66, 2, 319 ; Poitiers, 17 juin 1867, Sir., 68, 2, 8. Civ. rej., 10 janvier 1870, Sir., 70, 1, 157. On peut dire, à l'appui de cette opinion, que l'inconvénient auquel le législateur a voulu obvier, existant pour les actes qui contiennent des engage-

Cette disposition est, d'ailleurs, étrangère aux endossements apposés, même par des non-commerçants, à des effets négociables, signés, soit par des commerçants, soit par des non-commerçants [70].

Elle est également étrangère aux quittances. Il en serait ainsi même dans le cas où, s'agissant de quittances délivrées par un mandataire ou un administrateur de la fortune d'autrui, les personnes dont il a géré les intérêts, s'en prévaudraient pour lui demander compte des paiements qu'elles constatent [71].

Un *bon pour* ou *approuvé* qui, au lieu d'énoncer en toutes lettres la somme ou la quantité promise, ne l'indiquerait qu'en chiffres, ne suffirait pas pour remplir le vœu de la loi. A plus forte raison, la simple approbation d'écriture, sans aucune indication de cette somme ou quantité, serait-elle insuffisante [72].

Par exception à la disposition générale qui vient d'être développée, les actes émanés de marchands [73], artisans, laboureurs [74],

---

ments indéterminés, comme pour ceux qui renferment des obligations dont le *quantum* se trouve fixé, l'approbation d'écriture est tout aussi nécessaire pour les uns que pour les autres, et que s'il est impossible, quant aux actes de la première espèce, d'accomplir cette formalité telle qu'elle est prescrite par l'art. 1326, il faut tout au moins la remplir dans les bornes du possible, eu égard à la nature des obligations que ces actes sont destinés à constater. Mais, quelque plausibles que soient ces raisons, nous ne pensons pas qu'on doive s'y arrêter. Exiger, pour les actes qui contiennent des engagements indéterminés, une approbation d'écriture dans les termes ci-dessus indiqués, c'est créer une formalité que l'art. 1326 n'a pas établie, et ajouter ainsi à la disposition de cet article. Or, par cela seul que cette disposition est exceptionnelle, elle ne doit pas être étendue, par analogie, à des hypothèses que la loi n'a pas prévues.

[70] Bonnier, II, 676. Cpr. Civ. cass., 7 thermidor an XI, Sir., 3, 2, 352.

[71] Duranton, XIII, 169. Demolombe, XXIX, 466. Paris, 11 thermidor an XIII, Sir., 5, 2, 304.

[72] Merlin, *Rép.*, v° Billet, § 1, n° 2. Larombière, IV, art. 1326, n° 15. Delombe, XXIX, 450. Civ. cass., 17 août 1808, Sir., 8, 1, 492. Civ. cass., 26 mai 1823, Sir., 24, 1, 22.

[73] Le terme *marchand* est pris *sensu lato*, et comprend les négociants, manufacturiers et banquiers. Cpr. *Discussion au Conseil d'Etat* (Locré, *Lég.*, XII, p. 216, n° 17). Demolombe, XXIX, 477. Zachariæ, § 752, texte et note 21.

[74] La qualité de laboureur, dans le sens de l'art. 1326, n'appartient qu'à ceux qui travaillent, de leur personne et avec leur famille, à la culture des terres, et qui tirent de ce travail leurs moyens d'existence. Larombière, IV, art. 1326, n° 23. Demolombe, XXIX, 481 et 482. Req. rej., 1er février 1836,

vignerons, gens de journée et de service, sont dispensés de la formalité du *bon pour* ou *approuvé*. Art. 1326, al. 2.

L'application de ces exceptions attachées à la profession ou qualité personnelle des souscripteurs, est indépendante de la nature, civile ou commerciale, de leurs engagements. Ainsi, le marchand est dispensé de l'observation de la formalité du *bon pour*, même pour des obligations purement civiles. Réciproquement, le laboureur, artisan, ou vigneron, en est dispensé, même pour les engagements présentant le caractère d'actes de commerce[75].

Mais le non-marchand, qui ne rentre d'ailleurs dans aucune des autres classes de personnes mentionnées au 2e alinéa de l'art. 1326, reste soumis, même en ce qui concerne des engagements ayant le caractère d'actes de commerce, à l'observation de la règle générale prescrite par cet article[76].

Pour juger si un acte qui, de sa nature, est soumis à la formalité dont s'agit, s'en trouve exceptionnellement affranchi en raison de la qualité du signataire, il faut exclusivement s'attacher à la profession que ce dernier avait à l'époque de la confection de l'acte[77]. Ainsi, les billets souscrits par un ancien commerçant, postérieurement à la cessation de son commerce, doivent être re-

---

Sir., 36, 1, 84. Req. rej., 17 février 1836, Sir., 36, 1, 160. Nîmes, 4 mai 1852, Sir., 53, 2, 106. — Du reste, ceux qui se trouvent dans cette condition doivent, quant à l'application de l'art. 1326, être rangés dans la classe des laboureurs, peu importe qu'ils cultivent leurs propres terres ou celles des autres, et qu'ils ne travaillent qu'avec leur famille, ou qu'ils aient à leur service des domestiques ou gens de journée. Zachariæ, § 752, texte et note 22. Paris, 7 janvier 1817, Sir., 18, 2, 36. Civ. cass., 23 février 1824, Sir., 24, 1, 194. Bordeaux, 22 juillet 1829, Sir., 29, 2, 341. Grenoble, 22 août 1829, Sir., 30, 2, 76. Nîmes, 4 janvier 1830, Sir., 30, 2, 184. Cpr. cep. Bourges, 21 avril 1866, Sir., 66, 2, 363.

[75] Duranton, XIII, 178. Bonnier, II, 676. Larombière, IV, art. 1326, nᵒˢ 20 et 21. Demolombe, XXIX, 478.

[76] *Exceptiones sunt strictissimæ interpretationis.* On ne devient pas marchand lorsque, sans faire du commerce sa profession habituelle, on souscrit accidentellement des engagements ayant le caractère d'actes de commerce. Art. 1ᵉʳ, C. de commerce. Demolombe, XXIX, 479. Zachariæ, § 752, note 21, *in fine*. Voy. en sens contraire : Larombière, IV, art. 1326, nᵒ 19.

[77] Toullier, VIII, 299. Duranton, XIII, 184. Larombière, IV, art 1326, nᵒ 25. Demolombe, XXIX, 484. Zachariæ, § 752, texte et note 24. Bruxelles, 28 février 1810, Sir., 11, 2, 225. Civ. cass., 11 août 1859, Sir., 60, 1, 47.

vêtus du *bon* ou *approuvé* [78]. Réciproquement, celui qui, pendant l'exercice de la profession de commerçant, a souscrit des billets non revêtus du *bon* ou *approuvé*, ne peut exciper de l'absence de cette formalité, quoiqu'il ait cessé de faire le commerce dès avant l'échéance de ces billets.

L'exception que reçoit, en raison de l'état ou de la profession de certaines classes de personnes, la règle posée par l'art. 1326, ne s'étend pas, de plein droit, aux femmes de ces personnes [79]. Ainsi, la femme d'un commerçant ou d'un artisan ne doit pas comme telle, et quant à l'application de cet article, être rangée dans la classe des marchands ou artisans [80]. Il en est de même de la femme d'un laboureur, à moins qu'à raison de circonstances particulières, elle ne doive être considérée comme exerçant elle-même l'état de laboureur [81].

Le défaut d'approbation d'un acte sous seing privé, contenant un engagement unilatéral, n'exerce aucune influence sur la validité de cet engagement [82]. La seule conséquence qui résulte de cette omission, c'est que l'acte ne forme point, par lui-même, preuve complète de l'engagement qu'il énonce.

Rien n'empêche donc qu'il ne puisse être considéré comme

[78] Il en est de même des billets signés par d'anciens artisans. Caen, 15 décembre 1824, Sir., 26, 2, 3. Voy. cep. en sens contraire : Paris, 18 février 1808, Sir., 7, 2, 786. — Si les billets avaient été souscrits par un ancien commerçant ou artisan, à une époque très-rapprochée de celle où il exerçait encore sa profession, et avant qne son changement de position fût généralement connu, ces billets pourraient être maintenus malgré l'absence du *bon* ou *approuvé*. Larombière et Demolombe, *locc. citt.*

[79] Civ. cass., 31 août 1859, Sir., 60, 1, 47.

[80] Arg. Code de commerce, art. 4 et 5, cbn. art. 113. Larombière, IV, art. 1326, n° 26. Demolombe, XXIX, 485. Zachariæ, § 752, note 25. Civ. cass., 12 janvier 1814, Sir., 14, 1, 33. Civ. cass., 6 mai 1816, Sir., 16, 1, 227. Civ. cass., 1er mai 1820, Sir., 20, 1, 416. Angers, 11 décembre 1823, Sir., 24, 2, 87.

[81] Demolombe, XXIX, 486. Caen, 3 janvier 1827, Sir., 28, 2, 84. Req. rej., 22 juillet 1828, Sir., 29, 1, 88. Req. rej., 26 février 1845, Sir., 45, 1, 731. Cpr. Zachariæ, § 752, note 25, *in fine;* Req. rej., 9 décembre 1839, Sir., 40. 1, 30. Voy. cep. Grenoble, 22 août 1829, Sir., 30, 2, 76; Lyon 12 décembre 1829. Sir., 31, 2, 225.

[82] Toullier, VIII, 281. Duranton, XIII, 187 et 188. Turin, 20 avril 1808, Sir., 9, 2, 309. Req. rej., 23 avril 1829, Sir., 29, 1, 366. Paris, 19 avril 1830, Sir., 31, 2, 69.

un commencement de preuve par écrit[83], de nature à rendre admissibles la preuve testimoniale et même de simples présomptions, ou à autoriser la délation d'un serment supplétif[84].

Lorsqu'un même billet a été souscrit à la fois par plusieurs personnes, dont les unes étaient dispensées de la formalité du *bon*

[83] Nous disons *qu'il ne puisse être considéré, etc.*, car les juges ne sont pas obligés d'admettre un acte irrégulier pour défaut de *bon* ou *d'approuvé*, comme commencement de preuve par écrit. Req. rej., 22 avril 1818, Sir., 19, 1, 195. Orléans, 24 décembre 1864, Sir., 65, 2, 213. Cpr. § 764, texte, n° 4.

[84] Arg. art. 1347 cbn. 1353 et 1367. Vainement objecterait-on que cette manière de voir tend à rendre à peu près illusoire la disposition de l'art. 1326. Cette objection est sans portée. La disposition de cet article a, même dans notre système, une sanction réelle et positive, en ce que l'omission de la formalité qu'il prescrit, enlève aux billets ou promesses la force probante qui, en règle générale, est attachée aux actes sous seing privé dont la signature est reconnue; de telle sorte que le juge n'est, ni obligé, ni autorisé à prononcer une condamnation sur le seul fondement de pareils billets ou promesses, et jouit d'un pouvoir discrétionnaire qui lui permet de les admettre ou de les rejeter, lorsque le créancier s'en prévaut comme constituant un commencement de preuve par écrit. Or, ce pouvoir discrétionnaire nous paraît être une garantie suffisante contre les dangers de surprise ou de fraude que l'art. 1326 a eu pour objet de prévenir. Frapper d'une inefficacité absolue les promesses ou billets non approuvés, ce serait dépasser le but de la loi, et permettre aux débiteurs de mauvaise foi de refuser l'exécution d'engagements dont la sincérité ressortirait cependant de toutes les circonstances de la cause. Merlin, *Rép.*, v° Billet, § 1. Toullier, VIII, 281. Duranton, XIII, 189 et suiv., Bonnier, II, 678. Demolombe, XXIX, 493. Zachariæ, § 752, texte et note 26 et 27. Paris, 18 février 1808, Sir., 7, 2, 786. Paris, 21 février 1815, Sir., 16, 2, 103. Civ. rej., 2 juin 1823, Sir., 23, 1, 294. Angers, 11 décembre 1824, Sir., 24, 2, 86. Grenoble, 14 mai 1828, Sir., 28, 2, 315. Lyon, 18 décembre 1828, Sir., 29, 2, 230. Civ. rej., 1er juillet 1828, Sir., 29, 1, 199. Req. rej., 4 février 1829, Sir., 29, 1, 196. Bordeaux, 31 mars 1830, Sir., 31, 2, 76. Req. rej., 4 mai 1831, Sir., 31, 1, 197. Req. rej., 21 mars 1832, Sir., 32, 1, 251. Metz, 28 mars 1833, Sir., 35, 2, 49. Req. rej., 18 novembre 1834, Sir., 35, 1, 393. Req. rej., 6 février 1839, Sir., 39, 1, 289. Req. rej., 26 février 1845, Sir., 45, 1, 731. Paris, 14 mai 1846, Sir., 46, 2, 299. Req. rej., 13 décembre 1853, Sir., 54, 1, 17. Civ. rej., 10 janvier 1870, Sir., 70, 1, 157. Lyon, 17 janvier 1871, Sir., 71, 2, 222. Req. rej., 15 juillet 1874, Sir., 75, 1, 290. Voy. en sens contraire : Delvincourt, II, p. 613 ; Civ. cass., 3 novembre 1812, Sir., 13, 1, 35 ; Paris, 5 décembre 1816, Sir., 17, 2, 399 ; Metz, 7 février 1823, Sir., 25, 2, 148 ; Amiens, 17 janvier 1823, Sir., 25, 2, 149 ; Bourges, 11 janvier 1825, Sir., 25, 2, 201 ; Lyon, 26 janvier 1828, Sir., 28, 2, 259.

pour, et les autres soumises à cette formalité, qu'elles ont omis de remplir, le billet, dépourvu de force probante en ce qui concerne ces dernières, fait foi contre les premières. Que si les souscripteurs qui se trouvaient dans l'exception, avaient été obligés, à raison, par exemple, d'une clause de solidarité, ou parce que l'engagement tombait sous l'application de l'une des dispositions de l'art. 1221, de payer au delà de la part qu'ils auraient eu à supporter dans la dette si le billet avait été également probant contre tous, ils seraient admis, pour exercer leur recours contre les souscripteurs à l'égard desquels la formalité était exigée, à prouver, conformément à ce qui vient d'être dit, que ces derniers se sont coobligés avec eux dans les termes énoncés au billet. Le créancier jouirait, cela est entendu, de la même faculté [85].

Du reste, l'omission de la formalité du *bon* ou *approuvé* ne se couvre point par la prescription de dix ans [86]. Elle ne se couvre même pas nécessairement par l'exécution partielle de l'engagement [87].

Lorsque la somme ou quantité portée au corps de l'acte est, ou plus forte, ou moindre, que celle qui se trouve indiquée dans le *bon* ou *approuvé*, l'engagement est censé n'avoir été contracté que jusqu'à concurrence de la somme ou quantité la plus faible, sauf la preuve du contraire, qui peut être administrée par témoins et même à l'aide de simples présomptions [88]. Art. 1327. Il en est

---

[85] Voy. dans le sens de ces propositions : Larombière, IV, art. 1326, n° 27 ; Demolombe, XXIX, 488.

[86] Duranton, XIII, 185. Cpr. texte et note 48, *supra*.

[87] Larombière, IV, art. 1326, n° 29. Demolombe, XXIX, 495. — Toullier (VIII, 302) enseigne le contraire, en se fondant sur le dernier alinéa de l'art. 1325. Mais l'argument d'analogie qu'il tire de cet article n'est pas concluant. Un paiement partiel fait en vertu d'un engagement constaté par un billet non approuvé, ne rend pas, par lui-même, certaine la somme ou la quantité de la chose due, comme l'exécution partielle d'une convention synallagmatique rend certaine la conclusion définitive de cette convention. Le souscripteur d'un billet non approuvé, qui a fait un paiement au créancier, peut, tout en avouant ce paiement, contester le chiffre de la dette énoncée au billet, à moins que ce chiffre ne se trouve établi par quelque autre acte émané du débiteur, ou par une quittance d'à-compte que celui-ci s'est rendu propre en l'acceptant et en la produisant, ou enfin qu'il ne s'agisse d'un paiement d'intérêts de nature à déterminer le *quantum* de la dette.

[88] Arg. art. 1347. Toullier, VIII, 207. Duranton, XIII, 193. Larombière, IV, art. 1327, n° 2. Demolombe, XXIX, 499. Zachariæ, § 752, texte et note 20.

ainsi, même dans le cas où le billet, revêtu *d'un bon pour* énonçant une somme ou quantité moins forte ou plus forte que celle qui est indiquée au corps de l'acte, serait écrit en entier de la main du débiteur [89].

II. *De la force probante des actes sous seing privé.*

a. Un acte sous seing privé, quoique valable en la forme, n'a de force probante qu'autant que la signature, et, le cas échéant, l'écriture, en est reconnue, ou qu'elle a été, au préalable, vérifiée en justice et déclarée sincère [90]. Arg. art. 1322. Il n'est cependant pas nécessaire que celui qui entend faire usage d'un acte sous seing privé, en demande formellement la reconnaissance ou la vérification préalable; il suffit que l'acte soit notifié ou opposé à la partie adverse, dont le silence équivaut à une reconnaissance [91].

Lorsqu'un acte sous seing privé est opposé à la personne même dont il porte en apparence la signature, elle est tenue, ou de la

---

[89] Cela résulte de ce que les mots « *est différente,* » employés dans l'art. 1327, s'appliquent à toute différence, qu'elle soit en plus ou en moins, et de ces termes : « lors même que l'acte ainsi que le *bon* sont écrits de la main de celui qui s'est obligé. » La disposition de l'art. 1327 est une application de la règle *Semper in obscuris, quod minimum est, sequimur.* L. 9, D. de R. J. (50, 17). Art. 1162. Demolombe, XXIX, 496 et 497.

[90] La différence qui existe, à cet égard, entre les actes authentiques et les actes sous seing privé, s'explique aisément. La signature des officiers publics qui peuvent être appelés à recevoir ou rédiger des actes de leur ministère, est réputée certaine et connue des tribunaux, soit par elle-même, soit, selon les cas, en vertu de la légalisation dont elle se trouve revêtue ; et l'on comprend dès lors que l'existence de la signature d'un officier public sur un acte de son ministère, soit considérée comme attestant ou garantissant la sincérité de la signature des parties qui figurent dans l'acte. Mais, lorsqu'il s'agit d'écritures privées, il n'existe aucun motif qui permette d'y ajouter foi, aussi longtemps que la signature n'en a pas été reconnue par ceux auxquels on les oppose, ou que la sincérité n'en a pas été établie contradictoirement avec eux. La partie qui produit un écrit privé, qu'elle prétend revêtu de la signature de la partie adverse, fait une allégation pure et simple, qu'elle est tenue de prouver. Toullier, VIII, 56 et 57, 190 à 192. Demolombe, XXIX, 270.

[91] Toullier, VIII, 229. Duranton, XIII, 113 et 114. Req. rej., 24 juin 1806, Sir., 7, 2, 770. Civ. cass., 7 janvier 1814, Sir., 14, 1, 138. Req. rej., 27 août 1835, Sir., 35, 1, 584. Cpr. Zachariæ, § 752, texte et note 29 ; Paris, 8 mai 1815, Sir., 16, 2, 7

reconnaître, ou de la dénier formellement [92]. Lors, au contraire, que l'acte est opposé, soit aux représentants ou ayants cause du prétendu signataire, soit à des tiers, ils peuvent se borner à déclarer qu'ils n'en connaissent pas la signature ou l'écriture. Art. 1323.

En cas de dénégation formelle, ou de simple méconnaissance de la signature ou de l'écriture d'un acte sous seing privé, le juge est tenu de statuer, avant toute condamnation, sur la sincérité de l'acte dénié ou méconnu. Art. 1324. A cet effet, il doit, même d'office, en ordonner la vérification [93], à moins qu'il ne trouve dans la cause des éléments de conviction suffisants pour former une décision, auquel cas il peut, sans ultérieure instruction, admettre l'acte en le déclarant sincère, ou le rejeter comme faux [94]. La règle qui vient d'être posée, s'applique non-seulement à l'hypothèse où un acte est dénié ou méconnu en entier, mais encore à celle où la dénégation ou la déclaration de non-reconnaissance ne porte que sur une partie de l'acte, que l'on prétend avoir été altérée [95].

---

[92] La simple déclaration de non-reconnaissance d'une signature n'équivaut pas à une dénégation formelle, et n'oblige pas le juge, lorsque cette déclaration émane de la personne même à laquelle on attribue la signature, de statuer expressément sur la sincérité de l'acte. Req. rej., 9 décembre 1839, Sir., 40, 1, 30.

[93] Zachariæ, § 752, note 31, in medio. Civ. cass., 10 juillet 1816, Sir., 16, 1, 334. Civ. cass., 15 juillet 1834, Sir., 34, 1, 649. Civ. cass., 6 février 1837, Sir., 37, 1, 201.

[94] L'art. 1324 n'est pas rédigé en termes assez impératifs pour que l'on puisse y voir une dérogation au principe que le juge est expert de droit. D'ailleurs, l'art. 195 du Code de procédure, et surtout l'art. 196 qui porte : le jugement qui autorisera la vérification, indiquent clairement que le législateur n'a pas entendu imposer au juge l'obligation d'ordonner la vérification, dans les formes tracées par le Code de procédure, de tout acte sous seing privé dénié ou méconnu. Boncenne, Théorie de la procédure civile, III, p. 486. Chauveau, sur Carré, Lois de la procédure civile, I, quest. 803 ter. Zachariæ, § 752, note 31, in principio. Civ. rej., 25 août 1813, Sir., 15, 1, 131. Req. rej., 11 février 1818, Sir., 18, 1, 304. Req. rej., 9 février 1830, Sir., 30, 1, 235. Req. rej., 14 mars 1837, Sir., 37, 1, 199. Req. rej., 24 mai 1837, Sir., 37, 1, 519. Req. rej., 3 décembre 1839, Sir., 40, 1, 190. Req. rej., 9 décembre 1839, Sir., 40, 1, 30. Req. rej., 3 juillet 1850, Sir., 50, 1, 705. Voy. en sens contraire : Rauter, Cours de procédure civile, n° 198.

[95] Req. rej., 4 février 1836, Sir., 36, 1, 81.

La vérification d'écriture peut se faire par titres, par experts, ou par témoins. Le juge est libre d'ordonner, soit cumulativement, soit succesivement, ces trois modes de vérification, ou de se dé-terminer d'après un seul de ces moyens [96]. Code de procédure, art. 195.

Du reste, la reconnaissance d'un acte sous seing privé peut être provoquée, soit par voie incidente, à l'occasion d'une demande en condamnation fondée sur cet acte, ou dans le cours de toute autre instance, soit par action principale [97].

Les actes sous seing privé reconnus par ceux auxquels on les oppose, ou judiciairement tenus pour reconnus, ont, tant entre les parties qui les ont signés et leurs successeurs ou ayants cause, qu'à l'égard des tiers, la même foi que les actes authentiques, en ce qui concerne la réalité et la sincérité de la convention ou du fait juridique qu'ils ont pour objet de constater, et des énoncia-tions relatives à ce fait ou à cette convention [98]. Art. 1322 cbn. art. 1319 et 1320.

Lorsque la partie à laquelle on oppose un acte sous seing privé dont elle reconnaît la signature, ou dont la signature a été tenue pour reconnue, allègue que l'écriture de cet acte a été altérée, ou qu'il contient un faux intellectuel, elle est encore admise à l'atta-quer par voie d'inscription de faux. Code de procédure, art. 214.

Que si un acte sous seing privé, portant reconnaissance d'une dette, se trouvait bâtonné ou cancellé, il ne pourrait être opposé, comme prouvant la dette, à celui qui l'a souscrit et qui soutien-drait s'être libéré [59].

b. A la différence des actes authentiques, les actes sous seing privé ne font, même entre les parties et leurs héritiers ou ayants cause, foi de leur date que jusqu'à preuve contraire, la-

<hr/>

[96] Colmar, 12 juillet 1807, Sir., 13, 2, 337. Civ. rej., 13 novembre 1816, Dev. et Car., *Coll. nouv.*, V, 1, 246. Angers, 15 décembre 1819, Sir., 20, 2, 299. Angers, 5 juillet 1820, Sir., 23, 2, 17. Req. rej., 19 décembre 1827, Sir., 28, 1, 295. Montpellier, 3 mars 1828, Sir., 28, 2, 153.

[97] Voy. sur la demande principale en reconnaissance de signature : Code de procédure civ., art. 193 et 194 ; L. du 23 septembre 1807 ; Code civil, art. 2123 ; § 265, texte, n° 2, *in fine.*

[98] On doit appliquer, sous ce rapport, aux actes sous seing privé, les règles dé-veloppées, au § 755, texte, n° 2, lett. *b.* Zachariæ, § 752, texte et note 32.

[99] Grenoble, 17 décembre 1858, Sir., 59, 2, 433. Cpr. Req. rej. 11 mai 1819, Sir., 20, 1, 84.

quelle, d'ailleurs, peut être administrée même à l'aide de simples présomptions [100].

D'un autre côté, les actes sous seing privé ne font foi de leur date à l'égard des tiers que du jour où cette date est devenue légalement certaine, soit par l'enregistrement, soit par la mort de l'une des personnes qui les ont signés, soit par la relation de leur substance dans un acte authentique. Art. 1328 [101].

On doit, dans cette matière, considérer comme tiers, tous ceux qui n'ont pas figuré dans l'acte sous seing privé dont il s'agit d'apprécier la force probante, et qui se trouvent, soit en vertu de la loi, soit en vertu d'une convention passée ou d'une disposition faite par l'une des parties signataires, investis, en leur propre nom, de droits réels ou personnels, dont l'existence ou l'efficacité serait compromise, si la convention ou le fait juridique constaté par cet acte pouvait leur être opposé [102]. Au contraire, on doit considérer comme représentants ou ayants cause des parties qui ont figuré dans l'acte, tous ceux qui, n'ayant à faire valoir aucun droit qui leur soit propre, n'élèvent de prétentions que du chef de l'une des parties, et comme lui ayant succédé à titre universel, ou comme exerçant ses droits et actions, conformément à l'article 1166 [103].

---

[100] Il serait impossible de soutenir, avec quelque apparence de raison, que les parties qui ont figuré dans un acte sous seing privé, et leurs héritiers ou ayants cause, ne sont admis à en contester la date qu'à l'aide d'une inscription de faux. Si, dans les actes authentiques, une antidate constitue toujours un faux, il n'en est pas de même dans les actes sous seing privé. Et, comme les parties et leurs héritiers ou ayants cause n'ont d'intérêt à contester la date, qu'autant qu'ils soutiennent que l'acte a été antidaté dans le but de voiler une fraude quelconque, ils sont, aux termes de l'art. 1353, admis à établir leurs allégations, même au moyen de simples présomptions. Demolombe, XXIX, 508. — Cpr. cependant quant à la date des testaments olographes · § 669, texte et notes 9 à 13.

[101] Cpr. sur cet article: Serrigny, *Revue de Droit français et étranger*, 1846, III, p. 532; Marinier, *Revue pratique*, 1856 et 1857, I, p. 490; II, p. 73 et 262; 1859, VIII, p. 281, 453 et 523; 1860, X, p. 139; 1861, XII, p. 24, 189 et 282.

[102] L'explication donnée au texte sur les personnes qui, dans cette matière, sont à considérer comme des tiers, se justifie par les applications spéciales que la loi a faites, dans les art. 1410, 1743 du Code civil, et 684 du Code de procédure, du principe posé en l'art. 1328.

[103] Duranton, XIII, 133. Zachariæ, § 752, texte et note 40.

De ces deux propositions découlent, pour l'application des art. 1322 et 1328, les conséquences suivantes :

a. Les actes sous seing privé font foi de leur date à l'égard des héritiers ou successeurs universels des parties, toutes les fois qu'ils agissent ou qu'ils sont recherchés en cette qualité [104].

Cette règle reçoit son application, alors même qu'il s'agit d'actes constatant des conventions ou déclarations qui ne lieraient pas les héritiers ou successeurs universels de l'une des parties, si elles avaient été passées ou faites à une époque postérieure à la date indiquée dans ces actes [105].

Ainsi, les actes sous seing privé souscrits par une personne qui a été frappée d'interdiction ou pourvue d'un conseil judiciaire, sont opposables à ses héritiers, lorsqu'ils portent une date antérieure à l'interdiction ou à la nomination du conseil judiciaire, bien qu'ils n'aient acquis date certaine que depuis cette époque [106].

---

[104] Voy. cep. en ce qui concerne les héritiers bénéficiaires, agissant en qualité de créanciers ou de successeurs à titre particulier du défunt : texte et note 109, *infrà.*

[105] Cpr. les deux notes suivantes. — A l'occasion d'un pourvoi formé contre un arrêt de la Cour de Bordeaux du 30 janvier 1834, les demandeurs en cassation se sont efforcés d'établir que le principe, d'après lequel les actes sous seing privé font foi de leur date entre ceux qui les ont souscrits et leurs héritiers ou ayants cause, ne s'applique qu'aux actes pour lesquels la capacité des parties contractantes n'a pas varié, et qu'elles auraient pu passer à quelque époque et dans quelque circonstance que ce fût. Cette thèse était évidemment erronée. Aussi la Cour de cassation n'a-t-elle eu garde de la consacrer. En cassant l'arrêt contre lequel le pourvoi était dirigé, pour fausse application de l'art. 1322, et pour violation des art. 1328 et 1595, elle s'est fondée sur ce que la disposition finale de ce dernier article, en réservant les droits des héritiers qui attaqueraient des ventes entre époux comme renfermant des avantages indirects, établit, pour ce cas, en leur faveur, une exception à l'art. 1322, et les assimile aux tiers. Voy. Civ. cass., 31 janvier 1837, Sir., 37, 1, 533. Ainsi cet arrêt n'a rien de contraire à la proposition émise au texte.

[106] La question de savoir si l'art. 1322 est ou non applicable aux actes souscrits par une personne qui a subi un changement d'état, par suite, soit d'une interdiction légale ou judiciaire, soit de la nomination d'un conseil judiciaire, et si en conséquence c'est à cette personne ou à ses représentants à établir l'antidate des actes sous seing privé qu'on leur oppose, ou si c'est au contraire à ceux qui se prévalent de ces actes à prouver la sincérité de la date, est vivement controversée. Dans le principe, la jurisprudence s'était assez généralement prononcée pour la dernière solution, en se fondant sur cette idée, qu'à peine de

Ainsi encore, un acte sous seing privé, portant constitution d'une rente viagère, fait foi de sa date à l'égard des héritiers de la personne au profit de laquelle la rente a été constituée, bien qu'il n'ait pas acquis date certaine avant les vingt jours qui ont précédé la mort de cette personne [107].

Que si les héritiers de l'une des parties qui ont figuré dans un acte sous seing privé, agissent en vertu d'un droit qui leur appartient de leur propre chef, par exemple, d'un droit de réserve, et qu'ils attaquent cet acte, comme contenant des avantages indirects excédant la quotité disponible, ils ne sont plus les ayants cause du défunt, mais des tiers, et peuvent, par conséquent, se prévaloir de la disposition de l'art. 1328 [108].

Il en est de même de l'héritier bénéficiaire, lorsqu'il agit, non

rendre illusoire le jugement d'interdiction ou de nomination de conseil judiciaire, il fallait, de toute nécessité, admettre une présomption d'antidate pour tous les actes sous seing privé souscrits par un interdit ou par un individu pourvu d'un conseil judiciaire. Cette doctrine était contraire au double principe, que la présomption milite en faveur du titre, et que la fraude ne se présume pas. Elle présentait, d'ailleurs, le grave inconvénient de frapper d'inefficacité des titres en apparence réguliers et valables, par cela seul qu'ils n'avaient point acquis date certaine avant le changement d'état du débiteur. Aussi la jurisprudence la plus récente paraît-elle avoir abandonné ces errements, pour en revenir à l'opinion indiquée au texte. Et l'on doit d'autant moins hésiter à adopter cette opinion, qu'elle n'a nullement pour résultat de rendre illusoire la mesure de l'interdiction ou de la nomination d'un conseil judiciaire. En effet, la preuve de l'antidate, qui peut, en pareil cas, s'administrer par témoins et même à l'aide de simples présomptions, sera le plus souvent facile à établir d'après les circonstances mêmes de la cause. Voy. en ce sens : Bonnier, II, 696 ; Bédarrides, *Du dol et de la fraude*, III, p. 32 et 33 ; Marinier, *op. cit.*, I, p. 495 à 500, nos 11 à 13 ; Larombière, IV, art. 1322, n° 7 ; Demolombe, XXIX, 512 et 513 ; Req. rej., 22 mars 1825, Sir., 26, 1, 204 ; Bourges, 4 janvier, 1831, Sir., 31, 2, 288 ; Req. rej., 17 mai 1831, Sir., 35, 1, 85 ; Colmar, 30 juillet 1831, Sir., 32, 2, 269 ; Req. rej., 8 mars 1836, Sir., 36, 1, 236 ; Nancy, 24 mai 1842, Dalloz, 1842, 2, 185. Voy. en sens contraire : Paris, 10 mai 1810, Sir., 14, 2, 266 ; Req. rej., 8 juillet 1816, Sir., 17, 1, 150 ; Nancy, 5 juin 1828, Sir., 29, 2, 236 ; Rouen, 22 juillet 1828, Sir., 29, 2, 208 ; Civ. cass., 4 février 1835, Sir., 35, 1, 83 ; Paris, 26 juin 1838, Sir., 38, 2, 417. Cpr. aussi Delvincourt, I, p. 326 ; Duranton, III, 772 ; Zachariæ, § 127, note 3.

[107] Voy. les autorités citées à la note 17 du § 388.

[108] Larombière, IV, art. 1328, n° 31. Demolombe, XXIX, 524. Paris, 11 mai 1816, Sir., 17, 2, 10. Cpr. Civ. cass., 31 janvier 1837, Sir., 37, 1, 533.

à titre d'héritier, mais en qualité de créancier ou de successeur particulier du défunt [109].

b. Un acte sous seing privé ne fait pas foi de sa date contre les successeurs particuliers, soit à titre onéreux, soit à titre gratuit, de l'une des parties qui y ont figuré, en tant qu'on voudrait leur opposer les conventions ou déclarations contenues dans cet acte, comme étant antérieures à leurs propres titres [110].

[109] Cpr. § 618, texte, n° 1, lett. *e*, et note 13. Marinier, *op. et loc. citt.* Demolombe, XXIX, 523.

[110] Merlin, *Quest.*, v° Tiers, § 2. Grenier, *Des hypothéques*, II, 354. Duranton, XIII, 129 et suiv. Du Caurroy, *Dissertation*, *Thémis*, III, p. 49 et suiv., V, p. 6 et suiv. Troplong, *Des hypothèques*, II, 529. Bonnier, II, 700. Marcadé, sur l'art. 1328. Duvergier, *De la vente*, I, p. 24 et suiv. De Fréminville, *De la minorité*, I, 519 bis. Marinier, *Revue pratique*, 1859, VIII, p. 413 et suiv. Larombière, IV, art. 1328, n°s 2 à 7. Demolombe, XXIX, 526 à 531. Zachariæ, § 752, texte et notes 42 et 44. Civ. rej., 31 janvier 1843, Sir., 43, 1, 616. Voy. aussi les arrêts cités aux deux notes suivantes. — Toullier, (VIII, 245 et suiv., et X, p. 576 et suiv.) a soutenu la doctrine contraire, avec beaucoup d'insistance et de vivacité. Selon lui, les successeurs à titre particulier étant les ayants cause de leur auteur, les actes sous seing privé souscrits par ce dernier, font foi de leur date contre eux. Mais toute son argumentation part de la supposition que le mot *ayant cause* a une signification précise et invariable ; et cette supposition est inexacte. Le sens de ce terme est, en effet, essentiellement relatif, et se détermine *secundum subjectam materiam*, c'est-à-dire d'après l'esprit de la règle qu'il s'agit d'appliquer, et d'après le point de vue sous lequel il convient d'envisager, eu égard à cette règle, la position de telles ou telles personnes. Or, comme il est hors de doute que la règle consacrée par l'art. 1328 a été admise dans le but de protéger les successeurs à titre particulier et les créanciers saisissants contre le danger d'antidates que leur auteur ou débiteur pourrait se permettre, en fraude de leurs droits, dans des actes sous seing privé passés après coup, il faut reconnaître que les successeurs à titre particulier qui repoussent un acte sous seing privé émané de leur auteur, comme ayant été antidaté, sont, sous ce rapport et quant à l'application de l'art. 1328, de véritables tiers, et non des ayants cause, à l'égard desquels cet acte puisse faire foi de sa date. D'ailleurs, n'est-il pas évident que si le successeur à titre particulier doit être traité comme ayant cause, toutes les fois qu'il agit contre des personnes qui, sans contester son propre titre, soutiennent que son auteur ne jouissait pas des droits qu'il entend exercer du chef de ce dernier, il ne saurait en être de même, lorsqu'un successeur particulier se trouve en face de personnes qui contestent l'efficacité de son titre, en prétendant avoir acquis, antérieurement à lui, et de son auteur, tout ou partie des droits faisant l'objet du titre que celui-ci a concédé? Dans la première de ces hypothèses, le successeur particulier se prévaut des droits de son auteur, et les exerce comme

Ainsi, en cas de collision entre deux acquéreurs successifs du même immeuble, l'un par acte sous seing privé, l'autre par acte authentique, et dont aucun n'a fait transcrire son titre, le premier ne peut se prévaloir de l'antériorité apparente de son titre, si l'acte dont il est porteur n'a pas reçu date certaine avant la passation de l'acte authentique du second acquéreur [111].

Ainsi encore, en cas de concours, entre un donataire et un tiers auquel le donateur a, par acte sous seing privé, cédé des droits quelconques sur les objets donnés, ce tiers ne peut opposer son titre au donataire, à moins que l'acte dont il est porteur n'ait reçu date certaine avant la donation [112].

les tenant de ce dernier ; dans la seconde, au contraire, il invoque son propre titre, et le défend contre des actes par lesquels son auteur aurait cherché à y porter atteinte. Entre deux parties qui invoquent, l'une contre l'autre, des titres émanés d'une même personne, pour réclamer, sur les mêmes objets, des droits qui s'excluent ou se restreignent, la difficulté est précisément de savoir laquelle des deux se trouve réellement aux droits de l'auteur commun ; et il est contraire à toute logique de les considérer, pour la solution de cette question qui doit se résoudre par l'antériorité de titre, comme étant, l'une à l'égard de l'autre, les ayants cause de leur auteur commun, ou, en d'autres termes, comme se trouvant toutes les deux aux droits de ce dernier. Nous ajouterons que l'art. 1743 ne peut laisser aucun doute sur le véritable sens de l'art. 1328. C'est en vain que, pour écarter l'argument péremptoire qui en résulte, Toullier prétend qu'on ne doit pas voir dans la disposition de cet article une application des art. 1322 et 1328, mais une exception toute spéciale aux règles qu'ils établissent. Les termes, *qui a un bail authentique ou dont la date est certaine*, insérés dans l'art. 1743 sous une forme simplement incidente, prouvent clairement que le législateur n'a entendu faire, pour le cas de vente d'un immeuble affermé, qu'une application de la règle générale ; et il serait impossible d'indiquer une raison quelconque qui eût pu motiver, pour ce cas, une dérogation au Droit commun. Aussi la doctrine de Toullier a-t-elle été repoussée par une jurisprudence à peu près constante, et se trouve-t-elle aujourd'hui généralement abandonnée. Cpr. les arrêts cités aux notes suivantes. Les dissidences qui existent encore sur cette matière, ne portent pas sur le fond de la doctrine, mais seulement sur des questions de détail.

[111] Voy. les auteurs cités à la note précédente. Toulouse, 7 juillet 1831, Sir., 32, 2, 646. Bastia, 24 juin 1833, Sir., 33, 2, 604.

[112] Larombière, IV, art. 1328, n° 8. Demolombe, XXIX, 533. Zachariæ, § 752, texte et note 43. Grenoble, 9 mai 1833, Sir., 33, 2, 506. Il en serait ainsi, même dans le cas où il s'agirait d'une donation entre-vifs de tous biens présents, puisque le donataire ne serait toujours qu'un successeur à titre particulier. Cpr. § 577, texte, n° 2, et note 8 ; § 698, texte et note 2, § 706, texte

Le même principe appliqué, dans toute sa rigueur, aux quittances sous seing privé délivrées par un créancier qui a fait cession de sa créance, conduirait à décider que ces quittances ne peuvent être opposées au cessionnaire qu'autant qu'elles ont acquis date certaine avant la signification de la cession, ou son acceptation par acte authentique[113].

Toutefois, cette conséquence semble devoir être tempérée dans la pratique, en ce sens que les tribunaux peuvent, eu égard aux circonstances de la cause, et alors du moins que le débiteur cédé a excipé de sa quittance au moment même de la signification du transport ou immédiatement après, admettre cette quittance comme établissant suffisamment sa libération, quoiqu'elle n'ait pas acquis date certaine avant la signification du transport[114].

et note 2 ; § 733, texte et note 6. — Les actes sous seing privé constatant des engagements contractés par le donateur, font-ils foi de leur date contre le donataire chargé du paiement des dettes du donateur ? Voy. pour la négative : Nancy, 14 février 1828, Sir., 29, 2, 192 ; Caen, 15 janvier 1849, Sir. 49, 2, 689 ; et les autorités citées à la note 8 du § 706. Cpr. cependant Bordeaux, 19 novembre 1836, Sir., 37, 2, 481.

[113] Les Cours de Lyon (31 décembre 1823, Sir., 25, 2, 149), de Bordeaux (26 juin 1840, Sir., 41, 2, 53), et de Limoges (17 août 1841, Sir., 42, 2, 313) ont jugé que le cessionnaire était l'ayant cause du cédant dans le sens de l'art. 1322. Cette doctrine se trouve suffisamment réfutée par les développements donnés à la note 110 ci-dessus : la circonstance que la cession porte sur un objet incorporel, tandis que la vente proprement dite s'applique à des choses corporelles, ne peut justifier la distinction que ces arrêts établissent, quant à l'application de l'art. 1328, entre le cessionnaire et l'acquéreur d'une chose corporelle. D'ailleurs, si le cessionnaire était réellement l'ayant cause du cédant, il en résulterait que tous les actes sous seing privé par lesquels le cédant et le débiteur auraient pactisé au sujet de la créance cédée, seraient opposables au cessionnaire, bien qu'il n'eussent pas reçu date certaine avant la signification de la cession, ou son acceptation dans un acte authentique ; et cette conséquence est évidemment inadmissible. Art. 1690. Larombière, IV, art. 1328, n°s 27 à 29. Demolombe, XXIX, 537 et 551. Bruxelles, 15 novembre 1809, Sir., 10, 2, 282. Nîmes, 11 février 1822, Sir., 23, 2, 135. Civ. cass., 23 août 1841, Sir., 41, 1, 756. Rouen, 31 mai 1843, Sir. 43, 2, 355. Bordeaux, 21 mars 1846, Sir., 46, 2, 545.

[114] L'application rigoureuse de l'art. 1328, dans l'hypothèse prévue au texte, serait contraire à l'usage, constamment suivi, de se contenter de quittances non enregistrées, et entraînerait la nécessité de faire enregistrer toute pièce destinée à constater une libération, ce qui ne laisserait pas de présenter de graves inconvénients. Cpr. Delvincourt, III, p. 170 ; Duranton, XVI, 504 ; Troplong, De

Ce tempérament devrait surtout être admis, s'il s'agissait de quittances d'intérêts, de fermages, ou de loyers, opposées au cessionnaire du capital, ou à l'acquéreur des immeubles loués [115].

Mais il ne saurait être étendu à des conventions de remise, de novation, de transaction ou autres, passées entre le cédant et le débiteur cédé [116].

c. Les actes sous seing privé font foi de leur date à l'égard des créanciers des parties, lorsqu'ils ne font pas valoir des droits distincts de ceux de leur débiteur, sauf à eux à repousser ces actes comme frauduleusement antidatés, mais à la charge alors de faire la preuve de l'antidate, qu'ils peuvent d'ailleurs administrer même à l'aide de simples présomptions [117].

Cette règle s'applique même aux créanciers d'un commerçant tombé en faillite. En conséquence, les actes sous seing privé faits par le failli avant l'ouverture de la faillite, et contenant notamment, rétrocession de biens achetés pour le compte d'un tiers, cession de droits successifs, dispense de protêt, sont opposables aux créanciers, bien qu'ils n'aient pas acquis date certaine avant la faillite [118].

Au contraire, les actes sous seing privé ne font pas foi de leur date contre les créanciers des parties, lorsque, par une circonstance quelconque, ils ont acquis sur les biens de leur débi-

---

la vente, II, 920 ; Duvergier. *De la vente*, II, 224 ; Marcadé, sur l'art. 1328, n° 5, et sur les art. 1689 à 1691, n° 5 ; Larombière, *loc. cit.* ; Pont, *Des petits contrats*, II, 1109 ; Demolombe, XXIX, 538 à 540 ; Zachariæ, § 752, note 41 ; Civ. cass., 23 août 1841, Sir., 41, 1, 756 ; Rouen, 31 mai 1843, Sir., 43, 2, 355.

[115] Toullier, VII, 84. Duvergier, *Du louage*, I, 385. Turin, 26 février 1812, Sir., 13, 2, 45. Besançon, 15 février 1827, Sir., 27, 2, 138.

[116] Les raisons données à la note 114, *suprà*, ne s'appliquent point à de pareilles conventions, qui ne constituent pas, comme le paiement, des actes nécessaires et de simple administration. Voy. les autorités citées à la note 110 suprà. — *Quid* de la date des quittances subrogatoires ? Voy. § 321, texte et notes 7 et 8.

[117] Bonnier, II, 697. Larombière, IV, art. 1328, n° 36. Demolombe, XXIX, 543. Paris, 12 mai 1857, Sir., 57, 2, 747. Req. rej., 7 avril 1858, Sir., 58, 1, 810. Req. rej., 23 juillet 1866, Sir., 66, 1, 404.

[118] Req. rej., 15 juin 1843, Sir., 43, 1, 467 et 471. Douai, 1er mars 1851, Sir., 51, 2, 309. Civ. cass., 4 juillet 1854, Sir., 54, 1, 469. Civ. cass., 15 mars 1859, Sir., 59, 1, 193. Civ. cass., 28 juin 1875, Sir., 75, 1, 309. Voy. cep. Req. rej., 18 janvier 1859, Sir., 59, 1, 209.

teur, avant que la date des actes sous seing privé qu'on leur oppose soit devenue certaine, des droits réels ou personnels dont tout créancier ne jouit pas en cette seule qualité, ou lorsque, exerçant des droits qu'ils tiennent de la loi et non de leur débiteur, ils agissent bien moins au nom et du chef de ce dernier que contre lui.

Ainsi, les aliénations immobilières qu'un débiteur a consenties par des actes sous seing privé, ne sont pas opposables à ceux de ses créanciers auxquels les immeubles vendus sont affectés par hypothèque ou par antichrèse, si ces actes n'ont pas reçu date certaine avant l'établissement de leurs droits [119].

Ainsi encore, les paiements de fermages ou loyers faits par anticipation par le preneur d'immeubles saisis, ne peuvent être opposés aux créanciers hypothécaires, pour les loyers ou fermages à échoir postérieurement à la transcription de la saisie, lorsque ces paiements n'ont pas acquis date certaine avant leurs inscriptions [120].

De même, les actes sous seing privé contenant aliénation de choses mobilières ou immobilières ne sont pas opposables aux créanciers qui ont fait frapper de saisie les choses ainsi aliénées, à moins que ces actes n'aient reçu date certaine avant le procès-verbal de saisie-exécution, ou avant la transcription de la saisie immobilière [121].

Par une dérogation toute spéciale au principe qui vient d'être développé, on admet que les quittances sous seing privé, délivrées par le titulaire d'une créance qui a été frappée de saisie-arrêt, peuvent être opposées au créancier saisissant, sauf à ce dernier à les faire rejeter en établissant, par des moyens quelconques, la faus-

---

[119] Cpr. les auteurs cités à la note 110 *suprà*. —Voy. en particulier sur le cas de collision entre un créancier ayant une hypothèque judiciaire, et un acquéreur par acte sous seing privé : Req. rej., 20 février 1827, Dev. et Car., *Coll. nouv.*, VIII, 1, 529.

[120] Cpr. § 286, texte, n° 3, et note 26 ; Req. rej., 22 février 1854, Sir., 54, 1, 469.

[121] Le créancier qui fait saisir les biens de son débiteur exerce un droit qu'il tient de la loi, et non de ce dernier ; c'est contre lui qu'il agit, et il est bien évident qu'il est tiers, en tant qu'il défend le bénéfice et les effets de la saisie contre les actes du débiteur. Ce point de doctrine n'est l'objet d'aucune controverse. Merlin, *Quest.*, v° Tiers, § II. Larombière, IV, art. 1328, n° 18. Demolombe, XXIX, 548. Toullier lui-même (VIII, 251 et 252) proclame le principe émis au texte.

seté de la date qu'elles portent. A part toutes circonstances de fraude, le débiteur serait autorisé à opposer de pareilles quittances, lors même qu'elles n'auraient été, ni produites, ni même alléguées au moment où la saisie-arrêt a été établie [122].

[122] On considère généralement les créanciers qui ont interposé une saisie-arrêt, comme étant, au regard du tiers saisi, les ayants cause du débiteur saisi, et non des tiers. Voy. Toullier, VIII, 251 ; Duranton, XIII, 133 ; Chauveau, sur Carré, *Quest.*, 1967 ; Civ. cass., 14 novembre 1836, Sir., 36, 1, 894 ; Bourges, 3 février 1836, Sir., 37, 2, 11 ; Toulouse, 7 décembre 1838, Sir., 39, 2, 225 ; Req. rej., 5 août 1839, Sir., 39, 1, 343 ; Toulouse, 5 juin 1840, Sir., 40, 2, 340; Req. rej.,8 novembre 1842, Sir., 42, 1, 929. Cette manière de voir ne nous paraît pas exacte en théorie. La saisie-arrêt est un mode spécial de saisir, soit des créances, soit des objets mobiliers qui se trouvent entre les mains d'un tiers, et nous ne voyons aucune raison de distinguer, au point de vue de l'art. 1328, entre le créancier qui pratique une saisie-exécution et celui qui forme une saisie-arrêt. Au dernier cas, comme au premier, le créancier exerce un droit qu'il tient de la loi, et agit contre son débiteur. Il est bien l'ayant cause de ce dernier pour les actes passés antérieurement à la saisie; mais, à partir du moment où elle a été pratiquée, il devient évidemment un tiers, puisqu'il acquiert, par le fait même de la saisie, un droit propre et personnel, qu'il est autorisé à défendre contre tout acte de nature à y porter atteinte. Nous ajouterons, comme nous l'avons déjà fait remarquer à la note 113 *suprà*, que si le saisissant n'était, même quant à l'efficacité de la saisie, que l'ayant cause du saisi, il en résulterait que le tiers saisi pourrait lui opposer, non-seulement les quittances sous seing privé dont il est porteur, mais tous les actes qu'il aurait passés avec le saisi, son créancier, au sujet de la créance saisie, et notamment les actes portant remise de dette ou novation, quoiqu'ils n'eussent pas reçu date certaine avant la saisie. Il en résulterait même que le tiers porteur d'une cession ou d'une quittance subrogatoire pourrait, bien que la date n'en fût pas devenue certaine avant la saisie, l'opposer au créancier saisissant. Or, ces conséquences nous paraissent condamner le principe dont elles découlent. Du reste si, en théorie, notre opinion s'écarte de la doctrine généralement reçue, les solutions pratiques que, d'après les considérations développées à la note 114 *suprà*, nous adoptons en ce qui concerne les quittances sous seing privé délivrées par le débiteur saisi, ne diffère guère de celles auxquelles conduit cette doctrine. On remarquera même que nous traitons plus favorablement le tiers saisi que le débiteur cédé. Quant au premier, nous lui reconnaissons, en règle, le droit de se prévaloir contre le créancier saisissant des quittances qui n'ont point acquis date certaine antérieurement à la saisie, sauf à celui-ci à établir l'antidate, tandis que nous n'admettons le second à opposer au cessionnaire les quittances sans date certaine, qu'autant que des circonstances particulières tendent à en prouver la sincérité. Cette distinction, à l'appui de laquelle on peut invoquer la disposition de l'art 571 du Code de procédure civile, se justifie, d'ailleurs, par la considération

d. Les actes sous seing privé sur le fondement desquels un créancier réclame un droit de préférence ou une priorité de rang, ne peuvent être opposés aux autres créanciers du même débiteur, qu'autant qu'ils ont acquis date certaine en temps utile [123].

C'est ainsi que celui qui prétendrait avoir payé, en qualité de caution, un créancier hypothécaire ou privilégié, ne pourrait invoquer la subrogation légale aux droits et actions de ce dernier, si l'acte de cautionnement n'avait pas acquis date certaine avant le paiement, et si d'ailleurs la quittance avait été délivrée d'une manière pure et simple, sans faire mention du prétendu cautionnement [124].

C'est ainsi encore que l'hypothèque légale de la femme pour indemnité des engagements qu'elle a souscrits avec son mari, ne prend rang qu'à dater du jour où les actes sous seing privé qui constatent ces engagements, ont acquis date certaine [125].

e. Les actes sous seing privé par lesquels une femme mariée a contracté des engagements ou concédé à des tiers des droits quelconques sur ses biens, ne peuvent, en général, être opposés au mari, comme chef de la communauté, ou comme usufruitier, en nom personnel, des biens de sa femme, à moins qu'ils n'aient reçu date certaine avant le mariage [126]. Mais la femme ne pourrait, même avec le concours du mari, demander l'annulation de pareils

que, dans le cas de la saisie-arrêt, il n'existe aucun acte émané du saisi, titulaire de la créance, de nature à rendre suspectes les quittances qu'il a délivrées, tandis que l'existence même d'un transport régulièrement signifié fait naître un soupçon d'antidate contre les quittances qui n'ont pas été produites lors de la signification du transport, ou du moins immédiatement après. Demolombe, XXIX, 551.

[123] En pareil cas, les créanciers sont évidemment des tiers, les uns à l'égard des autres. C'est sur cette idée que sont fondés les art. 2074 et 2075, relatifs au privilége en matière de gage. Voy. aussi sur les actes sous seing privé constitutifs d'antichrèse : § 437, texte et note 6.

[124] Demolombe, XXIX, 553. Lyon, 13 janvier 1849, Sir., 49, 2, 108.

[125] Bonnier, II, 697. Larombière, IV, art. 1328, n° 33. Pont, *Des priviléges et hypothèques*, n° 701. Demolombe, XXIX, 554 à 555. Civ. cass., 5 février 1850, Sir., 51, 1, 192. Agen, 20 mars 1851, Sir., 52, 2, 224. Rouen, 24 mars 1852, Sir., 52, 2, 535. Douai, 29 janvier 1857, Sir., 57, 2, 401. Civ. cass., 15 mars 1859, Sir., 59, 1, 193. Agen, 10 juin 1859, Sir., 59, 2, 341. Cpr. § 264 *ter*, texte, n° 6, et note 79. Voy. en sens contraire : Paris, 31 juillet 1847, Sir., 47, 2, 483 ; Orléans, 24 mai 1848, Sir., 50, 2, 145.

[126] Cpr. § 508. Voy. cep. Grenoble, 13 mai 1831, Sir., 32, 2, 582.

actes, sous prétexte qu'ils auraient été passés depuis le mariage sans l'autorisation du mari, qu'en établissant, à l'aide de moyens quelconques, la fausseté de la date qu'ils portent. Art. 1410 et arg. de cet article [127].

Du reste, ceux qui, dans un acte sous seing privé, ont été représentés par l'un des signataires, en vertu d'un mandat légal ou conventionnel, sont réputés y avoir été parties. Ainsi, les actes sous seing privé souscrits par un mandataire conventionnel, en cette qualité, font foi de leur date à l'égard du mandant, bien qu'ils n'aient acquis date certaine que depuis la révocation du mandat [128]. De même, les actes sous seing privé souscrits par le mari, en qualité d'administrateur des biens de sa femme, ou par le tuteur, en cette qualité, font foi de leur date contre la femme, même judiciairement séparée de biens, et contre le mineur devenu majeur [129].

La date des actes sous seing privé devient légalement certaine à l'égard des tiers : 1° par l'enregistrement ; 2° par la mort de l'un de ceux qui les ont signés [130] ; 3° enfin, par la relation de leur substance [131] dans des actes authentiques, tels,

[127] Demolombe, XXIX, 514.

[128] Rolland de Villargues, *Rép. du notariat*, v° Acte sous seing privé, n° 63. Troplong, *Du mandat*, n° 763. Marinier, *op. cit.*, II, p. 73 à 83. Demolombe, XXIX, 516. Zachariæ, § 752, note 38. Bordeaux, 22 janvier 1827, Sir., 27, 2, 65. Paris, 7 janvier 1834, Sir., 34, 2, 239. Req. rej., 19 novembre 1834, Sir., 35, 1, 666. Bourges, 17 mai 1842, Sir., 43, 2, 100.

[129] Marinier, *op. et loc. citt.* Demolombe, XXIX, 518. Zachariæ, *loc. cit.* Bordeaux, 24 janvier 1827, Sir., 28, 2, 61. Lyon, 25 janvier 1831, Sir., 32, 2, 589. Req. rej., 28 novembre 1833, Sir., 33, 1, 830. Req. rej., 13 mars 1854, Sir., 54, 1, 529.

[130] Le décès d'une personne qui n'a signé un acte sous seing privé qu'en qualité de témoin, rend certaine la date de cet acte, comme le ferait la mort de l'une des parties contractantes. Larombière, IV, art. 1328, n° 43. Bonnier, II, 740. Demolombe, XXIX, 558. Req. rej., 8 mai 1827, Sir., 27, 1, 453.— Mais il n'en serait pas de même du décès d'un tiers qui aurait écrit l'acte sans le signer. Larombière, IV, art. 1328, n° 45. Demolombe, XXIX, 559. — Le décès de l'une des personnes qui ont signé un acte sous seing privé portant constitution de gage, rend-il l'acte opposable aux autres créanciers ? Voy. § 432, note 7.

[131] La simple mention d'un acte sous seing privé dans un acte authentique, sans relation de sa substance, ne suffirait pas pour lui faire acquérir date certaine. Civ. rej., 23 novembre 1841, Sir., 42, 1, 134. Rouen, 24 mars 1852, Sir., 52, 2, 535.

par exemple, que des procès-verbaux de scellé ou d'inventaire[132]. Art. 1328.

Ces trois circonstances sont les seules par lesquelles un acte sous seing privé puisse obtenir date certaine[133].

Ainsi, par exemple, le timbre de la poste, dont une lettre missive se trouve revêtue, ne suffit pas pour lui donner date certaine à l'égard des tiers. Il en est de même de la circonstance que l'un de ceux qui ont signé un acte sous seing privé, a disparu depuis un temps plus ou moins long, sans que l'on ait obtenu de ses nouvelles. Ainsi encore, la possession de l'acquéreur, ou la jouissance du preneur, ne peut avoir pour effet de rendre certaine la date d'un acte de vente ou de bail[134].

---

[132] Cpr. Riom, 24 janvier 1842, Sir., 42, 2, 67. — Les actes dressés par les avoués ne rentrent pas dans la classe de ceux dont parle la disposition finale de l'art. 1328. Grenoble, 26 avril 1849, Sir., 50, 2, 571. Rouen, 24 mars 1852, Sir., 52, 2, 535. Cpr. Req. rèj., 22 juin 1858, Sir., 58, 1, 536.

[133] Duranton, XIII, 131. Favard, *Rép.*, v° Acte sous seing privé, sect. I, § 4, n° 7. Rolland de Villargues, *Rép. du notariat*, eod. v°, n° 56. Bonnier, II, 704. Marcadé, sur l'art. 1328, n° 4. Larombière, IV, art. 1328, n° 50. Colmet de Santerre, V, 291 *bis*, VIII. Demolombe, XXIX, 565. Zachariæ. § 752, note 36. Colmar, 11 mars 1817, Dev. et Car., *Coll. nouv.*, V, 2, 247. Civ. cass., 27 mai 1823, Sir., 23, 1, 297. Bordeaux, 27 janvier 1829, Sir., 29, 2, 292. Angers, 18 février 1837, Sir., 39, 2, 426. Agen, 4 décembre 1841, Sir., 43, 2, 135. Lyon, 13 janvier 1849, Sir., 49, 2, 108. Grenoble, 26 avril 1849, Sir., 50, 2, 271. Civ. cass., 28 juillet 1858, Sir., 58, 1, 792. Rouen, 22 juin 1872, Sir., 73, 2, 209. Voy. en sens contraire : Toullier, VIII, 242 et 243 ; Braas, *Théorie légale des actes sous seing privé*, p. 76 et suiv.; Aix, 27 avril 1865, Sir., 66, 2, 53. Selon ces auteurs et cet arrêt, l'art. 1328 ne contiendrait qu'une énumération simplement démonstrative des principales circonstances par lesquelles un acte sous seing privé peut obtenir date certaine. Mais cette opinion, qui tend à attribuer au juge une sorte de pouvoir discrétionnaire pour déterminer et fixer, d'après des circonstances plus ou moins décisives, la date des actes sous seing privé, est contraire au texte comme à l'esprit de l'art. 1328, et doit être rejetée, puisqu'elle aurait pour résultat d'enlever toute base certaine aux droits des parties. Il suffit, d'ailleurs, d'examiner attentivement les différentes hypothèses que l'on indique comme fixant la date des actes, d'une manière aussi certaine que les trois circonstances mentionnées dans l'art. 1328, pour se convaincre qu'elles sont loin d'exclure toute possibilité d'une antidate, ou d'une collusion frauduleuse par suite de laquelle une personne privée des moyens d'écrire ferait imiter sa propre signature par un tiers, et la reconnaîtrait au besoin comme vraie.

[134] Demolombe, XXIX, 571 et 572. Nîmes, 27 mai 1840, Sir., 40, 2,

La preuve testimoniale n'est admise, ni pour prouver contre un tiers la sincérité de la date d'un acte sous seing privé qui n'est pas devenue légalement certaine, ni pour fixer l'époque à laquelle a été passée la convention que cet acte renferme. A plus forte raison, les juges ne pourraient-ils, en pareille matière, s'arrêter à de simples présomptions[135].

Le tiers auquel on oppose un acte sous seing privé dépourvu de date certaine, ne peut plus exciper de ce défaut, lorsqu'il a, par un aveu formel, reconnu la sincérité de l'acte, ou que, par ses agissements, il a manifesté, d'une manière non équivoque, l'intention de ne pas se prévaloir de la disposition de l'art. 1328[136].

Il devrait, d'un autre côté, être déclaré non recevable à invoquer cette disposition, si, de concert avec l'auteur de l'acte dépourvu de date certaine, il avait commis lui-même une fraude au préjudice de la partie qui le lui oppose[137].

Mais la simple connaissance, plus ou moins exacte et complète, qu'il aurait eue de cet acte, ne suffirait point pour le rendre non recevable à se prévaloir de son défaut de date certaine[138].

Si deux actes sous seing privé portant sur la même chose individuellement déterminée, et qui s'excluent réciproquement ou dont l'un restreint les droits conférés par l'autre, avaient, par l'une des circonstances indiquées à l'art. 1328, acquis date certaine le même jour, le conflit se déciderait, en général et *cœteris paribus*, contre la partie qui aurait, comme demanderesse, à prouver l'an-

---

495. Lyon, 3 juillet 1873, Sir., 74, 2, 225. — Voy. cep., en ce qui concerne les conditions relatives à l'exercice de l'action paulienne, § 313, texte, n° 2, et note 15. — Voy. aussi, quant aux quittances sous seing privé opposées, soit à un cessionnaire, soit à un créancier tiers saisissant, texte et notes 114 et 122 *suprà*.

[135] Demolombe, XXIX, 473. Civ. cass., 27 mai 1823, Sir., 23, 1, 297. Toulouse, 7 juillet 1831, Sir., 32, 2, 646. Grenoble, 9 mai 1833, Sir., 33, 2, 506. Douai, 11 août 1837, Sir., 38, 2, 106. Voy. en sens contraire : Toullier, VIII, 240 ; Zachariæ, § 752, texte et note 37 ; Bordeaux, 24 février 1826, Sir., 26, 2, 257.

[136] Bonnier, II, 705. Demolombe, XXIX, 575 à 577. Civ. cass., 28 juillet 1858, Sir., 58, 1, 792.

[137] La disposition de l'art. 1328 a pour objet de protéger les tiers contre les dangers des antidates dans les actes sous seing privé ; elle ne peut servir à couvrir des fraudes que les tiers auraient eux-mêmes commises. Larombière, IV, art. 1328, n° 39. Demolombe, XXIX, 580.

[138] Demolombe, XXIX, 579.

tériorité de son titre, et au profit de la partie qui serait dispensée de toute obligation de preuve à cet égard [139]. C'est ainsi que la partie qui se trouverait en possession, ou qui aurait formé la première, contre l'auteur commun, une demande de mise en possession, devrait obtenir la préférence [140].

Que si les deux actes, signifiés le même jour, portaient l'un et l'autre la mention précise de l'heure à laquelle la notification en a eu lieu, la préférence semblerait devoir appartenir à la partie dont l'acte a été signifié en premier lieu [141].

D'un autre côté, lorsqu'il s'agit d'actes qui, pour devenir efficaces à l'égard des tiers, sont soumis à la formalité de la transcription, la préférence se détermine par l'ordre dans lequel ces actes ont été inscrits sur le registre de dépôt tenu par le conservateur, conformément à l'art. 2200 [142].

Du reste, la disposition de l'art. 1328 n'est pas rigoureusement applicable aux actes qui constatent des conventions ou opérations commerciales. Ainsi, le juge peut, selon les circonstances, tenir pour vraie, à l'égard des tiers, la date de pareils actes, bien qu'elle ne soit pas devenue certaine par l'une des circonstances mentionnées dans cet article [143].

---

[139] Cpr. Civ. cass., 11 janvier 1847, Sir., 47, 1, 349 ; Douai, 15 février 1865, Sir., 65, 2, 293.

[140] Demolombe, XXIX, 585.

[141] Demolombe, XXIX, 586 et 587. — M. Larombière (IV, art. 1328, n° 56) pense même que, dans le cas où les heures ne seraient pas indiquées dans les exploits, la preuve pourrait en être fournie par témoins et par présomptions. A notre avis, c'est aller trop loin : voy. § 359 *bis*, texte, n° 1, et note 20 ; § 763, texte, *in fine*, notes 12 et 13.

[142] Cpr. § 174, texte, n° 3, et notes 23 à 26.

[143] Toullier, VIII, 244. Pardessus, *Cours de Droit commercial*, II, 246. Bonnier, II, 702. Bravard, *Manuel de Droit commercial*, p. 181. Demolombe, XXIX, 581. Zachariæ, § 752, note 36, *in fine*. Paris, 12 avril 1811, Sir., 12, 2, 76. Req. rej., 4 février 1819, Sir., 19, 1, 384. Bordeaux, 2 mai 1826, Sir., 26, 2, 292. Colmar, 18 juillet 1826, Sir., 27, 2, 115. Toulouse, 4 juin 1827, Sir., 28, 2, 199. Req. rej., 28 janvier 1834, Sir., 35, 1, 206. Req. rej., 17 juillet 1837, Sir., 37, 1, 1022. Civ. cass., 7 mars 1849, Sir., 49, 1, 397. Req. rej., 14 décembre 1858, Sir., 60, 1, 987.

§ 756 *bis.*

Des contre-lettres [1]. — *Explication de l'art.* 1321 [2].

1° La contre-lettre, dans le sens de cet article, est un écrit destiné, le plus souvent, à rester secret, par lequel les signataires déclarent que les conventions ou déclarations consignées dans un autre acte passé entre eux, ne sont pas sérieuses, ou qu'elles ont eu lieu sous certaines clauses ou conditions qui ne sont pas énoncées dans cet acte, et rétractent ainsi ou modifient ces conventions ou déclarations. Ce qui caractérise la contre-lettre, c'est qu'elle a pour objet de constater, soit la simulation totale ou partielle de l'acte auquel elle se réfère, soit des clauses ou conditions qui ne sont pas exprimées dans cet acte [3].

La condition essentielle pour qu'un écrit constitue une contre-lettre, c'est qu'il soit distinct de l'acte auquel il déroge. On ne

---

[1] On appelait autrefois *lettres*, les actes publics en général (lettres royaux, lettres patentes, lettres de relief, de rescision, de ratification). Dans une acception plus restreinte, on désignait par cette expression, les actes considérés comme moyens de preuve de conventions ou d'autres faits juridiques ; c'est dans ce sens que l'on disait : *témoins passent lettres.* Voy. § 763, note 1re. — *Bibliographie.* Denizart, *Collection nouvelle,* vo Contre-lettre. Merlin, *Rép.,* et *Quest.,* vo Contre-lettre. De Charencey, *Encyclopédie du Droit,* vo Contre-lettre. *Des contre-lettres,* par Plasman ; Paris, 1839, 1 vol. in-8o.

[2] L'art. 1321 ne touche point à la théorie de la force probante des actes. En refusant aux contre-lettres tout effet contre les tiers, il déroge, non point aux règles qui régissent la preuve littérale, mais au principe d'après lequel les conventions ou déclarations constatées par des actes authentiques ou sous seing privé sont, en général, opposables aux ayants cause des parties. D'un autre côté, l'art. 1321 s'applique aux actes sous seing privé comme aux actes authentiques. Sous ce double point de vue, la place où se trouve cet article n'est pas celle qu'il convenait de lui assigner. Ce défaut de méthode tient à la double confusion que nous avons signalée dans la rédaction des art. 1319, 1320 et 1322. Voy. 755, note 48.

[3] Denizart (vo Contre-lettre, no 1) définit la contre-lettre, un acte secret par lequel on déroge à un autre acte, pour en étendre, en expliquer, ou en restreindre les conventions. Merlin (*Rép.,* vo Contre-lettre) reproduit cette définition, avec quelques légères modifications dans les termes. M. Demolombe (XXIX, 305) dit : La contre-lettre est un acte secret qui annule ou modifie, en tout ou en partie, un autre acte ostensible, lequel est par cela même un acte simulé.

saurait donc; considérer comme des contre-lettres, ni les clauses d'un acte portant dérogation aux conventions ou déclarations constatées par cet acte même, ni la déclaration de command faite par l'acquéreur, qui s'était réservé dans l'acte de vente la faculté de se substituer une autre personne [4].

Si les contre-lettres sont d'ordinaire rédigées en même temps que l'acte auquel elles dérogent, cette simultanéité de rédaction n'est pas une condition nécessaire pour qu'un écrit puisse être considéré comme une contre-lettre. L'écrit qui déroge à un acte antérieur constitue une contre-lettre, bien qu'il n'ait été rédigé que plus ou moins longtemps après cet acte, si, en réalité, il n'est que l'expression d'un accord arrêté d'avance entre les parties [5]. Mais il faudrait se garder de voir une contre-lettre, dans tout écrit par lequel les signataires rapportent ou modifient un acte antérieur passé entre eux. Si l'écrit se référait à un acte fait sérieusement et loyalement, et qu'il fût lui-même sincère, il ne constituerait pas une contre-lettre, mais une convention nouvelle qui serait, selon les cas, une remise de dette, une rétrocession, une novation, et dont les effets se détermineraient d'après les règles ordinaires [6].

La question de savoir si un écrit, dont le véritable caractère est contesté, constitue une contre-lettre, ou si, au contraire, il constate une convention nouvelle faite de bonne foi, c'est-à-dire sans qu'on puisse y voir la réalisation d'une simulation déjà con-

---

[4] Toullier, VIII, 170. Bonnier, II, 524. Larombière, IV, art. 1325, n° 13. Demolombe, XXIX, 312. Zachariæ, § 751, note 20. — Il en serait autrement, si l'acquéreur ne s'était pas réservé, dans l'acte de vente, la faculté de déclarer command. Toullier, *loc. cit.* Larombière, *art. cit.*, n° 14.

[5] Bonnier, II, 513. Colmet de Santerre, V, 283 *bis*, I. Larombière, IV, art. 1321, n° 7. Demolombe, XXIX, 322.

[6] On donne l'exemple suivant, qui explique et suffit à justifier la proposition énoncée au texte : Un auteur a, par un premier acte, vendu, moyennant 10,000 fr., un ouvrage à un éditeur; l'ouvrage ne réussissant pas, comme on l'avait espéré, l'auteur consent, par un second acte fait avec l'éditeur, à réduire le prix à 5,000 fr. Il y aura là, non point une contre-lettre dans le sens de l'art. 1321, mais une convention de remise partielle de dette, convention qui pourra être opposée au cessionnaire de l'auteur, ou à ses créanciers saisissants, si elle a acquis date certaine avant la cession ou la saisie. Charancey, *Encyclopédie du Droit*, v° Contre-lettre, n° 10. Demolombe, XXIX, 308. Voy. aussi : Domat, *Lois civiles*, liv. III, tit. VI, sect. 2, n°s 14 et 15 ; Douai, 1er mars 1851, Sir., 51, 2, 309.

certée lors de la rédaction de l'acte primitif, se trouve, comme simple question de fait et d'intention, abandonnée à l'appréciation des tribunaux [7].

Les dispositions de l'art. 1321 régissent les actes ayant pour objet des meubles corporels ou incorporels, comme les actes portant sur des immeubles [8].

Il est d'ailleurs indifférent, pour l'application de ces dispositions, que l'écrit qui présente les caractères intrinsèques de la contre-lettre, se rapporte à un acte authentique ou à un acte sous seing privé [9], et qu'il ait été lui-même rédigé sous seing privé ou en forme authentique [10].

La circonstance que la contre-lettre, rédigée sous seing privé, aurait acquis date certaine, ne la rendrait pas opposable aux tiers [11].

---

[7] Bonnier, II, 513. Demolombe, XXIX, 310.

[8] L'art. 1321 est conçu en termes généraux, et les motifs sur lesquels est fondée la disposition qui refuse à la contre-lettre tout effet contre les tiers, exclut la distinction que l'on voudrait établir entre les deux catégories d'actes mentionnées au texte.

[9] Cette proposition se justifie également par les raisons indiquées à la note précédente. Il est, d'ailleurs, inadmissible qu'une contre-lettre soit opposable aux tiers, lorsque l'acte qu'elle a pour objet de détruire ou de modifier a été rédigé sous seing privé, tandis que s'il s'agissait d'un acte authentique, la contre-lettre n'aurait aucun effet contre les tiers. Voy. loi du 22 frimaire an VII, art. 40. Demolombe, XXIX, 318 et 319. Civ. cass., 20 avril 1863, Sir., 63, 1, 230. Cpr. cep. Zachariæ, § 751, texte, in fine, t. IV, p. 437.

[10] Les auteurs du *Nouveau Denizart* (v° Contre-lettre, n° 2) semblent admettre que l'écrit qui modifie ou dément les conventions ou les déclarations constatées par un autre acte passé entre les parties, perd le caractère de contre-lettre, lorsqu'il est rédigé en forme authentique. Mais voy. sur ce point de doctrine : Merlin, *Rép.*, v° Contre-lettre, § 5. Quoi qu'il en soit, on doit tenir pour certain que les contre-lettres, bien que rédigées en forme authentique, n'en tombent pas moins sous l'application de l'art. 1321. La circonstance que cet article est placé sous le § 1er de la section 1re de la preuve littérale, paragraphe qui traite *Du titre authentique*, ne semble laisser aucun doute à cet égard. Les actes authentiques ne sont d'ailleurs pas publics et n'emportent pas, à raison de leur forme, la présomption que les tiers qui n'y ont pas figuré, en ont obtenu connaissance. Merlin, *op. et loc. citt.* Toullier, VII, 182. Bonnier, II, 513. Charancey, *op. et v° citt.*, n° 19. Demolombe, XXIX, 318 et 319. Zachariæ, § 751, texte et note 19. Req. rej., 18 décembre 1810, Sir., 11, 1, 83.

[11] Civ. cass., 20 avril 1863, Sir., 63, 1, 230. Toulouse, 28 mai 1874, Sir., 74, 2, 153.

Que si elle n'avait pas acquis date certaine, le tiers auquel on l'opposerait, pourrait en écarter l'application en invoquant, soit la disposition de l'art. 1321, soit celle de l'art 1328 [12].

2° Les stipulations ou déclarations contenues dans une contre-lettre ont effet entre les parties et leurs héritiers ou successeurs universels, lorsqu'elles réunissent les conditions qui sont, en général, requises pour la formation et la validité des conventions. Art. 1321, al. 1er.

Il en serait cependant autrement, si les parties ne jouissaient pas de la faculté de changer les conventions ou déclarations constatées par le premier acte passé entre elles, ou si elles n'avaient pas observé les conditions ou formalités auxquelles l'exercice de cette faculté était subordonné [13]. Il en serait autrement aussi, si la contre-lettre reposait sur une cause illicite [14]. Dans ces cas, la contre-lettre serait privée d'effet même entre les parties.

On ne doit pas considérer comme fondée sur une cause illicite, la contre-lettre par laquelle l'acquéreur ou le preneur à bail s'est engagé à payer au vendeur ou au bailleur un prix supérieur au prix fixé par l'acte apparent de vente ou de bail. L'acquéreur ou le preneur serait légalement tenu de payer le supplément de prix ainsi promis [15].

---

[12] Cpr. Civ. cass., 11 juillet 1814, Dev. et Car., *Coll. nouv.*, IV, 1, 593.

[13] Voy. art. 1395 et 1396; § 503 *bis*, texte, nos 3 et 4.

[14] Voy. sur les contre-lettres en matière de cession d'offices : § 297, texte, n° 3, et note 26 ; § 339, texte, n° 2, et note 25 ; § 345, texte et note 10.

[15] Pour prévenir, autant que possible, les fraudes qui se commettent, au préjudice du Trésor, par la dissimulation d'une partie du prix dans les actes de vente, l'art. 40 de la loi du 22 frimaire an VII avait déclaré nulles et de nul effet toutes contre-lettres faites sous signature privée qui auraient pour objet une augmentation de prix stipulé dans un acte public ou dans un acte sous signature privée, précédemment enregistré. Mais cette disposition a été virtuellement abrogée par l'art. 1321. Cela résulte clairement de la discussion que souleva, au Conseil d'Etat, la proposition faite par M. Duchatel, directeur général de l'enregistrement, de proscrire, d'une manière absolue, l'usage des contre-lettres, discussion à la suite de laquelle la Section de législation rédigea l'art. 1321, qui n'existait pas dans le projet du Code. Voy. Locré, *Lég.*, XII, p. 214, n° 7. Voy. aussi *Exposé de motifs* par Bigot-Préameneu (Locré, *Lég.*, XII, p. 395, n° 189). Toullier, VIII, 186 et 187. Duranton, XIII, 103. Bonnier, II, 520. Chardon, *Du dol et de la fraude*, II, 51. Colmet de Santerre, V, 283 *bis*, IX. Larombière, IV, art. 1321, n° 7. Demolombe, XXIX, 330 à 332. Civ. rej., 10 janvier 1819, Sir., 19, 1, 151. Aix, 21 février 1832, Sir., 32, 2, 263. Dijon, 9 juillet

Le principe d'après lequel les contre-lettres ont, en général, effet entre les parties et leurs héritiers ou successeurs universels, s'applique en matière commerciale, comme en matière civile. Il en est ainsi notamment, en ce qui concerne les traités de société de commerce [16].

3° Les contre-lettres n'ont point d'effet contre les tiers [17]. Art. 1321, al. 2.

Cette disposition ayant pour but de prévenir les fraudes qui pourraient se commettre au préjudice de ceux auxquels on laisserait ignorer la contre-lettre qui a démenti ou modifié un acte apparent, il faut, en cette matière, considérer comme des tiers, toutes les personnes qui, n'ayant pas figuré dans la contre-lettre, et n'étant pas héritiers ou successeurs universels des parties contractantes, ont intérêt à repousser l'application, en ce qui les concerne, des stipulations ou déclarations contenues dans la contre-lettre [18]. Tels sont : les successeurs particuliers, à titre oné-

---

1828, Sir., 33, 1, 687. Voy. en sens contraire : Merlin, *Quest.*, v° Contre-lettre, § 3 ; Rolland de Villargues, *Rép. du notariat*, v° Contre-lettre, n° 12 ; Plasman, § 13 ; Zachariæ, § 751, texte et note 28 ; Bruxelles, 26 mars 1812, Sir., 13, 2, 351 ; Metz, 17 février 1819, Sir., 19, 2, 199.

[16] *Nec obstant*, art. 42, C. de com. et art. 56 et 61 de la loi du 24 juillet 1867. Demolombe, XXIX, 326. Civ. rej., 20 décembre 1852, Sir., 53, 1, 27.

[17] Cette disposition a perdu de son importance en ce qui concerne la constitution ou la transmission de droits sur des immeubles. Les contre-lettres étant, le plus souvent, destinées à rester secrètes, il arrivera rarement qu'elles soient transcrites ; et à défaut de transcription, les tiers qui ont acquis et régulièrement conservé leurs droits, pourront, sans se prévaloir de l'art. 1321, se borner à opposer la disposition de l'art. 3 de la loi du 23 mars 1855. Toutefois, l'art. 1321 conserverait son application dans le cas même où la contre-lettre aurait été transcrite. Cpr. § 174, texte et note 27. Voy. cep. Flandin, *De la transcription*, I, 167. D'autre part, cet art peut toujours être invoqué par les créanciers simplement chirographaires, qui eux, ne seraient pas recevables à se prévaloir du défaut de transcription. Bonnier, II, 517. Demolombe, XXIX, 338 à 340.

[18] Cpr. § 756, texte, n° 2. Toullier, VIII, 182. Plasman, § 4. Bonnier, II, 517. Larombière, IV, art. 1321, n° 9. Colmet de Santerre, V, 283 *bis*, VII. Demolombe, XXIX, 335. Req. rej., 18 décembre 1810, Sir., 11, 1, 83. Nîmes, 14 avril 1812, Sir., 13, 2, 216. Req. rej., 25 avril 1826, Sir., 26, 1, 429. Civ. cass., 23 février 1835, Sir., 35, 1, 361. Paris, 29 avril 1837, Sir., 37, 2, 245. Lyon, 21 juin 1837, Sir., 37, 2, 441. Civ. cass., 16 décembre 1840, Sir., 41, 1, 167. Civ. cass., 20 avril 1863, Sir., 63, 1, 230.

reux ou même à titre gratuit, des parties contractantes; les créanciers hypothécaires de l'acquéreur apparent de l'immeuble qui a
fait l'objet des conventions de ces parties; et même les créanciers
simplement chirographaires [19], spécialement les créanciers d'un
commerçant failli [20], en tant qu'il s'agit pour eux de faire valoir
le droit de gage général qui leur appartient sur les biens de leur
débiteur.

Toutefois, ces personnes ne seraient pas admises à repousser
l'application de la contre-lettre, si, en traitant avec les signataires, elles avaient eu connaissance de l'existence et de la teneur
de cet acte [21].

Le tiers qui se prévaut de la disposition du deuxième alinéa
de l'art. 1321, pour repousser l'application d'un écrit présentant
les caractères constitutifs de la contre-lettre, n'est tenu, ni de
prouver que cet écrit a été le résultat d'une pensée de simulation
ou de fraude concertée entre les signataires, ni même qu'il ait

---

[19] Voy. les autorités citées à la note précédente ; Demolombe, XXIX, 344 et
345. — Suivant Zachariæ (§ 751, note 21), l'expression *tiers* aurait, dans l'art.
1321, la même signification que dans l'art. 1328, et s'appliquerait aux mêmes
personnes. Cette assimilation n'est pas exacte : ainsi, les créanciers chirographaires ne sont pas, comme nous l'avons vu au § 756, des tiers dans le sens
de l'art. 1328, à moins qu'ils n'aient à faire valoir des droits particuliers, distincts du droit de gage général que leur confère l'art. 2092, tandis qu'ils doivent, en tout état de cause, être considérés comme des tiers dans le sens de
l'art. 1321. La raison en est que les créanciers, même purement chirographaires, passent de la classe des ayants cause dans celle des tiers, lorsqu'ils
attaquent ou qu'ils repoussent, comme simulé ou frauduleux, un acte portant
atteinte à leur droit de gage, et que c'est précisément sur une présomption de
simulation ou de fraude que repose la disposition de l'art. 1321. L'art. 1328
est conçu dans un autre ordre d'idées : En statuant que les actes sous seing
privé, qui, aux termes de l'art. 1322, font foi de leur date vis-à-vis des ayants
cause des signataires, n'en font pas foi au regard des tiers, il ne décide qu'une
question de force probante, sans toucher à l'efficacité intrinsèque de ces actes
considérés en eux-mêmes. Or, à ce point de vue, il n'y a pas de motif pour
étendre l'application de cet art aux simples créanciers chirographaires, qui, en
dehors des cas précédemment indiqués, ne sont que des ayants cause et non des
tiers.

[20] Demolombe, XXIX, 346. Req. rej., 10 mars 1847, Sir., 47, 1, 616.
Cpr. Req. rej., 15 juin 1843, Sir., 43, 1, 467 ; Dijon, 13 juin 1864, Sir.,
64, 2, 244.

[21] Larombière, IV, art. 1321, n° 10. Demolombe, XXIX, 347. Civ. rej.,
22 mai 1848, Sir., 48, 1, 481.

traité avec l'un des signataires sur la foi de l'acte démenti ou modifié par la contre-lettre [22]. Le juge ne pourrait donner effet à cet écrit qu'en constatant, par appréciation des circonstances, ou que l'écrit constitue, non point une contre-lettre, mais une nouvelle convention conclue sérieusement et loyalement, ou que le tiers a eu connaissance de l'existence de cet écrit et des stipulations ou déclarations y contenues.

4° Si les contre-lettres n'ont pas d'effet contre les tiers, rien ne s'oppose à ce que les tiers puissent, comme ayants cause de celle des parties dans l'intérêt de laquelle la contre-lettre a été rédigée, ou comme exerçant ses droits en vertu de l'art. 1166, poursuivre l'exécution des stipulations ou déclarations consignées dans un écrit de cette nature. C'est ainsi que les créanciers d'un vendeur peuvent, de son chef, poursuivre l'acquéreur en paiement du supplément de prix promis par lui dans la contre-lettre [23].

D'un autre côté, la Régie de l'enregistrement est, suivant les cas, fondée, soit à réclamer le droit de mutation, comme s'il y avait eu une véritable rétrocession, soit à poursuivre la condamnation, à son profit, de l'amende prononcée par l'art. 40 de la loi du 22 frimaire an VII [24].

§ 757.

Des livres de commerce.

1° Les livres de commerce ne font pas foi contre des non-commerçants, c'est-à-dire contre des personnes dont le commerce ne forme pas la profession habituelle. Il est indifférent, sous ce rapport, que la contestation porte sur une convention purement civile quant à la partie non-commerçante, ou qu'elle porte sur

---

[22] Larombière, IV, art. 1321, n° 9. Demolombe, XXIX, 345. Civ. cass., 16 décembre 1840, Sir., 41, 1, 167.

[23] Larombière, IV, art. 1321, n° 11. Plasman, § 4, p. 31 et suiv. Bonnier, II, 519. Demolombe, XXIX, 348 et 349. Req. rej., 23 mai 1870, Sir., 71, 1, 151.

[24] Voy. les autorités citées à la note précédente. Civ. cass., 11 juillet 1814, Dev. et Car., *Coll. nouv.*, IV, 1, 593. Req. rej., 20 juillet 1859, Sir., 59, 1, 947.

une opération qui constitue, pour les deux parties, un acte de commerce[1].

Toutefois, lorsqu'il s'agit de fournitures faites par un commerçant à un non-commerçant[2], et que les livres du premier sont tenus régulièrement[3], le juge est autorisé à y puiser un commencement de preuve, et par suite à déférer d'office le serment supplétif à l'une ou à l'autre des parties[4]. Art. 1329. Ce n'est là,

---

[1] La disposition principale de l'art. 1329 n'est qu'une application de la règle, que nul ne peut se créer un titre à soi-même ; et il est évident que cette règle est indépendante de la nature des faits qu'il s'agit de prouver. Pardessus, *Cours de Droit commercial*, I, 257. Larombière, IV, art. 1329, n° 6. Demolombe, XXIX, 606 et 607.

[2] Si la demande formée par un commerçant contre un non-commerçant avait pour objet le remboursement d'un prêt, ou l'exécution d'une obligation quelconque, autre que le paiement de marchandises fournies, le juge ne pourrait, sur le vu des livres du demandeur, lui déférer d'office le serment. La disposition subsidiaire de l'art. 1329 qui confère au juge cette faculté, étant une dérogation, admise en faveur du commerce, au principe rappelé à la note précédente, ne peut être étendue au delà des termes de cet article, Pothier, *Des obligations*, n° 734. Larombière, IV, art. 1329, n° 13. Demolombe, XXIX, 612. Zachariæ, § 753, note 2.

[3] Des livres irrégulièrement tenus n'autoriseraient pas le juge à déférer un serment supplétif. De pareils livres ne peuvent être représentés en justice. Code de commerce, art. 12 et 13. Alauzet, *Commentaire du Code de commerce*, I, 109. Demolombe, XXIX, 611. Rennes, 23 août 1821, Dev. et Car., *Coll. nouv.*, VI, 2, 469.

[4] La réserve qui se trouve à la fin de l'art. 1329 serait complétement sans objet, si on devait l'entendre du serment litis-décisoire, puisque ce serment peut être déféré même en l'absence de tout commencement de preuve. Pour donner un sens à cette réserve, il faut admettre que les rédacteurs du Code ont entendu consacrer l'ancienne jurisprudence, qui, dans le cas prévu par l'art. 1329, accordait au juge le pouvoir de déférer un serment supplétif. Aussi tous les auteurs sont-ils d'accord sur ce point. Pardessus, *op. et loc. citt.* Toullier, VIII, 368. Duranton, XIII, 196. Bonnier, II, 780. Massé, *Droit commercial*, IV, 2490. Bravard et Demangeat, *Droit commercial*, I, p. 130. Marcadé, sur l'art. 1329, n° 1. Larombière, IV, art. 1329, n° 12. Colmet de Santerre, V, 293 *bis*, IV. Demolombe, XXIX, 606. Zachariæ, § 753, texte et note 3. — Mais on ne doit pas conclure de là, comme le font Toullier (VIII, 369) et Zachariæ (§ 753, note 4), que le juge est également autorisé à admettre la preuve testimoniale des fournitures faites par le commerçant. S'il résulte de la combinaison de l'art. 1329 avec le n° 2 de l'art. 1367, que la loi considère les livres de commerce comme susceptibles de former, contre les non-commerçants, un commencement de preuve qui autorise la délation

du reste, qu'une faculté qui lui est accordée, et non une obligation qui lui soit imposée[5].

2° Les livres des commerçants font foi contre eux, en faveur de personnes non marchandes, peu importe, d'ailleurs, qu'ils aient été ou non tenus régulièrement[6]. Mais celui qui en veut tirer avantage, ne peut en diviser les énonciations, pour rejeter ce qu'ils contiennent de contraire à sa prétention[7]. Art. 1330. La disposition de cet article s'applique même aux obligations qu'un marchand aurait contractées envers un non-marchand pour des causes purement civiles[8].

3° Entre commerçants, et lorsqu'il s'agit de faits de commerce[9],

---

d'un serment supplétif, il n'en résulte nullement qu'elle y voie un commencement de preuve par écrit, de nature à faire admettre la preuve testimoniale ; et l'on doit d'autant moins hésiter à rejeter l'opinion des auteurs ci-dessus cités, qu'ils étendent une dérogation au Droit commun au delà des termes dans lesquels elle est établie. Boncenne, *Théorie de la procédure civile*, IV, p. 184 à 186. Duvergier sur Toullier, *loc. cit.*, note 1. Marcadé, sur l'art. 1329, n° 2. Bravard, *Manuel de Droit commercial*, p. 32. Massé, *op. cit.*, IV, 2491. Bonnier, II, 780. Larombière, IV, art. 1329, n° 16. Demolombe, XXIX, 609 et 610. Req. rej., 30 avril 1838, Sir., 38, 1, 437. Voy. aussi *Exposé de motifs*, par Bigot-Préameneu, et *Rapport au Tribunat*, par Jaubert (Locré, *Lég.*, XII, p. 399, n° 197, et p. 517, n° 16).

[5] Req. rej., 22 juillet 1872, Sir., 74, 1, 73.

[6] Si des livres irréguliers ne peuvent être utilement invoqués par celui qui les a tenus, ils n'en doivent pas moins faire foi contre lui : autrement sa faute ou sa négligence tournerait à son profit. Duranton, XIII, 198. Delamarre et Lepoitvin, *Contrat de commission*, I, 282. Bravard-Veyrières et Demangeat, *Droit commercial*, I, p. 133. Larombière, IV, art. 1330, n° 18. Demolombe, XXIX, 614. Zachariæ, § 753, texte, t. IV, p. 449 et 450. Cpr. Req. rej., 7 mars 1837, Sir., 37, 1, 946.— Cette proposition s'applique même en cas de faillite. Rouen, 23 mai 1825, Sir., 26, 2, 6.

[7] Cette disposition de l'art. 1330 est une application du principe de l'indivisibilité de l'aveu. Cpr. art. 1356, al. 3 ; Req. rej., 7 novembre 1861, Sir., 61, 1, 708.

[8] *Lex non distinguit*. Larombière, IV, art. 1330, n° 18. Colmet de Santerre, V, 294 *bis*. Zachariæ, *loc. cit.* Voy. en sens contraire : Demolombe, XXIX, 616. L'argument que l'éminent auteur tire de l'art. 1329 ne nous paraît pas concluant.

[9] S'il s'agissait d'un fait, commercial seulement à l'égard de l'une des parties, et purement civil à l'égard de l'autre, par exemple, d'une fourniture de bois faite par un marchand de bois à un banquier pour l'usage de sa maison, on rentrerait sous l'empire du Droit commun. En pareil cas, les livres de com-

les livres régulièrement tenus font foi[10], d'après les distinctions suivantes :

Lorsque les deux parties ont des livres régulièrement tenus, et que leurs écritures sont conformes, la preuve qui en résulte peut être admise comme complète. Que si les écritures ne sont pas d'accord, elles doivent, en général, être considérées comme se balançant et se neutralisant respectivement.

Lorsque l'une des parties seulement possède des livres réguliers, le juge peut tenir pour constants, en faveur de cette partie, les faits qui y sont énoncés. Code de commerce, art. 12.

Quant aux livres irrégulièrement tenus, ils ne peuvent être représentés, ni faire foi en justice, même entre commerçants et pour faits de commerce, au profit de ceux qui les ont tenus[11]. Code de commerce, art. 13. Cpr. même Code, art. 586 et 591.

Du reste, la foi qui, selon les circonstances, peut ou doit être ajoutée aux livres de commerce, n'exclut pas la preuve contraire, preuve qui peut être établie par témoins ou même à l'aide de simples présomptions. C'est ainsi que le commerçant contre lequel on se prévaut d'une énonciation contenue dans ses propres livres, est admis à prouver, au moyen de simples présomptions, que cette énonciation est le résultat d'une erreur[12].

---

merce du marchand de bois, quoique régulièrement tenus, ne pourraient donc être admis comme faisant preuve complète en sa faveur, sauf au juge à lui déférer le serment supplétif, conformément à l'art. 1329. Larombière, IV, art. 1329, n° 7. Demolombe, XXIX, 598. Bonnier, II, 774. Ce dernier auteur avait, dans sa première édition, émis une opinion contraire. Cpr. Pardessus, op. cit., I, 258. Voy. en sens contraire : Toullier, VIII, 386. L'opinion de cet auteur est contraire au texte de l'art. 12 du Code de commerce, puisque les termes, *entre commerçants pour faits de commerce,* ne peuvent évidemment s'entendre que d'opérations du commerce respectif des parties.

[10] Cpr. Demolombe, XXIX, 595 ; Bourges, 14 juillet 1851, Sir., 51, 2, 737 ; Req. rej., 18 août 1852, Sir., 53, 1, 211.

[11] Cpr. cep. : Req. rej., 3 janvier 1860, Sir., 60, 1, 380 ; Req. rej., 26 juillet 1869, Sir., 70, 1, 15 ; Civ. rej., 23 juillet 1873, Sir., 74, 1, 12. Ces arrêts décident que des livres, même irrégulièrement tenus, peuvent être consultés par le juge, à titre de renseignements, qu'il peut y puiser des présomptions, notamment pour corroborer une preuve déjà établie.

[12] Arg. art. 1356, al. 4, du Code civil et 109 du Code de commerce, Pardessus, op. cit., I, 260. Bonnier, II, 773. Larombière, IV, art. 1329, n° 9. Demolombe, XXIX, 602. Cpr. Civ. rej., 30 mars 1869, Sir., 69, 1, 244.

4° Le juge saisi d'une contestation dans laquelle un commerçant figure comme demandeur ou comme défendeur, est autorisé[13] à ordonner, même d'office, la représentation des livres, soit principaux, soit auxiliaires[14], de ce commerçant, à l'effet d'en extraire ce qui concerne le différend. Code de commerce, art. 15.

Si le commerçant aux livres duquel sa partie adverse offre d'ajouter foi, refuse de les représenter, le juge peut déférer le serment supplétif à cette dernière[15]. Code de commerce, art. 17.

La communication même des livres. et inventaires peut être exceptionnellement ordonnée en justice, dans les affaires de succession, communauté, partage de société[16], et en cas de faillite. Code de commerce, art. 14.

Elle ne saurait l'être hors des cas spécifiés par l'art. précité[17]; et, dans ces cas mêmes, il appartient aux tribunaux d'apprécier souverainement les circonstances de nature à faire admettre ou rejeter la communication demandée[18].

---

[13] Le juge n'est pas obligé d'ordonner la représentation des livres de commerce de l'une des parties, alors même que l'autre provoque cette mesure, en offrant d'ajouter foi aux livres de son adversaire. La loi laisse à cet égard aux tribunaux un pouvoir discrétionnaire. Demolombe, XXIX, 600. Req. rej., 20 août 1818, Sir., 19, 1, 236. Req. rej., 4 février 1828, Sir., 28, 1, 99. Req. rej., 13 août 1833, Sir., 33, 1, 614. Req. rej., 10 décembre 1862, Sir., 63, 1, 126. Req. rej., 25 mars 1873, Sir., 75, 1, 156.

[14] Delamarre et Lepoitvin, *Du contrat de commission*, I, 188. Massé, *Droit commercial*, IV, 2510. Larombière, IV, art. 1329, n° 5. Demolombe, XXIX, 601. Req. rej., 4 mai 1873, Sir., 73, 1, 360.

[15] Ici encore, c'est une faculté que la loi donne au juge, et non une obligation qu'elle lui impose. Demolombe, XXIX, 600. Req. rej., 18 janvier 1832, Sir., 32, 1, 74.

[16] La communication des livres, en matière de société, peut être demandée par un commis intéressé, aussi bien que par un associé proprement dit. Rennes, 29 juin 1871, Sir., 71, 2, 83. Bordeaux, 30 janvier 1872, Sir., 72, 2, 66. —*Secùs* du simple commis placier. Req. rej., 26 décembre 1866, Sir., 67, 1, 165.

[17] La disposition de l'art. 14 du Code de commerce est essentiellement limitative. Demolombe, *loc. cit.* Aix, 5 avril 1832, Sir., 35, 2, 22. Bordeaux, 6 août 1853, Sir., 55, 2, 717. Montpellier, 31 mars 1859, Sir., 59, 2, 688. Caen, 18 avril 1874, Sir., 74, 2, 274.

[18] Req. rej., 13 juillet 1875, Sir., 75, 1, 360.

§ 758.

Des registres et papiers domestiques. — De certaines autres écritures pouvant faire foi ou former un commencement de preuve par écrit d'un paiement.

1° Des registres et papiers domestiques.

a. La loi n'a pas défini les termes *registres et papiers domestiques*, et il serait difficile d'en donner une définition complétement exacte et satisfaisante. Ce que l'on peut dire seulement, c'est que les mots *papiers domestiques* comprennent, par leur généralité et dans leur acception usuelle, toutes les écritures et notes, réunies en liasses ou portées sur des feuilles volantes, signées ou non, qu'une personne, qui n'y était pas obligée, rédige avec l'intention de les conserver, pour fixer le souvenir de faits juridiques ou d'événements quelconques. Quant aux mots *registres domestiques*, ils désignent plus spécialement une réunion de feuilles reliées ensemble avec un certain caractère de fixité, sur lesquelles une personne inscrit successivement les actes de son administration domestique, ses recettes, ses dépenses, ses achats, ses ventes, etc.[1].

La loi attache aux registres et papiers domestiques une certaine force probante, non-seulement lorsqu'il s'agit de la preuve des obligations et du paiement, mais dans d'autres matières encore[2].

b. Les registres et papiers domestiques ne peuvent faire preuve, en faveur de ceux qui les ont tenus, ni d'une créance contre un tiers, ni d'une libération. Art. 1331. Ils ne forment pas même un commencement de preuve de nature à autoriser la délation d'un serment supplétif[3]. Le juge est, toutefois, autorisé à les con-

---

[1] La distinction entre les papiers et les registres domestiques étant purement doctrinale, ne lie pas le juge. A cette distinction se rattache la question de savoir quelle est la force probante à accorder aux mentions consignées sur de simples feuilles volantes. Voy. texte et note 15 *infrà*.

[2] Voy. art. 46, § 64, texte et note 3; art. 324, § 544, texte, n° 3, et note 28, § 570, texte et note 18 ; art. 1415, § 513, texte, n° 2, lettre *e*.

[3] Arg. art. 1331 cbn. 1329. Toullier, VIII, 400. Duranton, XIII, 621. Bonnier, II, 743. Larombière, IV, art. 1331, n° 2. Demolombe, XXIX, 624. Civ. cass., 2 mai 1810, Sir., 10, 1, 246.

sulter à titre de simples renseignements et à y puiser des présomptions de fait [4].

De ce que les registres et papiers domestiques ne peuvent servir, ni de preuve, ni même de commencement de preuve, en faveur de ceux qui les ont tenus, on doit conclure que le créancier auquel le débiteur opposerait la prescription, et qui, pour faire écarter cette fin de non-recevoir, se prévaudrait de paiements d'à-compte, d'arrérages, ou d'intérêts, faits par le débiteur, d'où serait résultée l'interruption de la prescription, ne justifierait pas légalement et suffisamment de ces paiements par les énonciations de ses registres domestiques, quelque précises et explicites qu'elles pussent être [5].

c. Les registres et papiers domestiques font foi contre ceux qui les ont tenus, dans les deux cas suivants : 1° Lorsqu'ils énoncent formellement un paiement reçu ; 2° Lorsqu'ils contiennent la déclaration ou reconnaissance d'une dette au profit d'un tiers, avec la mention expresse que l'énonciation a été faite pour suppléer au défaut de titre en faveur du créancier [6]. Art. 1331.

---

[4] Civ. rej., 10 mai 1842, Sir., 42, 1, 635. Civ. rej., 28 août 1844, Sir., 44, 1, 744. Req. rej., 1er mai 1848, Sir., 48, 1, 501.

[5] L'opinion contraire, assez généralement admise, en matière de rentes par notre ancienne jurisprudence, ne peut plus l'être aujourd'hui, en présence de la disposition formelle de l'art. 1331. Ce serait attribuer aux registres domestiques du créancier une force probante que la loi leur dénie. Fœlix et Henrion, *Des rentes foncières*, p. 440, note 1re. Vazeille, *Des prescriptions*, I, 215. Troplong, *De la prescription*, II, 621. Demolombe, XXIX, 628. Req. rej., 11 mai 1842, Sir., 42, 1, 719.

[6] D'après Pothier (*Des obligations*, n° 759), cette mention n'est pas même nécessaire, lorsque la reconnaissance de la dette est signée par celui qui l'a consignée dans ses registres domestiques. Mais cette opinion ne doit plus être suivie. Elle est, en effet, contraire au texte formel du n° 2 de l'art. 1331, qui n'admet les registres domestiques comme faisant foi contre celui qui les a tenus, qu'à la condition qu'ils contiennent la mention expresse que l'annotation a été faite pour servir de titre à celui au profit duquel elle énonce une obligation. *Exposé de motifs* par Bigot-Préameneu (Locré, *Lég.*, XII, p. 399 et 400, n° 198). Toullier, VIII, 463. Duranton, XIII, 206. Bonnier, II, 745. Larombière, IV, art. 1331, n°s 3 et 5. Demolombe, XXIX, 630 et 631. Civ. cass., 27 avril 1831, Sir., 33, 1, 277.—Du reste, si l'annotation qui ne contient pas la mention requise par la loi, ne fait pas preuve complète contre celui qui s'est déclaré débiteur, rien ne s'oppose à ce qu'elle soit considérée comme formant un commencement de preuve par écrit, lorsqu'elle réunit les conditions exigées par l'art. 1347. Voy. les auteurs et l'arrêt ci-dessus cités.

La foi que la loi attache, dans ces deux hypothèses, aux registres et papiers domestiques, suppose que les mentions ou déclarations qu'ils contiennent, sont écrites de la main de celui à qui
on les oppose, ou signées de lui. Ainsi, la mention d'un paiement
reçu qui ne serait ni écrite ni signée par le créancier, ne vaudrait pas contre lui de titre libératoire[7].

Cependant les registres tenus et les notes écrites par un tiers
chargé de ce soin, comme gérant, secrétaire, ou clerc, sont censés
être l'œuvre personnelle du père de famille ou du patron auquel
appartiennent ces registres et notes[8]. Il a même été jugé que la
mention d'un paiement, portée sur le registre du créancier, pouvait être admise comme faisant foi contre lui, bien qu'elle fût de
la main du débiteur, si l'inscription avait eu lieu sous les yeux
mêmes du créancier, ou d'après ses instructions[9].

L'énonciation formelle d'un paiement reçu, bien que biffée ou
cancellée, continue, si elle est restée lisible, à faire foi contre le
créancier[10]. Mais il n'en serait pas de même de la mention portant reconnaissance d'une dette au profit d'un tiers[11].

---

[7] Duranton, XIII, 205. Colmet de Santerre, V, 295 *bis*, I. Larombière,
IV, art. 1331, n° 9. Demolombe, XXIX, 632. Civ. cass., 9 novembre 1842,
Sir., 43, 1, 704.

[8] Larombière et Demolombe, *locc. citt.* Cpr. Zachariæ, § 754, note 4 ; Req.
rej., 9 janvier 1865, Sir., 65, 1, 63 ; Req. rej., 11 juin 1872, Sir., 72, 1,
261.

[9] Demolombe, *loc. cit.* Req. rej., 9 janvier 1865, Sir., 65, 1, 63. — Voy.
dans le même sens, pour le cas où il s'agit d'une mention portant reconnaissance de dette : Bourges, 14 juillet 1851, Sir., 51, 2, 737.

[10] Duranton, XIII, 208. Bonnier, II, 742. Larombière, IV, art. 1331,
n° 10. Demolombe, XXIX, 633. — La proposition énoncée au texte n'est pas en
contradiction avec celles que nous avons émises au § 756 (texte II, lett. *a*,
note 99) et à la note 21, *infrà*. Les situations et les raisons de décider ne sont
pas les mêmes. — Du reste, si la mention de libération portée sur le registre du
créancier se trouvait biffée de manière qu'il fût impossible d'en lire la teneur,
elle se trouverait forcément sans effet ; et cela prouve combien il est impru-
dent pour le débiteur, de se contenter d'une simple inscription sur le registre
du créancier. Demolombe, *loc. cit.*

[11] Dans ce cas, on doit présumer que la mention a été biffée par suite du
paiement de la dette. Pothier, *op. cit.*, n° 759. Duranton, XIII, 207. Bonnier,
Larombière, et Demolombe, *locc. citt.* — Cpr. sur la rature faite par le créancier d'une mention indicative d'une créance à son profit : Req. rej., 17 juillet
1866, Sir., 66, 1, 401.

La foi qui, d'après l'art. 1331, est due aux registres et papiers domestiques, n'est pas absolue. La partie à laquelle on oppose les déclarations ou mentions contenues dans ses écritures, est admise à les combattre en établissant, ou qu'elles sont le résultat d'une erreur, ou qu'elles ont été inscrites en vue d'une éventualité qui ne s'est pas réalisée; et cette preuve peut, même en l'absence de tout commencement de preuve par écrit, être faite par témoins, ou à l'aide de présomptions graves, précises et concordantes [12].

La partie qui invoque les énonciations contenues dans les registres ou papiers domestiques de son adversaire, doit les prendre dans leur ensemble, et n'est pas, en général, admise à les diviser en ce qu'elles ont de contraire à ses prétentions [13]. Cette indivisibilité, toutefois, se restreint dans les limites de la défense de celui auquel on oppose telle ou telle mention de ses registres, et ne peut jamais être invoquée par ce dernier à l'appui d'une demande reconventionnelle [14].

Si les registres et papiers domestiques de la partie contre laquelle on les invoque, contenaient des mentions ou déclarations contradictoires, il appartiendrait au juge de déterminer, d'après les habitudes de cette partie et les autres circonstances de la cause, la valeur de ces énonciations prises dans leur ensemble, ou de chacune d'elles en particulier.

---

[12] *Nec obstat* art. 1341. La disposition de cet article, qui défend la preuve par témoins contre et outre le contenu aux actes, ne s'applique qu'aux actes proprement dits, c'est-à-dire aux écrits authentiques ou sous signature privée dressés, avec le concours ou sur la réquisition de toutes les parties contractantes, dans le but de servir de titre, et dont la remise par l'une des parties à l'autre, ou le dépôt en mains tierces, présente le caractère d'un fait conventionnel. C'est ce que prouve clairement la première partie de l'art. 1341. Or, il est évident que les écritures dont il s'agit au texte ne peuvent, sous aucun rapport, être envisagées comme des actes dans le sens qui vient d'être indiqué; elles sont, ou du moins elles peuvent être, l'œuvre toute spontanée de l'une des parties seulement, et ne constituent ainsi que des aveux écrits, susceptibles, comme tels, d'être rétractés pour cause d'erreur de fait. Art. 1356, al. 4. Bonnier, II, 742. Demolombe, XXIX, 635.

[13] Arg. art. 1330, Bonnier, II, 743. Demolombe, XXIX, 634.

[14] La solution contraire constituerait une violation de la règle posée dans la première partie de l'art. 1331. Bonnier, *loc. cit.* Marcadé, sur l'art. 1331, n° 4. Larombière, IV, art. 1331, n° 6. Demolombe, XXIX, 629. Req. rej., 16 décembre 1833, Sir., 34, 1, 123.

d. Les mentions ou déclarations portées sur de simples feuilles volantes ne jouissent point, par suite du défaut de fixité et de permanence qui résulte de ce fait, d'une foi aussi complète que celles qui sont inscrites dans un registre. Mais on irait trop loin en disant qu'elles sont dépourvues de toute force probante, et surtout qu'elles ne peuvent même pas former un commencement de preuve par écrit. Ce qui est vrai seulement, c'est que le juge jouit d'une grande latitude pour déterminer le degré de foi qui peut appartenir à de pareilles écritures [15].

e. La représentation en justice des registres et papiers domestiques de l'une des parties, ne peut être ordonnée, ni à la demande de l'autre partie, qui soutiendrait qu'ils contiennent des déclarations ou énonciations dont elle entend tirer avantage, ni d'office par le juge [16].

---

[15] Marcadé, sur l'art. 1331, n° 4. Bonnier, II, 744. Demolombe, XXIX, 619, et 638 à 640. Cpr. Larombière, IV, art. 1331, n°s 12 et 13 ; Paris, 6 mars 1854, Sir., 54, 2, 131. Voy. cep. Toullier, VIII, 357 et 399 ; Taulier, IV, p. 491 ; Zachariæ, § 754, note 4 ; Dijon, 19 février 1873, Sir., 74, 2, 14.

[16] On ne peut étendre aux registres domestiques les dispositions des art. 15 et 17 du Code de commerce. Ces dispositions, qui dérogent à la règle *Nemo tenetur edere contra se*, sont en effet fondées sur des raisons spéciales aux livres de commerce. Cpr. Merlin, *Rép.*, v° Compulsoire, § 2. Cependant Toullier (VIII, 404) et Duranton (XIII, 210) pensent que le juge pourrait ordonner au demandeur de produire ses registres, si le défendeur soutenait qu'ils constatent des paiements par lui faits, et si l'existence de ces registres étant reconnue, le refus du demandeur de les représenter était accompagné de circonstances de nature à faire suspecter sa bonne foi. Ils se fondent principalement sur ce que l'on ne peut croire que la loi consacre une disposition, d'ailleurs sage et juste, sans offrir les moyens de la faire exécuter. Mais, bien que cette opinion soit conforme à plusieurs textes du Droit romain (LL. 5 et 8, *C. de edendo*, 2, 1), et qu'elle ait pour elle la faveur de la libération, il nous paraît difficile de l'admettre aujourd'hui. En effet, nous ne saurions reconnaître l'autorité du Droit romain dans une matière toute de législation positive, et sur laquelle le Code civil a établi un système qui, dans ses parties principales, s'écarte notablement de celui du Droit romain. D'un autre côté, l'argument invoqué par les auteurs précités n'est pas concluant, puisqu'il prouve trop. Il en résulterait, en effet, que le juge pourrait ordonner la représentation des livres domestiques, non-seulement sur la provocation du défendeur qui alléguerait un paiement, mais encore sur celle du demandeur qui prétendrait que sa créance est constatée par les livres du défendeur. Et cette conséquence, Toullier et Duranton la repoussent eux-mêmes, au moins implicitement. Nous ajouterons que si, d'après notre manière de voir, les dispositions de l'art. 1331 peuvent souvent être éludées

Il en serait cependant autrement, s'il s'agissait de registres ou papiers domestiques communs aux deux parties[17].

2° De certaines écritures pouvant faire foi ou former un commencement de preuve par écrit d'un paiement.

L'écriture mise par le créancier à la suite, en marge, ou au dos d'un titre de créance qui est toujours resté en sa possession, fait foi, quoique non datée ni signée de lui, lorsqu'elle tend à établir la libération du débiteur[18]. Art. 1332, al. 1.

---

par le refus de l'une des parties de produire ses registres, il s'en faut cependant de beaucoup qu'elles soient destituées de toute importance pratique. Elles recevront leur application dans le cas où, s'agissant de registres communs aux deux parties, le juge est exceptionnellement autorisé à ordonner la représentation des livres domestiques, et dans celui où, lors de la confection d'un inventaire, après décès, ou pour cause d'absence, les parties intéressées auront eu soin de faire constater l'existence et la teneur des registres du défunt ou de l'absent. Code de procédure, art. 941 et 944 cbn. 930 et 909. Voy. dans le sens de la proposition émise au texte : Demolombe, XXIX, 636 et 637; Rennes, 31 mars 1849, Sir., 50, 2, 51. Cpr. Bonnier, II, 746 ; Civ. rej., 15 février 1837, Sir., 37, 1, 424.

[17] Cpr. sur les cas dans lesquels des registres ou papiers sont à considérer comme communs aux deux parties : Merlin, *Rép.*, v° Compulsoire, § 2 ; Orléans, 26 juillet 1849, Sir., 50, 2, 49 ; Req. rej., 17 février 1869, Sir., 69, 1, 160.

[18] L'art. 1331, n° 1, exige une double condition, pour qu'une mention libératoire mise à la suite, au dos, ou en marge d'un titre de créance, puisse faire foi contre le créancier, à savoir : 1° que la mention soit écrite de la main de ce dernier ; 2° que le titre soit toujours resté en sa possession. Cependant Delvincourt (II, p. 617 et 618), Toullier (VIII, 353), et Duranton (XIII, 213 et 214) enseignent, d'une part, que l'écriture mise, même par un tiers, sur un titre de créance, fait foi contre le créancier, lorsque le titre est toujours resté en sa possession, et, d'autre part, qu'une pareille écriture, émanée du créancier lui-même, fait foi contre lui, quoique le titre ne soit pas resté en sa possession. Ils adoptent à cet égard la doctrine de Pothier (*Des obligations*, n° 761), que, selon eux, les rédacteurs du Code ont eu l'intention de reproduire ; et, comme le texte de l'art 1332 contrarie leur manière de voir, ils n'hésitent pas à mettre sur le compte d'une rédaction négligée et vicieuse, les différences qui ressortent de la comparaison de ce texte avec les propositions émises par Pothier. Il nous est impossible de partager cette opinion, qui part, selon nous, d'une supposition tout à fait gratuite. Non-seulement on ne trouve, dans les travaux préparatoires du Code, rien qui indique que le législateur moderne ait entendu reproduire la doctrine de Pothier, mais la preuve d'une intention

Il en est de même de l'écriture mise par le créancier à la suite, en marge, ou au dos, soit d'une quittance en règle, soit du double

toute contraire ressort de la circonstance que l'art. 223 du projet primitif, qui résumait exactement cette doctrine, a été modifié par la Section de législation. Ce n'est pas, d'ailleurs, sans motifs que ce changement a été opéré; et, à tout prendre, le système du Code nous paraît préférable à celui de Pothier. — Pourquoi cet auteur veut-il qu'une mention libératoire, mise sur un titre de créance par un tiers, fasse foi contre le créancier, lorsque le titre est toujours resté en sa possession? C'est, dit-il, parce qu'il est plus que probable que le créancier n'aurait pas laissé écrire un reçu sur le billet qui était en sa possession, si le paiement ne lui avait pas été fait effectivement. Mais ne pourrait-il pas arriver, par exemple, en cas de maladie du créancier, qu'une mention libératoire fût, à son insu, inscrite par un tiers sur le titre de créance, et ne serait-il pas souverainement injuste de soumettre, en pareil cas, le créancier ou ses héritiers à la nécessité de prouver la fraude, pour repousser une écriture qui, n'émanant pas d'eux, ne mérite par elle-même aucune foi? Et s'il en est ainsi, on doit approuver les rédacteurs du Code de n'avoir point érigé en présomption légale, la présomption de fait sur laquelle s'appuie l'opinion de Pothier. — Le parti qu'ils ont adopté quant aux mentions libératoires écrites par le créancier lui-même, mais sur un titre qui n'est pas toujours resté en sa possession, se justifie également par des raisons fort plausibles à notre avis. Si, comme on le fait remarquer, il n'est pas d'usage d'inscrire un reçu sur le titre, sans qu'il y ait eu paiement, cela se fait cependant assez souvent, lorsque le créancier confie le titre à un tiers, pour opérer le recouvrement de la créance. Les commerçants ont même l'habitude de revêtir d'un acquit les effets qu'ils envoient à l'encaissement. La circonstance que le titre a été remis à un tiers, enlève donc aux mentions libératoires qui peuvent y être inscrites, une partie de leur signification, puisqu'il est possible qu'elles n'aient été rédigées qu'en vue d'un paiement à effectuer; et l'on comprend ainsi que les rédacteurs du Code civil n'aient pas voulu, en pareil cas, attacher à ces mentions l'effet d'une preuve complète. D'ailleurs, ce système ne présente aucun inconvénient, puisque les mentions de la dernière espèce pourront toujours servir d'un commencement de preuve par écrit, susceptible d'être complété, soit par la preuve testimoniale, soit à l'aide de simples présomptions, ou d'un serment supplétif déféré au débiteur. — Nous ajouterons que si l'application des principes que nous venons de développer, pouvait, dans des circonstances extraordinaires, avoir pour résultat de forcer le débiteur qui, en faisant un paiement, se serait contenté d'une simple mention de libération, à payer une seconde fois, ce dernier aurait à s'imputer de n'avoir pas retiré une quittance en forme. Voy. en ce sens : Larombière, IV, art. 1332; Colmet de Santerre, V, 245 bis; Demolombe, XXIX, 644 à 648. Zachariæ, § 754, texte et note 5. M. Bonnier, qui s'était, dans sa première édition (n° 609), prononcé en sens contraire, s'est rallié, dans sa seconde édition (II, 748 à 750), à la doctrine exposée dans la présente note.

d'un acte lorsque ce double se trouve entre les mains du débiteur[19]. Art. 1332, al. 2.

Les mentions libératoires dont s'occupe l'art. 1332, cessent de faire foi en faveur du débiteur lorsqu'elles sont biffées. Il en est ainsi, non-seulement dans le second des cas prévus par cet article[20], mais même dans le premier[21].

[19] C'est avec raison que l'on a critiqué comme amphibologique et obscure la rédaction du second alinéa de l'art. 1332. Voy. Zachariæ, § 754, note 8, *in fine*; Demolombe, XXIX, 652. La proposition telle qu'elle est formulée au texte, exprime la véritable pensée du législateur, en indiquant que cet alinéa a pour objet de déterminer, d'une part, l'effet de mentions libératoires écrites par le créancier, mais non signées de lui, à la suite d'une quittance régulière délivrée au débiteur, et, d'autre part, l'effet de pareilles mentions inscrites sur le double d'un acte, d'un acte de vente, par exemple, lorsque ce double se trouve entre les mains de celle des parties que cet acte constitue débitrice envers l'autre. En ce qui concerne les mentions libératoires de la dernière espèce, il peut se présenter trois hypothèses distinctes : ou bien le double qui porte une pareille mention est toujours resté entre les mains de celle des parties au profit de laquelle l'acte constate une créance ; ou bien ce double est en la possession du débiteur ; ou bien, enfin, il se trouve entre les mains d'un tiers. La première de ces hypothèses n'avait pas besoin d'être rappelée dans le second alinéa de l'art. 1332, puisqu'elle rentre directement sous l'application du premier alinéa. Dans la seconde, le législateur veut que la mention libératoire émanée du créancier fasse foi contre lui. Dans la troisième hypothèse, on doit décider, d'après ce qui a été dit à la note précédente, que la mention libératoire ne peut servir que de commencement de preuve par écrit. Cpr. Marcadé, sur l'art. 1332, n° 4 ; Bonnier, II, 751 ; Colmet de Santerre, V, 297 ; Larombière, IV, art. 1332, n° 8 ; Demolombe, XXIX, 653 à 655.

[20] Cette proposition est généralement admise. Il n'est pas probable que, si le paiement avait réellement eu lieu, le débiteur eût laissé biffer la mention libératoire inscrite sur un titre qui se trouve entre ses mains. Pothier, *Des obligations*, n° 762. Bonnier, II, 753. Demolombe, XXIX, 656.

[21] Ce point est controversé : notre solution est contraire à celle de Pothier (*op. et loc. citt.*), qui disait qu'il ne doit pas dépendre du créancier, possesseur du titre sur lequel se trouve inscrite la mention libératoire, de priver le débiteur, en biffant cette mention, de la preuve du paiement qui lui était acquise. Mais ne peut-on pas admettre, et ne doit-on pas par cela même présumer, que la mention biffée n'avait été faite qu'en vue d'un paiement promis, ou du moins espéré, et qui ne s'est pas réalisé. Il n'en est pas des mentions libératoires dont il s'agit ici, qui s'inscrivent très-souvent d'avance (cpr. note 18 *suprà*), comme de celles qui se trouvent consignées sur des registres domestiques, et dont l'inscription ne s'opère presque toujours qu'après paiement reçu. C'est là ce qui différencie essentiellement l'hypothèse actuelle de celle

Celui à qui on oppose des mentions libératoires écrites sur des actes dont il est toujours resté en possession, est admis, indépendamment de tout commencement de preuve par écrit, à prouver par témoins, et même à l'aide de simples présomptions, que ces mentions ou énonciations sont le résultat d'une erreur de sa part [22]. Mais il devrait, ce semble, en être autrement, s'il s'agissait de mentions libératoires écrites par le créancier à la suite, soit d'une quittance régulière, soit d'un double qui se trouve en la possession du débiteur [23].

§ 759.

Des tailles.

Une taille est un petit bâton fendu en deux parties égales, dont deux personnes se servent pour constater les fournitures de détail que l'une d'elles fait journellement à l'autre. A cet effet, l'une des parties de ce bâton, qui s'appelle proprement la taille, demeure au marchand, et l'autre, qui se nomme l'échantillon, est remise à l'acheteur. Au moment de chaque fourniture, on réunit les deux parties de la taille, et l'on y fait, avec un couteau, une coche transversale, qui entaille les deux moitiés; le nombre de ces coches marque la quantité des fournitures.

Les tailles corrélatives à leurs échantillons font foi entre les personnes qui sont dans l'usage de constater ainsi les fournitures qu'elles font ou reçoivent en détail. Art. 1333.

Lorsque la taille n'est pas corrélative à son échantillon, et qu'il se trouve, soit sur la taille, soit sur l'échantillon, un plus grand nombre de coches que sur l'échantillon ou sur la taille,

---

dont nous nous sommes occupés au texte et à la note 10, *suprà.* Toullier, VIII, 356. Bonnier, *loc. cit.* Demolombe, XXIX, 651. Req. rej., 11 mai 1819, Sir., 20, 1, 84. Civ. cass., 23 décembre 1828, Sir., 29, 1, 7. Voy. en sens contraire : Duranton, XIII, 223 ; Larombière, IV, art. 1332, n° 10.

[22] Cette proposition se justifie par les raisons déjà déduites à la note 12, *suprà.*

[23] En effet, par cela seul qu'une mention libératoire a été mise à la suite d'une quittance, ou du double qui se trouve entre les mains du débiteur, cette mention ne peut plus être considérée comme étant l'œuvre spontanée du créancier seul, et revêt, en quelque sorte, le caractère d'un acte proprement dit. Voy. en sens contraire : Demolombe, XXIX, 657.

on doit, dans l'un et l'autre cas, s'en tenir au nombre inférieur[1], sauf au fournisseur à prouver que la différence provient d'une fraude ou d'une erreur.

La taille, représentée seule, fait foi des fournitures qu'elle constate, lorsque le consommateur, reconnaissant que des fournitures lui ont été faites et qu'elles ont été constatées par une taille, se borne à dire qu'il a perdu ou égaré l'échantillon[2].

Que si le consommateur niait qu'il existât une taille entre lui et le fournisseur, et que ce dernier ne fût pas en mesure de prouver le contraire, la taille qu'il produirait ne ferait pas foi en sa faveur, et n'autoriserait même pas la délation d'un serment supplétif[3]. Du reste, la preuve réservée au fournisseur peut se faire par témoins, lors même que le prix des fournitures réclamées excède 150 francs[4].

§ 760.

Des copies d'actes.

En principe[1], la force probante n'est attachée qu'aux actes originaux, et non aux simples copies, quelle qu'en soit d'ailleurs la forme. Il en résulte que celui auquel on oppose, soit une copie ou expédition d'un acte quelconque, soit même la grosse d'un acte

---

[1] Arg. art. 1327. *In obligationibus, quod minimum est sequimur.* Demolombe, XXIX, 667.

[2] Bonnier, II, 760. Demolombe, XXIX, 669.

[3] Marcadé, sur l'art. 1329, n° 3. Colmet de Santerre, V, 298 *bis*, III. Larombière, IV, art. 1333, n° 6. Demolombe, XXIX, 670. Voy. cependant : Duranton, XIII, 235 ; Bonnier, II, 660. Ces auteurs, se fondant sur l'art. 1329, enseignent que le juge pourrait, en pareil cas, déférer un serment supplétif au fournisseur ou à son adversaire. Mais l'assimilation des tailles aux registres des marchands manque évidemment d'exactitude, puisqu'elles n'offrent pas les mêmes garanties.

[4] L'usage existant entre deux personnes de constater par des tailles les fournitures faites par l'une et reçues par l'autre est en soi, et à raison de la nature de la preuve admise par l'art. 1333, un fait qu'elles n'étaient pas tenues de faire constater par écrit. Toullier, VIII, 409. Marcadé, sur l'art. 1333, n° 3. Colmet de Santerre, V, 298 *bis*, IV. Demolombe, XXIX, 671. Voy. en sens contraire : Larombière, IV, art. 1333, n° 5.

[1] Cpr. cependant, quant aux actes de l'état civil : art. 45 ; § 65, texte, notes 6 et 7.

authentique, est toujours autorisé à exiger la représentation de l'original; et le juge ne peut rejeter cette demande sous prétexte qu'elle ne tend qu'à entraver le cours de la justice, ou que la pièce qui lui est soumise, présente toutes les garanties d'une parfaite conformité avec cet original[2]. Art. 1334.

Néanmoins, lorsque l'original d'un acte authentique n'existe plus, ou ne se retrouve pas au lieu où il a dû être déposé[3], les copies font foi, d'après les distinctions établies par l'art. 1335[4].

Les copies d'actes authentiques, tirées par de simples particuliers, n'ont aucune foi, et ne peuvent même jamais servir de commencement de preuve par écrit[5].

Il en est de même des copies d'actes sous seing privé, quoique tirées par des notaires, à moins qu'il ne s'agisse d'actes qui, par suite de leur dépôt dans une étude de notaire, ont revêtu le caractère de l'authenticité[6].

La transcription, c'est-à-dire la copie entière et littérale d'un acte sur des registres publics, ne peut servir que de commencement de preuve par écrit. Encore faut-il pour cela le concours des conditions exigées par l'art. 1336. Ces conditions ne pouvant

---

[2] Bonnier, II, 793. Larombière, IV, art. 1334, n° 4. Demolombe, XXIX, 677 à 680. Zachariæ, § 756, texte et note 2. Civ. cass., 15 juillet 1829, Sir., 29, 1, 305.

[3] Le cas où l'original ne se retrouve pas au lieu où il a dû être déposé, doit, d'après l'esprit de la loi, être assimilé à celui où il n'existe plus. Larombière, IV, art. 1334, n° 6. Demolombe, XXIX, 685. Zachariæ, § 756, texte et note 4. Bourges, 17 mai 1829, Sir., 29, 2, 109. Req. rej., 10 novembre 1830, Sir., 30, 1, 398. — Celui qui produit la copie d'un acte qui n'existe plus, n'est pas tenu de rapporter la preuve de l'événement qui a causé la perte de l'original. Voy. les autorités ci-dessus citées.

[4] Voy. sur le n° 1 de l'art. 1335 : Civ. rej., 22 décembre 1842, Sir., 43, 1, 141. Voy. sur le n° 2 : Req. rej., 10 novembre 1830, Sir., 30, 1, 398 ; Paris, 30 novembre 1833, Sir., 35, 2, 263 ; Req. rej., 3 mai 1841, Sir., 41, 1, 720 ; Req. rej., 1er août 1866, Sir., 66, 1, 431. Voy. sur le n° 3 : Req. rej., 27 janvier 1825, Sir., 25, 1, 260 ; Montpellier, 23 février 1831, Sir., 31, 2, 143 ; Req. rej., 13 novembre 1833, Sir., 34, 1, 22. Voy. sur le n° 4 : Req. rej., 17 décembre 1838, Sir., 39, 1, 317.

[5] *Non obstat* art. 1335, n° 3. Les copies dont il est question dans cette disposition, et qui forment commencement de preuve par écrit, sont celles qui, quoique non tirées par l'officier public dépositaire de la minute, l'ont cependant été par un officier public.

[6] Cpr. § 755, texte I, n° 1, lett. *d*, et note 9. Bonnier, II, 792. Demolombe, XXIX, 676. Zachariæ, § 756, texte et note 3.

se réaliser pour les actes sous seing privé, il en résulte que la transcription de pareils actes ne peut jamais servir de commencement de preuve par écrit [7].

La relation d'un acte sur les registres de l'enregistrement ne semble pas devoir fournir un commencement de preuve par écrit, lors même qu'elle indiquerait, d'une manière précise, la date ainsi que la teneur de l'acte, et que les deux conditions exigées par l'art. 1336 se trouveraient réunies [8].

§ 760 *bis*.

Des actes récognitifs.

L'acte récognitif (*hoc sensu*) est celui par lequel une personne, en reconnaissant, au profit d'une autre personne, l'existence de droits réels ou personnels déjà constatés par un titre antérieur [1], manifeste l'intention de se soumettre pour l'avenir, comme par le passé, à l'exercice de ces droits et à l'accomplissement des obligations qui y sont corrélatives.

1° Il résulte de cette définition même que, lorsque l'acte réco-

---

[7] Duranton, *loc. cit.* Marcadé, *loc. cit.*, à la note. Championnière et Rigaud, *Des droits d'enregistrement*, IV, 3812. Larombière, IV, art. 1336, n° 6. Colmet de Santerre, V, 305 *bis*, II. Demolombe, XXIX, 700. Lyon, 22 février 1831, Sir., 31, 2, 280. Aix, 21 février 1849, Sir., 50, 2, 570.

[8] En effet, la simple analyse d'un acte, que le receveur de l'enregistrement consigne sur ses registres, n'offre pas les mêmes garanties d'exactitude que la copie littérale de cet acte sur les registres du conservateur des hypothèques. D'ailleurs, les dispositions de l'art. 1336 s'écartant des règles du Droit commun, il ne saurait être permis de les interpréter d'une manière extensive. Cpr. *Observations du Tribunat, Exposé de motifs*, par Bigot-Préameneu, et *Rapport au Tribunat*, par Jaubert (Locré, *Lég.*, XII, p. 283, n° 72, p. 403, n° 203, p. 520, n° 22). Toullier, IX, 72. Bonnier, II, 805. Marcadé, sur l'art. 1336, n° 2. Larombière, IV, art. 1336, n° 7. Demolombe, XXIX, 701. Grenoble, 5 juillet 1845, Sir., 46, 2, 387. Civ. rej., 28 décembre 1858, Sir., 59, 1, 909. Voy. en sens contraire : Duranton, XIII, 255 ; Rolland de Villargues, *Rép. du notariat*, v° Perte du titre, n° 17. Cpr. aussi Req. rej., 16 février 1837, Sir., 37, 1, 253.

[1] C'est par l'existence d'un acte antérieur ou primordial auquel les parties se réfèrent, que l'acte récognitif proprement dit diffère de la simple reconnaissance ou de l'aveu. Jaubert, *Rapport au Tribunat* (Locré, *Lég.*, XII, p. 523, n° 23, *in fine*).

gnitif diffère de l'acte primordial, les additions ou les changements qu'il contient à la charge du débiteur, ne produisent aucun effet. Art. 1337, al. 2. Il en serait de même si, à l'inverse, l'acte récognitif énonçait une obligation moindre que celle qui se trouve constatée par le titre primordial, sauf toutefois, dans cette hypothèse, les effets de la prescription extinctive qui aurait restreint l'étendue de l'obligation primitive [2].

Ces propositions s'appliquent également au cas où l'acte récognitif relate spécialement la teneur de l'acte primordial, et à celui où il existe plusieurs reconnaissances conformes réunissant les conditions exigées par le troisième alinéa de l'art. 1337 [3].

Elles cessent de recevoir application, lorsque l'intention de faire novation résulte clairement du nouvel acte, ou des faits et circonstances qui l'ont accompagné [4].

2° Le premier alinéa de l'art. 1337 établit, quant à la force probante des actes récognitifs de droits personnels, une règle spéciale, d'après laquelle l'acte récognitif ne dispense pas le créancier de la production de l'acte primordial, et ne peut remplacer cet acte lors même qu'il est adiré ; ce qui signifie, en d'autres termes, que l'acte récognitif ne fait pas par lui-même preuve de l'obligation qui en forme l'objet [5].

---

[2] *Recognitio nil dat novi.* Cpr. Pothier, *Des obligations*, n° 780 ; Toullier, VIII, 489 ; Duranton, XIII, 262 ; Marcadé, sur l'art. 1337, n° 5 ; Larombière, IV, art. 1337, n°ˢ 15 et 16 ; Demolombe, XXIX, 716 ; Zachariæ, § 338, texte et note 11.

[3] Larombière, IV, art. 1337, n° 16. Demolombe, XXIX, 715.

[4] Toullier, VIII, 488. Marcadé, *loc. cit.* Demolombe, XXIX, 708 et 717. Zachariæ, § 338, texte et note 12.

[5] Il est assez difficile, pour ne pas dire impossible, de justifier cette règle, qui déroge au Droit commun en matière de preuve, et qui ne s'accorde nullement avec les dispositions des art. 695, 1320 et 1350, n° 4. Elle a été empruntée à Pothier (*Des obligations*, n°ˢ 777 et suiv.), qui avait été amené à la formuler par une fausse interprétation de la doctrine de Dumoulin (*Commentaire sur la coutume de Paris*, tit. I, § 8, n°ˢ 84 et 85). Pothier a eu le double tort de généraliser une thèse que Dumoulin n'avait établie que pour les confirmations féodales, et de confondre la question de fond concernant les conditions de formation de l'obligation, avec celle de la force probante des actes récognitifs, questions que Dumoulin avait distinguées avec un soin tout particulier. Si l'acte récognitif ne peut, de sa nature, avoir pour effet d'étendre ou d'augmenter les obligations constatées par l'acte primordial auquel les parties se réfèrent, et si, sous ce rapport, il est parfaitement exact de dire *Recognitio nil dat novi*,

Cette règle ne concerne pas les actes portant reconnaissance de droits réels, et notamment de servitudes[6].

Elle est, d'un autre côté, étrangère à l'hypothèse où il n'a point existé d'acte primordial[7].

Elle cesse, d'ailleurs, d'être applicable, toutes les fois qu'il est clairement établi que les parties ont voulu substituer à l'acte originaire, un acte subséquent destiné à régir exclusivement à l'avenir leurs rapports respectifs[8].

---

ce n'est pas une raison pour refuser à cet acte toute force probante en l'absence de l'acte primordial. La seule circonstance qu'un acte portant reconnaissance d'une obligation, fait mention d'un titre antérieur qui la constate, n'enlève pas à cet acte le caractère d'aveu écrit ; et un pareil aveu devrait, d'après les principes, dispenser le créancier de toute autre preuve, sauf au débiteur à établir qu'il y a eu de sa part erreur, soit sur l'existence même de l'obligation, soit sur son étendue. Rien n'est plus explicite sur ce point que le passage suivant de Dumoulin : « *Unde simplex titulus novus, non est dispositorius, sed declaratorius seu probatorius. Nec aliquid de novo inducit circa substantiam obligationis, sed bene circa quædam extrinseca et accidentalia, videlicet circa probationem et vim executivam. Et sic hujus modi titulus duo tantum operatur : primo confessionem et probationem in præjudicium recognoscentis, secundo vim guarentigiam.* » Op. cit., tit. I, § 18, n° 19. Cpr. Maleville, sur l'art. 1337 ; Delvincourt, II, p. 391 ; Toullier, VIII, 473 à 483, X, 312 à 333 ; Duranton, XIII, 263 ; Marcadé, sur l'art. 1337, n° 2 ; Bonnier, II, 783 ; Larombière, IV, art. 1337, n° 17 ; Colmet de Santerre, V, 307 *bis*, I ; Demolombe, XXIX, 704, 706 et 707 ; Zachariæ, § 338, texte et note 14. — Il semble résulter des explications qui viennent d'être données sur l'origine du premier alinéa de l'art. 1337, que cette disposition ne peut être considérée comme une innovation législative, du moins par rapport aux pays où la jurisprudence avait consacré la doctrine de Pothier. Pau, 30 janvier 1828, Sir., 28, 2, 277. Lyon, 8 décembre 1838, Sir., 39, 2, 538. Voy. en sens opposé : Pau, 14 août 1828, Sir., 28, 2, 276. Cpr. aussi : Req. rej., 15 avril 1867, Sir., 67, 1, 240. Mais l'arrêt qui déciderait le contraire, ne serait pas sujet à cassation, puisqu'il ne violerait aucune loi. Demolombe, XXIX, 705. Req. rej., 3 juin 1835, Sir., 35, 1, 324.

[6] Voy. à l'appui de cette proposition, les autorités citées à la note 20 du § 250. Cpr. Req. rej., 14 juillet 1858, Sir., 59, 1, 154 ; Pau, 7 mars 1864, Sir., 64, 2, 49.

[7] Cpr. note 1re, *suprà*. Zachariæ, § 338, texte et note 6. Req. rej., 29 janvier 1829, Sir., 29, 1, 52.

[8] Bonnier, II, 785. Marcadé, sur l'art. 1337, n°s 5 et 6. Demolombe, XXIX, 707 *bis*. Zachariæ, § 338, texte et note 6. Pau, 14 août 1828, Sir., 28, 2, 276. Cpr. Civ. rej., 19 décembre 1820, Sir., 21, 1, 245.

Enfin, elle ne s'oppose pas à ce que le créancier puisse établir, par tous autres moyens de preuve, l'existence de l'obligation, et même se servir de l'acte récognitif comme d'un commencement de preuve par écrit, de nature à autoriser l'admission de la preuve testimoniale ou de simples présomptions [9].

La règle que l'acte récognitif ne prouve pas, par lui-même, l'obligation qui s'y trouve rappelée, reçoit exception dans les deux cas suivants :

a. Lorsque l'acte récognitif relate spécialement la teneur de l'acte primordial, c'est-à-dire lorsqu'il ne contient pas seulement l'indication de l'objet de cet acte, mais qu'il en reproduit les dispositions elles-mêmes [10], et que l'existence de cette condition résulte de l'ensemble de l'acte récognitif [11]. Dans cette hypothèse, cet acte fait par lui-même foi de son contenu, alors du moins qu'il n'est pas établi que l'acte primordial existe encore [12]. Art. 1337, al. 1.

---

[9] Angers, 19 juin 1843, Sir., 43, 2, 340.

[10] Il ne suffirait pas que la substance de l'acte primordial eût été relatée dans l'acte récognitif : la loi exige la relation de la teneur même, c'est-à-dire, du contenu de cet acte. Cpr. art. 1337, al. 1, cbn. art. 1338, al. 1. Toutefois, elle ne demande pas une copie littérale et textuelle de l'acte primordial. Cpr. Toullier, VIII, 484; Bonnier, II, 785; Taulier, IV, p. 501; Laromhière, IV, art. 1337, n° 5; Demolombe, XXIX, 712; Req. rej., 11 juin 1833, Sir., 33, 1, 763; Req. rej., 15 avril 1867, Sir., 67, 1, 140.

[11] Le mot *spécialement,* qui ne se trouve pas dans la définition que Pothier donne de la reconnaissance *in formâ speciali,* c'est-à-dire avec relation de la teneur du titre primordial, semble avoir été ajouté par les rédacteurs du Code, dans l'intention d'exiger la seconde condition que nous avons indiquée au texte. Cpr. *Exposé de motifs,* par Bigot-Préameneu (Locré, *Lég.*, XII, p. 404, n° 204).

[12] Le créancier qui reconnaîtrait que l'acte primordial existe encore, serait, même dans cette hypothèse, tenu de le produire. Il résulte, en effet, de la doctrine enseignée par Pothier, que l'acte récognitif, quoique fait *in formâ speciali,* ne dispense de la représentation de l'acte primordial que lorsque cet acte se trouve adiré. D'ailleurs, le créancier n'aurait, pour s'opposer à cette production, d'autre intérêt que celui de profiter des changements que l'acte récognitif pourrait contenir à son avantage; or, cet intérêt n'est pas légitime, puisqu'aux termes du second alinéa de l'art. 1337, les changements que contient l'acte récognitif doivent rester sans effet. C'est précisément à raison de cette disposition, qui serait, la plupart du temps, privée de sanction, si le créancier pouvait se refuser à produire l'acte primordial, que l'on doit reconnaître au débiteur la faculté d'en exiger la représentation, lorsqu'il est prouvé, par l'aveu du créancier, ou de toute autre manière, qu'il existe encore. Demolombe, XXIX, 713.

b. Quand on produit plusieurs actes récognitifs, conformes les uns aux autres, soutenus par la possession, et dont l'un a au moins trente ans de date. Dans cette hypothèse, le créancier n'est pas absolument dispensé de représenter l'acte primordial; mais, s'il allègue que cet acte est adiré, le juge peut, suivant la vraisemblance de cette allégation, reconnaître à l'acte récognitif une force probante égale à celle de l'acte primordial [13]. Art. 1337, al. 3.

§ 760 *ter.*

Des lettres missives [1].

Bien que la personne à laquelle une lettre est adressée, en devienne propriétaire par la transmission qui lui en est faite *animo donandi*, son droit de propriété n'est pas absolu. Il est restreint, dans une certaine mesure, par le principe de l'inviolabilité du secret des correspondances privées [2].

---

[13] C'est, à notre avis, en ce sens, que le juge devrait user du pouvoir discrétionnaire que lui accorde l'art. 1337, al. 3. Cpr. Bonnier, II, 786; Larombière, IV, art. 1337, n° 14; Demolombe, XXIX, 14.

[1] BIBLIOGRAPHIE. *Traité de la correspondance par lettres missives*, par Rousseau. *De la correspondance privée, postale ou télégraphique, dans ses rapports avec le droit civil et le droit commercial*, par Hepp; Strasbourg, 1864, 1 vol. in-8°. *Des lettres missives*, par Vanier, *Revue pratique*, 1866, t. XXI, p. 80 à 114. — Nous n'avons à envisager ici les lettres missives que comme moyens de preuve. Encore nous bornerons-nous, pour ce qui concerne la question spéciale de savoir, si la preuve des articulations produites à l'appui d'une demande en séparation de corps, peut être puisée dans des lettres adressées par l'époux défendeur à son conjoint ou à des membres de la famille, à renvoyer à ce que nous avons dit à cet égard au § 491, texte, n° 2, notes 34, 35 et 36. — Voy. sur la formation des contrats par correspondance : § 343, texte, *in fine*, notes 24 à 26. Cpr. sur d'autres points relatifs aux lettres missives : § 209, texte et note 9; § 369, texte, n° 8, et note 25; § 611 *bis*, texte, n° 1, et note 3; §668, texte et note 14.

[2] Suivant un arrêt de la Cour de Limoges, du 17 juin 1824 (Dev. et Car. Coll. nouv. VII, 2, 383), une lettre missive ne serait qu'un dépôt entre les mains du destinataire. D'autres arrêts semblent considérer une pareille lettre comme appartenant en commun à son auteur et au destinataire. Ces deux points de vue ne nous paraissent pas exacts : le destinataire n'est point un simple dépositaire, puisqu'il n'est pas tenu à restitution; et l'expéditeur ne conserve aucun droit de copropriété sur la lettre qu'il a transmise *animo donandi* au des-

Pour la saine application de ce principe à l'hypothèse où des lettres missives sont invoquées comme moyen de preuve, il faut distinguer si c'est le destinataire lui-même ou un tiers qui prétend en faire usage.

1o Le destinataire est autorisé à produire en justice la lettre qui lui a été adressée, quand il a un intérêt légitime à le faire, par exemple, lorsque cette lettre constate la conclusion d'une convention intervenue entre lui et l'expéditeur, quand elle forme pour lui un titre de créance ou de libération, qu'elle contient en sa faveur un aveu ou un moyen justificatif, et enfin, lorsqu'elle constitue à son égard un délit d'injures ou d'outrages dont il poursuit la réparation. Dans ces différents cas et autres analogues, la lettre étant, d'après son objet même, exclusive de tout caractère confidentiel, son auteur ne peut s'opposer à sa production en justice [3].

La propriété d'une lettre missive passe du destinataire à ses héritiers et successeurs, qui sont, comme ce dernier, autorisés à en faire usage en justice dans un intérêt légitime [4].

2o Le tiers qui se trouve en possession d'une lettre qu'il ne tient pas du destinataire lui-même, ne peut la produire en justice sans le consentement de celui-ci. Il en est ainsi, non-seulement lorsque le tiers possesseur de la lettre se l'est procurée par un délit ou des manœuvres dolosives, mais encore dans le cas où il n'a pas pris part aux moyens illicites par suite desquels elle est sortie des mains du destinataire [5], et même dans celui où elle n'est arrivée dans les siennes que par une erreur innocente [6].

L'opposition du destinataire à ce que la lettre dont il est pro-

---

tinataire. Ce qu'il y a de vrai seulement, c'est que cette transmission de propriété n'a lieu que sous la condition imposée à ce dernier, quand la lettre est confidentielle, de respecter le secret qu'elle renferme. Vanier, *op. cit.*, p. 82. Larombière, IV, art. 1331, n° 14. Req. rej., 12 juin 1823, Sir., 23, 1, 394. Paris, 10 décembre 1850, Sir., 50, 2, 626. Cpr. Crim. rej., 2 avril 1864, Sir., 64, 1, 428; Metz, 22 mai 1867, Sir., 68, 2, 76; Dijon, 6 février 1876, Sir., 76, 2, 40.

[3] Larombière, *loc. cit.* Caen, 3 juin 1862, Sir., 65, 1, 33. Req. rej., 3 février 1873, Sir., 73, 1, 313.

[4] Req. rej., 3 février 1873, Sir., 73, 1, 313.

[5] Merlin, *Rép.;* v° lettre, n° 6. Req. rej., 21 juillet 1862, Sir., 62, 1, 926. Dijon, 3 avril 1868, Sir., 69, 2, 46.

[6] Rennes, 26 juin 1874, Sir., 75, 2, 34. Req. rej., 3 mai 1875, Sir., 75, 1, 197.

priétaire soit produite en justice, forme par elle-même obstacle à sa production, sans qu'il soit besoin de rechercher si elle est ou non de nature confidentielle [7].

Toutefois, si la lettre dont un tiers prétend faire usage dans un intérêt légitime, devait être considérée, d'après son objet, comme lui étant commune, il serait admis à la produire en justice, malgré l'opposition du destinataire, pourvu d'ailleurs qu'elle ne fût pas arrivée dans ses mains par des moyens illicites [8]. La même solution s'appliquerait au cas où la lettre serait devenue commune à un tiers, par l'usage qu'en aurait fait le destinataire dans une instance où ce tiers se trouve également engagé [9].

Le tiers en possession d'une lettre que lui a remise le destinataire, n'est pas nécessairement, et en vertu du consentement du destinataire seul, autorisé à la produire en justice, lorsque l'expéditeur s'y oppose. L'effet de cette opposition se détermine par la nature confidentielle ou non confidentielle de la lettre. Est-elle confidentielle ? L'opposition de l'expéditeur devient péremptoire [10]; et ce, dans le cas même où l'action du tiers qui veut faire usage de la lettre, reposerait sur des allégations de dol ou de fraude [11]. Si, au contraire, la lettre ne présente pas un caractère confidentiel, l'opposition de l'expéditeur seul ne forme pas obstacle à sa production [12].

[7] L'usage d'une lettre missive contre le gré du destinataire auquel elle appartient, constituerait une violation du droit de propriété et un abus de confiance. Massé, *Droit commercial*, IV, 2463 et 2464. Bonnier, II, 694. Larombière, *loc. cit.* Demolombe, XXIX, 664. Req. rej., 12 juin 1823, Sir., 23, 1, 394. Cpr. Rouen, 23 mars 1864, Sir., 64, 2, 143.

[8] Massé, *op. cit.*, IV, 2465. Larombière et Demolombe, *locc. citt.* Req. rej., 19 juillet 1843, Sir., 44, 1, 236. Voyez aussi les arrêts cités à la note 14 *infrà.*

[9] Bordeaux, 9 avril 1869, Sir., 69, 2, 285. Cpr. Lyon, 16 février 1854, Sir., 54, 2, 420.

[10] Caen, 31 juillet 1856, Sir., 57, 2, 22.

[11] Si le principe de l'inviolabilité du secret des lettres a dû, par des considérations d'ordre public, fléchir en matière criminelle, cette exception ne saurait, même au cas de dol ou de fraude, être étendue à des débats d'intérêt purement privé. Civ. rej., 5 mai 1858, Sir., 58, 1, 535. Req. rej., 21 juillet 1861, Sir., 62, 1, 926. Nancy, 11 mars 1869, Sir., 69, 2, 113. Voy. cep. Riom, 8 janvier 1849, Sir., 49, 2, 460.

[12] Bonnier, II, 694. Larombière et Demolombe, *locc. citt.* Voy. cep. Rome, 4 décembre 1843, Sir., 13, 2, 87 ; Req. rej., 4 avril 1821, Sir., 22, 1, 33.

La question de savoir si la lettre dont un tiers demande à faire usage comme moyen de preuve, est ou non de nature confidentielle doit, en général, se décider par l'affirmative. Une solution contraire devrait exceptionnellement être admise, s'il résultait de l'objet même de la lettre et des motifs qui l'ont dictée, que son auteur n'a pas entendu soumettre le destinataire à un secret absolu [13], et notamment au cas où elle a été écrite dans l'intérêt de la personne à laquelle ce dernier l'a communiquée [14]. Du reste, comme il ne s'agit là que d'une question d'intention, la décision en appartient souverainement aux juges du fait [15].

Des considérations tirées des rapports d'autorité et de dépendance existant entre les parties, ou de la nature délictueuse des faits à établir, peuvent faire fléchir, dans une certaine mesure, soit le droit de propriété compétant au destinataire de la lettre, soit le principe de l'inviolabilité du secret des correspondances privées, et amener une application moins rigoureuse des règles précédemment exposées. C'est ce qui se présente surtout en matière de séparation de corps [16] et de désaveu.

Ainsi, il a été jugé qu'au cas de désaveu d'un enfant, la preuve de l'adultère de la mère peut, malgré l'opposition de celle-ci, être puisée dans des lettres par elle écrites ou à elle adressées, et remises au mari par le destinataire, ou tombées entre ses mains par une circonstance fortuite [17].

Dans un ordre d'idées analogue, on a décidé que dans une instance en destitution de tutelle, le subrogé tuteur était autorisé à produire, à l'appui de sa demande, une lettre écrite par le tuteur

---

Ces arrêts, approuvés par Merlin (*Rép.*, v° lettre, n° 6), décident que toute lettre adressée à une personne autre que celle qui prétend en faire usage, est confidentielle, et ne peut, par conséquent, être produite, lorsque son auteur s'y oppose. Mais cette doctrine, beaucoup trop absolue, n'a point prévalu. Voy. la suite du texte et les notes 13 et 14, *infrà*.

[13] Req. rej., 24 juillet 1821, Sir., 22, 1, 341.

[14] Massé, Bonnier, et Larombière, *locc. citt.* Req. rej., 3 juillet 1850, Sir., 50, 1, 705. Civ. rej., 25 juillet 1864, Sir., 65, 1, 33.

[15] Larombière, et Demolombe, *locc. citt.* Cpr. Req. rej., 31 mai 1842, Sir., 42, 1, 490 ; Civ. rej., 25 juillet 1864, Sir., 65, 1, 33.

[16] Cpr. § 491, texte et note 36. Aux arrêts cités dans cette note, ajoutez : Dijon, 11 mai 1870, Sir., 72, 2, 38 ; Paris, 11 juin 1875, Sir., 75, 2, 200.

[17] Req. rej., 31 mai 1842, Sir., 42, 1, 490. Alger, 12 novembre 1866, Sir., 67, 2, 152.

à la pupille, nonobstant l'opposition de l'auteur de la lettre, et sans qu'il fût besoin du consentement du destinataire [18].

3º La loi n'ayant pas déterminé le degré de foi attaché aux lettres missives, l'appréciation en est, par cela même, abandonnée à la conscience et aux lumières du juge, qui est autorisé, soit à les considérer comme faisant preuve complète, soit à n'y voir qu'un commencement de preuve par écrit [19].

Il peut même les rejeter comme dénuées de toute force probante; et cela, non-seulement au cas où elles sont invoquées par des tiers, mais même dans celui où elles sont produites par le destinataire. Il ne devrait, toutefois, user de ce dernier pouvoir qu'avec une grande réserve, s'il s'agissait de lettres d'affaires, qui, destinées à servir de titre au destinataire, revêtiraient en quelque sorte le caractère d'actes instrumentaires [20].

D'un autre côté, il est bien entendu qu'une lettre missive ne peut jamais faire preuve, vis-à-vis des tiers, que des faits dont un acte sous seing privé ferait foi contre eux, et que la date d'une pareille lettre ne devient certaine à leur égard que par l'une des circonstances indiquées en l'art. 1328 [21].

[18] Req. rej., 11 mai 1861, Sir., 62, 1, 698. — Cpr. Req. rej., 27 décembre 1875, Sir., 76, 1, 97. Cet arrêt, rendu contrairement aux conclusions de M. l'avocat général Reverchon, décide que des lettres écrites, par une personne retenue dans une maison d'aliénés, à l'aumônier de l'établissement, ne sauraient être réputées confidentielles, lorsqu'on y trouve la sûre et vive manifestation du trouble mental dont cette personne se trouvait atteinte, et peuvent dès lors, malgré son opposition, être produites en justice. Dans la note qui accompagne cet arrêt, M. Labbé fait très-judicieusement remarquer que la question ressortant des faits du litige était bien moins de savoir, s'il s'agissait de lettres ayant ou n'ayant pas un caractère confidentiel, que de savoir si le directeur de la maison d'aliénés, qui les avait interceptées, comme c'était son droit, mais qui ne les détenait qu'en qualité de dépositaire, avait également le droit d'en faire usage en justice contre le déposant; de sorte que le débat, se trouvant dominé par le principe de l'inviolabilité du droit de propriété, ne pouvait trouver sa solution dans la circonstance que les lettres n'auraient pas été confidentielles. Cpr. texte et note 7 *suprà*.

[19] Cpr. § 749, texte, nº 5. Larombière, et Demolombe, *locc. citt.*

[20] Cpr. § 611 *bis*, texte, nº 1, et note 3.

[21] Cpr. Massé, *Droit commercial*, IV, 2460 et suiv.

B. *De la preuve testimoniale.*

§ 761.

Généralités.

Les rédacteurs du Code civil, suivant en cela les ordonnances de 1566 et de 1667, ont cru devoir restreindre la preuve testimoniale dans des limites très-étroites, non-seulement pour parer aux dangers que présente la subornation possible des témoins, mais encore pour obvier aux inconvénients qui résultent de la multiplicité des procès et de la complication des procédures[1].

---

[1] Sources. Anciennement, la preuve testimoniale était admise, en France, d'une manière illimitée et absolue. Elle l'emportait même sur la preuve littérale : *Témoins passent lettres.* Loisel, *Institutes coutumières,* liv. V, tit. V, reg. 5. Voy. aussi Bouteiller, *Somme rurale,* tit. 106. Cet état de choses fut changé par l'ordonnance de Moulins (février 1566), dont l'art. 54 est ainsi conçu : « Pour
« obvier à multiplication de faits que l'on a vu ci-devant estre mis en avant en
« jugement, sujets à preuve de témoins, et reproche d'iceux, dont adviennent
« plusieurs inconvéniens et involutions de procès : avons ordonné et ordonnons,
« que d'oresnavant de toutes choses excédant la somme ou valeur de cent livres
« pour une fois payer, seront passés contrats par devant notaires et témoins,
« par lesquels contrats seulement sera faite et reçue toute preuve ès-dites ma-
« tières, sans recevoir aucune preuve par témoins, outre le contenu au contrat,
« ne sur ce qui serait allégué avoir esté dit ou convenu avant icelui, lors et
« depuis. En quoi n'entendons exclure les preuves des conventions particulières,
« et autres qui seraient faites par les parties sous leurs seings, sceaux, et écri-
« tures privées. » La teneur de cette disposition fut reproduite par l'art. 2,
tit. XX, de l'ordonnance de 1667, qui porte : « Seront passés actes par-devant
« notaires, ou sous signature privée, de toutes choses excédant la somme ou va-
« leur de cent livres, même pour dépôts volontaires, et ne sera reçu aucune
« preuve par témoins contre et outre le contenu aux actes, ni sur ce qui serait
« allégué avoir été dit avant, lors, ou depuis les actes, encore qu'il s'agisse
« d'une somme ou valeur moindre de cent livres, sans toutefois rien innover
« pour ce regard, en ce qui s'observe en la justice des juges et consuls des mar-
« chands. » L'art. 1341 du Code civil n'étant, sauf la substitution du chiffre
de 150 fr. à celui de 100 livres, que la reproduction, pour ainsi dire littérale,
de l'art. 2, tit. XX, de l'ordonnance de 1667, qui lui-même avait été calqué
sur l'art. 54 de l'ordonnance de Moulins, c'est dans l'esprit qui a dicté ces deux
dispositions, et dans les développements que leur ont donnés la jurisprudence
des parlements et les anciens commentateurs, qu'il faut principalement cher-

D'après l'esprit de la loi, la prohibition de la preuve testimoniale peut, du moins quant aux faits juridiques, être considérée comme la règle, et l'admissibilité de cette preuve, comme l'exception[2]. Ce moyen de preuve n'est donc recevable que dans les cas où la loi l'autorise explicitement ou implicitement.

La prohibition de la preuve testimoniale est d'ordre public autant que d'intérêt privé[3]. Il résulte notamment de ce principe[4] que, lorsque la preuve testimoniale est inadmissible, le juge doit la rejeter d'office, quoique la partie contre laquelle on entend l'administrer, ne s'oppose point à son admission, ou y consente même formellement[5].

cher la solution des difficultés que présente la matière. BIBLIOGRAPHIE. *Traité de la preuve par témoins eu matière civile*, par Boiceau, avec les observations et annotations de Danty ; Paris, 1738, 1 vol. in-4°. *Traité de la preuve par témoins en matière civile*, par Desquiron ; Paris, 1811, 1 vol. in-8°.

[2] Cet esprit se manifeste clairement par le rapprochement des différentes dispositions relatives à la preuve testimoniale. Cpr. art. 46, 323 à 325, 341, 1341 à 1348. Zachariæ, § 757, texte et note 5. Voy. cependant en sens contraire : Toullier, IX, 26 à 28.

[3] Le motif indiqué dans le préambule de l'art. 54 de l'ordonnance de Moulins, comme servant de base aux dispositions prohibitives de cet article, est évidemment un motif d'ordre public. Cpr. note 1 *suprà*. Zachariæ, § 757, note 4.

[4] Sur d'autres conséquences du même principe, voy. : Caen, 30 avril 1860, Sir., 64, 2, 93 ; Bordeaux, 7 décembre 1866, Sir., 67, 2, 87.

[5] On doit d'autant moins hésiter à adopter cette solution, que les différentes dispositions législatives, tant anciennes que nouvelles, concernant la prohibition de la preuve testimoniale, sont rédigées sous forme d'injonction adressée au juge personnellement. Cpr. Code civil, art. 1341 et suiv. ; Code de procédure, art. 253 et 254. Danty, sur Boiceau, *Additions* au chap. I, nos 7 à 9. Rodier, sur l'art. 2, tit. XX, de l'ordonnance de 1667, quest. 6. Bornier, sur le même article. Brodeau, sur Louet, Lett. D, § 33. Merlin, *Rép.*, vo Preuve, sect. II, § 3, nos 28 à 33. Toullier, IX, 36 à 41. Rolland de Villargues, *Rép. du notariat*, vo Preuve, nos 40 et suiv. Boncenne, *Théorie de la procédure civile*, IV, p. 223 à 229. Taulier, IV, p. 531. Marcadé, sur l'art. 1348, n° 8. Poujol, *Des obligations*, sur l'art. 1341, n° 17. Laromhière, V, art. 1347, nos 1 et 2. Zachariæ, § 758, note 2, et § 759, note 3. Voy. en sens contraire : Jousse, sur l'art. 2, tit. XX, de l'ordonnance de 1667 ; Duparc-Poulain, *Principes du droit*, IX, 40 et 41 ; Duranton, XIII, 308 et 329 ; Favard, *Rép.*, vo Enquête, sect. I, § 1, n° 3 ; Demiau-Crouzilhac, *Instruction sur la procédure*, p. 195 ; Thomines-Desmazures, *Commentaire sur le Code de procédure civile*, I, 295 ; Boitard et Colmet-Daage, *Leçons sur le Code de procédure civile*, I,

La question de savoir si, dans telle ou telle hypothèse, la loi autorise ou rejette la preuve testimoniale, est une question de droit, dont la solution erronée donne ouverture à cassation [6].

Au contraire, celle de savoir si la preuve testimoniale offerte est ou non pertinente n'est, en général, qu'une question de fait, dont la solution est laissée à la prudence du juge. Sa décision, à cet égard, ne peut donc être attaquée par voie de recours en cassation, à moins que, fondée sur une appréciation erronée des conséquences légales des faits dont la preuve est offerte, elle n'ait ainsi violé ou faussement appliqué quelque disposition de la loi [7].

p. 435, n° 474 ; Carré, *Lois de la procédure civile*, I, quest. 976 ; Curasson, *Compétence des juges de paix*, I, 15 ; Bonnier, I, 177 ; Bourges, 16 décembre 1826, Sir., 27, 2, 120 ; Rennes, 25 février 1841, Sir., 41, 2, 427. Cpr. Bordeaux, 16 janvier 1846, Sir., 46, 2, 209 ; Bordeaux, 6 mars 1849, Sir., 49, 2, 513. La plupart des auteurs que nous venons de citer en sens contraire, font cependant une distinction entre le cas où la partie contre laquelle on entend faire une preuve testimoniale, se borne à ne point s'opposer à son admission, et celui où elle y consent formellement. Comme nous, ils reconnaissent que, dans le premier cas, le juge doit d'office rejeter la preuve testimoniale ; et c'est seulement pour le second cas que, contrairement à notre manière de voir, ils enseignent que le juge peut admettre cette preuve. Cette distinction nous paraît difficile à justifier. Et d'abord, nous ne comprenons pas comment il serait juridiquement possible d'accorder une efficacité plus étendue à un consentement formel qu'à un consentement implicite, d'ailleurs bien établi : *Eadem vis est taciti atque expressi consensus.* En second lieu, il importe de remarquer qu'en rejetant d'office la preuve testimoniale proposée par l'une des parties et non repoussée par l'autre, le juge ne se borne pas à suppléer un moyen de droit à l'appui d'une exception, mais qu'il supplée cette exception elle-même. Or si, en toute matière, le juge peut et doit même suppléer d'office les simples moyens de droit qui militent en faveur d'une demande ou d'une exception formulée devant lui, ce n'est que dans les matières d'ordre public qu'il lui est permis de suppléer, en faveur de l'une des parties, une exception qu'elle n'a pas fait valoir. En résumé, le juge ne peut rejeter d'office la preuve testimoniale proposée par l'une des parties et non repoussée par l'autre, qu'en supposant d'ordre public la disposition légale qui la prohibe ; et, dans cette supposition, il doit la rejeter, alors même que la partie contre laquelle on entend la faire valoir, consent formellement à l'admission de cette preuve. Art. 6.

[6] Cpr. Civ. cass., 21 août 1840, Sir., 40, 1, 867. Voy. cependant : art. 1348, § 765, texte et note 4.

[7] Req. rej., 8 juillet 1823, Sir., 25, 1, 31. Req. rej., 23 juin 1829, Sir., 29, 1, 265. Req. rej., 19 mai 1830, Sir., 30, 1, 217. Req. rej., 3 janvier 1832, Sir., 32, 1, 674. Req. rej., 11 février 1834, Sir., 34, 1, 115.

A plus forte raison doit-on considérer comme entièrement abandonnée au pouvoir discrétionnaire du juge, la question de savoir si la preuve testimoniale a été administrée d'une manière suffisante et complète [8].

Alors même que la preuve testimoniale est recevable en droit et que les faits articulés sont pertinents, l'admission de cette preuve reste cependant facultative pour le juge, qui peut refuser de l'ordonner, lorsque l'instruction de la cause lui fournit des lumières suffisantes pour former sa conviction sur les faits en litige [9], comme aussi lorsque les faits posés sont invraisemblables [10], ou que, remontant à une époque trop éloignée, la preuve par témoins en est devenue impossible [11]. Code de procédure, art. 253.

Les règles sur les qualités physiques et légales que doivent posséder les témoins, et sur les causes en vertu desquelles il est permis de les reprocher, rentrant dans le Droit de procédure, on se dispensera de les expliquer ici [12]. Nous nous bornerons à faire

---

Req. rej., 19 août 1834, Sir., 34, 1, 538. Req. rej., 8 août 1837, Sir., 37, 1, 957. Req. rej., 18 juin 1839, Sir., 39, 1, 871. Req. rej., 20 novembre 1839, Sir., 40, 1, 249. Req. rej., 16 août 1841, Sir., 41, 1, 837. Req. rej., 28 février 1843, Sir., 43, 1, 330. Civ. rej., 28 août 1844, Sir., 44, 1, 744. Req. rej., 24 avril 1849, Sir., 49, 1, 636. Req. rej., 22 mars 1852, Sir., 52, 1, 332. Req. rej., 11 novembre 1861, Sir., 62, 1, 41. Req. rej., 18 juin 1864, Sir., 64, 1, 837.

[8] La règle *Testis unus, testis nullus*, ou, comme l'exprimait Loisel (*Institutes coutumières*, liv. V, tit. V, reg. 10), *Voix d'un, voix de nun*, a été rejetée par notre législation nouvelle, tant en matière civile qu'en matière criminelle. Le juge peut admettre comme vrai un fait qui n'est attesté que par un seul témoin, et rejeter comme faux un fait attesté par deux témoins. Larombière, V, art. 1353, n° 9. Zachariæ, § 757, texte et note 2.

[9] Chauveau, sur Carré, *Lois de la procédure*, quest. 973 *ter*. Boncenne, *Procédure civile*, IV, p. 224. Civ. rej., 9 novembre 1814, Sir., 15, 1, 1. Req. rej., 8 février 1820, Sir., 20, 1, 191. Pau, 9 mai 1829, Sir., 30, 2, 57. Req. rej., 10 février 1847, Sir., 47, 1, 81. Req. rej., 22 juillet 1872, Sir., 74, 1, 73.

[10] Limoges, 21 novembre 1826, Sir., 27, 2, 256. Req. rej., 21 juin 1827, Sir., 27, 1, 487. Req. rej., 15 novembre 1853, Sir., 55, 1, 817. Toulouse, 25 juillet 1863, Sir., 64, 2, 137.

[11] Req. rej., 18 avril 1832, Sir., 33, 1, 437. Cpr. Toulouse, 25 juillet 1863, Sir., 64, 2, 137.

[12] Cpr. Code de procédure, art. 283. Voy. aussi : Code civil, art. 251; § 491, texte, n° 2.

remarquer que les règles du Code de procédure sur l'idonéité des témoins doivent être suivies par les tribunaux correctionnels, en tant qu'il s'agit de la preuve d'un contrat dont le délit dont ils sont saisis présuppose l'existence[13].

Une espèce particulière de preuve testimoniale est la preuve par commune renommée.

Le caractère spécial et distinctif de cette preuve consiste en ce qu'elle s'administre d'une manière suffisante au moyen de témoins qui ne déposent que de simples ouï-dire, ou qui se bornent à énoncer l'opinion qu'ils se sont formée, de quelque manière que ce soit, sur les faits en litige, tandis que la preuve testimoniale ordinaire exige, pour être complète, des témoins venant déposer de faits précis, dont ils ont acquis personnellement connaissance[14].

La preuve par commune renommée n'est, en général[15], admissible que pour établir la consistance d'un mobilier non inventorié, contre celui qui était chargé d'en faire l'inventaire[16]; mais elle est toujours recevable en pareille circonstance, lors même que la loi ne l'aurait pas formellement autorisée pour l'hypothèse spéciale dans laquelle on se trouve[17].

La preuve par commune renommée se fait, du reste, dans la forme habituelle des enquêtes[18].

[13] Crim. rej., 28 janvier 1870, Sir. 70, 1, 326.

[14] Toullier, XIII, 4. Duranton, XIV, 239. Proudhon, *De l'usufruit*, I, 163.

[15] Cpr. cependant § 768, texte et note 3; Req., rej. 21 mars 1846, Sir., 46, 1, 314.

[16] Cpr. art. 1415, 1442, et 1504, al. 3; § 112, texte, n° 1, et note 6; § 153, texte, n° 1, et note 3; § 229, texte, n° 1, et note 5; § 513, texte, n° 2, lettre c, et note 15; § 515, texte, n° 1, lettre a, notes 6 et 7; § 522, texte, n° 2, et note 14; § 535, texte, n° 2, et notes 29 à 31.

[17] Arg. art. 1415, 1442, et 1504, al. 3. Rodière et Pont, *Du contrat de mariage*, I, 566. *Observations* de M. le conseiller Hardoin, Sir., 43, 1, 167. Civ. cass. 17 janvier 1838, Sir., 38, 1, 162. Voy. en sens contraire : Caen, 23 juin 1841, Sir., 43, 1, 165. Cpr. Douai, 13 janvier 1865, Sir., 65, 2, 61.

[18] Zachariæ (§ 757, texte et note 3) enseigne à tort que la preuve par commune renommée se fait devant notaire. Civ. cass. 17 janvier 1838, Sir., 38, 1, 162.

1. Des principes qui régissent l'admission de la preuve testimoniale.

§ 762.

Premier principe.

Aux termes du 1er alinéa de l'art. 1341, il doit être passé acte, par-devant notaires ou sous signature privée, de tout fait juridique [1],

---

[1] Les termes *toutes choses*, qu'on lit dans l'art. 1341, sont textuellement reproduits des ordonnances de 1566 et de 1667. Malgré la généralité de ces termes, on se prévalut d'une équivoque, qui s'était glissée dans l'ordonnance de 1566, pour soutenir que la prohibition de la preuve testimoniale ne s'appliquait qu'à la formation des conventions, et ne concernait pas, du moins en général, l'extinction des obligations. Cpr. Boiceau et Danty, chap. XI. Mais l'ordonnance de 1667, en substituant aux mots *seront passés contrats*, qu'on lisait dans l'ordonnance de 1566, les expressions *seront passés actes*, coupa court à toute difficulté sur ce point ; et depuis lors, on paraît avoir généralement reconnu que les termes *toutes choses* ne désignent pas seulement les faits juridiques par lesquels les conventions se forment, mais encore ceux par suite desquels les obligations s'éteignent. Cpr. Pothier, *Des obligations*, n° 786 ; Toullier, IX, 23 ; Duranton, XIII, 315 ; Bonnier, I, 153. Voy. dans le même sens : Civ. cass., 5 février 1812, Sir., 12, 1, 288 ; Turin, 8 juin 1812, Sir., 14, 2, 98 ; Toulouse, 6 février 1835, Sir., 36, 2, 46 ; Req. rej., 31 mars 1874, Sir., 75, 1, 365. A notre avis, les rédacteurs du Code ont entendu attribuer aux termes ci-dessus rappelés un sens plus large encore. Le soin minutieux avec lequel ils ont formulé, dans l'art. 1348, les cas exceptionnels où la règle posée par l'art. 1341 doit cesser de recevoir application, le démontre évidemment. On ne peut, en effet, expliquer l'exception apportée par le n° 1 de l'art. 1348, quant aux obligations naissant des délits et des quasi-délits, à moins d'admettre que la volonté du législateur a été de poser, dans l'art. 1341, une règle générale, qui se référât non-seulement à la formation des conventions et à l'extinction des obligations, mais qui s'appliquât également à tous autres faits juridiques, de quelque nature qu'ils pussent être. C'est en vain que, pour réfuter cette argumentation, on prétendrait, avec M. Bonnier (I, 153 et 154), que le législateur a commis une inexactitude de rédaction, en établissant, pour les délits et quasi-délits, une exception qui devenait complétement inutile, puisque les faits illicites n'avaient jamais été compris dans la règle. Qu'ils n'y fussent point compris sous l'empire des ordonnances de 1566 et 1667, nous pourrions le concéder ; mais qu'ils n'y soient pas compris aujourd'hui, nous ne saurions l'admettre. C'est précisément parce que la règle posée par l'art. 1341 devait, dans la pensée des rédacteurs

dont l'objet est d'une valeur supérieure à 150 fr.[2], en ce sens, que la preuve testimoniale d'un pareil fait n'est point, en général, admissible[3].

1° *Notion des faits auxquels s'applique et de ceux auxquels ne s'applique pas le premier principe posé par l'art. 1341. Des faits juridiques et des faits purs et simples.*

Les faits juridiques sont tous les faits de l'homme qui, de leur nature, ont pour résultat immédiat et nécessaire, soit de créer ou

du Code, être applicable à la preuve de tous les faits juridiques en général, qu'ils ont cru nécessaire d'en excepter formellement les délits et les quasi-délits. Nous ajouterons une observation qui nous paraît décisive. Le projet de l'art. 1341, tel qu'il avait été présenté par la Section de législation du Conseil d'État, portait : « Il doit être passé acte, devant notaires ou sous signature privée, *de toutes « conventions sur choses* excédant la somme ou valeur de 150 francs. » Voy. Locré, *Lég.*, XII, p. 127, art. 130. Les travaux préparatoires du Code ne font pas, à la vérité, connaître les motifs du changement de rédaction qu'a subi l'art. 1341 ; mais il paraît impossible d'expliquer la suppression des mots *conventions sur*, autrement que par l'intention de généraliser la règle posée dans cet article, et de l'étendre à tous les faits juridiques. Cette règle, au surplus, ne peut entraîner aucun inconvénient dans la pratique, puisque la partie chargée de prouver un fait est toujours exceptionnellement admise à l'établir par témoins, lorsqu'elle s'est trouvée dans l'impossibilité de s'en procurer une preuve littérale. Art. 1348. Voy. dans ce sens : Marcadé, sur l'art. 1341, n° 1 ; Larombière, V, art. 1341, n° 6 ; Zachariæ, § 758, texte et note 1 ; Bordeaux, 24 août 1864, Sir., 65, 2, 95.

2 Ce chiffre est, en raison de la dépréciation des valeurs monétaires, proportionnellement inférieur à celui de cent livres, qu'avaient adopté les ordonnances de 1566 et 1667. Mais l'usage de l'écriture s'étant répandu, le législateur a pu se montrer plus rigoureux. Cpr. *Exposé de motifs*, par Bigot-Préameneu, et *Rapport au Tribunat*, par Jaubert (Locré, *Lég.*, XII, p. 407, n° 210, p. 525 et 526, n° 26).

3 L'art. 1341 n'envisage l'écriture que comme moyen de preuve, et non comme solennité : *Requiritur scriptura ad probationem tantum, non quoad formam negotii.* Zachariæ, § 758, texte et note 4. Cpr. sur cette règle et sur ses applications : § 306, texte, *in fine*, et notes 4 à 6 ; § 351, texte et note 1 ; § 378, texte, n° 1, et notes 1 à 3 ; § 420, texte et note 6 ; § 437, texte et note 3. — Il est, du reste, bien entendu que cette règle reçoit exception dans tous les cas où la loi exige l'écriture comme une solennité nécessaire, soit à l'existence ou à la validité, entre les parties, d'un acte juridique, soit à son efficacité à l'égard des tiers. Cpr. art. 334, 931, 969, 1250, 1394, 1690, 1793, 1907, al. 2, 2074, 2075, et 2127.

de transférer, soit de confimer ou de reconnaître, soit de modifier ou d'éteindre des obligations ou des droits [4].

Aux faits juridiques, on oppose les faits purs et simples, c'est-à-dire les faits de l'homme qui, de leur nature, ne présentent que des résultats matériels, et qui n'engendrent des droits et des obligations qu'autant qu'ils se rattachent accidentellement à certains rapports juridiques, et en raison seulement de ces rapports [5].

[4] Tout fait qui, de sa nature, produit un effet juridique, est, par cela même, un fait juridique. Or, on ne conçoit pas qu'un fait puisse produire d'autres conséquences juridiques que celles qui sont indiquées au texte. Notre définition est donc exacte en elle-même. Elle se justifie, d'ailleurs, au point de vue spécial de la matière dont nous nous occupons, par les considérations suivantes : En partant des explications données à la note 1, *suprà*, on se trouve forcément amené à reconnaître que tous les actes juridiques ayant pour objet de créer, de transférer, ou d'éteindre des obligations ou des droits, ne sont pas susceptibles d'être prouvés par témoins, lorsqu'ils portent sur des valeurs excédant 150 fr. D'un autre côté, la combinaison des art. 1337, 1338 et 1355 démontre que, sous le rapport de la prohibition de la preuve testimoniale, le Code place les actes récognitifs et confirmatifs sur la même ligne que ceux qui ont pour objet de créer des obligations et des droits. Enfin, il résulte implicitement de la seconde disposition de l'art. 1341 que, si les actes qui tendent à modifier des obligations ou des droits préexistants, ne peuvent, même au-dessous de 150 fr., être prouvés par témoins, lorsque ces obligations ou ces droits sont constatés par écrit, ces mêmes actes sont, dans l'hypothèse contraire, soumis à la règle générale, d'après laquelle la preuve testimoniale est admise ou rejetée, suivant que l'objet du fait juridique à établir est d'une valeur qui ne dépasse pas, ou qui excède 150 fr.

[5] Ainsi, par exemple, la culture, l'ensemencement et la récolte d'un fonds ne sont que des faits purs et simples, qui ne produisent par eux-mêmes que des résultats matériels. Toutefois, ces actes peuvent, en raison des circonstances dans lesquelles ils ont eu lieu, entraîner des conséquences juridiques. C'est ainsi que, lorsqu'ils ont été exercés par une personne autre que le propriétaire, ils peuvent donner lieu, soit à l'acquisition des fruits, soit à une demande en restitution de frais de labour, ou constituer les éléments d'une possession utile pour l'usucapion. Nîmes, 1er août 1836, Sir., 38, 2, 123. La distinction entre les faits juridiques et les faits purs et simples a été parfaitement mise en lumière dans un arrêt de la Cour de cassation rendu au rapport de M. Mercier. Civ. cass., 1er juillet 1874, Sir., 74, 1, 365. Voici l'espèce : Après règlement d'un sinistre, une compagnie d'assurances actionna l'assuré en restitution de l'indemnité à lui payée, en se prévalant d'une déchéance qu'il avait encourue. L'assuré répondait que la compagnie d'assurances avait renoncé au bénéfice de cette déchéance, dont elle connaissait déjà la cause au moment du paiement, ce qu'il

Les faits purs et simples peuvent, en général, être prouvés par témoins, quelle que soit l'importance de la contestation dans laquelle il s'agit d'en établir l'existence[6]. Tels sont, par exemple : les faits matériels de possession ; les éléments constitutifs de la possession d'état ; les griefs servant de base à une demande en séparation de corps, et la réconciliation opposée comme fin de non-recevoir à une pareille demande ; l'identité d'un individu ; la naissance en vie d'un enfant présenté mort à l'officier de l'état civil ; les faits justificatifs de la propriété d'une chose cachée ou enfouie ; enfin, les faits de plantation ou de construction d'un tiers possesseur sur le terrain d'autrui[7].

offrait de prouver par témoins. La compagnie répliquait que la preuve testimoniale était inadmissible, par le motif que sa prétendue renonciation constituait un fait juridique, non susceptible, à raison de son objet d'une valeur supérieure à 150 fr., d'être prouvé par témoins. Ce système fut accueilli par les juges du fond, qui rejetèrent la preuve offerte. Mais leur décision a été très-justement cassée. La preuve à faire, en effet, ne portait pas sur la renonciation, que l'assuré ne prétendait démontrer que par voie d'induction ; elle avait pour objet d'établir qu'au moment du paiement de l'indemnité, la compagnie connaissait la cause de déchéance existant à son profit ; elle portait donc sur un fait pur et simple, dont la preuve testimoniale était admissible. Voy. texte et notes 6 et 7, *infrà*.

6 On ne peut supposer au législateur l'intention d'avoir voulu soumettre tous les faits de cette nature à la nécessité d'une constatation par écrit. Il eût été peu rationnel de le faire, puisque ce n'est qu'accidentellement que de pareils faits, qui se reproduisent d'ailleurs à chaque instant de la vie, entraînent des conséquences juridiques. Cpr. *Rapport au Tribunat*, par Jaubert (Locré, *Lég.*, XII, p. 526, n° 26).

7 Cpr. sur la possession : Code de procédure, art. 24 ; § 186, texte, n° 2, lettre *c* ; Vazeille, *Traité des prescriptions*, I, 76 ; Troplong, *De la prescription*, I, 279 ; Duranton, XIII, 360 ; note 5, *suprà*. Cpr. sur la possession d'état : § 544, texte, n° 2, et note 17. Cpr. sur les griefs allégués à l'appui d'une demande en séparation de corps, et sur la réconciliation invoquée comme fin de non-recevoir contre une pareille demande : § 491, texte, n° 2 ; art. 274, et § 492, texte, n° 2. Cpr. sur l'identité d'un individu : § 544, texte, n° 1, et note 6 ; § 570, texte et note 21 ; Zachariæ, § 761, texte et note 5 ; Corse, 17 août 1829, Sir., 29, 2, 279. Voy. cependant : art. 341. Cpr. sur la naissance en vie d'un enfant présenté mort à l'officier de l'état civil : § 60, texte, *in fine*, et note 13 ; Angers, 25 mai 1822, Sir., 23, 2, 105. Cpr. sur les faits justificatifs de la propriété d'une chose cachée ou enfouie : § 203, texte et note 21 ; Zachariæ, *loc. cit.* Cpr. sur les faits de plantation ou de construction : art. 555 et § 204 ; Civ. cass., 27 juillet 1859, Sir., 60, 1, 360 ; Civ. rej., 23 mai 1860, Sir., 60, 1, 792.

Les événements de la nature sont également susceptibles d'être prouvés par témoins, à moins que, par exception, la loi n'ait prescrit, pour en faire constater l'existence, la rédaction d'actes instrumentaires [8].

Dans l'application de la distinction précédente aux faits qui se composent tout à la fois d'éléments juridiques et d'éléments matériels, on doit, pour résoudre la question de savoir si la preuve testimoniale est ou non admissible, s'attacher au caractère des divers éléments dont se compose le fait complexe qu'il s'agit de prouver.

Ainsi, la possession, qui ne consiste qu'en un fait pur et simple, lorsqu'on prétend avoir possédé par soi-même, se complique d'un élément juridique, quand on soutient avoir possédé par autrui, par un fermier, par exemple. Lors donc qu'une contestation s'élève entre deux personnes, dont l'une dit avoir fait sur un immeuble des actes matériels de possession, et dont l'autre prétend que ces actes possessoires, fussent-ils constants, n'auraient été exercés que pour son propre compte, et en exécution d'un bail consenti par elle ou par son auteur, la première sera bien admise à prouver par témoins ses actes matériels de possession, mais la preuve testimoniale du bail allégué par la seconde, ne sera pas admissible [9]. Art. 1715.

---

[8] C'est ainsi que les naissances et décès doivent être constatés par écrit, et ne peuvent, si ce n'est exceptionnellement, être prouvés par témoins. La preuve testimoniale de la filiation n'est pas non plus, en général, admissible. Cpr. art. 46, 319, 320, 323, 340 et 341; §§ 64, 547, 569 et 570. Voy. aussi texte et note 51, infrà.

[9] Le contraire a cependant été jugé par la Cour de Pau (17 novembre 1865, Sir., 66, 2, 153), dans une espèce où l'acquéreur d'un immeuble qui se trouvait depuis de longues années en la possession d'un tiers, prétendait que ce tiers n'avait possédé ledit immeuble qu'en qualité de fermier du vendeur. La preuve testimoniale fut admise, par le motif que l'art. 1715 ne s'applique qu'aux contestations entre bailleur et preneur sur l'existence et les conditions du bail: que la preuve du bail n'est plus que celle d'un pur fait, lorsque, accessoirement à une contestation sur la propriété, elle n'a d'autre objet que de déterminer le caractère de la possession. M. Bonnier (I, 153), qui approuve cet arrêt, ajoute dans le même sens, que le juge du possessoire, bien qu'appelé à apprécier la précarité de la possession, statue cependant sur enquête. Code de procédure, art. 23 et 24. Ces diverses considérations ne nous touchent pas. La Cour de Pau a perdu de vue que la précarité suppose toujours l'existence, entre deux personnes déterminées, d'un rapport juridique, en vertu duquel l'une se trouve

Ainsi encore, dans une demande en dommages-intérêts fondée sur une faute contractuelle, la preuve testimoniale de la contravention elle-même sera indéfiniment admissible, tandis que l'existence du contrat qui donne à cette contravention le caractère de faute contractuelle, ne pourra être prouvée par témoins, si l'objet de ce contrat est d'une valeur supérieure à 150 fr. [10].

D'un autre côté, lorsqu'une personne se prévaut d'un droit ou d'un avantage quelconque, qui peut également résulter, soit d'un fait pur et simple, soit d'un fait juridique, la preuve testimoniale devra être admise ou rejetée, suivant que cette personne fondera

---

personnellement obligée à restituer à l'autre une chose qu'elle détient pour le compte de celle-ci. Or, la preuve de l'existence de ce rapport doit évidemment s'administrer suivant les règles relatives aux faits juridiques, et ne peut par conséquent se faire par témoins, lorsqu'on prétend rattacher la précarité à une convention de bail. Peu importe que, dans l'espèce, la contestation se fût engagée sous forme de revendication. En invoquant, pour établir la précarité et le rapport juridique qu'elle suppose, le bail prétendûment consenti par le vendeur, et en se gérant comme ayant cause de ce dernier, l'acquéreur avait nécessairement transformé sa demande originaire en une action personnelle en restitution de l'immeuble litigieux, de même nature que celle qu'avant la vente le vendeur eût pu exercer lui-même. L'existence de ce bail se trouvait par cela même alléguée, non à titre de fait pur et simple, mais comme source d'un rapport juridique; et la preuve, dès lors, ne pouvait s'en faire que dans les termes de l'art. 1715. En ce qui touche l'objection de M. Bonnier, nous répondrons que, si la preuve testimoniale est recevable au possessoire pour établir les faits matériels de possession, et s'il appartient au juge de paix d'apprécier le caractère de ces faits, il ne résulte nullement de là qu'une convention de bail, invoquée comme justificative de la précarité de la possession, puisse, bien que constituant un fait juridique, être prouvée par témoins. En terminant, nous ferons toutefois remarquer que si, des enquêtes sur la possession, il ressortait que les actes possessoires, notamment ceux de récolte, n'ont pas été exercés pour le compte exclusif de la partie qui les a matériellement effectués, et que ces actes présentassent ainsi un caractère plus ou moins équivoque, les prétentions de cette partie à la possession de l'immeuble litigieux pourraient être repoussées, indépendamment de toute preuve littérale produite contre elle de la précarité de sa possession, et par cela seul que, de son côté, elle n'aurait pas justifié d'une possession réunissant tous les caractères exigés par l'art. 2229. C'est, paraît-il, dans des circonstances de cette nature qu'a été rendu l'arrêt de Pau, qui, quelque erronés qu'en soient les motifs, pourrait ainsi se justifier par les considérations que nous venons d'indiquer.

[10] Cpr. § 765, texte, nº 1, et notes 8 à 12. Voy. aussi note 30, *infrà*. Larombière, *loc. cit.*

sa prétention sur un fait de la première ou de la seconde espèce. Ainsi, par exemple, la preuve testimoniale est toujours recevable pour établir que la prescription d'une servitude de passage a été interrompue par l'exercice matériel de cette servitude. Mais elle n'est plus indéfiniment admissible, lorsqu'il est question de prouver une interruption résultant de la reconnaissance du propriétaire de l'héritage servant[11], non plus que dans le cas où le paiement des intérêts d'une créance ou des arrérages d'une rente est invoqué comme fait interruptif de la prescription de cette créance ou de cette rente[12].

2° *De l'objet dont la valeur doit être prise en considération pour déterminer si la preuve testimoniale est ou non admissible.*

a. Lorsque la preuve à faire porte sur un fait juridique autre qu'une convention, ce fait doit être envisagé dans les conséquences juridiques que veut en déduire la partie qui l'allègue, de sorte que la preuve testimoniale est ou non admissible, suivant que ces conséquences présentent un intérêt d'une valeur ne dépassant pas ou excédant 150 fr. Ainsi, par exemple, la preuve testimoniale d'un paiement invoqué par le débiteur dans le seul but d'établir sa libération, est recevable, si ce paiement n'excède pas 150 fr. Mais un paiement invoqué par le créancier, soit comme fait interruptif de la prescription d'une créance ou d'une rente, soit comme fait confirmatif d'une obligation entachée de nullité, ne peut, quoique inférieur à 150 fr., être prouvé par témoins, si la créance, la rente, ou l'obligation, pour la reconnais-

---

[11] La raison de cette différence consiste en ce que la reconnaissance de la servitude, émanée du propriétaire de l'héritage servant, constitue un acte juridique, ainsi que nous l'avons établi à la note 4, *supra,* tandis que des faits de passage ne sont, de leur nature, que des faits purs et simples, dont l'influence juridique n'est qu'accidentelle.

[12] Qu'un paiement soit invoqué comme fait libératoire, par le débiteur, ou, comme fait interruptif de la prescription, par le créancier, il n'en tombe pas moins sous l'application de l'art. 1341, puisque la reconnaissance d'une obligation constitue, tout aussi bien que son extinction, un fait juridique. Cpr. note 4, *supra.* Fœlix et Henrion, *Des rentes foncières,* n° 213. Troplong, *De la prescription,* I, 280, et II, 622. Riom, 4 mai 1841, Sir., 41, 2, 334. Douai, 19 janvier 1842, Sir., 42, 2, 112. Civ. cass., 28 juin 1854, Sir., 54, 1, 465. Req. rej., 17 juin 1872, Sir., 73, 1, 82. Cpr. note 13, *infrà.* Voy. en sens contraire : Bruxelles, 10 décembre 1812, Sir., 13, 2, 370; Toulouse, 18 mai 1831, Sir., 31, 2, 302.

sance ou la confirmation de laquelle on entend s'en prévaloir, est supérieure à cette somme [13].

b. Pour résoudre, quant aux obligations conventionnelles, la question de savoir si la limite pécuniaire au delà de laquelle la preuve testimoniale n'est plus admise, se trouve ou non dépassée, on doit, sans s'arrêter au montant de la somme réclamée, prendre uniquement en considération la valeur de l'objet qui forme la matière de la convention [14].

Il résulte, en premier lieu, de cette règle, que la preuve testimoniale doit être rejetée, si l'objet qui forme la matière de la convention est d'une valeur supérieure à 150 fr., bien que la somme réclamée y soit inférieure [15].

---

[13] Lorsqu'un paiement est allégué comme fait libératoire par le débiteur qui prétend l'avoir effectué, ce dernier n'entend faire produire à ce fait d'autre effet juridique que celui de le libérer jusqu'à concurrence de la somme qui en forme l'objet ; et c'est dès lors eu égard au montant de cette somme, que se décide la question de l'admission ou du rejet de la preuve testimoniale. Si, au contraire, le paiement est invoqué par le créancier, comme fait interruptif de la prescription d'une créance ou d'une rente, ou comme fait confirmatif d'une obligation entachée de nullité, la question dont s'agit doit se résoudre, non plus d'après l'importance du paiement, mais d'après celle de la créance, de la rente, ou de l'obligation, puisque c'est dans sa reconnaissance ou dans sa confirmation que gît le fait juridique à prouver. Delvincourt, II, p. 624. Marcadé, sur l'art. 1341, n° 3. Troplong, *De la prescription*, I, 210 ; II, 622. Larombière, V, art. 1341, n° 14. Civ. cass., 28 juin 1854, Sir., 54, 1, 465. Civ. cass., 17 novembre 1858, Sir., 59, 1, 905. Cpr. Douai, 19 janvier 1842, Sir., 42, 2, 112.

[14] Cette règle ressort clairement de la première partie de l'art. 1341, dont la rédaction se réfère au moment de la formation de la convention à prouver, et non à l'époque du litige. C'est pour indiquer que, dans la fixation de la limite au delà de laquelle la preuve testimoniale n'est plus admise, on doit s'attacher, non au montant de la somme réclamée, mais à la valeur de l'objet de la convention sur laquelle la demande est fondée, que le législateur, au lieu de procéder par voie de prohibition directe, a rejeté la preuve testimoniale d'une manière indirecte, en soumettant à la nécessité de l'écriture les contrats et les faits juridiques d'une valeur supérieure à 150 fr. Telle est, à notre avis, la seule manière raisonnable d'expliquer la rédaction de cette disposition, en admettant d'ailleurs, ce qui ne saurait être contesté, que l'écriture y est simplement envisagée comme moyen de preuve, et non comme solennité de forme. Cpr. note 3 *suprà*.

[15] Ce premier corollaire de la règle posée au texte paraît généralement admis. Il serait d'ailleurs assez difficile de le contester, en présence des art. 1343 et

Cette première conséquence conduit aux solutions suivantes :

La preuve testimoniale ne peut être invoquée à l'appui d'une demande ayant pour objet une somme inférieure à 150 fr., lorsqu'il ressort, soit des déclarations du demandeur, soit des dépositions des témoins[16], que cette somme est le reliquat ou fait partie[17] d'une créance supérieure à ce taux[18]. Art. 1344[19].

Celui qui a formé une demande excédant 150 fr., sur le fondement d'une convention dont l'objet serait, d'après son allégation,

1344, qui n'en sont que des applications. Toullier, IX, 42 à 46. Bonnier, I, 164. Voy. cependant Duranton, XIII, 306 et 321.

[16] On a voulu soutenir, en se fondant sur ces mots de l'art. 1344, *lorsque celle somme est déclarée*, que dans le cas où le demandeur n'a pas présenté la somme par lui réclamée, comme étant le restant, ou comme faisant partie d'une créance supérieure à 150 fr., le juge peut et doit, bien que ce fait se trouve établi par l'enquête à laquelle la réticence du demandeur a donné lieu, prendre pour base de sa décision le résultat de cette enquête. Voy. en ce sens : Maleville, sur l'art. 1344. Mais cette manière de voir, aussi contraire à l'esprit de l'art. 1344 qu'à la lettre de l'art. 1341, est aujourd'hui généralement rejetée. Toullier, IX, 45 et 46. Bonnier, I, 159. Marcadé, sur l'art. 1344, n° 4. Larombière, V, art. 1341, n° 11 ; art. 1343-1344, n° 13. Zachariæ, § 758, texte et note 10. Cpr. Duranton, XIII, 323.

[17] Par exemple, dans le cas où le créancier originaire se trouve représenté par plusieurs héritiers entre lesquels la créance a été divisée. *Observations du Tribunat*, sur l'art. 1344 (Locré, *Lég.*, XII, p. 286, n° 75). Toullier, XI, 51. Bonnier, *loc. cit.* Zachariæ, § 758, note 11.

[18] Les expressions finales de l'art. 1344, *qui n'est point prouvée par écrit*, paraissent assez difficiles à expliquer, puisqu'on ne comprend guère qu'un demandeur ait recours à la preuve testimoniale, lorsque la créance dont il réclame le restant ou une partie, se trouve établie par écrit. A notre avis, ces expressions ont pour objet de compléter le sens des mots qui les précèdent immédiatement ; et les termes *d'une créance plus forte qui n'est point prouvée par écrit*, doivent se traduire ainsi : *d'une créance qui, en tant que supérieure à 150 fr., aurait dû être constatée par écrit.* Cpr. Pothier, *Des obligations*, n° 790 ; Zachariæ, § 758, texte et note 12. Voy. cependant Toullier, IX, 47.

[19] Pour terminer l'interprétation de cet article, il importe de remarquer qu'il est inapplicable au cas où le paiement partiel d'une créance supérieure à 150 fr., a été accompagné ou suivi d'une promesse nouvelle, par laquelle le débiteur s'est soumis à payer le reliquat de la créance originaire. Le créancier qui demanderait à faire preuve par témoins de cette promesse, devrait y être admis, si elle portait sur une somme inférieure à 150 fr. Cpr. Pothier, *Des obligations*, n° 791 ; Toullier, IX, 46 ; Duranton, XIII, 321 ; Bonnier, *loc. cit.* ; Marcadé sur l'art. 1344, n° 3 ; Larombière, V, art. 1343-1344, n° 15 et 16 ; Zachariæ, § 758, texte et note 13.

d'une valeur supérieure à cette somme, ne peut plus être admis à la preuve testimoniale de cette convention, même en réduisant ses prétentions au-dessous de 150 fr., à moins cependant qu'il ne prouve que les conclusions qu'il a primitivement prises, ne sont que le résultat d'une erreur de fait [20]. Art. 1343 [21].

De même encore, la preuve testimoniale n'est point admissible à l'appui d'une demande ayant pour objet le paiement des intérêts d'une somme prêtée, lorsque cette somme est supérieure à 150 fr., bien que le montant des intérêts réclamés soit inférieur à ce chiffre, et que le remboursement du capital ne soit pas exigé [22].

Enfin, on doit également se prononcer pour le rejet de la preuve testimoniale dans le cas où il s'élève, sur une convention dont l'objet excède 150 fr., une contestation d'une valeur inférieure à cette somme [23].

---

[20] Arg. art. 1356, al. 4. La disposition de l'art. 1343 a pour base la présomption légale que la demande, quoique réduite après coup à une somme inférieure à 150 fr., est en réalité fondée sur une convention d'une valeur supérieure, qui aurait dû être constatée par écrit. Pothier, *Des obligations*, n° 789. Mais, comme cette présomption légale n'est attachée qu'à l'aveu du demandeur, retenu dans ses conclusions primitives, et que l'aveu peut toujours être rétracté pour erreur de fait, cette rétractation, en faisant disparaître le fondement sur lequel repose l'art. 1343, ne permet plus d'en invoquer l'application : *Cessante legis ratione, cessat lex.* Marcadé sur l'art. 1344, n° 2. Larombière, V, art. 1343-1344, n° 2. Voy. en sens contraire : Toullier, IX, 43. L'opinion de cet auteur n'est fondée que sur une extension arbitraire de l'art. 1352, qu'il applique, non-seulement au cas où la loi *dénie l'action en justice*, mais encore à celui où elle *rejette tel genre de preuve*, bien qu'il n'y ait aucune analogie entre ces deux cas.

[21] Il est bien entendu que cet article est étranger à l'hypothèse où il s'agit, non de la réduction de la demande primitive, mais de l'introduction d'une action nouvelle, distincte de la précédente, et qui repose sur un fait juridique différent. Req. rej., 19 février 1840, Sir., 40, 1, 534.

[22] En pareil cas, en effet, la demande, quoique inférieure à 150 fr., repose sur une convention dont l'objet est d'une valeur qui excède ce taux. Cpr. art. 1342 et note 28, *infrà.* Larombière, V, art. 1343-1344, n° 11.

[23] Par exemple, Primus a formé une demande en délivrance d'un cheval, qu'il allègue avoir acheté pour 300 fr. ; et Secundus, tout en convenant de la vente, prétend qu'elle a eu lieu pour 400 fr. : la preuve testimoniale ne sera point admissible, bien que la contestation qui divise les parties ne soit que d'une valeur de 100 fr. Larombière, V, art. 1341, n° 16. Zachariæ, § 758, note 10, *in fine.* Cpr. Duranton, XIII, 318.

Il résulte, en second lieu, de la règle ci-dessus posée, que la preuve testimoniale est admissible, si l'objet qui forme la matière de la convention, est d'une valeur inférieure à 150 fr., bien que la somme réclamée y soit supérieure[24].

C'est ainsi que celui qui réclame, pour sa part dans les bénéfices d'une société, une somme excédant 150 fr., doit être admis à prouver par témoins l'existence de cette société, lorsque la valeur des mises réunies ne dépasse pas 150 fr.[25].

[24] Ce second corollaire de notre règle est contesté par certains auteurs, qui prétendent que la preuve testimoniale n'est admissible qu'autant que la somme réclamée et la valeur de l'objet formant la matière de la convention sur laquelle la demande est fondée, ne dépassent, ni l'une ni l'autre, 150 fr. On dit, à l'appui de cette manière de voir, que la loi ayant eu en vue de prévenir les deux inconvénients auxquels peut donner lieu l'admission de la preuve testimoniale, savoir, la subornation possible des témoins et la multiplicité des procès, ce but ne serait atteint que d'une manière incomplète, si l'on admettait la preuve testimoniale à l'appui d'une demande dépassant 150 fr., par cela seul qu'elle serait fondée sur une convention d'une valeur inférieure à cette somme. On invoque encore, dans le même sens, les dispositions des art. 1342, 1345 et 1346. Cpr. Bonnier, I, 164; Marcadé, sur l'art. 1342, n° 1. Mais, à notre avis, ces considérations tombent devant les explications que nous avons données à la note 14 suprà. La prohibition de la preuve testimoniale n'étant que le résultat indirect de la disposition qui prescrit de passer acte de tous les faits juridiques dont l'objet est d'une valeur supérieure à 150 fr., il en résulte que ce serait aller au delà des exigences de cette disposition, que de rejeter une pareille preuve, par cela seul que la demande excéderait 150 fr., bien que l'objet de la convention sur laquelle elle est fondée, fût d'une valeur inférieure à cette somme. Le danger de subornation que présente l'admission de la preuve testimoniale dans les affaires d'une certaine importance, ne saurait affaiblir la force de cette argumentation, puisque, malgré ce danger, la preuve testimoniale est, en vertu de l'art. 1348, indéfiniment admissible, toutes les fois qu'il n'a pas été possible à celui qui l'invoque de se procurer une preuve écrite. Cela démontre, en effet, que la prohibition de la preuve testimoniale n'est en définitive que la sanction de l'obligation légale de se pourvoir d'une preuve littérale, et qu'ainsi cette sanction doit rester sans application, lorsque l'obligation à laquelle elle est attachée, vient elle-même à cesser. Du reste, la disposition de l'art. 1342 peut très-bien se concilier avec le système qui vient d'être développé, comme nous le démontrerons, texte et note 28, infrà; et quant aux art. 1345 et 1346, ils sont, ainsi que cela sera établi, texte et note 39, infrà, complétement étrangers à la question dont il s'agit en ce moment. Larombière, V, art. 1341, n° 15. Req. rej., 5 janvier 1875, Sir., 75, 1, 72.

[25] Cpr. § 378, texte et note 2. Bravard, Manuel de droit commercial, p. 43 et 44. Troplong, De la société, I, 202. Larombière, loc. cit. Turin, 24 mars 1807,

C'est ainsi encore que la preuve testimoniale serait admissible pour établir l'existence d'une convention dont l'objet, à l'époque de sa formation, était d'une valeur inférieure à 150 fr., bien que les dommages-intérêts réclamés à raison de l'inexécution de cette convention s'élevassent à une somme supérieure[26].

c. Pour apprécier la valeur de l'objet formant la matière d'une convention, on doit avoir égard, non-seulement à la prestation principale, mais encore aux prestations accessoires qui s'y trouvent stipulées.

Ainsi, l'on ne peut être admis à la preuve testimoniale d'un prêt à intérêt, bien que le capital en soit inférieur à 150 fr., si la réunion de ce capital et des intérêts, réclamés comme échus au moment de l'introduction de la demande[27], donne un chiffre supérieur à cette somme. Art. 1342[28].

Sir., 7, 2, 641. M. Bonnier qui, conséquent à sa doctrine, avait, dans sa première édition (n° 106), adopté la solution contraire, s'est dans la seconde (I, 164) rallié, sur ce point spécial, à l'opinion commune.

[26] Larombière, V, art. 1342, n° 5 ; art. 1343-1344, n° 5. Voy. en sens contraire : Duranton, XIII, 320 ; Zachariæ, § 758, note 7, *in medio*, et note 9.

[27] Tous les auteurs enseignent, avec raison, que les intérêts échus depuis l'introduction de la demande ne doivent pas entrer en ligne de compte. Maleville, sur l'art. 1342. Delvincourt, II, p. 624. Favard, *Rép.*, v° Preuve, § 1, n° 10. Duranton, XIII, 319. Marcadé, sur l'art. 1342, n° 2. Larombière, V, art. 1342, n° 1. Zachariæ, § 758, texte et note 8.

[28] C'est bien à tort qu'on a cherché à présenter la disposition de l'art. 1342, comme une conséquence du prétendu principe, que la preuve testimoniale n'est admissible qu'autant que la somme réclamée et la valeur de l'objet qui forme la matière du fait juridique à prouver ne dépassent, ni l'une ni l'autre, 150 fr. Il ne faut pas, en effet, perdre de vue que, dans l'hypothèse dont s'occupe l'article précité, le fait juridique à prouver, et qui sert de base à la demande, n'est pas un prêt pur et simple, mais un prêt à intérêt ; et que dès lors l'objet de ce fait juridique se compose tout à la fois du capital prêté et des intérêts échus au moment de l'introduction de la demande. Il en est autrement de cette hypothèse que de celle dont il a été question texte et note 25 *suprà*. L'associé qui réclame sa part dans les bénéfices d'une société, les réclame bien en vertu du contrat de société, comme le créancier demande, en vertu du contrat de prêt, les intérêts de son capital ; mais il y a cette différence entre les bénéfices sociaux et les intérêts d'un capital prêté, que les premiers ne sont que des résultats de fait et purement accidentels du contrat de société, tandis que les seconds sont des effets juridiques et nécessaires du contrat de prêt. Ceux-ci font donc partie de l'objet du contrat dont ils découlent, et doivent, par conséquent, entrer en ligne de compte pour la fixation de la valeur de cet objet ;

Par la même raison, lorsqu'une clause pénale a été stipulée pour simple retard dans l'exécution d'une obligation, c'est eu égard à la valeur réunie du principal et du montant de la peine, que se résout la question relative à l'admission ou au rejet de la preuve testimoniale [29].

Au contraire, le montant des dommages-intérêts réclamés en raison du retard apporté à l'exécution d'une obligation, mais non stipulés par avance et à titre de forfait, n'est point à prendre en considération dans l'examen du point de savoir si la preuve testimoniale est ou non admissible [30].

d. Lorsque l'objet d'un fait juridique ne consiste pas dans une somme d'argent, il appartient au juge d'en fixer, au préalable, la

---

tandis que, par une raison contraire, on doit faire abstraction de ceux-là, qui ne font point partie de l'objet du contrat à la suite duquel ils ont été obtenus. Le créancier, du reste, n'est pas en droit de se plaindre de cette solution, puisque du moment où, par la réunion des intérêts au capital, le chiffre de 150 fr. s'est trouvé atteint, il a été mis en demeure de faire constater sa créance par écrit ou d'en demander le remboursement.

[29] Larombière, V, art. 1342, n° 3.

[30] Ces deux dernières solutions ne sont nullement contradictoires. S'agit-il d'une clause pénale, qui forme une convention accessoire à la convention principale, la preuve à faire porte sur un fait juridique complexe, dont l'objet se compose tout à la fois du principal et de la peine. S'agit-il, au contraire, de dommages-intérêts non stipulés par avance, et à titre de forfait, le fait juridique à prouver ne consiste que dans une convention unique, dont l'objet seul est à prendre en considération pour apprécier si la limite au delà de laquelle la preuve testimoniale n'est plus admissible, se trouve ou non dépassée, puisque le retard apporté par le débiteur à l'exécution de l'obligation et le préjudice qui en est résulté pour le créancier, ne constituent que des faits purs et simples, toujours susceptibles d'être prouvés par témoins, et ne peuvent, sous aucun rapport, être envisagés comme des conséquences juridiques de la convention. C'est, en effet, en pareil cas, dans la loi elle-même que se trouve le fondement juridique de l'obligation accessoire en vertu de laquelle des dommages-intérêts sont réclamés. Cpr. art. 1146 et suiv. Voy. aussi § 298 *ter*, note 41. On peut encore invoquer, à l'appui de ce qui vient d'être dit sur les dommages-intérêts, le changement de rédaction que la Section de législation du Conseil d'État a fait subir à l'art. 1342, qui formait le 233e du titre *Des obligations*, dans le projet présenté par la Commission de rédaction, et qui était ainsi conçu : « La règle ci-dessus s'applique au cas où l'action contient, outre « la demande du capital, une demande *en dommages-intérêts*, lorsque *les* « *dommages-intérêts* joints au capital, excèdent la somme de 150 fr. » Duranton, XIII, 359. Bonnier, I, 160. Larombière, V, art. 1342, n° 4.

valeur pécuniaire, sauf, s'il l'estime nécessaire, à s'éclairer par une expertise [31].

Cette appréciation préalable devrait avoir lieu, lors même que le demandeur aurait fixé, par ses conclusions, le chiffre de ses prétentions à une somme inférieure à 150 fr., si l'exactitude de son évaluation était contestée par le défendeur [32]. Tel serait le cas où l'une des parties réclamerait, en poursuivant la résolution d'un contrat pour défaut d'exécution, des dommages-intérêts inférieurs à 150 fr., si l'autre partie prétendait qu'en supposant prouvée l'existence de çe contrat, l'objet en serait d'une valeur supérieure à cette somme [33].

3° Des mesures destinées à prévenir la violation indirecte du premier principe posé par l'art. 1341, ainsi que les inconvénients résultant de la multiplicité des petits procès à juger sur enquêtes.

a. Dans la vue d'empêcher la violation indirecte de la prohibition de la preuve testimoniale en matière excédant 150 fr., le législateur a cru devoir rejeter cette preuve, même au cas où une demande supérieure à ce chiffre se composerait, d'après l'allégation du demandeur, de plusieurs chefs distincts, reposant sur

---

[31] Le juge est expert de droit. S'il est toujours autorisé à recourir, pour s'éclairer, à une expertise, il n'est obligé de le faire que dans les cas exceptionnels où la loi lui en impose le devoir. Rauter, *Cours de procédure civile,* § 70. Favard, *Rép.,* v° Preuve, § 1, n° 3. Marcadé, sur l'art. 1341, n° 2. Bonnier, I, 159. Larombière, V, art. 1341, n° 8. Voy. cependant Zachariæ, § 758, note 7. C'est à tort que cet auteur semble considérer l'expertise comme indispensable. Cpr. § 358, texte et note 15; § 626, texte, n° 2, et note 27.

[32] Arg. art. 1344 et 1345. Bonnier, *loc. cit.* Larombière, V, art. 1341, n° 9. Voy. cependant Favard, *op., v° et loc. citt.*

[33] Larombière, V, art. 1342, n° 5.—Mais, si la partie qui poursuit la résolution d'un contrat, réclamait une somme inférieure à 150 fr., en vertu d'une clause pénale, qu'elle prétendrait avoir été stipulée pour fixer, à titre de forfait et par avance, les dommages-intérêts résultant de l'inexécution de ce contrat, l'autre partie ne pourrait contester le chiffre de la peine pour s'opposer à l'admission de la preuve testimoniale, puisque, par cela même, elle avouerait implicitement l'existence du contrat et de là clause pénale qui doivent former l'objet de cette preuve. Celle-ci devrait donc être provisoirement admise, sauf au juge à n'y avoir aucun égard, s'il résultait de l'enquête que la clause pénale avait pour objet une somme supérieure à 150 fr. Cpr. note 16 *suprà.* Larombière, V, art. 1341, n°ˢ 10 et 11.

des faits juridiques différents, intervenus à des époques diverses, et portant sur des objets de nature non identique, dont la valeur, en les prenant chacun isolément, serait inférieure à 150 fr. Art. 1345 [34].

La prohibition de la preuve testimoniale s'applique, en pareil cas, tant à l'ensemble de ces faits juridiques qu'à chacun d'eux en particulier [35].

Mais elle ne s'étend pas aux droits et créances qui, procédant de personnes diverses, ont ensuite été réunis sur la même tête, par voie de succession, de donation, ou de toute autre manière. Art. 1345.

D'un autre côté, on doit, dans l'application de l'art. 1345, faire abstraction complète des chefs de demande dont la preuve testimoniale est exceptionnellement permise, soit parce que celui qui l'invoque s'est trouvé dans l'impossibilité de se procurer une preuve littérale, soit parce qu'il existe un commencement de preuve par écrit [36].

---

[34] Cet article, qui n'est, à peu de chose près, que la reproduction de l'art. 5, tit. XX, de l'ordonnance de 1667, a été, de la part de Toullier (IX, 48), l'objet d'une assez vive critique, à laquelle il ne s'est laissé entraîner que parce qu'il s'est écarté du point de vue auquel nos législateurs, tant anciens que modernes, se sont placés en rédigeant la disposition précitée, qui ne doit pas être envisagée comme une application ou une conséquence du principe consacré par l'art. 1341, mais comme une règle nouvelle, établie à côté de ce principe, pour en empêcher la violation indirecte. A ce point de vue, l'art. 1345 peut très-bien se justifier en droit et en équité. Autant, en effet, eût valu rayer du Code la prohibition de la preuve testimoniale en matière excédant 150 fr., que d'admettre cette preuve à l'appui de la réclamation de celui qui serait venu prétendre que sa demande, quoique supérieure à 150 fr., se compose de créances distinctes, dont chacune est inférieure à cette somme. D'un autre côté, le créancier légitime de diverses créances dont chacune est inférieure à 150 fr., mais dont l'ensemble est supérieur à cette somme, doit s'imputer de ne pas s'être procuré une preuve littérale au moment où le montant de ses réclamations allait dépasser le chiffre au delà duquel la preuve testimoniale n'est plus admise.

[35] *Lex non distinguit.* Curasson, *Compétence des juges de paix*, I, p. 120. Larombière, V, art. 1345-1346, n° 8. Cour d'assises du Loiret, 6 novembre 1843, Sir., 44, 2, 62.

[36] Arg. art. 1347 et 1348. L'art. 5, tit. XX, de l'ordonnance de 1667, portait : « Si, dans une même instance, la partie fait plusieurs demandes *dont il n'y ait point de preuve ou commencement de preuve par écrit.* » Bien que ces dernières expressions aient été remplacées dans l'art. 1345 par les mots *dont il n'y ait point de titre par écrit*, il faut bien se garder d'en conclure que l'inten-

Il importe peu, à cet égard, que les chefs de demande dont la preuve testimoniale est recevable en raison de l'un ou l'autre des motifs d'exception qui viennent d'être indiqués, soient postérieurs ou antérieurs à ceux qui ne se trouvent point placés dans une de ces catégories exceptionnelles [37].

b. Comme sanction de l'art. 1345, et pour obvier en outre aux inconvénients résultant de la multiplicité des petits procès à juger sur enquêtes, le législateur a de plus ordonné que toutes les demandes, à quelque titre que ce soit, qui ne seront pas entièrement justifiées par écrit, seront formées par un même exploit, ou du moins produites dans la même instance [38], faute de quoi, celles dont il n'y aura pas de preuve littérale, ne seront plus ultérieurement reçues. Art. 1346 [39].

---

tion des législateurs modernes ait été de se montrer plus sévères que les rédacteurs de l'ordonnance de 1667. En effet, d'après l'économie des dispositions du Code sur la preuve testimoniale, il devenait inutile de faire, dans l'art. 1345, une exception spéciale pour les chefs de demande appuyés d'un commencement de preuve par écrit, puisqu'il existait en leur faveur une exception générale, qui se trouve consignée dans l'art. 1347. Delvincourt, II, 624 et 625. Duranton, XIII, 324. Larombière, V, art. 1345-1346, n° 13. Zachariæ, § 758, texte et note 16.

[37] M. Duranton (*loc. cit.*), qui admet, sans hésitation, la solution donnée au texte, pour le cas où le chef de demande dont le créancier a pu se procurer une preuve littérale, est d'une origine antérieure à celui auquel s'applique la disposition exceptionnelle de l'art. 1348, pense que, dans le cas contraire, cette solution souffrirait quelque difficulté, si le créancier avait connu l'existence de la première créance, à l'époque où la seconde a pris naissance. En pareil cas, le créancier pouvait, il est vrai, faire constater par écrit cette seconde créance. Mais le devait-il, à peine d'en voir rejeter la preuve testimoniale ? Nous ne le croyons pas, puisque, d'après l'art. 1348, l'art. 1345 était inapplicable à la première créance, et que la seconde, étant, comme nous le supposons, inférieure à 150 fr., la preuve testimoniale en était admissible en vertu de l'art. 1341. Marcadé, sur l'art. 1345, n° 3. Larombière, V, art. 1345-1346, n° 14.

[38] Arg. art. 1345. Larombière, V, art. 1345-1346, n° 14.

[39] Il semble, de prime abord, que cet article, textuellement copié sur l'art. 6, tit. XX, de l'ordonnance de 1667, ne doive être considéré que comme une sanction pure et simple de l'art. 1345. Mais, en partant de cette idée, à laquelle Zachariæ paraît s'être attaché dans certaines de ses solutions, et que M. Larombière (V, art. 1345-1346, n° 11) a formellement adoptée, il devient, à notre avis, impossible de donner une explication satisfaisante de l'art. 1346, dont la rédaction, au contraire, se justifie parfaitement, lorsqu'on admet que le

Cette règle reçoit, du moins en général [40], application, sans distinction entre le cas où le montant des diverses demandes est supérieur et celui où il est inférieur à 150 fr. [41].

D'un autre côté, et à la différence de la disposition de l'article 1345, l'art. 1346 s'étend aux créances dont la preuve testimoniale est exceptionnellement admise par les art. 1347 et 1348 [42],

législateur a voulu, par cette disposition, atteindre le double but que nous avons indiqué au texte. Voy. en ce sens : Jousse, sur l'art. 6, tit. XX, de l'ordonnance; Bonnier, I, 462 ; Marcadé, sur l'art. 1346, n° 1. Cpr. les notes suivantes.

[40] Voy. à la note 45, *infrà*, l'exception concernant les créances inexigibles, lorsque réunies aux créances exigibles, le montant des unes et des autres n'excède pas 150 fr.

[41] Cette proposition se justifie, tant par l'esprit dans lequel l'art. 1346 a été conçu, que par le texte de cet article, qui, sans distinguer si les demandes nouvellement formées, réunies à celles qui ont été produites dans la première instance, excèdent ou non, dans leur ensemble, la somme de 150 fr., prononce, d'une manière absolue, la non-recevabilité des nouvelles demandes dont il n'y a pas de preuve littérale. Voy. en sens contraire : Larombière, *loc. cit.*

[42] On ne peut rationnellement expliquer les expressions *qui ne seront pas entièrement justifiées par écrit*, qu'en les traduisant ainsi : *dont il n'existera point une preuve littérale complète* ; et cette interprétation conduit à appliquer l'art. 1346 même aux créances appuyées d'un commencement de preuve par écrit. On oppose, il est vrai, l'art. 1347, duquel il résulte, dit-on, que l'art. 1346 n'est point applicable à ces créances. Mais, comme on ne peut admettre que le législateur se soit contredit dans deux textes qui se suivent immédiatement, on est forcément amené à interpréter, d'une manière distributive, le premier alinéa de l'art. 1347, en l'appliquant exclusivement aux art. 1341 à 1345. Cette interprétation est d'autant plus plausible que l'art. 1346 ne figurait pas dans le projet présenté par la Commission de rédaction, et que dès lors, il est permis de supposer que la Section de législation du Conseil d'Etat aura oublié, en l'insérant dans le Code, de faire à l'art. 1347 le changement que cette insertion devait amener. On objecte encore, dans le sens de l'opinion contraire à notre interprétation, qu'elle a l'inconvénient de donner à l'art. 1346, qui n'est, dit-on, que la sanction de l'art. 1345, plus de portée que n'en a ce dernier. Mais cette objection, qui n'en est pas une au point de vue où nous nous sommes placés, se trouve réfutée d'avance par ce que nous avons dit à la note 39, *suprà*. Enfin, dès qu'on est forcé de reconnaître que l'exception admise à la prohibition de la preuve testimoniale par l'art. 1347, est étrangère à la disposition de l'art. 1346, on doit en dire autant de l'exception établie par l'art. 1348. Delvincourt, II, p. 624 et 625. Duranton, XIII, 327. Bonnier, I, 162. Marcadé, sur l'art. 1347, n° 6. Voy. en sens contraire : Larombière, V, art. 1345-1346, n° 19 ; Zachariæ, § 758, texte et note 16.

et même à celles qui, procédant de personnes diverses, se trouvent déjà réunies sur la même tête à l'époque de l'introduction de la demande[43].

Enfin, l'art. 1346 s'applique, tout aussi bien que l'art. 1345, aux créances non encore exigibles[44], en ce sens, du moins, que le demandeur est, sous peine de déchéance, tenu d'indiquer, dans l'exploit contenant la réclamation des créances actuellement exigibles, le montant de celles qu'à raison de leur inexigibilité actuelle, il se réserve de réclamer ultérieurement, et que le juge doit prendre en considération la valeur réunie des unes et des autres pour résoudre la question de savoir si la preuve testimoniale est ou non admissible[45].

[43] En effet, l'art. 1346, bien loin de rappeler, quant à ces droits et créances, l'exception qui se trouve dans l'art. 1345, dit au contraire que toutes les demandes, *à quelque titre que ce soit, qui ne seront pas justifiées par écrit*, seront formées par un même exploit. Duranton et Bonnier, *locc. citt.* Voy. en sens contraire : Larombière, V, art. 1345-1346, n° 20.

[44] L'opinion contraire est cependant généralement enseignée. Voy. Toullier, IX, 50 ; Favard, *Rép.*, v° Preuve, § 1, n° 14 ; Duranton et Bonnier, *locc. citt.* ; Marcadé, sur l'art. 1346, n° 3 ; Boncenne, *Théorie de la procédure civile*, IV, p. 165 ; Zachariæ, § 758, note 14. Toullier résume les motifs sur lesquels se fonde cette opinion, en disant que le demandeur ne peut, ni joindre à sa première demande celle d'une créance qui n'est point exigible, ni être forcé d'attendre l'échéance de la seconde, pour demander la première, qui est exigible. Nous répondrons que, si le demandeur ne peut littéralement exécuter la disposition de l'art. 1346, *en formant la demande* d'une créance non exigible, il peut du moins se conformer à son vœu, en indiquant le montant de cette créance dans son exploit, et que nous ne voyons aucun motif rationnel pour le dispenser d'en agir ainsi. Le créancier de plusieurs sommes, dont l'ensemble excède 150 fr., est, d'après l'esprit qui a présidé à la rédaction de l'art. 1345, tenu de se procurer une preuve littérale de l'excédant, sous peine de voir rejeter la preuve testimoniale pour le tout ; et l'on ne comprendrait pas que la circonstance, purement accessoire et accidentelle de l'inexigibilité actuelle de l'une ou l'autre de ces créances, pût avoir pour résultat de le soustraire à cette obligation. Ce point une fois admis, l'opinion émise dans la suite du texte se trouve, par cela même, justifiée. Voy. en ce sens : Larombière, V, art. 1345-1346, n° 8 et 21. Au surplus, MM. Duranton et Favard conviennent eux-mêmes que le créancier agira prudemment, pour éviter des difficultés ultérieures, de faire ses réserves quant aux créances non exigibles.

[45] Toutefois, si le montant des créances exigibles et inexigibles était inférieur à 150 fr., on ne pourrait, lors même que ces dernières n'auraient point été indiquées dans la demande primitive, faire application de la pénalité civile pro-

Du reste, l'art. 1346 ne peut être étendu aux droits et créances qui, d'après l'allégation du demandeur, n'ont pris naissance que postérieurement à l'introduction de sa première demande, et que dès lors il s'est trouvé dans l'impossibilité d'y comprendre et d'y indiquer [46].

La sanction de l'art. 1346 ne consiste pas seulement dans le rejet de la preuve testimoniale invoquée à l'appui des demandes non justifiées par écrit qui seraient ultérieurement formées, mais dans la non-recevabilité de ces demandes elles-mêmes [47].

noncée par l'art. 1346, à la demande ultérieure dont elles seraient l'objet, puisque, d'une part, l'indication de ces créances dans la première demande n'aurait pas eu pour résultat de rendre inutile l'introduction de la seconde, et que, d'autre part, l'omission de cette indication n'avait point pour objet de contrevenir aux dispositions légales relatives à la prohibition de la preuve testimoniale, en matière excédant 150 fr.

[46] Que la disposition de l'art. 1346 soit étrangère aux droits et créances non encore existants lors de l'introduction de la première demande, c'est ce qui ne saurait faire l'objet d'un doute. La difficulté n'est pas là ; elle consiste à savoir si l'on doit ou non admettre, à cet égard, l'allégation non justifiée du demandeur. La solution affirmative, que nous avons donnée au texte, est fondée sur ce que ce n'est point à ce dernier à prouver l'absence des causes dont l'existence s'opposerait, soit à la recevabilité de sa demande, soit à l'admissibilité de la preuve testimoniale. Cpr. § 749, texte, n° 2 ; note 47, infra. La nouvelle demande ayant pour objet des droits et créances qui, d'après l'allégation du demandeur, doivent être postérieurs à l'introduction de la précédente réclamation, sera donc recevable ; et la preuve testimoniale en sera admissible, sauf au juge à y avoir tel égard que de raison, suivant les circonstances, et sauf aussi l'application ultérieure de la déchéance établie par l'art. 1346, s'il résultait de l'enquête une contravention aux dispositions de cet article. Marcadé, sur l'art. 1346, n° 4. Larombière, V, art. 1345-1346, n° 23. Cpr. Duranton, XIII, 327. Voy. en sens contraire : Delvincourt, II, p. 625.

[47] Quelque claire et positive que soit la disposition finale de l'art. 1346, qui ne se borne pas à écarter comme inadmissible la preuve testimoniale des demandes non produites dans la première instance, mais qui déclare non recevables ces demandes elles-mêmes, l'opinion contraire à celle que nous avons émise, est soutenue par des auteurs d'une grande autorité, qui prétendent que l'art. 1346, se reliant à l'art. 1345 dont il forme la sanction, n'a d'autre portée que celle de ce dernier article, et doit être entendu dans le sens du rejet, non des nouvelles demandes elles-mêmes, mais simplement de la preuve testimoniale. Voy. Toullier, IX, 49 ; Duranton, XIII, 328 ; Larombière, V, art. 1345-1346, n° 12. Cette interprétation, que repousse de la manière la plus formelle la lettre de l'art. 1346, est également contraire à son esprit. Cet article a sans

Cette déchéance peut et doit être, le cas échéant, prononcée d'office par le juge [48].

4° Des exceptions auxquelles est soumise la règle d'après laquelle la preuve testimoniale est, en général, admissible dans la limite de 150 fr.

Du principe posé en tête de ce paragraphe, il résulte implicitement que la preuve testimoniale est, en général, admissible, même en ce qui concerne des faits juridiques, lorsque l'objet qui en forme la matière, est d'une valeur qui ne dépasse pas 150 fr.

Cette règle est cependant soumise à des exceptions ou modifications de diverse nature [49].

doute pour objet de sanctionner l'art. 1345 ; mais ce n'est pas là son but unique : par des motifs d'utilité sociale et d'ordre public, le législateur a voulu tarir la source des petits procès à juger sur enquêtes ; et c'est dans cette vue qu'au lieu de proscrire simplement la preuve testimoniale des demandes nouvelles, il a soumis à une fin de non-recevoir absolue, celles dont il n'existerait pas de preuve littérale. La disposition finale de l'art. 1346 peut paraître rigoureuse ; mais nous ne saurions nous associer au reproche d'iniquité qui lui a été adressé. Le but que le législateur s'est proposé est parfaitement légitime en soi ; et le créancier, frappé de déchéance, ne peut s'en prendre qu'à lui-même de ne pas s'être conformé aux prescriptions de la loi. Voy. dans le sens de notre opinion : Marcadé, sur l'art. 1346, n° 4 ; Bonnier, I, 162 ; Zachariæ, § 758, texte et note 15.

[48] Dans la supposition que le défendeur ne propose pas la déchéance résultant de l'art. 1346, il arrivera sans doute rarement que le juge obtienne, d'une manière régulière, une connaissance suffisante du fait sur lequel repose cette déchéance, pour la prononcer d'office. Mais, le cas arrivant, si, par exemple, ce fait avait été articulé par le défendeur, et reconnu par le demandeur, le juge pourrait et devrait rejeter d'office la demande, parce qu'il s'agit ici d'une matière d'ordre public, et que l'injonction est adressée au juge personnellement. Voy. dans ce sens : Jousse, sur l'art. 6, tit. XX, de l'ordonnance de 1667. Nous sommes encore sur ce point en désaccord avec MM. Duranton (XIII, 328) et Zachariæ (§ 758, note 15). Mais la doctrine du premier de ces auteurs se rattache à celle que nous avons déjà réfutée à la note 5 du § 764 ; et quant au second, il ne nous paraît pas conséquent à lui-même, lorsqu'il rejette l'opinion que nous émettons ici, après avoir adopté celle que nous avons défendue à la note et au paragraphe précédemment cités. Cpr. Larombière, V, art. 1345-1346, n° 5.

[49] Nous ne mentionnerons pas, parmi les cas d'exception, ceux dans lesquels la loi ne laisse point aux parties le choix des moyens à l'aide desquels une

La première ressort des dispositions de l'art. 1345, qui ont été expliquées sous le numéro précédent.

Une autre exception est établie par la seconde disposition du premier alinéa de l'art. 1341. Elle sera développée au paragraphe suivant.

La troisième exception se réfère aux différents contrats dont la preuve testimoniale est prohibée d'une manière indéfinie, c'est-à-dire quelle que soit la valeur de l'objet qui en forme la matière. C'est ce qui a lieu, notamment, en matière de bail, de transaction et d'antichrèse [50].

La quatrième exception, enfin, s'applique aux faits et aux événements concernant l'état civil et la filiation. Ces faits et événements ne peuvent, en général, être prouvés par témoins. Ils ne sont exceptionnellement susceptibles de l'être que dans les hypothèses et sous les conditions qui ont été indiquées dans la théorie des actes de l'état civil et dans celle de la filiation [51].

§ 763.

Second principe.

Lorsqu'un fait juridique a été constaté par un acte authentique ou sous seing privé, il n'est reçu aucune preuve par témoins contre et outre la teneur de cet acte, ni sur ce qui serait allégué avoir été dit avant, lors ou depuis sa rédaction, encore que l'objet de ce fait juridique soit d'une valeur inférieure à 150 fr. [1].

---

preuve doit être administrée, et prescrit impérieusement l'emploi de tel ou tel moyen de preuve. Cpr. § 749, texte, n° 4, et note 30. La prohibition, en pareil cas, n'est pas spéciale à la preuve testimoniale ; elle s'applique, d'une manière générale, à tous les moyens de preuve autres que celui dont la loi exige la production.

[50] Cpr. art. 1715 et 1716, § 564, texte, n° 3 ; art. 2044, al. 2, § 420, texte, n° 2 ; et notes 8 et 9 ; art. 2085, al. 1, § 437, texte et notes 4 et 5.

[51] Cpr. les articles et les paragraphes cités à la note 8, *suprà*.

[1] Le principe établi dans la seconde disposition de l'art. 1341, remonte au Droit romain : *Contra scriptum testimonium, non scriptum testimonium haud profertur. L.* 1, *C. de test.* (4, 20). Cpr. sur l'autorité relative de la preuve littérale et de la preuve testimoniale en Droit romain : *Dissertation*, par Derome, *Revue de législation*, 1849, I, p. 291. — Ce principe, rejeté par l'ancienne pratique française, dans laquelle avait prévalu la règle *Témoins passent*

Ce principe, posé dans la seconde partie du premier alinéa de l'art. 1341, conduit à une double conséquence [2].

Il en résulte, en premier lieu, que la preuve testimoniale ne peut être reçue, lorsqu'elle porte sur un fait qui se trouve en contradiction avec les énonciations d'un acte authentique ou sous seing privé, à supposer d'ailleurs que ces énonciations soient du genre de celles dont l'acte fait par lui-même pleine foi [3].

Il en résulte, en second lieu, que la preuve testimoniale doit être rejetée, en tant qu'elle aurait pour objet de prétendues modifications verbales à une convention constatée par un acte authentique ou sous seing privé ; et cela, lors même qu'il serait allégué que ces modifications sont postérieures à cet acte, et n'ont eu lieu que longtemps après sa passation [4].

---

lettres, fut de nouveau proclamé par l'ordonnance de Moulins ; et, depuis lors en France, *Lettres passent témoins.* La sagesse de cette dernière maxime ne saurait être révoquée en doute, puisque le simple bon sens et l'expérience la plus commune enseignent que des actes instrumentaires rédigés dans le but de conserver la mémoire de faits juridiques, et d'en préciser les circonstances et les modalités, doivent mériter plus de confiance que des témoins, dont les souvenirs peuvent être infidèles ou confus.

[2] Deux prohibitions bien distinctes ressortent de la seconde disposition de l'art. 1341, dont la rédaction ne présente aucun double emploi. D'après la première, on n'est point admis à prouver par témoins l'existence d'inexactitudes ou d'omissions qui, soit par une erreur involontaire, soit dans un dessein coupable de la part de l'une des parties, soit par suite d'une simulation concertée entre elles, auraient eu lieu lors de la rédaction d'un acte instrumentaire. D'après la seconde, il n'est pas permis de prouver par témoins l'existence de modifications qui auraient été verbalement apportées à une convention constatée par un acte instrumentaire. Ces deux prohibitions se justifient facilement. D'une part, les actes instrumentaires ne présenteraient qu'une utilité restreinte, et ne rempliraient pas le double but dans lequel il est à présumer qu'ils ont été rédigés, s'il pouvait être permis d'en contester la sincérité à l'aide de simples témoignages, ou de prouver par témoins les modifications verbales qu'on prétendrait avoir été apportées après coup aux faits juridiques qu'ils ont eu pour objet de constater. D'autre part, des paroles échangées avant, pendant, ou après la rédaction d'un acte instrumentaire, doivent, par cela même qu'elles n'ont pas été consignées par écrit, être considérées comme étant restées à l'état de propositions non agréées, ou de projets non définitivement acceptés.

[3] Cpr. art. 1319, 1320 et 1322 ; § 648, texte et notes 10 à 12 ; § 670, texte, n° 3, et notes 95 à 98 ; § 755, texte II ; § 756, texte II, et note 98.

[4] Req. rej., 10 mai 1842, Sir., 42, 1, 797. Civ. rej., 12 mars 1861, Sir., 61, 1, 793. Civ. cass., 5 janvier 1874, Sir., 74, 1, 156.

Il faut considérer comme des modifications non susceptibles d'être prouvées par témoins, tous changements, additions ou suppressions, dont le résultat serait d'augmenter ou de diminuer, d'étendre ou de restreindre les droits et obligations des parties, tels qu'ils sont établis par l'acte instrumentaire rédigé pour la constatation du fait juridique dont ils découlent. Telle serait l'addition d'une condition ou d'un terme à une obligation que l'acte instrumentaire qui la constate, présente comme pure et simple. Telle serait encore l'indication d'un lieu de paiement, alors que l'acte par lequel la créance se trouve établie, n'en fixe aucun, ou en détermine un différent. Telle serait enfin une stipulation d'intérêts, que le créancier prétendrait être intervenue à l'occasion d'un prêt, et qui ne se trouverait pas énoncée dans l'acte qui le constate [5].

Le principe posé en tête de ce paragraphe ne forme point obstacle à l'admissibilité de la preuve testimoniale de faits qui, bien que se trouvant dans un rapport plus ou moins direct avec les faits consignés dans un acte instrumentaire, et sur lesquels ils sont même destinés à exercer une influence quelconque, ne sont cependant point en contradiction avec les énonciations de cet acte, et ne constituent pas non plus des changements à sa teneur. Tels sont les faits d'exécution d'une obligation, et les actes par lesquels le créancier renonce à son droit, sans constitution d'une nouvelle créance à son profit [6].

[5] Cpr. Pothier, *Des obligations*, n°s 794 et 795 ; Favard, *Rép.*, v° Preuve, § 1, n° 1 ; Duranton, XIII, 331 et 336 ; Larombière, V, art. 1341, n°s 27 et 28 ; Zachariæ, § 759, texte et note 1re ; Civ. cass., 21 janvier 1812, Sir., 12, 1, 184 ; Req. rej., 10 mai 1842, Sir., 42, 1, 797.

[6] Autre chose est la modification, la restriction, ou la transformation conventionnelle d'une obligation, autre chose son extinction par suite de paiement ou de remise. Celui qui demande à prouver par témoins l'extinction pure et simple d'une obligation constatée par un acte authentique ou sous seing privé, ne contredit en aucune manière les énonciations de cet acte ; il n'y ajoute rien, il n'en retranche rien ; il prend l'obligation telle qu'elle ressort de l'acte instrumentaire qui l'établit. Tout en modifiant la position respective des parties, dont l'une cesse d'être créancière, et dont l'autre cesse d'être débitrice, le paiement ou la remise n'apporte cependant aucune modification au titre constitutif de l'obligation. Le principe énoncé en tête de ce paragraphe ne s'oppose pas dès lors à l'admission de la preuve testimoniale. Cpr. notes 7 et 9, infrà.

Ainsi, le paiement d'une dette constatée par écrit peut être prouvé par témoins[7], pourvu que d'ailleurs la preuve testimoniale n'en soit pas prohibée en vertu du principe posé au paragraphe précédent, c'est-à-dire pourvu que le paiement allégué ne soit pas supérieur à 150 fr.[8]. Il en est également ainsi, dans le cas de remise de dette[9].

Le principe ci-dessus posé n'empêche pas davantage que, soit pour interpréter les clauses obscures ou ambiguës d'un acte, soit pour fixer la portée et l'étendue des énonciations plus ou moins vagues qu'il renferme, on ne recoure à la preuve testi-

---

[7] Pothier, *Des obligations*, n° 799. Delvincourt, II, p. 623. Duranton, XIII, 334. Marcadé, sur l'art. 1341, n°ˢ 5 et 6. Bonnier, I, 144. Zachariæ, § 759, texte et note 5. Voy. en sens contraire : Merlin, *Rép.*, v° Preuve, sect. II, § 3, art. 1, n° 20 ; Favard, *Rép.*, v° Preuve, § 1, n° 7 ; Mourlon, *Revue critique*, 1854, IV, p. 114 ; Larombière, V, art. 1341, n° 29. Nous nous bornerons à renvoyer, pour la réfutation de l'opinion de ces auteurs, aux explications données à la note précédente. Nous ajouterons seulement que les arrêts de la Cour de cassation, invoqués par Favard à l'appui de son sentiment, sont complétement étrangers à notre question. Dans l'espèce sur laquelle a statué le premier de ces arrêts (Civ. cass., 27 janvier 1812, Sir., 12, 1, 184), il s'agissait d'un bail qui avait été fait par écrit, pour une durée de six années, et qu'on prétendait avoir été verbalement résilié avant l'expiration de ce temps. Or, c'est avec raison que la Cour de cassation a déclaré que la preuve testimoniale de cette prétendue résiliation verbale était inadmissible, puisque cette preuve tendait à établir une modification conventionnelle aux conditions sous lesquelles le bail avait été conclu. Le second de ces arrêts (Civ. cass., 12 mars 1816, Sir., 16, 1, 167), qui a décidé qu'en matière de bail même verbal, un congé verbal qui n'a été suivi d'aucune exécution, ne peut être prouvé par témoins, quelque modique que soit le loyer, est fondé sur un argument d'analogie tiré de l'art. 1715, et n'a point été rendu par application du principe établi dans la seconde disposition de l'art. 1341, principe dont il ne pouvait évidemment être question dans une espèce où le bail que l'on prétendait avoir été résilié par un congé verbal, n'était lui-même que verbal.

[8] Zachariæ, § 759, texte et note 7. Civ. cass., 5 février 1812, Sir., 12, 1, 228. — Du reste, la preuve testimoniale serait également admissible, quoique le paiement inférieur à 150 fr. eût été fait en à-compte, ou pour solde d'une dette dépassant cette somme. L'art. 1344 ne saurait être étendu à cette hypothèse ; et l'art. 1345 n'y deviendrait applicable qu'autant que le débiteur voudrait prouver par témoins plusieurs paiements dont la réunion formerait une somme supérieure à 150 fr. Cpr. Req. rej., 19 juin 1810, Sir., 10, 1, 318 ; et les observations de Sirey à la suite de cet arrêt.

[9] Duranton, XII, 360 ; XIII, 335. Marcadé, *loc. cit.* Zachariæ, *loc. cit.*

moniale de faits d'ailleurs susceptibles d'être prouvés par témoins [10]. La preuve testimoniale est notamment admissible pour établir qu'un domaine formant l'objet d'une vente ou d'une donation, et désigné d'une manière collective dans l'acte instrumentaire qui la constate, c'est-à-dire sans indication spéciale et nominative des différentes parcelles dont il se compose, a toujours compris telle ou telle portion de terrain [11].

La preuve testimoniale peut aussi, nonobstant le principe dont s'agit, être admise en certains cas pour établir le moment précis auquel un acte a été passé ou signifié. Ainsi, les parties signataires d'un acte sous seing privé non daté, peuvent être reçues à prouver par témoins, l'une contre l'autre, la date à laquelle cet acte a été passé [12]. Ainsi encore, quand deux personnes se sont respectivement fait signifier, le même jour, mais sans indication de l'heure, des actes extrajudiciaires ou de procédure, il est permis de prouver, par témoins, l'antériorité de l'un de ces actes [13].

---

[10] Déjà nous avons eu occasion d'établir que, pour l'interprétation d'un testament, on peut, sans méconnaître la foi qui lui est due, et même sans violer le principe qu'une disposition de dernière volonté n'est efficace qu'autant qu'elle a été manifestée dans la forme légale des testaments, prouver par témoins des faits de nature à expliquer les intentions du défunt. Cpr. § 712, texte, n° 1, et note 6. A plus forte raison peut-on, pour l'interprétation d'un acte non solennel, recourir à la preuve testimoniale, sans contrarier le principe qui fait l'objet de ce paragraphe. En prouvant par témoins les faits propres à éclaircir les intentions probables de l'auteur ou des auteurs d'un acte, on ne fait usage de la preuve testimoniale, ni pour en contredire la teneur, ni pour y ajouter ou y changer quelque chose. Bonnier, I, 143. Larombière, V, art. 1341, n°ˢ 33 et 34. Voy. en sens contraire : Zachariæ, § 759, note 2.

[11] Civ. cass., 23 janvier 1837, Sir., 37, 1, 110. Civ. rej., 31 janvier 1837, Sir., 37, 1, 522.

[12] Prouver la date d'un acte par des éléments puisés en dehors de cet acte, ce n'est point prouver outre ou contre son contenu. En effet, la preuve ne tend point, en pareil cas, à introduire dans l'acte une disposition nouvelle, mais seulement à établir l'une des circonstances dans lesquelles il a été passé. Si nous restreignons la proposition énoncée au texte, aux contestations qui s'élèvent entre les parties, c'est qu'à l'égard des tiers, un acte sous seing privé, daté ou non daté, ne peut acquérir date certaine que par l'une des circonstances indiquées en l'art. 1328. Cpr. § 756, texte II, *in fine*, et note 135. Toullier, IX, 224 à 226.

[13] Merlin, *Rép.*, v° Preuve, sect. II, § 3, art. 1, n° 19. Favard, *Rép.*, v° Preuve, § 1, n° 7. Req. rej., 15 juillet 1818, Sir., 19, 1, 25. Civ. rej.,

2. Des exceptions que reçoivent les principes développés aux deux paragraphes précédents.

§ 763 bis.

De l'exception relative aux matières de commerce.

Les restrictions apportées, en matière civile, à l'admission de la preuve testimoniale, ne sont pas applicables en matière commerciale. Art. 1341, al. 3, cbn. Code de commerce, art. 49 et 109.

Ainsi, d'une part, la preuve testimoniale est recevable en matière de commerce, lors même que l'objet du fait juridique à prouver est d'une valeur supérieure à 150 fr. [1].

18 août 1840, Sir., 40, 1, 785. Il n'en serait plus de même au cas où les significations auraient été faites par deux personnes, non pas l'une à l'autre, mais à un tiers. Cpr. § 359 bis, texte, n° 1, et note 20.

[1] Les art. 109 et 49 du Code de commerce, relatifs, l'un aux achats et ventes, l'autre aux associations en participation, étant les seuls qui autorisent expressément la preuve testimoniale, on pourrait être porté à en conclure, par argument à contrario, que cette preuve n'est point admise dans d'autres matières. Mais cet argument serait fautif. Comme les achats et ventes forment, pour ainsi dire, le type de toutes les négociations commerciales, on doit, d'après l'esprit de la loi, appliquer aux actes de commerce en général la disposition de l'art. 109. Et si, dans l'art. 49, le législateur a cru devoir reproduire la même disposition, à propos des associations commerciales en participation, il ne l'a point fait à titre d'exception, et dans la supposition de l'existence d'une règle générale contraire, mais uniquement pour empêcher que, par une fausse application des art. 39 à 41, on n'étendît à la preuve des associations commerciales en participation, des dispositions exceptionnelles qui ne devaient concerner que les sociétés commerciales proprement dites. Au surplus, la doctrine et la jurisprudence sont d'accord à proclamer comme constante la règle énoncée au texte. Favard, Rép., v° Preuve, § 1, n° 9. Delvincourt, II, part. I, p. 196. Toullier, IX, 230 à 232. Duranton, XIII, 340 et 341. Pardessus, Cours de Droit commercial, II, 262 et 263. Bravard, Manuel de Droit commercial, chap. VII. Marcadé, sur l'art. 1348, n° 7. Bonnier, I, 174. Larombière, V, art. 1341, n° 36. Req. rej., 1er août 1810, Sir., 13, 1, 453. Req. rej., 11 novembre 1813, Sir., 15, 1, 197. Bordeaux, 15 mars 1825, Sir., 25, 2, 289. Civ. rej., 14 février 1827, Sir., 28, 1, 233. Req. rej., 26 mai 1829, Sir., 29, 1, 218. Req. rej., 2 janvier 1843, Sir., 43, 1, 428. Req. rej., 17 mars 1868, Sir., 68, 1, 380. Req. rej., 15 juillet 1872, Sir., 74, 1, 317.

Ainsi, d'autre part, en matière de commerce, la preuve testimoniale est généralement admissible pour combattre, comme infidèles ou incomplètes, les énonciations d'un acte instrumentaire [2], et pour établir l'existence de modifications qui auraient été verbalement apportées à un pareil acte [3].

[2] Il est bien entendu que, pour pouvoir combattre, au moyen de la preuve testimoniale, les énonciations d'un acte authentique, il faut s'inscrire en faux contre cet acte, lorsque ces énonciations portent sur des faits dont il fait foi jusqu'à inscription de faux. Cpr. § 755, texte II.

[3] Il s'est élevé sur ce point une controverse beaucoup plus sérieuse que sur le précédent. Voici les raisons qui nous portent à penser que la seconde partie de l'art. 1341 est, tout aussi bien que la première, étrangère aux matières commerciales. La disposition finale de cet article qui porte, *le tout sans préjudice de ce qui est prescrit dans les lois relatives au commerce,* est rédigée de manière à réserver la preuve testimoniale, en matière de commerce, pour les deux hypothèses précédemment prévues. Cette double réserve indique que, dans la pensée des rédacteurs de l'art. 1341, les règles commerciales en vigueur lors de la promulgation du Code civil admettaient la preuve testimoniale, non-seulement quelle que fût la valeur de l'objet formant la matière du fait à prouver, mais encore contre et outre le contenu aux actes ; et tel était effectivement l'ancien usage du commerce, ainsi que l'atteste Merlin (*Quest.*, v° Dernier ressort, § 18, n° 1). Ceci posé, il nous semble que, si les rédacteurs du Code de commerce n'avaient pas voulu admettre la preuve testimoniale d'une manière aussi étendue qu'elle l'était autrefois, ils n'auraient pas manqué d'expliquer leur pensée dans l'art. 109, et au lieu de dire simplement : *les achats et ventes se constatent par la preuve testimoniale,* ils auraient ajouté : *sans que jamais cette preuve puisse être reçue contre et outre le contenu aux actes.* Ce qui démontre qu'ils l'auraient fait, c'est qu'ils ont pris cette précaution, pour les actes de société, dans l'art. 41, dont il est impossible de donner une explication rationnelle, à moins d'y voir une exception. Supposons en effet que, contrairement à notre opinion, le Droit commun s'oppose, en matière commerciale, à l'admission de la preuve testimoniale contre et outre le contenu aux actes, la disposition de l'article précité n'aura plus d'objet, et deviendra complétement inutile. Or, cette conclusion n'étant point admissible, la supposition dont elle découle ne l'est pas davantage, et l'on est en définitive forcé de reconnaître que l'art. 41 ne constitue qu'une exception, qui suppose une règle générale à laquelle il déroge. Toullier, IX, 233. Marcadé, sur l'art. 1348, n° 7. Bravard, *op. et loc. citt.* Demangeat, sur Bravard, *Traité de Droit commercial,* III, 365, à la note. Bonnier, I, 145. Larombière, V, art. 1341, n° 37. Req. rej., 10 juin 1835, Sir., 35, 1, 689. Req. rej., 11 juin 1835, Sir., 35, 1, 623. Req. rej., 6 avril 1841, Sir., 41, 1, 709. Riom, 4 août 1857, Sir., 58, 2, 252. Req. rej., 20 juin 1860, Sir., 60, 1, 901. Cpr. Req. rej., 15 juin 1829, Sir., 29, 1, 311. Voy. en sens contraire : Paris, 11 juillet 1812, Sir., 13, 2, 25 ;

Les deux propositions précédentes ne doivent cependant être admises que sauf les exceptions établies par des dispositions spéciales, et notamment par les art. 39 à 41, 195, 273, al. 1, 311, al. 1, et 332, al. 14, du Code de commerce[5].

La solution de la question de savoir si la preuve testimoniale est ou non admissible en vertu de l'exception dont nous nous occupons, est indépendante du caractère, commercial ou civil, de la juridiction devant laquelle la contestation est liée ; elle dépend uniquement de la nature, commerciale ou civile, du fait juridique dont il s'agit d'administrer la preuve[6]. Que si l'acte sur lequel porte le litige, n'est commercial que de la part de l'une des parties, la preuve testimoniale est bien recevable contre cette partie, mais elle ne l'est pas contre l'autre[7].

Du reste, les tribunaux jouissent du pouvoir discrétionnaire le plus étendu, pour recevoir ou rejeter, en matière de commerce, une preuve testimoniale qui serait d'ailleurs légalement admissible. Code de commerce, art. 49 et 109, *in fine*.

Paris, 15 mars 1828, Sir., 28, 2, 156 ; Angers, 4 juin 1829, Sir., 30, 2, 302.

4 Cette disposition s'applique aux contrats d'assurances terrestres passés avec des compagnies à prime. Civ. cass., 29 mars 1859, Sir., 59, 1, 476. Colmar, 12 mars 1861, Sir., 61, 2, 561. Bordeaux, 14 juillet 1873, Sir., 74, 1, 365. Cpr. Req. rej., 5 novembre 1862, Sir., 63, 1, 147 ; Colmar, 4 février 1868, Sir., 68, 2, 102. — Mais, dans les contrats d'assurances mutuelles, qui ne présentent rien de commercial, c'est par les principes du Droit civil, que se résout la question de savoir si la preuve testimoniale est ou non admissible. Troplong, *Du contrat de société*, n° 343. Delangle, *Des sociétés*, n° 33. Larombière, V, art. 1341, n° 36. Caen, 24 juin 1844, Sir., 45, 2, 145.

5 L'examen des difficultés auxquelles peuvent donner lieu ces articles, ne rentrant pas dans le plan de cet ouvrage, nous renverrons aux commentateurs du Code de commerce, pour la solution des questions suivantes : 1° Les contrats de société et autres, pour la constatation desquels le Code de commerce prescrit la rédaction d'un acte instrumentaire, peuvent-ils être prouvés par témoins, lorsque l'objet en est d'une valeur inférieure ou égale à 150 fr. ? 2° La preuve testimoniale des mêmes contrats est-elle admissible, lorsqu'il existe un commencement de preuve par écrit ?

6 Bonnier, I, 148, à la note. Larombière, V, art. 1341, n° 41. Douai, 6 août 1851, Sir., 51, 2, 806.

7 Bravard et Demangeat, *Traité de Droit commercial*, II, p. 461. Larombière, V, art. 1341, n° 40. Civ. cass., 19 novembre 1862, Sir., 63, 1, 20. Req. rej., 31 mars 1874, Sir., 75, 1, 365. Cpr. Bonnier, I, 174. Voy. cep. : Massé, *Droit commercial*, IV, 2543.

§ 763 *ter.*

Des exceptions établies par les articles 1347 et 1348.
Généralités.

Le double principe établi par le premier alinéa de l'art. 1341 reçoit exception, en d'autres termes, la preuve testimoniale est admissible, tant au-dessus de 150 fr. que contre et outre le contenu aux actes :

Lorsqu'il existe un commencement de preuve par écrit. Art. 1347.

Lorsqu'il a été impossible à celui qui invoque la preuve testimoniale, soit de se procurer une preuve littérale, soit de prévenir la perte de celle qu'il s'était procurée. Art. 1348.

Ces deux exceptions, qui seront développées aux paragraphes 764 et 765, sont complétement indépendantes l'une de l'autre. Il en résulte que celui qui a perdu un titre autrement que par un cas fortuit ou par un événement de force majeure, bien que non admis à invoquer l'art. 1348, peut cependant, à l'aide d'un commencement de preuve par écrit, demander, en vertu de l'art. 1347, à prouver par témoins le fait juridique dont ce titre constatait l'existence [1].

Quant à l'influence que les deux circonstances indiquées aux art. 1347 et 1348 peuvent exercer dans les hypothèses où la preuve testimoniale, qui serait recevable d'après l'art. 1341, est prohibée par des dispositions spéciales [2], elle se résume dans les points suivants, pour le développement desquels on se bornera à renvoyer aux divers paragraphes où ils ont été traités.

1° Les droits et créances dont la preuve testimoniale est admissible en vertu des articles 1347 et 1348, n'entrent pas en

---

[1] Malgré la généralité des termes de l'art. 1347, qui s'applique à tous les cas où, n'importe par quelle cause, celui qui invoque la preuve testimoniale se trouve dans l'impossibilité de produire une preuve littérale complète, le contraire avait été jugé par la Cour de Douai (4 août 1871, Sir., 71, 2, 249). Mais son arrêt a été cassé (13 août 1873, Sir., 74, 1, 213), et la Cour de renvoi (Amiens, 23 mars 1874, Sir., *loc. cit.*) s'est conformée à la doctrine de la Cour de cassation.

[2] Cpr. sur ces hypothèses : § 762, texte, n° 4.

ligne de compte pour l'application de la règle posée par l'art. 1345 [3].

2° Les contrats dont la preuve testimoniale est prohibée même au-dessous de 150 fr. peuvent, en général, être prouvés par témoins, lorsque le créancier a été privé par un cas fortuit ou par un délit de l'écrit destiné à lui servir de preuve littérale, comme aussi lorsqu'il existe un commencement de preuve par écrit [4]. Il en est ainsi notamment d'un bail dont la preuve littérale n'est pas complétement rapportée [5].

[3] Cpr. § 762, texte, n° 3, lett. *a*, notes 36 et 37.—L'art. 1346, au contraire, s'applique aux droits et créances dont la preuve testimoniale est exceptionnellement admise par les art. 1347 et 1348. Cpr. § 762, texte, n° 3, lett. *b*, note 42.

[4] Cpr. sur cette règle et sur les exceptions dont elle est susceptible : art. 1715 et 1716, § 364, texte, n° 4, notes 11 à 20; art. 2044, al. 2, § 420, texte, n° 2, et note 7 ; art. 2085, al. 1, § 437, texte et note 4.

[5] Depuis la publication de notre quatrième volume, la chambre civile de la Cour suprême a décidé, par deux arrêts, l'un de rejet, l'autre de cassation (19 février 1873 et 25 novembre 1874, Sir., 73, 1, 99, et 74, 1, 430), que la preuve testimoniale n'est pas admissible, même avec un commencement de preuve par écrit, pour établir l'existence d'un bail dont la preuve littérale n'est pas complétement rapportée. Nous regrettons de ne pouvoir nous rallier à ces décisions, et voici les raisons qui nous portent à maintenir l'opinion que nous avons émise au paragraphe 364, texte, n° 3. — En rédigeant l'art. 1715, le législateur se trouvait en présence, tant de l'art. 1341, qui admet la preuve testimoniale dans la limite de 150 fr., que de l'art. 1347, qui l'admet même au-dessus de cette somme, lorsqu'il existe un commencement de preuve par écrit. Il a dérogé à la première de ces dispositions, en disant que la preuve du bail ne peut être reçue par témoins, *quelque modique que soit le prix ;* mais n'ayant pas ajouté, *et quoiqu'il y ait un commencement de preuve par écrit,* il a nécessairement laissé subsister la seconde. — Vainement dit-on que, là où la preuve testimoniale est prohibée même au-dessous de 150 fr., elle se trouve virtuellement interdite malgré l'existence d'un commencement de preuve par écrit. Du rapprochement des art. 1341 et 1347 il résulte, en effet, que bien qu'on ne puisse, même au-dessous de 150 fr., prouver par témoins contre et outre le contenu aux actes, il est cependant permis de le faire, et même au-dessus de 150 fr., avec un commencement de preuve par écrit. Cela ne démontre-t-il pas, d'une manière évidente, qu'en mettant en balance les diverses raisons qui ont fait exceptionnellement admettre la preuve testimoniale, le législateur a trouvé plus de garanties dans le commencement de preuve par écrit que dans la modicité du litige, et que, dès lors, il est complétement inexact de prétendre qu'en interdisant, dans tel cas donné, la preuve testimoniale même au-dessous de 150 fr., il l'a par cela même implicitement prohibée nonobstant l'existence,

3º La non-existence ou la perte des registres de l'état civil rend

dans ce cas, d'un commencement de preuve par écrit. — Une seconde objection
a été tirée de la disposition finale de l'art. 1715 : En ne laissant à celui qui
affirme le bail d'autre ressource que celle de la délation d'un serment à celui
qui le nie, le législateur a, dit-on, écarté tout autre genre de preuve, et a clairement manifesté l'intention de ne pas admettre la preuve testimoniale, fût-elle
appuyée d'un commencement de preuve par écrit. Cette objection est plus spécieuse que la précédente, mais elle ne nous paraît pas mieux fondée. Quelque
restrictive que soit, dans ses termes, la disposition dont s'agit, il est cependant
reconnu par la grande majorité des auteurs, et par la Cour de cassation elle-
même (Civ. cass., 12 janvier 1864, Sir., 64, 1, 88), qu'elle ne doit pas être
prise dans un sens absolu, et qu'elle ne s'oppose pas à ce que la partie qui
allègue l'existence du bail, provoque l'interrogatoire de son adversaire, à l'effet
d'en obtenir un aveu précis et formel de cette convention. On s'est trouvé très-
justement amené à le décider ainsi, par la raison que l'art. 1715, exclusivement
dirigé contre la preuve testimoniale, ne saurait être entendu dans un sens
exclusif des autres genres d'instruction admis par la loi. Cela étant, on doit
rationnellement en conclure, qu'en présence d'un commencement de preuve par
écrit, le juge pourrait aussi, en vertu de l'art. 1367, déférer un serment supplétif à l'une ou à l'autre des parties, et même à celle qui affirme l'existence
du bail. Comment donc expliquer la disposition portant que le serment peut
seulement être déféré à celui qui nie le bail ? Comment concilier les art. 1367
et 1715 ? A notre avis, il n'est qu'un moyen de faire disparaître cette antinomie,
et de se rendre compte en même temps du silence de l'art. 1715 sur l'hypothèse où il existe un commencement de preuve par écrit : c'est de reconnaître
que les rédacteurs de l'art. précité se sont placés en dehors de cette hypothèse,
et que par les mots *si le bail fait sans écrit*, qui, placés au commencement de
cet article, en déterminent la sphère d'application, ils ont entendu désigner un
bail à l'occasion duquel il n'a été fait aucun écrit formant soit preuve complète,
soit commencement de preuve. Ce n'est pas la seule locution de ce genre qui se
rencontre dans notre Code ; on en trouve une analogue dans l'art. 1345, qui
parle de plusieurs demandes *dont il n'y a pas de titre par écrit*. Or, tous les
auteurs enseignent que, par ces termes, on doit considérer comme soustraites à
l'application dudit article, non-seulement les demandes qui sont complétement
établies par titre, mais même celles pour la justification desquelles il n'existe
qu'un commencement de preuve par écrit ; et la justesse de cette interprétation
se trouve pleinement confirmée par l'art. 1346, lequel, s'occupant *de demandes
qui ne sont pas entièrement justifiées par écrit*, démontre sans réplique que le
législateur n'a pas manqué, quand il a voulu exiger une preuve littérale complète par elle-même, de s'en expliquer catégoriquement. Il nous paraît donc
certain que, dans l'art. 1715, il n'a entendu interdire que la preuve testimoniale qui se présente isolée, et nullement celle qui doit simplement servir de
complément à une preuve littérale incomplète. — Dans le système contraire, on
serait conduit à rejeter la preuve testimoniale, alors même que le commence-

admissible la preuve testimoniale des naissances, mariages, décès, et autres actes de l'état civil, ainsi que celle de la filiation mater-nelle des enfants légitimes [6].

ment de preuve par écrit consisterait : soit dans une lettre missive contenant offre de bail sous telles et telles conditions, offre dont l'acceptation par écrit serait affirmée par l'une des parties et niée par l'autre ; soit dans un acte sous seing privé non rédigé en double original, ou même fait en double, mais n'en conte-nant pas la mention ; soit enfin dans un acte authentique, nul pour défaut de forme, et signé seulement par la partie qui nie le bail, l'autre s'étant trouvée dans l'impossibilité d'y apposer sa signature. Et cependant oserait-on aller jus-qu'à dire que dans de telles circonstances le bail a été fait sans écrit ! ! Nous reconnaissons bien qu'en matière de bail, on ne saurait considérer comme des commencements de preuve par écrit tous les écrits auxquels on assigne com-munément ce caractère ; qu'ainsi, par exemple, on ne pourrait admettre comme tels, des déclarations faites dans un interrogatoire sur faits et articles, lorsqu'elles n'ont pas abouti à un aveu précis et formel du bail. Ces mots, *si le bail a été fait sans écrit*, font en effet rentrer sous l'application de l'art. 1715 tous les cas dans lesquels la partie qui allègue l'existence du bail, ne produit pas, à l'appui de son allégation, un écrit antérieur au litige et contemporain de l'époque où le bail doit avoir été conclu. Mais nous maintenons que, lorsqu'il existe un écrit de ce genre, réunissant d'ailleurs les conditions exigées par l'art. 1347, il n'est plus possible de dire, dans le sens de notre article, que le bail a été fait sans écrit. — Si, maintenant, de la lettre de la loi nous remontons à son esprit, nous y trouverons encore la justification de notre thèse. Par quels motifs, en matière de bail, la preuve testimoniale a-t-elle été interdite même au-dessous de 150 fr.? Les travaux préparatoires ne laissent aucun doute sur ce point : on a voulu, dans l'intérêt de la classe nombreuse de ceux auxquels leur peu de fortune ne permet de louer que des objets d'une valeur modique, tarir la source de procès qui causeraient leur ruine (*Discours de Jaubert au Tribunat*, Locré, *Lég.*, XIV, p. 456, n° 4). Or, c'est assez rarement que se rencontre un commencement de preuve par écrit tel que l'exige l'art. 1715. On peut même dire qu'il ne s'en produira presque jamais de ce genre dans les contestations relatives à des loca-tions d'une modique valeur. Pour atteindre le but que le législateur avait en vue, il suffisait donc de déroger à la règle qui admet la preuve testimoniale dans la limite de 150 fr., sans qu'il fût besoin de modifier la disposition qui l'auto-rise au-dessus de cette somme, lorsqu'il existe un commencement de preuve par écrit. De là, le silence gardé sur cette dernière hypothèse, qui devait rester sou-mise au Droit commun. Nous ajouterons qu'en donnant à la partie qui nie le bail le droit d'écarter, par sa seule dénégation, tout commencement de preuve par écrit qui lui serait opposé, fût-il des mieux établis et des plus concluants, on ne s'exposerait que trop souvent à assurer le triomphe de la mauvaise foi.

[6] Cpr. art. 46 ; § 64 ; § 544, texte, n° 3, et note 22. —Nous ne parlons que de la filiation maternelle des enfants légitimes. Car, d'une part, la filiation

L'existence d'un commencement de preuve par écrit autorise également l'admission de la preuve testimoniale de la naissance, et de la filiation maternelle, soit légitime, soit naturelle [7].

§ 764.

Spécialités. — *De l'exception établie par l'art.* 1347.

La preuve testimoniale est exceptionnellement admissible, tant au-dessus de 150 fr. que contre et outre le contenu aux actes, lorsqu'il existe un commencement de preuve par écrit. Art. 1347, al. 1.

On entend, par commencement de preuve par écrit [1], tout écrit émané, soit de la personne à laquelle on l'oppose, soit de celui qu'elle représente ou par lequel elle a été représentée, et qui est de nature à rendre vraisemblable le fait allégué. Art. 1347, al. 2. Les éléments constitutifs du commencement de preuve par écrit sont au nombre de trois.

1° Le commencement de preuve par écrit suppose, en premier lieu, un écrit.

Il suit de là, que les agissements auxquels une partie s'est livrée, ou dont elle s'est abstenue, ne sauraient, en l'absence de tout écrit qui lui soit opposable, constituer un commencement de preuve par écrit [2].

Toute espèce d'écrits, quelle qu'en soit la forme, et quel que soit le but dans lequel ils ont été rédigés, sont susceptibles de for-

---

paternelle n'est pas susceptible d'une preuve proprement dite, et ne peut être que le résultat d'une présomption légale attachée, soit au mariage, soit à la reconnaissance volontaire, soit aux circonstances qui autorisent exceptionnellement la recherche de la paternité ; et, d'autre part, la preuve testimoniale de la filiation maternelle des enfants naturels n'est admise, même dans l'hypothèse dont il est question au texte, qu'autant qu'elle est appuyée d'un commencement de preuve par écrit. — Cependant, s'il était allégué que la reconnaissance d'un enfant naturel se trouvait consignée sur un registre détruit ou perdu, la preuve testimoniale de ces faits serait admissible, même sans commencement de preuve par écrit.

[7] Cpr. art. 322 et 341 ; § 544, texte, n° 3 ; § 570.

[1] Nous ne nous occuperons, dans ce paragraphe, que du commencement de preuve par écrit qui fait l'objet de l'art. 1347, et non de celui dont il est question en l'art. 324. Voy. en ce qui concerne ce dernier : § 544, texte, n° 3.

[2] Civ. cass., 17 décembre 1867, Sir., 68, 1, 117.

mer des commencements de preuve par écrit. Ainsi, on peut et on doit, le cas échéant, considérer comme tels : les livres de commerce ; les comptes de toute nature [3] ; les registres et papiers domestiques ; les lettres missives, qu'elles aient été adressées à celui qui les invoque ou à un tiers, pourvu qu'elles soient susceptibles d'être produites en justice [4] ; les déclarations écrites, soit extrajudiciaires, soit judiciaires, peu importe, quant à ces dernières, qu'elles aient été faites durant l'instance dans laquelle elles sont invoquées, ou dans une autre instance liée entre parties différentes, et que même elles aient eu lieu devant une autre juridiction [5] ; enfin, les inscriptions faites au dos, en marge, ou à la suite d'un acte instrumentaire, ainsi que les simples notes inscrites sur des feuilles volantes [6].

2° En second lieu, l'écrit dont on prétend faire résulter un commencement de preuve par écrit, doit être émané, soit de la personne à laquelle on l'oppose [7], soit de celui qu'elle représente ou par lequel elle a été représentée [8].

a. Pour qu'un écrit puisse être considéré comme émané d'une personne, deux conditions sont nécessaires.

Il faut d'abord que le contenu de cet écrit soit, moralement et juridiquement parlant, l'œuvre de cette personne, c'est-à-dire que celle-ci soit l'auteur des dispositions ou déclarations qu'il renferme, ou que du moins elle se les soit rendues propres par son acceptation expresse ou tacite. On doit en conclure, qu'un acte

---

[3] Req. rej., 28 novembre 1871, Sir., 72, 1, 219. Req, rej., 6 août 1873, Sir., 75, 1, 250.

[4] Cpr. § 760 *ter*; § 491, texte, n° 2, et notes 34 à 36.

[5] Larombière, V, art. 1347, n° 23. Req. rej., 27 avril 1840, Sir., 41, 1, 728. Voy. aussi : Req. rej., 18 mai 1840, Sir., 40, 1, 640. Cpr. § 749, texte, n° 5, et note 32.

[6] Larombière, V, art. 1347, n° 16. Cpr. § 758, texte, n° 1, et note 15.

[7] L'art. 1347 dit : *de celui contre lequel la demande est formée.* Mais cette rédaction n'est pas assez générale, puisqu'elle ne comprend pas le cas où le commencement de preuve par écrit est invoqué à l'appui d'une exception. Cpr. Duranton, XIII, 342.

[8] L'art. 1347 se borne à dire : *de celui qu'il représente,* sans ajouter, ainsi que nous l'avons fait au texte : *ou par lequel il a été représenté.* Mais il est évident que, sous ce rapport encore, la rédaction de cet article n'est pas complète, puisque le commencement de preuve par écrit émané du mandataire, doit nécessairement pouvoir être opposé au mandant. Larombière, V, art. 1347, n° 6. Cpr. texte, lett. *b,* et notes 28, 30 à 33, *infrà.*

notarié ne peut, en général, former contre le notaire qui l'a reçu, un commencement de preuve par écrit des faits constatés ou énoncés dans cet acte[9].

Il faut ensuite qu'il soit établi, soit par la signature ou l'écriture de la personne à laquelle on oppose, à titre de commencement de preuve, les dispositions ou déclarations contenues dans un écrit, soit par l'authenticité de cet écrit, que ces dispositions ou déclarations sont réellement l'œuvre de cette personne[10]. Il résulte de là, qu'un billet qui n'est ni écrit ni signé par le prétendu débiteur, ne peut lui être opposé comme commencement de preuve par écrit, lors même qu'il serait revêtu de sa marque ou de son parafe[11]. Il en résulte encore, qu'une note énonçant un paiement reçu ne forme pas commencement de preuve par écrit de la libération du débiteur, bien qu'elle ait été trouvée dans les papiers du créancier, lorsqu'elle n'est ni écrite ni signée par ce dernier[12]. Il en résulte enfin, que des quittances constatant le paiement des intérêts d'une créance ou des arrérages d'une rente, ne peuvent, bien qu'elles aient été trouvées parmi les papiers du débiteur, valoir, au profit du créancier, commencement de preuve par écrit de l'interruption de la prescription de cette créance ou de cette rente[13].

---

[9] Comme le rôle des notaires se borne à recevoir et à constater les déclarations et les conventions des parties qui ont recours à leur ministère, le contenu des actes qu'ils dressent, ne peut être considéré comme émané d'eux dans le sens de l'art. 1347. Bordeaux, 14 février 1832, Sir., 32, 2, 292. Voy. en sens contraire : Larombière, V, art. 1347, n° 1. — Il pourrait cependant en être autrement, s'il s'agissait d'énonciations relatives à des faits qui supposent le concours personnel du notaire, tels, par exemple, qu'un dépôt de fonds à effectuer entre ses mains. Voy. aussi : Req. rej., 4 avril 1838, Sir., 38, 1, 732.

[10] Pothier, *Des obligations*, n° 802. Larombière, V, art. 1347, n° 13.

[11] Cpr. § 756, texte I, et note 4. Larombière, V, art. 1347, n°ˢ 13 et 15.

[12] Cpr. art. 1331 et 1332 ; § 758, texte, n° 2, notes 18 et 19. Bonnier, I, 168. Larombière, V, art. 1347, n° 10. Civ. cass., 9 novembre 1842, Sir., 43, 1, 704.

[13] Toullier (IX, 99) enseigne cependant l'opinion contraire, qu'il fonde sur ce que le débiteur s'est approprié ces quittances, en les gardant dans ses papiers. Mais ce n'est là qu'une supposition, dont rien ne prouve l'exactitude, puisqu'il n'est pas impossible qu'un tiers ait, à l'insu du débiteur, placé les quittances dont s'agit parmi les papiers de ce dernier. La circonstance relevée au texte fournit bien, si l'on veut, un indice du paiement allégué contre le débiteur ; mais, à coup sûr, elle n'en constitue pas un commencement de preuve

Chacune des circonstances précédemment indiquées, à savoir, la signature, l'écriture, ou l'authenticité, suffit à elle seule, indépendamment du concours des deux autres, pour l'accomplissement de la condition dont il est actuellement question [14].

Ainsi, un écrit signé par la personne à laquelle on l'oppose, peut valoir comme commencement de preuve par écrit, quoique le corps d'écriture n'ait point été formé par cette personne [15]. Il en est de même d'un écrit tracé par celui contre lequel on l'invoque, mais qui n'a pas été revêtu de sa signature [16]. Il est bien entendu, du reste, que si la signature ou l'écriture d'un acte était déniée ou méconnue, il faudrait, avant de pouvoir s'en prévaloir, la faire vérifier en justice [17].

Ainsi encore, un acte authentique est susceptible de fournir un commencement de preuve par écrit contre la personne qui y a figuré comme partie, bien qu'il ne soit pas revêtu de sa signature. A cet égard, il convient cependant de distinguer entre les actes notariés et les jugements ou les actes du ministère du juge.

Les actes notariés qui ne sont pas revêtus de la signature d'une partie, ne peuvent être invoqués contre elle, comme commencements de preuve par écrit, que dans le cas où, le défaut de signature tenant à l'impossibilité de signer, les formalités destinées à

---

par écrit, puisqu'il n'est attesté, ni par la signature ni par l'écriture du débiteur, que celui-ci ait accepté comme sincères les déclarations faites par le créancier. Larombière, *loc. cit.*

[14] Pothier, *Des obligations*, nos 802 et 807.

[15] Arg. *à fortiori*, art. 1322. — Une signature commencée et interrompue par la mort, confère-t-elle à l'acte auquel elle n'a été apposée que d'une manière incomplète, le caractère de commencement de preuve par écrit? Voy. pour l'affirmative : Paris, 27 mars 1841, Sir., 42, 2, 10.

[16] Arg. *à fortiori*, art. 1331 et 1332. Pothier, *op. cit.*, no 806. Toullier, IX, 128 à 132. Duranton, XIII, 350. Larombière, V, art. 1347, no 14. Zachariæ, § 760, note 6. Crim. rej., 3 décembre 1818, Sir., 19, 1, 160. Riom, 30 mars 1844, Sir., 44, 2, 321.

[17] C'est évidemment par erreur que Toullier (IX, 76 et 80) qualifie de commencements de preuve par écrit, les actes sous seing privé dont la signature et l'écriture n'ont été ni reconnues ni vérifiées. Ce n'est, en effet, qu'après reconnaissance volontaire, ou vérification judiciaire de l'écriture et de la signature de ces actes, qu'ils pourront être considérés comme émanés de celui auquel on les attribue, et comme revêtus, par conséquent, d'un caractère en l'absence duquel il n'existe pas de commencement de preuve par écrit. Bonnier, I, 168. Larombière, V, art. 1347, no 25.

y suppléer ont été régulièrement remplies, et non dans celui où l'absence de signature provient du refus de signer [18].

Au contraire, l'authenticité des déclarations ou reconnaissances consignées dans des jugements ou dans des actes du ministère du juge, n'étant pas subordonnée à la signature de la partie dont elles émanent, le refus même de signer les actes judiciaires qui les constatent, n'empêche pas qu'elles ne puissent lui être opposées comme commencement de preuve par écrit [19]. Il en est ainsi notamment : des reconnaissances consignées dans une décision judiciaire antérieure [20]; des réponses relatées dans un interrogatoire sur faits et articles [21]; des déclarations faites lors d'une comparution en personne des parties à l'audience [22], et constatées dans les qualités ou dans les motifs du jugement [23];

[18] Civ. rej., 27 janvier 1868, Sir., 68, 1, 105. Cpr. texte et note 45, *infrà*.

[19] Si, comme cela est incontestable, les énonciations contenues dans un acte pour l'authenticité duquel la signature des parties n'est pas exigée, font pleine foi, lorsqu'elles présentent les caractères d'un aveu proprement dit, on ne voit pas pourquoi elles ne seraient pas susceptibles de constituer un commencement de preuve par écrit, lorsque, sans renfermer une reconnaissance complète du fait à prouver, elles tendent cependant à le rendre vraisemblable. Larombière, V, art. 1347, nos 17 et 22. Req. rej., 14 janvier 1868, Sir., 68, 1, 292.

[20] Req. rej., 29 novembre 1842, Sir., 43, 1, 241. Req. rej., 3 avril 1864, Sir., 64, 1, 215. Req. rej., 1er août 1867, Sir., 67, 1, 373.

[21] Toullier, IX, 116, 118 et 125. Chardon, *Du dol et de la fraude*, I, 129. Chauveau, sur Carré, *Lois de la procédure*, I, quest. 1226. Larombière, V, art. 1347, n° 21. Zachariæ, § 760, texte et note 3. Req. rej., 11 janvier 1827, Sir., 27, 1, 91. Civ. rej., 18 juillet 1827, Sir., 28, 1, 34. Bordeaux, 29 novembre 1828, Sir., 29, 2, 140. Req. rej., 22 août 1832, Sir., 32, 1, 572. Req. rej., 19 mars 1835, Sir., 35, 1, 392. Req. rej., 6 avril 1836, Sir., 36, 1, 747. Paris, 26 novembre 1836, Sir., 37, 2, 34. Req. rej., 19 juin 1839, Sir., 39, 1, 462. Req. rej., 15 mars 1843, Sir., 43, 1, 684. Req. rej., 31 mars 1848, Sir., 48, 1, 427. Req. rej., 8 mars 1852, Sir., 52, 1, 393.

[22] En serait-il de même des déclarations faites lors d'une comparution en chambre du conseil ordonnée hors des cas prévus par la loi, et constatées par le greffier? Voy. pour l'affirmative : Nîmes, 9 janvier 1861, Sir., 61, 2, 267. Voy. pour la négative : Lyon, 9 avril 1862, Sir., 63, 2, 104. Cette dernière décision nous paraît préférable.

[23] Dans nos précédentes éditions, nous avions exprimé l'opinion que de pareilles déclarations ne valent comme commencement de preuve par écrit qu'autant que, sur acte requis et octroyé, elles ont été authentiquement constatées dès avant le jugement. Voy. dans ce sens : Toullier, IX, 127; Devilleneuve,

des aveux consignés dans des procès verbaux de conciliation dressés au bureau de paix [24] ; enfin, des réponses aux interrogatoires subis, en matière criminelle ou correctionnelle, devant un juge d'instruction [25].

Les énonciations ou déclarations contenues dans un acte invoqué comme authentique, mais qui est dépourvu de ce caractère, soit parce qu'il est entaché d'un vice de forme, soit parce qu'il a été reçu par un officier public incompétent ou incapable, ne peuvent former un commencement de preuve par écrit contre la partie qui n'a ni écrit ni signé cet acte, bien qu'il ait été revêtu de la signature de l'autre partie [26]. Mais elles pourraient être oppo-

---

Observations, Sir., 43, 1, 241 ; Lafontaine, *Dissertation*, *Revue critique*, 1858, XIII, p. 558 ; Colmar, 15 mars 1843, Sir., 43, 2, 373 ; Lyon, 22 novembre 1854, Sir., 55, 2, 44. Nous ne croyons pas devoir persister dans ce sentiment: on ne saurait subordonner l'authenticité des constatations retenues dans les qualités ou dans les motifs des décisions judiciaires, à une condition que la loi n'exige pas. Voy. en ce sens : Bonnier, I, 168 ; Larombière, V, art. 1347, n° 21 ; Req. rej., 2 janvier 1843, Sir., 43, 1, 428 ; Req. rej., 7 mars 1843, Sir., 43, 1, 285 ; Req. rej., 22 août 1864, Sir., 64, 1, 449 ; Req. rej., 26 juillet 1865, Sir., 65, 405. Voy. aussi les arrêts cités à la note 20, *suprà*.

[24] Ces procès-verbaux sont, en effet, authentiques. Toullier, IX, 109, 120, 122 et 125. Bonnier et Larombière, *locc. citt.* Zachariæ, § 751, note 11. Cpr. § 449, texte, *in fine*, et note 5 ; § 568 *bis*, texte et note 12.

[25] Larombière, *loc. cit.* Crim. rej., 21 février 1843, Sir., 43, 1, 660. Angers, 1er juillet 1850, Sir., 50, 2, 476. Crim. rej., 18 août 1854, Sir., 54, 1, 655. Crim. rej., 9 juillet 1857, Sir., 58, 1, 249. Bordeaux, 2 mars 1871, Sir., 71, 2, 221. — Les aveux faits devant un tribunal de police correctionnelle, ou devant une cour d'assises, ne forment point un commencement de preuve par écrit, lorsqu'ils ne sont constatés que par les notes sommaires du greffier, puisque ces notes ne sont revêtues d'aucun caractère d'authenticité. Larombière, *loc. cit.* Crim. cass., 7 juillet 1841, Sir., 41, 1, 779. Crim. cass., 23 septembre 1853, Sir., 54, 1, 213. Voy. en sens contraire : Bastia, 6 mars 1833, Sir., 33, 2, 228. — Cpr. cependant sur le cas où l'interrogatoire se trouverait rapporté dans le jugement même : Crim. rej., 30 juillet 1846, Sir., 46, 1, 757.

[26] Cpr. art. 1348 ; § 755, texte III. Cette proposition ne saurait être sérieusement contestée. Du moment que les différentes circonstances à l'existence desquelles la loi subordonne la force probante d'un commencement de preuve par écrit, viennent toutes à défaillir, cette force probante doit également s'évanouir. Pothier, *Des obligations*, n° 809. Merlin, *Rép.*, v° Commencement de preuve. Duranton, XIII, 362. Larombière, V, art. 1347, n° 20. Zachariæ, § 751, texte et note 5. Voy. en sens contraire : Toullier, IX, 90.

sées à celle qui l'aurait revêtu de sa signature, bien qu'il ne fût pas signé de l'autre[27].

b. On doit considérer comme émané de la personne même à laquelle on l'oppose, un écrit qui est émané de son auteur, ou de son mandataire[28].

Ainsi, d'une part, l'écrit émané du défunt peut être opposé, comme commencement de preuve par écrit, à ses héritiers et successeurs, et celui du débiteur peut l'être aux créanciers qui exercent ses droits et actions conformément à l'art. 1166[29].

Ainsi, d'autre part, les déclarations contenues dans une requête ou dans des conclusions signées par un avoué peuvent, jusqu'à

---

[27] M. Duranton (*loc. cit.*) émet un avis contraire, du moins pour le cas où il s'agit d'une convention synallagmatique. Il prétend que, dans la pensée du législateur, telle qu'elle ressort de l'art. 1325, la position des parties doit être égale quant à la facilité de la preuve, et qu'on se mettrait en opposition avec l'esprit de la loi, si l'on admettait qu'un acte signé par l'une des parties, et non signé par l'autre, pût valoir comme commencement de preuve par écrit au profit de la seconde, alors qu'il ne vaut pas comme tel au profit de la première. Mais dût-on admettre, ce qui est à notre avis très-contestable, que l'art. 1325 repose sur la pensée indiquée par M. Duranton, ce ne serait pas le cas de généraliser une idée qui n'est point exacte en théorie, et qui aurait pour résultat de rejeter, en fait de conventions synallagmatiques, tout commencement *de* preuve par écrit que les deux parties ne se trouveraient pas en position d'invoquer. Cpr. § 756, note 13. Toullier, IX, 87 et 88. — Il résulte de la proposition énoncée au texte que, lorsqu'un acte ayant pour objet de constater une obligation solidaire a été signé par quelques-uns des codébiteurs, il est à considérer comme un écrit émané d'eux, et revêt, à leur égard, les deux caractères légaux, constitutifs *in thesi* du commencement de preuve par écrit, bien qu'il ne puisse être opposé comme tel aux autres codébiteurs qui ne l'ont point signé. Mais, si les signataires de cet acte prétendaient qu'ils n'ont eu l'intention de s'engager que moyennant le concours des non-signataires, un pareil acte ne pourrait pas servir de commencement de preuve par écrit pour combattre cette allégation, et pour établir que les parties qui ont signé cet acte, ont entendu que la convention recevrait son exécution nonobstant l'absence de signature des autres, puisqu'il ne tendrait aucunement à rendre ce fait vraisemblable. Toutefois, la solution de la question de savoir si un écrit invoqué comme commencement de preuve d'un fait rend ou non ce fait vraisemblable, étant exclusivement abandonnée à l'appréciation du juge, on ne pourrait attaquer, par voie de recours en cassation, une décision contraire à l'opinion que nous venons d'émettre. Cpr. texte, n° 4, notes 58 et 59 *infrà*. Larombière, *loc. cit.*

[28] Toullier, IX, 67. Bonnier, I, 167. Zachariæ, § 760, texte et note 4.

[29] Ici se reproduit la distinction précédemment établie entre les ayants cause et les tiers. Voy. à cet égard : § 756, texte II, lett. *b*, notes 100 et suiv.

VIII. 22

désaveu du moins, être opposées, comme commencement de preuve par écrit, à la partie au nom de laquelle ces actes ont été signifiés [30] ; et l'écrit émané d'un tuteur, dans les limites de son administration, peut l'être au pupille [31].

De même encore, les livres ou registres d'un banquier ou d'un notaire, ayant agi en qualité de mandataire, peuvent être opposés à son mandant [32].

D'un autre côté, ils peuvent aussi l'être au banquier ou au notaire lui-même, ayant agi en son propre nom, bien qu'ils aient été tenus par un commis ou par un clerc [33].

Quels que soient, du reste, les rapports existant entre deux personnes, les écrits émanés de l'une d'elles ne valent point, à l'égard de l'autre, commencement de preuve par écrit, lorsque la dernière n'est ni l'ayant cause ni le mandant de la première. Voici quelques applications de cette règle :

La lettre écrite par le mari ne forme pas un commencement de preuve par écrit contre sa femme séparée de biens, lors même que le premier aurait agi en qualité de *negotiorum gestor* de la seconde [34] ; et celle de la femme commune en biens ne forme pas commencement de preuve par écrit contre les héritiers du mari [35].

L'écrit émané de l'un des copropriétaires par indivis d'un immeuble, ou de l'un des cohéritiers du débiteur, ne peut être opposé comme commencement de preuve par écrit, ni aux autres copropriétaires, ni aux autres cohéritiers [36].

---

[30] Toullier, IX, 126. Larombière, V, art. 1347, n° 4. Bordeaux, 18 janvier 1839, Sir., 39, 2, 261. Paris, 14 juin 1843, Sir., 43, 2, 336. Lyon, 25 août 1875, Sir., 76, 2, 68. Voy. aussi : Req. rej., 7 juillet 1840, Sir., 40, 1, 777.

[31] Larombière, V, art. 1347, n° 7. Civ. rej., 23 novembre 1869, Sir., 70, 1, 59.

[32] Larombière, *loc. cit.* Req. rej., 10 août 1840, Sir., 40, 1, 875.

[33] Les écritures d'un commis ou d'un clerc doivent être considérées comme l'œuvre personnelle du banquier ou du notaire, de l'ordre et sous la surveillance duquel elles ont été tenues. Req. rej., 11 juin 1872, Sir., 72, 1, 261.

[34] Larombière, V, art. 1347, n° 8. Civ. cass., 8 décembre 1834, Sir., 35, 1, 44. — Voy. sur le point de savoir si une lettre écrite par une femme commune en biens peut, suivant les circonstances, former commencement de preuve contre le mari : Civ. rej., 23 juillet 1851, Sir., 51, 1, 753.

[35] Pothier, *Des obligations*, n° 773. Duranton, XIII, 351. Larombière, *loc. cit.*

[36] Larombière, *loc. cit.* Civ. cass., 30 décembre 1839, Sir., 40, 1, 139.

Enfin, les réponses consignées dans un interrogatoire sur faits et articles subi par une personne même engagée dans une contestation, ne constituent pas un commencement de preuve par écrit contre les autres parties qui figurent dans cette contestation [37].

Les écrits qui ne réunissent pas les conditions requises pour pouvoir être considérés, d'après ce qui précède, comme émanés d'une personne, ne sont pas susceptibles de lui être opposés à titre de commencement de preuve par écrit [38].

Toutefois, pour être sainement entendue, cette règle doit être combinée avec le principe, que les actes authentiques ont, à l'égard des tiers, la même force probante qu'entre les parties contractantes. Ainsi, de même qu'un acte authentique fait foi, à l'égard des premiers, de tout ce dont il fait foi entre les dernières, de même aussi un pareil acte forme, en général, à l'égard de ceux-là, un commencement de preuve par écrit de tout ce dont

Civ. cass., 19 novembre 1858, Sir., 59, 1, 905. Caen, 19 juin 1866, Sir., 67, 2, 49.

[37] Larombière, V, art. 1347, n° 9. Paris, 26 novembre 1836, Sir., 37, 2, 34.

[38] Duranton, XIII, 351. Larombière, V, art. 1347, n°s 6 et 11. Voy. en sens contraire : Toullier, IX, 68 à 71, et 90. L'ordonnance de 1566 et celle de 1667 n'ayant pas défini ce qu'on devait entendre par commencement de preuve par écrit, les tribunaux pouvaient autrefois attribuer ce caractère à des écrits non émanés de ceux auxquels on les opposait. Mais les rédacteurs du Code ont cru devoir faire cesser sur ce point l'arbitraire du juge ; et c'est en cette vue qu'ils ont donné, dans l'art. 1347, la définition du commencement de preuve par écrit. Les termes de cette définition, qui consacre la doctrine de Pothier (*Des obligations*, n° 808), sont trop précis pour que les tribunaux puissent encore aujourd'hui s'écarter de la règle posée au texte. Vainement Toullier invoque-t-il, à l'appui de l'opinion contraire, l'art. 1329, qui, selon lui, aurait conféré la force probante d'un commencement de preuve par écrit à des écrits n'émanant pas de ceux auxquels il est permis de les opposer. En effet, lors même qu'on admettrait comme exacte l'interprétation de cet auteur, il faudrait tout au plus voir dans l'art. 1329 une exception à la règle générale que pose l'art. 1347 ; et cette exception, loin de détruire la règle, viendrait la confirmer. Cpr. la note suivante. Mais il y a mieux : l'art. 1329 ne renferme, en réalité, aucune exception à la règle dont s'agit. Si cet article attribue aux livres des marchands la force d'un *commencement de preuve*, suffisant pour autoriser la délation d'un serment supplétif, il ne leur reconnaît pas le caractère d'un *commencement de preuve par écrit*, de nature à faire admettre la preuve testimoniale. Cpr. § 757, texte et note 4.

il forme commencement de preuve par écrit entre celles-ci. C'est ce qui a lieu dans les cas prévus par les art. 1335, n°s 2 et 3, et 1336 [39].

3° En troisième lieu, l'écrit invoqué comme commencement de preuve par écrit doit rendre vraisemblable le fait allégué.

Tout écrit qui rend un fait vraisemblable, est susceptible de servir de commencement de preuve par écrit, quelle que soit d'ailleurs la cause pour laquelle il ne forme pas preuve complète. On peut, sous ce rapport, ranger en deux classes les différentes espèces de commencement de preuve par écrit.

a. Dans la première classe figurent les écrits qui contiennent bien les énonciations nécessaires pour constater le fait allégué, mais auxquels il manque quelque condition dont l'absence s'oppose à ce qu'ils fassent preuve complète.

Tels sont notamment : les actes privés d'authenticité, soit par défaut de forme, soit par incompétence ou incapacité de l'officier public qui les a reçus, lorsqu'ils ne sont pas signés par toutes les parties [40]; les copies d'actes authentiques, qui n'ont point été tirées avec les conditions requises pour faire preuve complète; les transcriptions d'actes authentiques sur des registres publics; les énonciations contenues dans un acte authentique ou sous seing privé, lorsqu'elles n'ont point un rapport direct à la disposition ou à la convention qui forme l'objet de cet acte [41]; les actes sous seing privé contenant des conventions synallagmatiques, lorsqu'ils n'ont pas été faits en autant d'originaux qu'il y avait de parties ayant un intérêt distinct [42]; les billets contenant engagement unilatéral de payer une somme d'argent, ou de livrer une certaine quantité de choses qui se déterminent au compte, au poids, ou à la mesure, lorsqu'ils ne sont pas revêtus du *bon pour* ou *approuvé* [43]; les registres et papiers domestiques, ainsi que les inscriptions faites au dos, en marge, ou à la suite d'un acte instrumentaire, lorsque les uns ou les autres ne réunissent pas

---

[39] Cpr. § 755, texte II, notes 58, 62 et 64. Voy. cep. § 755, texte II, lett. d, et note 66. Toullier, IX, 71 et 72. Duranton, XIII, 343. Bonnier, I, 166, Zachariæ, § 760, note 5.

[40] Cpr. art. 1318; § 755, texte III, et note 76; notes 26 et 27, *suprà*.

[41] Cpr. sur ces copies, transcriptions et énonciations : art. 1335, n°s 2 et 3, 1336 et 1320.

[42] Cpr. § 756, texte I, n° 1, note 5, 13 et 38.

[43] Cpr. art. 1326; § 756, texte I, n° 2, et notes 82 à 84.

les conditions requises pour faire preuve complète; et, en général, toute espèce d'écritures privées non signées [44].

Les actes incomplets, c'est-à-dire ceux dont l'objet devait être de constater une disposition ou une convention qui n'a pas reçu toute sa perfection, et qui est restée à l'état de simple projet, ne peuvent servir de commencement de preuve par écrit de cette disposition ou de cette convention. Tels sont les actes notariés demeurés incomplets par suite du refus de signature de l'une ou de l'autre des parties [45].

Un acte constatant l'existence d'une convention ne peut servir de commencement de preuve par écrit de l'exécution de cette convention [46].

Spécialement, les actes constitutifs de rentes ou de créances contre lesquelles la prescription est invoquée, ne peuvent servir de commencement de preuve par écrit, pour établir que la prescription a été interrompue par le fait du paiement des arrérages ou des intérêts de ces rentes ou de ces créances [47].

[44] Cpr. art. 1331 et 1332; texte, n° 1, *in fine*, *suprà*; § 758, texte, n° 1, notes 6 et 15, texte, n° 2, notes 18 et 19.

[45] Il ne faut pas confondre la simple absence de signature et le refus de signer. La première peut tout au plus avoir pour effet d'entraîner la nullité de l'acte notarié qui n'a point été signé par l'une ou par l'autre des parties, dans l'hypothèse où cet acte ne mentionne pas la déclaration que cette partie ne sait ou n'a pu signer. Cpr. L. du 25 ventôse an XI, art. 14 et 68. Mais elle ne porte aucune atteinte à l'existence et à la validité de la convention elle-même, et n'empêche pas que l'acte qui la constate, ne puisse être invoqué comme commencement de preuve par écrit contre la partie qui a signé cet acte. Au contraire, le refus de signer ne devant et ne pouvant être considéré que comme une rupture de la convention projetée, l'acte qui était destiné à la constater n'est plus susceptible de fournir, même contre la partie qui l'a revêtue de sa signature, un commencement de preuve par écrit de l'existence de cette convention. Cpr. § 337, note 8; texte et note 18, *suprà*. Larombière, V, art. 1347, n° 29. Req. rej., 26 juillet 1832, Sir., 32, 1, 492.

[46] Caen, 30 août 1860, Sir., 61, 2, 93.

[47] Toullier, IX, 97. Rolland de Villargues, *Rép. du notariat*, v° Commencement de preuve par écrit, n° 25. Fœlix et Henrion, *Des rentes foncières*, n° 213. Troplong, *De la prescription*, II, 622. Marcadé, sur l'art. 1347, n° 4. Larombière, V, art. 1347, n° 24. Riom, 4 mai 1841, Sir., 41, 2, 334. Douai, 19 janvier 1842, Sir., 42, 2, 112. Civ. cass., 19 novembre 1845, Sir., 46, 1, 609. Voy. en sens contraire: Caen, 20 mai 1840, Sir., 40, 2, 300. Cet arrêt est évidemment mal rendu. Il n'y a, en effet, entre la constitution d'une rente ou d'une créance et l'interruption de la prescription de cette rente ou de cette

b. Dans la seconde classe des écrits susceptibles de former un commencement de preuve, se trouvent ceux qui ne constatent pas précisément le fait allégué, mais qui renferment des énonciations de nature à rendre ce fait vraisemblable [48].

Au nombre de ces écrits, qu'il est impossible d'énumérer, viennent se ranger : les promesses de vendre ou d'acheter invoquées à l'appui de la conclusion d'une vente [49]; les lettres missives parlant d'une avance à faire par celui qui allègue que cette avance a été effectivement faite [50]; les billets portant promesse de payer le prix de marchandises à livrer par celui qui prétend en avoir effectué la livraison [51]; les reconnaissances de dette qui n'en énoncent pas la quotité [52], ou qui n'en indiquent pas la cause [53]; les reconnaissances extrajudiciaires qui ne réunissent pas toutes les conditions essentielles à l'existence d'un aveu proprement dit [54]; les déclarations judiciaires qui ne portent pas sur le fait allégué lui-même, mais sur des circonstances accessoires d'où l'on peut induire la vraisemblance de ce fait [55]; les réponses obscures, évasives ou contradictoires aux interpellations faites par le juge dans un interrogatoire, ou lors d'une comparution des

créance, aucun lien même éloigné de connexité, qui permette de conclure de l'existence de l'une à la vraisemblance de l'autre. La circonstance que l'original ou la grosse de l'acte constitutif de la rente ou de la créance se trouverait encore entre les mains du créancier, ne serait même pas un indice de l'interruption de la prescription, puisque cette circonstance donnerait tout au plus à penser que le capital de la rente ou de la créance n'a pas été soldé, mais ne tendrait nullement à faire croire que les arrérages ou intérêts en ont été acquittés. Cpr. § 762, texte, n° 1, notes 12 et 13.

[48] Cpr. Zachariæ, § 760, texte et note 7 ; Req. rej.. 9 décembre 1851, Sir., 52, 1, 30 ; Civ. rej., 8 mars 1852, Sir., 52, 1, 497 ; Grenoble, 26 janvier 1855, Sir., 55, 2, 300 ; Paris, 24 mai 1855, Sir., 55, 2, 574.

[49] Toullier, IX, 91, 95 et 96. Larombière, V, art. 1347, n° 30. Bordeaux, 7 mai 1834, Sir., 35, 2, 177.

[50] Pothier, *Des obligations*, n° 803. Toullier, IX, 110 à 112. Duranton, XIII, 347. Larombière, *loc. cit.*

[51] Pothier, *op. cit.*, n° 802. Toullier, IX, 107. Duranton, XIII, 346. Larombière, *loc. cit.*

[52] Pothier, *op. cit.*, n° 805. Toullier, IX, 114 et 115. Larombière, *loc. cit.*

[53] Cpr. § 345, texte et note 21. Larombière, *loc. cit.*

[54] Cpr. § 751, texte, n° 4, et note 42.

[55] Cpr. texte et notes 20 à 25, *suprà.* Toullier, IX, 116. Larombière, V, art. 1347, n° 31. Req. rej., 4 décembre 1872, Sir., 72, 1, 480.

parties en personne[56], ainsi que le refus authentiquement constaté de répondre à de pareilles interpellations[57].

4° La question de savoir si tel écrit présente ou non les caractères légaux d'un commencement de preuve par écrit, c'est-à-dire s'il peut être légalement considéré comme émané de la personne à laquelle on l'oppose, est une question de droit dont l'examen rentre dans les atttributions de la Cour de cassation[58].

Au contraire, la question de savoir si l'écrit invoqué comme commencement de preuve par écrit, et qui est émané de celui auquel on l'oppose, rend ou non vraisemblable le fait allégué, est une question de fait entièrement abandonnée à l'appréciation des tribunaux[59].

[56] Toullier, IX, 118. Larombière, *loc. cit.* Angers, 1er juillet 1850, Sir., 50, 2, 476. Crim. rej., 11 août 1854, Sir., 54, 1, 655. Crim. rej. 9 juillet 1857, Sir., 58, 1, 249. Angers, 15 mars 1865, Sir., 65, 2, 292. Req. rej., 24 juillet 1865, Sir., 65, 1, 405. Aix, 23 janvier 1871, Sir., 71, 2, 264. Req. rej., 2 janvier 1872, Sir., 72, 1, 129. Grenoble, 26 avril 1872, Sir., 72, 2, 276. Paris, 21 juin 1872, Sir., 74, 2, 37.

[57] Arg. art. 330 du Code de procédure. Le juge étant autorisé à tenir pour avérés les faits sur lesquels une personne soumise à un interrogatoire sur faits et articles, refuse de s'expliquer, il peut, à plus forte raison, puiser dans un tel refus un commencement de preuve par écrit. Toullier, IX, 117. Larombière, V, art. 1347, n° 32. Rouen, 8 avril 1824, Sir., 24, 2, 73. Rouen 13 mai 1868, Sir., 72, 2, 101. — La même solution doit être admise quant au refus de répondre aux questions adressées par le juge, lors d'une comparution des parties en personne. Cpr. § 751, texte, n° 1, et note 6. — Mais *quid* du refus de répondre aux interpellations faites par le juge de paix au bureau de conciliation ? Pourrait-il former un commencement de preuve par écrit ? Nous ne le pensons pas. En émettant une opinion contraire, Toullier (IX, 121) ne paraît pas avoir entrevu la véritable raison de décider, qui est, à notre avis, la suivante : Le juge de paix, siégeant au bureau de conciliation, n'a reçu d'aucune loi le pouvoir d'adresser aux parties des interpellations étrangères au point de savoir si elles entendent ou non se concilier ; et celle à laquelle il adresserait de telles interpellations, ne serait pas tenue d'y répondre. Son refus de répondre ne pourrait être considéré que comme un refus de se concilier ; et l'on ne comprendrait pas qu'un pareil refus fût de nature à rendre vraisemblable le fait allégué par la partie adverse, et à fournir ainsi un commencement de preuve par écrit. Larombière, *loc. cit.*

[58] Duranton, XIII, 344. Bonnier, I, 170. Larombière, V, art. 1347, n° 27. Civ. cass., 30 décembre 1839, Sir., 40, 1, 139. Cpr. Req. rej., 7 juillet 1840, Sir., 40, 1, 777 ; Req. rej., 29 novembre 1842, Sir., 43, 1, 241.

[59] Toullier, IX, 133. Duranton, Bonnier, et Larombière, *locc. citt.* Req. rej., 30 avril 1807, Sir., 7, 2, 1119. Civ. rej., 11 avril 1826, Sir., 26, 1, 336.

Il en est ainsi dans les cas mêmes où la loi déclare tel ou tel écrit susceptible de former un commencement de preuve par écrit[60].

§ 765.

Des exceptions établies par l'art. 1348.

1° *Des cas où la partie qui invoque la preuve testimoniale, s'est trouvée dans l'impossibilité de se procurer une preuve littérale.*

La preuve testimoniale est exceptionnellement admissible, tant au-dessus de 150 fr. que contre et outre le contenu aux actes, lorsqu'il a été impossible à celui qui l'invoque de se procurer une preuve littérale. Art. 1348, al. 1.

Par application de cette exception, les nᵒˢ 1, 2 et 3 de l'art. 1348 déclarent la preuve testimoniale admissible en matière de quasi-contrats, de délits, de quasi-délits, de dépôts nécessaires, et de toutes autres obligations contractées à l'occasion d'accidents imprévus.

Ces différentes applications ne doivent être considérées que comme des exemples destinés à expliquer le sens de l'exception, et n'ont pour objet ni d'en restreindre, ni d'en étendre la portée. Il résulte de là, d'une part, que la preuve testimoniale est admissible, par cela seul qu'il a été impossible à celui qui l'invoque de se procurer une preuve littérale, lors même qu'il ne se serait trouvé dans aucun des cas spécialement indiqués par l'art. 1348[1]. Il en résulte, d'autre part, que, dans les cas mêmes qui sont nomi-

---

Req. rej., 6 août 1839, Sir., 39, 1, 562. Req. rej., 27 avril, 18 mai, et 10 août 1840, Sir., 40, 1, 640, 728, et 876. Req. rej., 31 mai 1848, Sir., 48, 1, 427. Req. rej., 17 mars 1855, Sir., 56, 1, 155. Req. rej., 14 juillet 1856, Sir., 58, 1, 144. Req. rej., 9 janvier 1861, Sir., 62, 1, 69. Req. rej., 5 avril 1864, Sir., 64, 1, 215. Civ. rej., 2 août 1864, Sir., 64, 1, 461. Req. rej., 1ᵉʳ août 1867, Sir., 67, 1, 373. Req. rej., 11 juin 1872, Sir., 72, 1, 261. Req. rej., 4 février 1873, Sir., 73, 1, 81.

60 Cpr. art. 1320, 1335, nᵒˢ 2 et 3, et 1336. Ces articles laissent bien au juge la faculté d'admettre, dans les hypothèses dont ils s'occupent, l'existence d'un commencement de preuve par écrit ; mais ils ne lui imposent pas l'obligation. Toullier et Duranton, *locc. citt.*

1 Favard, *Rép.*, vᵒ Preuve, § 1, nᵒ 20 ; Bonnier, I, 172. Larombière, V, art. 1348, nᵒ 2. Zachariæ, § 764, note 1ʳᵉ. Req. rej., 19 mai 1841, Sir., 41, 1, 545. Req. rej., 19 janvier 1871, Sir., 71, 1, 97.

nativement spécifiés par cet article, l'admissibilité de la preuve testimoniale est toujours subordonnée à la condition qu'il n'ait pas été possible à celui qui l'invoque de se procurer une preuve littérale [2].

Du reste, une impossibilité relative et morale peut, aussi bien qu'une impossibilité absolue et physique, autoriser l'admission de la preuve testimoniale [3].

a. L'exception admise en matière de quasi-contrats s'applique sans difficulté à la gestion d'affaires, puisqu'il est toujours impossible au maître de l'affaire gérée de se procurer une preuve littérale du fait même de la gestion et des actes auxquels elle a donné lieu [4].

Mais cette exception ne s'applique point au paiement de l'indu. Celui qui prétend avoir payé ce qu'il ne devait pas, n'est point reçu à prouver par témoins le paiement qu'il allègue avoir effectué, puisqu'il pouvait s'en procurer une preuve littérale en exigeant une quittance, ou se décharger du fardeau de la preuve en se faisant remettre l'acte instrumentaire de la créance [5].

Toutefois, celui qui a payé par erreur la dette d'autrui, est autorisé à prouver par témoins, contre le véritable débiteur, l'existence de cette dette, lorsque, par suite du paiement, le créancier a supprimé l'acte qui la constatait [6].

---

[2] Favard, *op. v° et loc. citt.* Larombière, V, art. 1348, n° 3. Zachariæ, *loc. cit.* Cpr. Duranton, XIII, 357 et 358; Bonnier, *loc. cit.*; texte et note 5, *infrà.*

[3] Il est d'autant moins permis de distinguer, à cet égard, entre l'impossibilité physique et l'impossibilité morale, que plusieurs des exemples cités par l'art. 1348 se réfèrent plutôt à la seconde qu'à la première. Toullier, IX, 139, 200 et 203. Favard, *op. et v° citt.*, n° 29. Bonnier, I, 172. Larombière, V, art. 1348, n° 4 et 5. Zachariæ, § 761, note 1re, *in fine.* Paris, 9 avril 1821, Sir., 22, 2, 165. Bourges, 21 novembre 1824, Sir., 25, 2, 125. Bordeaux, 2 mars 1871, Sir., 71, 2, 221. Cpr. Limoges, 4 juin 1840, Sir., 40, 2, 491; Bourges, 23 février 1842, Sir., 43, 2, 50.; Civ. rej., 29 janvier 1867, Sir., 67, 1, 245.

[4] Pothier, *Des obligations*, n° 813. Toullier, IX, 141. Duranton, XIII, 356. Bonnier, I, 154. Larombière, V, art. 1348, n° 9. Zachariæ, § 761, texte et note 2. Bourges, 10 décembre 1830, Sir., 31, 2, 165. Civ. rej., 19 mars 1845, Sir., 45, 1, 262. Bourges, 6 août 1845, Sir., 47, 2, 1601 Metz, 19 novembre 1855, Sir., 56, 2, 478. Voy. cep. Duranton, XIII, 357.

[5] Duranton, XIII, 358. Bonnier, I, 154. Larombière, V, art. 1348, n° 12.

[6] Le recours que le second alinéa de l'art. 1377 accorde, contre le véritable débiteur, à celui qui a payé la dette d'autrui, serait à peu près illusoire, si ce

b. L'exception concernant les délits et quasi-délits reçoit elle-même une importante restriction, lorsqu'il s'agit de délits qui consistent, soit dans la violation ou l'abus, soit dans la dénégation assermentée d'une convention ou de quelque autre fait juridique préexistant[7]. En pareil cas, la preuve testimoniale du délit n'est recevable qu'autant que la convention ou le fait juridique dont il suppose l'existence est prouvé par écrit, ou que la preuve testimoniale en est admissible d'après les principes précédemment exposés[8].

Cette règle s'applique, non-seulement à l'action en dommages-intérêts exercée, soit devant les tribunaux civils, soit devant les tribunaux de justice répressive, mais encore à l'action publique[9].

Ainsi, ni la partie lésée ni le ministère public ne sont admis à prouver par témoins un délit d'abus de confiance, lorsque la

---

dernier n'était admis à prouver par témoins l'existence de cette dette; et l'on ne peut pas supposer que le législateur ait voulu le réduire à la nécessité de s'en remettre à la conscience de son adversaire. Voy. aussi art. 1348, n° 4. Larombière, V, art. 1348, n° 13.

[7] Cpr, sur la preuve de faits de soustraction ou de destruction de titres: texte, n° 2, *infrà*.

[8] Les dispositions de l'art. 1341, étant conçues en termes généraux et absolus, sont obligatoires pour les tribunaux criminels, tout aussi bien que pour les tribunaux civils. Il résulte de là que lorsqu'un délit suppose comme élément constitutif la préexistence d'une convention ou d'un autre fait juridique, la preuve de cette convention ou de ce fait ne peut, même devant les tribunaux de justice répressive, être établie que conformément aux principes du Droit civil. Cpr. art. 327, et § 544 *bis*, texte, n° 5. Larombière, V, art. 1348, n°s 23 et 24. Zachariæ, § 758, texte et note 5.

[9] Larombière, V, art. 1348, n° 26. Zachariæ, *loc. cit.* — La jurisprudence de la Cour de cassation qui, pendant un moment, inclinait à établir une distinction à cet égard entre l'action civile et l'action publique (Cpr. Crim. rej., 21 août 1834, Sir., 35, 1, 119), s'est définitivement prononcée en faveur de l'opinion émise au texte. Cpr. les notes suivantes. — Il faut se garder de conclure de la règle posée au texte, que la dénégation par le prévenu de la convention ou de fait juridique que présuppose le délit, constitue, comme dans le cas prévu par l'art. 327 du Code civil, une exception préjudicielle de la compétence exclusive des tribunaux civils. En vertu du principe général que le juge de l'action est le juge de l'exception, les tribunaux de justice répressive sont compétents pour statuer sur cette dénégation; seulement, doivent-ils, pour la preuve de la convention ou du fait juridique dénié, se conformer aux principes du Droit civil. Larombière, V, art. 1348, n° 25. Zachariæ, *loc. cit.*

preuve littérale du contrat en violation duquel ce délit a été commis, n'est pas rapportée, et que la preuve testimoniale n'en est pas admissible[10].

Il en est de même du délit d'abus de blanc-seing[11], et de celui de faux serment prêté en matière civile[12].

c. On doit, sous le rapport de l'admissibilité de la preuve testimoniale, comme à tous autres égards, assimiler aux dépôts néces-

---

[10] Cpr. Code pénal, art. 408. Toullier, IX, 145 à 156. Merlin, *Quest*, v° Suppression de titre, § 1. Larombière, *loc. cit.* Crim. cass., 21 mars 1811, Sir., 11, 1, 192. Crim. rej., 2 décembre 1813, Sir., 14, 1, 30. Crim. cass., 5 mai 1815, Sir., 15, 1, 228. Crim. cass., 10 avril 1819, Sir., 19, 1, 321. Crim. cass., 26 septembre 1823, Sir., 24, 1, 127. Crim. cass., 16 mai 1829, Sir., 29, 1, 231. Civ. rej., 23 décembre 1835, Sir., 36, 1, 141. Crim. cass., 20 avril 1844, Sir., 44, 1, 848. Limoges, 14 novembre 1844, Sir., 45, 2, 177. Crim. rej., 12 août 1848, Sir., 49, 1, 298. Angers, 1er juillet 1850, Sir., 50, 2, 476. — *Quid juris* si le dépôt ou le mandat avait été provoqué par dol ? Cpr. texte, n° 2, et notes 18 à 20 *infrà*.

[11] Cpr. Code pénal, art. 407. Merlin, *Rép.*, v° Blanc-seing. Lesellyer, *Traité du Droit criminel*, I, 1488. Larombière, *loc. cit.* Crim. rej., 5 mai 1831, Sir., 31, 1, 188. Civ. rej., 18 janvier 1831, Sir., 31, 1, 192. Riom, 30 mars 1844, Sir., 44, 2, 321. Toulouse, 5 juin 1841, Sir., 42, 2, 12. Req. rej., 3 mai 1848, Sir., 48, 1, 321. Orléans, 7 février 1853, Sir., 53, 2, 621. Nancy, 15 juin 1857, Sir., 58, 2, 86. Cpr. Crim. rej., 26 septembre 1861, Sir., 62, 1, 223 ; Crim. rej., 22 avril 1864, Sir., 64, 1, 245 et 246. Voy. en sens contraire : Hélie et Chauveau, *Théorie du Code pénal*, VII, p. 350 et suiv.

[12] Cpr. Code pénal, art. 366. Toullier, X, 388. Merlin, *Rép.*, v° Serment, § 2, art. 2, n° VIII. Legraverend, *Législation criminelle*, I, p. 41. Mangin, *Traité de l'action publique*, I, 173. Chauveau et Hélie, *Théorie du Code pénal*, VI, p. 479. Larombière, *loc. cit.* Crim. cass., 5 septembre 1812, Sir., 13, 1, 158. Crim. cass., 17 juin 1813, Sir., 13, 1, 439. Crim. cass., 12 septembre 1816, Dev. et Car., *Coll. nouv.*, V, 1, 238. Amiens, 24 août 1842, Sir., 43, 2, 539. Cour d'assises du Loiret, 6 novembre 1843, Sir., 44, 2, 68. Crim. rej., 16 août 1844, Sir., 44, 1, 714. Crim. cass., 29 mars 1845, Sir., 45, 1, 397. Crim. rej., 25 avril 1845, Sir., 45, 1, 480. Crim. rej., 13 novembre 1847, Sir., 48, 1, 80. Crim. rej., 17 juin 1852, Sir., 53, 1, 41. Voy. en sens contraire, relativement à l'action publique : Rauter, *Traité théorique et pratique de Droit criminel*, II, p. 500 ; Poujol, *Dissertation, Revue étrangère*, 1840, p. 656 ; Bonnier, I, 427 ; Crim. rej., 21 août 1834, Sir., 35, 1, 119. — Lorsque le faux serment a été prêté sur un délit ou sur un quasi-délit, c'est-à-dire, sur un fait dont la preuve testimoniale est admissible, le crime de faux serment peut aussi être prouvé par témoins. Crim. rej., 20 janvier 1843, Sir., 43, 1, 659.

saires ceux qui sont faits par des voyageurs dans les auberges et les hôtelleries où ils ont pris leur logement. Art. 1348, n° 2, 1950 et 1952[13].

Mais la remise d'objets destinés à être transportés d'un lieu à un autre, ne constitue pas un dépôt nécessaire, et n'est point, comme tel, susceptible d'être prouvée par témoins, lorsque la convention de transport a été conclue avec une personne qui ne se charge pas habituellement d'opérations de ce genre[14].

Du reste, le juge jouit du pouvoir discrétionnaire le plus étendu pour apprécier, d'après la qualité des personnes et les circonstances du fait, s'il y a lieu d'admettre ou de rejeter la preuve testimoniale en matière de dépôt nécessaire.

d. Quant aux obligations contractées en cas d'accidents imprévus, elles échappent, par leur nature même, à toute espèce d'analyse et d'énumération[15].

e. La question de savoir si la preuve testimoniale est admissible dans tels ou tels cas non spécifiés aux n°s 1, 2 et 3 de l'art. 1348, est le plus fréquemment soulevée au sujet des faits de violence, d'erreur, de dol, de fraude et de simulation. On doit, à cet égard, admettre les solutions suivantes :

La partie qui attaque, comme entaché de violence ou d'erreur, un contrat ou acte juridique, est admise à prouver par témoins l'existence de ces vices[16].

Celui qui argue de nullité, pour cause de dol, un contrat ou autre acte juridique, dont l'existence est d'ailleurs constante, peut également prouver par témoins les manœuvres à l'aide desquelles il prétend que son consentement a été surpris[17].

---

[13] Cpr. §§ 405 et 406.

[14] Cpr. § 373, texte, notes 5 et 6. Larombière, V, art. 1348, n° 35.

[15] Cpr. Duranton, XIII, 367 ; Toullier, IX, 198, 199 et 203 ; Boncenne; *Théorie de la procédure civile*, IV, 193 ; Larombière, V, art. 1348, n° 39 ; Crim. rej., 31 décembre 1874, Sir., 75, 1, 238.

[16] Toullier, IX, 173 et 177. Duranton, X, 196 ; XIII, 333. Bonnier, I, 141. Larombière, V, art. 1348, n° 35. Zachariæ, § 761, texte et note 6. Req. rej., 5 février 1828, Sir., 28, 1, 232.

[17] Le dol consistant en manœuvres pratiquées à l'insu de la personne dont elles ont pour but de surprendre le consentement, celle-ci se trouve, par la nature même des choses, dans l'impossibilité de s'en procurer une preuve littérale. Aussi la doctrine et la jurisprudence sont-elles d'accord pour reconnaître que le dol dont il s'agit au texte (*dolus dans causam contractui*), peut être prouvé par témoins. Toullier, IX, 172, 177, 190 et 192. Merlin, *Rép.*, v° Dol, n° 6. Fa-

Mais la partie qui invoque un acte juridique dont l'existence est contestée par son adversaire, ne saurait être admise à le prouver par témoins, sous le prétexte qu'il aurait été provoqué par un dol[18], à moins cependant que les manœuvres dolosives au moyen desquelles le consentement a été surpris, n'aient été pratiquées en vue d'un délit dont la perpétration s'est confondue ou reliée avec la conclusion de l'acte juridique qu'il s'agit de constater[19]. Hors ce cas, la preuve testimoniale ne serait pas admissible, bien que l'une des parties alléguât que c'est par suite de déclarations mensongères ou de promesses fallacieuses qu'elle a renoncé à exiger une preuve littérale du contrat dont elle demande à établir l'existence par témoins[20].

---

vard, *Rép.*, v° Preuve, § 1, n° 6. Duranton, X, 196. Bonnier et Larombière, *locc. citt.* Zachariæ, § 761, texte et note 7. Civ. rej., 22 thermidor an IX, Sir., 2, 1, 24. Req. rej., 24 thermidor an XIII, Sir., 20, 1, 486. Req. rej., 20 février 1811, Sir., 11, 1, 141. Req. rej., 1er février 1832, Sir., 32, 1, 139. Req. rej., 20 décembre 1832, Sir., 33, 1, 344. Req. rej., 3 juin 1835, Sir., 35, 1, 428. Req. rej., 4 février 1836, Sir., 36, 1, 839. Crim. rej., 28 novembre 1838, Sir., 39, 1, 813.

[18] Autre chose est, en effet, la preuve du dol, autre chose la preuve du contrat auquel le dol a donné lieu. L'impossibilité où une personne se trouve de prouver autrement que par témoins les manœuvres à l'aide desquelles son consentement à un contrat doit avoir été surpris, ne s'étend pas à la preuve de ce contrat. Larombière, V, art. 1348, n°s 16 et 17. Zachariæ, § 761, texte et note 9. Crim. cass., 20 avril 1844, Sir., 44, 1, 848.

[19] Lorsqu'un délit se trouve avec une convention dans une connexité telle que sa perpétration a été, soit consommée, soit même simplement commencée au moyen de la convention dont la conclusion est le résultat d'un dol, les deux faits s'identifient, et par suite la preuve de l'un peut, aussi bien que celle de l'autre, se faire par témoins. C'est ce qui a notamment lieu en cas d'escroquerie. Code pénal, art. 405. Toullier, IX, 186 et 187. Larombière, et Zachariæ, *locc. citt.* Crim. rej., 27 mai 1837, Sir., 38, 1, 187. Crim. rej., 22 août 1840, Sir., 41, 1, 255. Crim. rej., 12 novembre 1863, Sir., 64, 1, 244. Crim. rej., 30 avril 1868, Sir., 69. 1, 240.

[20] Des déclarations mensongères et des promesses fallacieuses du genre de celles dont il est question au texte, ne constituent point par elle-mêmes un dol, dans le sens du moins que l'art. 1116 attache à cette expression. Ce n'est là tout au plus que ce que les docteurs appellent *dolus incidens*, mais non ce qu'ils nomment *dolus dans causam contractui*. Or, le dol incident, dont le résultat n'est pas de surprendre le consentement au contrat, et dont le succès ne prouve qu'un excès de confiance de la part de celui qui en a été la victime, ne place point celui-ci dans l'impossibilité d'exiger une preuve littérale, et ne

Les tiers qui attaquent, comme frauduleux ou simulé, un acte juridique, sont admis à prouver par témoins la fraude ou la simulation dont ils se plaignent[21]. C'est ainsi que la preuve testimoniale peut être invoquée à l'appui d'une action paulienne ou d'une action en déclaration de simulation dirigée par des créanciers contre les actes de leur débiteur[22]. C'est ainsi encore que les héritiers à réserve sont reçus à prouver par témoins l'atteinte portée à leur réserve par des donations déguisées[23] ; et que tous héritiers, en général, sont admis à recourir à la preuve testimoniale pour établir l'existence de dispositions à titre gratuit que leur auteur aurait faites au profit d'incapables, soit par l'intermédiaire de personnes interposées, soit sous le voile de contrats à titre onéreux[24].

Au contraire, celui qui attaque comme simulée une convention

rend par conséquent pas la preuve testimoniale admissible. Cpr. Toullier, IX, 190 et 191 ; Civ. cass., 29 octobre 1810, Sir., 11, 1, 50 ; Civ. cass., 2 novembre 1812, Sir., 13, 1, 146.

[21] L'impossibilité où se sont trouvés les tiers de se procurer une preuve littérale de la fraude ou de la simulation concertée à leur préjudice, est manifeste. Pothier, *Des obligations*, n° 801. Toullier, IX, 164 à 166, et 184. Duranton, XIII, 338. Larombière, V, art. 1848, n° 1. Zachariæ, § 761, texte et note 8. Bruxelles, 17 janvier 1810, Sir., 11, 2, 38. Civ. rej., 24 mars 1829, Six., 29, 1, 135. Req. rej., 5 janvier 1831, Sir., 31, 1, 8. Req. rej., 3 juin 1863, Sir., 64, 1, 269. Req. rej., 12 avril 1865, Sir., 66, 1, 357. Req. rej., 20 juillet 1868, Sir., 68, 1, 362. Req. rej., 13 juillet 1874, Sir., 74, 1, 369. Req. rej., 22 mars 1876, Sir., 76, 1, 111. Cpr. § 621 *ter*, texte, n° 3, et note 50.

[22] Cpr. § 313. Larombière, *loc. cit.*

[23] Bonnier, I, 140. Larombière, *loc. cit.* Civ. cass., 10 juin 1816, Sir., 16, 1, 447. Bordeaux, 22 janvier 1828, Sir., 28, 2, 114. Req. rej., 31 juillet 1833, Sir., 33, 1, 840. Toulouse, 15 mars 1834, Sir., 34, 2, 537. Bordeaux, 7 mars 1835, Sir., 35, 2, 263.

[24] Cpr. § 650 *bis*, texte, n° 2, notes 8 et 21. Furgole, *Traité des testaments*, chap. VI, sect. III, n° 261. Pothier, *Traité des donations entre mari et femme*, n° 94. Chardon, *Traité du dol et de la fraude*, II, 19 et suiv. Marchangy, *Réquisitoire*, Sir., 20, 2, 25. Larombière, *loc. cit.* Civ. cass., 10 juin 1816, Sir., 16, 1, 447. Req. rej., 27 avril 1830, Sir., 30, 1, 186. Toulouse, 22 janvier 1838, Sir., 38, 2, 129. Req. rej., 2 juillet 1839, Sir., 39, 1, 626. — Il est, du reste, à remarquer que la preuve testimoniale est, en pareil cas, admissible de la part du donateur lui-même, parce que le déguisement d'une disposition à titre gratuit faite au profit d'un incapable constitue une fraude à la loi. Cpr. notes 28 à 31, *infra*.

dans laquelle il a été partie, n'est point, en général, admis à prouver par témoins la simulation à laquelle il s'est prêté[25], à moins que son consentement ne lui ait été arraché par violence, ou surpris par dol[26]. Ainsi, par exemple, la preuve testimoniale de la fausseté de la cause énoncée dans un billet n'est point, en général, admissible[27].

Si, toutefois, la simulation concertée entre les parties avait eu pour objet de couvrir une fraude à la loi, celle d'entre elles qui aurait intérêt à en établir l'existence, devrait être admise à le faire par témoins[28].

[25] La partie qui demanderait à prouver par témoins la simulation à laquelle elle a librement consenti, devrait y être déclarée non recevable, puisqu'elle pouvait, au moyen d'une contre-lettre, se procurer une preuve littérale de cette simulation. Toullier, IX, 178 à 184. Duranton, X, 357. Bonnier, I, 142. Larombière, V, art. 1348, n° 18. Zachariæ, § 761, texte et notes 8 et 9. Paris, 20 avril 1809, Sir., 9, 2, 358. Civ. cass., 8 janvier 1817, Sir., 17, 1, 51. Civ. cass., 6 août 1828, Sir., 28, 1, 305. Paris, 26 novembre 1836, Sir., 37, 2, 34. Req. rej., 30 avril 1838, Sir., 38, 1, 437. Req. rej., 16 novembre 1859, Sir., 60, 1, 266. Civ. rej., 12 mars 1860, Sir., 60, 1, 793. Voy. en sens contraire : Aix, 25 janvier 1871, Sir., 71, 2, 260.

[26] Des déclarations mensongères, des promesses fallacieuses, ne peuvent pas, non plus sous ce rapport, être assimilées à un véritable dol. Cpr. note 20, *suprà*, et les autorités citées à la note précédente.

[27] Mais, lorsqu'il est reconnu par toutes les parties que la cause d'un billet est simulée, la preuve testimoniale est admissible pour en établir la véritable cause. Cpr. § 345, texte et note 21 ; § 764, texte, n° 3, et note 52. Larombière, *loc. cit.* Civ. rej., 8 avril 1835, Sir., 36, 1, 37.

[28] On essaie ordinairement de justifier cette proposition à l'aide d'un argument *à fortiori*, ou du moins *à pari*, tiré de l'art. 1353, qui, par cela même qu'il permet d'établir le dol et la fraude au moyen de simples présomptions, en autorise virtuellement, dit-on, la preuve testimoniale. Les partisans de l'opinion contraire répondent que ce n'est pas dans l'art. 1353, complètement étranger à la preuve testimoniale, mais bien dans les dispositions qui la régissent, c'est-à-dire, dans les art. 1341 à 1348, qu'il faut chercher la solution de la question de savoir si cette preuve est ou non admissible ; que, parmi ces articles, le seul texte qui présente quelques rapports avec cette question, est le premier alinéa de l'art. 1348, qui admet la preuve testimoniale, lorsque celui qui l'invoque s'est trouvé dans l'impossibilité de se procurer une preuve littérale; mais que ce texte est, en définitive, sans application à la difficulté, puisque la partie qui demande à prouver par témoins la simulation à laquelle elle a donné les mains, pouvait ne pas y consentir, ou du moins s'en procurer une preuve littérale, au moyen d'une contre-lettre. Dans le sens de cette opinion, on dit encore que, bien loin de fournir un argument en faveur de l'admission de la

Il en serait ainsi, notamment dans le cas où un billet prétendûment souscrit en reconnaissance d'un prêt d'argent ou en paie-

preuve testimoniale en matière de fraude ou de dol, la disposition finale de
l'art. 1353 semble, au contraire, supposer que la preuve testimoniale n'est point
admissible en pareille matière ; et l'on ajoute enfin que, si le législateur a cru
devoir, en fait de fraude ou de dol, admettre de simples présomptions, à l'exclusion de la preuve testimoniale, c'est probablement parce qu'il a considéré
des présomptions, dont l'appréciation est entièrement abandonnée au pouvoir
discrétionnaire du juge, comme moins dangereuses qu'une preuve testimoniale,
par le résultat de laquelle le juge est en quelque sorte lié, lorsque, après avoir
ordonné une enquête, il n'a pas de graves motifs pour soupçonner la véracité
des témoins qui y ont été entendus. Cpr. Devilleneuve, *Observations*, Sir., 36,
1, 597. Nous commencerons par avouer qu'il est très-difficile, pour ne pas dire
impossible, de donner une explication satisfaisante de la disposition finale de
l'art. 1353, qui semble exclure la preuve testimoniale, alors même qu'il s'agit
d'établir, soit le dol par lequel l'une des parties a surpris le consentement de
l'autre, soit la fraude à l'aide de laquelle les deux parties ont de concert porté
atteinte aux droits de tierces personnes, tandis qu'il résulte incontestablement
du premier alinéa de l'art. 1348 que le dol et la fraude peuvent, en pareil cas,
être prouvés par témoins. Cpr. notes 17 et 21 à 24 *suprà*. Le seul moyen d'échap-
per à cette contradiction est, en supposant un vice de rédaction dans la disposition finale de l'art. 1353, de reconnaître que, si de simples présomptions sont
admissibles pour prouver le dol et la fraude, ce n'est point par opposition aux
règles qui régissent sur ce point l'admissibilité de la preuve testimoniale, mais
plutôt en conformité de ces règles. C'est au surplus ce qui résulte nettement des
discours des orateurs du Gouvernement et du Tribunat. Bigot-Préameneu, déve-
loppant au Corps législatif les motifs des art. 1341 et suivants, a dit : « On
« doit observer que cette exclusion de la preuve testimoniale ne s'étend pas au
« cas de fraude. » Et Jaubert, expliquant au Tribunat l'art. 1353, s'est exprimé ainsi : « La fraude et le dol ne se présument pas ; mais celui qui les allègue,
« doit être admis à pouvoir les prouver par témoins ; car si la fraude ne se
« présume pas, ceux qui la commettent ne manquent pas d'employer tous les
« moyens pour la cacher. La morale publique exige donc que la preuve testi-
« moniale soit admise dans cette matière ; et c'est là que le juge doit pouvoir
« faire usage de toute sa perspicacité, pour pénétrer tous les replis de l'homme
« artificieux. » Cpr. Locré, *Lég.*, XII, p. 407, n° 209, p. 534, n° 33. Ceci
posé, et étant admis que le dol et la fraude peuvent, en général, être prouvés,
tout aussi bien par témoins qu'à l'aide de simples présomptions, la question
se réduit à savoir si l'on doit faire exception à cette règle pour la fraude à la
loi, ou si du moins l'on ne doit pas, en ce qui la concerne, établir une distinction entre la preuve testimoniale et les présomptions. Pour la solution de cette
question, il importe avant tout de remarquer que l'art. 1353, en statuant que
de simples présomptions suffisent pour prouver le dol et la fraude, dispose
d'une manière absolue, et s'applique, par conséquent, à la fraude à la loi,

ment d'un prix de vente, n'aurait en réalité pour cause que des

comme à la fraude envers les personnes. Aussi ce premier point, qui n'est guère susceptible de contestation, paraît-il généralement reconnu. Voy. Req. rej., 8 juillet 1857, Sir., 58, 1, 195 ; Req. rej., 18 août 1862, Sir., 63, 1, 265 ; Req. rej., 20 mars 1865, Sir., 65, 1, 208 ; Req. rej., 22 novembre 1869, Sir., 70, 1, 339. Mais du moment où la fraude à la loi peut être prouvée à l'aide de simples présomptions, pourquoi ne pourrait-elle pas l'être par témoins ? La distinction qu'on veut établir à cet égard serait peu rationnelle, et trouverait difficilement son application en fait. La preuve testimoniale, quoi que l'on dise, n'offre pas plus de dangers que les présomptions, puisque le juge n'est aucunement lié, quant à l'appréciation de cette preuve, par le jugement préparatoire ou même interlocutoire qui a ordonné une enquête, et reste toujours le maître de rejeter les témoignages produits devant lui, sur le plus léger soupçon de fausseté, de partialité, ou d'erreur. Il est plutôt à craindre que le juge ne cède trop facilement à des présomptions adroitement présentées, qu'à redouter de le voir trop légèrement accorder sa confiance à des témoins qui ne seraient pas dignes de foi. Voilà ce qu'enseigne l'expérience la plus commune ; et ce serait accuser la prudence du législateur que de supposer qu'il a rejeté la preuve testimoniale dans un cas où il a cependant admis de simples présomptions. Au point de vue pratique, il est d'ailleurs impossible de scinder ces deux genres de preuves, puisque c'est, la plupart du temps, par la preuve testimoniale que s'établissent les faits dont on déduit les présomptions. Dans le système que nous combattons, il faudrait donc, ou rejeter les présomptions qui ne résulteraient pas de faits déjà constants, ce qui est évidemment inconciliable avec les dispositions combinées des art. 1353 et 323, ou n'admettre l'enquête que comme moyen d'arriver à une preuve indirecte, en excluant les faits qui constitueraient une preuve directe, ce qui est, à notre avis, le comble de l'inconséquence. On insiste cependant, et l'on dit que si la preuve testimoniale de la fraude est admissible, c'est exclusivement de la part de celui qui n'a pu s'en procurer une preuve littérale, et que telle n'est point la position de la partie qui s'est volontairement rendue complice d'une fraude à laquelle elle était libre de ne pas consentir. Mais on ne comprend pas que raisonner ainsi, c'est déplacer la question, qui n'est pas tant de savoir si la partie qui invoque la preuve testimoniale, pouvait ou non donner les mains à la simulation, que de savoir si la simulation une fois consentie, il lui était ou non possible de s'en procurer une preuve littérale au moyen d'une contre-lettre. Or, en se plaçant à ce point de vue, il est facile de reconnaître que, si la partie au détriment de laquelle la simulation a eu lieu, pouvait à la rigueur s'y refuser, il ne lui était cependant pas moralement possible, dès qu'elle y consentait, de demander une contre-lettre qui eût annoncé de sa part l'intention de se soustraire aux conséquences de l'acte simulé, et de l'attaquer comme couvrant une fraude à la loi. En un mot, la fraude à la loi étant incompatible avec l'existence d'une contre-lettre destinée à la déjouer, emporte avec elle la nécessité d'admettre la preuve testimoniale. Ajoutons que c'est presque toujours à la suite d'une espèce de

intérêts usuraires[29], une dette de jeu[30], un dédit de mariage[31], ou bien encore un supplément secret de prix d'office[32].

Il est, du reste, bien entendu que, dans les cas mêmes où l'er-

contrainte morale exercée par une des parties sur l'autre, qu'intervient le consentement de celle au préjudice de laquelle la fraude à la loi est pratiquée ; de sorte que, sous ce point de vue encore, l'application du premier alinéa de l'art. 1348 se trouve parfaitement justifiée. Nous terminerons cette discussion par une réflexion qui nous paraît péremptoire. En rejetant la preuve testimoniale des fraudes à la loi, on en consacre pour ainsi dire l'impunité, puisqu'il est très-difficile de les constater autrement que par témoins. Or, comme il n'est pas pour le législateur d'intérêt plus élevé, de devoir plus impérieux, que celui d'assurer l'exécution de ses dispositions, et d'empêcher qu'elles ne soient éludées par des simulations frauduleuses, on ne saurait admettre que les rédacteurs du Code aient sacrifié ce devoir et cet intérêt à la défiance que leur inspirait la preuve testimoniale, et que, dans la crainte des faux témoignages, ils aient laissé la porte ouverte à toutes les fraudes à la loi. *Exposé de motifs*, par Portalis (Locré, *Lég.*, XIV, p. 177, n° 40). Bonnier, I, 142. Larombière, V, art. 1348, n° 19. Req. rej., 11 frimaire an X, Sir., 2, 1, 140. Req. rej., 4 janvier 1808, Sir., 8, 1, 249. Limoges, 28 février 1839, Sir., 39, 2, 375. Caen, 20 janvier 1846, Sir., 46, 2, 499. Cpr. Req. rej., 14 novembre 1843, Sir., 44, 1, 229. Voy. aussi les autorités citées aux trois notes suivantes.

[29] Cpr. § 396, texte, n° 5, et notes 59 et 60. Outre les autorités citées dans ces notes, voyez encore dans le même sens : Toullier, IX, 193 ; Duranton, XIII, 332 ; Larombière, *loc. cit.*; Crim. cass., 2 décembre 1813, Sir., 14, 1, 30; Civ. rej., 22 mars 1824, Sir., 25, 1, 43 ; Douai, 27 avril 1827, Sir., 28, 1, 341 ; Angers, 27 mars 1829, Sir., 29, 2, 336 ; Caen, 26 janvier 1846, Sir., 46, 2, 499 ; Civ. rej., 29 janvier 1867, Sir., 67, 1, 215 ; Req. rej., 29 juillet 1874, Sir., 75, 1, 15. Voy. en sens contraire : Turin, 9 juillet 1812. Sir., 13, 2, 215.

[30] Cpr. § 386, texte, n° 1, et note 15.

[31] Cpr. § 345, texte et note 13 ; § 454, texte et note 26. Lyon, 21 mars 1832, Sir., 32, 2, 391. Chamb. réun. rej., 7 mai 1836, Sir., 36, 1, 574. Civ. cass., 11 juin 1838, Sir., 38, 1, 492 et 494. Nîmes, 25 janvier 1839, Sir., 39, 2, 177. Voy. en sens contraire : Devilleneuve, Sir., 36, 1, 579; Civ. cass., 29 mai 1827, Sir., 27, 1, 313. — Suivant Zachariæ (§ 764, texte et notes 10 à 13), la preuve testimoniale ne serait admissible dans ce cas, comme dans les deux précédents, qu'autant que le billet attaqué comme fondé sur une cause illicite n'exprimerait pas une autre cause licite. Mais c'est là une erreur : l'exception établie par l'art. 1348, s'applique tout aussi bien au second qu'au premier principe posé par l'art. 1341.

[32] Cpr. § 297, note 26 ; § 339, note 25. Nîmes, 10 juin 1848, Sir., 48, 2, 147. Lyon, 17 novembre 1848, Sir., 49, 2, 334. Paris, 2 juillet 1860, Sir., 60, 2, 537.

reur, la violence, le dol, la simulation, ou la fraude sont susceptibles d'être prouvés par témoins, la preuve testimoniale de faits
qui seraient en opposition avec ceux que constate jusqu'à inscription de faux un acte authentique, ne pourrait cependant être proposée que par voie d'inscription de faux [33].

*2° Du cas où celui qui invoque la preuve testimoniale, a été privé de son titre,
soit par un cas fortuit, soit par un délit qu'il n'a pu prévenir.*

La preuve par témoins est également admissible, tant au-dessus de 150 fr., que contre et outre le contenu aux actes, lorsque
la preuve littérale que s'était procurée celui qui invoque la preuve
testimoniale, a péri ou a été supprimée, par suite d'un cas fortuit,
ou d'un délit qu'il n'a pas été en son pouvoir de prévenir [34].
Art. 1348, al. 4, et arg. de cet article.

Lorsqu'une personne prétend qu'un acte instrumentaire qui lui
servait de preuve littérale, a péri par cas fortuit, et qu'elle demande à y suppléer par la preuve testimoniale, elle est tenue de
justifier tout à la fois du cas fortuit qu'elle allègue, de l'existence
antérieure d'un titre constatant la convention ou le fait juridique
contesté, et de la perte de ce titre par suite du cas fortuit [35].

[33] Cpr. § 755, texte, n° 2. Toullier, IX, 175 et 176. Larombière, V, art.
1348, n° 15. Zachariæ, § 761, note 6.

[34] Tel nous paraît être le véritable sens du n° 4 de l'art. 1348, qui, d'un
côté, ne peut s'appliquer à la perte arrivée, indépendamment de tout cas fortuit, par la faute ou la négligence du créancier, mais qui, d'un autre côté, doit
s'étendre à la suppression résultant d'un délit qu'il n'a pas été en son pouvoir
de prévenir. Cpr. sur le premier point : Merlin, *Quest.*, v° Preuve, § 7 ; Toullier, IX, 207 et 208 ; Larombière, V, art. 1348, n° 1. Cpr. sur le second point :
texte et notes 37 et 38 *infrà*.

[35] Nous avions dans nos premières éditions, formulé cette proposition ainsi
qu'il suit : « Elle est tenue de justifier tout à la fois du cas fortuit qu'elle
' allègue, de la perte qui doit en avoir été la suite, *et de la teneur de l'acte*
' *perdu.* » Marcadé (sur l'art. 1348, n° 5) s'est attaqué à ces dernières expressions, en leur donnant un sens qui n'était pas dans notre pensée. Il n'est sans
doute pas nécessaire, comme il l'a fait remarquer, que les témoins aient vu et
lu l'acte perdu, et qu'ils en rapportent en détail les différentes clauses ou énonciations. Mais aussi ne suffit-il pas qu'ils déposent simplement de l'existence
de la convention ou du fait juridique contesté ; il faut qu'ils soient à même
d'attester l'existence de l'acte instrumentaire qui avait pour objet de constater
cette convention ou ce fait juridique. C'est dans ce sens, et pour éviter toute
équivoque, que nous avons modifié notre rédaction primitive. Cpr. Merlin,

Toutefois, si le cas fortuit était de nature à rendre probable la perte du titre invoqué, dont l'existence antérieure se trouverait d'ailleurs établie, la preuve de cette perte se confondrait avec celle du cas fortuit lui-même. C'est ce qui aurait lieu, par exemple, dans le cas où un créancier alléguerait que l'acte constatant l'existence de sa créance, a péri avec tout ou partie de ses papiers dans l'incendie qui a consumé sa maison [36].

Celui qui prétend qu'un acte instrumentaire qui lui servait de preuve littérale, a été supprimé par suite d'un délit, est admis à prouver par témoins tant la suppression que l'existence et l'objet de cet acte, pourvu que ce délit ne présuppose, de sa part, aucun autre fait juridique que celui pour la constatation duquel l'acte instrumentaire prétenduement supprimé doit avoir été rédigé.

Ainsi, lorsqu'un acte constatant une créance a été soustrait frauduleusement ou extorqué par violence au créancier, la preuve testimoniale de la soustraction, de l'existence, et de l'objet de cet acte, est admissible [37].

---

op. v° et loc. citt.; Toullier, IX, 206 et 212 ; Bonnier, I, 175 ; Larombière, V, art. 1348, n° 46 ; Zachariæ, § 761, texte et note 14.

[36] Toullier, IX, 209. Duranton, XIII, 368. Bonnier, *loc. cit.* Larombière, V, art. 1348, n° 44. — *Quid*, si le créancier alléguait que l'acte constatant sa créance a été adiré lors du déplacement des archives d'un greffe ? La cour de Riom a jugé, par arrêt du 28 novembre 1838 (Sir., 39, 2, 102), que la preuve testimoniale n'est point, en pareil cas, admissible, parce que le déplacement des archives d'un greffe ne peut être considéré comme un événement de force majeure rentrant dans la prévision du n° 4 de l'art. 1348. Mais ce motif nous paraît manquer d'exactitude. Du moment que le créancier allègue que l'acte dont il demande à prouver l'existence par témoins, a été adiré par suite d'un fait auquel il est resté étranger, qu'il n'a pu empêcher, et lors duquel il n'a point été mis en demeure de prendre les mesures nécessaires pour la conservation de cet acte, ce fait constitue, en ce qui le concerne, un véritable cas fortuit et de force majeure, dans le sens du n° 4 de l'art. 1348. Toutefois, la décision de la cour de Riom nous paraît bien rendue au fond, par la raison que, d'une part, le déplacement des archives d'un greffe ne constituait point par lui-même, et en l'absence de toute preuve de négligences commises dans cette opération, un événement de nature à rendre probable la perte alléguée par le créancier, et que ce dernier, d'autre part, n'avait point offert de prouver cette perte d'une manière spéciale. Cpr. Larombière, V, art. 1348, n° 45.

[37] Merlin, *Quest.*, v° Suppression de titre, § 1. Crim. cass., 2 avril 1834, Sir., 35, 1, 699. Req. rej., 18 novembre 1844, Sir., 45, 1, 40. Crim. rej., 30 janvier 1846, Sir., 46, 1, 314. Cpr. dans le même sens, relativement à la

Il en serait de même, bien que le titre eût été volontairement remis par le créancier à celui qui l'a détruit, si cette remise n'avait eu lieu que pour permettre l'inspection du titre, et sous condition de restitution instantanée ou de paiement immédiat[38].

Au contraire, lorsqu'un titre de créance doit avoir été supprimé par celui auquel le créancier prétend l'avoir confié à titre de dépôt ou de mandat, la preuve testimoniale de la suppression de cet acte et de l'existence de la créance n'est admissible, qu'autant que le fait juridique de la remise se trouve établi conformément aux règles du Droit commun[39]. Il en serait cependant autrement, et la preuve testimoniale pourrait être admise *de plano*, si le contrat en vertu duquel la remise a été effectuée, avait été amené par des manœuvres dolosives pratiquées en vue de se procurer la possession du titre pour en opérer la suppression[40].

D'un autre côté, la preuve testimoniale serait également recevable *de plano*, si le fait juridique à la suite duquel un acte a été supprimé, se trouvait étranger à la personne qui poursuit la réparation du préjudice que lui a causé cette suppression, et qu'il n'existât, entre elle et l'auteur du délit, aucun lien contractuel[41].

La règle posée en tête de ce numéro s'applique même au cas de perte ou de suppression d'un acte instrumentaire soumis à certaines solennités, soit pour sa force probante, soit pour la validité de l'acte juridique qu'il est destiné à constater[42]. En pareil cas, la partie qui veut suppléer par la preuve testimoniale à l'acte perdu ou supprimé, doit non-seulement établir les faits

---

suppression d'un testament : § 647, texte et note 7 ; Ricard, *Traité des donations*, part. III, n° 6 ; Toullier, IX, 217; Bordeaux, 24 mai 1843, Sir., 15, 2, 108. — La Cour de cassation avait, dans le principe, émis une opinion contraire à la proposition énoncée au texte. Voy. Civ. cass., 5 avril 1817, Sir., 17, 1, 301.

[38] Larombière, V, art. 1348, n° 44. Crim. rej., 9 mars et 10 novembre 1871, Sir., 72, 1, 94 et 95.

[39] Larombière, V, art. 1348, n° 43. Zachariæ, § 761, texte et note 15. Civ. cass., 23 septembre 1853, Sir., 54, 1, 213. Grenoble, 26 avril 1872, Sir., 72, 2, 276.

[40] Cpr. texte, n° 1, lett. *e*, et note 19, *suprà*.

[41] Larombière, V, art. 1348, n° 44. Nancy, 11 mai 1873, Sir., 73, 2, 231. Civ. rej., 10 mars 1875, Sir., 75, 1, 172.

[42] Cpr. 1° sur la suppression d'un testament : § 647, texte, n° 2, et notes 4 à 8 ; 2° Sur la perte d'un acte de célébration de mariage : § 452 *bis*.

précédemment indiqués, mais prouver, en outre, que cet acte était revêtu des solennités requises [43]. Toutefois, si l'acte avait été supprimé par la partie qui avait intérêt à le faire disparaître, on devrait, en général, présumer qu'il réunissait toutes les conditions de forme exigées par la loi [44].

III. DE LA PREUVE INDIRECTE.

§ 766.

La preuve indirecte est celle qui se fait à l'aide de présomptions de fait ou de l'homme [1].

Les présomptions de fait ou de l'homme, ainsi appelées par opposition aux présomptions de droit ou légales [2], sont des conséquences que le juge tire de faits connus pour arriver à la connaissance d'un fait contesté. Art. 1349.

La preuve indirecte est admissible dans tous les cas où la preuve testimoniale est elle-même recevable; mais elle ne l'est que dans ces cas [3]. Art. 1353. Le jugement qui l'aurait admise hors de ces limites, encourrait donc la censure de la Cour de cassation [4].

La preuve indirecte ne peut résulter que de présomptions graves, précises et concordantes. Mais l'appréciation de la valeur des présomptions étant entièrement abandonnée au pouvoir discrétionnaire du juge, son erreur sur ce point ne constitue qu'un mal jugé, et ne peut donner ouverture à cassation [5].

[43] Toullier, IX, 212, 215 et 216. Bonnier, I, 175. Larombière, V, art. 1348, n° 49. Zachariæ, § 761, texte et note 14.

[44] Larombière, loc. cit. Voy aussi les autorités citées à la note 6 du § 647.

[1] Cpr. § 749, texte, n° 4.

[2] Cpr. sur les présomptions légales : § 750.

[3] Voy. pour la justification de cette proposition et pour l'interprétation de l'art. 1353 : § 765, texte, n° 1, et note 28. Larombière, V, art. 1353, n° 1 et 2. Zachariæ, § 762, texte, notes 2 et 3.

[4] Merlin, Rép., v° Présomption, § 4, n° 1. Toullier, X, 20 et 21. Marcadé, sur l'art. 1353. Civ. cass., 1er mai 1815, Sir., 15, 1, 277.

[5] Toullier, X, 20 et 26. Duranton, XIII, 531 et 532. Bonnier, II, 817. Marcadé, loc. cit. Larombière, V, art. 1353, n°s 6 et 7. Req. rej., 27 avril 1830, Sir., 30, 1, 186. Req. rej., 1er février 1832, Sir., 32, 1, 139. Réq. rej., 20 décembre 1832, Sir., 33, 1, 344.

Le nombre des présomptions nécessaires pour constituer une preuve indirecte est également abandonné à l'appréciation du juge, qui peut, par conséquent, fonder sa décision sur une seule présomption, lorsqu'elle lui paraît suffisante pour déterminer sa conviction [6].

La règle que le juge ne peut considérer comme régulièrement prouvés, que les faits contradictoirement établis dans l'instance liée devant lui, ne s'applique point à la preuve indirecte, en ce sens qu'il est autorisé à fonder sa décision sur des éléments de conviction puisés en dehors de cette instance, et notamment dans des instructions correctionnelles ou criminelles, eussent-elles été terminées par des ordonnances ou arrêts de non-lieu [7]. Mais il n'y est pas obligé : il jouit, à cet égard, d'un pouvoir discrétionnaire [8].

IV. DU COMPLÉMENT DE PREUVE.

§ 767.

Du serment supplétif.

Le serment supplétif est celui que le juge défère d'office à l'une ou à l'autre des parties pour compléter sa conviction [1].

---

[6] C'est à tort que Toullier (X, 20 à 22) enseigne l'opinion contraire, en tirant de la rédaction de l'art. 1353 une conséquence évidemment forcée. Les présomptions, de même que les témoignages, se pèsent et ne se comptent pas : une présomption peut, quoique isolée, être plus puissante que plusieurs présomptions réunies. Bonnier, II, 817. Marcadé, *loc. cit.* Larombière, V, art. 1353, n° 8. Zachariæ, § 762, note 4.

[7] Sourdat, *De la responsabilité*, I, 348. Bonnier, II, 918. Demolombe, XXIV, 206. Larombière, IV, art. 1316, n° 10. Civ. cass., 2 juin 1840, Sir., 40, 1, 638. Agen, 14 janvier 1851, Sir., 51, 2, 781. Bordeaux, 22 juillet 1851, Sir., 51, 2, 718. Besançon, 4 juillet 1857, Sir., 58, 2, 553. Req. rej., 31 janvier 1859, Sir., 60, 1, 747. Req. rej., 2 mai 1864, Sir., 64, 1, 321. Rouen, 20 février 1867, Sir., 67, 2, 215. Civ. rej., 22 février 1876, Sir., 76, 1, 168.

[8] Req., rej., 18 mai 1840, Sir., 40, 1, 640. Req. rej., 22 juin 1843, Sir., 44, 1, 303.

[1] Les caractères du serment supplétif ne sont pas nettement indiqués dans l'art. 1366. La définition que nous donnons de ce serment se justifie par le rapprochement des art. 1357 et 1367. — C'est peut-être à tort que les rédacteurs du Code ont conservé l'usage du serment supplétif, qui présente un incon-

1° Le juge n'est autorisé à déférer le serment supplétif que sous les deux conditions suivantes : il faut, d'une part, que la demande ou l'exception ne soit pas pleinement justifiée ; d'autre part, quelle ne soit pas totalement dénuée de preuve. Art. 1367.

Cet article serait donc également violé, soit que le juge déférât un serment supplétif en l'absence de tout commencement de preuve, soit qu'il imposât un pareil serment à la partie dont la demande ou l'exception est pleinement justifiée[2]. Au surplus, la double condition énoncée dans l'art. 1367 est exigée dans le cas même où le serment supplétif est déféré à la suite de la demande de l'une des parties[3].

Le caractère du commencement de preuve nécessaire pour auto-riser le juge à déférer le serment supplétif, varie suivant la nature du fait sur lequel repose la demande ou l'exception. Lorsqu'il s'agit d'un fait susceptible d'être établi par la preuve testimoniale, le juge peut, sur le fondement de simples présomptions, et en l'absence de tout commencement de preuve par écrit, déférer le serment supplétif. Si, au contraire, la preuve testimoniale du fait contesté n'est point admissible sans commencement de preuve par écrit, le juge ne peut déférer le serment supplétif, qu'autant qu'il existe un commencement de preuve de ce genre, ou que, par une disposition spéciale, la loi n'ait déclaré tel ou tel indice suffisant pour autoriser la délation d'un pareil serment[4].

Il en résulte, par exemple, que, dans une contestation ayant pour objet le remboursement d'un prêt de plus de 150 fr., le juge ne peut déférer le serment supplétif au demandeur qui ne pro-duit à l'appui de sa demande que ses livres domestiques[5], tandis que si la demande porte sur le paiement de fournitures faites

---

vénient bien grave, en ce qu'il donne au juge le pouvoir de transporter, d'office et par sa seule volonté, la décision du litige, du domaine du Droit dans celui de la conscience. Larombière, V, art. 1366, n° 3. Zachariæ, § 764, note 5.

[2] Toullier, X, 403. Duranton, XIII, 623. Larombière, V, art. 1367-1368, n° 5. Voy. en sens contraire sur le dernier point : Pothier, *Des obligations*, n° 836.

[3] Cpr. § 753, texte, n° 1, lett. *e*, et note 31.

[4] Voy. sur ces propositions : Toullier, X, 409 et suiv.; Bonnier, I, 440; Larombière, V, art. 1367-1368, n° 3 ; Zachariæ, § 764, note 1re, *in fine*; Req. rej., 24 juillet 1865, Sir., 65, 1, 405 ; Req. rej., 11 juin 1873, Sir., 73, 1, 328; Civ. cass., 9 avril 1874, Sir., 75, 1, 76.

[5] Cpr. art. 1331 ; § 758, texte, n° 1, et note 3.

par un marchand à une personne non commerçante, le juge est autorisé à déférer le serment supplétif au demandeur dont la réclamation est appuyée par des livres de commerce régulièrement tenus[6]. Il en résulte encore qu'en matière commerciale, le juge peut déférer le serment supplétif sur le fondement de simples présomptions[7].

2º Le serment supplétif peut être déféré à l'une ou à l'autre des parties[8]. Art. 1366. Le juge est autorisé à donner à cet égard la préférence à celle des parties qui, par ses antécédents, lui paraît mériter le plus de confiance[9], à moins que, pour une hypothèse donnée, la loi n'ait elle-même désigné la partie à laquelle le serment doit être déféré[10]. Cependant, toutes choses égales d'ailleurs, il semble que le serment doive être déféré à celle des parties qui produit à l'appui de sa demande ou de son exception un commencement de preuve[11].

3º A la différence du serment litis-décisoire, le serment supplétif peut être déféré sur des faits non personnels à la partie qui doit le prêter, lorsqu'elle a déclaré en avoir connaissance[12].

---

[6] Cpr. art. 1329 ; § 757, texte et note 3.

[7] Civ. rej., 9 novembre 1831, Sir., 32, 1, 10. Cpr. Req. rej., 22 janvier 1828, Sir., 28, 1, 238.

[8] Mais il ne peut l'être à une personne qui ne serait point partie dans la cause. Cpr. § 753, texte et note 2. Larombière, V, art. 1367-1368, n° 6. Chambéry, 14 juillet 1866, Sir., 67, 2, 149. Cpr. aussi : Req. rej., 24 juillet 1865, Sir., 65, 1, 405. Voy. cependant : Civ. rej., 10 mai 1842, Sir., 42, 1, 635. Ce dernier arrêt décide que le serment supplétif peut être déféré au mari sur un fait à lui personnel, lors même qu'il ne figure dans l'instance que pour autoriser sa femme. Mais cette décision, qui a été rendue dans une espèce où le serment ne portait pas sur un fait décisif, et avait été prêté à l'audience même, sans opposition de l'autre partie, nous paraît difficile à concilier avec la nature du serment ; et nous croyons d'autant moins devoir en admettre le principe, que la faculté accordée au juge de déférer un serment supplétif est un pouvoir exorbitant, pour l'exercice duquel il doit strictement se renfermer dans les limites tracées par le texte de la loi.

[9] Toullier, X, 412 et suiv. Duranton, XIII, 616. Bonnier, I, 441. Boncenne, *Procédure civile*, II, p. 502. Larombière, V, art. 1367-1368, n° 12. Voy. cependant : Zachariæ, § 764, texte et note 4.

[10] Cpr. Code de commerce, art. 17. Duranton, XIII, 619. Bonnier, *loc. cit.*

[11] Duranton, XIII, 616, 618 et 620. Bonnier, Larombière et Zachariæ, *locc. citt.*

[12] Toullier, X, 420. Zachariæ fils, *Dissertation*, *Revue de Droit français et étranger*, 1845, II, p. 211 et suiv. Larombière, V, art. 1367-1368, n° 8.

D'un autre côté, le juge peut aussi déférer d'office un serment de crédulité, dans les cas où les parties sont elles-mêmes autorisées à déférer un pareil serment[13].

Il n'est pas nécessaire que le serment supplétif porte sur des faits dont l'existence ou la non-existence emporte la décision du litige[14]. Il peut être déféré sur un fait d'où résulterait une présomption de nature à corroborer d'autres présomptions déjà acquises au procès[15].

4° La délation d'un serment supplétif ne doit être considérée que comme un moyen d'instruction ordonné par le juge pour compléter sa conviction. Un pareil serment diffère donc, d'une manière essentielle, du serment litis-décisoire, et n'équivaut pas, comme ce dernier, à transaction[16]. De là résultent entre autres les conséquences suivantes :

a. Le serment supplétif déféré à l'une des parties ne peut être référé par elle à l'autre partie. Art. 1368.

b. L'art. 1361 ne s'applique pas au serment supplétif : le refus de prêter un pareil serment n'entraîne pas nécessairement la condamnation de la partie à laquelle il a été déféré[17].

c. Le juge qui a déféré un serment supplétif, n'est pas lié par son jugement et peut le rétracter si, avant l'affirmation, il acquiert, soit par la production d'une preuve découverte ou retrouvée, soit

---

Req. rej., 8 décembre 1832, Sir., 33, 1, 113. Voy. en sens contraire : Favard, *Rép.*, v° Serment.

[13] Cpr. § 753, texte, notes 8 et 15. Rauter, *Cours de procédure civile*, § 134. Marcadé, sur l'art. 1368, n° 2. Larombière, V, art. 1367-1368, n° 8. Voy. en sens contraire : Toullier, X, 421 ; Zachariæ fils, *op. et loc. citt.*

[14] Si cette condition est exigée pour le serment litis-décisoire, c'est qu'il ne peut être déféré qu'à titre de transaction. Elle ne peut donc pas s'appliquer au serment supplétif, qui ne forme qu'un simple moyen d'instruction.

[15] Larombière, V, art. 1367-1368, n° 8. Cpr. Civ. rej., 10 mai 1842, Sir., 32, 1, 635.

[16] Zachariæ (§ 764, texte et note 5) s'est évidemment placé à un faux point de vue, en considérant le serment supplétif comme une espèce de transaction que le juge ménage entre les deux parties, ou qu'il conclut avec l'une au nom de l'autre.

[17] Larombière, V, art. 1367-1368, n° 23. Voy. en sens contraire : Zachariæ, § 764, texte et note 7. La solution donnée par cet auteur se rattache au faux point de vue où il s'est placé, en attribuant au serment supplétif le caractère d'une transaction. Voy. la note précédente.

de toute autre manière, la certitude de la vérité ou de la fausseté du fait sur lequel porte le serment[18].

d. Le juge d'appel n'est pas lié par la prestation d'un serment supplétif déféré par le juge de première instance. Il peut, sans même que la fausseté du serment ait été préalablement prouvée, réformer le jugement de première instance, soit purement et simplement, soit en déférant à l'appelant le serment que le premier juge avait déféré à l'intimé[19]. A plus forte raison, l'appelant est-il admis à produire de nouveaux éléments de preuve pour établir la fausseté du serment[20]. Ces propositions, toutefois, cesseraient de recevoir application si l'appelant avait, en concourant à la prestation du serment, acquiescé au jugement qui l'a déféré.

On doit considérer comme ayant acquiescé au jugement déférant un serment supplétif, l'appelant qui a assisté à la prestation de ce serment, sans faire de protestations ni de réserves, peu importe que le serment ait été prêté à l'audience même à laquelle le jugement a été rendu, ou à une audience subséquente[21]. Mais le fait seul, de la part de l'appelant, d'avoir laissé prêter, sans protestations ni réserves, un serment à la prestation duquel il s'est abstenu d'assister, ne constitue pas un acquiescement, lors même qu'il aurait été régulièrement sommé d'être présent à cette prestation[22].

---

[18] Bonnier, I, 444. Larombière, V., art. 1367-1368, n° 19. Req. rej., 10 décembre 1823, Sir., 24, 1, 141. Limoges, 23 mars 1825, Sir., 26, 2, 194. Toulouse, 3 juillet 1827, Sir., 28, 2, 110.

[19] Pothier, *Des obligations*, n° 228. Toullier, X, 424 et 426, Duranton, XIII, 613 et 623. Marcadé, sur l'art. 1368, n° 3. Larombière, V, art. 1367-1368, n° 21.

[20] La disposition de l'art. 1363, d'après laquelle l'adversaire de celui qui a prêté un serment décisoire, n'est point recevable à en prouver la fausseté, est sans application au serment supplétif. *Exposé de motifs*, par Faure (Locré, *Lég.*, XXX, p. 490, n° 22). Larombière, V, art. 1367-1368, n° 22. Zachariæ, § 764, texte et note 8. Cpr. Crim. rej., 20 janvier 1843, Sir., 43, 1, 659.

[21] Req. rej., 8 juin 1819, Sir., 20, 1, 104. Bordeaux, 12 janvier 1836, Sir., 36, 2, 222. Cpr. cep. Toullier, X, 425. Voy. en sens contraire : Larombière, V, art. 1367-1368, n° 20; Bordeaux, 30 janvier 1833, Sir., 34, 2, 20; Limoges, 3 janvier 1844, Sir., 44, 2, 636; Limoges, 31 mai 1844, Sir., 45, 2, 640.

[22] Carré et Chauveau, *Lois de la procédure*, I, quest. 521. Larombière, *loc. cit.* Bourges, 12 mai 1841, Sir., 42, 2, 498. Grenoble, 18 février 1854, Sir., 55, 2, 751. Voy. en sens contraire : Toullier, X, 425 ; Paris, 24 août

Du reste, lorsque le jugement qui a admis une demande ou une exception par suite de la prestation d'un serment supplétif, est passé en force de chose jugée, la partie qui a succombé n'est plus admise à prouver la fausseté du serment prêté, à l'appui d'une demande en dommages-intérêts formée devant les tribunaux civils, ni même à intervenir, comme partie civile, dans une poursuite correctionnelle dirigée contre sa partie adverse [23]. Elle ne pourrait pas davantage se faire, de la prétendue fausseté du serment, un moyen de requête civile, pour demander la rétractation de ce jugement [24].

5° Lorsque la partie à laquelle il a été déféré un serment supplétif, vient à décéder avant de l'avoir prêté et sans avoir été constituée en demeure de le faire, le jugement qui a ordonné la prestation du serment est à considérer comme non avenu, et le juge peut, soit décider la contestation d'après les faits acquis au procès, soit déférer un serment supplétif à l'autre partie, ou un serment de crédulité aux héritiers du défunt [25].

1810, Sir., 14, 2, 238 ; Montpellier, 14 novembre 1832, Sir., 32, 2, 383 ; Montpellier, 9 avril 1840, Sir., 40, 2, 496.

[23] Dans cette hypothèse, comme dans celle de la prestation d'un serment litis-décisoire, il faudrait, pour établir l'existence d'un préjudice causé par le faux serment, renouveler le débat originaire. Cpr. § 753, note 29. Or, toute discussion nouvelle sur ce point se trouve irrévocablement écartée par l'autorité de la chose jugée. Larombière, V, art. 1367-1368, n° 25. Marcadé (sur l'art. 1368, n° 3) a émis à ce sujet une opinion contraire, sans toutefois répondre à l'argument tiré de l'autorité de la chose jugée.

[24] Le dol personnel de la partie au profit de laquelle un jugement a été rendu, est bien, d'après l'art. 480, n° 1, du Code de procédure, un motif de requête civile ; et, si celui auquel on impute d'avoir prêté un faux serment, avait employé des manœuvres frauduleuses pour se le faire déférer, nul doute que son adversaire ne fût recevable à attaquer, par la voie de la requête civile, le jugement rendu à son préjudice. Mais, en l'absence de pareilles manœuvres, la prestation seule d'un faux serment ne constitue point un dol personnel dans le sens de l'article précité, parce qu'elle n'est, en définitive, qu'une allégation mensongère faite sous la foi du serment. D'ailleurs, dans l'hypothèse même où le jugement définitif n'aurait été rendu qu'après la prestation du serment prétenduement faux, on ne pourrait pas dire que ce jugement repose uniquement sur ce faux serment, qui n'a fait que compléter la conviction du juge ; et cela suffit pour écarter l'application du n° 1 de l'art. 480 du Code de procédure, qui suppose que le dol personnel de la partie au profit de laquelle a été rendu le jugement attaqué par voie de requête civile, se trouve être le motif déterminant de ce jugement. Larombière, V, art. 1367-1368, n° 25.

[25] Larombière, V, art. 1367-1368, n° 24. Aix, 13 août 1829, Sir., 29, 2, 286.

§ 768.

Du serment en plaids ou in litem.

Lorsqu'une demande a pour objet la restitution d'une chose qui ne peut plus être restituée en nature, que la demande étant justifiée en elle-même, il ne reste qu'à déterminer la valeur de cette chose, et que cette valeur n'est pas susceptible d'être constatée à l'aide d'aucun moyen de preuve [1], le juge est autorisé, pour la fixer, à déférer le serment au demandeur.

En usant de cette faculté, le juge doit déterminer la somme jusqu'à concurrence de laquelle le demandeur en sera cru sur son serment. Art. 1369.

Dans la fixation de cette somme, le juge ne doit prendre en considération que la valeur véritable de la chose dont la restitution forme l'objet de la demande, et non le prix d'affection qu'elle aurait pour le demandeur, sauf à faire entrer dans son appréciation le dommage réel que le défaut de restitution en nature peut lui faire éprouver [2].

Du reste, si le juge ne possédait pas les éléments nécessaires pour l'évaluation qu'il est chargé de faire, il pourrait avoir recours à une enquête par commune renommée [3].

Le serment *in litem* ne constitue, comme le serment supplétif, qu'un moyen d'instruction.

Il en résulte, d'une part, qu'il ne peut être référé par celui auquel il a été déféré [4]. Art. 1368.

Il en résulte, d'autre part, que le juge qui, en déférant un pareil serment, a fixé la somme jusqu'à concurrence de laquelle il

---

Limoges, 12 mars 1839, Sir., 40, 2, 24. Cpr. § 753, texte, n° 2, lett. *c*, et note 43. Voy. cep. Douai, 26 mai 1814, Sir., 15, 2, 234.

[1] Cpr. Favard, *Rép.*, v° Serment, sect. III, § 2, n° 17 ; Larombière, V, art. 1369, n° 3 ; Zachariæ, § 765, texte et note 1re ; Req, rej., 8 décembre 1807, Sir., 7, 2, 455.

[2] Pothier, *Des obligations*, n° 930. Toullier, X, 437. Duranton, XIII, 627 et 628.

[3] Favard, *op. v° et loc. citt.*, n° 16. Toullier, X, 440. Larombière, V, art. 1369, n° 10. Zachariæ, § 765, texte et note 3.

[4] Pothier, *Des obligations*, n° 835. Larombière, V, art. 1369, n° 11. Zachariæ, § 735, texte et note 4.

pourrait être prêté, n'est pas lié par cette fixation, et qu'il est autorisé à en augmenter ou diminuer le chiffre si, avant la prestation du serment, l'une ou l'autre des parties lui soumet des documents de nature à motiver la modification de son premier jugement.

Il en résulte, enfin, que le juge d'appel aurait, malgré la prestation du serment, le pouvoir de diminuer le montant de la condamnation, si la partie condamnée parvenait à en établir l'exagération [5].

---

[5] Favard, *op. v° et loc. citt.,* n° 18. Larombière, *loc. cit.*

CHAPITRE III.

DE L'AUTORITÉ DE LA CHOSE JUGÉE[1].

§ 769.

Des jugements rendus en matière civile par des tribunaux français[2].

I. *Des jugements auxquels est attaché l'autorité de la chose jugée, et de ce qui la constitue.*

1ᵃ L'autorité de la chose jugée n'est attachée qu'aux jugements rendus en matière de juridiction contentieuse.

Elle ne résulte pas des actes de juridiction gracieuse, tels, par exemple, que les jugements et arrêts qui admettent des adoptions, qui permettent l'aliénation d'immeubles dotaux[3], qui homologuent, soit des avis du conseil de famille autorisant des actes dans lesquels un incapable se trouve intéressé[4], soit des partages sur lesquels il ne s'est élevé aucune contestation[5], ou qui prononcent l'envoi en possession des biens d'un absent[6].

---

[1] BIBLIOGRAPHIE. *Der umfang der Wirkung der Res judicata, die Concurrenz der Klagen, und das Præjudicium*, von Brackenhœft; Gottingue, 1839, 1 vol. in-8. *Traité de l'autorité de la chose jugée*, par Griolet; Paris, 1868, 1 vol. in-8. *Etude sur la chose jugée*, par Allard; Paris. 1876, 1 vol. in-8. Bonnier, *Des preuves*, II, p. 438 à 543. Larombière, *Des obligations*, II, p. 189 à 364.

[2] Voy. sur les jugements rendus par des tribunaux de justice répressive, et sur leur influence quant aux intérêts civils : § 769 *bis*. Voy. sur les jugements rendus par des tribunaux étrangers : § 769 *ter*.

[3] Voy. quant aux arrêts admettant une adoption : § 558, texte, n° 2, notes 13 et 14. Voy. quant aux jugements et arrêts, permettant l'aliénation d'immeubles dotaux : § 537, texte, n° 6, lett. *a*, notes 134 et 135.

[4] Civ. cass., 18 juillet 1826, Sir., 27, 1, 57. Aix, 3 février 1832, Sir., 33, 2, 307. Req. rej., 17 octobre 1849, Sir., 50, 1, 299. Cpr. Civ. cass., 3 juin 1834, Sir., 34, 1, 434.

[5] Voy. § 626, texte, n° 2, et notes 23 à 26. Cpr. Civ. cass., 11 novembre 1873, Sir., 74, 1, 372.

[6] Civ. rej., 3 décembre 1834, Sir., 35, 1, 230. Voy. aussi : Req. rej., 17 décembre 1849, Sir., 50, 1, 299.

Mais toute décision rendue en matière contentieuse est susceptible de passer en force de chose jugée, alors même qu'elle émane
d'un juge agissant seul, en vertu d'une délégation du tribunal.
C'est ce qui a lieu pour les procès-verbaux de clôture d'ordre ou
règlements définitifs du juge-commissaire [7].

D'un autre côté, les sentences arbitrales, bien que n'émanant
pas de juges revêtus d'un caractère public, et bien que soumises
pour leur mise à exécution à une ordonnance d'*exequatur*, sont
également susceptibles de passer en force de chose jugée [8].

La chose jugée ne résulte que des jugements qui statuent définitivement sur la contestation, ou de ceux qui, sans la vider d'une
manière définitive, décident cependant définitivement certains
points débattus entre les parties [9].

Les jugements préparatoires et les jugements simplement inter-
locutoires n'ont pas l'autorité de la chose jugée, en ce sens qu'ils
ne lient pas le juge quant à la décision définitive qu'il est appelé
à rendre [10].

---

[7] Larombière, V, art. 1351, n° 13. Req. rej., 25 mai 1836, Sir., 37, 1,
214. Civ. rej., 9 décembre 1846, Sir., 47, 1, 272. Req. rej., 15 mai 1849,
Sir., 49, 1, 641. Req. rej., 11 juillet 1853, Sir., 55, 1, 202.

[8] Voy. Code de procédure, art. 1021, 1023, 1026 et 1028. Duranton, XIII,
460. Larombière, V, art. 1351, n° 5. Req. rej., 11 juin 1838, Sir., 38, 1,
831.

[9] Cpr. Merlin, *Rép.*, v° Interlocutoire, n° 2, et v° Preuve, sect. II, § 3, art. 1,
n° 32 ; *Quest.*, v° Chose jugée, § 1, et v° Interlocutoire, § 2 ; Toullier, X, 116,
117 et 118 ; Duranton, XIII, 453 ; Civ. cass., 15 germinal an IX, Sir., 1, 2,
308 ; Req. rej., 15 juin 1831, Sir., 32, 1, 214 ; Req. rej., 18 avril 1832, Sir.,
32, 1, 465 ; Civ. cass., 13 mars 1833, Sir., 33, 1, 651 ; Req. rej., 12 avril
1847, Sir., 49, 1, 124 ; Req. rej., 10 novembre 1847, Sir., 48, 1, 690 ; Civ.
cass., 14 janvier 1852, Sir., 52, 1, 208 ; Civ. cass., 24 août 1859, Sir.,
60, 1, 262 ; Civ. cass., 18 janvier 1860, Sir., 60, 1, 328 ; Civ. cass.,
5 décembre 1860, Sir., 61, 1, 444 ; Req. rej., 25 février 1863, Sir., 64, 1,
439 ; Civ. cass., 14 juillet 1869, Sir., 70, 1, 10 ; Civ. cass., 4 juin 1872,
Sir., 72, 1, 272 ; Req. rej., 19 mars 1872, Sir., 73, 1, 292 ; Civ. rej., 6 décembre 1875, Sir., 76, 1, 355.

[10] Toullier, X, 96. Duranton, XIII, 452. Pardessus, *Des servitudes*, II, p.
70 et 71. Larombière, V, art. 1351, n°s 15 et 16. Req. rej., 29 mai 1828,
Dalloz, 1828, 1, 258. Civ. cass., 27 février 1838, Sir., 38, 1, 216. Req. rej.,
2 juillet 1839, Sir., 39, 1, 845. Req. rej., 20 août 1839, Sir., 40, 1, 239.
Req. rej., 4 janvier 1842, Sir., 42, 1, 349. Civ. rej., 19 mars 1844, Sir.,
44, 1, 301. Req. rej., 30 janvier 1856, Sir., 56, 1, 721. Civ. rej., 28 août
1865, Sir., 65, 1, 453. Req. rej., 21 août 1871, Sir., 71, 1, 220. Civ. cass.,

Il en est de même des jugements provisoires, c'est-à-dire de ceux qui prononcent une condamnation sous forme de provision [11].

Enfin, les jugements, même définitifs, qui ne rejettent une demande que parce qu'un obstacle légal s'oppose à son admission actuelle et immédiate, n'emportent pas chose jugée, en ce sens qu'après la cessation de cet obstacle, la même demande pourra être reproduite [12]. D'après la jurisprudence, cette solution devrait également s'appliquer aux jugements qui ne rejettent une demande que *quant à présent* ou *en l'état*, faute de justification suffisante des faits sur lesquels elle repose [13].

Du reste, l'autorité de la chose jugée s'attache même aux jugements rendus par un juge incompétent *ratione materiæ* [14], ainsi qu'à ceux qui se trouvent entachés d'une nullité de forme [15].

2º L'autorité de la chose jugée ne s'attache pas aux motifs, mais seulement au dispositif des jugements.

Ainsi, lors même que les motifs exprimeraient, relativement à un point quelconque de contestation, une opinion explicite et formelle, il n'y aurait chose jugée sur ce point, qu'autant

---

27 mai 1873, Sir., 73, 1, 463. Req. rej., 25 novembre 1873, Sir., 75, 1, 398. Req. rej., 27 avril 1875, Sir., 75, 1, 263.

[11] Pothier, *Des obligations*, II, 851. Duranton, XIII, 451. Toullier, X, 95. Larombière, V, art. 1351, nº 17. Req. rej., 27 février 1812, Sir., 12, 1, 249. Req. rej., 26 juin 1816, Sir., 16, 1, 433. Civ. rej., 17 août 1853, Sir., 54, 1, 777.

[12] Larombière, V, art. 1357, nᵒˢ 25, 69 et 70.

[13] Req. rej., 19 juin 1872, Sir., 72, 1, 435. Voy. en sens contraire : Toullier, X, 121 et suiv.; Larombière, V, art. 1351, nº 24. Cette dernière opinion nous paraît préférable : nous ne saurions reconnaître au juge le pouvoir de neutraliser ou de restreindre, par la formule de sa décision, les effets que la loi attache à la chose jugée.

[14] Merlin, *Quest.* vº Chose jugée, § 3. Toullier, X, 124. Carré, *Organisation et compétence*, II, quest. 385. Bonnier, II, 860. Larombière, V, art. 1351, nº 11. Civ. cass., 26 thermidor, an IV, Sir., 20, 1, 470. Civ. cass., 17 brumaire an XI, Sir., 7, 2, 827. Civ. cas., 1ᵉʳ avril 1813, Sir., 13, 1, 311. Civ. rej., 21 août 1843, Sir., 44, 1, 180. Req. rej., 12 mai 1851, Sir., 51, 1, 349. Req. rej., 3 mai 1852, Dalloz, 1852, 1, 122. Req. rej., 18 juillet 1861, Sir., 62, 1, 886. Req. rej., 29 janvier 1866, Sir., 66, 1, 105. Civ. cass., 20 août 1867, Sir., 67, 1, 403. Civ. cass., 12 mai 1873, Sir., 73, 1, 398. Civ. rej., 22 février 1876, Sir., 76, 1, 168.

[15] Toullier, X, 113 et suiv. Carré, *op. et loc. citt.* Larombière, *loc. cit.* Req. rej., 3 floréal an XIII, Sir., 5, 2, 193. Bruxelles, 7 janvier 1808, Sir., 10, 2, 502. Req. rej., 16 février 1876, Sir., 76, 1, 207.

qu'une disposition du jugement en prononcerait l'admission ou le rejet [16].

Mais, si les motifs d'un jugement n'ont pas l'effet de la chose jugée, ils peuvent cependant et doivent même être pris en considération pour déterminer et compléter le sens du dispositif [17].

Le dispositif d'un jugement n'a l'autorité de la chose jugée que relativement aux points qui s'y trouvent décidés, et non pas à l'égard de ce qui y est simplement indiqué par forme d'énonciation [18]. C'est ainsi, par exemple, qu'un jugement qui, sur la demande d'un créancier, condamne le débiteur aux intérêts d'un capital dont le montant y est simplement énoncé, sans avoir fait l'objet d'un débat entre les parties, n'a pas l'effet de la chose jugée quant à la quotité de ce capital [19]. C'est ainsi encore qu'un jugement qui accorde des aliments au demandeur en qualité de père ou d'enfant du défendeur, n'a pas l'autorité de la chose jugée quant à la question de paternité ou de filiation, lorsque cette question, n'ayant pas fait l'objet de conclusions respectivement prises par les parties, n'a pas été posée comme préjudicielle, et décidée par une disposition spéciale et explicite du jugement [20].

---

[16] Larombière, V, art. 1351, n° 18. Cardot, *Revue critique*, 1863, XXII, p. 452. Civ. cass., 5 juin 1821, Sir., 21, 1, 341. Req. rej., 21 décembre 1830, Sir., 31, 1, 152. Bourges, 23 août 1832, Sir., 32, 2, 414. Req. rej., 9 janvier 1838, Sir., 38, 1, 559. Civ. rej., 23 juillet 1839, Sir., 39, 1, 560. Req. rej., 8 juin 1842, Sir., 42, 1, 844. Orléans, 17 août 1848, Sir., 49, 2, 561. Req. rej., 30 avril 1850, Sir., 50, 1, 497. Civ. rej., 12 août 1851, Sir., 51, 1, 650. Req. rej., 7 novembre 1854, Sir., 54, 1, 797. Civ. cass., 3 décembre 1856, Sir., 58, 1, 297. Nîmes, 24 novembre 1863, Sir., 63, 2, 267. Req. rej., 24 juillet 1867, Sir., 67, 1, 328. Req. rej., 28 juin 1869, Sir., 69, 1, 422. Req. rej., 3 juin 1873, Sir., 74, 1, 376. Req. rej., 16 février 1876, Sir., 76, 1, 207. Voy. cep. Bonnier, II, 363.

[17] Bonnier, *loc. cit.* Griolet, p. 123. Req. rej., 25 juillet 1871, Sir., 71, 1, 100. Req. rej., 7 mars 1876, Sir., 76, 1, 448.

[18] Voy. sur ce principe en lui-même et sur différentes applications qu'il a reçues : Req. rej., 20 mars 1832, Sir., 33, 1, 304 ; Req. rej., 4 février 1833, Sir., 33, 1, 440 ; Civ. cass., 18 mai 1835, Sir., 35, 1, 712 ; Grenoble, 7 juin 1851, Sir., 51, 2, 213 ; Civ. rej., 14 janvier 1852, Sir., 52, 1, 208 ; Req. rej., 20 février 1855, Sir., 56, 1, 415. Voy. aussi les autorités citées aux deux notes suivantes. Cpr. cep. texte et note 22, *infra*.

[19] Larombière, V, art. 1351, n° 29. Req. rej., 25 août 1829, Sir., 29, 1, 353.

[20] L. 5, § 9, D. *de agnosc. lib.* (25, 3). Toullier, X, 228 et 229. Larombière, *loc. cit.*

Mais ce qui a été jugé incidemment, sur des conclusions formelles prises par les parties, a l'effet de la chose jugée, comme ce qui a été décidé principalement. C'est ainsi que le jugement rendu sur une question d'état, proposée incidemment comme préjudicielle, soit à la demande, soit à la défense, a l'autorité de la chose jugée, tout aussi bien que si la question avait été proposée par voie d'action principale [21].

D'un autre côté, la chose jugée peut résulter d'une décision simplement implicite, pourvu que cette décision soit une suite nécessaire d'une disposition expresse [22]. C'est ainsi qu'un jugement qui déclare valables des poursuites faites en exécution d'un titre, a l'autorité de la chose jugée sur la validité et l'efficacité de ce titre [23].

Au contraire, le jugement qui, sur une action en revendication, déboute le demandeur, par le seul motif qu'il n'a pas justifié de son droit de propriété, n'a pas l'autorité de la chose jugée, quant à la question de savoir si le défendeur est propriétaire ; de telle sorte que, si l'ancien demandeur est plus tard rentré en possession de la chose, et qu'à son tour l'ancien défendeur forme contre lui une action en revendication, ce dernier ne peut se prévaloir du jugement rendu dans la première instance [24].

Du reste, quelque étendus et absolus que soient les termes du dispositif d'un jugement, la chose jugée doit, en général, être restreinte aux points qui ont fait l'objet des conclusions des parties, et qui ont ainsi été débattus entre elles [25].

---

[21] Duranton, XIII, 483. Larombière, V, art. 1351, n° 31. Civ. cass., 31 décembre 1834, Sir., 35, 1, 545.

[22] Larombière, V, art. 1351, n° 27. Req. rej., 25 janvier 1837, Sir., 38, 1, 225. Civ. rej., 28 novembre 1843, Sir., 44, 1, 55. Civ. cass., 22 juillet 1850, Sir., 50, 1, 794. Req. rej., 30 juin 1856, Sir., 57, 1, 260. Civ. cass., 27 avril 1864, Sir., 64, 1, 208.

[23] Larombière, loc. cit. Civ. cass., 4 décembre 1837, Sir., 38, 1, 233.

[24] Larombière, V, art. 1351, n° 26. — Il en serait autrement si, sur une exception proposée par le défendeur en revendication, telle, par exemple, que l'exception de prescription, ce dernier avait été formellement reconnu propriétaire de la chose revendiquée. Cpr. L. 15, et L. 30, § 1, D. de excep. rei jud. (44. 2).

[25] Larombière, V, art. 1351, n° 30. In tantum judicatum, in quantum litigatum. Civ. rej., 27 août 1817, Sir., 17, 1, 386. Civ. rej., 22 juillet 1848, Sir., 18, 1, 392. Civ. cass., 7 juillet 1841, Sir., 44, 1, 739. Civ. rej., 28 novembre 1843, Sir., 44, 1, 55. Civ. rej., 14 mars 1853, Sir., 53, 1, 342.

II. *Des conditions relatives sous lesquelles un jugement peut être invoqué comme chose jugée.*

Le concours de trois conditions est nécessaire pour qu'un juge-ment ait l'autorité de la chose jugée, relativement à une nouvelle demande au sujet de laquelle il est invoqué comme tel. Ces con-ditions sont: 1° l'identité juridique des parties; 2° l'identité de l'objet; et 3° celle de la cause. Art. 1351.

A. *De l'identité des parties.*

Un jugement n'a l'autorité de la chose jugée qu'à l'égard des parties qui sont juridiquement les mêmes que celles entre lesquelles il a été rendu. La chose jugée ne peut, ni être invoquée par des tiers, ni leur être opposée[26]. Ainsi, par exemple, un jugement rendu, avec un ou plusieurs cohéritiers ou copropriétaires, au sujet d'un objet divisible, ne peut, ni profiter, ni nuire à ceux des cohé-ritiers ou copropriétaires qui n'ont pas figuré dans l'instance[27]. Ainsi encore, un jugement rendu avec l'un des créanciers ou des débiteurs d'une obligation simplement conjointe et divisible, n'a pas l'autorité de la chose jugée pour ou contre les autres[28].

Pour que la condition des parties soit juridiquement la même, il faut d'une part, quelles aient personnellement figuré dans la première instance, ou du moins qu'elles aient été représentées par ceux qui y ont figuré, et d'autre part, qu'elles procèdent

---

Req. rej., 21 janvier 1856, Sir., 56, 1, 329. Req. rej., 13 août 1856, Sir., 56, 1, 893. Req. rej., 23 décembre 1858, Sir., 59, 1, 513. Civ. rej., 10 dé-cembre 1867, Sir., 68, 1, 121.

[26] *Res inter alios judicata, neque emolumentum afferre his qui judicio non interfuerunt, neque prœjudicium solent irrogare.* L. 2, C. quib. res jud. non nocet (7, 56). L. 63, D. de re jud. (42, 1). L. 14, D. de excep. rei jud. (42, 2). On applique, sous ce rapport, aux jugements, la règle que l'article 1165 pose en matière de conventions : *Eadem enim debet esse ratio judiciorum in quibus videmur quasi contrahere, ac conventionum.* Pothier, *Des obligations*, n° 904.

[27] Toullier, X, 195. Duranton, XIII, 515. Req. rej., 21 vendémiaire an XI, Sir., 3, 2, 586. Req. rej., 24 juin 1808, Sir., 8, 1, 457. Civ. cass., 10 août 1858, Sir., 59, 1, 37. — Voy. cep. sur le cas où l'action formée par le tout a été rejetée pour le tout : Larombière, V, art. 1351, n° 102, Req. rej., 12 mars 1866, Sir., 66, 1, 150. — *Quid*, lorsqu'il s'agit d'une matière indivisible? Cpr. texte et note 54, *infra*.

[28] Cpr. sur les obligations solidaires ou indivisibles : notes 51 à 53, *infra*.

dans la nouvelle instance en la même qualité que dans la première.

1° *a.* Les héritiers et successeurs universels sont censés avoir été représentés dans les jugements rendus en faveur de leur auteur ou contre lui, peu importe d'ailleurs qu'ils aient accepté sa succession purement et simplement, ou qu'ils ne l'aient acceptée que sous bénéfice d'inventaire. Toutefois, les héritiers bénéficiaires ne sont tenus d'exécuter les condamnations prononcées contre leur auteur, que d'après les règles qui régissent l'acceptation sous bénéfice d'inventaire [29].

b. Les successeurs à titre particulier sont également censés avoir été représentés par leur auteur, lorsque leurs titres d'acquisition sont postérieurs à l'introduction des instances liées avec lui, ou ne sont devenus efficaces à l'égard des tiers que depuis cette époque. Les jugements rendus en pareil cas, soit pour, soit contre leur auteur, ont à leur égard l'autorité de la chose jugée [30]. C'est ainsi qu'un jugement qui, sur une action en revendication formée contre le vendeur ou le donateur d'un immeuble, a déclaré le demandeur propriétaire de cet immeuble, est opposable à l'acquéreur ou au donataire dont l'acte de vente ou de donation n'a été transcrit que depuis l'introduction de la demande [31]. C'est ainsi encore que le jugement rendu contre le cédant, et qui a déclaré la créance cédée non existante ou éteinte, est opposable au cessionnaire dont le transport n'avait pas encore été signifié ou accepté au moment de l'introduction de l'instance [32].

---

[29] Duranton, XIII, 502. Larombière, V, art. 1351, n° 103.

[30] Il est bien entendu que, s'il s'agissait d'une vente ayant acquis date certaine avant le 1er janvier 1856, le jugement rendu contre le vendeur cesserait d'être opposable à l'acquéreur, par cela seul que cette vente aurait acquis date certaine antérieurement à l'introduction de la demande. Loi du 23 mars 1855, art. 10 et 11. Cpr. Troplong, *De la transcription*, n° 159.

[31] L. 11, §§ 9 et 10, D. *de excep. rei jud.* (44, 2). L. 4, *C. de litig.* (8, 37). Pothier, *op. cit.* n°* 905 et suiv. Duranton, XIII, 506 et suiv. Bonnier, II, 881. Larombière, V, art. 1351, n°* 105 à 107. Civ. cass., 14 juin 1815, Sir., 15, 1, 392. Civ. cass., 19 août 1818, Sir., 19, 1, 24. Douai, 5 juin 1820, Sir., 21, 2, 106. Req. rej., 11 mars 1834, Sir., 34, 1, 345. Civ. cass., 1er juin 1858, Sir, 59, 1, 417. Cpr. Civ. rej. 5 juin 1855, Sir. 55, 1, 793. Voy. cependant : Req. rej., 26 mars 1838, Sir., 38, 1, 757.

[32] Si la cession, portant sur des objets incorporels autres qu'une créance, par exemple sur des droits successifs, n'était pas soumise à la formalité de la signification, il suffirait, pour que le jugement rendu contre le cédant ne fût

L'acquéreur qui, ayant eu connaissance d'un procès engagé depuis son acquisition entre le vendeur et un tiers, s'est abstenu d'y intervenir ou de notifier son titre à ce dernier, ne doit pas, en raison du seul fait de son inaction ou de son silence, être considéré comme ayant été représenté dans l'instance par son auteur[33]. Il en serait autrement, si l'acquéreur avait suivi et dirigé, dans son propre intérêt, le procès qui, en apparence, était soutenu par le vendeur[34].

c. Les créanciers simplement chirographaires doivent être considérés comme ayant été représentés par leur débiteur dans toutes les instances liées entre ce dernier et des tiers, au sujet de droits ou d'engagements relatifs à son patrimoine; et cela, lors même que leurs créances résulteraient de titres ayant une date certaine, antérieure à l'introduction de ces instances. C'est ainsi que les jugements qui ont reconnu, au profit de tierces personnes, des droits de propriété, de servitude personnelle ou réelle, de bail, etc., sur des biens possédés par le débiteur, ou qui ont prononcé contre lui des condamnations quelconques, ont l'effet de la chose jugée à l'égard de tous ses créanciers chirographaires, sauf à eux à faire rétracter par voie de tierce opposition les jugements que, par suite d'une collusion frauduleuse, le débiteur aurait laissé prononcer au profit de tiers[35].

Mais, si les créanciers chirographaires, représentés par leur débiteur dans les instances relatives à son patrimoine et aux obligations ou aux droits qui s'y rattachent, ne sont pas admis, alors même que les jugements rendus contre lui ont prononcé des condamnations emportant hypothèque judiciaire, ou reconnu des créances garanties par des priviléges, à contester ces condam-

pas opposable au cessionnaire, que la cession eût acquis date certaine avant la demande. Amiens, 19 avril 1825, Sir. 26, 2, 135. Civ. rej. 16 juin 1829, Sir. 29, 1, 269.

[33] Merlin, *Quest.* v° Chose jugée, § 2, n° 2. Larombière, V, art. 1351, n° 108. Civ. cass., 19 août 1818, Sir., 19, 1, 24.

[34] Larombière, V, art. 1351, n° 109. Req. rej., 2 mai 1811, Sir., 11, 1, 165. Req. rej., 16 février 1830, Sir., 30, 1, 231. — Cpr. L. 63, *D. de re jud.* (42, 1). Cette loi semble, d'après son texte même, ne devoir s'entendre que du cas où c'est par suite d'un accord existant entre l'acquéreur et son auteur, que le procès a été soutenu par ce dernier.

[35] Bonnier, II, 834. Larombière, V, art. 1351, n° 115. Civ. cass., 12 fructidor an IX, Dev. et Car., *Coll. nouv.*, I, 1, 520. Req. rej., 15 février 1808, Sir., 8, 1, 196. Nîmes, 8 février 1832, Sir., 32, 2, 336.

nations ou ces créances, ni les effets légaux qui s'y trouvent attachés.[36], ils sont cependant autorisés, lors de la distribution du prix des biens compris dans le patrimoine qui forme leur gage commun, à faire écarter comme nuls, inefficaces, ou frappés de déchéance, les droits de préférence qu'on prétendrait exercer à leur détriment, sans qu'on puisse leur opposer les jugements qui, obtenus contre le débiteur, auraient déclaré la validité, l'efficacité, ou la non-déchéance de ces droits de préférence [37].

A plus forte raison, les créanciers, même chirographaires, d'une société commerciale ne sont-ils pas représentés par les associés dans les instances engagées, non entre des tiers et la société sur des obligations ou des droits relatifs au fonds social, mais entre les associés eux-mêmes, sur l'existence ou la nature de la société, de sorte que le jugement qui décide, entre les associés, que le pacte social n'a créé qu'une association en participation, ne s'oppose pas à ce que les créanciers fassent juger que la société est en nom collectif [38].

d. A la différence des créanciers chirographaires, les hypothécaires ne sauraient être considérés comme ayant été représentés par leur débiteur dans les instances relatives aux immeubles hypothéqués, lorsque ces instances n'ont été engagées que depuis l'époque où leurs droits sont devenus efficaces au regard des

---

[36] Req. rej., 8 juillet 1850, Sir, 51, 1, 38. Req. rej., 5 novembre 1862, Sir., 63, 1, 361. Cpr. Civ. rej., 30 mars 1875, Sir., 75, 1, 341. Ce dernier arrêt nous paraît avoir tiré une conséquence exagérée de la proposition énoncée au texte.

[37] En pareille circonstance, les créanciers chirographaires ne peuvent plus être considérés comme des ayants cause du débiteur, ni comme exerçant ses droits et actions dans les termes des art. 1166 et 2092. Ils agissent en vertu d'un droit propre, qu'ils puisent dans l'art. 2093, en demandant que, conformément à cet article, la distribution du prix des biens du débiteur se fasse au marc le franc de leurs créances respectives, et en contestant les droits de préférence dont l'exercice porterait atteinte à ce partage proportionnel. Les litiges qui s'élèvent entre créanciers d'un débiteur commun, au sujet de leurs droits respectifs sur son patrimoine, étant complétement étrangers à ce débiteur, il est inadmissible qu'ils puissent être décidés par des jugements rendus avec ce dernier en l'absence des véritables intéressés. Civ. rej. 8 décembre 1852, Sir. 53, 1, 106. Civ. rej., 1er août 1865, Sir., 65, 1, 407. Civ. cass., 16 novembre 1874, Sir. 75, 1, 65. Voy. en sens contraire : Larombière, V, art. 1351, n° 116. Cpr. aussi : Req. rej., 13 avril 1841, Sir., 41, 1, 552.

[38] Req. rej., 7 décembre 1875, Sir., 75, 1, 306.

tiers. Les jugements qui, en leur absence, auraient, sur une action en revendication, en nullité, en rescision, ou en résolution, déclaré un tiers propriétaire de ces immeubles, ne jouiraient pas, à leur égard, de l'autorité de la chose jugée [39].

---

[39] L. 11, § 10, D. de excep. rei jud. (44, 2). L. 3, D. de pign. (20, 1). Duranton, XIII, 507. Bonnier, II, 880. Valette, *Dissertation, Revue de Droit français et étranger*, I, 1844, p. 27. Marcadé, sur l'art. 1351, n° 12. Martou, *Des privilèges et hypothèques*, III, 967. Pont, *Des privilèges et hypothèques*, n° 647. Paris, 27 mars 1824, Sir., 25, 2, 193. Civ. rej., 28 août 1849, Sir., 50, 1, 49. Req. rej., 3 août 1859, Sir., 59, 1, 801 et 810. Cpr. aussi Paris, 24 mars 1834, Sir., 34, 2, 580. Voy. en sens contraire : Merlin, *Quest.*, v^a Opposition (tierce), § 1 ; Proudhon, *De l'usufruit*, III, 1300 à 1310 ; Carré, *Lois de la procédure*, II, quest. 1715 ; Larombière, V, art. 1351, n° 117 ; Civ. cass., 12 fructidor an IX, Dev. et Car., *Coll. nouv.*, I, 1, 521 ; Req. rej., 16 juin 1811, Sir., 11, 1, 337 ; Civ. cass., 21 août 1826, Sir., 27, 1, 156 ; Req. rej., 3 juillet 1831, Sir., 32, 1, 127 ; Paris, 2 février 1832, Sir., 32, 2, 301 ; Req. rej., 26 mai 1841, Sir., 41, 1, 749 ; Civ. cass., 13 décembre 1864, Sir. 65, 1, 27. A l'appui de cette dernière opinion, on fait principalement valoir les trois arguments suivants : 1° L'hypothèque, bien que constituant un droit réel, n'opère cependant aucun démembrement de propriété, et le débiteur, restant investi de tous les droits inhérents à la propriété, a seul qualité pour la réclamer ou la défendre en justice. 2° L'existence de l'hypothèque étant subordonnée au droit de propriété de celui qui l'a constituée, elle doit s'évanouir lorsqu'il vient à être jugé avec ce dernier qu'il n'était pas propriétaire de l'immeuble sur lequel elle a été établie. 3° S'il en était autrement, il faudrait, pour pouvoir faire juger avec sécurité une question de propriété contre une personne chargée de dettes, mettre en cause tous ceux de ses créanciers qui auraient acquis hypothèque sur l'immeuble litigieux. Ces arguments ne nous paraissent pas de nature à faire admettre, en ce qui concerne les créanciers hypothécaires, un système que tout le monde repousse, quant aux acquéreurs, aux copropriétaires, et aux usufruitiers. 1° Si l'hypothèque n'entraîne point, à vrai dire, un démembrement de propriété, elle n'en constitue pas moins un droit réel, qui fait, comme tel, partie du patrimoine du créancier, droit qui, bien loin d'être virtuellement compris dans la propriété, se trouve, au contraire, établi en quelque sorte par opposition à cette dernière. Or, ce droit engendrant une action particulière, dont le créancier jouit en son propre nom, et que le débiteur n'est jamais autorisé à exercer, il en résulte que celui-ci ne peut compromettre en justice le sort de ce droit. 2° Il est vrai que la validité d'une constitution hypothécaire est subordonnée à la propriété du constituant; mais conclure de là que le jugement qui, en l'absence des créanciers hypothécaires, a déclaré que le débiteur n'était pas propriétaire des immeubles grevés, décide par cela même contre eux, que l'hypothèque n'est pas valable, c'est évidemment faire une pétition de principe, puisque la vérité ju-

e. Si les successeurs particuliers et les créanciers chirographaires sont, dans les circonstances ci-dessus indiquées, censés avoir été représentés par leur auteur ou débiteur, ce dernier ne doit jamais être considéré comme ayant été représenté dans les jugements rendus avec eux. C'est ainsi, par exemple, que le jugement intervenu contre les créanciers d'une succession, exerçant comme tels les droits qui en dépendent, n'a pas l'effet de la chose jugée à l'égard des héritiers [10].

f. Ceux qui ne jouissent pas de l'administration de leurs biens, et les personnes morales, sont représentés en justice par les mandataires auxquels l'administration de leurs biens est confiée. Les jugements obtenus par l'administrateur en cette qualité, ou rendus contre lui, profitent à la personne au nom de laquelle il a procédé, et préjudicient à cette personne. C'est ce qui a lieu, par exemple, quant aux jugements rendus pour ou contre : le tuteur d'un mineur ou d'un interdit [11] : le mari exerçant les actions qui

---

diciaire n'est de sa nature que relative, et que la question est précisément de savoir si le jugement rendu avec le débiteur est opposable à ses créanciers hypothécaires. 3° Tout en reconnaissant que notre système peut donner lieu dans la pratique à quelques difficultés, nous dirons qu'on les exagère, car il n'est pas à présumer que les créanciers hypothécaires se hasardent, sans raisons péremptoires, à former tierce opposition au jugement rendu contre leur débiteur. D'ailleurs, le système contraire présente, à notre avis, des inconvénients plus graves. En effet, il arrive souvent que, sans mauvaise foi, et par simple indifférence ou défaut d'intérêt, un débiteur obéré néglige la défense de ses droits, au point de laisser intervenir des jugements par défaut sur des actions en revendication formées contre lui ; et il serait, en pareil cas, bien fâcheux que les créanciers hypothécaires fussent victimes de la négligence du débiteur. Un tel résultat ébranlerait la sûreté des hypothèques, et par suite le crédit public. — Du reste, dans l'opinion que nous combattons, on admet sans difficulté que les créanciers hypothécaires sont, même abstraction faite de toute idée de fraude, recevables à former tierce opposition au jugement rendu contre le débiteur, lorsqu'ils ont à faire valoir des moyens qui leur sont propres, et que ce dernier n'avait pas qualité pour opposer. Larombière, V, art. 1351, n° 119. Paris, 16 août 1832, Sir., 32, 2, 474. Req. rej., 9 décembre 1835, Sir., 36, 1, 177. Caen, 1er juillet 1858, Sir., 58, 2, 305. Civ. cass., 6 décembre 1859, Sir., 60, 1, 9. Nancy, 22 février 1867, Sir., 68, 2, 50. Cpr. Civ. rej., 12 mars 1868, Sir., 68, 1, 221.

[10] L. 9, § 2, D. *de excep. rei jud.* (44, 2). Pothier, *Des obligations*, n° 906, Toullier, X, 200. Larombière, V, art. 1351, n° 24. Req. rej., 14 avril 1806, Sir., 6, 1, 329.

[11] Cpr. § 115, texte et note 10.

lui compètent en qualité d'administrateur des biens personnels de sa femme [42]; les administrateurs d'une commune ou d'un établissement public; et les syndics d'une faillite [43]. Il en est de même des jugements rendus pour ou contre les envoyés en possession provisoire des biens d'un absent, et le curateur d'une succession vacante [44].

Les membres d'une communauté ou d'une société de commerce sont réputés avoir été représentés par les administrateurs ou gérants, agissant en cette qualité et dans les limites de leurs pouvoirs, lors des jugements rendus, soit sur des droits dépendants de l'actif de la communauté [45] ou de la société, soit sur des actes d'administration ou de disposition passés par ces derniers, soit enfin sur des engagements par eux contractés. Il en résulte, par exemple, qu'un jugement qui condamne une société de commerce, dans la personne de son gérant, à l'exécution d'un engagement contracté sous la raison sociale, est opposable même à ceux des associés qui prétendraient que cet engagement ne les lie pas, comme n'étant pas signé d'eux [46].

Les jugements rendus en faveur de l'héritier apparent ou contre lui ont l'autorité de la chose jugée, à l'égard de l'héritier véritable, qui prend plus tard possession de l'hérédité [47].

Les jugements rendus avant l'ouverture de la substitution pour ou contre le grevé, ont l'autorité de la chose jugée à l'égard des appelés, pourvu que, s'il s'agit de jugements rendus contre lui,

---

[42] Cpr. § 509, texte, n° 3 ; § 510, texte, n° 3 ; § 531, texte, n° 2 ; § 535, texte, n° 1. Civ. cass., 14 août 1865, Sir., 65, 1, 440.

[43] Code de commerce, art. 443 et 532. Cpr. Req. rej., 8 juillet 1850, Sir., 51, 1, 38; Civ. cass., 20 août 1864, Sir., 64, 1, 133. Ce dernier arrêt décide que le syndic d'une faillite, contestant un privilége dont l'exercice pourrait nuire tant aux créanciers ordinaires de la faillite, qu'à ceux qui se prétendent privilégiés, représentent les uns et les autres devant la justice.

[44] Cpr. § 153, texte, n° 1, et notes 15 à 17 ; § 642, texte, n° 2, et note 8, texte, n° 3. Larombière, V, art. 1351, n° 97.

[45] Une commune ne représente point ses habitants, en ce qui touche les droits qui peuvent leur appartenir en leur nom personnel et particulier. Larombière, V, art. 1351, n° 95. Req. rej., 19 novembre 1838, Sir., 38, 1, 1001. Cpr. § 54, texte, in fine, et note 44.

[46] Paris, 11 mars 1835, Sir., 35, 2, 262. Voy. aussi Req. rej., 19 novembre 1838, Sir., 39, 1, 307.

[47] Cpr. § 640, texte, n° 3 ; § 639, texte, n° 6, in fine, et notes 29 à 31. Larombière, V, art. 1351, n° 97.

ils l'aient été contradictoirement avec le tuteur nommé à la substitution, et sur les conclusions du ministère public[48].

g. Il est plusieurs classes de personnes qui sont réputées avoir été représentées en justice par l'une des parties litigantes, lorsqu'il s'agit de jugements qui tendent à rendre leur condition meilleure, et qui, au contraire, sont à considérer comme des tiers, lorsqu'il s'agit de jugements qui, s'ils pouvaient leur être opposés, entameraient ou compromettraient leurs droits.

C'est ce qui a lieu, par exemple :

Pour le nu propriétaire, quant aux jugements rendus avec l'usufruitier[49];

Pour la caution, quant aux jugements rendus avec le débiteur principal[50];

---

[48] Cpr. § 696, texte, n° 3, notes 65 et 66. Proudhon, *De l'usufruit*, III, 1334. Duranton, IX, 591. Larombière, V, art. 1351, n° 99.

[49] Cpr. § 231, texte, n° 5, notes 66 et 67. Marcadé sur l'art. 1351, n° 13. Larombière, V, art. 1351, n° 102.

[50] La caution est, tant en son propre nom que du chef du débiteur principal, recevable à se prévaloir du jugement qui, sur la défense de ce dernier, a déclaré la dette non existante ou éteinte. D'une part, en effet, le cautionnement suppose une obligation principale et s'évanouit avec elle, sauf dans les cas prévus par le 2e al. de l'art. 2012. D'autre part, le débiteur principal, lui-même, serait privé du bénéfice du jugement qu'il a obtenu, si la caution pouvait, malgré ce jugement, être encore poursuivie, puisque, dans cette hypothèse, il resterait exposé à l'action récursoire de cette dernière. Aussi ce premier point est-il généralement admis. Mais, de ce que les jugements rendus en faveur du débiteur principal profitent à la caution, il n'en résulte point, par réciprocité, qu'elle soit liée par les jugements rendus contre lui. Ces jugements seraient opposables à la caution, si elle n'était admise à faire valoir les exceptions relatives à l'existence de la dette, que du chef du débiteur principal et comme exerçant ses droits et actions, puisque, dans cette supposition, la caution aurait été, comme ayant cause du débiteur principal, représentée par ce dernier dans les jugements intervenus entre lui et le créancier. Mais cette supposition est inexacte. Comme l'existence d'une obligation principale valable est la condition première de tout cautionnement, et qu'ainsi les causes de nullité ou d'extinction de l'obligation principale sont, en même temps, des causes de nullité ou d'extinction du cautionnement, la caution peut les opposer en son nom personnel, et non pas seulement du chef du débiteur. Elle les fait valoir, bien moins pour nier les droits du créancier contre le débiteur, que pour contester l'existence ou la validité de son engagement personnel ; et il est impossible de soutenir que le débiteur principal représente la caution, quant à la question d'existence ou de validité de l'obligation de cette dernière. Nous ajouterons que,

Pour les créanciers ou débiteurs solidaires, quant aux jugements rendus avec l'un de ces créanciers[51], ou débiteurs [52];

dans le système contraire, il faudrait, pour être conséquent, aller jusqu'à dire,
comme l'a décidé la Cour de cassation (Civ. rej., 12 février 1840, Sir., 40, 1,
529), que la caution est liée, non-seulement par les jugements rendus contre
le débiteur principal, mais encore par ses aveux et déclarations extrajudiciaires ; et il suffit d'énoncer cette proposition pour en faire comprendre aussitôt
l'inexactitude et les dangers. Cpr. § 426, texte, n° 2, et notes 17 à 19;
L. 7, D. de except. (44, 1). Nec obstat, L. 5, præ, D. de appel. (49, 1).
Voy. en ce sens : Marcadé sur l'art. 1351, n° 13 ; Pont, Des petits contrats,
II, 348 à 353 ; Griolet, p. 163. Mais la jurisprudence et la plupart des auteurs décident, au contraire, que la caution est liée par les jugements rendus
contre le débiteur principal, sauf à les attaquer par voie de tierce opposition,
lorsqu'ils sont le résultat d'un concert frauduleux entre celui-ci et le créancier.
Voy. Pothier, Des obligations, n° 909 ; Proudhon, op. cit., III, 1324 ; Toullier,
X, 211 ; Bonnier, II, 886 ; Troplong, Du cautionnement, n°s 511 et 512;
Larombière, V, art. 1351, n° 100 ; Zachariæ, § 425, note 12 ; Civ. cass.,
27 novembre 1811, Sir., 12, 1, 125 ; Grenoble, 18 janvier 1832, Sir., 33, 2,
160 ; Req. rej., 11 décembre 1834, Sir., 35, 1, 376.

[51] Cpr. § 298 bis, texte et note 10. Marcadé, loc. cit. Bonnier, II, 887. —
Proudhon (op. cit., III, 1322), Toullier (X, 204), et M. Larombière (II, art.
1198, n° 15, V, art. 1351, n° 100), enseignent le contraire. A l'appui de leur
opinion, les deux premiers de ces auteurs invoquent la Loi 5, C. de duob. reis
(8, 40), et la Loi 31, § 1, D. de. novat. et del. (46, 2). Mais la décision de
ces lois est incompatible avec les principes du Code civil sur la solidarité entre
créanciers.

[52] Tout le monde reconnaît que le jugement rendu en faveur de l'un des débiteurs solidaires sur une exception commune à tous, profite aux autres. Cpr.
§ 298 ter, texte, n° 3, in fine, notes 35 et 36. On s'accorde également à dire
que le codébiteur solidaire n'est pas lié par le jugement obtenu contre son codébiteur, s'il a des exceptions personnelles à faire valoir, par exemple, s'il
conteste l'existence ou la validité de son engagement, s'il prétend qu'il ne s'est
obligé que sous certaines modalités, ou jusqu'à concurrence d'une certaine
somme seulement, ou enfin s'il soutient que, quant à lui, la dette se trouve
éteinte. Cpr. Paris, 20 mars 1809, Sir., 9, 2, 293 ; Req. rej., 29 novembre 1836, Sir., 37, 1, 362. Mais il y a controverse sur le point de savoir si
le jugement obtenu contre l'un des débiteurs solidaires, et qui a rejeté une exception réelle par lui proposée, a l'autorité de la chose jugée à l'égard des autres. La solution négative, que nous avons adoptée, nous paraît découler de la
nature de l'obligation solidaire, qui, bien que simple quant à son objet, est cependant multiple quant aux liens juridiques en vertu desquels les différents
débiteurs se trouvent engagés : Et singulis solida petitio est. En effet, si l'o-
bligation de chacun des débiteurs est, quant au lien juridique, distincte de celle
des autres, les exceptions réelles contre la dette commune doivent appartenir

Ainsi que pour les coïntéressés dans une obligation indi-

individuellement à chacun d'eux, comme autant de moyens de faire tomber son engagement personnel, d'où il faut conclure que l'un des débiteurs ne peut proposer de pareilles exceptions qu'en ce qui le concerne personnellement, et que, s'il succombe, la cause des autres n'en doit pas moins rester entière. Art. 1208, et arg. de cet article. En disant, pour soutenir le contraire, que les codébiteurs sont mandataires, les uns à l'égard des autres, pour tout ce qui concerne la dette commune, on ne fait qu'une pétition de principe. Nous venons de voir que ce prétendu mandat ne résulte point de la nature des obligations solidaires. Il ne résulte pas davantage de la loi. Certaines dispositions, et notamment celles des art. 1281, 1284 et 1365, al. 4, supposent, à la vérité, que les codébiteurs solidaires sont mandataires les uns des autres à l'effet de rendre meilleure leur condition commune ; mais il n'existe aucun texte d'où l'on puisse logiquement conclure, que la solidarité entre les débiteurs emporte un mandat réciproque, en vertu duquel chacun d'eux se trouve, dans l'intérêt du créancier, investi du pouvoir de compromettre, soit par des actes extrajudiciaires, soit en procédant en justice, les intérêts et la position des autres ; et les articles ci-dessus rappelés, loin de venir à l'appui de cette thèse, fournissent contre elle un puissant argument. En vain invoque-t-on, dans le système contraire, les art. 1206, 2249, et 1207. Si, d'après les deux premiers de ces articles, les poursuites dirigées contre l'un des débiteurs solidaires ou sa reconnaissance interrompent la prescription à l'égard de tous, c'est parce que l'obligation solidaire étant unique quant à son objet, et que le créancier pouvant s'adresser pour le tout à chacun des débiteurs, les actes qui tendent seulement à conserver ses droits tels quels, doivent avoir leur effet vis-à-vis de tous les débiteurs, bien qu'ils n'aient été faits que contre l'un d'eux, ou qu'ils n'émanent que d'un seul ; autrement, le créancier ne jouirait plus d'une manière complète, et sous tous les rapports, du droit de s'adresser à celui des débiteurs qu'il veut choisir. Mais il ne suit nullement de là que le créancier puisse, en poursuivant l'un des débiteurs, ou en pactisant avec lui, améliorer sa condition vis-à-vis des autres, et qu'en obtenant contre un seul des débiteurs un jugement qui rejette une exception réelle, sa créance se trouve par cela même consolidée au regard de tous. Un pareil jugement ne semble pas plus pouvoir lier ceux des débiteurs qui n'y ont pas figuré, qu'ils ne pourraient l'être par la renonciation volontaire de leur codébiteur à une exception qui leur est commune ; et il est bien évident que la renonciation de l'un des débiteurs à une exception de prescription, de novation, de nullité, etc., ne saurait priver les autres du bénéfice de ces exceptions. Quant à l'art. 1207, on ne peut, avec sûreté, en tirer des conséquences ou inductions quelconques, puisque la disposition qu'il renferme est peu juridique, et qu'en tous cas, elle est exceptionnelle de sa nature. Cpr. § 298 ter. texte, n° 3, et note 31. Voy. dans le sens de notre opinion : Duranton, XIII, 520 ; Marcadé, loc. cit.; Rodière, De la solidarité, n°ˢ 109 et 370 ; Req. rej., 11 février 1824, Dev. et Car., Coll. nouv., VII, 1, 394 ; Civ. rej., 15 janvier 1839, Sir., 39, 1, 97 ; Limoges, 19 décembre 1842, Sir., 43, 2, 495 ;

visible, quant aux jugements rendus avec l'un de ces coïntéressés [53].

C'est ce qui a également lieu, pour les copropriétaires d'un
immeuble indivis, quant aux jugements rendus avec l'un d'eux,
sur l'existence d'une servitude réclamée au profit ou à la charge
de cet héritage [54].

[53] Civ. cass., 25 mars 1861, Sir., 61, 1, 433. Voy. en sens contraire : Merlin,
Quest., v° Chose jugée, § 18, n°s 2 et 3 ; Toullier, X, 202 et 203 ; Proudhon,
De l'usufruit, III, 1321 ; Bonnier, II, 887 ; Chauveau, sur Carré, *Lois de la
procédure*, quest. 645, *in fine* ; Larombière, II, art. 1208, n°s 18 et suiv., V,
art. 1351, n° 801 ; Dijon, 28 décembre 1871, Sir., 72, 2, 18. Cpr. aussi en
sens contraire les deux arrêts cités au commencement de la note.

[53] Toullier (X, 206) pense que les codébiteurs d'une dette indivisible doivent être considérés comme étant représentés, d'une manière absolue, dans
les jugements rendus avec l'un d'eux, peu importe que ces jugements leur
soient favorables ou contraires. Voy. également dans ce sens : Larombière, III,
art. 1225, n° 17, et V, art. 1351, n° 100. Les raisons que nous avons développées à la note précédente, pour établir que les codébiteurs solidaires ne sont
pas liés par les jugements rendus contre l'un d'eux, s'appliquent *a fortiori* aux
codébiteurs d'une obligation indivisible. En effet, quoique chaque débiteur
d'une dette indivisible puisse, en raison de la nature de la prestation qui en
forme l'objet, être poursuivi pour la totalité de cette prestation, il n'en est cependant pas tenu *totaliter*. A la différence de ce qui a lieu pour les codébiteurs solidaires, l'obligation des codébiteurs d'une dette indivisible ne porte
que sur des parts distinctes de la dette ; et c'est un motif de plus pour
décider que ce qui a été jugé contre l'un d'eux ne s'applique qu'à la portion de la dette commune dont il était personnellement débiteur, et ne peut,
par conséquent, être opposé aux autres. Cpr. Civ. rej., 15 janvier 1839,
Sir., 39, 1, 97.

[54] La loi 4, § 3, D. *si serv. vind.* (8, 5), décide nettement que le jugement
par lequel l'un des copropriétaires d'un fonds indivis a fait reconnaître l'existence d'une servitude en faveur de ce fonds, profite à tous les autres. Aussi ce
point de doctrine est-il généralement admis. Mais on n'est pas d'accord sur la
question de savoir si le jugement qui a rejeté une action confessoire formée par un
seul des copropriétaires ou qui a admis une pareille action dirigée contre lui, a
l'autorité de la chose jugée à l'égard des autres. Voy. dans le sens de la négative,
que nous avons adoptée : Duranton, XIII, 528 ; Bonnier, II, 888 ; Rodière, *De la
solidarité*, n° 376. Cpr. aussi : Req. rej., 19 décembre 1832, Sir., 33, 1, 473.
Voy. pour l'affirmative : Toullier, X, 207 ; Pardessus, *Des servitudes*, II, 384. Ces
auteurs invoquent, à l'appui de leur manière de voir, la Loi 19, D. *si serv. vind.*
(8, 5), et l'opinion de Pothier (*Des obligations*, n° 908). Mais le sens de la loi
précitée est pour le moins douteux ; et quant à l'opinion de Pothier, c'est bien
à tort que Toullier et Pardessus s'en prévalent. En effet, après avoir rapporté

Cette distinction s'applique également aux jugements rendus, avant l'événement de la condition, avec le propriétaire dont le droit était soumis à une condition résolutoire, ou qui l'avait aliéné sous une condition suspensive. Celui qui, par l'accomplissement de la condition, redevient ou devient propriétaire, peut invoquer de pareils jugements lorsqu'ils lui sont favorables, sans qu'ils puissent lui être opposés quand ils lui sont contraires[55].

La même distinction s'applique enfin aux jugements rendus avec l'ancien propriétaire ou créancier, par suite d'instances engagées seulement depuis l'époque à partir de laquelle les nouveaux propriétaires ou créanciers ont été saisis de leur droit au regard des tiers. Lorsque ces jugements sont favorables à l'ancien propriétaire ou créancier, ils profitent à ses successeurs, même à ti-

---

cette loi, Pothier a soin d'ajouter que, d'après nos usages, ceux des copropriétaires qui n'ont pas figuré dans le jugement, sont admis à y former tierce opposition, sans avoir besoin d'alléguer la collusion ; ce qui revient à dire que ceux des copropriétaires qui n'ont pas figuré dans une instance relative à une servitude réclamée en faveur du fonds commun ou sur ce fonds, ne sont pas censés y avoir été représentés par le copropriétaire qui a succombé, et que le jugement n'a réellement pas, à leur égard, l'autorité de la chose jugée, puisque, s'il en était autrement, ils ne seraient reçus à y former tierce opposition que pour cause de fraude ou de collusion. A la vérité, le jugement rendu, en pareil cas, contre un seul des copropriétaires, sera exécutoire contre tous les autres, tant et aussi longtemps qu'ils ne l'auront pas fait rétracter par la voie de la tierce opposition ; mais on se tromperait étrangement si l'on voulait conclure de là que le jugement emporte, en ce qui les concerne, l'autorité de la chose jugée. Ce sont là deux questions complétement distinctes, et qu'il faut bien se garder de confondre. Cpr. texte et note 67 *infra*. Nous ajouterons que le principe du Droit français, d'après lequel le partage emporte effet rétroactif, ne permet pas d'admettre que le jugement rendu contre un seul des copropriétaires soit opposable aux autres, nonobstant l'éventualité du partage, par suite duquel l'immeuble pourra tomber dans le lot de l'un de ces derniers. Cpr. aussi note 39 *supra*.

[55] Le propriétaire dont le droit de propriété a été acquis sous une condition résolutoire, ou aliéné sous une condition suspensive, se trouvant soumis à une obligation éventuelle de restitution ou de délivrance, et étant tenu, *pendente conditione*, de veiller à la conservation de la chose, a bien qualité pour la défendre dans l'intérêt de celui à qui elle devra être livrée ou restituée, mais non pour compromettre les droits de ce dernier. Le principe contraire admis, du moins sous certaines conditions, quant aux jugements rendus contre le grevé de restitution, tient à la nature toute spéciale des substitutions, et ne peut recevoir d'extension à d'autres matières. Duranton, XIII, 509 à 510. Proudhon, *De*

tre particulier [56], auxquels ils ne peuvent être opposés, s'ils lui sont contraires [57].

Mais elle ne saurait être étendue aux jugements intervenus, en l'absence du débiteur, entre le créancier judiciairement subrogé à ses droits et les tiers contre lesquels ses actions ont été exercées : de pareils jugements ne profitent pas plus au débiteur et à ses autres créanciers, qu'ils ne peuvent leur être opposés [58].

Les légataires particuliers, ou à titre universel, ne sont point représentés par le légataire universel dans les instances relatives à la validité du testament. Le jugement rendu contre ce dernier, et qui a déclaré le testament nul, soit pour vice de forme, soit pour toute autre cause, ne peut donc leur être opposé [59].

h. La règle que l'autorité de la chose jugée n'a lieu qu'entre les mêmes parties, s'applique, sans restriction ni modification, aux jugements qui reconnaissent ou attribuent une qualité quelconque à l'une des parties.

C'est ainsi qu'un jugement qui, sur la poursuite d'un créancier, a attribué au débiteur la qualité de commerçant, et l'a, par suite, déclaré justiciable des tribunaux de commerce, n'a pas l'autorité de la chose jugée à l'égard d'autres créanciers [60].

---

l'usufruit, III, 1353 et 1314. Larombière, II, art. 1181, n° 6, art. 1183, n° 10, et V, art. 1351, n°s 112 et 113.

56 Si l'acquéreur ou le cessionnaire n'était pas autorisé à se prévaloir de pareils jugements, ils resteraient sans effet, même en ce qui concerne l'ancien propriétaire ou créancier, puisqu'il serait exposé à un recours en garantie de la part du cessionnaire ou de l'acquéreur; et cela est évidemment inadmissible. Larombière, V, art. 1351, n° 107.

57 Voy. cependant texte et note 34 *supra.*

58 Voy. § 312, texte, n° 1, et note 18.

59 En Droit romain, on décidait le contraire, en vertu de la règle *Ab institutione hæredis, pendent omnia quæ testamento continentur.* Mais cette décision ne saurait être admise chez nous, puisque, dans les principes de notre Droit, les différentes dispositions d'un testament sont indépendantes les unes des autres. Cpr. § 647, texte, n° 3; § 716. Toullier, X, 212. Duranton, XIII, 516.

60 Un pareil jugement n'a pas, même en faveur du créancier qui l'a obtenu, l'autorité de la chose jugée, quant à la qualité de commerçant accidentellement attribuée au débiteur. Voy. texte et note 84 *infra.* — Il en est tout autrement, sous ce rapport, des jugements qui attribuent ou qui refusent à l'une des parties le titre d'héritier, et de ceux qui lui reconnaissent ou qui lui dénient tel ou tel état. Ces jugements, lorsqu'ils sont rendus à la suite de conclusions formelles, ont, en ce qui concerne le titre d'héritier ou l'état sur lesquels ils ont

C'est ainsi encore qu'un jugement qui, sur la demande de l'un des créanciers d'une succession, a condamné un successible en qualité d'héritier pur et simple, soit en le déclarant déchu de la faculté de renoncer ou d'accepter sous bénéfice d'inventaire, soit en annulant sa renonciation ou son acceptation bénéficiaire, soit enfin en le déclarant déchu du bénéfice d'une pareille acceptation, n'emporte pas chose jugée au profit des autres créanciers [61].

La règle dont s'agit est également applicable aux jugements qui statuent sur des questions d'état [62].

2° Pour qu'un jugement ait l'autorité de la chose jugée contre une partie ou en sa faveur, il ne suffit pas qu'elle y ait figuré en nom, ou qu'elle y ait été représentée d'après ce qui a été dit ci-dessus ; il faut de plus que, dans la nouvelle instance, elle agisse ou soit recherchée en la même qualité.

Ainsi, un jugement rendu avec un individu en qualité d'administrateur de la fortune d'autrui ou de mandataire, n'a pas l'autorité de la chose jugée pour ou contre lui personnellement [63].

Ainsi encore, un jugement rendu avec un héritier bénéficiaire en cette qualité, ne peut lui être opposé lorsqu'il agit en qualité de créancier hypothécaire du défunt [64].

De même, un jugement rendu avec une partie, qui agissait en qualité d'héritière de sa mère, n'a pas en sa faveur, ni contre

---

statué, l'autorité de la chose jugée, pour ou contre ceux qui y ont été parties. Voy. texte et note 113 *infrà.* Cpr. Larombière, V, art. 1351, n°⁵ 85 à 90.

[61] Voy. § 612, texte, n° 3, et note 25 ; § 613, texte, n° 5, et note 57.

[62] Chambéry, 7 avril 1865, Sir., 66, 2, 187. D'après la plupart des auteurs, la règle rappelée au texte, dont on reconnaît l'application aux questions d'état en général, serait soumise à différentes restrictions ou exceptions, quant aux jugements qui statuent sur des questions de filiation ou de légitimité. Nous avons exposé et réfuté la doctrine reçue à cet égard, au § 544 *bis,* texte, n° 6, et au § 545 *bis,* texte, n° 1, notes 42 à 44, texte, n° 2, note 52, où nous avons traité de l'effet des jugements qui ont admis ou rejeté, soit une action en désaveu ou en contestation de légitimité, soit une action en réclamation ou en contestation d'état. Du reste, les jugements qui statuent sur des questions d'état ont, par leur nature, des effets plus étendus que ceux qui reconnaissent ou dénient à l'une des parties une qualité purement accidentelle. Cpr. texte et note 113 *infrà.*

[63] Toullier, X, 213. Duranton, XIII, 499. Civ. cass., 14 décembre 1824, Sir., 25, 1, 236. Req. rej., 21 décembre 1841, Sir., 42, 1, 65. Civ. rej., 28 août 1849, Sir., 50, 1, 49.

[64] Civ. cass., 26 avril 1852, Sir., 52, 1. 513.

VIII.   25

elle, l'autorité de la chose jugée, lorsque plus tard elle est actionnée ou forme une nouvelle demande, en qualité d'héritière de son père ou de toute autre personne, alors du moins qu'elle n'a acquis cette dernière qualité que depuis la première instance[65].

Enfin, un jugement rendu contre une personne agissant de son chef et en son propre nom, n'a pas l'autorité de la chose jugée contre elle, lorsqu'elle agit une seconde fois aux mêmes fins, mais comme cessionnaire des droits d'un tiers[66].

3° Du reste, si les jugements n'ont point, à l'égard des tiers, l'autorité de la chose jugée, cela n'empêche pas qu'ils ne puissent, au moins provisoirement, être exécutés à leur préjudice, sauf à eux à les faire rétracter, en ce qui les concerne, par la voie de la tierce opposition[67].

D'un autre côté, si le jugement, qui, sur une action en revendication, a déclaré le demandeur propriétaire de l'immeuble revendiqué, ne peut être opposé, comme ayant autorité de chose jugée aux tiers qui n'y ont pas figuré, il leur est du moins opposable

---

[65] Si les deux qualités se trouvaient déjà confondues dans la personne de l'un des plaideurs au moment de l'introduction de la première instance, on devrait, ce semble, admettre une solution contraire, à moins toutefois que l'objet ou la cause de la demande nouvelle ne fût différent de l'objet ou de la cause de la première demande. Cpr. Toullier, X, 169 et 214; Marcadé, sur l'article 1351, n° 10; Civ. cass., 7 messidor an VII, Dev. et Car., *Coll. nouv.*, I, 1, 222; Civ. rej., 3 mai 1841, Sir., 41, 1, 391; Req. rej., 30 juin 1856, Sir., 57, 1, 260.

[66] Larombière, V, art. 1351, n° 69. Lyon, 30 novembre 1870, Sir., 72, 2, 17.

[67] La question de savoir si celui à qui on oppose un jugement dans lequel il n'a été, ni partie, ni représenté, est obligé, pour en écarter l'application, d'y former tierce opposition, ou si, au contraire, il peut toujours se borner à repousser le jugement, en disant qu'il est à son égard *res inter alios judicata*, est fortement controversée. Dans notre opinion, il suffit, à la vérité, aux tiers d'invoquer la maxime *Res inter alios judicata tertio non nocet*, toutes les fois qu'il s'agit seulement de repousser l'autorité d'un jugement qui leur est opposé comme fondement d'une exception de chose jugée, ou d'une demande nouvelle dirigée contre eux; mais la tierce opposition devient nécessaire, lorsqu'il s'agit pour un tiers d'arrêter l'exécution d'un jugement qui lui porterait préjudice, ou de revenir contre l'exécution déjà consommée. Voy. dans le sens de cette opinion, que nous nous dispenserons de développer, puisque la question appartient à la procédure, plutôt qu'au Droit civil : Req. rej., 24 avril 1844, Sir., 45, 1, 33. Cpr. Cardot, *Revue pratique*, 1866, XXIX, p. 50; Larombière, I, art. 1165, n° 28, V, art. 1351, n° 92 et 93; Civ. cass., 22 août 1871, Sir., 71, 1, 228; et les autorités en sens divers indiquées dans les notes qui accompagnent les deux arrêts.

comme constituant, au profit de celui qui l'a obtenu, une preuve de son droit de propriété, preuve dont ils ne peuvent détruire l'effet que par une preuve contraire, en justifiant d'un droit meilleur ou plus probable [68].

B. *De l'identité de l'objet* [69].

1° L'autorité de la chose jugée ne s'étend pas au delà de l'objet sur lequel le jugement a explicitement ou implicitement statué. Un jugement ne peut donc, dans une nouvelle instance, être invoqué par le demandeur ou par le défendeur, comme ayant l'autorité de la chose jugée, qu'autant que la demande ou l'exception proposée porte sur la même chose corporelle, sur une quantité d'objets de même espèce, ou sur le même droit [70].

Cette règle conduit, entre autres, aux applications suivantes [71] :

a. Le jugement rendu pour ou contre un créancier demandeur en collocation dans l'ordre ouvert pour la distribution du prix d'une partie déterminée d'un immeuble, ne peut être invoqué par lui ou contre lui, dans un second ordre ouvert pour la distribution du prix distinct d'une autre partie de cet immeuble [72].

b. Le jugement qui décide qu'un individu n'est pas propriétaire exclusif de telle ou telle partie déterminée d'un immeuble, n'a pas l'autorité de la chose jugée quant à la demande par laquelle cet individu réclame ultérieurement un droit de propriété commune et indivise sur le même immeuble [73]. Il en serait de même dans l'hypothèse inverse.

c. Le jugement qui a rejeté une action tendant à faire reconnaître l'existence d'une servitude, soit réelle, soit personnelle, et

---

[68] Civ. cass., 27 décembre 1865, Sir., 66, 1, 205.

[69] Il arrive souvent que deux demandes successivement formées entre les mêmes parties, ou que des exceptions proposées par le défendeur dans deux instances, diffèrent tout à la fois quant à leur objet, et quant à la cause sur laquelle elles sont fondées. Nous indiquerons, sous la lettre *C*, n° 3, *infrà*, quelques hypothèses où ce fait se rencontre, en nous bornant, pour le moment, à expliquer les règles qui concernent plus spécialement l'identité de l'objet.

[70] LL. 12, 13, et L. 21, *proe, D. de excep. rei jud.* (44, 2).

[71] Voy. sur d'autres applications de cette règle : Civ. cass., 13 mai 1846, Sir., 46, 1, 547 ; Req. rej., 4 novembre 1863, Sir., 63, 1, 539.

[72] Larombière, V, art. 1351, n° 56. Civ. rej., 28 août 1849, Sir., 50, 1, 49. Civ. rej., 31 mars 1851, Sir., 51, 1, 305.

[73] Civ. cass., 14 février 1831, Sir., 31, 1, 415.

notamment d'un droit d'usufruit sur un fonds, ne fait pas obstacle à ce que le demandeur qui a échoué sur cette action, forme ultérieurement une demande en revendication du même héritage. Réciproquement, le jugement qui a rejeté une demande en revendication, ne s'oppose pas à ce que le demandeur intente ultérieurement une action confessoire de servitude, et, spécialement à ce qu'il réclame la jouissance à titre d'usufruitier (*ususfructus formalis*) du fonds sur lequel portait sa première demande [74].

d. Le propriétaire d'un fonds qui a réclamé une servitude réelle sur un héritage peut, malgré le rejet de cette demande, réclamer ultérieurement sur le même héritage une servitude d'une espèce différente, qu'elle soit plus restreinte ou plus étendue que la première, et que, dans ce dernier cas, elle comprenne virtuellement, dans une certaine mesure, une faculté inhérente au droit qui avait fait l'objet de la première demande. C'est ainsi que le propriétaire d'un fonds peut, après avoir échoué dans une action confessoire ayant pour objet un passage à pied (*iter*), réclamer ultérieurement un passage pour les bêtes de somme (*actus*), ou avec voitures (*via*) [75].

e. Celui qui a succombé dans une demande ayant uniquement pour objet le paiement des intérêts d'une créance, est recevable à réclamer ultérieurement le principal, à moins que, sur une exception proposée par le défendeur, la créance elle-même n'ait été déclarée non existante, nulle, ou éteinte [76].

f. Un jugement qui condamne le débiteur, et la caution en cette qualité, à payer une dette, n'empêche pas que la caution ne puisse, au moment de l'exécution, opposer aux poursuites les ex-

---

[74] Toullier, X, 154. Duranton, XIII, 465 et 466. Req. rej., 21 vendémiaire an XI, Sir., 3, 2, 586.

[75] Il s'agit ici, en effet, de servitudes distinctes. Quoique le droit de passage pour les bêtes de somme ou avec voitures comprenne virtuellement la faculté de faire conduire par un homme à pied ces bêtes de somme ou ces voitures, cette faculté ne sera pas exercée comme servitude distincte (*ut iter*), mais comme simple accessoire de la servitude *actus vel via*. C'est donc à tort que Marcadé (*locc. infrà citt.*) nous reproche d'enseigner que le jugement qui refuse *iter* n'empêche pas que l'on puisse ultérieurement demander *viam vel actum cu itinere*. Telle n'est pas notre pensée. Cpr. L. 11, § 6, *D. de excep. rei jud* (42, 2); Pothier, *op. cit.*, n° 894; Toullier, X, 153; Duranton, XIII, 467.

[76] L. 23, *D. eod. tit.* Pothier, *op. cit.*, n° 893. Duranton, XIII, 469.

ceptions de discussion, de division, ou de cession d'actions, qui lui compètent [77].

g. Un jugement qui rejette une exception de dotalité, opposée à une saisie-brandon, n'a pas l'autorité de la chose jugée relativement à la même exception ultérieurement invoquée contre une saisie immobilière, pratiquée par le même créancier sur l'immeuble dont les fruits avaient été saisis-brandonnés [78].

2° L'identité d'objet, qui constitue une des conditions de l'autorité de la chose jugée, peut exister d'une manière suffisante pour donner lieu à l'application de l'art. 1351, bien qu'elle ne soit pas intégrale ou absolue. Les augmentations ou diminutions qu'une chose a reçues ou subies, et les changements qui se sont opérés dans ses parties constitutives, n'empêchent pas qu'elle ne doive, au point de vue qui nous occupe, être considérée comme étant la même chose [79].

D'un autre côté, les parties intégrantes d'une chose, et les droits particuliers compris dans un droit plus général dont il n'est pas possible de les détacher, comme ayant une existence propre et distincte, sont à considérer comme formant un même objet avec cette chose ou ce droit [80]. Il en résulte, par exemple, qu'un jugement

---

[77] En effet, ces exceptions, qui supposent une obligation principale et un cautionnement valables, diffèrent complétement, quant à leur objet, des exceptions en nullité ou autres qui peuvent compéter à la caution, soit contre l'obligation principale, soit contre le cautionnement. Larombière, V, art. 1351, n° 80. Req. rej., 20 mars 1843, Sir., 43, 1, 455.

[78] Bordeaux, 22 décembre 1857, Sir., 58, 2, 529.

[79] L. 14, *proe*, et L. 21, § 1, *D. de excep. rei jud.* (44, 2). Pothier, *Des obligations*, n° 890. Toullier, X, 145. Proudhon, *De l'usufruit*, III, 1271. Duranton, XIII, 462.

[80] *In toto et pars continetur.* L. 113, *D. de R. J.* (50, 17). L. 7, *proe*, *D. de excep. rei jud.* (44, 2). Entendue dans le sens qui a été indiqué au texte, cette maxime est parfaitement exacte. Marcadé cependant (sur l'art. 1351, n°s 3 à 5, et *Revue de législation*, 1848, III, p. 316 et suiv.) en repousse l'application, comme conduisant à des conséquences plus ou moins absurdes. Mais, dans les développements auxquels il se livre à ce sujet, il confond des espèces qui rentrent dans des ordres d'idées complétement différents, et arrive par suite à formuler des propositions, dont les unes sont justes, et les autres fausses. Ainsi, il est dans le vrai en disant que, quand il est jugé qu'une personne n'est pas propriétaire exclusive d'un immeuble, il n'est nullement jugé par là qu'elle n'en est pas copropriétaire pour une fraction. Ici, en effet, il s'agit de droits distincts, circonstance qui rend inapplicable la maxime *In toto pars continetur*. Mais il tombe dans une erreur qui nous paraît évidente, quand il ajoute que

qui a rejeté la demande en revendication d'un domaine, a l'autorité de la chose jugée à l'égard d'une action en revendication d'un
ou plusieurs immeubles particuliers, reconnus comme étant des
dépendances de ce domaine. Il en résulte encore que celui qui a
succombé sur une action en revendication, n'est pas recevable à
réclamer plus tard, soit la nue propriété, soit la simple jouissance
à titre de propriétaire (*ususfructus causalis*), de la chose dont la
pleine propriété avait formé l'objet de sa première demande [81].

Enfin, les fruits civils ou naturels, et, en général, les produits
d'une chose corporelle ou incorporelle, sont à considérer comme
formant un seul et même objet avec cette dernière. On doit en
conclure que le jugement qui a rejeté la demande en paiement
d'une somme principale, a l'autorité de la chose jugée, relativement à une nouvelle demande qui aurait pour objet le paiement
des intérêts de cette somme [82].

Il y a plus : au point de vue de l'autorité de la chose jugée, le
tout doit être considéré comme ayant été virtuellement engagé
dans le litige portant sur l'une de ses parties, de telle sorte que
celui qui aurait succombé sur la demande d'une partie ne serait
plus recevable à réclamer le tout, même sous la déduction de
cette partie [83].

jugement qui a rejeté une demande en paiement de 20,000 fr., ne s'oppose pas à
la réclamation ultérieure de 1,000 ou de 1,200 fr., en vertu de la même cause. En
effet, celui qui réclame l'exécution intégrale d'une obligation, engage la contestation sur toutes et chacune des quantités qui la composent, et le juge qui
la rejette pour le tout, la rejette par cela même pour chacune de ses parties. Le
système de Marcadé entraînerait, vu la divisibilité à l'infini d'une obligation,
la possibilité d'une série indéterminée de demandes fondées sur la même obligation ; ce qui est manifestement contraire à la raison d'utilité publique en vue
de laquelle l'exception de chose jugée a été établie. Les arrêts de la Cour de
cassation (Civ. cass., 14 février 1831, Sir., 31, 1, 415. Req. rej., 30 mars
1837, Sir., 37, 1, 980), que cet auteur invoque à l'appui de son opinion, ont
statué sur des hypothèses où, s'agissant de droits distincts, il ne pouvait être
question d'appliquer la maxime *In toto pars continetur*. Il est même à remarquer que, dans les motifs de ce dernier arrêt, la Cour de cassation a pris soin
de relever cette circonstance pour écarter l'application de la maxime précitée.

[81] L. 21, § 3, *D. de excep. rei jud.* (44, 2). Proudhon, *De l'usufruit*, III,
1271. Duranton, XIII, 465.

[82] L. 7, § 1, L. 23, *D. de excep. rei jud.* (44, 4). Pothier, *op. cit.*, nᵒˢ 892
et 893. Duranton, XIII, 469.

[83] Toullier (X, 153 et 155) enseigne, au contraire, qu'on peut, sans craindre l'exception de chose jugée, demander, par une seconde action, le tout dont

3° Il ne faut pas confondre avec l'objet d'une contestation, les qualités purement accidentelles sur le fondement desquelles on a provoqué une condamnation ou toute autre mesure judiciaire. Le jugement qui accueille ou rejette une demande en reconnaissant ou en déniant une pareille qualité, n'a pas l'autorité de la chose jugée sur l'existence ou la non-existence de cette qualité, lorsqu'elle est de nouveau mise en question dans une seconde instance. Ainsi, par exemple, le jugement par lequel un tribunal de commerce s'est déclaré compétent pour statuer sur une demande formée contre un individu qu'il qualifie de commerçant, n'a pas l'autorité de la chose jugée, en ce qui touche cette qualité, lorsqu'il s'agit plus tard de le faire déclarer en faillite. Le tribunal devant lequel la déclaration de faillite est poursuivie peut rejeter cette demande, par le motif que le défendeur n'est pas commerçant, encore qu'elle soit formée par le même créancier qui avait obtenu le premier jugement [84].

C. De l'identité de la cause.

Malgré l'identité des parties et celle de l'objet, un jugement n'a pas l'autorité de la chose jugée, si l'action ou l'exception formée ou proposée dans la nouvelle instance n'est pas fondée sur la même cause que l'action ou l'exception sur laquelle ce jugement a statué [85].

on avait demandé quelque partie par une première, parce que le tout n'est pas contenu dans la partie. Sans aller aussi loin, Proudhon (<i>De l'usufruit</i>, III, 1272) est d'avis que celui qui a demandé une partie d'un tout, peut encore, après avoir succombé dans son action, réclamer le tout, déduction faite toutefois de la partie qui a formé l'objet de sa première demande. Cette dernière opinion même nous paraît devoir être rejetée. Celui qui réclame un objet ou une quantité comme faisant partie d'un tout, soumet nécessairement au juge l'appréciation du titre en vertu duquel il agit, et si la demande est repoussée par suite d'une défense au fond ou d'une exception péremptoire opposée, non-seulement à la réclamation telle qu'elle a été formée, mais au titre même, toute nouvelle action, tendant à obtenir le surplus de la chose ou de la créance, se trouve d'avance écartée. Il y aurait, en effet, contradiction formelle entre le jugement qui accueillerait une pareille action et celui qui a rejeté la première demande. Voy. en ce sens : L. 3, <i>D. de excep. rei jud.</i> (44, 2); Duranton, XIII 464; Marcadé, <i>opp. et locc. citt.</i>

[84] Civ. rej., 4 mai 1842, Sir., 42, 1, 546. Crim. rej., 22 mai 1846, Sir., 46, 1, 792. Civ. rej., 19 février 1850, Sir., 50, 1, 187. Voy. aussi note 60, <i>suprà</i>, et note 143, <i>infrà</i>.

[85] Le défendeur qui a succombé dans une première instance, est admis à faire

1° On entend par cause en cette matière, le fait juridique qui forme le fondement direct et immédiat du droit ou du bénéfice légal que l'une des parties fait valoir par voie d'action ou d'exception[86].

Il faut se garder de confondre, avec la cause d'une action ou d'une exception, les circonstances ou moyens qui peuvent concourir à constituer cette cause, ou servir à en justifier l'existence. La diversité de ces circonstances ou moyens n'entraîne point diversité de cause [87]. De là découlent, entre autres, les conséquences suivantes :

a. Deux demandes doivent être considérées comme fondées sur la même cause, bien qu'à l'appui de la seconde, on présente **un moyen** nouveau, tiré d'une disposition légale qu'on avait né-

ultérieurement valoir, par voie d'action, une cause qu'il n'avait pas présentée sous forme d'exception, sans qu'on puisse lui opposer l'autorité de la chose jugée, Civ. rej., 14 novembre 1866, Sir., 67, 1, 193.

86 Ainsi, la cause de l'action ou de l'exception ne consiste pas dans le droit ou le bénéfice même qu'il s'agit de faire valoir, mais dans le principe générateur de ce droit ou de ce bénéfice. Quant aux actions réelles en particulier, ce n'est pas le droit de propriété, de servitude, ou d'hypothèque, mais le titre d'acquisition de ce droit qui en constitue la cause ; et c'est à tort que, pour cette classe d'actions, les glossateurs ont vu dans le droit en litige la *causa remota vel generalis* de l'action. Ce droit, en effet, ne constitue, ni la *causa proxima*, ni même la *causa remota* de l'action, dont en réalité il est l'objet. Notre doctrine sur la cause en matière de chose jugée a été adoptée par Marcadé (sur l'art. 1351, nos 6 à 9, et *Revue de législation, loc. cit.*), et par M. Larombière. (V. 1359, nos 60 à 89). M. Griolet et, après lui, M. Bonnier ont présenté sur cette matière un système qui, au point de vue pratique, diffère principalement du nôtre, en ce que, d'après ces auteurs, la nullité d'un acte juridique constitue une seule et même cause, quelle que soit la différence qui existe dans la nature des vices, à raison desquels l'annulation en a été successivement demandée. Mais est-il admissible qu'un jugement qui se borne à déclarer valable en la forme un testament, par exemple, attaqué pour vice de forme, puisse être opposé comme autorité de chose jugée à l'action par laquelle on demanderait l'annulation de cet acte pour incapacité du testateur, ou pour absence de consentement valable de sa part. Voy. texte et note 91, *infra.*

87 C'est cette idée que le J. C. Nératius exprime dans la L. 27, D. *de excep. rei jud.* (44, 2), lorsqu'il exige l'identité de la *causa proxima actionis.* En se conformant à cette terminologie, on appellera *causæ remotæ* les éléments de fait ou les moyens de droit qui, soit séparément et indépendamment l'un de l'autre, soit par leur concours, sont de nature à justifier la *causa proxima actionis.* Cpr. texte et notes 88 à 90. Larombière, V, art. 1350, n° 63.

gligé d'invoquer lors de la première, ou que l'on offre la preuve de faits qu'on n'avait pas d'abord articulés [88].

b. Il en est de même de deux demandes en nullité d'un acte pour vices de forme, bien que la seconde s'appuie sur une irrégularité dont le demandeur ne s'était pas prévalu dans la première instance [89].

c. On doit également considérer comme fondées sur la même cause, deux demandes tendant à l'annulation d'une disposition ou d'une convention pour défaut de consentement valable de la part du disposant ou de l'une des parties, encore que, dans la seconde instance, le demandeur argue le consentement de nullité pour un vice dont il n'avait pas fait mention dans la première [90].

---

[88] Il ne peut évidemment être permis de recommencer un procès sur le simple prétexte de nouveaux moyens, soit de fait, soit de droit. Autrement les décisions judiciaires n'auraient jamais qu'un caractère provisoire. Req. rej., 16 juillet 1817, Sir., 18, 1, 133. Req. rej., 19 avril 1836, Sir., 37, 1, 41. Req. rej., 14 janvier 1839, Sir., 39, 1, 119. Req. rej., 18 novembre 1845, Sir., 46, 1, 74. Voy. aussi Req. rej., 24 février 1835, Sir., 35, 1 179 ; Req. rej. 9 mars 1846, Sir., 46, 1, 451.

[89] En effet, quelle est la *causa proxima* de l'action en nullité dirigée contre un acte instrumentaire comme tel ? C'est le défaut de forme légale ; et, quoique l'inobservation de chacune des formalités prescrites pour la validité d'une acte constitue un vice distinct, tous ces vices particuliers se confondent cependant dans le défaut de forme légale, lequel constitue une seule et même cause de demande, quelle que soit d'ailleurs la circonstance spéciale (*causa remota*) en raison de laquelle le demandeur prétendrait que l'acte est dépourvu de forme légale. Nous ajouterons que l'on se mettrait en opposition avec les motifs d'ordre public sur lesquels repose l'autorité de la chose jugée, en autorisant une partie à demander l'annulation d'un acte pour défaut de forme, par autant d'actions distinctes et successives, qu'elle croirait y reconnaître de vices particuliers. Ce serait lui donner le moyen d'éterniser la contestation. Toullier, X, 166. Larombière, V, art. 1351, n° 83. Colmar, 17 juillet 1816, Sir., 17, 2, 409. Req. rej., 3 février 1818, Sir., 19, 1, 160. Req. rej., 13 avril 1869, Sir., 69, 1, 403. — La proposition énoncée au texte a été appliquée à deux demandes en nullité formées contre l'ordonnance d'*exequatur* d'une sentence arbitrale, et fondées, l'une, sur ce que les arbitres n'avaient pas prononcé dans le délai légal, l'autre, sur ce que l'ordonnance avait été délivrée par un magistrat incompétent. Civ. cass., 29 janvier 1821, Sir., 21, 1, 309.

[90] Cette proposition se justifie par des considérations analogues à celles qui ont été présentées dans la note précédente. Lorsqu'il s'agit d'une demande en nullité pour cause de violence, d'erreur, ou de dol, la *causa proxima actionis* ne consiste pas dans les faits de violence, d'erreur, ou de dol, spécialement invoqués

2º Au contraire, il n'existe aucune identité de cause entre deux demandes qui, toutes les deux, ont pour objet l'annulation d'une même convention, mais qui sont fondées sur des causes de nullité d'une nature différente. Ainsi, on ne saurait considérer comme reposant sur la même cause, deux demandes en nullité d'une convention, lorsque l'une est fondée sur l'incapacité du demandeur, et que l'autre a pour base l'absence d'un objet licite, ni deux demandes en nullité d'une constitution hypothécaire, dont l'une a pour fondement le défaut de consentement valable de la part du constituant, et l'autre un vice de forme[91].

Il n'y a pas non plus identité de cause : entre deux demandes, dont l'une avait pour objet la résolution d'une vente pour retard dans la livraison de la chose vendue, et dont l'autre tend à la résolution de la même vente, à raison d'une impossibilité absolue de livraison[92]; ni entre deux actions, dont l'une tendait à faire annuler une vente comme contraire à la loi ou aux bonnes mœurs, et dont l'autre a pour objet de la faire annuler pour cause de simulation[93]; ni entre une exception de prescription, opposée par le défendeur à une demande en partage, et une exception fondée sur un titre qui aurait transmis au défendeur la propriété exclusive des biens dont le partage est demandé[94] : ni enfin entre deux exceptions, l'une de prescription acquisitive, l'autre de prescription libératoire[95].

3º Il est des actions ou exceptions qui diffèrent entre elles tout à la fois, et quant à leur objet, et quant à la cause sur laquelle elles reposent.

Telles sont, entre autres[96] :

---

ou articulés par le demandeur, mais bien dans l'absence de consentement valable. Ces faits ne sont que les *causæ remotæ* de l'action en nullité. Toullier, X, 165. Larombière, V, art. 1351, nº 82.

[91] Larombière, V, art. 1351, nº 79. Req. req., 19 janvier 1864, Sir. 64, 1, 221. Cpr., Pau, 19 mars 1834, Sir., 34, 2, 341, Voy. en sens contraire : Griolet, p. 109 à 113; Bonnier, II, 876.

[92] Larombière, V, art. 1351, nº 80. Req. rej., 20 novembre 1834, Sir., 35, 1, 816.

[93] Toullier X, 164. Larombière, V, art. 1351, nº 79. Req. rej., 27 août 1817, Sir., 17, 1, 386.

[94] Civ. cass., 6 décembre 1837, Sir., 38, 1, 33.

[95] Besançon, 12 décembre 1864, Sir., 65, 2, 197.

[96] Voy. aussi : Civ. cass., 3 août 1819, Sir., 19, 1, 359 ; Req. rej., 29 avril 1839, Sir., 39, 1, 435; Req. rej., 9 mai 1843, Sir., 44, 1, 769.

Les actions ou exceptions de nullité, dirigées contre l'acte instrumentaire qui contient une convention ou une disposition, et celles qui s'appliquent à la convention ou à la disposition elle-même, envisagée sous le rapport des conditions intrinsèques nécessaires à sa validité [97];

Les actions en nullité, et celles en rescision pour lésion [98];

Les actions en nullité ou en rescision d'une convention, et celles en résolution ou en résiliation de cette convention [99];

Les actions possessoires, et les actions pétitoires [100].

4° Lorsque deux actions principales découlent concurremment d'une seule et même cause, le jugement intervenu sur l'une d'elles a l'autorité de la chose jugée relativement à l'autre, lors même que cette dernière est plus étendue, ou qu'elle est formée dans un but ou dans un intérêt différent [101].

---

[97] Req. rej., 8 mai 1839, Sir., 39, 1, 729.

[98] Toullier, X, 168. Larombière, V, art. 1351, n° 79. Req. rej., 15 juin 1837, Sir., 38, 1, 477. Chambéry, 31 août 1861, Sir., 62, 2, 298.

[99] Toullier et Larombière, *locc. citt.*

[100] L. 14, *D. de excep. rei jud.* (44, 2) Arg. Code de procéd., art. 25 et 27. Il résulte de cette proposition que les jugements rendus au possessoire n'ont aucune autorité au pétitoire, ni quant au fait même de la possession, ni quant aux caractères attribués aux faits de jouissance invoqués par l'une des parties, peu importe d'ailleurs qu'ils aient admis ou rejeté l'action. Toullier, X, 156. C'est ainsi notamment que le juge du pétitoire peut, sans violer l'autorité de la chose jugée, décider que des faits de jouissance, qui avaient été déclarés suffisants pour motiver une action possessoire, sont équivoques, et ne peuvent servir de fondement à l'usucapion. Voy. § 186, texte, n° 3, lett. *a, in fine,* et notes 53 à 55. Aux arrêts qui y sont cités, *adde :* Req. rej., 20 janvier 1868, Sir., 68, 1, 225 ; Req. rej., 16 juin 1868, Sir. 68, 1, 446. — Il résulte, en sens inverse, de la proposition énoncée au texte, que les jugements rendus au pétitoire n'ont pas l'autorité de la chose jugée au possessoire. Si l'art. 26 du Code de procédure civile déclare le demandeur au pétitoire non recevable à agir ultérieurement au possessoire, ce n'est point parce que le jugement intervenu sur l'action pétitoire a l'autorité de la chose jugée quant à l'action possessoire, mais uniquement par la raison que le possesseur qui se pourvoit au pétitoire, est censé renoncer à la faculté de poursuivre, par la voie possessoire, la réparation des troubles antérieurs à son action. Cpr. § 186, texte, n° 3, lett. *c,* et note 46.

[101] L. 5, L. 7, § 4, L. 11, § 4, *D. de excep. rei jud.* (44, 2). L. 43, § 1, *D. de R. J.* (50, 17). Toullier, X, 163. Proudhon, *De l'usufruit* III, 1276. Duranton, XIII, 480 et suiv. Larombière, V, art. 1351, n° 72, Req. rej., 6 avril 1831, Sir., 32, 1, 854, Req. rej., 19 avril 1836, Sir., 37, 1, 42. En pareil cas, le jugement qui rejette l'une des actions, absorbe, d'une manière ab-

C'est ainsi, par exemple, que le jugement intervenu sur une demande en revendication de certains immeubles particuliers, réclamés comme dépendants d'une succession à laquelle le demandeur se prétendait appelé, et qui a rejeté cette demande, en refusant à celui-ci le titre d'héritier, a l'autorité de la chose jugée quant à la pétition d'hérédité qu'il formerait plus tard contre le même défendeur, et *vice versâ* [102].

C'est ainsi encore, que le jugement qui a rejeté une demande en pétition d'hérédité ou en revendication, a l'autorité de la chose jugée relativement à l'action en partage, que formerait ensuite, relativement à la même succession ou au même fonds, celui qui a succombé sur sa première demande [103].

De même, le jugement qui a repoussé l'action personnelle *ex testamento* en délivrance d'un immeuble légué, a l'autorité de la chose jugée quant à l'action en revendication par laquelle le prétendu légataire réclamerait le même immeuble, en se fondant sur le testament qui servait de base à sa première demande [104].

De même enfin, le jugement qui a rejeté une demande en diminution de prix formée par l'acheteur, pour l'une des causes indiquées aux art. 1617, 1636, 1638 et 1644, a l'effet de la chose jugée quant à l'action en résolution de vente, que l'acheteur intenterait plus tard pour la même cause [105].

Mais il faut distinguer des hypothèses qui viennent d'être indiquées, les cas où une personne jouit, relativement au même objet, de deux actions fondées sur des causes différentes. Le jugement intervenu sur l'une de ces actions n'emporterait pas chose jugée quant à l'autre. C'est ce qui a lieu, par exemple, dans le cas où le propriétaire d'un immeuble, après avoir échoué dans une demande en restitution de cet immeuble, en se fondant sur une convention de bail ou d'antichrèse, le réclame ultérieu-

---

solue, la cause qui est commune aux deux, et rend par cela même l'autre non recevable.

[102] L. 3, et L. 8, § 4, D. *eod. tit.* Larombière, V, art. 1351, n° 73.

[103] L. 7, D. *eod. tit.* et L. 18, D. *de excep.* (44, 1).

[104] Duranton, XIII, 482.

[105] L. 25, § 1, D. *de except. rei jud.* (44, 2). Toullier, X, 163. Proudhon, *op. cit.*, III, 1276. Duranton, XIII, 480, et XVI, 328. Troplong, *De la vente*, II, 581. Duvergier, *De la vente*, I, 409. Larombière, V, art. 1351, n° 72.

rement par voie de revendication, en invoquant son titre d'acquisition [106].

5° Le principe, que l'autorité de la chose jugée n'a lieu qu'autant
qu'il s'agit de demandes fondées sur la même cause, s'applique
non-seulement aux actions personnelles, mais encore aux actions
réelles, pourvu d'ailleurs que, dans la première instance, la contestation ait été circonscrite, comme cela arrive d'ordinaire, à
l'appréciation d'un titre d'acquisition déterminé [107].

[106] Dans cette hypothèse, le jugement rendu sur la première demande laisse
intacte la cause sur laquelle est fondée la nouvelle instance. L. 60, *D. de obl.
et act.* (44, 7); L. 130, *D. de R. J.* (50, 17). Toullier, X, 171 et suiv. Larombière, V, art. 1351, n° 75. Cpr. Lyon, 9 mars 1858, Sir., 58, 2,
523.

[107] Les commentateurs du Droit romain sont en désaccord sur le point de savoir
si les actions réelles, et notamment celle en revendication, sont susceptibles
d'être formées en vertu d'un titre déterminé, de telle sorte que le demandeur
qui a succombé dans une première demande, fondée sur une cause d'acquisition
spécialement indiquée, conserve encore la faculté d'agir en vertu d'une autre
cause d'acquisition, ou si, au contraire, tous les titres à l'aide desquels il pourrait avoir acquis le droit qu'il entend faire reconnaître à son profit, se trouvent,
par la force des choses, déduits en justice, de manière que le jugement qui rejette une pareille action, rende le demandeur non recevable à la reproduire, sous
le prétexte d'une cause différente. Les partisans de cette dernière opinion se
fondent principalement sur ce que, à la différence de ce qui a lieu pour la formule des actions personnelles, celle des actions réelles ne comporterait pas l'indication de la cause. Mais cette supposition est, à notre avis, démentie par la
L. 14, § 2, *D. de excep. rei jud.* (44, 2), et surtout par la L. 11, § 2, *eod. tit.*,
de la combinaison desquelles ressort une distinction bien nette entre le cas où
une action réelle a été formée avec indication de la cause, et celui où elle l'a
été d'une manière vague et générale, sans expression d'un titre particulier d'acquisition. Voy. sur cette controverse : Brakenhœft, *op. cit.*, p. 237, note 22 ;
Sell, *Rœmische Lehre der dinglichen Rechten*, § 89, p. 342 et suiv. — Quoi
qu'il en soit de ce point de doctrine en Droit romain, la proposition énoncée au
texte nous paraît incontestable dans notre Droit. Elle était suivie dans l'ancienne
jurisprudence, et les rédacteurs du Code l'ont implicitement consacrée, en exigeant, comme condition de la chose jugée, l'identité de la cause, sans distinguer
entre les actions réelles, et les actions personnelles. Il n'existe, d'ailleurs, aucune
disposition qui, pour les actions réelles, impose au demandeur, à peine de déchéance, l'obligation de faire valoir simultanément et cumulativement tous les
titres en vertu desquels il prétendrait avoir acquis le droit litigieux, et l'on ne
voit pas dès lors pourquoi le demandeur ne serait pas libre de ne déduire en
justice que celui de ses titres qu'il juge convenable d'invoquer. N'est-il pas possible qu'il se trompe sur la valeur respective de ses différents titres, ou qu'il

C'est ainsi que le jugement qui a rejeté une demande en pétition d'hérédité, fondée sur un droit de succession *ab intestat*, n'a
pas l'autorité de la chose jugée relativement à une nouvelle demande de ce genre, reposant sur un droit de succession testamentaire. C'est ainsi encore que le jugement qui a rejeté une action en
revendication fondée sur un testament; n'empêche pas le demandeur de reproduire la même action en l'appuyant sur un testament
antérieur ou postérieur à celui dont il s'était d'abord prévalu [108].

Cette remarque s'applique également aux exceptions ayant
pour objet de faire valoir des droits réels. Ainsi, le jugement qui
a repoussé l'exception de propriété exclusive, que le défendeur
avait opposée à une action en partage en se fondant sur la prescription, n'a pas l'autorité de la chose jugée à l'égard de la

---

ignore l'existence d'un ou de plusieurs d'entre eux ? Et faut-il punir son ignorance ou son erreur d'une déchéance que la loi ne prononce pas? Ajoutons que
ce serait donner à l'autorité de la chose jugée une extension contraire à la raison,
que d'étendre l'effet d'un jugement qui a rejeté une action réelle, formée en
vertu d'un titre déterminé, à une demande nouvelle fondée sur d'autres titres
d'acquisition que le juge n'avait pas été appelé à examiner. Par cela même
que la première demande a été formée en vertu d'un titre déterminé, elle
s'est trouvée circonscrite dans ce titre même, dont elle tendait simplement
à obtenir la reconnaissance et la mise à exécution. Vainement dirait—on,
ce qui est vrai, qu'un même droit réel, sur la même chose, ne saurait,
dans un moment donné, appartenir plus d'une fois à la même personne. En
effet, s'il résulte de là que celui qui a revendiqué un droit réel d'une manière
générale, et sans restriction à un titre déterminé, et qui, par cela même, est
censé avoir déduit en justice toutes les causes d'acquisition sur lesquelles sa
prétention pouvait s'appuyer, n'est pas recevable à reproduire sa demande,
il ne s'ensuit nullement que celui qui avait erronément réclamé un droit réel,
en vertu d'un titre spécialement indiqué, lequel a été écarté comme nul ou
insuffisant, ne puisse être réellement fondé à réclamer le même droit en vertu
d'une autre cause d'acquisition, ni que le jugement primitivement intervenu ait,
quant à cette cause, l'autorité de la chose jugée. Vainement aussi objecterait-
on que la cause de toute action réelle consiste dans l'existence du droit réclamé
par le demandeur, et que la production, dans une seconde instance, d'un titre
d'acquisition dont celui-ci ne s'était pas prévalu dans la première, ne constitue
en définitive qu'un moyen nouveau. Cette objection a déjà été réfutée par les observations présentées à la note 86, *suprà*. Toullier, X, 159. Proudhon, *De l'usufruit*, III, 1274. Duranton, XIII, 472. Bonnier, II, 874. Larombière, V, art.
1351, n° 66. Voy. aussi les arrêts cités aux trois notes suivantes.

[108] Larombière, V, art. 1351, n° 67, Montpellier, 15 février 1841, Sir., 41,
2, 213. Req. rej., 3 mai 1841, Sir., 41, 1, 720.

même exception que le défendeur opposerait de nouveau à cette demande, en invoquant un titre d'acquisition [109].

Il est, du reste, bien entendu que, si le titre nouvellement produit n'avait que le caractère d'un simple document, et qu'il ne constituât pas une cause nouvelle d'acquisition, la demande ou l'exception fondée sur ce prétendu titre devrait être écartée par l'autorité de la chose jugée [110].

III. Des effets de la chose jugée.

La chose jugée rend légalement certaine l'existence ou la non-existence du rapport juridique qui a fait l'objet de la contestation : *Res judicata pro veritate habetur* [111].

Pour l'application de cette règle, il convient de distinguer entre les jugements qui sont encore susceptibles d'être attaqués par une voie de recours ordinaire, et ceux qui ne peuvent plus être attaqués que par une voie de recours extraordinaire. L'autorité attachée aux jugements de la première espèce n'est que provisoire : la partie condamnée peut en arrêter l'effet en frappant ces jugements d'opposition ou d'appel. Les seconds, au contraire, qu'on désigne par la qualification de jugements passés en force de chose jugée, conservent toute leur autorité malgré le recours extraordinaire dirigé contre eux, et ne la perdent que lorsqu'ils sont rétractés, annulés, ou cassés [112].

Quand un jugement ne peut plus être attaqué par aucune voie de recours, soit ordinaire, soit extraordinaire, la présomption de vérité et de justice qu'il emporte, est irréfragable.

L'autorité d'un jugement qui reconnaît, au profit de l'une des parties, l'existence du rapport juridique sur lequel portait la contestation, s'étend virtuellement à tout ce qui est une conséquence immédiate et nécessaire de ce rapport. C'est ainsi qu'un jugement qui déclare l'une des parties propriétaire d'une chose litigieuse, lui attribue virtuellement la propriété des accessions et des fruits de cette chose. C'est ainsi encore qu'un jugement qui, en statuant

[109] Larombière, V, art. 1351, n° 68. Civ. cass. 7 décembre 1837, Sir., 41, 1, 33.

[110] Civ. cass. 7 mai 1861, Sir., 61, 1, 604.

[111] L. 207, *D. de R. J.* (50, 17). — La loi 6, *D. de excep. rei jud.* (44, 2) résume nettement les motifs d'intérêt public, sur lesquels repose l'autorité de la chose jugée.

[112] Code de procédure, art. 469. Cpr. art. 164 et 548 du même Code.

sur une question d'état, quoique d'une manière incidente seulement, mais à la suite de conclusions formelles, reconnaît à l'une
des parties l'état qui lui était dénié, lui confère, par cela même,
le droit de réclamer, à l'encontre de ceux auxquels le jugement
peut être opposé, tous les avantages que la loi attache à cet
état[113].

Les jugements qui déclarent l'existence d'une créance ou d'une

[113] Les jugements qui statuent sur des questions d'état ont, sous ce rapport,
plus de portée que ceux qui prononcent sur l'existence de qualités purement
accidentelles, comme, par exemple, celle de commerçant. Un jugement qui attribue ou qui dénie une pareille qualité à l'une des parties, même dans son dispositif, et par suite de conclusions formellement prises à cet égard, n'a d'autorité qu'en ce qui concerne la contestation sur laquelle il est intervenu, et n'empêche pas que la même question ne puisse, à l'occasion d'une autre contestation,
être soulevée de nouveau entre les mêmes parties, et recevoir une solution différente. Cpr. note 84 *suprà*. La raison de cette différence est facile à saisir :
l'état civil, avec ses diverses modifications, constitue, de sa nature et en soi,
un droit comparable au droit de propriété. Ce droit est susceptible d'être réclamé ou contesté par voie d'action principale, indépendamment de toute autre
réclamation ; et, alors même qu'une question d'état n'est soulevée que d'une
manière incidente, elle n'en forme pas moins un litige principal et indépendant,
en ce sens qu'elle doit être résolue pour elle-même, et non pas seulement pour
la décision de la contestation qui a donné lieu à l'instance. On comprend dès
lors que le jugement qui attribue tel état à l'une des parties, lui confère virtuellement le droit de réclamer tous les avantages qui découlent directement et
immédiatement de cet état. Il en est d'un pareil jugement, comme d'une décision qui, en déclarant l'une des parties propriétaire de la chose litigieuse, lui
attribue par cela même le droit de faire valoir contre l'autre toutes les conséquences légales du droit de propriété reconnu à son profit, sans que cette dernière puisse de nouveau mettre en question l'existence de ce droit. Larombière,
V, art. 1351, n° 85. Req. rej., 13 février 1860, Sir., 60, 1, 544. Cpr. Paris,
1er juillet 1861, Sir., 62, 2, 70. Au contraire, les qualités purement accidentelles ne constituent point par elles-mêmes des droits, et n'entraînent de conséquences juridiques que lorsqu'elles se combinent ou qu'elles coïncident avec
d'autres faits ou éléments. Il ne peut donc jamais être question d'une action en
réclamation ou en contestation d'une pareille qualité. Ce n'est qu'à l'occasion,
et uniquement pour la solution d'une contestation principale, que le juge peut
être appelé à statuer sur l'existence d'une qualité de cette espèce ; et il est bien
évident, d'après cela, que sa décision sur ce point n'a de valeur que pour la
contestation à l'occasion de laquelle elle est intervenue. Lors même qu'elle se
trouverait formulée dans le dispositif du jugement (ce qui n'est, ni nécessaire,
ni régulier), elle ne constituerait toujours, de sa nature, qu'un motif ou un
simple moyen, et non un véritable chef de dispositif.

obligation, opèrent novation en ce sens, que pour l'avenir, la chose jugée tient lieu de cause à l'obligation. Cette novation a cela de particulier qu'elle ne produit pas l'effet d'un paiement, et que, loin d'éteindre l'ancienne obligation avec les accessoires qui y étaient attachés, elle la confirme au contraire et la corrobore [114].

Un jugement qui, à défaut de preuve suffisante ou par erreur, déclare non existante une obligation qui existe en réalité, enlève bien à cette obligation son efficacité civile, mais la laisse subsister comme obligation naturelle [115].

Tout jugement qui prononce une condamnation, engendre une action spéciale ayant pour objet l'exécution de la condamnation.

Cette action, appelée *actio judicati*, ne se prescrit que par trente ans à dater du jugement, encore qu'il s'agisse d'une condamnation prononcée en vertu d'une créance soumise à une prescription plus courte [116]. Mais la prescription trentenaire une fois accomplie a pour effet d'anéantir le jugement dans son entier, sans qu'il y ait à distinguer entre les dispositions susceptibles d'exécution et celles qui n'en exigeaient aucune [117].

Réciproquement, le droit de se pourvoir en cassation contre un jugement qui n'a pas été signifié, mais qui a reçu sa pleine exécution, se prescrit par 30 ans [118].

De la règle *Res judicata pro veritate habetur*, il résulte que toute demande ou exception nouvelle qui tendrait à remettre en question, entre les parties, l'existence ou la non-existence du rapport juridique qui a fait l'objet d'une contestation antérieure, peut être

---

[114] L. 4, § 7, *D. de re jud.* (42, 1). L. 8, § 3, et L. 29, *D. de novat.* (46, 2). L. 29, § 5, *D. mand.* (17, 1). L. 13, § 4, *D. de pignor.* (20, 1). L. 2, §§ 7 et 8, *D. de hæred. vel act. vend.* (18, 4). Larombière, V, art. 1351, n° 144. Voy. aussi les autorités citées à la note 1 du § 324.

[115] Cpr. § 297, texte, n° 2, et note 12. Larombière, V, art. 1351, n° 150.

[114] Art. 2262. Code de commerce, art. 189, et arg. de cet article. La nature d'une condamnation judiciaire et de l'action qui en découle est la même, quels que soient les caractères et la cause de l'obligation en vertu de laquelle la condamnation a été prononcée : *Non originem judicii spectandam, sed ipsam judicati velut obligationem.* L. 3, § 11, *D. de pecul.* (15, 1). Civ. cass., 6 décembre 1852, Sir., 53, 1, 253.

[117] Civ. cass., 17 août 1864, Sir., 64, 1 499.

[118] Civ. rej., 31 mars 1869, Sir., 69, 1, 120. L'arrêt de la Chambre des requêtes du 8 août 1829 (Sir., 29, 1, 193) n'est pas contraire : dans l'espèce sur laquelle il a statué, il s'agissait d'une décision qui n'avait été, ni signifiée, ni exécutée.

repoussée par une exception ou une réplique tirée de la chose jugée.

Toutefois, cette règle ne s'oppose pas à ce que celui qui a été condamné au paiement d'une créance, sans avoir opposé l'exception de paiement, puisse se prévaloir ultérieurement d'une quittance constatant sa libération, soit pour s'opposer aux poursuites dirigées contre lui, soit pour exercer l'action en répétition de l'indû[119]. Il peut même exciper de tout autre mode de libération qu'il avait omis de faire valoir, et notamment d'une remise de dette[120].

L'exception de chose jugée appartient à la partie qui a succombé, tout aussi bien qu'à celle qui a obtenu gain de cause, en ce sens que cette dernière ne peut, pas plus que la première, nier l'existence de tel rapport juridique, s'il a été reconnu constant, ni en alléguer l'existence, s'il a été déclaré non existant[121].

---

[119] Rodier, sur l'art. 34 du tit. 35 de l'ordonnance de 1667, § 11. Merlin, *Rép.*, v° paiement, n° 14. Delvincourt, III, p. 448 et 449. Toullier, X, 126 et 127. Duranton, XIII, 474. Larombière, V, art. 1351, n° 162. Bonnier, II, 875. Civ. rej., 22 juillet 1818, Sir., 18, 1, 392. Req. rej., 6 juin 1859, Sir., 59, 1, 911. Req. rej. 5 août 1874, Sir., 74, 1, 364. Cpr. Civ. rej., 29 juillet 1851, Sir., 51, 1, 577. Voy. en sens contraire : Griolet, p. 108 et 172.

[120] Merlin, *Rép.*, v° succession, sect. I, § 2, art. 3. Toullier et Larombière, *locc. citt.* Pau, 30 mars 1833, Sir., 33, 2, 551. Civ. rej., 2 juillet 1861, Sir., 61, 1, 846.

[121] Larombière, V, art. 1351, n°s 148 et 149. Civ. cass., 11 mai 1846, Sir., 46, 1, 691. Civ. cass., 22 avril 1850, Sir., 50, 1, 614. — Celui qui a obtenu gain de cause, mais qui n'avait pas demandé tout ce qu'il était fondé à réclamer, peut-il former une nouvelle demande pour réclamer le surplus ? Cette question doit être résolue à l'aide d'une distinction. S'agit-il, soit d'une partie de la chose ou de la créance principale, dont on n'avait pas d'abord demandé l'intégralité, soit d'intérêts conventionnels, ou de fruits à restituer au propriétaire en cette qualité, la nouvelle action sera recevable, sans que le défendeur puisse la repousser par une exception tirée du premier jugement. C'est alors le cas de dire, avec la loi 16, *D. de except. rei jud.* (44, 2) : *Iniquissimum est, proficere rei judicatæ exceptionem ei contra quem judicatum est.* Voy. L. 5, *prœ, D. de act. empt. vend.* (10, 1); L. 131, § 1, *D. de V. O.* (45, 1); L. 27, *D. de solut.* (46, 3). S'agit-il au contraire de prestations qui, comme les dépens, doivent être adjugés *officio judicis*, la nouvelle demande tendant à en obtenir l'adjudication pourra être repoussée par l'exception de la chose jugée. Le Droit romain appliquait la même décision aux intérêts moratoires. Cpr. L. 13, *C. de usuris* (4, 32); L. 3, *C. de fruct. et lit. exp.* (7, 51). Mais cette décision n'est plus compatible avec les règles de notre Droit, aux termes desquelles le juge ne peut allouer d'intérêts moratoires, qu'autant qu'ils ont été demandés. Cpr. art. 1153, § 308, note 13 ; Larombière, V, art. 1351, n° 58.

Cette exception peut être proposée, tant en instance d'appel, qu'en première instance. Mais le juge n'est ni obligé, ni même autorisé à la suppléer d'office [122].

L'exception de chose jugée n'est pas susceptible d'être proposée pour la première fois devant la Cour de cassation, soit par le demandeur en cassation, à l'appui d'un pourvoi fondé sur une prétendue violation de la chose jugée [123], soit par le défendeur, comme moyen de justifier le jugement ou l'arrêt attaqué, qui lui a donné gain de cause par d'autres motifs [124].

Réciproquement, le moyen tiré de ce qu'une exception de chose jugée aurait été mal à propos accueillie, ne peut être proposé pour la première fois devant la Cour de cassation [125].

Lorsque l'exception de chose jugée, invoquée par l'une des parties, a été rejetée à tort, il y a violation de l'art. 1350, et par suite ouverture à cassation [126].

---

[122] L'exception de chose jugée constitue un moyen de fait autant que de droit, auquel est censée renoncer la partie qui ne le propose pas. Merlin, *Rép.*, v° Chose jugée, § 20. Toullier, X, 74 et 75. Larombière, V. art. 1351, n° 151. Civ. rej., 16 novembre 1853, Sir., 54, 1, 771. Civ. cass., 26 août 1861, Sir., 62, 1, 173. Cpr. cep. Req. rej., 7 juillet 1829, Sir., 29, 1, 331.

[123] Merlin, *op. et loc. citt.* Larombière, V, art. 1351, n° 152. Req. rej., 26 décembre 1808, Dev. et Car., *Coll. nouv.*, II, 1, 615. Req. rej., 3 mai 1837, Sir., 37, 1, 718. Req. rej., 25 mai 1840, Sir., 40, 1, 631. Req. rej., 17 novembre 1840, Sir., 41, 1, 155. Req. rej., 29 décembre 1841, Sir., 42, 1, 213. Req. rej., 5 décembre 1842, Sir., 43, 1, 27. Civ. rej., 31 mars 1851, Sir., 51, 1, 305. Civ. rej., 16 novembre 1853, Sir., 54, 1, 771. Civ. rej., 22 juin, 1859, Sir., 59, 1, 851. Req. rej., 2 juillet 1862, Sir., 62, 1, 859. Req. rej., 6 novembre 1864, Sir., 65, 1, 42. Req. rej., 2 février 1869, Sir., 69, 1, 220. Req. rej., 28 novembre 1871, Sir., 72, 1, 219. Req. rej., 20 février 1872, Sir., 72, 1, 367. Civ. rej., 24 avril 1872, Sir., 73, 1, 113. Req. rej., 16 juin 1873, Sir., 73, 1, 386. Civ. rej., 28 mai 1873, Sir., 74, 1, 80. Civ. rej., 30 mars 1875, Sir., 75, 1, 341. Req. rej., 19 juillet 1875, Sir., 75, 1, 464.

[124] Larombière, *loc. cit.* Civ. cass., 19 mars 1844, Sir., 44, 1, 301.

[125] Req. rej., 1er décembre 1840, Sir., 40, 1, 943.

[126] L'art. 504 du Code procédure civile n'est pas rédigé d'une manière exacte. En le prenant au pied de la lettre, et en le combinant avec l'art. 480, n° 6, du même Code, il en résulterait, d'une part, que la contrariété de jugements rendus en dernier ressort ne donne ouverture à cassation qu'autant qu'il s'agit de décisions émanées de différents tribunaux, et, d'autre part, que la contrariété de jugements émanés de différents tribunaux donne ouverture à cassation, lors même que l'exception de la chose jugée résultant d'un premier jugement,

D'un autre côté, le seul fait de la contrariété de deux jugements en dernier ressort, rendus successivement par les mêmes cours ou tribunaux, entre les mêmes parties, et sur les mêmes moyens, constitue une ouverture de requête civile, bien que l'exception de chose jugée, résultant du premier jugement, n'ait pas été proposée dans le cours de la seconde instance[127].

L'autorité de la chose jugée ne met point obstacle à ce que les cours et tribunaux statuent, par voie d'interprétation, sur les difficultés que soulève, entre les parties, le sens douteux de telle ou telle disposition de leurs décisions[128], à condition de ne porter aucune atteinte aux droits que ces décisions ont reconnus et consacrés[129].

Cette autorité ne s'oppose pas davantage à la rectification d'erreurs purement matérielles, du genre notamment de celles dont s'occupe l'art. 541 du Code de procédure, dans le cas où le jugement ou l'arrêt fournit lui-même les éléments de cette rectification[130].

En dehors de ce cas, le juge, dessaisi par la décision même qu'il a rendue, ne peut, sous prétexte d'erreur, apporter aucune modification à cette décision. Il lui est également in-

---

n'a pas été proposée dans la seconde instance. Or, ces conséquences seraient fausses l'une et l'autre. Merlin, *Quest.*, v° Chose jugée, § 2 *bis*. Carré, *De l'organisation judiciaire*, II, p. 805. Larombière, V, art. 1351, n° 153. Civ. cass., 14 août 1811, Sir., 12, 1, 360. Civ. cass., 8 avril 1812, Sir., 12, 1, 360. Civ. cass., 21 avril 1813, Sir., 15, 1, 135. Civ. cass., 18 décembre 1815, Sir., 16, 1, 205. Civ. cass., 17 août 1841, Sir., 42, 1, 34. — L'arrêt qui a violé la chose jugée doit être cassé, lors même que l'arrêt antérieur d'où elle résultait a été depuis rétracté, cassé, ou annulé. Larombière, V, art. 1351, n° 154. Civ. cass., 17 novembre 1835. Sir., 36, 1, 133.

127 Code de procédure civile, art. 480, n° 6. Larombière, V, art. 1351, n° 156. Cpr. Req. rej., 12 avril 1817, Sir., 17, 1, 262 ; Paris, 28 juillet 1826, Sir., 27, 2, 140 ; Req. rej., 17 janvier 1838, Sir., 38, 1, 175.

128 Larombière, V, art. 1351, n° 161. Req. rej., 10 juillet 1817, Sir., 18, 1, 344. Crim. rej., 12 novembre 1858, Sir., 59, 1, 276. Civ. rej., 14 février 1876, Sir., 76, 1, 447.

129 Civ. cass., 10 avril 1837, Sir., 37, 1, 293. Civ. cass., 1er mars 1842, Sir., 42, 1, 352. Civ. cass., 26 avril 1852, Sir., 52, 1, 444. Civ. cass., 10 avril 1872, Sir., 72, 1, 245.

130 L. 1, § 1, D. *quæ sent. sine appel. resc.* (49, 8). L. uni. C. *de errore calculi* (2, 5). Ordon. de 1667, tit. XXIX, art. 21. Larombière, *loc. cit.* Req. rej., 11 mars 1856, Sir., 57, 1, 571. Req. rej., 21 janvier 1857, Sir., 58, 1, 155.

terdit d'y ajouter, sous prétexte d'omission, une disposition nouvelle[131].

§ 769 *bis.*

De l'influence, quant aux intérêts civils, des jugements rendus par des tribunaux de justice répressive [1].

1° Les deux propositions suivantes, parallèles l'une à l'autre, et qui se limitent réciproquement, fournissent la solution des difficultés que présente cette matière[2].

---

[131] Merlin, *Rép.*, v° jugement, § 3, n° 4. Toullier, X, 128. Larombière, *loc. cit.* Civ. cass., 31 janvier, 1865, Sir., 65, 1, 123. Civ. cass., 26 janvier 1870, Sir., 70, 1 159. Civ. cass., 28 janvier 1873, Sir., 74, 1, 247. Cpr. cep. : Civ. rej., 28 mai 1866, Sir., 66, 1, 294.

[1] Nous n'avons point à nous occuper de l'influence que des jugements rendus au civil peuvent avoir sur l'action publique. Cette matière appartient au Droit criminel.

[2] Dans les discussions qui se sont élevées sur cette matière, on était parti de l'idée que l'influence au civil des jugements rendus au criminel, devait se déterminer par application de l'art. 1351. C'est dans cette supposition que Merlin s'est attaché à établir que, du moins dans certaines limites, il y avait identité d'objet et de cause entre l'action publique et l'action civile, et qu'il a soutenu, quant à l'identité des parties, que le ministère public, poursuivant les affaires criminelles aux risques, périls et fortune de tous les intéressés, les personnes lésées par un délit devaient être considérées comme ayant été représentées dans les jugements rendus à sa requête. Voy. *Rép.*, v° Chose jugée, § 15, v° *Non bis idem*, n°ˢ 15 et 16 ; et surtout *Quest.*, v° Faux, § 6. — Toullier (VIII, 30 et suiv., et X, 240 et suiv.) s'est, au contraire, efforcé de démontrer que l'action publique et l'action civile diffèrent essentiellement, et quant à leur objet, et quant aux parties qui les exercent. Les arguments qu'il présente nous paraissent péremptoires ; et, si la discussion devait se concentrer sur l'art. 1351, nous n'hésiterions pas à donner notre adhésion à la doctrine qu'il a développée. Mais le point de vue auquel se sont placés les deux auteurs précédemment cités, ne nous paraît point exact. Lorsqu'il s'agit de contestations soumises à des tribunaux appelés à connaître de questions de même nature et qui se rattachent au même ordre d'intérêts, il faut, pour savoir si l'un de ces tribunaux est lié par une décision émanée de l'autre, s'attacher à la règle tracée par cet article. Quand, au contraire, il s'agit de tribunaux dont la mission est complétement différente, il faut, pour déterminer la portée de la chose jugée par l'un de ces tribunaux, s'attacher principalement et avant tout à la nature et au but de son institution. Or, les tribunaux criminels ayant pour mission de prononcer, dans

a. Les tribunaux de justice répressive[3] ont, exclusivement à toute autre juridiction, mission de décider, si l'accusé ou le prévenu est l'auteur des faits qui lui sont reprochés comme constituant une infraction de Droit criminel, si ces faits lui sont imputables au point de vue de la loi pénale, et enfin, s'ils présentent les caractères requis pour motiver l'application de telle ou telle disposition de cette loi[4]. Les décisions qu'ils rendent sur l'une ou l'autre de ces questions, jouissent de l'autorité de la chose jugée, pour ou contre toute personne indistinctement[5] et d'une manière absolue[6].

l'intérêt de la société tout entière, sur l'existence des crimes ou délits dont la répression est poursuivie devant eux, sur la culpabilité des accusés ou prévenus, et sur l'application de la loi pénale aux faits qu'ils ont reconnus constants, on méconnaîtrait évidemment la nature et le but de leur institution, en soutenant que leurs jugements, soit de condamnation, soit d'acquittement ou d'absolution, n'ont pas à l'égard de tous l'autorité de la chose jugée, et en admettant qu'un tribunal civil pourrait décider, ou que telle personne déclarée coupable est innocente, ou que telle personne acquittée a réellement commis le crime ou le délit qui lui était reproché. Mais aussi on donnerait à la chose jugée au criminel, une extension contraire à l'institution des tribunaux de répression, si l'on considérait les jugements émanés de ces tribunaux, comme ayant statué sur 'existence de faits envisagés uniquement sous le rapport des conséquences civiles qu'ils peuvent et doivent entraîner, alors même qu'on les suppose dégagés de tout caractère de criminalité. Cpr. *Dissertation*, par Beudant, *Revue critique*, 1864, XXIV, p. 492 ; Marcadé, sur l'art. 1351, n°s 5 et 6 ; Larombière, V, art. 1361, n°s 168 et suiv.

[5] Ce principe s'applique même aux conseils de préfecture, statuant comme juridiction répressive en matière de voirie et de roulage. Angers, 26 mai 1864, Sir., 64, 2, 218.

[4] La qualification pénale des faits délictueux appartient exclusivement à la juridiction répressive, dont les décisions, sous ce rapport, lient la juridiction civile. Req. rej., 23 décembre 1863, Sir., 65, 1, 187. Mais il en est autrement en ce qui touche la détermination des caractères légaux des conventions envisagées dans leurs effets civils. Civ. rej., 26 juillet 1865, Sir., 65, 1, 409 et 413.

[5] C'est-à-dire, non-seulement vis-à-vis de l'individu condamné ou acquitté (Nîmes, 5 août 1873, Sir., 74, 2, 215), de la personne civilement responsable du fait délictueux (Besançon, 14 janvier 1859, Sir., 59, 2, 522, Rennes, 12 décembre 1861, Sir., 62, 2, 19), et de celle qui a été lésée par ce fait, mais même au regard de n'importe quel tiers (Req. rej., 14 février 1860, Sir., 60, 1, 193, Grenoble, 18 novembre 1863, Sir., 64, 2, 304, Paris, 22 décembre 1873, Sir., 74, 2, 40). Merlin, *Quest.*, v° Faux, § 6, n° 7. Larombière, V, art. 1351, n° 173.

[6] Ce principe, qui se justifie en théorie par les considérations développées à la note 2 *suprà*, est implicitement consacré par les art. 198 du Code civil et

b. Les tribunaux criminels ne sont point en général, et sauf le cas de l'intervention de la partie lésée, appelés à statuer sur des faits considérés, non comme constituant une infraction de Droit criminel, mais comme présentant les caractères d'un délit de Droit civil, d'un quasi-délit, ou de tout autre acte de nature à engendrer, au point de vue du Droit civil, des conséquences légales quelconques [7]. D'après l'objet et la nature de l'institution de ces tribunaux, leurs décisions laissent intacte et entière la question de savoir si, dans telle espèce donnée, il a été ou non commis un délit de Droit civil ou un quasi-délit, si les faits reprochés au prévenu ou à l'accusé lui sont imputables sous le rapport des conséquences civiles qu'on entend en déduire, s'ils sont de nature à donner ouverture, soit à une demande en dommages-intérêts, soit à une action ou à une exception de nullité, soit à toute autre réclamation d'intérêt civil, et quelles sont les personnes sur lesquelles doit retomber, au point de vue du Droit civil, le préjudice résultant d'un fait délictueux [8].

2º Il résulte du premier de ces principes, que tout jugement de condamnation rendu au criminel a, même au civil, l'autorité de la chose jugée, quant à l'existence du délit sur lequel il est intervenu, et quant à la culpabilité de l'individu condamné ; de telle sorte que, si la partie lésée forme plus tard, sur le fondement des faits qui ont été l'objet de la poursuite criminelle, une action en dommages-intérêts, en nullité de convention, en révocation de donation pour cause d'ingratitude, en séparation de corps, en déchéance de la puissance paternelle, etc., elle se trouve dispensée de prouver ces faits, et que le juge civil est obligé de les tenir pour constants [9].

---

463 du Code d'instruction criminelle, dont les dispositions n'en sont que des applications. Nous ne mentionnons point ici l'art. 3 du Code d'instruction criminelle, parce que l'argument qu'on a coutume d'en tirer pour établir l'influence du criminel sur le civil, nous paraît forcé.

[7] L'art. 235 du Code civil renferme une application spéciale de ce principe, dont il suppose ainsi l'existence. D'un autre côté, il corrobore le principe dont il a été question à la note précédente, puisqu'il en résulte, par argument *a contrario*, que si l'époux défendeur en divorce ou en séparation de corps est condamné au criminel, le jugement lui est opposable, même quant à la demande civile.

[8] Req. rej., 26 mars 1857, Sir., 57, 1, 239. Orléans, 9 juin 1870, Sir., 71, 2, 87. Req. rej., 20 juillet 1874, Sir., 75, 1, 415.

[9] Bruxelles, 27 février 1818, Sir., 21, 2, 173. Civ. cass., 5 mai 1818,

Il résulte, en sens inverse, de ce même principe, que tout arrêt ou jugement criminel qui porte acquittement de l'accusé ou du prévenu, a, même au civil, l'autorité de la chose jugée, en ce sens que le juge civil, saisi d'une demande en dommages-intérêts ou autre, ne pourrait, sans violer cette autorité, déclarer contrairement à la décision du juge de répression, soit que le crime ou délit a été réellement commis[10], soit que l'individu acquitté s'en est rendu coupable, ou ce qui reviendrait au même, qu'il a commis le fait matériel qui lui était reproché avec les caractères de criminalité que l'accusation ou la prévention y avait attachés[11].

Mais il faut se garder d'étendre ce principe au delà des bornes que lui assigne sa formule.

Sir., 19, 1, 162. Angers, 30 juillet 1828, Sir., 28, 2, 320. Limoges, 20 février 1846, Sir., 47, 2, 106. Grenoble, 17 novembre 1846, Sir., 47, 2, 547. Civ. cass., 3 août 1864, Sir., 64, 1, 295. Lyon, 17 août 1867, Sir., 67, 2, 149. Cpr. en ce sens : Merlin, aux endroits cités à la note 2 *suprà*; Duranton, XIII, 494, 495 et 497 ; Mangin, *De l'action publique*, II, 423 et suiv. ; Larombière, V, art. 1351, n° 169 ; Zachariæ, § 745, note 4. Voy. en sens contraire : Toullier, XIII, 240 et suiv. Cpr. aussi Req. rej., 3 août 1853, Sir., 55, 1, 437.

[10] L'art. 214 du Code de procédure civile consacre cette conséquence pour le cas où, sur une poursuite criminelle de faux principal ou incident, la pièce arguée de faux aurait été déclarée véritable, puisqu'il résulte implicitement de cet article qu'en pareil cas l'inscription de faux n'est pas recevable au civil. Du reste, cet article, qui suppose que la pièce arguée de faux a été explicitement déclarée véritable, serait inapplicable à l'hypothèse où l'individu accusé d'un crime de faux en aurait été acquitté, sans que la sincérité de la pièce eût été formellement reconnue. Cpr. texte, n° 3, lett. *d*, et note 21, *infrà*. Voy. aussi texte et note 15, *infrà*.

[11] Le juge civil qui rendrait une pareille décision, se mettrait en opposition formelle et directe avec la décision de la justice criminelle, et commettrait non-seulement une violation de la chose jugée par cette dernière, mais encore un excès de pouvoir, en ce qui ne lui appartient pas de statuer sur l'existence d'un délit. Civ. cass., 9 avril 1873, Sir., 74, 1, 374. Voy. aussi les autorités citées à la note 17 *infrà*. Il en serait de même, dans le cas où, après l'acquittement d'un individu accusé d'avoir commis un homicide volontaire, ou d'avoir volontairement porté à une personne des coups qui ont occasionné sa mort, la cour d'assises, saisie de la demande en dommages-intérêts de la partie lésée, déclarerait, pour accueillir cette demande, que le défendeur à fins civiles a *volontairement, et hors le cas de légitime défense*, porté des coups qui ont occasionné la mort de cette personne. Crim. cass.; 24 juillet 1841, Sir., 41, 1, 791. Crim. cass., 6 mai 1852, Sir., 52, 1, 860.

Ainsi, les ordonnances du juge d'instruction ou de la chambre d'accusation, qui, pour quelque motif que ce soit, déclarent qu'il n'y a pas lieu à suivre, ne forment point obstacle à ce que la personne lésée porte son action en dommages-intérêts devant les tribunaux civils, encore qu'elle se soit constituée partie civile dans l'instruction [12].

D'un autre côté, les arrêts ou jugements d'absolution fondés sur le motif que le fait reproché à l'accusé ou au prévenu ne constitue ni crime ni délit, ne peuvent être invoqués devant les tribunaux civils, comme ayant autorité de chose jugée quant à l'existence de ce fait, alors même qu'ils l'auraient formellement constaté [13].

De même, les décisions des tribunaux de justice répressive, qui, en reconnaissant l'existence d'un fait délictueux et en en condamnant l'auteur, constatent en même temps à sa charge des faits connexes, susceptibles de donner lieu à une réparation civile, n'ont pas, en ce qui touche l'existence de ces faits, l'autorité de la chose jugée [14].

Enfin, les arrêts d'acquittement rendus à la suite d'un verdict déclarant tout à la fois l'accusé non coupable, et l'existence du corps de délit, par exemple, la fausseté de la pièce arguée de faux, laissent intacte et entière au civil la question de savoir si cette pièce est vraie ou fausse [15].

[12] De pareilles ordonnances qui n'apprécient les faits qu'au point de vue de la poursuite criminelle, et qui, en arrêtant cette poursuite, ne statuent pas sur ces faits d'une manière définitive, ne sauraient, sous aucun rapport, jouir au civil de la même autorité qu'un jugement ou arrêt d'acquittement. Merlin, *Quest.* v° Réparation civile, § 3. Mangin, *op. cit.*, II, 438 et suiv. Larombière, V, art. 1351, n° 183. Req. rej., 10 avril 1822, Sir., 24, 1, 221. Req. rej., 2 novembre 1824, Sir., 25, 1, 174. Req. rej., 20 avril 1837, Sir., 37, 1, 590. Req. rej., 17 juin 1841, Sir., 41, 1, 636. Civ. rej., 19 mars 1860, Sir., 60, 1, 544. Besançon, 8 octobre 1866, Sir., 67, 2, 40. Paris, 3 juillet 1875, Sir., 76, 2, 140. Req. rej., 17 juin 1867, Sir., 68, 1, 167.

[13] Les tribunaux de justice répressive, dont la mission est de réprimer les faits délictueux, n'ont pas qualité pour constater des faits qui, ne constituant pas des infractions à la loi pénale, échappent, sous le rapport même de leur constatation, à la juridiction de ces tribunaux. Civ. cass., 23 mai 1870, Sir., 70, 1, 347.

[14] Larombière, V, art. 1351, n° 169. Req. rej., 3 août 1853, Sir., 55, 1, 437.

[15] Si les tribunaux de justice répressive ont mission pour constater l'existence du corps de délit, il n'en est ainsi qu'autant que cette constatation se rattache

3º Le second principe ci-dessus énoncé conduit, entre autres[16], aux conséquences suivantes, qui, du reste, cela est bien entendu, sont toutes subordonnées à la condition que le juge civil ne se mette pas en opposition avec les faits déclarés constants par le juge criminel[17].

a. L'arrêt ou le jugement qui a acquitté un individu d'une accusation de meurtre, ou même d'une prévention d'homicide involontaire, ne fait point obstacle à l'admission d'une demande en dommages-intérêts formée contre lui, à raison des faits qui avaient servi de base à la poursuite criminelle, mais qui ne sont plus envisagés que comme constituant un simple délit de Droit civil ou un quasi-délit dans le sens des art. 1382 et suiv.[18].

à une condamnation. Au cas contraire, leur droit de juridiction se trouve épuisé par l'acquittement de l'accusé ou du prévenu. Larombière, V, art. 1351, nº 172. Req. rej., 16 août 1847, Sir., 48, 1, 280.

[16] Voy. aussi : Crim. rej., 12 novembre 1846, Sir., 47, 1, 41 ; Req. rej., 12 janvier 1852, Sir., 52, 1, 113 ; Bordeaux, 9 février 1852, Sir., 52, 2, 332 ; Paris, 24 mars 1855, Sir., 55, 2, 391 ; Req. rej., 31 janvier 1859, Sir., 60, 1, 747 ; Civ. cass., 1er août 1864, Sir., 64, 1, 393 ; Req. rej., 17 juin 1867, Sir., 68, 1, 167 ; Req. rej., 14 août 1871, Sir., 71, 1, 148 ; Req. rej,, 10 avril 1876, Sir., 76, 1, 269.

[17] Duranton, XIII, 496. Marcadé sur l'art. 1351, nº 16. Larombière, V, art. 1351, nº 176. Civ. rej., 17 mars 1813, Sir., 13, 1, 262. Civ. cass., 7 mars 1855, Sir., 55, 1, 439. Req. rej., 2 décembre 1861, Sir., 62, 1, 123. Civ. rej., 1er août 1864, Sir., 64, 1, 393. Nancy, 23 novembre 1872, Sir., 73, 2, 16.

[18] Merlin, *Quest.*, vº Réparation civile, § 2, nº 3. Duranton, XIII, 486 et suiv. Legraverend, *Législation criminelle*, I, p. 61. Mangin, *De l'action publique*, II, 423 et suiv. Rauter, *Traité du Droit criminel*, II, 666. Larombière, V, art. 1351, nº 177. Crim. rej., 22 juillet 1813, Sir., 13, 1, 319. Req. rej., 5 novembre 1818, Sir., 19, 1, 269. Crim. rej., 29 juin 1827, Sir., 27, 1, 463. Crim. rej., 19 novembre 1841, Sir., 42, 1, 94. Orléans, 23 juin 1843, Sir., 43, 2, 337. Civ. rej., 9 juillet 1866, Sir., 66, 1, 347. Req. rej., 20 janvier 1874, Sir., 74, 1, 374 et 376. — Cette solution peut, au premier aspect, paraître difficile à justifier, en ce qui concerne l'hypothèse d'une prévention d'homicide involontaire. En effet, lorsqu'un individu a été acquitté de la prévention d'avoir, par maladresse, imprudence, inattention, négligence, ou inobservation des règlements, involontairement occasionné la mort d'une personne, on peut dire que la décision rendue en sa faveur par la justice répressive, l'ayant purgé de tout reproche de négligence ou d'imprudence, écarte l'application de l'art. 1383, et, à plus forte raison, celle de l'art. 1382. Mais cette objection est sans portée. Il ne faut, en effet, pas perdre de vue qu'une

b. La déclaration de non-culpabilité rendue par le jury, en faveur d'un individu accusé d'avoir incendié sa propre maison, qui était assurée, ne s'oppose pas à ce que, sur la demande en indemnité, formée par cet individu contre la compagnie d'assurance, celle-ci soit admise à prouver qu'il a, par sa faute, provoqué ou occasionné l'incendie de sa maison, et qu'ainsi il est déchu de tout droit à l'indemnité qu'il réclame [19].

c. L'arrêt ou le jugement qui a acquitté un individu accusé d'extorsion de titres, ou prévenu, soit d'escroquerie, soit d'abus de confiance, n'empêche pas que les faits qui avaient motivé la poursuite puissent être articulés et établis au civil, à l'appui d'une demande formée contre cet individu, à l'effet de faire annuler une convention pour défaut de cause, ou comme entachée de violence ou de dol [20].

d. La déclaration de non-culpabilité d'un individu accusé de faux, ne forme aucun obstacle à la constatation matérielle de la falsification de la pièce précédemment incriminée, ni, à plus forte raison, à une demande en nullité, soit pour cause de dol ou de fraude, soit pour vices de forme, des conventions ou dispositions constatées par cette pièce [21].

---

faute, une négligence, ou une imprudence peut être assez grave pour engager la responsabilité civile, sans être de nature à motiver l'application d'une peine, et que, si les tribunaux de répression sont chargés d'examiner un fait sous ce dernier rapport, leur mission n'est pas de l'apprécier sous le premier point de vue. Req. rej., 13 juillet 1874, Sir., 76, 1, 469. Cpr. cep. Orléans, 16 mai 1851, Sir., 51, 1, 416.

[19] Larombière, *loc. cit.* Orléans, 4 décembre 1841, Sir., 42, 2, 467. Agen, 20 janvier 1851, Sir., 51, 2, 781. Civ. rej., 20 avril 1863, Sir., 63, 1, 271. Voy. aussi : Req. rej., 22 juillet 1868, Sir., 69, 1, 30.

[20] Des faits qui ne présentent pas les caractères de l'extorsion de titres, de l'escroquerie, ou de l'abus de confiance, tels qu'ils sont définis par les art. 400, 405, 406 et suiv. du Code pénal, peuvent, malgré cela, constituer la violence ou le dol, dans le sens des art. 1111 et 1116 du Code civil. Duranton, X, 146, et XIII, 489. Larombière, *loc. cit.* Req. rej., 17 mars 1813, Sir., 13, 1, 262. Req. rej., 3 juillet 1844, Sir., 44, 1, 733. Limoges, 14 août 1844, Sir., 45, 2, 496. Req. rej., 12 janvier 1852, Sir., 52, 1, 113. Req. rej., 4 avril 1855, Sir., 55, 1, 668. Cpr. Civ. cass., 2 juin 1840, Sir., 40, 1, 638.

[21] Merlin, *Quest.*, v° Faux, § 6. Toullier, VIII, 32 et suiv. Mangin, *op. cit.*, II, 427 et suiv. Larombière, *loc. cit.* Req. rej., 21 messidor an IX, Sir., 1, 1, 463. Toulouse, 12 avril 1812, Sir., 16, 2, 14. Req. rej., 19 mars 1817, Sir., 17, 1, 169. Req. rej., 8 mai 1832, Sir., 32, 1, 845. Bastia,

4° Les actions en nullité, en résolution, ou en révocation de conventions ou de dispositions, et les demandes en séparation de corps, fondées sur des faits qui avaient formé l'objet d'une poursuite criminelle, sont recevables malgré l'acquittement de l'accusé ou du prévenu, non-seulement lorsque le demandeur ne s'était pas constitué partie civile, mais même au cas où, étant intervenu au procès criminel, sa demande à fins civiles a été rejetée[22].

Mais une demande en dommages-intérêts ne peut être reproduite devant un juge civil, lorsqu'elle a été rejetée comme mal fondée par le juge criminel, qui en avait été saisi conformément à l'art. 3 du Code d'instruction criminelle[23]. Que si elle n'avait pas été appréciée et rejetée au fond, mais écartée par une fin de non-recevoir, par le motif, par exemple, que le fait imputé au prévenu ne constituant ni délit ni contravention, les tribunaux correctionnels étaient incompétents pour en connaître, le demandeur serait encore admis à la représenter devant les tribunaux civils[24].

---

15 mai 1833, Sir., 33, 2, 273. Req. rej., 27 mars 1839, Sir., 39, 1, 767. Req. rej., 10 février 1840, Sir., 40, 1, 984. Civ. cass., 27 mai 1840, Sir., 40, 1, 633. Civ. cass., 27 mars 1855, Sir., 55, 1, 598. Req. rej., 6 août 1868, Sir., 69, 1, 31. Req. rej., 29 avril 1874, Sir., 74, 1, 43. Paris, 29 mars 1876, Sir., 76, 1, 175.

[22] Le juge criminel ne peut être légalement saisi que de l'action civile proprement dite, c'est-à-dire de l'action en réparation du dommage causé par le délit qui fait l'objet de la poursuite. On ne peut débattre devant lui, ni une question de séparation de corps, ni des questions de nullité, de résolution, ou de révocation de conventions ou de dispositions ; et, lorsqu'il rejette une demande à fins civiles, ces questions restent entières. Larombière, V, art. 1351, n° 184. Req. rej., 19 mars 1817, Sir., 17, 1, 169. Rouen, 10 mars 1836, Sir., 36, 2, 193. Req. rej., 3 juillet 1844, Sir., 44, 1, 733. — Quid, si le demandeur à fins civiles, en intervenant dans une poursuite en extorsion de titres ou en escroquerie, avait de fait conclu à l'annulation d'une convention, et que cette demande eût été rejetée comme mal fondée? Cpr. Req. rej., 17 mars 1813, Sir., 13, 1, 262.

[23] Le concours de toutes les conditions exigées pour qu'il y ait chose jugée se rencontre dans cette hypothèse, à laquelle l'art. 1351 devient directement applicable. Merlin, Rép., v° Chose jugée, § 15. Toullier, X, 243. Mangin, op. cit., II, 421. Larombière, V, art. 1351, n° 184.

[24] Code d'instr. crim., art. 191 et 212. Larombière, loc. cit. Req. rej., 3 juillet, 1844, Sir., 44, 1, 733. Civ. cass., 23 mai 1870, Sir., 70, 1, 347. Civ. cass., 25 mars 1872, Sir., 72, 1, 135. Cpr. Civ. cass., 23 novembre 1835, Sir., 37, 1, 647 ; Civ. cass., 27 mars 1855, Sir., 55, 1, 598.

Du reste, les solutions que peuvent recevoir, dans un procès criminel, des questions civiles accessoirement ou incidemment soulevées à l'occasion de l'action publique, n'ont de valeur que relativement à cette action, et restent sans influence, au point de vue des intérêts civils, sur les droits des parties. C'est ainsi qu'une condamnation pour parricide ne constate pas la filiation du condamné sous le rapport des effets civils qui s'y rattachent, et qu'une condamnation pour bigamie n'établit, ni la validité du premier mariage, ni la nullité du second [25].

§ 769 *ter.*

Des effets que produisent en France les jugements émanés de tribunaux étrangers [1].

1° Le pouvoir de juger, au nom de la société, les affaires litigieuses, et le droit de déclarer exécutoires les jugements rendus sur de pareilles affaires, sont une dépendance ou une émanation du pouvoir exécutif, dont la plénitude réside dans le chef de l'Etat. Ces deux attributs ne peuvent appartenir en France, qu'aux tribunaux français, auxquels ils sont dévolus en vertu d'une délégation attachée au titre de leurs fonctions. Il en résulte que les jugements émanés de tribunaux étrangers ne produisent point, en France, les effets que la loi française attache aux jugements

[25] Rauter, *Traité du Droit criminel*, II, 666. Larombière, V, art. 1351, n° 182.

[1] Le siége de cette matière se trouve dans l'art. 121 de l'ordonnance de 1629 et dans les art. 2123 du Code civil, et 546 du Code de procédure. Le premier de ces articles est ainsi conçu : « Les jugements rendus, contrats ou obligations reçus ès royaumes et souverainetés étrangères, pour quelque cause que ce soit, n'auront aucune hypothèque ni exécution en notre dit royaume; ains tiendront les contrats lieu de simples promesses, et nonobstant les jugemens, nos sujets contre lesquels ils auront été rendus, pourront de nouveau débattre leurs droits comme entiers pardevant nos officiers. » Ces dispositions, qui sont des conséquences directes du principe de la souveraineté nationale, doivent encore aujourd'hui être appliquées dans toute leur étendue. Cpr. sur cette matière : *Dissertation*, par Valette, *Revue de Droit français et étranger*, 1849, VI, p. 597. *Dissertation*, par Bournat, *Revue pratique*, 1858, V, p. 327 et suiv. *De la compétence des tribunaux français à l'égard des étrangers*, par Bonfils ; Paris, 1865, 1 vol. in-8°. *Traité de droit international privé*, par Fœlix, 4° édition, revue par Demangeat ; Paris, 1866, 2 vol. in-8°.

rendus par des juges français, comme conséquence, soit de la juridiction, soit du droit de commandement, dont ces juges sont investis. Cette proposition conduit aux applications suivantes :

a. Les jugements émanés de tribunaux étrangers ne peuvent être mis à exécution en France, qu'en vertu d'un ordre d'exécution donné par un tribunal français. Code de procédure, art. 546.

b. Les jugements rendus en pays étranger n'emportent hypothèque judiciaire sur des immeubles situés en France qu'autant qu'ils ont été déclarés exécutoires par un tribunal français. Art. 2123.

c. Les jugements rendus, en matière contentieuse, par des tribunaux étrangers, ne jouissent point en France, en principe et par eux-mêmes, de l'autorité de la chose jugée[2]. Tant qu'ils n'ont pas été déclarés exécutoires par un tribunal français, ils ne peuvent être invoqués en France, ni à l'appui et comme titre légal d'une demande nouvelle, ni pour repousser, sur le fondement de la chose jugée, une demande ou une exception tendant à remettre en question l'existence ou la non-existence des faits ou des droits sur lesquels ces jugements ont prononcé[3].

2° En ce qui touche l'office du juge français, saisi d'une demande tendant à faire déclarer exécutoire en France un jugement étranger, il faut distinguer entre l'hypothèse où ce jugement a été rendu contre un Français, et celle où il a été prononcé contre un étranger[4].

---

[2] La distinction indiquée sous le n° 2 ci-après n'ayant d'autre objet que de déterminer dans quelle mesure, plus ou moins large, les tribunaux français sont appelés à contrôler les jugements étrangers, suivant qu'ils ont été rendus contre des Français ou contre des étrangers, n'est aucunement en contradiction avec la proposition énoncée au texte.

[3] Fœlix, *op. cit.*, II, 351. Aix, 8 février 1839, Sir., 39, 2, 307. Req. rej., 27 décembre 1852, Sir., 53, 1, 94. Lyon, 14 décembre 1856, Sir., 57, 2, 542. Lyon, 1er juin 1872, Sir., 72, 2, 174.

[4] Cette distinction, qui sera développée dans la suite du texte, ressort nettement de la seconde disposition de l'art. 121 de l'ordonnance de 1629, aux termes de laquelle les Français seuls, à la différence des étrangers, sont admis à remettre en question devant les tribunaux français ce qui a été décidé par les tribunaux étrangers. Voy. dans le sens de cette distinction : Maleville sur les art. 14 et 2123 ; Valette, *op. et loc. citt.*; Foucher sur Carré, *Des lois d'organisation judiciaire*, III, p. 250 et suiv.; Demangeat, *De la condition civile des étrangers en France*, n° 88, et sur Fœlix, *Droit international privé*, II, p. 82, note *a*; Fœlix, *op. cit.*, II, 350 à 357; Colmet-Daage, *Leçons de pro-*

a. Lorsque le juge français est appelé à déclarer exécutoire un jugement rendu, à l'étranger, contre un Français, au profit, soit

cédure civile, 12ᵉ édit., II, p. 180, noté 1 ; Griolet, p. 96 et suiv.; Dalloz, *Rép.*, vᵒ Droit civil, nᵒˢ 419 à 424, et les arrêts qui y sont cités ; Req. rej., 7 janvier 1806, Sir., 6, 1, 129 ; Req. rej., 27 août 1813, Sir., 13, 1, 226 ; Toulouse, 27 décembre 1819, Sir., 20, 2, 312 ; Grenoble, 3 janvier 1829, Sir., 29, 2, 176 ; Angers, 4 juillet 1866, Sir, 66, 2, 300. — Il s'est produit sur cette grave question deux autres opinions qui, repoussant également la distinction que nous avons cru devoir admettre, se prononcent d'une manière absolue, soit pour la révision intégrale, soit pour l'examen restreint de tout jugement étranger, quelle que soit la nationalité de la partie contre laquelle il a été rendu. — Dans le premier système, consacré par de nombreux arrêts, on se fonde principalement sur cette considération, qu'il est contraire à l'indépendance nationale et au principe de la souveraineté qu'un jugement émané d'un tribunal étranger puisse, alors même qu'il a été rendu contre un étranger, être déclaré exécutoire en France, avant d'avoir été complétement revisé par un tribunal français. On ajoute que c'est précisément en vue d'une révision devant porter sur le fond même de l'affaire, que le pouvoir de rendre exécutoires en France les jugements des tribunaux étrangers a été conféré, non pas à un juge unique, comme au cas d'une simple ordonnance *d'exequatur*, mais bien au tribunal entier. Enfin, on argumente de la non-reproduction, dans les art. 2123 du Code civil et 546 du Code de procédure, de la seconde disposition de l'art. 121 de l'ordonnance de 1629. Voy. en ce sens : Merlin, *Quest.*, vᵒ Jugement, § 14, nᵒ 2 ; Toullier, X, 81, 82 et 85 ; Grenier, *Des hypothèques*, I, 114 et 222 ; Troplong, *Des hypothèques*, II, 451 ; Chauveau sur Carré, quest. 1899 ; Rauter, *Cours de procédure civile*, nᵒ 157 ; Légat, *Code des étrangers*, p. 380 à 383 ; Larombière, *Des obligations*, V, art. 1351, nᵒ 6 ; Zachariæ, § 32, texte et notes 3 à 5 ; Poitiers, 8 prairial an XIII, Sir., 6, 2, 40 ; Paris, 27 août 1816, Sir., 16, 2, 269 ; Civ. rej., 19 avril 1819, Sir., 19, 1, 288 ; Req. rej., 11 janvier 1843, Sir., 43, 1, 671 ; Paris, 22 juin 1843, Sir., 43, 2, 345 ; Douai, 3 janvier 1845, Sir., 45, 2, 513 ; Bordeaux, 6 août 1847, Sir., 48, 2, 153 ; Douai, 22 décembre 1863, Sir., 65, 2, 60 ; Colmar, 10 février 1864, Sir., 64, 2, 122 ; Paris, 22 avril 1864, Sir., 65, 2, 60 et 62 ; Pau, 6 janvier 1868, Sir., 68, 2, 100 ; Chambéry, 12 février 1869, Sir., 70, 2, 9. Cpr. Demolombe, I, 263 ; Paris, 22 novembre 1851, Sir., 51, 2, 783 ; Paris, 11 mai 1869, Sir., 70, 2, 10. Aux considérations sur lesquelles se fonde ce système, ne peut-on pas répondre que l'indépendance nationale et le principe de la souveraineté se trouvent suffisamment garantis, indépendamment de toute révision intégrale, par l'examen restreint auquel les tribunaux français sont tenus de soumettre les jugements étrangers dont l'exécution est poursuivie en France contre des étrangers ; que la nécessité même de cet examen explique l'intervention du tribunal entier ; qu'enfin si, faute de reproduction, dans les art. 2123 du Code civil et 546 du Code de procédure, de la seconde disposition de l'art. 121 de l'ordonnance de 1629, on voulait considérer cette

d'un étranger, soit même d'un Français, et que la partie condamnée demande à débattre de nouveau ses droits, il est légale-

disposition comme abrogée, il en résulterait, ainsi que le soutiennent les partisans du dernier système ci-après exposé, qu'il n'y aurait jamais lieu à révision
intégrale, et que le Français même, condamné par un tribunal étranger, ne serait pas admis à débattre ses droits comme entiers devant les tribunaux français? Au surplus, ce n'est pas là, la seule inconséquence du système auquel nous
répondons. S'il s'agit, en effet, d'un jugement rendu contre un étranger au
profit d'un autre étranger, la révision intégrale de ce jugement se trouve en
contradiction avec le principe que les tribunaux français sont, en général,
incompétents pour statuer sur des contestations entre étrangers. Que si le jugement rendu contre un étranger l'a été au profit d'un Français, n'est-ce pas se
mettre en opposition directe, non-seulement avec l'ordonnance de 1629, mais
encore avec l'esprit général de notre législation, que de retourner contre le
Français une garantie établie dans son intérêt, en donnant à l'étranger le droit de
remettre en question, devant les tribunaux français, ce qui a été décidé contre lui
par les juges de son pays. — Dans le dernier système, on soutient que l'art. 121
de l'ordonnance de 1629 a été abrogé par l'art. 7 de la loi du 30 ventôse
an XII, et que la matière se trouve ainsi régie par les art. 2123 du Code civil
et 546 du Code de procédure ; que si ces articles refusent aux jugements des
tribunaux étrangers toute force exécutoire en France, ils ne leur dénient cependant pas l'autorité qui s'attache à la chose jugée ; que cette autorité n'em-
prunte rien à celle du souverain dans le territoire duquel le jugement a été
rendu, qu'elle procède du contrat judiciaire, par l'effet duquel le jugement,
bien que non exécutoire de plein droit hors du territoire du juge dont il émane,
n'en constitue pas moins, en faveur de la partie qui l'a obtenu, un titre opposable en tout lieu, titre dont l'autre partie, quelle que soit sa nationalité, ne peut
pas plus demander la révision, qu'elle ne pourrait le faire s'il s'agissait d'une
convention ordinaire. Voy. en ce sens : Massé, *Droit commercial*, II, 800 à
802 ; Soloman, *Essai sur la condition juridique des étrangers*, p. 408 et suiv.;
Marcadé, I, sur l'art. 15, n° 3 ; Boitard, *Leçons de procédure civile*, 12e édit.,
II, n° 801 ; Pont, *Des hypothèques*, I, 585 et 586 ; Bournat, *Revue pratique*,
V, 335 ; Bonfils, *op. cit.*, p. 228 à 240 ; Paris, 23 février 1866, Sir., 66, 2,
300. Cpr. Demolombe, *loc. cit.* L'argumentation de ce dernier système se réfute
péremptoirement, à notre avis, par les raisons suivantes : L'art. 7 de la loi du
30 ventôse an XII n'a pu avoir pour effet d'abroger expressément l'art. 121 de
l'ordonnance de 1629, puisque les dispositions de cet article rentrent bien
moins dans la sphère du droit civil, que dans celle du droit public international.
Voy. Civ. cass., 1er février 1813, Sir., 13, 1, 113. De la seule circonstance
que les rédacteurs du Code civil et du Code de procédure n'ont pas reproduit
textuellement et en entier les dispositions de l'ordonnance de 1629, on ne saurait pas non plus inférer que, rompant avec toutes les traditions de notre ancienne jurisprudence, ils aient voulu tacitement déroger aux règles de tout
temps suivies en France. Il nous paraît bien plus rationnel d'admettre qu'en

ment obligé de procéder à la révision de ce jugement, c'est-à-dire d'examiner la valeur du dispositif, sous le double rapport de l'appréciation des faits et de l'application des règles du Droit, et de le réformer le cas échéant.

Il importe peu, à cet égard, que le Français, qui a succombé devant un tribunal étranger, y ait procédé comme défendeur ou comme demandeur [5].

soumettant les jugements étrangers à la condition d'être déclarés exécutoires par un tribunal français, ils ont eu en vue un mandement d'exécution à donner dans le sens de ces règles et suivant la distinction qu'elles établissent : *Posteriores leges ad priores pertinent nisi contrariæ sint*. Quant à la considération déduite des effets du contrat judiciaire, elle ne pourrait avoir quelque valeur que si, à l'instar du compromis en matière d'arbitrage volontaire, ce contrat était une convention entièrement libre. Mais, comme le caractère propre du contrat judiciaire est d'être forcé, que, d'un autre côté, l'obligation de se prêter à sa formation sous les peines du défaut et de se soumettre à la décision à intervenir, dérive du pouvoir public de juger dont les tribunaux sont investis, les effets de cette obligation et du contrat qui s'y rattache doivent, ainsi que l'autorité publique du juge, expirer aux limites du territoire. Le système que nous combattons ne tend donc à rien moins qu'à imposer à la France, à titre d'obligation, ce qui ne peut et ne doit être que le résultat d'une libre concession. Du reste, nous reconnaîtrons volontiers que l'intérêt bien entendu des nations doit les amener à se faire réciproquement de pareilles concessions, et nous nous associons aux vœux de ceux qui désirent voir la France modifier ses anciennes doctrines pour entrer dans la voie que suivent d'autres peuples. Cpr. *Dissertation*, par C. Aubry, *Revue étrangère et française*, III, p. 115 et 165.

[5] Grenier, *Des hypothèques*, I, 208. Duranton, XIX, 342. Fœlix, *op. cit.*, II, 348 et 361. Demangeat sur Fœlix, II, p. 102, note *a*. Valette, *op. cit.*, n° 11. Zachariæ. § 32, texte et note 6. Civ. cass., 26 ventôse an XII, Sir., 4, 1, 267. Req. rej., 27 août 1812, Sir., 13, 1, 226. Paris, 7 janvier 1833, Sir., 33, 2, 145. Rouen, 9 février 1859, Sir., 60, 2, 25. Req. rej., 11 décembre 1860, Sir., 61, 1, 536. — Il ne faut pas confondre la question dont nous nous occupons avec celle que nous avons discutée au § 748 *bis*, texte I, n° 4, et note 27. Bien que l'exception de chose jugée ne soit pas opposable au Français qui reproduit, devant un tribunal français, une demande qu'il a formée sans succès contre un étranger, devant un tribunal étranger, cette demande n'en pourra pas moins être écartée par une fin de non-recevoir tirée de la renonciation au bénéfice de l'art. 14 du Code civil, si c'est de son plein gré et sans y être contraint par les circonstances, que le Français en a primitivement saisi le tribunal étranger. Cpr. Larombière, *Des obligations*, V, art. 1351, n° 6.

Il est également indifférent qu'il s'agisse de matières civiles proprement dites, ou de matières commerciales [6].

b. Lors, au contraire, que le juge français est appelé à déclarer exécutoire un jugement rendu contre un étranger, au profit d'un Français ou d'un autre étranger, il peut et doit, en général, se borner à examiner si l'acte qu'on lui présente constitue, d'après la loi étrangère, un véritable jugement, au double point de vue des pouvoirs de l'autorité dont il émane et des solennités requises pour l'administration de la justice [7], et si, d'un autre côté, cet acte ne renferme pas de dispositions contraires au Droit public français et aux principes d'ordre public ou d'intérêt général reçus en France [8].

Toutefois, si, dans cette hypothèse, le juge avait procédé à la révision du fond, et, par suite, réformé le jugement étranger, sa décision ne serait pas pour ce motif sujette à cassation [9].

3° Les règles qui viennent d'être exposées ne s'appliquent point aux jugements étrangers déclarant ou modifiant l'état ou la capacité des personnes, en ce sens que, abstraction faite de leur exécution forcée et de leur application au détriment de tiers, ces jugements jouissent en France, de la même efficacité que dans le pays où ils ont été rendus, sans qu'il soit nécessaire de les faire au préalable déclarer exécutoires par un tribunal français [10].

Elles ne s'appliquent pas davantage aux décisions étrangères, qui n'ont eu pour objet que l'exécution de jugements rendus par un tribunal français, ou qui ont été volontairement exécutées par les parties [11].

Enfin, elles sont également inapplicables aux sentences rendues par des arbitres que les parties ont elles-mêmes et volontairement

---

[6] Grenier, *Des hypothèques*, I, 209. Merlin, *Quest.*, v° Jugement, § 14. Fœlix, *op. cit.*, II, 366. Massé, *Droit commercial*, II, 805. Civ. cass., 26 ventôse an XII, Sir., 4, 1, 267.

[7] Lorsque, d'après la loi étrangère, les jugements ne peuvent être mis à exécution qu'autant qu'ils sont passés en force de chose jugée, le juge français devra en outre vérifier si cette condition se trouve accomplie.

[8] Fœlix, *op. cit.*, II, 321. Voy. aussi les arrêts cités à la note 26, *infrà*.

[9] Valette, *op. cit.*, n° 10.

[10] Voy. pour la justification et le développement de cette proposition : § 31, texte II et III, n° 2, lett. *d*, et notes 35 à 39.

[11] Zachariæ, § 32, texte et notes 9 et 10. Req. rej., 14 février 1810, Sir., 10, 1, 243. Civ. rej., 30 juillet 1810, Sir., 11, 1, 91. Paris, 14 juillet 1809, Sir., 12, 2, 359.

constitués, en ce sens du moins que de pareilles sentences ne sont point soumises à révision quant au fond, et qu'elles deviennent exécutoires en France, en vertu d'une simple ordonnance d'exequatur, délivrée par un juge français, conformément à l'art. 1020 du Code de procédure [12].

Ces règles, au contraire, s'étendent aux sentences rendues à l'étranger par des arbitres qui ont procédé en vertu d'une délégation émanée d'un tribunal étranger, ou qui, bien que nommés par les parties elles-mêmes, l'ont été en conformité d'une loi étrangère qui leur en composait l'obligation [13].

4° La demande d'exequatur des jugements des tribunaux étrangers doit, en principe, se former par voie d'ajournement [14]. Toutefois, lorsqu'il s'agit d'un jugement rendu à l'étranger sur requête, et qui eût pu être obtenu en France par la même voie, la demande d'exequatur est valablement formée par requête [15].

Les tribunaux civils sont, à l'exclusion des tribunaux de commerce, seuls compétents pour déclarer exécutoires les jugements émanés de tribunaux étrangers, alors même que ces jugements statuent sur des contestations commerciales [16].

[12] Merlin, Quest., v° Jugement, § 14, n° 3. Grenier, Des hypothèques, I, 213. Valette, op. cit., n° 11. Fœlix, op. cit., II, 424 et suiv. Troplong, Des hypothèques, II, 453. Pont, Des hypothèques, n° 587. Chauveau sur Carré, quest. 1900. Demolombe, I, 262. Larombière, Des obligations, V, art. 1351, n° 7. Bonfils, op. cit., n° 281. Paris, 16 décembre 1809, Sir., 10, 2, 298. Paris, 7 janvier 1833, Sir., 33, 2, 145.

[13] Voy. les auteurs cités à la note précédente; Req. rej., 16 juin 1840, Sir., 40, 1, 583; Paris, 22 juin 1843, Sir., 43, 2, 346. Cpr. Civ. rej., 31 juillet 1815, Sir., 15, 1, 369. Suivant Toullier (X, 87 et 88), il n'y aurait pas lieu de distinguer entre les deux hypothèses indiquées au texte, et toutes les sentences arbitrales échapperaient à la nécessité de la révision. Tel paraît être aussi le sentiment de Zachariæ (§ 32, texte et note 11).

[14] Fœlix, op. cit., II, 351. Bonfils, op. cit., n° 278. Douai, 17 juin 1863, Sir., 63, 2, 255. Cpr. Aix, 25 novembre 1858, Sir., 59, 2, 205 et 208. Voy. cep. Valette, op. cit., VI, p. 612; Demangeat sur Fœlix, op. cit., II, p. 77, note a. Suivant ces auteurs, la demande d'exequatur peut être formée par requête quand il n'y a pas lieu à révision. Mais, abstraction faite de la révision, le défendeur ne peut-il pas avoir des exceptions à opposer à la demande d'exequatur? Il doit donc être mis en demeure de les faire valoir.

[15] Bonfils, op. et loc. citt. Douai, 14 août 1845, Sir., 46, 2, 203. Colmar, 10 février 1864, Sir., 64, 2, 122.

[16] Valette, op. et loc. citt. Fœlix, op. cit., II, 359. Demolombe, I, 263, in fine. Massé, Droit commercial, II, 805. Bordeaux, 25 mai 1836, Sir., 48, 2, 153,

En procédant à la révision d'un jugement rendu à l'étranger, le tribunal français peut prendre en considération les déclarations et aveux constatés par ce jugement ou par les pièces de la procédure, ainsi que les enquêtes et autres actes d'instruction auxquels il a été procédé sous l'autorité du juge étranger [17].

5° Tout ce qui a été dit, aux n°s 1 et 2 ci-dessus, sur les jugements rendus en matière contentieuse s'appliquerait, en pure théorie, aux actes de juridiction gracieuse ou volontaire, c'est-à-dire à ceux dans lesquels le juge ou d'autres officiers publics interviennent, soit pour remplir des solennités nécessaires à leur existence ou à leur validité, soit simplement pour les revêtir du caractère de l'authenticité. A la rigueur, de pareils actes n'auraient le caractère et les effets d'actes émanés de l'autorité publique que dans les limites du territoire où ils ont été passés. Mais des considérations de convenance réciproque et d'utilité commune ont fait admettre, en France, comme dans les autres États, et ce par extension de la maxime *Locus regit actum*, que les actes de juridiction volontaire, passés ou reçus régulièrement dans un pays, devaient, sauf la force d'exécution [18], avoir effet dans tout autre pays, et notamment jouir partout de la même force probante [19].

note 2. Bordeaux, 22 janvier 1840, Dalloz, 1840, 2, 167. Bordeaux, 6 août 1847, Sir., 48, 2, 153. Paris, 16 avril 1855, Sir., 55, 2, 336. Metz, 11 novembre 1856, Sir., 57, 2, 7. Colmar, 10 février 1864, Sir., 64, 2, 122. Bordeaux, 16 décembre 1867, Sir., 68, 2, 147. Chambéry, 12 février 1869, Sir., 70, 2, 9. Voy. en sens contraire : Nouguier, *Des tribunaux de commerce*, II, p. 452; Chauveau sur Carré, quest. 1900 *bis*; Gouget et Merger, *Dict. de droit comm.*, v° Jugement étranger, n° 10; Colmar, 13 janvier 1815, Dev. et Car. *Coll. nouv.*, V, 2, 6; Montpellier, 8 mars 1822, Dev. et Car. *Coll. nouv.*, VII, 2, 39; Colmar, 17 juin 1849, Sir., 48, 2, 270. Cpr. aussi Demangeat sur Fœlix, *op. cit.*, II, p. 99 à 101, note *a*; Bonfils, *op. cit.*, n° 277. Ces auteurs se prononcent pour la compétence des tribunaux de commerce dans l'hypothèse où il y a lieu à révision. Mais ils nous paraissent avoir perdu de vue que ce n'est que sous forme d'exception opposée par le défendeur à la demande d'*exequatur* que se soulèvera la question de révision, et que ce n'est pas par la nature de l'exception, mais bien par celle de la demande que se détermine la compétence.

[17] Toullier, X, 86. Grenier, *Des hypothèques*, I, 211. Valette, *op. cit.*, VI, p. 607. Fœlix et Demangeat, *op. cit.*, II, 369. Larombière, *Des obligations*, V, art. 1351, n° 6, *in fine*. Zachariæ, § 32, note 8. Cpr. Bordeaux, 10 février 1824, Sir., 24, 2, 119; Civ. rej., 12 décembre 1826, Sir., 27, 1, 255.

[18] Req. rej., 9 mars 1853, Sir., 53, 1, 269.

[19] Fœlix, *op. cit.*, II, 316, 454 et 458. Bonfils, *op. cit.*, n° 244.

Toutefois, par une dérogation particulière à cette règle de Droit international, les contrats reçus par des officiers publics étrangers ne peuvent conférer d'hypothèque conventionnelle sur des immeubles situés en France [20]. Art. 2128.

6° Les règles développées aux n°s 1 et 2 du présent paragraphe sont susceptibles d'être modifiées par des lois politiques ou des traités. Art. 2123.

Des modifications de cette nature se rencontrent dans les traités conclus avec la Sardaigne [21], la Suisse [22], la Russie [23], et le grand-duché de Bade [24].

[20] Cette dérogation, qu'il est difficile d'expliquer, nous paraît être le résultat d'une confusion entre l'authenticité des actes et leur force exécutoire. Voy. cep. Demangeat, *Histoire de la condition civile des étrangers*, n° 76.

[21] Traité du 24 mars 1766, art. 22. Cet art. ayant été diversement interprété par les cours de France (Voy. Grenoble, 9 janvier 1826 et 3 janvier 1829, Sir., 27, 2, 56, et 29, 2, 176 ; Aix, 25 novembre et 8 décembre 1858, Sir., 59, 2, 605), il a été échangé entre les deux gouvernements de France et de Sardaigne, sous la date du 11 septembre 1860 (*Moniteur* du 16 novembre 1860), une déclaration suivant laquelle les cours des États respectifs, auxquelles l'exécution est demandée, ne doivent faire porter leur examen que sur les trois points suivants : 1° Si la décision émane d'une juridiction compétente ; 2° Si elle a été rendue les parties dûment citées et légalement représentées ou défaillantes ; 3° Si les règles du Droit public ou les intérêts de l'ordre public du pays où l'exécution est demandée ne s'opposent pas à ce que la décision du tribunal ait son exécution. — Par arrêt du 29 août 1864, la Cour de Paris a décidé que le traité de 1760 conclu avec la Sardaigne s'applique, ainsi que la déclaration de 1860, à tous les États qui y ont été successivement annexés, et qui constituent aujourd'hui avec elle le royaume d'Italie. Bonfils, *op. cit.*, n° 268.

[22] Traité du 15 juin 1869, publié par décret du 19 octobre 1869. Ce traité a été précédé de trois autres traités en date du 28 mai 1778, du 4 vendémiaire an XII, et du 28 juillet 1828. Voy. sur les art. 15, 12, et 1er de ces trois derniers traités : Paris, 19 mars 1830, Sir., 30, 2, 145 ; Civ. rej., 28 décembre 1831, Sir., 32, 1, 627 ; Civ. cass., 23 juillet 1832, Sir., 32, 1, 664. — Les art. 15 à 19 du traité de 1869 sont relatifs à l'exécution des jugements. D'après l'art. 17, *l'exequatur* ne peut être refusé que dans l'un des cas prévus par la déclaration citée à la note précédente.

[23] Traité des 31 décembre 1786–11 janvier 1787, art. 16. Cpr. sur le point de savoir si ce traité est aujourd'hui encore en vigueur : Fœlix, *op. cit.*, II, 375 ; Bonfils, *op. cit.*, n° 270 ; Civ. cass., 15 juillet 1811, Sir., 11, 1, 301 ; Rouen, 25 mai 1813, Sir., 13, 2, 233 ; Trib. de la Seine, 24 décembre 1844, *Gazette des Tribunaux* du 29.

[24] Traité du 16 avril 1846, publié par ordonnance du 3 juin de la même année.

La simple réciprocité de fait, sans traité formel, ne suffirait pas pour écarter l'application des règles dont s'agit[25].

Dans le cas même ou, en vertu de traités, il n'y aurait pas lieu à révision quant au fond de jugements rendus à l'étranger, les tribunaux français, appelés à déclarer exécutoires de pareils jugements, pourraient et devraient cependant leur refuser l'*exequatur*, s'ils renfermaient des dispositions contraires au Droit public français et aux principes d'ordre public ou d'intérêt général reçus en France[26], comme aussi s'ils émanaient de juges destitués de juridiction, sous le rapport de la nature de la contestation ou de la nationalité des parties[27].

[25] Merlin, *Quest.* v° Jugement, § 15. Grenier, *Des hypothèques*, I, 216. Fœlix, *op. cit.*, II, 376. Larombière, *Des obligations*, V, art. 1351, n° 9. Bonfils, *op. cit.*, n° 273. Zachariæ, § 32, texte et note 15.

[26] Fœlix et Demangeat, *op. cit.*, II, 372, et note *a*. Bonfils, *op. cit.*, n° 272. Rouen, 25 mai 1813, Sir., 13, 2, 233. Req. rej., 14 juillet 1825, Sir., 26, 1, 378. Paris, 20 novembre 1848, Sir., 49, 2, 11. Aix, 25 novembre et 8 décembre 1858, Sir., 59, 2, 605. Req. rej., 18 juillet 1859, Sir., 59, 1, 822.

[27] Grenoble, 9 janvier 1826 et 3 janvier 1829, Sir., 27, 2, 56, et 29, 2, 176. Req. rej., 17 mars 1830, Sir., 30, 1, 95. — Il est à remarquer que si, en règle générale, les tribunaux étrangers n'ont, en matière personnelle, aucune juridiction sur des Français, cette règle est cependant susceptible d'être modifiée par des traités internationaux. Voy. l'art. 2 du traité de 1846 conclu avec le grand-duché de Bade, et les art. 1 et 3 du traité de 1869 passé avec la Suisse.

CHAPITRE IV.

DES DIFFÉRENTES MANIÈRES DONT LES ACTIONS S'ÉTEIGNENT OU DEVIENNENT INEFFICACES, ET SPÉCIALEMENT DE LA PRESCRIPTION.

§ 770.

L'action s'éteint, lorsque, pour une cause quelconque, le droit dont elle découle cesse d'exister[1].

Une action devient inefficace par l'exception de prescription ou celle de déchéance qu'y oppose la partie contre laquelle elle est dirigée.

DE LA PRESCRIPTION *.

§ 771.

Notion de la prescription.

1° La prescription est une exception au moyen de laquelle on peut repousser une action par cela seul que celui qui la forme a, pendant un certain laps de temps, négligé de l'intenter, ou d'exercer de fait le droit dont elle découle.

Le motif d'intérêt général sur lequel repose communément la prescription, consiste dans la nécessité de garantir la stabilité du patrimoine contre des réclamations trop longtemps différées.

Il est cependant certaines prescriptions qui sont fondées sur des motifs particuliers. C'est ainsi que la prescription établie par l'art. 1304 a pour base une confirmation présumée, et que les prescriptions des art. 2271 à 2273 du Code civil et 189 du Code de commerce reposent sur une présomption de paiement, tirée de la nature des dettes auxquelles elles s'appliquent. C'est ainsi

---

[1] Nous n'avons pas à parler de l'extinction de la demande par l'effet de la péremption ou du désistement. L'explication de ces matières rentre dans la procédure. Voy. Code de procédure, art. 397 à 403.

* BIBLIOGRAPHIE. Voy. les ouvrages cités à la note 1re du § 210 ; *Nouveau traité de la prescription en matière civile*, par Leroux de Bretagne; Paris, 1869, 2 vol. in-8.

encore que la prescription admise par l'art. 2277 a pour but spécial d'empêcher la ruine des débiteurs par l'accumulation d'intérêts ou d'arrérages.

Au point de vue de l'équité, la prescription se justifie par la double considération, que l'inaction prolongée de celui qui l'a laissée s'accomplir, peut et doit faire présumer de sa part l'intention de renoncer à ses droits, et que, dans tous les cas, l'exception péremptoire donnée contre son action tardive est une peine légitime infligée à sa négligence.

2° La prescription ne s'applique, de sa nature, qu'aux actions, et non aux exceptions. Ces dernières sont, en général, imprescriptibles, en ce sens qu'elles durent aussi longtemps que les actions qu'elles ont pour objet de repousser, et qu'on peut toujours les proposer utilement, à quelque époque que ces actions soient introduites. *Quæ temporalia sunt ad agendum, perpetua sunt ad excipiendum.* Tant dure l'action, tant dure l'exception[2].

Cette règle, appliquée aux exceptions de nullité ou de rescision, conduit à reconnaître que de pareilles exceptions peuvent être proposées, même après le délai indiqué en l'art. 1304, pour repousser l'action tendant à l'exécution d'une convention entachée d'une cause de nullité ou de rescision[3].

---

[2] Cette règle est fondée sur la nature même des choses, puisque la défense suppose toujours l'attaque. Cpr. L. 5, § 6, *D. de dol. mal. et met. except.* (44, 4). Aussi est-elle admise en thèse générale, et la controverse ne porte que sur le point de savoir si elle est ou non applicable aux exceptions de nullité ou de rescision. La difficulté provient principalement de ce que l'art. 134 de l'ordonnance de 1539 avait restreint à dix ans le temps pendant lequel on pouvait faire valoir, *tant en demandant qu'en défendant*, les causes de rescision, et même certaines causes de nullité. Mais, par cela même que l'art. 1304 ne parle que des actions en nullité ou en rescision, on doit admettre que les rédacteurs du Code civil ont rejeté les dispositions de cette ordonnance en ce qui concerne les exceptions de même nature. Voy. les autorités citées aux deux notes suivantes.

[3] Merlin, *Rép.*, v° Prescription, sect. II, § 25. Delvincourt, II, p. 596 à 600. Toullier, VII, 600 et suiv. Troplong, II, 827 et suiv. Vazeille, II, 566. De Fréminville, *De la minorité*, II, 902 et 975. Larombière, *Des obligations*, IV, art. 1304, n°s 34 à 38. Demolombe, XXIX, 136 et 137. Zachariæ, § 771, texte et note 1re. Civ. rej., 31 décembre 1833, Sir., 34, 1, 304. Bordeaux, 6 avril 1843, Sir., 43, 2, 422. Req. rej., 1er décembre 1846, Sir., 47, 1, 289. Toulouse, 9 juillet 1859, Sir., 59, 2, 407. Civ. rej., 7 janvier 1868, Sir., 68, 1, 150. Voy. en sens contraire : Duranton, XII, 549 ; Marcadé sur

C'est ainsi, notamment, que le mineur devenu majeur peut, même après les dix ans de sa majorité, faire prononcer, par voie d'exception, la nullité ou la rescision des conventions qu'il a passées en minorité, et dont on poursuit l'exécution contre lui[4].

Mais la règle ci-dessus posée ne peut jamais être invoquée par celui qui, ayant introduit une action quelconque, provoquerait, par voie de réplique, la nullité ou la rescision d'une convention qu'on lui opposerait comme fin de non-recevoir contre son action[5].

C'est ainsi que celui qui demande la restitution d'un objet livré en vertu d'une convention annulable ou rescindable, n'est plus admis, après le délai fixé par l'art. 1304, à proposer la nullité ou la rescision de cette convention, bien que l'exécution de cette dernière n'en ait pas couvert les vices[6].

C'est ainsi encore que l'héritier qui, après avoir aliéné en minorité des droits successifs ouverts à son profit, intente une action en pétition d'hérédité ou en partage, plus de dix ans après sa majorité, n'est plus recevable à demander l'annulation ou la rescision de la cession qu'il a consentie[7].

3° Les différences qui existent entre la prescription et l'usucapion, ayant déjà été expliquées au § 210, il est inutile d'y revenir. On se bornera également à renvoyer aux §§ 211 à 215 bis, pour

l'art. 1304, n° 3 ; Duvergier sur Toullier, loc. cit., n° 601, note a ; Colmet de Santerre, V, 265 bis, VI à VIII ; Agen, 7 juillet 1836, Sir., 36, 2, 569 ; Toulouse, 18 novembre 1836, Sir., 37, 2, 324.

[4] Paris, 21 avril 1836, Sir., 37, 2, 17. Rouen, 9 janvier 1838, Sir., 38, 2, 110. — Voy. aussi, quant à l'exception de nullité proposée contre un acte simulé : Req. rej., 24 janvier 1833, Sir., 33, 1, 268.

[5] Le sort de la réclamation étant, en pareil cas, subordonné à la nullité ou à la rescision de la convention, il en résulte que le moyen de nullité ou de rescision, quoique proposé seulement par voie de réplique, n'en forme pas moins l'objet principal de la demande. La circonstance que le demandeur, au lieu de conclure préalablement à l'annulation ou à la rescision de la convention, a jugé convenable de faire abstraction de cette dernière, ne change rien à l'état réel des choses, et n'empêche pas qu'il ne soit véritablement demandeur en nullité ou en rescision. Troplong, II, 882 et suiv. Larombière, op. et loc. cit. Demolombe, XXIX, 138. Zachariæ, § 771, texte et note 2.

[6] Bordeaux, 1er juillet 1830, Sir., 31, 2, 75. Req., rej., 5 avril 1837, Sir., 37, 1, 435. Bordeaux, 27 juillet 1871, Sir., 72, 2, 221.

[7] Pau, 4 février 1830, Sir., 30, 2, 203. — Voy. encore pour d'autres applications du même principe : Req. rej., 27 juin 1837, Sir., 38, 1, 426 ; Bastia, 22 mai 1854, Sir., 54, 2, 389 ; Lyon, 20 août 1869, Sir., 70, 2, 124.

l'explication des règles communes à l'usucapion et à la prescription.

4° La prescription proprement dite se distingue facilement, et par sa nature même, des déchéances résultant de l'expiration des délais accordés par la loi, par la convention, ou par le juge[8], soit pour l'exercice d'une option ou d'une faculté quelconque, soit pour le paiement d'une obligation ou l'exécution d'une condamnation.

Il ne faut pas non plus confondre la prescription proprement dite avec les déchéances qu'entraîne l'écoulement d'un délai préfix auquel la loi, en accordant une action, en a limité l'exercice.

Pour distinguer la prescription des déchéances de la dernière espèce, il convient de s'arrêter à l'idée suivante : Quand la loi, par des raisons particulières tenant au caractère de l'action et à la nature des faits ou rapports juridiques qui y donnent naissance, ne l'a accordée qu'à la condition de son exercice dans un temps déterminé d'une manière préfixe, l'expiration de ce temps emporte une déchéance, et ne constitue pas une véritable prescription extinctive[9].

C'est ce qui a lieu, entre autres[10], pour l'action en révocation

---

[8] Par la loi : Voy. art. 2183 et 2185; Grenoble, 27 décembre 1821, Sir., 22, 2, 364. Par la convention : Voy. art. 1660 à 1664; Zachariæ, § 774 *bis*, texte et note 18. Par le juge : Voy. art. 1184, 1244, 1655, et 1900.

[9] La fixation, pour l'exercice d'une action, d'un délai au bout duquel elle s'éteint, restreint ou modifie le droit d'agir en lui-même, de telle sorte. que la seule expiration du délai préfix emporte déchéance de ce droit, indépendamment même de toute considération de négligence ou de renonciation de la part de celui à qui l'action est accordée. Aussi les jurisconsultes romains emploient-ils en pareille matière les expressions caractéristiques : *Dies actionis exit vel abit.* Voy. L. 1, L. 21, *præ, D. ex quib. cau. maj.* (4, 6); L. 3, *præ de feriis et dilat.* (2, 12); L. 18, § 1, *D. de pecun. const.* (13, 5). En matière de prescription, au contraire, l'extinction de l'action suppose toujours une condition extrinsèque, à savoir le fait du créancier d'avoir négligé pendant un certain temps d'exercer son action.

[10] Outre les actions indiquées au texte comme soumises à déchéance, nous citerons encore celles dont s'occupent les art. 181, 183, 559, 809, 880, 1854, 2102, nᵒˢ 1 et 4, 2279 du Code civil, l'art. 23 du Code de procédure, et les art. 160 à 171 du Code de commerce. — Nous n'avons pas à nous occuper des déchéances en matière de procédure, qui tiennent à un ordre d'idées tout particulier. Cpr. sur ces déchéances : *Dissertation* par Joccoton, *Revue de Droit français et étranger*, 1850, VII, p. 640.

de donation dirigée contre le donataire ingrat [11], pour l'action en
désaveu de paternité [12], pour les actions rédhibitoires et *quanti
minoris* [13], pour les actions en supplément ou en diminution de
prix [14], et celles en rescision de ventes immobilières, fondées sur
une lésion de plus des sept douzièmes [15].

A la différence de la prescription, qui est suspendue en faveur
des mineurs et des interdits, les délais emportant déchéance courent contre eux, aussi bien que contre les majeurs jouissant de
leurs droits [16].

D'un autre côté, les déchéances ne sont pas, comme la prescription, suspendues entre époux pendant le mariage [17].

Enfin, la maxime *Quæ temporalia ad agendum, perpetua sunt ad
excipiendum*, n'est point applicable en matière de déchéances.
C'est ainsi spécialement que l'héritier du testateur ne peut, après

[11] Art. 957. Voy. aussi art. 1047. Le donateur qui n'exerce pas son action
en révocation dans un court délai, est censé n'avoir pas ressenti l'injure, ou
l'avoir remise.

[12] Art. 316 à 318. Cette action, admise par dérogation à la maxime *Pater
is est quem nuptiæ demonstrant*, a été restreinte à un très-court délai par des
motifs d'intérêt public qui se rattachent au repos et à l'honneur des familles,
et parce que le mari qui ne se hâte pas de la former est censé avoir reconnu
sa paternité.

[13] Art. 1648. Loi du 20 mai 1838, art. 3.

[14] Art. 1622. Ces actions, peu favorables de leur nature, paraissent avoir
été restreintes à un court espace de temps, surtout à raison des difficultés que présenteraient au bout d'un long intervalle les vérifications qu'elles
exigent.

[15] Art. 1676. Cette action admise, contrairement à la rigueur du Droit,
pour venir au secours d'un vendeur qui aurait cédé à la pression de circonstances malheureuses, devait, par ce motif même, être limitée à un court
délai.

[16] C'est à ce point de vue surtout qu'il importe de distinguer les déchéances
de la prescription extinctive. En les confondant, on serait forcément amené à
appliquer aux premières la disposition de l'art. 2252, à l'exception seulement
des cas dans lesquels la loi y aurait formellement dérogé. Or, l'art. 1676 est
le seul qui fasse courir contre les mineurs et les interdits le délai préfix accordé pour l'exercice d'une action. La proposition émise au texte est généralement admise. Duranton, XXI, 290. Troplong, I, 27, et II, 1038. De Fréminville, *De la minorité*, I, 354. Vazeille, I, 258 et 268. Voy. aussi Grenoble,
27 décembre 1821, Sir., 22, 2, 364.

[17] Cpr. § 708, texte et note 26. Rouen, 5 août 1863. Sir., 64, 2, 229.
Metz, 19 février 1868, Sir., 69, 2, 271.

l'expiration du délai fixé par les art. 957 et 1047, opposer, par voie d'exception, à la demande en délivrance formée contre lui par le légataire, une demande en révocation du legs pour cause d'ingratitude [18].

Du reste, on peut, en général, appliquer aux déchéances les règles relatives à la prescription.

Il en est ainsi notamment de celles qui concernent le calcul des délais et les causes d'interruption [19].

De même encore, l'exception de déchéance ne peut, pas plus que celle de prescription, être suppléée d'office par le juge, à moins qu'il ne s'agisse d'une déchéance fondée sur un motif d'ordre public [20].

§ 772.

Des actions qui sont ou non susceptibles d'être prescrites.

1° Toutes les actions sont, en général, susceptibles de s'éteindre par la prescription. Art. 2262, et arg. de cet article.

Cette règle s'applique même aux actions ayant pour objet l'exercice de droits facultatifs établis par convention, et corrélatifs à des obligations personnelles ou à des charges réelles, tels, par exemple, que celui de bâtir sur un terrain dont on n'est pas propriétaire [1].

---

[18] Cpr. § 727, texte, *in fine*, et note 15. Aux autorités citées dans cette note, ajoutez : Besançon, 12 février 1873, Sir., 73, 2, 195.

[19] Merlin, *Rép.*, v° Prescription, sect. I, § 1, n° 3. Troplong, *loc. cit.* Zachariæ, § 209, texte et note 9. Caen, 1er février 1842, Sir., 42, 2, 228. Rouen, 29 mars 1858, Sir., 59, 2, 337. Caen, 24 mars 1862, Sir., 63, 2, 44. Cpr. cep., Req. rej., 21 mai 1834, Sir., 34, 1, 427.

[20] Suivant Zachariæ (§ 209, t. 1, p. 468, texte, lett. *b*), l'art. 2223 ne serait pas applicable aux déchéances, qu'à la différence de la prescription le juge pourrait suppléer d'office. Cette solution ne saurait être admise, par la raison que si le juge peut et doit même suppléer d'office les moyens de droit venant à l'appui d'une demande ou d'une exception formulée devant lui, ce n'est que dans les matières d'ordre public qu'il lui est permis de suppléer une exception qu'on n'a pas fait valoir. *Consultation* de M. Devilleneuve, Sir., 59, 2, 337, notes 3 et 4. Cpr. *Conclusions* de M. l'avocat général Nicias-Gaillard, Sir., 50, 1, 421.

[1] Dunod, part. I, chap. XII, p. 90 et 91. Pardessus, *Des servitudes*, I, p. 58 et 59. Troplong, I, 123 et 126. Vazeille, I, 109. Limoges, 22 mars 1811,

Les facultés inhérentes au droit de propriété ou dérivant d'une concession légale sont, au contraire, imprescriptibles de leur nature, par l'effet seul du non-usage [2]. Mais elles sont susceptibles de s'éteindre, suivant les cas, soit par l'acquisition d'un droit contraire de servitude ou d'usage, soit par une renonciation présumée résultant de l'inaction de celui auquel elles compétaient, pendant trente ans à partir d'une contradiction formelle à leur exercice [3].

2º La règle posée en tête de ce paragraphe est soumise aux exceptions suivantes :

a. Les actions qui naissent du droit de propriété, c'est-à-dire l'action en revendication et l'action négatoire de servitude, sont imprescriptibles, en ce sens qu'elles ne sont pas susceptibles de s'éteindre directement, par cela seul qu'elles n'auraient pas été intentées dans un délai déterminé, ou que le propriétaire aurait même, pendant un temps plus ou moins long, cessé d'exercer son droit de propriété. Elles ne peuvent s'éteindre qu'indirectement par le résultat de l'usucapion, c'est-à-dire par une possession contraire, réunissant tous les caractères exigés pour l'acquisition d'un droit de propriété ou de servitude [4].

Sir., 11, 2, 253. Agen, 23 janvier 1860, Sir., 60, 2, 317. Req. rej., 24 avril 1860, Sir., 61, 1, 362. Civ. cass., 14 décembre 1863, Sir., 64, 1, 77. Cpr. cep. : Bruxelles, 30 novembre 1809, Sir., 10, 2, 232.

[2] Arg. art. 2232. Cpr. § 191 ; art. 644, 661, 672, al. 2 et 3, 682. Dunod, *op. et loc. citt.* Pardessus, *op. cit.* I, nᵒˢ 21 et 56. Troplong, I, 112. Limoges, 2 avril 1846, Dalloz, 1847, 2, 12. Req. rej., 28 juillet 1874, Sir., 75, 1, 404. — Les facultés dont s'agit restent imprescriptibles, alors même qu'elles se trouvent énoncées ou rappelées dans un contrat. Cette circonstance ne les transforme pas en droits facultatifs conventionnels. Req. rej., 2 juillet 1862, Sir., 62, 1, 1041. Montpellier, 10 août 1865, Sir., 66, 2, 19. Voy. aussi : Rouen, 14 juin 1843, Sir., 43, 2, 519. Cet arrêt décide très-justement que, lorsqu'une personne, en vendant un terrain destiné à l'établissement d'un passage, se réserve la faculté de bâtir au-dessus à une hauteur déterminée, cette réserve comporte celle de la propriété du dessus, et que, par suite, la faculté de bâtir, inhérente à ce droit de propriété, ne s'est pas prescrite par le non-usage durant trente ans.

[3] Cpr. art. 641 et 642, § 244, texte, nᵒ 2 ; art. 644, § 246, texte, nᵒ 4, lett. *d* ; § 197, texte, lett. *b*, notes 27 et 28 ; Troplong, I, 113 ; Pardessus, *op. cit.*, II, nᵒ 301 ; Req. rej., 4 août 1842, Sir., 42, 1, 308.

[4] Voy. § 210, texte et note 4 ; § 219, texte, nᵒ 1, lett. *d*, et note 26 ; texte et note 2, *supra.*

b. Les actions en partage et en bornage sont imprescriptibles; elles se perpétuent tant que dure la cause qui leur donne naissance, c'est-à-dire l'indivision ou la confusion de limites [5].

c. L'action en séparation des patrimoines portant sur des immeubles est imprescriptible en elle-même, en ce sens qu'elle ne s'éteint qu'avec la créance qu'elle est destinée à garantir [6].

d. L'action en restitution d'un gage mobilier ou d'un immeuble donné en antichrèse ne devient prescriptible qu'à partir du paiement de la dette. Réciproquement, l'action du créancier gagiste ou antichrésiste est imprescriptible, tant et aussi longtemps que le nantissement demeure entre ses mains [7].

e. Les actions en nullité de mariage pour cause de bigamie ou d'inceste sont, en elles-mêmes, absolument imprescriptibles [8].

Il en est de même :

f. De l'action en réclamation d'état formée par l'enfant lui-même, et de l'action en contestation d'état, qu'elle soit exercée contre l'enfant ou contre ses ayants droit [9].

g. De l'action tendant à faire écarter une reconnaissance d'enfant naturel comme contraire à la vérité ou comme entachée d'un vice de forme, et de l'action en nullité de la reconnaissance d'un enfant incestueux ou adultérin [10].

§ 773.

Du temps requis pour la prescription. De la prescription ordinaire.

Toutes les actions susceptibles de prescription se prescrivent, en général, par trente ans. Art. 2262.

---

[5] Voy. § 199, texte, n° 3, et notes 18 à 21; § 221, texte et note 20; § 622, texte et notes 7 à 11.

[6] Voy. § 619, texte, n° 4, et note 33.

[7] Voy. § 434, texte et note 15 ; § 435, texte et note 2; § 438, texte et note 1re; § 439, texte, *in fine*, notes 5 et 6. — Voy. pour les autres cas d'imprescriptibilité temporaire, le § 213, où nous traitons du point de départ de la prescription en général.

[8] Voy. § 461, texte, n° 3, lett. *b* et *c*, notes 36 à 40. Cpr. § 458, texte, *in fine.*

[9] Voy. § 544 *bis*, texte, n° 2, et notes 13 à 15.

[10] Voy. § 568 *ter*, texte, n° 2, notes 36 et 37 ; § 572, texte, n° 1 *in fine*, et note 17.

Cette règle reçoit exception en ce sens, que certaines actions se trouvent soumises à une prescription plus courte que celle de trente ans. Mais elle est absolue en ce sens, qu'il n'existe pas d'action dont la prescription exige un laps de temps de plus de trente ans [1].

Du reste, les dispositions qui restreignent la durée ordinaire de la prescription doivent, comme constituant des exceptions à la règle qui vient d'être posée, être strictement limitées aux actions qu'elles concernent [2].

§ 774.

Continuation. Des prescriptions extraordinaires.

1° Les actions suivantes se prescrivent par dix ans :

a. Les actions qui compètent au mineur devenu majeur ou à ses héritiers, contre le tuteur, en raison de la gestion de la tutelle [1]. Art. 475.

b. L'action en revendication d'un immeuble corporel, l'action hypothécaire [2], les actions confessoires de servitudes personnelles [3], lorsque ces différentes actions sont dirigées contre un tiers possesseur avec juste titre et bonne foi. Art. 2265, art. 2180, n° 4, al. 3 et 4, et arg. de ces articles [4].

---

[1] Zachariæ, § 774 *a*, texte et note 2. Cpr. sur l'effet que la promulgation du Code civil a produit, en ce qui concerne les prescriptions commencées antérieurement, et qui, d'après le Droit ancien, ne s'accomplissaient que par un laps de temps de plus de trente ans : § 215 *bis*.

[2] Merlin, *Rép.*, v° Prescription, sect. II, § 8, n° 6. Zachariæ, § 774 *a*, texte et note 3. Cpr. § 121, texte et notes 44 à 50 ; § 123, texte et note 51 ; § 339, texte, n° 2 ; § 354, texte, *in fine*, et notes 40 à 42.

[1] Cpr. § 121, texte et notes 38 à 43.

[2] Voy. sur l'action en revendication : §§ 216 et 218. Voy. sur l'action hypothécaire : § 218, texte B, note 44 ; § 293, texte, n° 1.

[3] Voy. § 218, texte B, note 43 ; § 234, texte D ; § 237, texte, n° 1. — Nous ne parlons au texte que des servitudes personnelles : les actions confessoires de servitudes réelles ne s'éteignent que par trente ans, alors même que l'immeuble grevé a passé entre les mains d'un tiers possesseur. Cpr. § 218, texte B, note 42 ; § 255, texte, n° 2, et note 23.

[4] Voy. cependant art. 2266. Le délai de dix ans peut, par application de cet article, se prolonger jusqu'à vingt ans, pour les différentes actions dont il est parlé au texte.

Il en est de même des actions en résolution ou en révocation [5], en nullité et en rescision [6], ouvertes contre le titre de l'auteur d'un pareil tiers possesseur, en tant qu'on voudrait les faire réfléchir contre ce dernier [7].

c. Les actions en nullité ou en rescision de conventions, ou autres actes de volonté [8]. Art. 1304.

d. Les actions civiles en réparation du dommage causé par un crime [9]. Code d'inst. crim., art. 3 et 637.

On ne mentionnera pas ici les dispositions des art. 1212, 1792 et 2270, qui n'établissent pas de véritables prescriptions [10].

2° Les actions ci-après indiquées se prescrivent par cinq ans [11] :

a. L'action en garantie du partage, lorsqu'elle est fondée sur l'insolvabilité du débiteur d'une rente [12]. Art. 886.

b. Les actions en restitution de pièces confiées à des juges ou

---

[5] Voy. cep. art. 966 ; § 709, texte, n° 5, et notes 42 à 44.

[6] Bien que les actions en nullité ou en rescision dirigées contre des conventions soient également soumises à une prescription de dix ans (voy. lett. *c* ci-après), la proposition énoncée au texte n'est pas, même en ce qui les concerne, dénuée d'intérêt pratique. Il se peut, en effet, que cette prescription n'ait commencé à courir que postérieurement au point de départ de l'usucapion ou que le cours en ait été interrompu, et qu'ainsi l'action en nullité ou en rescision se trouve encore ouverte au profit de l'une des parties contre l'autre, et que, par le résultat de l'usucapion, elle se trouve éteinte vis-à-vis du tiers possesseur, contre lequel on voudrait la faire réfléchir. Voy. § 218, texte ß, note 46.

[7] Voy. § 218, texte B, note 41 ; § 356, texte, n° 3, notes 35 à 38 et 62 ; § 685 *quater*, texte, n° 3.

[8] Voy. § 339 ; § 351, notes 5 et 52 ; § 472, texte, n° 7, notes 123 et 124 ; § 503, texte, n° 1, et note 10 ; § 503 *bis*, texte, n° 2, et note 4 ; § 650 *bis*, texte et note 2 ; § 732, texte, notes 7 et 8 ; § 734, texte, n° 1, notes 20 et 21, texte, n° 2, note 53.

[9] Voy. § 445, texte et notes 16 à 24.

[10] L'art. 1212 consacre une présomption de remise de la solidarité. Les art. 1792 et 2270 établissent un temps d'épreuve, au bout duquel les architectes ou entrepreneurs sont dégagés de toute responsabilité relativement aux constructions ou gros ouvrages qu'ils ont faits ou dirigés. Cpr. § 374, texte, n° 2, notes 29 et 30. Zachariæ, § 774 *b*, texte et note 3.

[11] Pour ne pas scinder l'explication de l'art. 2273, nous ne mentionnerons pas ici la prescription de cinq ans, à laquelle se trouve soumise l'action des avoués en paiement de leurs frais et salaires, lorsqu'il s'agit d'affaires non encore terminées. Voy. à cet égard, texte, n° 4, lett. *a, in fine, infrà.*

[12] Cpr. § 625, texte, n° 2, et notes 51 à 54.

à ces avoués. La prescription court à dater du jugement de l'affaire à l'occasion de laquelle la remise des pièces a eu lieu. Art. 2276, al. 1.

Cette prescription s'applique non-seulement aux pièces confiées à un avoué par sa partie, mais encore à celles qui lui ont été données en communication par l'avoué de la partie adverse [13].

c. Les actions ayant pour objet le paiement d'arrérages de rentes perpétuelles ou viagères, de pensions alimentaires, de loyers de maisons ou de prix de ferme, d'intérêts dus en vertu de créances reconnues [14], et généralement de toute somme payable par année, ou à des termes périodiques plus courts. Art. 2277.

La prescription dont il s'agit ici a été établie pour prévenir une accumulation d'arrérages, d'intérêts, ou d'annuités, qui deviendrait ruineuse pour les débiteurs [15].

Il résulte de là, que le débiteur de pareilles prestations peut, même après avoir reconnu qu'elles n'ont pas été payées pendant un certain temps, repousser, par la prescription de cinq ans, la demande en paiement de ces prestations, à moins qu'en faisant cet aveu, il n'ait promis de les acquitter [16].

La disposition de l'art. 2277 peut être invoquée par tout débiteur sans distinction ; elle peut l'être notamment par l'État, par exemple, quant aux intérêts des cautionnements des fonctionnaires publics et officiers ministériels, et quant aux arrérages

---

[13] La loi ne distingue pas, et n'avait, au point de vue où elle s'est placée pour admettre cette prescription, aucun motif de distinguer. Caen, 8 août 1863, Sir., 64, 2, 13. Voy. en sens contraire : Bruxelles, 12 octobre 1822, Dev. et Car., *Coll. nouv.*, VII, 2, 123.

[14] Nous avons cru devoir substituer les expressions *intérêts dus en vertu de créances reconnues*, aux termes *intérêts des sommes prêtées*, qu'on lit dans l'art. 2277. Cette substitution trouvera sa justification dans les explications qui seront données aux notes 18 et suiv., *infrà*.

[15] L'origine de cette prescription se trouve dans l'art. 71 d'une ordonnance rendue par Louis XII, en juin 1510 (*Anciennes lois françaises*, XI, p. 602). *Exposé de motifs*, par Bigot-Préameneu (Locré, *Lég.*, XVI, p. 585, n° 42). Troplong, II, 1002 et 1036. Civ. cass., 12 mars 1833, Sir., 33, 1, 299. Voy. aussi les arrêts cités à la note suivante.

[16] Troplong, *locc. citt.* Zachariæ, § 774 *b*, texte et note 17. Paris, 10 février 1826, Sir., 26, 2, 285. Rouen, 29 juin 1831, Sir., 32, 1, 439. Civ. rej., 10 mars 1834, Sir., 34, 1, 800. Amiens, 14 juin 1871, Sir., 71, 2, 217. Voy. en sens contraire : Amiens, 26 juin 1826, Sir., 28, 2, 173.

des traitements attachés à la Légion d'honneur et à la médaille militaire[17].

Elle s'applique aux intérêts de toute créance dont la quotité se trouve déterminée, quelle que soit la nature de la créance[18], et peu importe qu'il s'agisse d'intérêts dus en vertu d'une convention, de la loi, ou d'un jugement[19].

Ainsi, d'une part, les intérêts dus en vertu de la loi, soit de la la somme formant le reliquat d'un compte de tutelle rendu et apuré, soit de la dot ou des reprises dotales, se prescrivent par cinq ans[20].

---

[17] Art. 2227. Avis du Conseil d'Etat des 24 décembre 1808-24 mars 1809, et des 8-13 avril 1809. Ordonnance rendue en Conseil d'État, du 28 mai 1838, Sir., 39, 2, 125. Ordonnance rendue en Conseil d'État, du 5 février 1841, Sir., 41, 2, 248. Décret du 31 mai 1862, portant règlement général de la comptabilité publique, art. 141. — L'art. 30 de la loi du 9 juin 1853, sur les pensions civiles, soumet même à une prescription de trois ans les arrérages de ces pensions et les secours annuels.

[18] Bien que notre rédaction s'écarte de celle de l'art. 2277, qui ne parle que *d'intérêts des sommes prêtées,* nous croyons cependant qu'elle exprime la véritable pensée du législateur. On ne voit, en effet, aucune raison plausible pour établir, au point de vue dont s'agit, une distinction entre les intérêts des sommes prêtées, et ceux qui sont dus à raison d'autres créances, dont la quotité est d'ailleurs déterminée. Le motif sur lequel repose la disposition de l'article 2277 étant général, cette disposition doit s'appliquer indistinctement aux intérêts de toute créance dont le chiffre se trouve fixé. D'un autre côté, les termes *et généralement tout ce qui est payable par année,* qui suivent immédiatement les expressions ci-dessus rappelées, indiquent bien qu'elles ne sauraient être entendues d'une manière limitative. Du reste, si, malgré sa généralité, la disposition de l'art. 2277 doit être restreinte aux créances dont la quotité se trouve déterminée, la raison en est que le créancier n'a pas, tant et aussi longtemps que le chiffre de sa créance n'est pas arrêté, d'action spéciale et distincte pour demander les intérêts qui peuvent lui être dus, et qu'ainsi son droit aux intérêts ne peut se trouver soumis qu'à la prescription par laquelle s'éteindra son droit au principal.

[19] Voy. les autorités citées aux notes 20, 21 et 24, *infrà.* Voy. en sens contraire : Zachariæ, § 774 *bis,* texte et note 13. Cet auteur admet, d'une manière absolue, que la prescription de l'art. 2277 ne s'applique, ni aux intérêts légaux, ni aux intérêts judiciaires ou moratoires.

[20] Cpr. art. 474, 1440, 1548, 1570. Troplong, II, 1025. Limoges, 28 janvier 1828, Sir., 29, 2, 31. Bordeaux, 8 février 1828, Sir., 28, 2, 116. Agen, 18 novembre 1830, Sir., 32, 2, 57. Toulouse, 12 août 1834, Sir., 35, 2, 207. Toulouse, 14 décembre 1850, Sir., 51, 2, 102.

Il en est de même des intérêts d'un prix de vente, qu'ils soient dus par suite d'une convention spéciale, ou en vertu de la loi, et que la vente ait ou non pour objet une chose productive de fruits [21].

Il en est de même encore des intérêts de la somme qu'un associé a promis d'apporter à la société comme mise sociale [22].

[21] Deux opinions contraires à la proposition énoncée au texte ont été émises, en ce qui concerne les intérêts du prix de vente d'une chose productive de fruits. D'après l'une de ces opinions, ces intérêts ne seraient pas soumis à la prescription de cinq ans, alors même qu'ils seraient dus en vertu d'une convention expresse, et cela par la raison qu'ils ne sont que la représentation des fruits perçus par l'acheteur, et qu'il y aurait injustice à laisser à ce dernier la totalité de ces fruits, tout en le dispensant du paiement des intérêts de plus de cinq ans. Voy. en ce sens : Duranton, XIV, 343, XXI, 433 ; Paris, 31 janvier 1818, Sir., 18, 2, 233 ; Metz, 15 février 1822, Sir., 23, 2, 136 ; Paris, 12 décembre 1823, Sir., 24, 2, 377 ; Agen, 10 mai 1824, Sir., 24, 2, 375 ; Bastia, 16 mai 1827, Sir., 29, 2, 54. Mais cette manière de voir ne nous paraît pas admissible : outre qu'elle tend à établir une exception incompatible avec la généralité des termes de l'art. 2277, elle contrarie manifestement l'esprit de la loi. En effet, comme les fruits sont ordinairement consommés au fur et à mesure de leur perception, l'acheteur ne se trouve pas toujours et nécessairement enrichi, au moment de la demande en paiement des intérêts de son prix, du montant des fruits par lui perçus, et l'accumulation des intérêts pourrait entraîner sa ruine, s'il était obligé de les acquitter pour une longue série d'années. D'après la seconde opinion, les intérêts du prix de vente d'une chose productive de fruits ne se prescriraient par cinq ans qu'autant qu'ils auraient été stipulés, et non dans le cas où ils ne seraient dus qu'en vertu de la loi. Voy. en ce sens : Paris, 7 décembre 1831, Sir., 32, 2, 129 ; Paris, 25 mai 1833, Sir., 33, 2, 355. La distinction sur laquelle repose cette dernière opinion est doublement vicieuse. En effet, si le motif qui sert de base à la première opinion était fondé, il s'appliquerait tout aussi bien à l'hypothèse actuelle qu'à celle dont il a été précédemment question. D'un autre côté, on ne comprend pas comment une stipulation d'intérêts, entièrement surabondante, pourrait avoir pour effet de changer, en quoi que ce soit, les droits et la position des parties. Voy. dans le sens de la proposition énoncée au texte : Troplong, II, 1023 ; Colmar, 26 juin 1820, Sir., 22, 2, 128 ; Limoges, 17 juillet 1822, Sir., 22, 2, 295 ; Req. rej., 7 février 1826, Sir., 27, 1, 368 ; Toulouse, 14 février 1826, Sir., 27, 2, 248 ; Nîmes, 23 janvier 1827, Sir., 28, 2, 189 ; Grenoble, 6 juin 1829, Sir., 29, 2, 275 ; Req. rej., 9 juin 1829, Sir., 30, 1, 346 ; Civ. cass., 14 juillet 1830, Sir., 30, 1, 246 ; Douai, 3 juillet 1834, Sir., 34, 2, 369 ; Paris, 5 août 1852, Sir., 52, 2, 601 ; Req. rej., 16 août 1853, Sir., 55, 1, 575.

[22] Art. 1846. Civ. cass., 17 février 1869, Sir., 69, 1, 256. Rennes, 23 juin 1870, Sir., 70, 2, 274.

Ainsi, d'autre part, les intérêts moratoires, alloués par juge-ment[23], sont soumis à la prescription de cinq ans, lors même qu'ils ont été adjugés à titre de dommages-intérêts [24].

Enfin, la prescription de l'art. 2277 s'étend également aux divi-dendes des actions de sociétés de commerce ou d'industrie, et cela, au cas même où l'acte de société ne fixerait pas les époques de paiement de ces dividendes [25].

Au surplus, cette prescription reste applicable aux intérêts dont le paiement est poursuivi en France contre un Français, alors même qu'ils sont dus en vertu d'une obligation contractée et payable dans un pays étranger, où la prescription dont s'agit n'est pas admise [26].

Mais la prescription établie par l'art. 2277 ne s'applique pas

---

23 Il est bien entendu que les intérêts qui ont couru pendant l'instance, depuis le jour de la demande jusqu'à celui de la condamnation, ne sont pas soumis à la prescription de cinq ans. Paris, 27 juin 1817, Sir., 17, 2, 375. Req. rej., 12 juillet 1836, Sir., 37, 1, 64.

24 On a cependant voulu soutenir le contraire, en disant que les intérêts mo-ratoires accordés par jugement se confondent avec le principal, et ne peuvent être exigés séparément. Mais ce point de vue est entièrement faux. Si le créan-cier d'une somme principale adjugée avec intérêts à partir de la demande, ne peut être contraint à recevoir séparément les intérêts, rien ne saurait l'empêcher d'en poursuivre le paiement, sans exiger celui du principal. Et comme, d'un autre côté, ces intérêts ne sont isolément exigibles qu'au fur et à mesure de leur échéance annuelle, ils constituent évidemment des sommes payables par année, et se trouvent soumis comme telles à la prescription établie par l'art. 2277. Quant à la qualification de dommages-intérêts qui aurait été donnée à des intérêts mo-ratoires, elle ne peut en changer la nature, puisqu'en définitive ces dommages-intérêts sont toujours des sommes exigibles à la fin de chaque année. Troplong, II, 1013 et suiv. Amiens, 21 décembre 1824, Sir., 25, 2, 340. Bourges, 18 mars 1825, Sir., 26, 2, 269. Nîmes, 5 mai 1830, Sir., 30, 2, 319. Civ. cass., 12 mars 1833, Sir., 33, 1, 299. Bordeaux, 13 août 1834, Sir., 34, 2, 676. Req. rej., 12 mai 1835, Sir., 35, 1, 251. Req. rej., 29 janvier 1838, Sir., 38, 1, 350. Bourges, 6 août 1841, Sir., 42, 2, 75. Voy. en sens con-traire : Vazeille, II, 642 ; Duranton, XXI, 434 ; Paris, 2 mai 1816, Sir., 24, 2, 362 ; Agen, 18 mars 1824, Sir., 24, 2, 363 : Agen, 4 février 1825, Sir., 25, 2, 127 ; Paris, 21 décembre 1829, Sir., 30, 2, 104 ; Rennes, 22 décem-bre 1836, Sir., 37, 2, 88.

25 Paris, 17 juillet 1849, Sir., 49, 2, 712. Douai, 4 janvier 1854, Sir., 54, 2, 542.

26 Cpr. § 31, texte IV, in fine, et note 69. Voy. en sens contraire : Cham-béry, 12 février 1869, Sir., 70, 2, 9.

aux intérêts de créances dont la quotité n'est pas encore déterminée [27].

Ainsi, les intérêts du reliquat d'un compte de tutelle ne sont pas soumis à cette prescription, tant que ce compte n'a pas été rendu et apuré [28]. Il en est de même des intérêts des avances faites par un mandataire, ou des sommes qu'il a reçues pour le compte du mandant et qu'il a employées à son usage personnel, tant que le compte de gestion n'a pas été arrêté [29].

Ainsi encore, les intérêts des sommes dont un cohéritier est débiteur envers ses cohéritiers, soit en raison de dettes contractées envers le défunt, soit à titre de rapport, soit pour prix d'immeubles héréditaires acquis sur licitation, ne se prescrivent par cinq ans qu'à partir de la liquidation définitive de la succession [30].

Enfin, les intérêts de sommes dues par compte courant ne se prescrivent par cinq ans qu'à dater du règlement de ce compte [31].

La prescription de l'art. 2277 est étrangère aux intérêts qui, ayant été, soit acquittés à la décharge du débiteur, par un tiers intéressé ou non intéressé à l'extinction de la dette [32], soit payés,

---

[27] La raison en est, que le créancier ne jouit pas, en pareil cas, pour réclamer les intérêts qui peuvent lui être dus, d'une action spéciale et distincte de celle qui lui compète à l'effet de faire fixer le montant de sa créance principale. Req. rej., 9 janvier 1867, Sir., 67, 1, 59. Req. rej., 19 décembre 1871, Sir., 72, 1, 211. Voy. aussi les autorités citées aux quatre notes suivantes.

[28] Magnin, *Des minorités*, I, 688. Troplong, II, 1027. Vazeille, II, 613. Marcadé, sur l'art. 2277, n° 5. Nancy, 19 mars 1830, Sir., 30, 2, 345. Req. rej., 30 avril 1835, Sir., 35, 1, 555. Douai, 22 avril 1857, Sir., 57, 2, 746. Voy. aussi : Bordeaux, 10 août 1849, Sir., 50, 2, 219.

[29] Troplong, II, 1028. Civ. rej., 21 mai 1822, Sir., 22, 1, 416. Liége, 10 juillet 1833, Sir., 34, 2, 172. Req. rej., 18 février 1836, Sir., 36, 1, 940. Rouen, 4 mai 1843, Sir., 43, 2, 494. Civ. cass., 7 mai 1845, Sir., 45, 1, 644. Voy. cependant, quant aux avances faites par un mandataire : Amiens, 14 juin 1871, Sir., 71, 2, 217.

[30] Troplong, II, 1032. Colmar, 1er mars 1836, Sir., 36, 2, 575. Paris, 24 novembre 1838, Sir., 38, 2, 480. Req. rej., 26 juin 1839, Sir., 39, 1, 555. Bordeaux, 15 mars 1843, Sir., 43, 2, 294.

[31] Troplong, II, 1029. Vazeille, II, 612. Paris, 18 mai 1825, Sir., 25, 2, 390. Req. rej., 12 décembre 1838, Sir., 39, 1, 528. Caen, 3 mai 1843, Sir., 43, 2, 484.

[32] Troplong, II, 1034. Duranton, XXI, 431. Zachariæ, § 774 *b*, texte et note 11. Rouen, 3 mars 1856, Sir., 57, 2, 742. Cpr. Req. rej., 22 janvier 1828, Sir., 29, 1, 35.

entre les mains d'un tiers, pour le compte du créancier[33], sont devenus de véritables capitaux. Il en est ainsi notamment des intérêts acquittés par un codébiteur ou par une caution[34].

Cette prescription ne concerne pas davantage, soit les restitutions de fruits naturels ou civils dus par un possesseur de mauvaise foi ou par un héritier déclaré indigne[35], soit les intérêts des sommes sujettes à restitution comme ayant été reçues de mauvaise foi par celui auquel elles n'étaient pas dues, ou comme ayant été payées en vertu d'une obligation fondée sur une cause illicite[36].

Les cinq années d'intérêts auxquelles l'action du créancier se trouve restreinte, se comptent en remontant, du jour de la demande, et non du jour de la dernière échéance annuelle, de telle sorte que si, après cinq échéances annuelles, le créancier forme sa demande en paiement dans le cours de la sixième année, il ne pourra exiger les intérêts échus pendant la première que proportionnellement au nombre de jours qui se sont écoulés depuis l'époque correspondante à celle de sa demande jusqu'à la fin de cette année[37].

Les causes de nature à interrompre la prescription ordinaire interrompent également la prescription établie par l'art. 2277; et l'interruption proprement dite n'a pas pour effet de convertir la prescription quinquennale en prescription trentenaire[38].

La prescription dont il est ici question est aussi, du moins en général, soumise aux mêmes causes de suspension que la prescription ordinaire.

Ainsi, elle ne court pas entre époux[39]. Art. 2253.

---

[33] Duranton, XXI, 430. Zachariæ, § 774 b, texte et note 10. Civ. cass., 21 mai 1822, Sir., 22, 1, 416.

[34] Troplong, loc. cit. Caen, 7 août 1840, Sir., 40, 2, 528. Limoges, 8 août 1835, Sir., 35, 2, 505. Voy. en sens contraire : Vazeille, II, 617 ; Lyon, 15 mars 1823, Sir., 23, 2, 243.

[35] Voy. § 219, texte, n° 1, lett. e, et note 25 ; § 594, texte, n° 3, lett. c, et note 5 ; Zachariæ, § 774 b, texte et note 14.

[36] Angers, 10 décembre 1853, Sir., 54, 2, 529. Civ. rej., 28 mai 1856, Sir., 56, 1, 587. Metz, 29 mars 1859, Sir., 59, 2, 540.

[37] Les intérêts se prescrivent jour par jour. Bordeaux, 21 février 1838, Sir., 38, 2, 255. Voy. en sens contraire : Duranton, XXI, 429.

[38] Voy. § 215, texte C, n° 3, et note 77 ; texte et notes 77 à 80, infrà.

[39] Rouen, 15 avril 1869, Sir., 70, 2, 149. Bordeaux, 3 février 1873, Sir., 73, 2, 107. Caen, 22 janvier 1874, Sir., 75, 2, 80.

Ainsi encore, lorsque, par suite d'un obstacle légal, le créancier s'est trouvé dans l'impossibilité d'agir, elle reste suspendue tant que dure cet obstacle[40]. C'est ce qui a lieu notamment, au cas où l'acquéreur d'un immeuble a fait aux créanciers inscrits la notification prescrite par les art. 2183 et 2184, tant pour les intérêts du prix de vente que pour ceux des créances utilement colloquées, qui ont couru depuis cette notification jusqu'à la clôture définitive de l'ordre[41].

Par exception à la règle ci-dessus posée, la prescription de l'art. 2277 court contre les mineurs et les interdits, sauf leur recours contre leurs tuteurs. Art. 2277.

D'un autre côté, elle continue de courir, bien que les arrérages ou annuités aient cessé d'être dus pour l'avenir. C'est ainsi que les arrérages d'une rente viagère se prescrivent par cinq ans, même après le décès du crédi-rentier[42].

Il est, du reste, bien entendu que, lorsqu'une créance productive d'intérêts ou une rente se trouve éteinte par la prescription trentenaire, les intérêts ou arrérages, même non frappés de prescription quinquennale, ne peuvent plus être réclamés[43].

d. Aux termes de l'art. 9 de la loi des finances du 29 janvier 1831, sont prescrites et définitivement éteintes au profit de l'État les créances qui, n'ayant pas été acquittées avant la clôture des crédits de l'exercice auquel elles appartiennent, n'auraient pu, à défaut de justifications suffisantes, être liquidées, ordonnancées et payées dans un délai de cinq années, à partir de l'ouverture de l'exercice pour les créanciers domiciliés en Europe, et de six années pour les créanciers résidant hors du territoire européen[44].

Cette prescription, d'après les termes mêmes dans lesquels elle est établie, ne concerne que les créances qui, à raison de

---

[40] Troplong, II, 1010. Zachariæ, § 774 *b*, texte et note 16. Grenoble, 20 juin 1832, Sir., 32, 2, 617. Grenoble, 30 août 1833, Sir., 34, 2, 529. Civ. rej., 9 juillet 1834, Sir., 34, 1, 504.

[41] Civ. rej., 27 avril 1864, Sir., 64, 1, 399. Cpr. § 285, texte, n° 3, et note 23.

[42] Troplong, II, 1003. Voy. en sens contraire : Paris, 22 juillet 1826, Sir., 27, 2, 177.

[43] L. 26, *præ. C. de usuris* (4, 32).

[44] Cpr. décret du 31 mai 1862, portant règlement de la comptabilité publique, art. 136 et suiv.

leur nature, sont payables sur les crédits d'un exercice déterminé [45].

Elle est étrangère à la demande en restitution de sommes faisant partie d'une succession dont l'État s'est fait envoyer en possession à titre de déshérence, ainsi qu'aux demandes en remboursement de cautionnements, ou en paiement de sommes que l'État était tenu de verser à la caisse des dépôts et consignations [46].

Mais elle s'applique aux demandes en restitution de fruits perçus par l'État comme simple possesseur de fait [47].

3° La prescription s'accomplit au bout de trois ans à l'égard des actions civiles en réparation du dommage causé par un délit correctionnel. Code d'instruction criminelle, art. 3 et 638.

Il en est ainsi, peu importe que ces actions soient portées devant les tribunaux de justice répressive ou devant les tribunaux civils, et qu'elle soient formées contre les auteurs du délit ou contre les personnes qui en sont civilement responsables [48].

4° a. Les actions des avoués en paiement de leurs frais et salaires se prescrivant par deux ans. Art. 2273.

On entend par *salaires*, les émoluments dus à l'avoué à l'occasion des différents actes de son ministère.

Les sommes qu'il réclamerait, à titre d'honoraires extraordinaires, pour des mémoires publiés dans l'intérêt de son client, ne constituent pas des salaires auxquels s'applique la prescription de l'art. 2273 [49].

A plus forte raison, la disposition de cet article est-elle étrangère aux salaires qui pourraient être dus à un avoué, non en

[45] C'est dans le but de restreindre aux créances de cette nature la prescription dont il s'agit, que paraissent avoir été insérées dans l'art. 9 de la loi du 29 janvier 1831, les expressions suivantes, « qui n'ayant pas été acquittées avant la « clôture des crédits de l'exercice auxquels elles appartiennent ».

[46] Ordonnance en Conseil d'État du 26 juillet 1844, Sir., 44, 2, 602. Décret en Conseil d'État du 4 mai 1854, Sir., 54, 2, 630.

[47] Décret en Conseil d'État du 29 juillet 1858, Sir., 59, 2, 324. Voy. aussi Décret en Conseil d'État du 19 mai 1853, Sir., 54, 2, 157.

[48] Voy. §445, texte et notes 6 à 24. Req. rej., 13 mai 1868, Sir., 68, 1, 356. Req. rej., 12 janvier 1869, Sir., 69, 1, 99. Montpellier, 10 janvier 1870, Sir., 70, 2, 143. Req. rej., 1er mai 1876, Sir., 76, 1, 445.

[49] Zachariæ, §774(b) note 5. Req. rej., 22 juillet 1835, Sir., 35, 1, 484.

cette qualité, mais comme mandataire ordinaire, ou *négotiorum gestor* [50].

Le terme *frais* comprend, d'une part, les avances faites par l'avoué pour timbre, droits d'enregistrement ou de greffe, et salaires d'huissier, d'autre part, les sommes déboursées pour copies ou extraits d'actes qu'il a retirés de l'étude d'un notaire, d'un greffe, de la conservation des hypothèques, ou des archives d'une administration [51]. Il comprend même les sommes payées à des avocats pour honoraires de plaidoiries ou de consultations, en tant que ces honoraires sont de nature à entrer en taxe. Mais il ne s'étend pas aux honoraires extraordinaires que l'avoué aurait, comme simple mandataire ou *negotiorum gestor* de son client, payés à l'avocat qui a défendu les intérêts de ce dernier [52].

Les frais et salaires dus à un avoué pour assistance de sa cliente dans les opérations de liquidation postérieures au jugement de séparation de biens, sont soumis à la prescription établie par l'art. 2273 [53].

Cette prescription court à partir, soit du jour où le litige a été terminé par jugement définitif ou par transaction, soit du jour de la cessation du mandat de l'avoué, par suite de révocation, décès, démission, ou destitution [54].

Il en serait ainsi, dans le cas même où l'avoué aurait conservé en sa possession les pièces de la procédure [55]. Mais, lorsque l'avoué a été chargé de plusieurs affaires successives, dont les frais,

[50] Troplong, II, 985. Douai, 21 mars 1863, Sir., 63, 2, 186. Colmar, 9 juin 1870, Sir., 70, 2, 263. Cpr. Bordeaux, 9 juin 1840, Sir., 40, 2, 295.

[51] Civ. cass., 16 décembre 1846, Sir., 47, 1, 137.

[52] Zachariæ, § 774 *b*, texte et note 4. Grenoble, 30 juillet 1821, Sir., 22, 2, 145. Pau, 7 juin 1828, Sir., 29, 2, 85. Riom, 24 mai 1838, Sir., 38, 2, 388. Voy. en sens contraire : Vazeille, II, 684 ; Troplong, II, 979 ; Riom, 9 juin 1840, Sir., 40, 2, 295.

[53] Req. rej., 14 juillet 1875, Sir., 75, 1, 408.

[54] La loi ne parle à la vérité que de la révocation de l'avoué. Mais il est évident que la révocation ne fait courir la prescription de l'article 2273, que parce qu'elle entraîne la cessation du mandat de l'avoué, et dès lors, toute cause de nature à faire cesser son mandat doit également avoir pour effet de faire courir la prescription dont s'agit. Troplong, II, 980. Zachariæ, § 774 *b*, texte et note 21. Req. rej., 19 août 1816, Sir., 17, 1, 378. Cpr. Civ. cass., 18 mars 1807, Sir., 7, 2, 1109.

[55] Civ. cass., 28 mars 1854, Sir., 54, 1, 528. Cpr. Civ. cass., 10 mai 1836, Sir., 36, 1, 841.

d'après un accord exprès ou tacite intervenu entre lui et son client, devaient être compris dans un compte général, la prescription ne commence à courir que de la terminaison du dernier litige [56].

En ce qui concerne les affaires non encore terminées, la prescription de l'action des avoués ne s'accomplit que par cinq années, qui se comptent, pour chaque article de frais et de salaires, du jour où ils en sont devenus créanciers. Art. 2273.

b. La prescription s'accomplit également par le laps de deux ans, quant aux actions en restitution de pièces confiées à des huissiers. Elle court, en pareil cas, à partir de l'exécution de la commission ou de la signification des actes dont ils étaient chargés. Art. 2276 [57].

5° La prescription s'accomplit par le laps d'une année quant aux actions suivantes (art. 2272) :

a. Les actions des médecins, chirurgiens, et pharmaciens, en paiement des sommes dues pour visites, opérations, et médicaments.

Cette prescription court, même en ce qui concerne les honoraires pour visites, à partir du jour où chacune d'elles a eu lieu [58].

---

[56] Req. rej., 7 août 1848, Sir., 48, 1, 702. Bordeaux, 22 août 1871, Sir., 71, 2, 273. Cpr. Zachariæ, § 774 *b*, note 6.

[57] La prescription établie par cet article ne s'applique pas aux demandes en restitution de sommes que des huissiers auraient touchées pour leurs clients. Zachariæ, § 774 *b*, note 22, *in medio*. Rouen, 1er juillet 1828, Sir., 29, 2, 32.

[58] Deux autres opinions se sont produites sur ce point. Suivant la première, la prescription de l'action en paiement des honoraires dus pour visites ne commencerait à courir que de la guérison ou de la mort du malade, ou du renvoi du médecin. Voy. en ce sens : Pothier, *Des obligations*, n° 716 ; Troplong, II, 959 ; Duranton, XXI, 413 ; Taulier, VII, p. 97. Cpr. aussi : Zachariæ, § 774 *b*, texte et note 33. C'est également en ce sens que se sont prononcées les cours de Caen et de Chambéry, par arrêts des 21 avril 1869 et 28 février 1873 (Sir., 69, 2, 97, et 73, 2, 298); avec cette restriction toutefois que, si la même maladie a compris plusieurs périodes distinctes, entre lesquelles les soins du médecin ont cessé pendant un temps assez long pour que l'on puisse présumer la libération du malade, la prescription, en ce qui touche chaque période, commence à courir du jour où elle a pris fin. Bien que cette opinion soit conforme à l'ancienne jurisprudence, il nous paraît impossible de l'admettre aujourd'hui, parce qu'elle est en opposition manifeste avec l'art. 2274, et que

Elle n'est point interrompue par la mort du débiteur [59].

b. Les actions des huissiers, en paiement de leurs salaires, pour les actes qu'ils signifient et les commissions qu'ils exécutent.

Sous l'expression *salaires,* la loi comprend ici les déboursés aussi bien que les émoluments [60].

Cette prescription ne s'applique pas à l'action d'un huissier contre un avoué en paiement du coût d'actes que celui-ci l'a chargé de signifier dans l'intérêt de ses clients [61].

Elle ne s'applique pas davantage à l'action en remboursement d'avances faites par un huissier, comme mandataire ou *negotiorum gestor,* en dehors des actes rentrant dans son ministère, par exemple, pour frais de levée de jugements ou d'inscriptions hypothécaires [62].

---

chaque visite faite par un médecin constitue, à son profit, une créance distincte. Dans le second système, on reconnaît, avec nous, que chaque visite forme une créance distincte ; mais on prétend que cette créance n'est exigible qu'après un certain terme, déterminé par l'usage, pour les maladies chroniques, et fixé à la fin de chaque maladie, pour les accidentelles. Voy. en ce sens : Marcadé, sur l'art. 2274 ; Delsol, *Explication élémentaire,* II, p. 689 ; Mourlon, *Répétitions écrites,* III, 1970. Ce prétendu caractère de créance à terme, qu'on veut faire résulter de l'habitude où sont les médecins de ne pas réclamer immédiatement le prix de leurs visites, ne se justifie par aucune disposition légale ; et il est bien certain que si un médecin voulait exiger son paiement dans le cours d'une maladie, ou même après chaque visite, on ne pourrait légalement repousser sa demande sous prétexte que sa créance ne serait pas encore exigible. Les deux opinions que nous venons de combattre nous paraissent d'autant moins admissibles, que leur application nécessiterait, entre les maladies aiguës et les maladies chroniques, des distinctions qui laisseraient trop de latitude au pouvoir discrétionnaire du juge, dans une matière qui appartient essentiellement au domaine de la loi. Voy. dans le sens de notre opinion : Vazeille, II, 733 ; *Observations* sur l'arrêt de la cour de Caen ci-dessus cité, Sir., 69, 2, 97, à la note ; Limoges, 3 juillet 1839, Sir., 40, 2, 57. Cpr. aussi les considérants d'un arrêt de la Cour de cassation du 29 octobre 1810, Sir., 11, 1, 23.

[59] Civ. cass., 29 octobre 1810, Sir., 11, 1, 23.

[60] Req. rej., 21 juin 1863, Sir., 63, 1, 349. Civ. rej., 18 février 1873, Sir., 73, 1, 120.

[61] Orléans, 15 mars 1856, Sir., 56, 2, 551. Grenoble, 25 février 1857, Sir., 57, 2, 580. Montpellier, 10 mars 1858, Sir., 58, 2, 672. Aix, 20 décembre 1861, Sir., 62, 2, 107.

[62] Civ. cass., 18 février 1873, Sir., 73, 1, 120. Civ. cass., 9 mars 1875, Sir., 75, 1, 272.

c. Les actions des marchands, en paiement des fournitures faites, soit à un particulier non commerçant, soit même à un négociant, mais pour des causes étrangères à son négoce [63].

Le terme *marchands*, dans le sens de l'art. 2272, comprend, en général, tous ceux qui s'occupent habituellement de ventes en gros ou en détail. Il comprend même les ouvriers qui, en raison des fournitures qu'ils sont dans l'habitude de faire, sont plutôt à considérer comme des commerçants que comme de simples artisans [64].

d. Les actions des maîtres de pension, en paiement du prix de la pension de leurs élèves, et celles des maîtres ouvriers, en paiement du prix de l'apprentissage.

e. Les actions des domestiques, en paiement de leurs salaires.

Le terme *domestiques* ne comprend pas les individus dont les services rentrent dans l'exercice d'une profession libérale, tels que les précepteurs, les secrétaires, les commis, et les clercs [65]. L'action qui leur compète en paiement de leurs traitements ne se prescrit que par cinq ans [66].

f. Les actions civiles en réparation du dommage causé par une contravention de simple police. Code d'inst. crim., art. 640.

6° La prescription est de six mois (art. 2271) :

a. Quant aux actions des maîtres et instituteurs, en paiement des leçons qu'ils donnent au mois [67].

b. Quant à celles des hôteliers et traiteurs, en paiement de leurs loyers, et de la nourriture qu'ils ont fournie, soit dans leur établissement, soit au dehors [68].

---

[63] Maleville sur l'art. 2272. Vazeille, II, 736. Duranton, XXI, 409. Zachariæ, § 774 *b*, texte et note 25.

[64] Troplong, II, 955. Zachariæ, § 774 *b*, note 31. Paris, 22 novembre 1833, Sir., 34, 2, 184. Voy. en sens contraire : Paris, 24 août et 16 novembre 1866, Sir., 66, 2, 349 et 350. — La proposition énoncée au texte s'applique notamment aux imprimeurs. Civ. cass., 19 janvier 1853, Sir., 53, 1, 432. Cpr. Agen, 5 juillet 1833, Sir., 34, 2, 46.

[65] Cpr. § 260, texte, n° 4, notes 21 et 22 ; § 372, texte, *in fine*, et note 13.

[66] Art. 2277. Troplong, II, 938 et 945. Vazeille, II, 756. Paris, 14 janvier 1825, Sir., 25, 2, 342. Bourges, 30 mai 1829, Sir., 30, 2, 118. Grenoble, 29 novembre 1861, Sir., 62, 2, 111.

[67] Si les leçons étaient payables par année ou par trimestre, la prescription ne s'accomplirait que par cinq ans. Art. 2277. Troplong, II, 945. Req. rej., 12 janvier 1820, Sir., 20, 1, 142.

[68] Duranton, XXI, 405 et 416.

Cette prescription s'applique également à l'action des marchands de vin et cafetiers, en paiement des objets qui ont été consommés chez eux [69].

Mais elle ne s'étend pas à la demande en paiement de fournitures faites par les boulangers, pâtissiers, bouchers, confiseurs, et autres marchands de comestibles, débitant à boutique ouverte [70]. Elle n'est pas non plus opposable à celui qui, exceptionnellement et par pure obligeance, consent, moyennant un certain prix, à loger une personne et à la recevoir à sa table [71].

c. Quant aux actions des ouvriers et gens de travail, en paiement de leurs journées, fournitures, et salaires.

On doit comprendre sous les termes *ouvriers et gens de travail,* les simples artisans [72], et tous ceux qui sont payés à la journée ou à la pièce, quelle que soit d'ailleurs la nature de leurs services et de leurs travaux [73]. Mais celui qui se charge de faire exécuter par des ouvriers, sous sa direction et sa responsabilité, un travail déterminé, est un entrepreneur, et non un ouvrier dont l'action soit soumise à la prescription de six mois [74].

7° Les actions civiles en réparation de dommages causés par des délits forestiers et de chasse, se prescrivent par trois mois [75].

8° La prescription est d'un mois quant aux actions civiles en réparation de dommages causés par des délits ruraux ou de pêche [76].

Les prescriptions de courte durée, établies par les art. 2271 à 2277, courent contre les mineurs et les interdits, sauf leur recours

---

[69] Merlin, *Rép.*, v° Prescription, sect. II, § 1, n° 1.

[70] L'action compétant à ces personnes ne se prescrit que par un an. Art. 2272. Troplong, II, 951.

[71] Troplong, II, 970. Zachariæ, § 774 b, note 26, *in fine.* Req. rej., 7 mai 1866, Sir., 66, 1, 280.

[72] Zachariæ, § 774 b, note 31. Req. rej., 27 janvier 1851, Sir., 51, 1, 247. Cpr. texte et note 64, *supra.*

[73] Ainsi, par exemple, l'action du contre-maître ou chef d'atelier, payé à la journée, se prescrit par six mois. Civ. cass., 7 janvier 1824, Sir., 24, 1, 90. Voy. aussi Bourges, 8 août 1865, Sir., 66, 2, 349.

[74] Vazeille, II, 759. Zachariæ, § 774 b, note 31, *in fine.* Paris, 24 août et 16 novembre 1866, Sir., 66, 2, 349 et 350.

[75] Code forestier, art. 185. Loi sur la police de la chasse du 3 mai 1844, art. 29.

[76] Loi des 28 septembre-6 octobre 1791, tit. I, sect. VII, art. 8. Loi sur la pêche fluviale, du 15 avril 1829, art. 62.

contre les tuteurs. Art. 2278. Mais elles sont soumises aux mêmes causes d'interruption que la prescription ordinaire.

L'interruption de pareilles prescriptions n'a pas pour effet de prolonger pour l'avenir le laps de temps au bout duquel elles s'accomplissent[77], à moins cependant que l'acte interruptif n'ait en même temps opéré novation *hoc sensu*, en substituant à l'ancien titre de créance un titre nouveau efficace par lui-même[78]. C'est ce qui arrive notamment, lorsque la créance a été reconnue par jugement, ou constatée par un acte séparé portant reconnaissance de la dette par le débiteur[79] : dans ce cas, elle n'est plus soumise qu'à la prescription de trente ans[80]. Art. 2274, al. 2.

Les prescriptions de six mois, d'un an, et de deux ans, établies par les art. 2271 à 2273, courent nonobstant la continuation des fournitures, services, ou travaux, de telle sorte qu'elles s'accomplissent, en ce qui concerne les différents articles de réclamation, par les délais ci-dessus indiqués, comptés à partir du jour des

---

[77] Ainsi, par exemple, lorsque la prescription quinquennale a été interrompue par un commandement ou une saisie, cette interruption n'empêche pas que la prescription ne s'accomplisse par un nouveau laps de cinq années à compter du jour du commandement ou de la saisie. Troplong, II, 687. Nancy, 18 décembre 1837, Sir., 38, 2, 222. Toulouse, 18 décembre 1874, Sir., 75, 2, 109. Voy. en sens contraire ; Duranton, XXI, 267 ; Toulouse, 20 mars 1835, Sir., 35, 2, 418.

[78] Voy. les autorités citées à la note 79 du § 215. Cpr. aussi : Civ. rej., 6 mai 1840, Sir., 40, 1, 810 ; Bourges, 3 février 1843, Sir., 44, 2, 35.

[79] Les termes de l'art. 2274, *arrêté de compte, cédule ou obligation,* doivent s'entendre de tout acte authentique ou sous seing privé portant reconnaissance de la dette. Troplong, II, 943. Marcadé, sur l'art. 2274, n° 4. Zachariæ, § 774 b, texte et note 36. Req. rej., 23 juin 1842, Sir., 42, 1, 712. Alger, 4 novembre 1870, Sir., 71, 2, 97. Req. rej., 19 juin 1872, Sir., 72, 1, 359. Cpr. Req. rej., 19 août 1816, Sir., 17, 1, 378 ; Req. rej., 12 mars 1834, Sir., 35, 1, 63 ; Req. rej., 8 août 1861, Sir., 61, 1, 535 ; Req. rej., 14 juillet 1875, Sir., 75, 1, 408. — Mais des tailles ne peuvent, sous ce rapport, remplacer l'écrit exigé par l'art. 2274. Civ. cass., 27 juillet 1853, Sir., 53, 1, 705. Voy. cep. Duranton, XIII, 236.

[80] Rouen, 5 mars 1842, Sir., 42, 2, 318. Caen, 20 juillet 1874, Sir., 74, 2, 305. — Il est du reste bien entendu que la maxime *Actiones quæ tempore pereunt, semel inclusæ judicio, salvæ permanent,* s'applique également aux prescriptions dont il est question au texte. C'est ce que les termes *ou citation en justice non périmée,* du second alinéa de l'art. 2274, indiquent spécialement en ce qui concerne les prescriptions dont il s'occupe.

fournitures, services, ou travaux, correspondant à chacun d'eux[81]. Art. 2274, al. 1.

Bien que les prescriptions dont s'agit reposent sur une présomption de paiement, celui qui invoque une prescription de ce genre n'est pas obligé, pour justifier son exception, d'alléguer qu'il a payé la dette qu'on lui réclame[82]. Mais si, tout en se prétendant libéré, il reconnaît que ce n'est point par un paiement effectif, et se prévaut d'un autre mode de libération, par exemple, d'une remise de dette, ou d'une novation par délégation, il n'est plus admis à invoquer la prescription[83].

Celui auquel on oppose une prescription de la nature de celles dont il est ici question, peut déférer à celui qui l'invoque le serment sur la question de savoir si la dette a été réellement payée. Il est même autorisé à déférer, sur ce point, un serment de crédulité à la veuve et aux héritiers de ce dernier, ou à leurs tuteurs, s'ils sont mineurs. Art. 2275.

Mais, lorsqu'il n'a point usé de l'une de ces facultés, il est sans droit à se prévaloir de la non-prestation d'un serment que son adversaire aurait spontanément offert de prêter[84].

D'un autre côté, il n'est pas admis à combattre, par d'autres moyens que la délation d'un serment, la prescription qui lui est opposée[85].

---

[81] Cette proposition s'applique même aux honoraires dus pour visites de médecins. Cpr. note 58 *suprà*.

[82] Civ. cass., 25 juin 1855, Sir., 55, 1, 825.

[83] L'aveu de non-paiement neutralise la présomption légale sur laquelle repose la prescription. Req. rej., 25 février 1863, Sir., 63, 1, 242. Req. rej., 20 janvier 1869, Sir., 69, 1, 104. Req. rej., 31 janvier 1872, Sir., 72, 1, 72.

[84] Req. rej., 9 janvier 1861, Sir., 62, 1, 69.

[85] Troplong, II, 995. Zachariæ, § 774 *b*, note 37. Rouen, 10 juin 1834, Sir., 34, 2, 641. Lyon, 18 janvier 1836, Sir., 36, 2, 554. Civ. cass., 29 décembre 1837, Sir., 38, 1, 431. Civ. cass., 27 juillet 1853, Sir., 53, 1, 705. Civ. cass., 7 novembre 1860 et janvier 1861, Sir., 61, 1, 149 et 448. Chambéry, 28 janvier 1873, Sir., 73, 2, 298. — Suivant Toullier (X, 54), et Marcadé (sur les art. 2274, 2275 et 2278, n° 5), celui auquel la prescription est opposée, serait autorisé, pour la combattre, à faire interroger son adversaire sur faits et articles. Duranton (XXI, 425) admet même la preuve testimoniale de la reconnaissance de la dette. Ces opinions sont l'une et l'autre inadmissibles : il s'agit ici, en effet, d'une présomption légale sur le fondement de laquelle la loi dénie l'action en justice, et qui, par conséquent, ne peut être combattue que dans la mesure et par le moyen que la loi autorise.

§ 775.

Des effets juridiques de la prescription.

1° La prescription est une exception péremptoire, opposée à la demande envisagée sous le rapport du droit d'action.

La prescription n'étant qu'une exception, le droit d'action subsiste tant qu'elle n'a pas été opposée, et, par suite, l'obligation conserve jusque-là son efficacité civile [1].

La prescription n'étant qu'une exception péremptoire fondée sur ce que le droit d'action n'a point été exercé dans le délai à ce déterminé par la loi, elle ne peut, de sa nature, atteindre que ce droit d'action. Il en résulte que, lorsque la prescription est opposée à une action ayant pour objet l'accomplissement d'une obligation, son admission n'a d'autre effet que de priver cette dernière de son efficacité civile, et la laisse subsister comme obligation naturelle [2].

---

[1] Cpr. § 314, texte et note 5. En vain se prévaudrait-on, à l'appui de l'opinion contraire, des dispositions des art. 1234 et 2219. Ces articles disent, il est vrai, que la prescription est un mode d'extinction des obligations, un moyen de se libérer. Mais, comme le premier de ces articles se réfère évidemment au second, et que celui-ci subordonne l'efficacité de la prescription au concours des conditions exigées par la loi, ils ne sont, ni l'un ni l'autre, aucunement contraires à notre système, puisqu'il résulte de l'ensemble des art. 2220, 2223, 2224 et 2225 que la prescription ne produit son effet qu'autant qu'elle est opposée par le débiteur. Si la prescription devait produire son effet de plein droit, il en résulterait que le droit auquel elle s'applique se serait éteint du moment où elle s'est accomplie; et, dans cette hypothèse, l'acte par lequel le débiteur manifesterait l'intention de ne pas se prévaloir de la prescription, ne constituerait plus une simple renonciation au bénéfice de cette dernière, mais engendrerait une obligation nouvelle. Or, un pareil système est évidemment inacceptable. *Exposé de motifs*, par Bigot et Préameneu (Locré, *Lég.*, XII, p. 364, n° 113). Duranton, XXI, 107 et suiv. Voy. en sens contraire : Troplong, I, 29 et suiv.

[2] Pothier, *Des obligations*, n°ˢ 196, 642 et 666. *Exposé de motifs*, par Bigot-Préameneu (Locré, *Lég.*, XII, p. 264, n° 113). Merlin, *Rép.*, v° Prescription, sect. I, § 2 ; v° Mainmorte (Gens de), § 7, n° 5. Delvincourt, II, p. 452. Duranton, X, 41 ; XXI, 106. Larombière, *Des obligations*, V, art. 1376, n° 22. Leroux de Bretagne, I, p. 11 et suiv. Colmet de Santerre, V, 174 *bis*, IV. Zachariæ, § 775, texte et note 2. Req. rej., 26 mars 1845, Sir., 47, 1, 120. Voy. en sens contraire : Troplong, I, 29 à 32. Cet auteur, qui ne distingue pas net-

La prescription étant fondée sur ce que le droit d'action n'a point été exercé dans le délai déterminé par la loi, et s'attaquant à ce droit en lui-même, elle engendre de sa nature une exception réelle [3], qui peut, comme telle, être opposée par tous les codébiteurs solidaires, et par la caution, malgré la renonciation qu'y aurait faite l'un de ces codébiteurs ou le principal obligé [4].

Les créanciers de celui au profit duquel une prescription s'est accomplie, sont non-seulement autorisés à l'opposer du chef de de ce dernier, lorsqu'il n'y a pas renoncé, mais encore à faire rétracter sa renonciation par voie d'action paulienne [5], sans être tenus de prouver qu'elle a été dictée par une intention de fraude [6],

---

tement la question actuelle de celle que nous avons discutée à la note précédente, invoque encore les art. 1234 et 2219. Mais il est évident que le législateur, en disant que la prescription est un mode d'extinction des obligations, un moyen de se libérer, n'a eu en vue que l'obligation civile, et qu'ainsi les dispositions des articles précités sont complétement étrangères à la question de savoir si l'obligation naturelle s'éteint, en cas de prescription, avec l'obligation civile. Ce qui ne peut laisser aucun doute à cet égard, c'est que l'art. 1234 place sur la même ligne l'extinction des obligations par suite de prescription, et leur extinction par l'effet de la nullité ou de la rescision prononcée en justice, et qu'il est impossible de prétendre que le jugement qui admet la nullité ou la rescision d'un engagement, ait pour effet d'éteindre même l'obligation naturelle, à laquelle le débiteur pourrait se trouver soumis, malgré le vice dont son engagement est entaché aux yeux de la loi civile.

[3] La cour de cassation (Civ. cass., 8 décembre 1852, Sir., 52, 1, 795) a jugé, par application de cette idée, que la femme d'un commerçant qui a souscrit solidairement avec lui un billet à ordre, peut invoquer la prescription de l'art. 189 du Code de commerce.

[4] Vazeille, I, 241. Troplong, I, 79, et II, 629. Duranton, XXI, 152. Marcadé, sur l'art. 2225, n° 3. Ponsot, *Du cautionnement*, n° 383. Zachariæ, § 775, texte et note 3. Paris, 8 pluviôse an X, Sir., 2, 2, 319. Limoges, 18 décembre 1842, Sir., 43, 2, 495. Voy. en sens contraire : Pont, *Des petits contrats*, n° 429. Cpr. § 426, texte, notes 14 et 15.

[5] Voy. en ce sens : les autorités citées à la note 7, *infra*. Voy. en sens contraire : Vazeille, I, 352 ; Nancy, 25 août 1829, Sir., 46, 2, 545, à la note ; Bordeaux, 21 mars 1846, Sir., 46, 2, 545. Il est à remarquer que dans l'espèce de ce dernier arrêt, la prescription avait été couverte par un jugement rendu avec le débiteur, et auquel, paraît-il, les créanciers n'avaient pas formé tierce opposition.

[6] L'art. 2225, en effet, n'exige pas cette preuve. Voy. dans le sens de la proposition énoncée au texte, les autorités citées à la note suivante. Voy. en sens contraire : Taulier, VII, 747 ; Mourlon, *Répétitions écrites*, III, p. 20, à la

et à la seule condition d'établir qu'elle leur a causé préjudice, en aggravant ou en déterminant l'insolvabilité de leur débiteur à une époque postérieure à la date de leurs créances[7]. Art. 2225.

2° Pour devenir efficace, l'exception de prescription doit être proposée, tout au moins implicitement[8]. Les juges ne peuvent la suppléer d'office. Art. 2223.

note. Cpr. Troplong, I, 101 et suiv.; Marcadé, sur l'art. 2225. Ces derniers auteurs reconnaissent que les créanciers sont dispensés de prouver la fraude; mais ils prétendent que la disposition de l'art. 2225 la présuppose, et que, par suite, la renonciation doit être maintenue, s'il est établi que le débiteur a agi de bonne foi en renonçant à la prescription. Cette manière de voir, contraire au texte de l'art. précité, et même, à notre avis, aux règles du Droit commun en matière d'action paulienne, ne repose que sur des raisons conjecturales. Cpr. § 313, texte et note 18.

[7] Les expressions de l'art. 2225, *les créanciers ou toute autre personne ayant intérêt à ce que la prescription soit acquise,* établissent clairement que les créanciers ne sont admis à opposer la prescription qu'à titre d'intéressés. Or, il est bien évident qu'ils ne peuvent avoir d'intérêt légitime à l'invoquer que dans les circonstances indiquées au texte. Merlin, *Quest.* v° Garantie, § 7. Rolland de Villargues, *Rép. du notariat,* v° Prescription, n° 503. Coulon, *Quest. de droit,* I, p. 164. Duranton, XXI, 150. Rataud, *Revue pratique,* 1856, I, p. 481. Demolombe, XXV, 219 à 223. Zachariæ, § 775, texte et note 5. Civ. rej., 21 mars 1843, Sir., 43, 1, 681. Bordeaux, 13 décembre 1848, Sir., 49, 2, 438. Orléans, 27 février 1855, Dalloz, 1855, 2, 234. Civ. rej., 21 décembre 1859, Sir., 60, 1, 945. — D'après M. Valette cité par Mourlon (*loc. cit.*), l'art. 2225 conçu dans le but de protéger les créanciers contre la fausse délicatesse et les scrupules irréfléchis du débiteur, leur conférerait un droit direct, qui ne dériverait pas des art. 1166 et 1167, et qui les autoriserait à opposer la prescription à laquelle ce dernier a renoncé sans être obligés de prouver que cette renonciation porte préjudice à leurs droits. Ce système ne saurait être admis parce qu'il enlève toute base juridique à l'art. 2225. Est-il d'ailleurs présumable que le législateur, qui interdit au juge de suppléer d'office le moyen de prescription, afin de laisser au débiteur la faculté d'obéir aux inspirations de sa conscience, ait, par une contradiction choquante, voulu autoriser les créanciers à faire rétracter une renonciation qui, intervenue à une époque où le débiteur se trouvait encore *in bonis,* n'a porté aucune atteinte au droit de gage que leur confère l'art. 2092 ?

[8] Troplong, I, 91. Zachariæ, § 775, note 5, *in fine.* — Cpr. sur la question de savoir quels sont les cas dans lesquels la prescription peut être considérée comme ayant été implicitement proposée : Civ. cass., 26 février 1822, Sir., 22, 1, 344 ; Civ. cass., 18 avril 1838, Sir., 38, 1, 553 ; Req. rej., 28 avril 1840, Sir., 40, 1, 600.

L'exception de prescription peut être proposée en tout état de cause. Art. 2224. Elle peut l'être, même après défense au fond, et pour la première fois en instance d'appel, pourvu que la partie qui s'en prévaut ne doive pas, d'après les circonstances, être présumée y avoir renoncé[9]. Le jugement qui rejetterait cette exception comme tardive, par cela seul qu'elle n'aurait été proposée qu'après défense au fond, ou qu'en instance d'appel, violerait la disposition de l'art. 2224[10].

L'exception de prescription ne pouvant être suppléée d'office par les juges du fait, elle n'est pas susceptible d'être proposée pour la première fois devant la Cour de cassation. Il en est ainsi, alors même qu'il s'agit de la prescription de l'action civile naissant d'un crime ou d'un délit[11].

La partie à laquelle on oppose une exception de prescription, ne peut la combattre par aucun moyen tendant à établir que la dette est encore due, ni même, en général, déférer à celui qui s'en prévaut, le serment litis-décisoire sur la question de savoir s'il a réellement acquitté l'obligation qui forme l'objet de la demande[12].

§ 776.

De la renonciation à la prescription.

L'exception de prescription ne peut plus être proposée par celui qui y a renoncé expressément ou tacitement. Art. 2220 et 2221.

La renonciation à la prescription ne peut avoir lieu d'une manière efficace qu'après l'expiration du temps requis pour son accomplissement[1]. Art. 2220.

---

[9] Voy., sur ce point, le paragraphe suivant.

[10] Civ. cass., 5 juin 1810, Sir., 10, 1, 282. Civ. cass., 27 juillet 1855, Sir., 55, 1, 825.

[11] Req. rej., 28 février 1860, Sir., 60, 1, 206.

[12] *Arg. à contrario*, art. 2275, et Code de commerce, art. 189. Ce n'est que dans les cas exceptionnels où la prescription repose sur une présomption de paiement, qu'il peut être permis de la combattre par une délation de serment, puisque ce n'est que dans ces cas que le refus de prêter le serment déféré est susceptible de faire disparaître le fondement de la prescription. Cpr. § 772.

[1] Toutefois une renonciation anticipée emporterait interruption de la prescription, si elle contenait reconnaissance du droit du créancier. Cpr. art. 2248.

Les personnes incapables d'aliéner ne peuvent renoncer à la prescription acquisitive; et les personnes incapables de s'obliger ne peuvent renoncer à la prescription extinctive. Art. 2222.

Ainsi, les simples administrateurs de la fortune d'autrui ne peuvent valablement renoncer à la prescription acquise au profit des personnes dont ils sont chargés d'administrer les biens, que moyennant l'accomplissement des conditions et formalités prescrites pour les aliénations ou obligations consenties au nom de ces personnes [2].

Toutefois, si un jugement de condamnation était intervenu à la suite d'une renonciation faite sans ces conditions et formalités, ce jugement sortirait son plein et entier effet, sauf rétractation par voie de requête civile dans les cas prévus par l'art. 481 du Code de procédure, et sauf, dans tous les cas, le recours de la partie condamnée contre l'administrateur de son patrimoine [3].

La renonciation à la prescription peut, sauf désaveu de l'officier ministériel dont elle émane, résulter d'actes de procédure, aussi bien que de déclarations faites par la partie elle-même [4].

La renonciation expresse n'est soumise à aucune condition de forme [5].

La renonciation tacite ne peut résulter que de faits accomplis en pleine connaissance de cause, et qui la manifestent d'une

---

Pothier, *Des obligations*, n° 665. Troplong, I, 45. Duranton, XXI, 117. Marcadé, sur les art. 2220 à 2222, n° 1. Zachariæ, § 776, note 2.

[2] Voy. spécialement quant à la renonciation faite au nom d'une commune : Besançon, 13 décembre 1864, Sir., 65, 2, 197.

[3] Troplong, I, 80 et 81. Cpr. Duranton, XXI, 126 et suiv.

[4] Cpr. § 351, texte, n° 3, et note 15. Paris, 16 février 1865, Sir., 65, 2, 123. Voy. en sens contraire : Troplong, I, 55.

[5] Cpr. Civ. rej., 8 mars 1853, Sir., 54, 1, 769.

[6] Comme la renonciation en général, la renonciation à la prescription ne doit pas se présumer. Troplong, I, 56. Req. rej., 16 mars 1831, Sir., 31, 1, 96. Civ. cass., 7 juillet 1856, Sir., 57, 1, 776. Civ. rej., 9 avril 1862, Sir., 62, 1, 481. Cpr. Req. rej., 15 décembre 1829, Sir., 30, 1, 7; Civ. rej., 10 mars 1834, Sir., 34, 1, 800. Ces deux arrêts, en disant que la renonciation à la prescription ne peut s'établir par de simples inductions, qu'elle doit être *expresse*, vont évidemment trop loin. De pareilles formules ne tendent à rien moins qu'à nier la renonciation tacite que reconnaît l'art. 2225.

manière non équivoque [6]. Art. 2221. De cette proposition découlent, entre autres, les conséquences suivantes [7] :

a. La partie qui a commencé par faire valoir une exception de nullité ou de rescision, ou qui a d'abord prétendu qu'elle s'était libérée de son obligation, sans en justifier, n'est pas par cela seul censée avoir renoncé à la prescription [8].

Au contraire, celui qui, sans contester l'existence de sa dette, s'est borné à en disputer la quotité, ou à demander des délais, doit être considéré comme ayant renoncé à la prescription [9].

b. Celui qui demande l'exécution d'une obligation résultant d'un contrat synallagmatique, n'est pas censé renoncer à la faculté d'opposer la prescription de l'engagement corrélatif que ce contrat lui a imposé [10].

c. La notification faite par le tiers détenteur, conformément aux art. 2183 et 2184, pour arriver à la purge de l'immeuble par lui acquis, n'emporte pas nécessairement de sa part renonciation à la faculté de se prévaloir de la prescription antérieurement accomplie à l'égard de l'un ou l'autre des créanciers inscrits, auxquels cette notification a été adressée [11].

Au surplus, l'appréciation des faits et circonstances de nature à emporter renonciation tacite à la prescription, rentre dans le pouvoir souverain des juges du fait [12]. Leur décision pourrait cependant donner ouverture à cassation, si elle reposait sur des mo-

[7] Cpr. encore : Limoges, 26 mars 1819, Sir., 20, 2, 75 ; Bourges, 18 mars 1825, Sir., 26, 2, 269 ; Bordeaux, 7 février 1827, Sir., 27, 2, 147.

[8] Duranton, XXI, 138 à 140. Troplong, I, 56. Vazeille, I, 344. Civ. cass., 19 avril 1815, Sir., 15, 1, 203. Bourges, 1er février 1827, Sir., 27, 2, 158.

[9] Troplong, I, 67 et 68.

[10] Merlin, *Quest.*, v° Prescription, § 10. Troplong, I, 73. Req. rej., 7 août 1833, Sir., 33, 1, 721, Req. rej., 14 mai 1834, Sir., 34, 1, 810. Voy. en sens contraire : Duranton, XXI, 252 ; Riom, 28 mai 1810, Sir., 11, 2, 322.

[11] Voy. § 294, texte, n° 1, lett. *c*, et note 40.

[12] Req. rej., 8 août 1865, Sir., 65, 1, 371. Req. rej., 28 novembre 1865, Sir., 67, 1, 391. Comme le dit très-bien le premier de ces arrêts, l'application de l'art. 2221 n'implique que la constatation d'un fait et la solution d'une question d'intention. C'est donc à tort que, dans quelques-uns des arrêts de rejet rendus précédemment en cette matière, la Cour de cassation, au lieu de s'en tenir à la fin de non-recevoir déduite du pouvoir souverain des juges du fait, a cru devoir soumettre à son contrôle la solution donnée à cette question d'intention, et l'approuver au fond. Cpr. Req. rej., 16 mars 1831, Sir., 34, 1, 96 ; Civ. rej., 19 août 1862, Sir., 62, 1, 481.

tifs erronés en droit et, notamment, si elle avait dénaturé les caractères ou les effets légaux des actes dont elle a fait résulter la renonciation à la prescription [13].

[13] Cpr. Civ. cass., 19 avril 1815, Sir., 15, 1, 203; Civ. cass., 7 juillet 1856, Sir., 57, 1, 776. — La critique que Marcadé (sur les art. 2220 à 2222, n° 5) dirige contre le premier de ces arrêts, n'est nullement fondée. L'arrêt attaqué ayant fait résulter la renonciation à la prescription, de cela seul que cette exception n'avait été proposée qu'après défense au fond, la Cour de cassation a très-justement décidé qu'en statuant ainsi, cet arrêt avait faussement appliqué la seconde partie de l'art. 2224, et manifestement violé la première.

CHAPITRE V.

DES VOIES D'EXÉCUTION.

I. DES SAISIES.

§ 777.

Du droit de saisie en général.

En vertu du principe posé dans l'art. 2092 du Code civil, tout créancier est autorisé à saisir les biens, mobiliers ou immobiliers, corporels ou incorporels, formant partie du patrimoine de son débiteur.

Cette règle est cependant soumise aux exceptions suivantes :

1° Les biens placés hors du commerce sont insaisissables[1].

Il en est de même, par une raison analogue, des manuscrits et des lettres missives, aussi longtemps du moins que, non livrés à la publicité, ces écrits conservent leur caractère intime et personnel, qui s'oppose à ce qu'ils puissent, contre le gré de l'auteur ou du destinataire, passer du patrimoine de ces derniers dans celui d'une autre personne[2].

2° Les biens donnés ou légués que le donateur ou le testateur a valablement frappés d'inaliénabilité ou d'insaisissabilité, ne peuvent être saisis[3].

3° Les biens dotaux ne peuvent l'être que sous les distinctions ou pour les causes exceptionnelles indiquées et développées au § 538.

4° Enfin, il faut encore excepter de la règle ci-dessus posée les biens que la loi déclare insaisissables.

---

[1] Tels sont, par exemple, les biens compris dans un majorat. Décret du 1ᵉʳ mars 1808, art. 40 et suivants. Cpr. § 172. — Mais les biens substitués peuvent être saisis entre les mains du grevé, sauf le droit de résolution en faveur des appelés après l'ouverture de la substitution. Cpr. ordonnance de 1747, tit. I, art. 55 ; § 696, texte, n° 3, lett. *a*, et note 62, lett. *d*, et note 69.

[2] Angers, 4 février 1869, Sir., 69, 2, 289. Dijon, 18 février 1870, Sir., 70, 2, 212. Cpr. § 760 *ter*. Voy. cep. : Zachariæ, § 573, note 2.

[3] Voy. pour le développement de cette proposition : § 692, texte, *in fine*, et notes 33 à 40. Voy. aussi Code de procédure, art. 681, n° 3.

Au nombre de ces biens, il en est dont l'insaisissabilité n'est que la suite de leur inaliénabilité ou de leur incessibilité [4].

Mais il en est d'autres qui, bien que susceptibles d'être vendus ou cédés, sont insaisissables en tout ou en partie, ou dont la loi n'autorise la saisie que pour des causes déterminées. Dans cette dernière catégorie se rangent notamment :

a. Les rentes sur l'Etat et leurs arrérages [5]. Leur insaisissabilité est, en principe, absolue [6]. Toutefois, lorsque de pareilles rentes ont été affectées à un cautionnement au profit de l'Etat, ou données en gage à un créancier quelconque, le trésor public ou le créancier gagiste sont autorisés à les faire vendre à la Bourse pour l'exécution des obligations qu'elles sont destinées à garantir [7]. Mais, dans ce cas même, elles n'en restent pas moins insaisissables au regard de tous autres créanciers [8].

b. Les lettres de gage ou obligations du Crédit foncier de France et leurs intérêts [9].

c. Les objets mentionnés aux art. 581, n°ˢ 2 et 4, 582, 592 et 593 du Code de procédure civile, et 215 du Code de commerce.

d. Les salaires des matelots [10].

e. Les traitements ecclésiastiques [11].

L'indivision qui ne porte que sur des choses, mobilières ou immobilières, individuellement envisagées, ne forme pas obstacle à ce que les créanciers de l'un des copropriétaires saisissent, comme objet incorporel, la part indivise appartenant à leur débiteur dans chacune de ces choses. Il en est autrement, lorsqu'il s'agit de biens faisant partie d'une hérédité, d'un fonds social,

---

[4] Nous nous bornerons, en ce qui les concerne, à renvoyer au § 351, texte, n° 3, et au § 359, texte et notes 11 à 15.

[5] Loi du 8 nivôse an VI, art. 4. Loi du 22 floréal an VII, art. 7.

[6] Cpr. *Dissertation sur l'insaisissabilité absolue des rentes sur l'Etat, même au cas de faillite,* par Trouillier, *Revue pratique,* 1861, XI, p. 161.

[7] Troplong, *Du nantissement,* n° 407. Pont, *Des petits contrats,* II, 1080. Paris, 13 janvier 1854, Sir., 54, 2, 209. Paris, 15 janvier 1868, Sir., 68, 2, 79. Voy. aussi les deux arrêts cités à la note suivante. Cpr. Req. rej., 4 avril 1866, Sir., 66, 1, 433.

[8] Paris, 25 juin 1832, Sir., 32, 2, 559. Grenoble, 27 juillet 1867, Sir., 68, 2, 79.

[9] Décret du 28 février 1852, art. 18.

[10] Ordonnance du 1ᵉʳ novembre 1745, art. 3. Décret du 2 prairial an XI, art. 111.

[11] Arrêté du 18 nivôse an XI.

ou de l'actif d'une communauté conjugale. La part indivise du débiteur, dans les divers objets faisant partie d'un ensemble de biens de cette nature, n'est pas, en général, susceptible d'être saisie par ses créanciers, dont le droit se borne à provoquer le partage de l'hérédité, et, après la dissolution de la société ou de la communauté, celui du fonds social ou de l'actif de la communauté, pour exercer leurs poursuites sur les objets échus ou attribués à leur débiteur [12].

Par exception à cette règle, les créanciers sont autorisés à saisir la part indivise appartenant à leur débiteur dans des créances héréditaires; mais l'efficacité d'une pareille saisie n'en reste pas moins subordonnée au résultat du partage [13].

Le créancier ne peut, en principe, faire vendre les biens de son débiteur que dans les formes réglées par la loi pour les différentes espèces de saisies.

L'art. 742 du Code de procédure frappe même de nullité la convention portant qu'à défaut d'exécution des engagements pris envers lui, le créancier aura le droit de faire vendre les immeubles de son débiteur, sans remplir les formalités prescrites pour la saisie immobilière [14].

La disposition prohibitive de l'article précité, spéciale aux

[12] Art. 2205, et arg. de cet article. Nous déduirons, au § 778, texte, n° 2, et note 20, les raisons de la distinction que nous faisons ici entre le cas où l'indivision ne porte que sur des choses individuellement envisagées et celui où elle comprend un ensemble de biens. Voy. aussi § 381 bis. — L'art. 2205 ne parle, il est vrai, que des immeubles ; mais ce n'est point en vue de soustraire les meubles à la règle qu'il pose, c'est par la raison que, ne traitant que de l'expropriation forcée, il n'avait pas à s'occuper des meubles. La raison de décider, que nous exposerons au § 778, loc. cit., s'applique aux meubles aussi bien qu'aux immeubles.

[13] Voy. pour le développement de cette exception : § 635, texte, n° 1, lett. b.

[14] Cette convention, appelée clause de voie parée, était considérée comme valable avant la loi du 2 juin 1841, qui a modifié les dispositions des titres XII et XIII du livre V du Code de procédure. La jurisprudence a décidé que les clauses de voie parée contenues dans des actes antérieurs à la loi du 2 juin 1841 devaient, même depuis sa promulgation, continuer à recevoir leur exécution. Bordeaux, 25 juin 1841 et 10 mars 1842, Sir., 42, 2, 225. Req. réj., 13 juillet 1842, Sir., 42, 1, 689. — Cpr. pour et contre l'opportunité de l'abrogation de l'art. 742 du Code de procédure et du rétablissement de la clause de voie parée : Lavielle, Revue critique, 1860, XVII, p. 13 ; Rameau, Revue critique, 1860, XVII, p. 420.

immeubles, ne doit pas être étendue aux objets mobiliers, par exemple, à des récoltes que le créancier aurait été autorisé à faire vendre, par le ministère d'officiers publics, sans l'emploi des formes de la saisie-brandon [15].

D'un autre côté, elle ne fait point obstacle à ce que le débiteur donne au créancier un mandat, révocable à volonté, de faire vendre ses immeubles par-devant notaires, et après les publications usitées. Une pareille vente, consommée sans opposition du débiteur, et avant toute révocation du mandat, ne peut être querellée par ce dernier, comme contraire aux dispositions de l'art. 742 [16]. Du reste, il est bien entendu que le mandat ainsi conféré à l'un des créanciers ne paralyse, en aucune manière, le droit de saisie appartenant aux autres.

D'après le plan de notre ouvrage, nous n'avons pas à exposer les règles relatives aux différentes espèces de saisies ; nous devons nous borner à développer les dispositions des art. 2204 à 2217 du Code civil, placées sous la rubrique de l'*expropriation forcée*.

§ 778.

De l'expropriation forcée [1].

1° *Notions générales.*

L'expropriation forcée est la vente faite d'autorité de justice, sur la poursuite d'un créancier, des immeubles affectés à sa créance, soit en vertu du droit de gage général établi par l'art. 2092, soit en vertu d'un droit de privilége ou d'hypothèque [2].

[15] Douai, 22 décembre 1848, Sir., 50, 2, 161.

[16] Bordeaux, 22 novembre 1849, Sir., 52, 2, 97.

[1] Cpr. sur cette matière : Pont, *De l'expropriation forcée*, à la suite du *Traité des priviléges et hypothèques*, II, p. 671 à 698.

[2] Il résulte de là qu'un créancier peut, non-seulement saisir les immeubles appartenant actuellement à son débiteur personnel, mais encore ceux qui, grevés de priviléges ou d'hypothèques à son profit, ont passé entre les mains de tiers détenteurs, ainsi que ceux qui lui ont été constitués en hypothèque par des tiers non personnellement obligés au paiement de sa créance. Toutefois, nous ne nous occuperons au présent paragraphe que de la saisie immobilière pratiquée sur les immeubles du débiteur, en faisant remarquer que, sauf les règles spéciales expliquées au § 287, les principes que nous allons exposer s'appliquent également à la saisie immobilière dirigée contre des immeubles appartenant à des tiers.

L'expropriation forcée est le résultat final de la poursuite à laquelle le Code de procédure civile donne le nom de *saisie immobilière* [3].

Le tribunal devant lequel l'expropriation forcée doit être poursuivie, est, en général, celui dans le ressort duquel se trouve situé l'immeuble saisi [4]. Cette règle est soumise aux exceptions qui résultent des art. 2210 et 2211.

Toute poursuite en expropriation forcée doit être précédée d'un commandement signifié, soit à la personne du débiteur, soit à son domicile général, soit au domicile élu pour l'exécution forcée de l'obligation à raison de laquelle la poursuite est exercée [5]. Art. 2217.

2° Des immeubles qui peuvent être frappés de saisie immobilière.

Les immeubles susceptibles d'hypothèques peuvent tous, et peuvent seuls, être frappés de saisie immobilière, sans qu'il soit permis d'employer à leur égard un autre mode de poursuite [6]. Art. 2204 cbn. 2218 et arg. de cet article. Cpr. § 259.

Ainsi, d'une part, à l'énumération que fait l'art. 2204 des immeubles dont il est permis de poursuivre l'expropriation forcée, il faut ajouter les suivants :

[3] La dénomination *d'expropriation forcée*, inconnue dans l'ancienne langue du Droit, a été introduite par la loi du 9 messidor an III, et successivement maintenue par la loi du 11 brumaire an VII et par le Code civil. Le Code de procédure a abandonné cette expression. Il désigne sous le nom *d'adjudication*, ou *de jugement d'adjudication*, le jugement par lequel l'expropriation se consomme. Dans le cours du présent paragraphe, nous nous servirons indifféremment, comme synonymes l'une de l'autre, des expressions *expropriation forcée*, et *saisie immobilière*.

[4] Arg. art. 2210. Merlin, *Rép.*, v° Expropriation forcée, n° 4. Pigeau, *Procédure civile*, II, p. 215. Rauter, *Cours de procédure civile*, n° 301. Zachariæ, § 581, texte et note 3.

[5] Cpr. art. 111 cbn. Code de procédure, art. 673; § 146, texte et note 10. Merlin, *Rép.*, v° Domicile élu, § 2, n° 9. Zachariæ, § 581, texte et note 38. Bordeaux, 11 avril 1810, Sir., 11, 2, 87. Req. rej., 5 février 1811, Sir., 11, 1, 98. Bourges, 27 juin 1823, Sir., 24, 2, 51.

[6] Les droits d'emphytéose peuvent-ils être frappés de saisie immobilière ? La solution de cette question dépend du point de savoir si, dans les principes de notre législation actuelle, le droit de jouissance de l'emphytéote constitue un droit réel immobilier susceptible d'hypothèque. Voy. sur ce point : § 224 *bis*.

a. Les édifices et superfices formant une propriété immobilière distincte de celle du tréfonds[7];

b. Les mines envisagées comme constituant un immeuble distinct du surplus du fonds[8];

c. Les actions immobilisées de la Banque de France[9].

Ainsi, d'autre part, ne sont pas susceptibles d'expropriation forcée :

a. Les actions immobilières, et notamment l'action en réméré portant sur un immeuble[10];

b. Les droits d'usage et d'habitation, comme aussi les servitudes réelles, considérées en elles-mêmes et séparément du fonds au profit duquel elles sont établies[11];

c. Les accessoires d'un immeuble, lorsque leur séparation du fonds dont ils dépendaient, leur a fait perdre le caractère d'immeubles par destination[12];

d. La redevance due par le concessionnaire d'une mine au propriétaire du sol, lorsque, sortie des mains de ce dernier, elle ne constitue plus un accessoire de sa propriété[13].

Chaque créancier a le droit de saisir immobilièrement tout immeuble à lui affecté, rentrant dans la catégorie de ceux qui viennent d'être indiqués comme susceptibles d'expropriation forcée.

Cependant, et par exception à ce principe, les créanciers per-

---

[7] Cpr. § 164, texte, n° 1, et notes 5 à 8; § 223, texte, n° 2 ; § 259, texte et note 5.

[8] Cpr. § 223, texte, n° 3 ; § 259, texte et note 4.

[9] Décret du 16 janvier 1808, art. 7. Cpr. § 165, texte, n° 1, lett. *c*; § 259, texte et note 7.

[10] Tarrible, *Rép.*, v° Expropriation forcée, n° 3. Delvincourt, III, p. 177. Troplong, *Des hypothèques*, II, 406. Zachariæ, § 581, texte et note 4. Orléans, 27 janvier 1842, Sir., 42, 2, 304. Req. rej., 14 avril 1847, Sir., 47, 1, 341. Caen, 29 juin 1870, Sir., 71, 2, 29. Voy. en sens contraire : Pigeau, *op. cit.*, p. 207 à 211; Duranton, XXI, 7. Cpr. § 259, texte et note 10.

[11] Tarrible, Delvincourt, et Zachariæ, *opp. et locc. cit.* Cpr. § 259, texte, notes 8 et 9.

[12] Duranton, XXI, 6 et 11. Zachariæ, *loc. cit.* Cpr. § 259.

[13] Art. 6, 11, 19 et 42 de la loi du 21 avril 1810. Civ. cass., 13 novembre 1848, Sir., 48, 1, 682. Civ. rej., 24 juillet 1850, Sir., 51, 1, 63. Cpr. Req. rej., 14 juillet 1840, Sir., 40, 1, 910. Voy. aussi : § 165, texte, n° 1, lett. *d*, et note 15 ; § 223, texte, n° 3 ; § 259.

sonnels[14] d'un cohéritier, ou autre cosuccesseur universel, ne peuvent saisir[15] sa part indivise dans les immeubles de l'hérédité à laquelle il se trouve appelé, avant le partage définitif[16] de cette hérédité, qu'ils sont d'ailleurs autorisés à provoquer[17]. Art. 2205.

Les créanciers personnels d'un cohéritier n'ayant, comme leur débiteur, que l'action *familiæ erciscundæ*, ils ne sont pas en droit de demander, *actione communi dividundo*, le partage isolé des immeubles sur lesquels ils se proposent d'exercer leurs pour-

---

[14] La prohibition établie par l'art. 2205 ne s'applique, ni aux créanciers du défunt, ni aux créanciers envers lesquels tous les cohéritiers se trouveraient conjointement obligés. Telle est la double idée que le législateur a voulu rendre en se servant des expressions *créanciers personnels*. Grenier, *Des hypothèques*, I, 333. Pont, n° 10. Zachariæ, § 197, note 8, *in fine*, et § 581, note 7, *in principio*. Bruxelles, 5 mars 1810, et Paris, 10 mai 1811, Sir., 13, 2, 365. Poitiers, 21 juillet 1824, Sir., 25, 2, 380. Lyon, 11 février 1841, Sir., 41, 2, 239. Voy. cependant : Duranton, XXI, 15 ; Delvincourt, III, 182.

[15] L'art. 2205 dit, d'une manière un peu vague, *ne peut être mise en vente*. On a voulu conclure de ces expressions que l'art. 2205 ne prohibe que l'adjudication et les actes destinés à la préparer, mais non la saisie. Voy. en ce sens : Req. rej., 14 décembre 1819, Sir., 20, 1, 203 ; Lyon, 9 janvier 1830, Sir., 33, 2, 381 ; Poitiers, 20 août 1835, Sir., 35, 2, 498. Nous pensons, au contraire, que les expressions *ne peut être mise en vente*, sont, ainsi que cela résulte du rapprochement des art. 2205, 2213 et 2215, synonymes des termes *ne peut être l'objet d'une poursuite en expropriation ;* que, par conséquent, la saisie, premier acte de la poursuite dont l'adjudication est la consommation, se trouve comprise dans la prohibition de l'article 2205, de laquelle on ne doit exclure que le commandement préalable à la saisie. Les précédents historiques ne laissent aucun doute sur la justesse de cette solution. D'après la loi *sur les expropriations forcées*, du 11 brumaire an VII, encore en vigueur lors de la promulgation du titre XIX, livre III, du Code civil, il n'y avait pas de saisie : L'apposition des affiches, à laquelle on procédait après le commandement, en tenait lieu. Le Code civil n'avait donc pas à parler d'une saisie qui ne se pratiquait pas. Voy. en ce sens : Duranton, XXI, 14 ; Berriat Saint-Prix, *Cours de procédure civile*, p. 573, note 25, n° 1 ; Chauveau sur Carré, V, quest. 2198. Persil, I, 13 ; Civ. cass., 22 juillet 1822, Sir., 22, 1, 436 ; Nîmes, 10 février 1823, Sir., 25, 2, 100 ; Req. rej., 5 décembre 1826, Sir., 27, 1, 69 ; Pau, 10 décembre 1832, Sir., 33, 2, 240 ; Riom, 29 mai 1843, Sir., 44, 2, 243.

[16] Un partage provisionnel serait, à notre avis, insuffisant. Cpr. art. 840, et § 623. Pont, n° 7. Voy. en sens contraire : Zachariæ, § 581, note 6 ; Colmar, 13 juin 1831, Sir., 31, 2, 312.

[17] Le traité par lequel les cohéritiers seraient convenus de suspendre le partage pendant un certain temps, serait-il opposable à leurs créanciers personnels ? Voy. sur cette question : § 622, texte et note 5.

suites [18]. Par la même raison, les créanciers ayant hypothèque sur la part indivise de l'un des cohéritiers, dans un immeuble héréditaire adjugé sur licitation à un tiers, ne peuvent, avant la consommation du partage et de la licitation, poursuivre sur l'adjudicataire, comme tiers détenteur, l'expropriation de cet immeuble [19].

Les dispositions de l'art. 2205 s'appliquent également au cas où les immeubles dont le débiteur est copropriétaire par indivis, font partie d'un fonds social ou de l'actif d'une communauté conjugale. Mais elles ne sauraient être étendues à l'hypothèse où l'indivision ne porte que sur un ou plusieurs immeubles appartenant à des personnes entre lesquelles il n'existe que des rapports de simple communauté, *sine affectione societatis* [20].

---

[18] Pau, 16 mai 1831, Sir., 31, 2, 308. Req. rej., 16 janvier 1833, Sir., 33, 1, 87.

[19] Civ. cass., 26 juillet 1848, Sir., 48, 1, 561. Orléans, 19 mai 1871, Sir., 71, 2, 160. Cpr. Aix, 23 février 1835, Sir., 35, 2, 267 ; Req. rej., 2 décembre 1862, Sir., 63, 2, 255. — Les créanciers pourraient-ils du moins signifier à l'adjudicataire, par mesure conservatoire, une sommation de payer ou de délaisser? Voy. l'arrêt précité du 26 juillet 1848.

[20] La question de savoir si la disposition prohibitive de l'art. 2205 doit être restreinte au cas d'indivision indiqué par cet article, ou si, au contraire, elle doit être étendue à d'autres cas d'indivision, a donné lieu à des opinions fort divergentes. Suivant un premier système, l'art. 2205 serait purement indicatif en ce qui concerne la cause de l'indivision, et devrait, par suite, être étendu à tous les cas d'indivision sans distinction. Voy. dans ce sens : Tarrible, *Rép.*, v° Saisie immobilière, § 3, n° 2 ; Rauter, *Cours de procédure civile*, n° 301, p. 345, note *c*; Persil, *Des ventes judiciaires de biens immeubles*, n° 11; Chauveau sur Carré, *Lois de la procédure*, V, quest. 2198; Pau, 10 décembre 1832, Sir., 33, 2, 240 ; Lyon, 9 janvier 1833, Sir.. 33, 2, 381. Cpr. Douai, 2 mai 1848, Sir., 49, 2, 393. D'après un second système, l'art. 2205 devrait, comme consacrant une exception au Droit commun, être restreint au seul cas d'indivision entre cohéritiers. Voy. dans ce sens : Merlin, *Quest.*, v° Expropriation forcée, § 7, n° 4, *in fine*; Favard, *Rép.*, v° Expropriation forcée, §° 2, n° 4 ; Paris, 1er juin 1807, Sir., 7, 2, 666 ; Metz, 28 janvier 1818, Sir., 18, 2, 337 ; Liége, 23 janvier 1834, Sir., 34, 2, 683 ; Bordeaux, 7 avril 1840, Sir., 40, 2, 521. Ces deux systèmes extrêmes nous paraissent trop absolus l'un et l'autre, et nous pensons que la question doit être résolue au moyen de la distinction proposée au texte. Le motif sur lequel est fondée la disposition de l'art. 2205 est facile à saisir, et ce motif a été fort bien développé par le tribun Lahary, dans son discours au Corps législatif (voy. Locré, *Lég.*, XVI, p. 503 et 504, n° 6). Quand il s'agit d'une masse héréditaire, composée de valeurs de

La nullité qui résulte de la violation de la prohibition établie
par l'art. 2205, peut être proposée, non-seulement par les cohéritiers du débiteur, mais encore par ce dernier lui-même [21]. Toutefois, cette nullité est couverte, quant à lui, lorsqu'il ne l'a pas
fait valoir dans les délais fixés par les art. 728 et 729 du Code de
procédure [22].

Si les cohéritiers du saisi, au lieu de proposée l'exception

diverse nature, et pour le partage de laquelle les intéressés peuvent avoir, soit
à exercer des prélèvements, soit à effectuer des rapports ou bonifications, la
part de chacun d'eux dans les immeubles qui font partie de cette masse est
nécessairement indéterminée ; et il peut même arriver, par l'effet du partage,
que tel ou tel des intéressés n'obtienne rien dans ces immeubles. Cpr. Civ.
cass., 18 juin 1834, Sir., 34, 1, 733. Il eût donc été irrationnel d'admettre
la saisie et la vente d'une part indivise dans les immeubles dépendant d'une
masse héréditaire, c'est-à-dire d'un objet indéterminé et susceptible de s'évanouir complétement par l'effet de la liquidation de cette masse. Or, le même
motif s'applique parfaitement aux cas d'indivision résultant d'une communauté
entre époux ou d'une société, puisque les époux ou les associés ne sont, pas plus
que des héritiers, autorisés à demander le partage isolé des immeubles faisant
partie de la masse indivise entre eux. Cpr. art. 1476 et 1872. Ils peuvent
seulement provoquer le partage et la liquidation générale de cette masse. Et,
comme les adjudicataires qui se trouveraient en leur lieu et place, par suite de
l'acquisition de leurs parts indivises dans les immeubles, ne sauraient avoir plus
de droits qu'ils n'en ont eux-mêmes, la possibilité du résultat qui a motivé la
disposition de l'art. 2205, se présente également dans les cas d'indivision dont
nous nous occupons, et justifie l'extension à ces cas de cette disposition. Lorsqu'il s'agit, au contraire, d'immeubles indivis en dehors des cas de succession,
de communauté entre époux et de société, ou d'immeubles restés indivis après
la liquidation générale de la masse dont ils dépendaient, l'inconvénient que
nous signalions précédemment ne peut plus se présenter, puisque l'adjudicataire
de la part indivise de l'un des communistes dans ces immeubles, aura la faculté
d'en provoquer le partage, et obtiendra toujours une part correspondante à la
quotité de la portion indivise par lui acquise, soit dans les immeubles mêmes,
soit dans le prix en provenant. Voy. dans le sens de la distinction qui vient
d'être développée : Delvincourt, III, part. II, p. 182 ; Duranton, XXI, 13 ;
Pont, nos 8 et 9 ; Zachariæ, § 197, note 8, in medio ; Colmar, 27 frimaire
an XIII, Sir., 5, 2, 36; Lyon, 14 février 1839, Sir., 40, 2, 321 ; Pau, 8 mars
1865, Sir., 65, 2, 90.

[21] Pont, n° 12. Zachariæ, § 581, texte et note 11. Besançon, 21 juin 1810,
Sir., 12, 2, 8. Nîmes, 10 février 1823, Sir., 25, 2, 100. Bordeaux, 5 juillet
1832, Sir., 33, 2, 60. Lyon, 9 janvier 1833, Sir., 33, 2, 381. Voy. en sens
contraire : Paris, 23 août 1816, Sir., 17, 2, 230.

[22] Civ. rej., 3 janvier 1872, Sir., 72, 1, 211.

tirée de l'art. 2205, avaient, par un dire au cahier des charges, déclaré consentir à la vente forcée de l'immeuble indivis, sous la réserve de leurs droits à faire valoir dans l'ordre, et qu'il leur eût été donné acte de cette déclaration, acceptée par tous les créanciers, ces cohéritiers devraient être admis à prélever dans l'ordre les parts à eux afférentes dans le prix, bien qu'ils n'eussent pris aucune inscription [23].

D'un autre côté, et en vertu d'une seconde exception au principe ci-dessus posé, les créanciers hypothécaires ou privilégiés [24], qui ne jouissent que d'une hypothèque ou d'un privilége spécial [25], ne sont autorisés à saisir les immeubles non soumis à leur hypothèque ou à leur privilége, qu'en cas d'insuffisance de ceux qui s'en trouvent grevés [26]. Art. 2209 [27].

La preuve de cette insuffisance est à la charge du créancier [28],

---

[23] En pareil cas, en effet, ce n'est point en vertu d'un privilége de vendeur ou de copartageant, soumis à l'inscription, que s'opère le prélèvement dont s'agit, mais en vertu d'un droit de propriété non contesté. Civ. cass., 19 avril 1858, Sir., 58, 1, 343.

[24] Le mot *hypothèques* est pris dans l'art. 2209, *sensu lato*, et s'applique, non-seulement aux hypothèques simples, mais encore aux hypothèques privilégiées, c'est-à-dire aux priviléges sur les immeubles. Cpr. § 283. Delvincourt, sur l'art. 2209. Duranton, XXI, 24. Pont, n° 20. Zachariæ, § 581, texte et note 12.

[25] Les dispositions de l'art. 2209 sont étrangères au créancier qui jouit d'une hypothèque ou d'un privilége général. Le saisi ne peut pas exiger qu'il restreigne ses poursuites à tels ou tels immeubles, sous prétexte que la valeur en serait suffisante pour couvrir la créance. *Exceptio est strictissimæ interpretationis.* Voy. cependant en sens contraire : Grenier, *Des hypothèques*, II, 478 ; Zachariæ, § 581, note 13, *in fine*.

[26] *Quid,* si l'hypothèque porte tout à la fois sur des immeubles du débiteur et sur des immeubles appartenant à des tiers, et que la valeur réunie des uns et des autres soit suffisante pour satisfaire le créancier ? Ce dernier pourra-t-il, à raison de l'insuffisance des immeubles qui lui ont été hypothéqués par le débiteur, saisir ses immeubles libres ? L'affirmative nous paraît préférable, dans l'hypothèse du moins où le créancier n'a dirigé de poursuites que contre les immeubles du débiteur, sans comprendre dans sa saisie les immeubles hypothéqués par des tiers. Cpr. Toulouse, 26 juillet 1834, Sir., 35, 2, 271.

[27] Le créancier privé de toute hypothèque est donc, sous ce rapport, dans une position plus favorable que celui qui n'en a qu'une spéciale. Mais ce dernier peut, en renonçant à son hypothèque, saisir sans distinction tous les immeubles du débiteur. Duranton, XXI, 24. Pont, n° 21.

[28] Zachariæ, § 581, note 13, *in principio*, Toulouse, 26 juillet 1834, Sir.,

qui est admis à la justifier par tous les moyens propres à l'établir[29], sans être obligé de recourir à cet effet à la discussion préalable des immeubles qui lui sont spécialement affectés[30].

Lorsque le créancier a, d'après les règles qui viennent d'être exposées, le droit de poursuivre tous les immeubles de son débiteur ou du moins plusieurs d'entre eux, il est libre de les saisir simultanément ou successivement[31].

Si cependant les immeubles à saisir sont situés dans différents arrondissements, la saisie n'en peut être faite que successivement, à moins qu'ils ne fassent partie d'une seule et même exploitation, ou que la valeur totale de ces immeubles ne soit inférieure au montant réuni des sommes dues tant aux saisissants qu'aux autres créanciers inscrits[32]. L'expropriation forcée doit être poursuivie, dans la première hypothèse, devant le tribunal dans le ressort duquel se trouve, soit le chef-lieu de l'exploitation, soit, à défaut de chef-lieu, la partie des immeubles qui présente le plus grand revenu d'après la matrice du rôle, et, dans la seconde, devant les tribunaux respectifs de la situation des biens. Art. 2210. Loi du 14 novembre 1808, art. 1 et 4[33].

35, 2, 232. Cpr. Duranton, *loc. cit.* Voy. cep. Req. rej., 7 octobre 1807, Sir., 8, 1, 81.

[29] Par exemple, par l'aveu du débiteur, par des baux, par des estimations, par le revenu net indiqué dans la matrice du rôle de la contribution foncière. Cpr. art. 2165; loi du 14 novembre 1808; note 32 *infrà*. Delvincourt, III, p. 178. Tarrible, *Rép.*, v° Saisie immobilière, § 3, n° 5. Req. rej., 7 octobre 1807, Sir., 8, 1, 81. Req. rej., 27 juin 1827, Sir., 27, 1, 509. Toulouse, 26 juillet 1834, Sir., 35, 2, 271. Req. rej., 6 février 1843, Sir., 43, 1, 414.

[30] Arg. art. 2209 cbn. 2206. *Exceptio est strictissimœ interpretationis.* Duranton, XXI, 24. Pont, n° 19. Voy. aussi les arrêts cités à la note précédente.

[31] Pont, n° 22.— Cpr. sur la question de savoir si l'adjudication doit se faire en bloc ou par articles : Grenier, *op. cit.*, II, 480 ; Zachariæ, § 581, note 15; Colmar, 14 janvier 1806, Sir., 7, 2, 948; Req. rej., 7 octobre 1807, Sir., 8, 1, 81.

[32] La valeur des immeubles s'établit dans ce dernier cas, soit d'après des baux authentiques, sur le pied du denier vingt-cinq, soit, à défaut de baux authentiques, d'après le rôle de la contribution foncière, sur le pied du denier trente. Loi du 14 novembre 1808, art. 2.

[33] D'après l'art. 3 de la même loi, le créancier qui veut user de la faculté de poursuivre simultanément les immeubles situés dans des arrondissements différents, ne peut le faire qu'après y avoir été autorisé par une ordonnance rendue au bas d'une requête présentée au président du tribunal de première instance du domicile du débiteur, et communiquée au ministère public.

Il est enfin à remarquer que, si le créancier n'a pas pu ou n'a pas voulu saisir simultanément les immeubles hypothéqués et ceux qui ne le sont pas, ou les immeubles situés dans des arrondissements différents, le débiteur a le droit de requérir que l'expropriation des uns et des autres soit poursuivie ensemble, lorsqu'ils font partie d'une seule et même exploitation. Art. 2211.

3° Des créances en vertu desquelles une saisie immobilière peut être pratiquée.

En règle générale, la saisie immobilière peut être pratiquée en vertu de toute espèce de créance, soit hypothécaire, soit chirographaire [34], quel qu'en soit le montant pécuniaire [35], ou le fondement juridique, et quelle que soit la personne à laquelle elle est due [36]. Cette règle est soumise aux modifications suivantes :

a. La saisie immobilière ne peut avoir lieu que pour une créance liquide et exigible [37]. Si la créance, quoique liquide, ne consiste

---

[34] Tarrible, *Rép.*, v° Expropriation forcée, n° 1. Rauter, *Cours de procédure civile*, n° 301, note 2. Pont, n° 43. Zachariæ, § 581, texte et note 22. Paris, 12 ventôse an XII, Sir., 7, 2, 950. Nancy, 9 juillet 1834, Sir., 34, 2, 625. — A plus forte raison un créancier hypothécaire peut-il saisir les immeubles de son débiteur, quoique son hypothèque ne soit pas inscrite. Liége, 28 novembre 1808, Sir., 10, 2, 541. Lyon, 27 novembre 1811, Sir, 13, 2, 215.

[35] Les anciens usages, suivant lesquels il n'était pas permis de procéder à une saisie immobilière, pour une somme au-dessous de cent ou deux cents livres, ont été abrogés par le Code. Cpr. art. 2212. Pigeau, II, p. 202 et 203. Duranton, XXI, 29. Pont, n° 61. Voy. cependant Delvincourt, III, 179.

[36] Un étranger, même non admis à jouir des droits civils en France, peut y poursuivre une expropriation forcée, sans être astreint à fournir la caution *judicatum solvi.* Cpr. § 747 *bis*, texte et note 20. Zachariæ, § 581, note 20, *in fine.*

[37] L'art. 2213 porte : pour une dette *certaine et liquide.* Nous croyons nous exprimer plus exactement en disant : pour une créance *liquide et exigible.* En effet, une créance n'est liquide que lorsqu'elle est tout à la fois certaine quant à son existence et déterminée dans sa quotité. Cpr. § 326, texte, n° 2, et note 7. D'un autre côté, une créance peut être certaine, quoiqu'elle ne soit pas exigible. Telle est, par exemple, une créance ajournée, dont le terme n'est point encore arrivé. Or, il est bien évident qu'une pareille créance, quelque certaine qu'elle soit, ne peut autoriser aucune espèce de poursuites. Art. 1186. Cpr. § 303, texte, n° 1. Tel est le double motif qui nous a engagé à remplacer le mot *certaine* par le terme *exigible.* Cpr. du reste : § 326, texte, n° 3, notes 11 à 14 ; Req. rej., 7 octobre 1807, Sir., 8, 1, 81 ; Bruxelles, 5 décembre 1811, Sir., 12, 2, 284 ; Civ. cass., 21 mars 1827, Sir., 27, 1, 354 ; Req. rej., 17 mai 1859, Sir., 60, 1, 462 ; Paris, 30 mars 1867, Sir., 67, 2, 193.

pas en une somme d'argent[38], la saisie est bien permise, mais, après sa dénonciation et sa transcription, il doit être sursis à toute poursuite ultérieure jusqu'à ce que la créance ait été pécuniairement évaluée[39]. Art. 2213 cbn. Code de procédure, art. 551.

b. La saisie immobilière ne peut être faite qu'en vertu d'un acte authentique[40] et exécutoire[41]. Art. 2213. Ainsi, elle ne peut, en général, avoir lieu en vertu d'un jugement, soit par défaut, soit contradictoire, qu'après l'expiration des délais indiqués aux art. 155 et 450 du Code de procédure[42]. Art. 2215, al. 2.

Le créancier porteur d'un jugement contradictoire ou par défaut, non encore passé en force de chose jugée, mais qui a été déclaré exécutoire par provision nonobstant appel ou opposition, est, malgré l'appel ou l'opposition du débiteur[43], autorisé à exercer

---

[38] Sous ce rapport, l'art. 551 du Code de procédure ne fait que reproduire, en d'autres termes, l'idée qui se trouve déjà consignée dans l'art. 2213 du Code civil. Cpr. Pigeau, *op. cit.*, II, p. 41 et 43 ; Carré, *Lois de la procédure*, II, p. 370.

[39] A cet égard, l'art. 551 du Code de procédure déroge à l'art. 2213 du Code civil, qui permettait de continuer les poursuites jusqu'à l'adjudication. Carré, *op. cit.*, II, p. 371, n° 1913. Duranton, XXI, 41. Pont, n° 60. Cpr. § 17, texte et note 9. Toutefois, en disant qu'il sera, après la saisie, sursis à toutes poursuites ultérieures, l'art. 551 ci-dessus cité n'a pas voulu interdire la dénonciation et la transcription de la saisie, puisque ces diverses formalités ne sont que le complément indispensable de cette dernière. Duranton, *loc. cit.*

[40] On doit aussi, sous ce rapport, assimiler aux actes authentiques les actes sous seing privé que le débiteur a reconnus par-devant notaires, ou qu'il a déposés en l'étude d'un notaire, et dont il a été dressé acte de dépôt. Zachariæ, § 581, note 24. Nîmes, 5 août 1812, Sir., 14, 2, 93. Req. rej., 27 mars 1821, Sir., 21, 1, 327. Bourges, 27 juin 1823, Sir., 24, 2, 51. Cpr. § 266, texte, n° 2, notes 43 et 44.

[41] Cpr. Grenier, *Des hypothèques*, II, 482 ; Pont, n° 48 ; Zachariæ, § 581, texte et note 25 ; Bordeaux, 22 juillet 1843, Sir., 44, 2, 199 ; Riom, 30 novembre 1855, Sir., 57, 2, 350 ; Dijon, 4 juin 1872, Sir., 72, 2, 177 ; Req. rej., 26 mai 1873, Sir., 73, 1, 295.

[42] La disposition du second alinéa de l'art. 2215 se trouve complétée, en ce qui concerne les jugements contradictoires, par l'art. 450 du Code de procédure, et développée, quant aux jugements par défaut, par les art. 155 et 157 à 159 du même Code. Cpr. Pigeau, *op. cit.*, II, p. 403 ; Tarrible, *Rép.*, v° Saisie immobilière, § 5, n° 3 ; Duranton, XXI, 45 à 47 ; Grenier, *op. cit.*, II, 484 ; Pont, n°s 52 et 53.

[43] Les dispositions du premier alinéa de l'art. 2215, qui ne s'occupe textuellement que des jugements contradictoires, déclarés exécutoires par provision

des poursuites en expropriation forcée, et à les continuer jusqu'à l'adjudication exclusivement[44]. Mais l'adjudication ne pourra avoir lieu, même en l'absence d'appel ou d'opposition[45], que lorsque le jugement sera passé en force de chose jugée[46]. Art. 2215, al. 1, et arg. de cet article.

c. Le cessionnaire d'une créance ne peut pratiquer de saisie immobilière que lorsque la cession a été signifiée au débiteur[47], ou qu'elle a été acceptée par ce dernier[48]. Art. 2214[49].

La disposition de l'art. 2214 s'applique, non-seulement au cessionnaire proprement dit, mais encore à celui qui a été subrogé aux droits du créancier originaire, soit par ce dernier, soit par la loi[50].

nonobstant appel, doivent être étendues, par voie d'analogie, aux jugements par défaut, dont l'exécution provisoire a été ordonnée nonobstant opposition. Arg. art. 155 du Code de procédure. Duranton, XXI, 47. Pont, n° 54. Voy. cep. Pigeau, *op. et loc. citt.*

[44] Avant la révision du titre *de la saisie immobilière*, par la loi du 2 juin 1841, la question de savoir si la poursuite n'était permise que jusqu'à l'adjudication préparatoire, ou si l'adjudication définitive se trouvait seule exclue, était controversée. Cpr. Limoges, 5 juillet 1828, Sir., 29, 2, 17; Civ. cass., 22 décembre 1828, Sir., 29, 1, 67. Aujourd'hui que l'adjudication préparatoire est supprimée, cette question ne peut plus se présenter.

[45] Pigeau, *op. et loc. citt.* Duranton, XXI, 45.

[46] Cpr. Grenier, *op. cit.*, II, 484; Civ. cass., 12 novembre 1806, Sir., 7, 1, 145; Civ. cass., 7 août 1811, Sir., 11, 1, 342.

[47] Rien n'empêche de signifier la cession conjointement avec le commandement prescrit par l'art. 673 du Code de procédure. Merlin et Tarrible, *Rép.*, v° Saisie immobilière, § 5, n° 2, *in fine*, et § 6, art. 1, n° 1. Grenier, *op. cit.*, II, 483, *in fine*. Carré, *Lois de la procédure civile*, II, p. 522, n° 2206. Delvincourt, III, p. 180. Duranton, XXI, 49. Zachariæ, p. 581, note 30, *in medio*. Nîmes, 2 juillet 1808, Sir., 9, 2, 61.

[48] Il n'est pas nécessaire que l'acceptation ait eu lieu par acte authentique. *Non obstat* art. 1690 : Cpr. § 359 *bis*, texte, notes 9 et 10; note 50, *infrà*. Duranton, XXI, 48. Voy. en sens contraire : Tarrible, *op. et v° citt.*, § 5, n° 2; Grenier, *op. cit.*, II, 483; Pont, n° 58.

[49] Cet article n'exigeant pas que la cession ait eu lieu par acte authentique, il faut en conclure que le cessionnaire d'une créance constatée par un acte authentique et exécutoire peut procéder à une saisie immobilière, quoiqu'il ne soit porteur que d'une cession sous seing privé. Persil, *Quest. hypothécaires*, II, p. 180. Pont, n° 58. Zachariæ, § 581, note 30, *in fine*. Pau, 25 janvier 1832, Sir., 34, 2, 316, Req. rej., 16 novembre 1840, Sir., 40, 1, 961. Voy. en sens contraire : Tarrible et Grenier, *opp. et locc. citt.*

[50] Vainement dirait-on que la disposition de l'art. 1690 étant étrangère au paiement avec subrogation, il doit en être de même de la disposition de

Elle est, au contraire, étrangère au cas où la subrogation a été consentie par le débiteur [51].

Il est, du reste, bien certain que cette disposition ne saurait être étendue au mari poursuivant le remboursement des créances dotales, et qu'ainsi il n'est pas tenu de faire signifier le contrat de mariage préalablement à la saisie immobilière [52].

Du reste, une poursuite en expropriation forcée ne peut être annulée sous prétexte que le créancier l'aurait commencée pour une somme plus forte que celle qui lui est due [53]. Art. 2216.

4° Des cas exceptionnels dans lesquels la saisie immobilière est interdite, ou n'est permise que sous certaines conditions [54].

a. Aucune saisie immobilière ne peut être pratiquée au préjudice de l'Etat, des communes, ni des établissements publics dont le budget est soumis au contrôle de l'autorité administrative [55].

l'art. 2214. Voy. § 321, texte, n° 1, notes 21 et 22 ; § 359 *bis*, texte, n° 2, et note 26. En effet, la signification prescrite par l'art. 2214 a un tout autre objet que celle de l'art. 1690 : elle a pour but de faire connaître au débiteur son nouveau créancier. Or, à ce point de vue, il n'y a pas à distinguer entre la cession et la subrogation consentie par le créancier ou établie par la loi.

[51] Dans ce cas, la signification devient inutile, son but se trouvant atteint par la subrogation même, qui émane du débiteur.

[52] Nîmes, 25 juin 1851, Sir., 51, 2, 494. Cpr. § 535, texte et note 1.

[53] Les peines portées par le Droit romain contre la *plus pétition* ne sont plus admises dans notre Droit actuel. Elles avaient déjà été rejetées, du moins en général, par le Droit coutumier ; et, en pays de Droit écrit, elles n'étaient appliquées que sous d'importantes restrictions. Cpr. § 33, *Inst. de act.* (4-6); *C. de plus pet.* (3-10); Imbert, *Pratique civ. et crim.*, liv. I, chap. XVII, n° 23; Guy-Pape, quest. 27; Loisel, *Institutes coutumières*, liv. IV, tit. VI, règ. 3; Maleville, sur l'art. 2216; Duranton, XXI, 50; Pont, n° 61; Zachariæ, § 581, texte et note 44.

[54] Nous ne mentionnerons pas l'exception que l'art. 4 de la loi du 6 brumaire an V avait introduite en faveur des défenseurs de la patrie. Cpr. Req. rej., 30 octobre 1811, Sir., 12, 1, 93 ; Nîmes, 8 août 1811, Sir., 12, 2, 159 ; Req. rej., 27 octobre 1814, Sir., 15, 1, 89. Cette exception n'existe plus aujourd'hui : la loi du 6 brumaire an V a cessé d'être en vigueur. Cpr. § 161, texte et note 2.

[55] Le développement de cette exception, qui s'applique d'ailleurs à toute espèce de saisies, rentre dans le Droit administratif. Cpr. loi des 16-24 août 1790, tit. II, art. 13 ; loi des 6-22 août 1791, tit. XII, art. 9 ; décret du 1er germinal an XIII, art. 48 ; avis du Conseil d'État des 18 juillet-12 août 1807 et des 11-26 mai 1813 ; Merlin, *Rép.*, v° Saisie-arrêt, §§ 4 et 5, *Quest.*, v° Nation, § 4. Voy. cep. art. 46, al. 3, de la loi du 18 juillet 1837, d'après lequel la vente

b. A partir du jugement de déclaration de faillite, les créanciers du failli ne sont plus reçus à poursuivre l'expropriation des immeubles sur lesquels ils n'ont ni hypothèque ni privilége, et qu'ils n'auraient pas antérieurement frappés de saisie [56]. Code de commerce, art. 571.

Lorsqu'il n'y a pas de poursuite en expropriation commencée avant l'union, les créanciers hypothécaires eux-mêmes ne sont plus admis à frapper de saisie les immeubles du failli; aux syndics seuls il appartient d'en poursuivre la vente. Code de commerce, art. 572.

c. Les immeubles appartenant à des mineurs, même émancipés, ou à des interdits, ne peuvent être adjugés, ni même frappés de saisie [57], avant la discussion de leur mobilier [58], à moins qu'il ne s'agisse d'immeuble indivis entre un mineur, ou un interdit, et un majeur, tous deux obligés au paiement de la dette, ou à moins que les poursuites n'aient été commencées contre un majeur jouissant de ses droits [59]. Art. 2206 et 2207 [60].

---

des biens immobiliers des communes, qui ne servent pas à un usage public, peut, sur la demande de tout créancier porteur d'un titre exécutoire, être autorisée par un décret, qui détermine les formes de la vente.

[56] Les créanciers, même simplement chirographaires, sont autorisés à continuer les poursuites commencées avant le jugement déclaratif de faillite. Pont, n° 46. Paris, 30 novembre 1839, Dalloz, 1840, 2, 231. Voy. en sens contraire : Dijon, 18 janvier 1858, Dalloz, 1860, 2, 78.

[57] Suivant l'opinion de Pigeau (*op. cit.*, II, p. 212), Delvincourt (I, p. 304), Favard (*Rép.*, v° Expropriation forcée, § 2, n° 5), et Zachariæ (§ 584, note 41), adoptée par un arrêt de la cour de Gênes, du 23 juillet 1812 (Sir., 14, 2, 76), la prohibition de l'art. 2206 ne porterait que sur l'adjudication elle-même, et non sur les poursuites qui doivent la précéder. Mais nous avons déjà réfuté cette manière de voir dans la note 15 *suprà*, à l'occasion de l'interprétation de l'art. 2205, dont la rédaction est absolument conforme à celle de l'art. 2206. Duranton, XXI, 16. De Fréminville, *De la minorité*, II, 636. Grenier, *op. cit.*, II, 476. Taulier, VII, p. 431. Pont, n° 15. Agen, 13 mars 1857, Sir., 57, 2, 385.

[58] Cpr. Tarrible, *Rép.*, v° Saisie immobilière, § 3, n° 2; Grenier, *op. cit.*, II, 496; Duranton, XXI, 17 à 19; Pont, n°s 15 à 17; Turin, 14 août 1811, Sir., 13, 2, 6.

[59] On ne saurait considérer les poursuites en expropriation comme commencées, dans l'hypothèse où il n'a encore été fait qu'un simple commandement. Duranton, XXI, 22. Cpr. Pont, n° 15.

[60] Cpr. L. 5, § 9, D. *de rebus eorum qui sub tut.* (27, 9); ordonnance de 1549, art. 74.

d. Lorsque le débiteur justifie, par baux authentiques, que le revenu net et libre de ses immeubles, pendant une année [61], suffit pour le paiement de la dette en capital, intérêts et frais, et qu'il en offre la délégation au créancier, le tribunal devant lequel l'expropriation est poursuivie, peut ordonner la suspension des poursuites, sauf à en autoriser la continuation suivant les derniers errements [62], s'il survient quelque obstacle au paiement [63]. Art. 2212.

5° Des personnes contre lesquelles doit s'exercer la poursuite en expropriation forcée.

La poursuite en expropriation forcée s'exerce, en règle générale, contre le débiteur et contre lui seul [64], à moins qu'il ne soit privé du libre exercice de ses droits, auquel cas cette poursuite doit, suivant les circonstances, être dirigée, soit uniquement contre la personne appelée à représenter le débiteur, soit simultanément contre ce dernier et contre la personne chargée de l'assister [65].

Ainsi, l'expropriation forcée des immeubles appartenant à un mineur non émancipé ou à un interdit s'exerce contre le tuteur [66]. Celle des immeubles appartenant à un mineur émancipé ou à un individu pourvu d'un conseil judiciaire se dirige simultanément contre le mineur et contre son curateur, ou contre la personne pourvue d'un conseil judiciaire et contre son conseil [67].

[61] Cpr. quant aux immeubles dont le débiteur n'a que l'usufruit : Proudhon, *De l'usufruit*, I, 21.

[62] Tarrible, *Rép.*, v° Saisie immobilière, § 5, n° 1. Grenier, *op. cit.*, II, 481. Delvincourt, III, p. 180. Zachariæ, § 581, texte et note 39.

[63] Cpr. sur la nature des obstacles qui peuvent s'opposer au paiement : Duranton, XXI, 29 ; Delvincourt, III, p. 180 ; Pont, n° 30.

[64] Pont, n° 32. Il est bien entendu que nous supposons ici, comme nous l'avons fait précédemment, que les immeubles à saisir appartiennent encore au débiteur. Cpr. note 2 *suprà*. Si ces immeubles se trouvaient entre les mains d'un tiers détenteur, ce serait contre ce dernier, sauf dans le cas prévu par l'art. 2174, que la poursuite devrait être dirigée. Art. 2169. Cpr. § 287.

[65] Cpr. art. 134 et 813 ; Code de procédure, art. 996 ; Code de commerce, art. 443, al. 2 et 3 ; Tarrible, *Rép.*, v° Expropriation forcée, n° 2, et v° Saisie immobilière, § 2 ; Pigeau, *op. cit.*, p. 14 et suiv. ; Pont, n° 35 ; Zachariæ, § 581, texte et note 34.

[66] Art. 450. Tarrible, *Rép.*, v° Saisie immobilière, § 2. Duranton, XXI, 38.

[67] Art. 482, 499, 513, et arg. de ces articles. Cpr. Duranton, XXI, 39.

Ainsi encore, l'expropriation des immeubles propres à une femme engagée dans les liens du mariage doit, sous quelque régime qu'elle soit mariée, être poursuivie, tant contre cette dernière, que contre son mari[68]. Art. 2208, al. 2. En cas de minorité des deux époux, ou si la femme seule est mineure, et que le mari majeur refuse de procéder avec elle, il doit être nommé à la première un curateur *ad hoc*[69], et la poursuite est dirigée simultanément contre la femme et contre ce curateur. Art. 2208, al. 3.

Par suite d'une modification à la règle ci-dessus établie, l'expropriation des immeubles qui font partie de l'actif de la communauté, se poursuit contre le mari seul[70], lors même que la femme se trouverait coobligée à la dette, et que la dette serait tombée de son chef dans la communauté[71]. Art. 2208, al. 1.

---

[68] Le mode de poursuite que trace le second alinéa de l'art. 2208, dont la disposition n'est d'ailleurs qu'une conséquence du principe général posé par l'art. 215, doit être suivi toutes les fois qu'il s'agit d'immeubles qui *ne sont pas tombés en communauté*, c'est-à-dire d'immeubles qui sont restés propres à la femme, abstraction faite de la cause par suite de laquelle elle en a conservé la propriété, et, par conséquent, du régime sous lequel elle s'est mariée. Duranton, XXI, 37. Grenier, *op. cit.*, II, 477. Pont, n° 37. Cpr. Req. rej., 13 novembre 1839, Sir., 39, 1, 948. Voy. cep. Delvincourt. III, p. 181 ; Aix, 27 avril 1809, Sir., 9, 2, 237.

[69] L'expression *tuteur*, dont se sert l'art. 2208, n'est pas tout à fait exacte, puisque, la femme ayant été émancipée par son mariage, il ne peut lui être nommé de tuteur. Cpr. § 86 *bis*, note 1re. Duranton, XXI, p. 55, note 1re. Delvincourt, *loc. cit.*

[70] Cette modification est une conséquence du principe que le mari est réputé seigneur et maître de la communauté. Cpr. art. 1421; § 509, texte, n° 1.

[71] Cpr. art. 1409, al. 1 et 2, et 1419; § 508 ; Duranton, XXI, 37 ; Zachariæ, § 581, texte et note 35.

II. DE LA CONTRAINTE PAR CORPS[1].

§ 779.

Aperçu historique. — Exposition du sujet.

La matière de la contrainte par corps était autrefois principalement réglée par le titre XXXIV de l'ordonnance de 1667[2].

En prononçant, dans la loi du 9 mars 1793, l'abolition de la contrainte par corps, la Convention nationale sentit cependant la nécessité de conserver ce mode de poursuite pour certains cas d'exception. Elle chargea son comité de législation de lui faire incessamment un rapport à ce sujet; et, dès le 30 mars 1793,

---

[1] BIBLIOGRAPHIE. *Traité de la contrainte par corps considérée sous son rapport avec les lois des 15 germinal et 4 floréal an VI, et avec le nouveau projet de Code civil,* par Fournel; Paris, an IX, 1 vol. in-12. *Traité de la contrainte par corps,* par Mougeret; Paris, 1808, 1 vol. in-8°. *Traité de la contrainte par corps, ou Commentaire sur la loi du 17 avril 1832,* par Ginouvier; Paris, 1832, 1 vol. in-12. *Commentaire sur la loi du 17 avril 1832, relative à la contrainte par corps,* par Fœlix; Paris, 1832, 1 vol. in-8°. *Commentaire analytique du Code civil,* liv. III, tit. XVI, *et de la loi du 17 avril 1832,* par Coin-Delisle; Paris, 1834, in-4°. *De l'emprisonnement pour dettes, considérations sur son origine, ses rapports avec la morale publique et les intérêts du commerce,* par Bayle-Mouillard; Paris, 1835, 1 vol. in-8°. *Manuel de la contrainte par corps,* par Chauveau; Paris, 1840, 1 vol. in-8°. *Code-Manuel de la contrainte par corps,* par Cadrès; Paris, 1841, 1 vol. in-18. *Histoire de la contrainte par corps,* par Leviel de la Marsonnière; Paris, 1844, 1 vol. in-8°. *De la contrainte par corps,* par Troplong; Paris, 1847, 1 vol. in-8°, avec un appendice publié en 1850. *Commentaire de la loi du 13 décembre 1848, sur la contrainte par corps,* par Durand; Paris, 1849, 1 vol. in-8°. *De la contrainte par corps,* par Méline, *Revue pratique,* 1865, XIX, p. 499. *Étude historico-légale sur la question du maintien ou de la suppression de la contrainte par corps,* par Derouet, *Revue pratique,* 1865, XX, p. 451 et 500. *Traité de la contrainte par corps,* par Pont, dans le second volume du *Traité-Commentaire des petits contrats;* 2e édit., Paris, 1878.

[2] Cpr. ordonnance de 1670, titre XII; ordonnance du commerce de 1673, tit. VII. art. 1 et 2; déclaration du 10 janvier 1680, concernant les aliments des prisonniers; édit du mois de juillet 1680, concernant la contrainte par corps contre les femmes mariées; ordonnance de la marine de 1681, liv. I, tit. XIII, art. 5 et 6, tit. XIV, art. 10, liv. II, tit. I, art. 14.

elle soumettait à la contrainte par corps les débiteurs de deniers publics.

Malgré les vives réclamations qui s'étaient élevées contre la suppression de la contrainte par corps, les choses restèrent en cet état jusqu'au 24 ventôse an V, époque à laquelle elle fut rétablie dans les limites tracées par l'ancienne législation. La loi du 24 ventôse an V fut remplacée par celle du 15 germinal an VI, qui détermina les cas dans lesquels la contrainte par corps serait autorisée, soit en matière civile, soit en matière commerciale, et qui régla le mode d'exécution des jugements prononçant cette contrainte.

La promulgation du titre XVI, livre III, du Code civil eut pour effet d'abroger tacitement les dispositions du titre I de la loi du 15 germinal an VI, relatif à la contrainte par corps en matière civile[3]. Le titre III de la même loi concernant le mode d'exécution de la contrainte par corps fut à son tour remplacé par le titre XV, partie I, livre V, du Code de procédure[4]. Mais le titre II de la loi du 15 germinal an VI et celles des dispositions du titre III qui tenaient plus au fond du droit qu'à la forme de procéder[5], restèrent en vigueur en matière commerciale, même après la promulgation du Code de commerce, qui ne s'occupa que transitoirement de la contrainte par corps[6].

A côté de ces lois générales venaient encore se placer plusieurs lois spéciales, notamment celles du 4 floréal an VI et du 10 septembre 1807, sur la contrainte par corps contre les étrangers.

Une législation composée de dispositions promulguées à des époques différentes et qui n'avaient pas été coordonnées entre elles, devait nécessairement donner lieu dans la pratique à de graves difficultés, à de choquantes contradictions[7]. Il était urgent de remédier à ces inconvénients. Il ne l'était pas moins d'adoucir,

---

[3] Cpr. loi du 30 ventôse an XII, art. 7, et § 14; Locré, *Lég.*, XV, p. 524.

[4] Cpr. Code de procédure, art. 1041, et § 17; Locré, *op. et loc. citt.*; Merlin, *Quest.*, v° Contrainte par corps, § 10.

[5] Cpr. par exemple, art. 18, n°s 3 et 6, de ce titre, et la note 7, *infrà*. Merlin, *op. v° et loc. citt.*

[6] Cpr. art. 2080; Code de commerce, art. 209, 231, 625 et 637.

[7] Ainsi, par exemple, le débiteur incarcéré pour dettes commerciales, pouvait obtenir son élargissement au bout de cinq ans, tandis que le débiteur emprisonné pour dettes civiles ne jouissait pas de la même faveur.

à certains égards, la rigueur de la législation. C'est dans ce double but que fut rendue la loi du 17 avril 1832.

Cette loi ne forma cependant pas un code complet de la contrainte par corps. Elle abrogea, il est vrai, les lois du 15 germinal an VI, du 4 floréal de la même année, et du 10 septembre 1807. Mais elle laissa subsister toutes les dispositions du Code civil et du Code de procédure qui n'étaient pas incompatibles avec les règles qu'elle avait établies [8].

Enfin, la loi du 13 décembre 1848 vint apporter de nouvelles restrictions à l'admission et à l'exercice de la contrainte par corps [9].

Tel était, au point de vue civil et commercial, l'état général de la législation, lorsque fut rendue la loi du 22 juillet 1867, qui supprime la contrainte par corps en matière commerciale, civile [10], et contre les étrangers. Cette loi, tout en maintenant la contrainte par corps en matière criminelle, correctionnelle, et de police, pour les amendes, restitutions et dommages-intérêts, en avait interdit l'exercice pour le paiement des frais au profit de l'État. Mais la disposition qui contenait cette interdiction, contraire aux art. 52 et 469 du Code pénal, a été abrogée par la loi du 19 décembre 1871.

Malgré l'abolition de la contrainte par corps en matière civile, nous laisserons subsister les paragraphes que, dans nos précédentes éditions nous avons consacrés à cette matière. Plusieurs dispositions de la loi du 22 juillet 1867 ayant été empruntées à la législation antérieure, les décisions judiciaires et doctri-

---

[8] Cpr. Loi du 17 avril 1832, art. 46.

[9] L'exercice de la contrainte par corps avait été provisoirement suspendu par le décret du 9 mars 1848. L'effet de ce décret cessa à partir de la promulgation de la loi du 13 décembre 1848. Cpr. arrêté du 19 mai 1848.

[10] Sous l'intitulé général *De la contrainte par corps en matière civile*, la loi du 1er avril 1832 s'occupait, dans une section première, *de la contrainte par corps en matière civile ordinaire*, et dans une section seconde, *de la contrainte par corps en matière de deniers et effets mobiliers publics*. La loi du 22 juillet 1867 ayant aboli, d'une manière absolue, la contrainte par corps en matière civile, on doit en conclure que cette abolition comprend tout aussi bien la contrainte par corps en matière de deniers et effets mobiliers publics, qu'en matière civile ordinaire. C'est ce qui ressort également de l'*Exposé de motifs*, où il est dit qu'en abolissant la contrainte par corps en matière civile et commerciale, « la loi ne fait aucune réserve au profit du Trésor », Sir., *Lois annotées*, 1867, p. 167, col. 1re, n° II, *in fine*.

nales qui ont fixé le sens et la portée de tels ou tels textes de cette législation, seront encore aujourd'hui consultées avec fruit pour la solution des difficultés que peuvent soulever les dispositions dont s'agit. D'un autre côté, la loi nouvelle ne présentant pas, de tout point, un ensemble législatif qui se suffise à lui-même, il est dans certains cas nécessaire, pour combler les lacunes qu'elle présente, de recourir à l'ancienne législation.

D'après le cadre de notre cours, nous n'avons pas à nous occuper de la contrainte par corps en matière criminelle, correctionnelle et de police. Toutefois, comme la contrainte par corps maintenue par la loi du 22 juillet 1867, se trouve, dans le cas prévu par l'art. 5 de cette loi, attachée à des condamnations prononcées par les tribunaux civils, nous donnerons au § 782 l'explication sommaire des dispositions dont ces tribunaux peuvent avoir à faire l'application.

§ 780.

De la contrainte par corps en matière civile ordinaire, suivant la législation antérieure à la loi du 22 juillet 1867.

A la différence des obligations corrélatives à des droits de puissance, dont l'exécution peut être poursuivie au moyen d'une coercition exercée sur la personne elle-même [1], les obligations correspondant à des droits personnels proprement dits n'affectent, en général, que le patrimoine de celui qui s'y trouve soumis.

Il résulte de ce principe que l'exécution de ces dernières obligations ne peut être poursuivie sur la personne du débiteur par voie de contrainte par corps, si ce n'est dans les cas exceptionnels où une loi formelle a autorisé ce mode de poursuite. Art. 2063 [2]. Il en résulte également que les dispositions légales qui permettent exceptionnellement l'emploi de cette voie de contrainte, doivent être interprétées restrictivement, et ne sont pas susceptibles d'extension par voie d'analogie [3].

---

[1] *Manu militari.* Voy. art. 214, et 372 à 383; § 471, texte et note 7; § 550.

[2] Voy. pour l'explication de cet article : Pont, nᵒˢ 759 à 768.

[3] Pont, nᵒˢ 758 et 778. Zachariæ, § 584, texte et note 1ʳᵉ. Civ. cass., 4 janvier 1825, Sir., 25, 1, 206. Civ. cass., 28 avril 1830, Sir., 31, 1,

Du reste, l'exercice de la contrainte par corps n'empêche ni ne suspend les poursuites sur les biens du débiteur, art. 2069.

A. *Des cas exceptionnels dans lesquels le débiteur est contraignable par corps.*

Ces cas exceptionnels peuvent se ranger en deux catégories, suivant que le juge est obligé, ou simplement autorisé, à prononcer la contrainte par corps.

1° Le juge doit prononcer la contrainte par corps :

a. Contre ceux qui se sont légalement soumis à cette voie de contrainte, c'est-à-dire, contre les cautions des contraignables par corps, qui se sont elles-mêmes expressément soumises à cette voie de contrainte[4].

b. Contre les stellionataires. Le stellionat[5] est un délit de Droit civil qui se commet dans les ventes d'immeubles[6] ou dans les constitutions d'hypothèques. Il y a stellionat dans les circonstances suivantes. Art. 2059.

Lorsqu'on vend ou qu'on hypothèque un immeuble sur lequel on sait n'avoir aucun droit de propriété ;

Lorsqu'on vend ou qu'on hypothèque, en totalité, ou pour la pleine propriété, un immeuble dont on sait n'être propriétaire que pour partie, ou n'avoir que l'usufruit[7].

Lorsqu'en hypothéquant ou en vendant[8] un immeuble grevé

55. Civ. cass., 19 janvier 1832, Sir., 32, 1, 687. Toulouse, 20 février 1832, Sir., 32, 2, 389. Civ. cass., 18 novembre 1834, Sir., 34, 1, 777.

4 Depuis l'abrogation du 1er al. de l'art. 2062 du Code civil par l'art. 2 de la loi du 13 décembre 1848, ce cas est le seul dans lequel il soit permis de se soumettre conventionnellement à la contrainte par corps en matière civile. Cpr. *Dissertation*, par Coin-Delisle, *Revue critique*, 1860, XVII, p. 305, 1861, XVIII, p. 97 ; Pont, nos 806 et 807.

5 Cpr. sur l'étymologie de ce mot : Merlin, *Rép.*, v° Stellionat. Voy. aussi sur l'historique de la matière : Muyart de Vouglans, *Institutes au Droit criminel*, p. 638 et suiv.

6 Une universalité de meubles ne peut, sous ce rapport, être assimilée à un immeuble. *Discussion au Conseil d'État* (Locré, *Lég.*, XV, p. 544 et 545, n° 4). Maleville, sur l'art. 2059. Pont, n° 779. Cpr. Duranton, XVIII, 450.

7 Coin-Delisle, sur l'art. 2059, n° 7. Duranton, XVIII, 448. Req. rej., 16 janvier 1810, Sir., 10, 1, 204. Angers, 27 juillet 1814, Sir., 16, 2, 126. Colmar, 31 mai 1820, Sir., 21, 2, 181. Duranton, *loc. cit.* Cpr. § 351, texte n° 3, notes 43 et 44.

8 Duranton, XVIII, 445. Zachariæ, § 585, texte et note 6. Civ. cass., 20 novembre 1826, Sir., 27, 1, 170.

d'hypothèques simples ou privilégiées[9], on l'indique comme libre[10], quoiqu'on sache le contraire[11] ;

Enfin, lorsqu'on déclare, en connaissance de cause, des charges hypothécaires inférieures à celles dont se trouve affecté un immeuble que l'on hypothèque ou que l'on vend[12].

Il importe peu, dans ces deux dernières hypothèses, que les hypothèques célées ne soient que conditionnelles ou éventuelles[13], qu'elles aient été inscrites ou qu'elles ne l'aient point été[14].

Le mari ou le tuteur qui ne s'est pas conformé aux prescriptions de l'art. 2136, est même réputé stellionataire par cela seul qu'en hypothéquant un immeuble, il n'a pas expressément dé-

---

[9] Le mot *hypothèques* est employé, *sensu lato*, dans l'art. 2059, pour désigner les hypothèques simples et privilégiées, c'est-à-dire les hypothèques proprement dites et les priviléges sur les immeubles. Arg. art. 2136. Pont, n° 772. Req. rej., 14 août 1860, Sir., 60, 1, 936.

[10] Le simple silence du débiteur ou du vendeur ne le rend donc pas stellionataire. Il ne le devient que par suite d'une déclaration expresse. L'art. 2059 diffère, sous ce rapport, de l'art. 2136. Cpr. texte et note 15 *infrà*. Duranton, XVIII, 443 et 444. Coin-Delisle, sur l'art. 2059, n° 12. Troplong, n° 68. Pont, n° 771. Zachariæ, § 585, texte et note 7. Bruxelles, 28 décembre 1809, Sir., 10, 2, 209. Aix, 5 janvier 1813, Sir., 13, 2, 261. Civ. rej., 25 juin 1817, Sir., 18, 1, 13. Metz, 16 mai 1861, Sir., 62, 2, 545.

[11] C'est ce qui résulte, sinon de la lettre, du moins de l'esprit de l'art. 2059. Le stellionat est un dol, et la bonne foi est exclusive de toute espèce de dol. *Discussion au Conseil d'Etat, Observations du Tribunat, Exposé de motifs*, par Bigot-Préameneu, *Rapport fait au Tribunat* par Gary, et *Discours* de Goupil-Prefeln (Locré, *Lég.*, XV, p. 546 et suiv., n° 5, p. 563, n° 1, p. 573, n° 2, p. 594 et 595, n° 9, p. 688, n° 5). Maleville et Delvincourt, sur l'art. 2059. Duranton, XV, 442. Troplong, n° 63. Zachariæ, *loc. cit.* Paris, 8 février 1813, Sir., 13, 2, 268. Civ. rej., 21 février 1827, Sir., 27, 1, 336. Toulouse, 16 janvier 1829, Sir., 29, 2, 201. Cpr. Civ. cass., 20 novembre 1826, Sir, 27, 1, 170.

[12] C'est ce qui a lieu, par exemple, lorsqu'on diminue l'importance des dettes hypothécaires, lorsqu'on omet l'une ou l'autre des hypothèques existantes, ou, lorsqu'après les avoir exactement énumérées, on ajoute faussement que les causes de ces hypothèques ont été éteintes en tout ou en partie. Pont, n° 773. Civ. rej., 12 novembre 1838, Sir., 39, 1, 147.

[13] Pont, n° 772. Zachariæ, § 585, texte et note 4. Req. rej., 11 janvier 1825, Sir., 25, 1, 350.

[14] Pont, *loc. cit.* Zachariæ, § 585, texte et note 5. Civ. rej., 13 avril 1836, Sir., 36, 1, 829.

claré l'existence de l'hypothèque légale dont cet immeuble était grevé au profit de sa femme ou de son pupille. Art. 2136[15].

Du principe que les dispositions qui prononcent la contrainte par corps, ne sont pas susceptibles d'interprétation extensive, il faut conclure qu'une personne ne se rend coupable de stellionat, ni en donnant en échange un immeuble dont elle sait n'être pas propriétaire[16], ni en dissimulant sciemment, lors de la vente d'un immeuble dont elle est propriétaire, soit la condition résolutoire à laquelle son droit de propriété se trouve soumis[17], soit la dotalité de cet immeuble[18], soit enfin les servitudes réelles ou personnelles dont il est grevé[19].

Du reste, la contrainte par corps ne serait plus applicable pour cause de stellionat, si l'acheteur ou le créancier, ayant eu pleine connaissance du véritable état de choses, n'avait pas été induit en erreur par les réticences ou les fausses déclarations du vendeur ou du débiteur[20].

Le stellionataire n'est contraignable par corps que pour l'exécution des obligations dont il est tenu, par suite du contrat entaché de stellionat, envers la personne vis-à-vis de laquelle il s'en est rendu coupable.

Cette personne n'est même pas recevable à demander la condamnation par corps du stellionataire, lorsque, par l'événement,

---

[15] Cpr. sur cet article : § 269, texte, n° 2, lett. *d*, notes 31 à 49.

[16] On ne peut pas conclure du cas de vente à celui d'échange : *Non est eadem ratio*. L'échangiste peut, en effet, revendiquer, même contre les tiers détenteurs, l'immeuble qu'il a donné en contre-échange de celui dont il a été évincé. Cpr. § 360, texte et note 13. Duranton, XVIII, 446. Coin-Delisle, sur l'art. 2059, n° 5. Pont, n° 780. Cpr. Req. rej., 16 janvier 1810, Sir., 10, 1, 204.

[17] Pont, n° 784. Voy. en sens contraire : Garnier-Deschênes, *Traité du notariat*, n° 455; Zachariæ, § 585, note 3.

[18] Coin-Delisle, sur l'art. 2159, n° 8. Troplong, n° 62. Pont, n° 781. Zachariæ, § 585, note 5, *in fine*. Paris, 14 février 1829, Sir., 29, 2 128. Toulouse, 22 décembre 1834, Sir., 35, 2, 196. Agen, 18 mai 1858, Sir., 58, 2, 373. — Lorsque le mari vend comme sien l'immeuble dotal de sa femme, il se rend coupable de stellionat, non pour avoir celé la dotalité de cet immeuble, mais pour avoir sciemment vendu la chose d'autrui. Zachariæ, § 585, note 9. Riom, 30 novembre 1843, Sir., 13, 2, 361.

[19] Pont, n° 782.

[20] *Scienti dolus non infertur*. Troplong, n° 65. Pont, n°ˢ 775 et 776. Bordeaux, 9 juillet 1830, Sir., 30, 2, 361.

le stellionat ne lui a point nui, et ne peut plus lui nuire [21]. Ainsi, par exemple, celui qui a vendu comme libres des immeubles hypothéqués, n'est plus passible de la contrainte par corps, si, depuis le contrat de vente, ces immeubles ont été dégagés de l'hypothèque dont ils étaient grevés, et que l'acquéreur n'ait éprouvé aucun préjudice par suite de la fausse déclaration qui lui a été faite [22].

Mais celui qui a vendu un immeuble dont il n'était pas propriétaire, reste soumis à la contrainte par corps, lors même qu'il serait devenu propriétaire de l'immeuble vendu, et que, par suite de cet événement, l'acquéreur ne courût plus aucun danger d'éviction [23].

Le juge doit prononcer la contrainte par corps :

c. En cas de dépôt nécessaire [24], contre le dépositaire condamné en raison de son dol ou de sa faute [25]. Art. 2860, n° 1.

d. En cas de réintégrande, pour assurer l'exécution des condamnations prononcées contre l'auteur de la dépossession, au profit du possesseur dépossédé [26]. Art. 2060, n° 2.

---

[21] Cpr. L. 3, § 1, *D. quæ in fraud. cred.* (42, 8); L, 79, *D. de R. J.* (50, 17); § 313. Merlin, *Rép.*, v° Stellionat, n° 7. Delvincourt, sur l'art. 2059. Zachariæ, § 585, texte et note 9. Voy. aussi les autorités citées à la note suivante.

[22] Duranton, XVIII, 447. Pont, n° 776, Zachariæ, *loc. cit.* Turin, 28 avril 1808, Sir., 12, 2, 202. Lyon, 5 avril 1827, Sir., 27, 2, 203. Civ. rej., 13 avril 1836, Sir., 36, 1, 829. — Cpr. sur les applications du principe posé au texte : 1° L. 36, § 1, *D. de pignor. act.* (13, 7) ; 2° Duranton, XVIII, 449, et Delvincourt, sur l'art. 2059 ; 3° Duranton, XVIII, 448, et Civ. rej., 19 juin 1816, Sir., 17, 1, 32.

[23] La raison en est que l'acquéreur est, même dans ce cas, recevable à demander la nullité de la vente, et qu'il peut avoir intérêt à poursuivre, par voie de contrainte par corps, l'exécution des condamnations qu'il obtiendra contre le vendeur par suite de l'annulation de ce contrat. Pont, *loc. cit.* Riom, 30 novembre 1813, Sir., 13, 2, 361. Civ. rej., 14 février 1837, Sir., 37, 1, 890. Cpr. cep. § 351, texte, n° 3, et note 49.

[24] Cpr. art. 1949. — Les dépôts faits entre les mains de voituriers ou d'aubergistes, à raison de leur profession, doivent, même sous ce rapport, être assimilés aux dépôts nécessaires. Arg. art. 1782 et 1952. Duranton, XVIII, 454. Pont, n° 787.

[25] Voy. sur le dépôt volontaire : § 403, texte et note 17; Pont, n° 788 et 789.

[26] C'est en ce sens qu'il faut entendre le terme *propriétaire*, dont se sert l'art. 2060, n° 1 ; il n'est ici question que du possessoire et non du pétitoire. Cpr.

e. Contre les préposés de la caisse des consignations, pour la restitution des deniers consignés entre leurs mains [27]. Art. 2060, n° 3.

f. Contre les séquestres judiciaires [28], ou autres gardiens établis d'autorité de justice [29], pour la représentation des choses qui leur ont été confiées. Art. 2060, n° 4. Voy. aussi Code de procédure, art. 603 et 604.

g. Contre les cautions judiciaires [30], lors même qu'elles ne se seraient pas formellement soumises à la contrainte par corps [31]. Art. 2060, n° 5.

h. Contre tous officiers publics, pour les forcer à représenter leurs minutes, dont la production a été ordonnée par justice [32], et à délivrer aux ayants droit expédition des actes dont ils sont dépositaires. Art. 2060, n° 6, et Code de procédure, art. 839.

---

art. 2061. Delvincourt, III, p. 397. Duranton, XVIII, 455. Favard, *Rép.*, v° Contrainte par corps, § 1, n° 2. Pont, n° 791. Zachariæ, § 585, texte et note 14.

[27] Cpr. § 322, texte et note 17. Pont, n° 796.

[28] Quelque générales que paraissent les expressions dont se sert l'art. 2060, n° 4, il résulte évidemment de l'esprit dans lequel il est conçu, que sa disposition ne s'applique pas aux séquestres conventionnels. *Exposé de motifs*, par Bigot-Préameneu, et *Discours* de Goupil-Prefeln (Locré, *Lég.*, XV, p. 595, n° 4, p. 608, n° 6). Coin-Delisle, sur l'art. 2060, n° 10. Troplong, n° 132. Pont, n° 801.

[29] Cpr. Code de procédure, art. 596 à 598, 603 et 604, 628, 823 et 824, 840; § 409, texte, n° 3.

[30] Cpr. § 425, texte, *in principio*, et notes 2 à 4.

[31] Les expressions du n° 5 de l'art. 2060, *lorsqu'elles se sont soumises à cette contrainte*, ne se rapportent qu'aux cautions des contraignables par corps, et non aux cautions judiciaires : ces dernières sont, de plein droit, soumises à la contrainte par corps. Arg. art. 2040. Cpr. Code de procédure, art. 519. *Discussion au Conseil d'Etat, Exposé de motifs*, par Bigot-Préameneu, *Rapport*, par Gary, et *Discours* de Goupil-Prefeln (Locré, *Lég.*, XV, p. 538 et 539, art. 2, p. 548 à 552, n°s 6 et 7, p. 575, n° 5, p. 293, 594 et 597, n°s 5, 6, 8 et 15, p. 609, n° 9). Maleville, sur l'art. 2060. Carré, *Lois de la procédure civile*, II, p. 320 et 321, n° 1829. Pont, n° 865. Voy. cependant en sens contraire : Pigeau, *Procédure civile*, I, p. 537, et II, p. 311 ; Delvincourt, III, p. 399 ; Duranton, XVIII, 386 et 470.

[32] Cpr. Code de procédure, art. 204 et 221 ; Code d'instruction criminelle, art. 452 ; loi du 25 ventôse an XI, art. 22.

i. Contre les notaires, les avoués[33], les huissiers, les greffiers, les commissaires priseurs, et les gardes du commerce, pour les obliger à la restitution des pièces qu'ils ont reçues en dépôt et des sommes qu'ils ont touchées pour le compte de leurs clients, ou qui leur ont été confiées par ces derniers, *ad certum usum*[34], et en raison des fonctions dont ils se trouvent revêtus[35]. Art. 2060, n° 7. Loi du 13 décembre 1848, art. 3.

L'application de la contrainte par corps n'est pas, dans les différentes hypothèses dont s'occupe l'art. 2060, subordonnée à la mauvaise foi des personnes qui y sont soumises[36].

[33] Mais non contre les avocats. Merlin, *Rép.*, v° Contrainte par corps, n° 6. Pont, n° 811. Zachariæ, § 505, texte et note 4.

[34] Par exemple, pour acquitter des droits d'enregistrement, pour faire des offres réelles. Les officiers ministériels dont il est ici question sont, dans ces cas et autres semblables, dépositaires publics et mandataires forcés. Le motif qui a fait prononcer contre eux la contrainte par corps ne permet donc pas de distinguer entre l'hypothèse où il s'agit de deniers qu'ils ont touchés pour le compte de leurs clients, et celle où il est question de sommes qui leur ont été confiées par leurs clients eux-mêmes. *Discussion au Conseil d'État et Exposé de motifs*, par Bigot-Préameneu (Locré, *Lég.*, XV, p. 552, n° 8, p. 576, n° 7). Duranton, XVIII, 459. Troplong, n°s 171 et suiv. Pont, n°s 812 et 814. Lyon, 3 février 1830, Sir., 30, 2, 122. Paris, 26 janvier et 31 juillet 1835, Sir., 35, 2, 100 et 521. Douai, 29 mai 1839, Sir., 40, 2, 150. Paris, 25 juin 1864, Sir. 65, 2, 175. Voy. encore, dans ce sens, les arrêts de Lyon et de Paris, cités à la note suivante. — Mais les officiers ministériels ci-dessus désignés, ne seraient point contraignables par corps pour la restitution des sommes qu'ils auraient perçues au delà de ce qui leur était légitimement dû à titre d'honoraires. Merlin, *Rép.*, v° Contrainte par corps, n° 6.

[35] Ces dernières expressions, qui se rapportent aux différentes parties du n° 7 de l'art. 2060, en restreignent l'application au cas où il s'agit d'un mandat forcé. Ainsi, cette disposition n'est point applicable au notaire qui a reçu de son client des fonds dont il s'est chargé d'opérer le placement, ou qui a touché pour le compte de ce dernier le prix d'un immeuble dont le contrat de vente a été passé devant lui. Duranton, *loc. cit.* Pont, n° 813. Zachariæ, § 585, texte et note 15. Crim. rej., 15 avril 1813, Sir., 17, 1, 24. Paris, 6 janvier 1832, Sir., 32, 2, 149. Paris, 16 novembre 1833, Sir., 34, 2, 17. Cpr. Civ. cass., 18 novembre 1834, Sir., 34, 1, 177 ; Req., rej., 6 mars 1835, Sir., 55, 1, 588 ; Nancy, 9 décembre 1859, Sir., 60, 2, 74. Voy. en sens contraire : Lyon, 3 février 1830, Sir., 30, 2, 122 ; Paris, 26 janvier et 31 juillet 1835, Sir., 35, 2, 100 et 521. Cpr. aussi : Req. rej., 20 juillet 1821, Sir., 22, 1, 333.

[36] Cpr. § 405, texte, n° 2. Duranton, XVIII, 454. Req. rej., 20 juillet 1821, Sir., 22, 1, 333.

Dans le cas où ces personnes jouiraient, par suite des condamnations qu'elles ont encourues, d'un recours contre un tiers, elles ne pourraient être autorisées à l'exercer par la voie de la contrainte par corps, par cela seul qu'elles se trouveraient elles-mêmes soumises à cette contrainte [37].

Enfin, le juge doit prononcer la contrainte par corps :

k Dans les cas prévus par les art. 191, 264 et 413, 603 et 604, 710 et 740, 712 et 824 du Code de procédure.

2° Le juge peut prononcer la contrainte par corps :

a. Pour obliger, au délaissement d'un immeuble corporel, celui qui, ayant été condamné au pétitoire, et par un jugement passé en force de chose jugée, à désemparer cet immeuble, n'a pas, dans la quinzaine à partir de la signification de ce jugement à personne ou à domicile [38], satisfait à la condamnation prononcée contre lui. Art. 2061, al. 1 [39].

b. Contre les fermiers et colons partiaires, pour défaut de représentation à la fin du bail, soit du bétail qui leur a été donné à cheptel, soit des semences et des instruments aratoires qui leur ont été confiés, à moins qu'ils ne justifient que le manque de ces objets ne provient pas de leur faute. Art. 2062 [40].

c. Dans les hypothèses indiquées aux art. 107, 126 cbn. 127, 201 chn. 221, 213, 320, et 534 du Code de procédure.

On ne doit considérer comme dommages-intérêts, dans le sens de l'art. 126 du Code de procédure, que les indemnités allouées pour réparation, soit du dommage causé par un délit ou par un quasi-délit, soit de la perte ou de la privation de gain résultant d'une faute commise ou d'un retard apporté dans l'exécution d'une obligation.

Il résulte de là, d'une part, que la contrainte par corps ne peut,

---

[37] Merlin, *Quest.*, v° Contrainte par corps, n° 5. Pont, n° 797 et 798. Nancy, 18 mai 1827, Sir., 27, 2, 229.

[38] Si l'immeuble à délaisser est éloigné de plus de 5 myriamètres du domicile de la partie condamnée, il faut ajouter au délai de quinzaine un jour par cinq myriamètres. Art. 2061, al. 2. Cpr. Code de procédure, art. 1033, al. 2.

[39] Cpr. sur les différences qui existent entre l'hypothèse dont s'occupe cet article, et celle dont il est question à l'art. 2060, n° 2 : Duranton, XVIII, 463.

[40] L'art. 3 de la loi du 13 décembre 1848 a bien abrogé la première partie de cet article, en défendant de stipuler la contrainte par corps pour le paiement des fermages de biens ruraux. Cpr. § 430. Mais il n'a pas touché à la seconde, qui est restée en vigueur. Troplong, n° 749. Pont, n° 819.

en vertu de cet article, être prononcée pour les dépens, alors même qu'ils auraient été adjugés sous l'inexacte qualification de dommages-intérêts [41].

Il en résulte, d'autre part, qu'elle ne peut pas l'être davantage pour assurer l'exécution d'une obligation principale de restitution. C'est ainsi que le juge n'est autorisé à décerner la contrainte par corps, ni pour les restitutions à faire, soit en nature, soit en valeur estimative [42], par l'usufruitier, par le grevé de substitution, par le tiers condamné au délaissement d'une hérédité [43], par le vendeur, non stellionataire, soumis à la garantie d'éviction [44], ni pour les restitutions de fruits indûment perçus [45], ou

---

[41] On reconnaît généralement que la contrainte par corps ne peut être prononcée pour les dépens. Merlin, *Rép.*, v° Contrainte par corps, n° 3. Carré et Chauveau, *Lois de la procédure*, I, 539. Favard, *Rép.*, v° Jugement, sect. I, § 2, n° 9. Boncenne, *Théorie de la procédure*, II, p. 534. Duranton, XVIII, 479. Duvergier, sur l'art. 1er de la loi du 17 avril 1832. Coin-Delisle, sur l'art. 2060, n° 30. Troplong, n° 215. Pont, n° 827. Civ. cass., 14 novembre 1809, Sir., 10, 1, 64. Civ. cass., 14 avril 1817, Sir., 17, 1, 225. Civ. cass., 30 décembre 1825, Sir., 25, 1, 206. Civ. cass., 30 décembre 1828, Sir., 29, 1, 156. Civ. cass., 17 janvier 1832, Sir., 32, 1, 687. Civ. cass., 30 juillet 1833, Sir., 33, 1, 861. — M. Chauveau (sur Carré, *op. et loc. citt.*) estime cependant qu'il doit en être autrement, lorsque les dépens ont été adjugés à titre de dommages-intérêts. Voy. également dans ce sens : Req. rej., 7 janvier 1863, Sir., 63, 1, 175 ; Civ. rej., 14 août 1867, Sir., 67, 1, 401. Nous ne croyons pas devoir adhérer à cette restriction. Il ne saurait appartenir au juge de transformer la nature des dépens, qui ne sont dus que *propter litem*, et comme peine du plaideur téméraire, pour les convertir en dommages-intérêts. c'est-à-dire, en une obligation principale préexistante au litige, ou tout au moins en une obligation accessoire, éventuellement et virtuellement comprise dans une obligation principale antérieure à la contestation. Troplong, n° 216. Coin-Delisle sur l'art. 2060, n° 30. Pont, n° 828. Toulouse, 29 février 1832, Sir., 32, 2, 389.

[42] Troplong, n°s 228 et 229. Voy. cep.: Coin-Delisle, sur l'art. 2060, n°s 36 et 378 ; Req. rej., 22 juin 1837, Sir., 37, 1, 984.

[43] Troplong, n° 223. Caen, 23 février 1825, Sir., 26, 2, 285. Civ. cass., 13 décembre 1842, Sir., 42, 1, 82.

[44] Cpr. § 355, note 30. Dumoulin, *De eo quod interest*, n°s 9, 11 et 13. Troplong, n°s 224 à 226. Coin-Delisle, sur l'art. 2060, n° 34. Pont, n° 826. Metz, 16 mai 1861, Sir., 62, 2, 545. Voy. en sens contraire : Colmar, 7 avril 1821, Sir., 21, 2, 239.

[45] A la différence de l'art. 2, tit. XXXIV, de l'ordonnance de 1667, qui permettait de prononcer la contrainte par corps, et pour les restitutions de fruits,

de sommes non dues, eussent-elles été obtenues à l'aide de dol[46].

Au surplus, la contrainte par corps ne peut être ordonnée d'office par le juge, même dans les cas où la loi lui impose l'obligation de la prononcer. Il ne doit jamais la décerner que sur les conclusions prises à cet effet par les parties intéressées[47].

D'un autre côté, la contrainte par corps ne peut être demandée, pour la première fois, en instance d'appel[48].

Le moyen pris de ce que la contrainte par corps a été prononcée sans avoir été demandée, ou de ce qu'elle n'a été demandée qu'en appel peut, comme tenant à l'ordre public, être proposé pour la première fois devant la cour de cassation[49].

Il en est de même, lorsque la contrainte par corps a été prononcée hors des cas prévus par la loi[50].

B. *Des causes par suite desquelles le juge ne peut prononcer la contrainte par corps, même dans les cas indiqués sous la lettre A.*

1. La contrainte par corps ne peut, dans aucun des cas précédemment indiqués[51], être prononcée :

et pour les dommages-intérêts, l'art. 126 du Code de procédure ne l'autorise que pour les dommages-intérêts, et passe sous silence les restitutions de fruits. Troplong, n° 230. Pont, *loc. cit.*

[46] Troplong, n° 222. Nancy, 18 mai 1827, Sir., 27, 2, 229. Civ. cass., 13 décembre 1842, Sir., 43, 1, 82.

[47] Carré, *Lois de la procédure civile*, I, 540. Duranton. XVIII, 437. Troplong, n° 324. Coin-Delisle, sur l'art. 2067, n° 8. Pont, n° 872. Zachariæ, § 585, texte et note 35. Paris, 19 novembre 1856, Sir., 57, 2, 25. Civ. cass., 18 juin 1866, Sir., 67, 1, 293.

[48] C'est là une demande nouvelle dans le sens de l'art. 464 du Code de procédure. Troplong, n° 326. Coin-Delisle sur l'art. 2063, n° 8. Pont, n° 871. Rennes, 29 juillet 1819, Dev. et Car., *Coll. nouv.*, VI, 2, 3. Civ. cass., 6 janvier 1864, Sir., 64, 1, 40. Cpr. Req. rej., 5 novembre 1862, Sir., 63, 1, 39.

[49] Civ. cass., 6 janvier 1864, Sir., 64, 1, 40. Civ. cass., 18 janvier 1866, Sir., 67, 1, 293.

[50] Civ. cass., 6 avril 1862, Sir., 62, 1, 171. Voy. aussi : Req. rej., 19 novembre 1856, Sir., 57. 1, 33.

[51] Il n'y a pas, sous ce rapport, à distinguer entre les cas où la contrainte par corps est décernée par le Code civil et ceux où elle l'est par le Code de procédure. Dans ces derniers, aussi bien que dans les premiers, la contrainte par corps ne peut être prononcée contre les personnes dénommées aux art. 2064 et 2066. Coin-Delisle sur l'art. 2066, n° 12. Troplong, n° 363. Pont, n° 836,

a. Contre les mineurs, même émancipés [52], ni contre les interdits [53]. Art. 2064.

b. Contre les septuagénaires, c'est-à-dire contre ceux qui ont commencé leur soixante-dixième année [54], si ce n'est cependant pour cause de stellionat. Art. 2066, al. 1 et 2.

c. Contre les femmes, mariées ou non mariées, si ce n'est également pour cause de stellionat. Art. 2066, al. 1. A l'égard de cette exception, il importe de remarquer qu'une femme, quel que soit d'ailleurs le régime sous lequel elle s'est mariée [55], ne peut être réputée stellionataire qu'à raison des engagements qui concernent les biens dont elle a conservé ou repris la libre administration [56], et qu'une femme commune en biens ne peut être réputée stellionataire, même à raison des engagements concernant les biens dont elle s'est réservé la libre administration, lorsqu'elle s'est obligée conjointement ou solidairement avec son mari [57]. Art. 2066, al. 3 et 4.

Zachariæ, § 585, texte et note 23, et note 27, *in fine*. Civ. cass., 6 octobre 1813, Sir., 13, 1, 466. Civ. cass., 20 mai 1818, Sir., 18, 1, 335. Lyon, 20 juin 1822, Sir., 23, 2, 255. Crim. rej., 14 décembre 1839, Sir., 40, 1, 147. Civ. cass., 25 avril 1855, Sir., 55, 1, 628. Civ. cass., 24 avril 1866, Sir., 66, 1, 189. Civ. cass., 14 août 1867, Sir., 67, 1, 401.

62. *Lex non distinguit*. Duranton, XVIII, 475. Coin-Delisle, sur l'art. 2064, n° 6. Troplong, n° 277. Pont, n° 839. Zachariæ, § 585, texte et note 24. — La contrainte par corps peut-elle être prononcée, en vertu des art. 1310 du Code civil et 126 du Code de procédure, contre un majeur, à raison d'un fait commis en minorité? Voy. pour l'affirmative : Duranton, XVIII, 475 ; Zachariæ, § 585, note 24, *in fine*. Voy. pour la négative : Troplong, n° 275 ; Coin-Delisle, *Revue critique*, 1862, XXI, p. 110 ; Pont, n° 240 ; Bordeaux, 5 août 1847, Sir., 48, 2, 63. Cette dernière opinion nous paraît préférable, par la considération surtout qu'il ne saurait dépendre du créancier, en différant l'introduction de son action jusqu'à la majorité du débiteur, de se procurer une voie de contrainte qui n'aurait pu lui être accordée dans l'origine, et de priver ainsi ce dernier du bénéfice de l'exemption attachée à l'état de minorité pendant lequel la dette a pris naissance.

53 Arg. art. 2064 cbn. 509. Mais la contrainte par corps peut être prononcée, pour une obligation d'ailleurs valable, contre une personne pourvue d'un conseil judiciaire. Zachariæ, § 585, note 25. Bruxelles, 4 et 13 avril 1808, Sir., 8, 2, 209.

54 Cpr. Code de procédure, art. 800, n° 5 ; § 49, texte et notes 24 et 25.

55 Pont, n° 843. Limoges, 31 mai 1838, Sir., 39, 2, 23.

56 Cpr. art. 1449, 1536 et 1576. Zachariæ, § 585, texte et note 28.

57 Que la femme commune en biens ne puisse être réputée stellionataire, à raison des engagements concernant des biens dont le mari a l'administration,

2. La contrainte par corps ne peut jamais être prononcée au profit du conjoint du débiteur, ni au profit de ses ascendants, descendants [58], frères et sœurs [59], ou alliés dans les mêmes lignes, et au même degré [60]. Loi du 17 avril 1832, art. 19. L'art. 10 de la loi du 13 décembre 1848 a étendu cette prohibition, en défendant de prononcer la contrainte par corps au profit de l'oncle ou de la tante, du grand-oncle ou de la grand'tante, du neveu ou de la nièce, du petit-neveu ou de la petite-nièce, et des alliés aux mêmes degrés.

3. La contrainte par corps ne peut, lorsqu'il s'agit d'une condamnation pécuniaire [61], être prononcée pour une somme inférieure à trois cents francs [62]. Art. 2065. Mais il n'est pas nécessaire que la condamnation s'élève en principal à cette somme :

---

c'est ce qui résulte déjà du troisième alinéa de l'art. 2066, qui ne distingue même pas entre le cas où la femme s'est obligée avec son mari, et celui où elle s'est engagée seule, sous la simple autorisation de ce dernier ou de la justice. Il faut donc supposer, ainsi que nous l'avons fait au texte, que le quatrième alinéa du même article s'applique à l'hypothèse où la femme, quoique commune en biens, s'est réservé l'administration des propres à l'occasion desquels elle a contracté. Cpr. §§ 504 et 510. C'est dans cette hypothèse seule que la loi exige, pour soustraire la femme à la contrainte par corps, qu'elle se soit engagée conjointement ou solidairement avec son mari. Il est évident que la loi a voulu traiter la femme commune en biens plus favorablement que celle qui ne l'est pas. Or, on arriverait à un résultat tout opposé, en interprétant le quatrième alinéa de l'art. 2066 autrement que nous ne l'avons fait, et en l'appliquant à l'hypothèse où, conformément au droit commun, le mari a conservé l'administration de tous les biens de la femme. Pont et Zachariæ, locc. citt. Cpr. Duranton, XVIII, 477 ; Troplong, n°s 307 à 311 ; Limoges, 31 mars 1838, Sir., 39, 2, 23.

[58] Cela doit s'entendre non-seulement des ascendants et des descendants légitimes, mais encore des pères et mères et des enfants naturels, ainsi que de l'adoptant et de l'adopté. Troplong, n° 538. Coin-Delisle sur l'art. 19, n° 1, de la loi du 17 avril 1832. Pont, n° 845. Paris, 1er février 1864, Sir., 64, 2, 81.

[59] Ces expressions doivent également s'appliquer aux frères et sœurs naturels, mais non aux frères et sœurs adoptifs. Pont, loc. cit.

[60] Il en est ainsi en ce qui touche l'alliance, alors même que l'époux qui l'a produite, est décédé sans enfants. Troplong, n° 539. Pont, n° 846. Agen, 31 mai 1860, Sir., 60, 2, 446. Montpellier, 17 avril 1863, Sir., 63, 2, 246.

[61] Cpr. Code de procédure, art. 552. Troplong, n° 288. Coin-Delisle sur l'art. 2065, n° 10. Voy. aussi Pont, n° 866.

[62] Ainsi, une condamnation, dont le montant s'élève justement à trois cents francs, peut entraîner la contrainte par corps. Il en est cependant autrement

et il y a lieu de prononcer la contrainte par corps, si les intérêts, et même les dommages-intérêts, réunis au principal, forment un total d'au moins trois cents francs [63]. Quant aux dépens occasionnés par la condamnation, ils ne peuvent entrer en ligne de compte pour l'admission de la contrainte par corps [64].

La contrainte par corps ne peut être prononcée par suite d'une condamnation même supérieure à trois cents francs, lorsqu'elle se compose de la réunion de plusieurs sommes dues en vertu de dettes d'origine diverse, et dont chacune est inférieure à ce taux [65]. Mais cette règle n'est plus applicable au cas où des titres distincts ont une origine commune et se réfèrent à une même dette [66].

dans le cas prévu par le n° 1 de l'art. 126 du Code de procédure, d'après lequel il n'est permis de prononcer la contrainte par corps pour dommages-intérêts, qu'autant qu'ils excèdent la somme de trois cents francs. Il ne peut appartenir au juge de corriger le défaut d'harmonie que présentent, à cet égard, les dispositions de la loi. Duranton, XVIII, 478. Coin-Delisle, sur l'art. 2065, n° 7. Troplong, n° 282. Pont, n° 861. Zachariæ, § 585, note 33, *in medio*.

[63] En matière commerciale, et aux termes de l'art. 1er de la loi du 17 avril 1832, il faut, pour que la contrainte par corps puisse être prononcée, que la condamnation porte sur une *somme principale* d'au moins deux cents francs. La différence de rédaction qui existe entre l'article précité et l'article 2065 du Code civil, vient à l'appui de la proposition énoncée au texte, qui se justifie d'ailleurs par cette considération, que les intérêts et les dommages-intérêts ayant leur cause génératrice dans l'obligation principale, forment des accessoires de même nature que celle-ci. Duranton, XVIII, 479. Troplong, n°s 287 et 364. Pont, n° 862. Zachariæ, § 585, texte et note 32.

[64] Cpr. texte et note 41 *suprà*. Il est vrai que le débiteur incarcéré pour une dette emportant contrainte par corps ne peut demander son élargissement qu'en payant, ou en consignant, non-seulement le principal et les accessoires proprement dits, mais encore les frais liquidés auxquels il a été condamné. Code de procédure, art. 800, n° 2. Cette disposition, qui nous avait fait primitivement adopter une opinion contraire à celle que nous croyons devoir professer aujourd'hui, ne fournit pas une induction complétement décisive : on peut, en effet, l'expliquer, sans recourir à l'idée que les dépens entrent en ligne de compte pour l'admission de la contrainte par corps, comme une conséquence du droit qui appartient au créancier de refuser un paiement partiel, ou de s'opposer à l'imputation d'un pareil paiement sur le principal et les intérêts avant l'acquittement des dépens.

[65] Coin-Delisle, sur l'art. 2065, n° 8. Troplong, n°s 283 à 285. Pont, n° 863. Caen, 16 août 1843, Sir., 44, 2, 182.

[66] Pont, *loc. cit.* Civ. rej., 31 juillet 1833, Sir., 33, 1, 861. Bordeaux, 3 août 1836, Sir., 37, 2, 69. Grenoble, 25 juillet 1838, Sir., 39, 2, 142.

Lorsque plusieurs personnes sont condamnées conjointement, mais sans solidarité, au paiement d'une certaine somme, on doit, pour l'application de l'art. 2065, n'avoir égard qu'à la part et portion à supporter par chacune de ces personnes dans la condamnation prononcée contre elles [67].

La règle d'après laquelle la contrainte par corps ne peut être prononcée en matière civile pour une somme inférieure à trois cents francs, s'applique indistinctement à tous les cas de contrainte par corps, soit obligatoire, soit facultative, pour le juge [68].

C. *Des restrictions relatives à la durée et à l'exercice de la contrainte par corps.*

1° La contrainte par corps ne peut jamais être prononcée pour un temps indéfini. La durée doit en être fixée par le jugement de condamnation, dans les limites de six mois à cinq ans [69]. Loi du 13 décembre 1848, art. 12.

Lyon, 11 novembre 1851, Sir., 52, 2, 656. Paris, 24 novembre 1855, Sir., 56, 2, 20.

[67] Pont, n° 864. Zachariæ, § 585, note 33, *in fine*. Civ. cass., 3 décembre 1827, Sir., 28, 1, 161.

[68] Duranton, XVIII, 386. Coin-Delisle, p. 18, n° 19. Troplong, n° 289. Cependant la cour de cassation (Req. rej., 4 février 1819, Sir., 19, 1, 379) a jugé, par application de l'art. 2060, n° 7, que la contrainte par corps avait été bien et dûment prononcée, pour une somme inférieure à trois cents francs, contre un huissier qui s'était rendu coupable de dol et de fraude envers son client. Mais, nous le dirons franchement, ce n'est pas sans étonnement que nous avons vu la Cour de cassation, chargée de réprimer les contraventions à la loi, consacrer une violation aussi flagrante des dispositions de l'art. 2065.

[69] Un jugement qui, en prononçant la contrainte par corps, omet d'en fixer la durée, contient une contravention à la loi, et encourt la censure de la Cour de cassation. Civ. cass., 25 février 1835, Sir., 35, 1, 571. Civ. cass., 13 avril 1836, Sir., 36, 1, 829. Civ. cass., 12 novembre 1838, Sir., 39, 1, 147. Civ. cass., 25 avril 1855, Sir., 55, 1, 628. Civ. cass., 10 avril 1860, Sir., 60, 1, 648. — Deux autres systèmes ont été proposés sur ce point. Dans le premier, on décide que la durée de la contrainte par corps doit être réduite au minimum établi par la loi, lorsqu'elle n'a pas été déterminée par le jugement qui prononce cette contrainte. Voy. en ce sens : Paris, 9 juin 1836, Sir., 36, 2, 330; Nîmes, 1er août 1838, Sir., 39, 2, 100; Paris, 11 janvier 1859, Sir., 59, 2, 8; Paris, 26 février 1859, Sir., 59, 2, 131 ; Paris, 28 août 1861, Sir., 61, 2, 581. Nous croyons aussi que, si le jugement qui a omis de fixer la durée de la contrainte par corps n'est plus susceptible d'être attaqué, le débiteur peut

Le débiteur qui a obtenu son élargissement après l'expiration du délai fixé pour la durée de la contrainte par corps, ne peut plus être arrêté pour des dettes contractées antérieurement à son arrestation, et échues au moment de sa mise en liberté, à moins que ces dettes ne soient de nature à entraîner une contrainte plus longue que celle qu'il a subie; auquel cas, le temps de cette dernière lui est toujours compté pour la durée de la nouvelle incarcération. Loi du 17 avril 1832, art. 27.[70].

2° La contrainte par corps ne peut jamais être exécutée simultanément contre le mari et contre la femme, même pour des dettes différentes. Loi du 13 décembre 1848, art. 11, al. 1.

3° Lorsque le débiteur a des enfants mineurs, les tribunaux peuvent, dans leur intérêt, et par le jugement de condamnation, surseoir, pendant une année au plus, à l'exercice de la contrainte par corps. Article précité, al. 2. Ce sursis ne peut être accordé que par le jugement même ou l'arrêt qui autorise la contrainte par corps. Le débiteur n'est plus recevable à le demander par

---

demander et doit obtenir son élargissement après l'expiration de six mois. Le doute qui résulte de ce que le juge n'a pas fixé le terme de la contrainte par corps, ne peut que se résoudre en faveur de la liberté. Cpr. Douai, 11 janvier 1856, Sir., 56, 2, 270; Civ., rej., 29 juin 1859, Sir., 59, 1, 851. Mais il ne faut pas conclure de là, qu'un jugement qui omet de déterminer la durée de la contrainte par corps, soit absolument assimilable à un jugement qui la fixe au minimum. L'omission existant dans le premier de ces jugements constitue, par elle-même, une contravention, qui doit, le cas échéant, en entraîner la réformation ou la cassation, sans que l'on puisse excuser cette omission en prétendant que le silence gardé relativement à la durée de la contrainte par corps, équivaut à une disposition expresse qui la fixe au minimum. D'après un second système, les juges qui auraient omis de déterminer la durée de la contrainte par corps, seraient autorisés à réparer cette omission par un jugement ultérieur, et à assigner à la contrainte un temps plus long que le minimum fixé par la loi. Voy. en ce sens : Aix, 30 mars 1838, Sir., 38, 2, 418; Amiens, 6 novembre 1839, Sir., 40, 2, 512; Rouen, 11 avril 1856, Sir., 57, 2, 96. Ce système est, à notre avis, aussi contraire au texte de l'art. 12 de la loi du 13 décembre 1848, qu'au principe que tout jugement définitif dessaisit le juge. Pont, n° 887. Cpr. Rauter, Cours de procédure civile, n°s 46 et 145.

70. Le débiteur mis en liberté, avant l'expiration du temps fixé pour la contrainte par corps, par suite de paiement ou de mainlevée de l'écrou donnée par le créancier incarcérateur, peut-il invoquer le bénéfice de cet article ? Cpr. en sens divers : Coin-Delisle, p. 107, n° 2, p. 108, n° 5; Duranton, XVIII, 481; Troplong, n°s 576, 581 à 583; Rouen, 24 mars 1846, Sir., 47, 2, 364; Toulouse, 3 décembre 1849, Sir., 50, 2, 81.

voie d'action principale, lorsque la condamnation par corps est devenue définitive et irrévocable[71].

4° La contrainte par corps ne peut être exercée contre les membres de la Chambre des députés au Corps législatif, ni pendant la durée des sessions, ni pendant les six semaines qui les précèdent et qui les suivent. Décret organique du 2 février 1852, art. 10.

La contrainte par corps peut être exercée contre les militaires, même en activité de service, comme contre toutes autres personnes[72].

D. Du titre en vertu duquel la contrainte par corps peut être exercée.

La contrainte par corps ne peut être exercée qu'en vertu d'un jugement, ou d'une décision arbitrale[73], qui la prononce d'une manière formelle[74]. Art. 2067.

L'appel dont se trouverait frappé un jugement prononçant la contrainte par corps, ne formerait aucun obstacle à son exercice, si ce jugement avait été déclaré exécutoire par provision, à charge de donner caution[75]. Art. 2068.

Tout jugement qui prononce la contrainte par corps est, sous ce rapport, susceptible d'appel, quoique le fond de l'affaire ait

---

[71] Paris, 16 février et 15 mars 1864, Sir., 64, 2; 81 et 82.

[72] Chauveau sur Carré, *Lois de la procédure*, III, quest. 2647. Coin-Delisle, sur l'art. 2069, n° 41. Pardessus, *Droit commercial*, V, 1509. Troplong, n° 384. Cadrès, p. 110. Alger, 24 août 1836, Sir., 36, 2, 481. Voy. en sens contraire : Fœlix, p. 11.; Carré, *op. et loc. citt.*; Caen, 22 janvier 1829, Sir., 29, 2, 286. Voy. aussi Paris, 17 janvier 1851, Sir., 51, 2, 95.

[73] Merlin, *Rép.*, v° Arbitrage, n° 9. Troplong, n°s 322 et suiv. Coin-Delisle, sur l'art. 2067, n° 7. Pont, n° 370. Zachariæ, § 505, texte et note 36. Pau, 4 juillet 1821, Sir., 24, 2; 12. Civ. rej., 1er juillet 1823, Sir., 24, 1, 5. Paris, 11 novembre 1864, Sir., 65, 2, 96.

[74] Civ. cass., 8 mars 1858, Sir., 58, 1, 430. — Cette règle reçoit exception dans le cas prévu par l'art. 519 du Code de procédure.

[75] L'exécution provisoire d'un jugement en premier ressort ne peut être ordonnée, en ce qui concerne la contrainte par corps, qu'à charge de donner caution. Cpr. Code de procédure, art. 135. C'est ce qui résulte tant des expressions finales de l'art. 2068, que des explications données par les orateurs du Gouvernement et du Tribunat. *Exposé de motifs*, par Bigot-Préameneu, et *Rapport fait au Tribunat*, par Gary (Locré, *Lég.*, XV, p. 582 et 583, n° 19, p. 603, n° 25). Delvincourt, III, p. 401. Duranton, XVIII, 484. Pont, n° 876. Zachariæ, § 585, texte et note 38.

été jugé en dernier ressort[76]. Cependant l'appel n'est pas, en pareil cas, suspensif, de sorte que le jugement est, de plein droit, exécutoire par provision et sans caution, même en ce qui concerne l'exercice de la contrainte par corps. Loi du 17 avril 1832, art. 20[77].

L'appel, quant au chef de la contrainte par corps, est encore recevable, bien que les délais ordinaires de l'appel soient expirés, que le débiteur ait acquiescé au jugement, ou que même il ait laissé périmer l'appel par lui interjeté[78]. Le débiteur n'est définitivement déchu du droit d'interjeter appel quant au chef de la contrainte, que par l'expiration du délai de trois jours, à partir de l'emprisonnement ou de la recommandation. Loi du 13 décembre

---

[76] La jurisprudence s'était, avant la loi du 17 avril 1832, prononcée pour l'opinion contraire. Mais l'art. 20 de cette loi a résolu, dans le sens le plus favorable à la liberté, la difficulté à laquelle avait donné lieu le silence des lois antérieures.

[77] La faculté d'appeler du chef de la contrainte par corps n'appartient-elle qu'au débiteur, ou compète-t-elle également au créancier? Voy. dans le premier sens : Troplong, n° 546 ; Coin-Delisle, sur l'art. 20 de la loi du 17 avril 1832, n° 3; Pont, n° 879; Chauveau sur Carré, *Lois de la procédure*, quest. 2675; Paris, 14 août 1839, Sir., 59, 2, 653, à la note; Paris, 21 janvier 1854, Sir., 54, 2, 141 ; Metz, 30 mars 1859, Sir., 59, 2, 653. Voy. dans le second sens : Goujet et Merger, *Dictionnaire de droit commercial*, v° Contrainte par corps, n° 237 ; Paris, 11 août 1841, Sir., 41, 2, 534; Caen, 15 juillet 1835, Dijon, 3 juillet 1845, et Caen, 26 août 1846, Sir., 59, 2, 653, à la note ; Bourges, 20 juin 1856, Sir., 56, 2, 682. La première solution nous paraît préférable. Il ressort de l'ensemble des travaux préparatoires de la loi du 17 avril 1832, que l'intérêt seul du débiteur a dicté la disposition qui autorise l'appel du chef de la contrainte par corps, alors même que le fond de l'affaire n'en est pas susceptible ; et, en disant que l'*appel ne sera pas suspensif*, le texte de l'art. 20 suppose évidemment un appel interjeté par le débiteur. C'est dans la même supposition que sont conçues toutes les dispositions de l'art. 7 de la loi du 13 décembre 1848. Vainement objecte-t-on que la faculté d'appel doit être réciproque : elle ne saurait l'être, lorsque la position des parties n'est pas égale. Pour le créancier qui réclame la contrainte par corps, cette voie d'exécution n'a d'autre valeur que celle du montant de sa créance ; tandis que, pour le débiteur, la privation de la liberté est d'une valeur non-seulement indéterminée, mais inappréciable. Il est donc parfaitement équitable et juridique d'accorder, dans tous les cas, à ce dernier, la faculté d'appeler du chef de la contrainte par corps, et de la refuser au premier, lorsque le chiffre de sa créance ne le comporte pas.

[78] Req. rej., 29 novembre 1852, Sir., 52, 1, 797. Grenoble, 6 juillet 1855, Sir., 56, 2, 103.

1848, art. 7. Au cas de référé introduit par le débiteur au moment de son arrestation, le délai de trois jours court, non à partir de l'écrou provisoire, mais à dater seulement de l'écrou définitif [79].

Du reste, le bénéfice de l'article précité peut être invoqué par le débiteur non incarcéré actuellement, tout aussi bien que par celui qui se trouve détenu [80].

L'explication des autres règles concernant la mise à exécution de la contrainte par corps appartient à la procédure. Voy. notamment Code de procédure, art. 552.

E. *Des moyens à l'aide desquels le débiteur peut empêcher l'exercice de la contrainte par corps.*

1° Le débiteur peut se soustraire provisoirement à la contrainte par corps :

a. En obtenant un sauf-conduit. Code de procédure, art. 782. Cpr. Code de commerce, art. 472, 473 et 475.

b. En payant ou en consignant le tiers du principal de la dette et de ses accessoires, et en donnant, pour le surplus, une caution acceptée par le créancier, ou reçue par le tribunal dans le ressort duquel le débiteur est détenu. Loi du 17 avril 1832, art. 24 [81]. Cpr. art. 25 et 26 de la même loi.

2° Le débiteur peut empêcher définitivement l'exécution de la contrainte par corps :

a. En satisfaisant aux condamnations prononcées contre lui en principal, intérêts et frais. Code de procédure, art. 800, n° 2, cbn. loi du 17 avril 1832; art. 23.

---

[79] Durand, n° 54. Troplong, n° 767. Paris, 25 janvier 1849, Sir., 49, 2, 151. Riom, 19 juin 1849, Sir., 49, 2, 567. Bordeaux, 13 décembre 1849, Sir., 52, 2, 231. Bourges, 21 janvier 1851, Sir., 51, 2, 253. Agen, 7 janvier 1856, Sir., 56, 2, 103. Voy. en sens contraire : Toulouse, 16 février 1850, Sir., 50, 2, 231.

[80] Req. rej., 13 mars 1861, Sir., 62, 1, 442. — Une arrestation illégale ne fait pas courir le délai de trois jours. Agen, 7 janvier 1856, Sir., 56, 2, 163.

[81] Bien que cet article ne s'occupe textuellement que de l'hypothèse où le débiteur, déjà incarcéré, veut obtenir son élargissement, nous pensons qu'il s'applique, par analogie, à l'hypothèse où le débiteur, poursuivi par la voie de la contrainte par corps, cherche à s'y soustraire. Pont, n° 895.

b. Au moyen de la cession de biens dont il sera spécialement traité au § 781 [82]. Art. 1270, al. 2.

(Les règles concernant l'élargissement du débiteur déjà incarcéré se trouvant, sauf les modifications introduites par la loi du 17 avril 1832, exposées au Code de procédure, leur explication ne doit pas trouver place ici, d'après le plan que nous avons adopté.

§ 781.

Continuation. — De la cession de biens.

La cession de biens est l'acte par lequel un débiteur qui se trouve hors d'état de payer ses dettes, abandonne tous ses biens à ses créanciers. Art. 1265.

La cession de biens est volontaire ou judiciaire. Art. 1266.

1° *De la cession de biens volontaire ou conventionnelle.*

La cession de biens volontaire est celle qui s'opère par suite d'un contrat intervenu à cet effet entre le débiteur et ses créanciers [1]. Les effets juridiques de ce contrat, qu'on appelle contrat d'abandonnement [2], sont principalement réglés par les stipula-

---

[82] Quoique le débiteur commerçant ne soit plus, depuis la loi du 28 mai 1838 sur les faillites, recevable à demander son admission au bénéfice de cession de biens, il demeure cependant affranchi de la contrainte par corps, à l'égard des créanciers de la faillite, lorsque, après la liquidation de cette dernière, il a été déclaré excusable. Code de commerce, art. 537 à 541.

[1] Si tous les créanciers n'avaient pas concouru au contrat, il ne serait pas nul pour cela ; mais il ne pourrait être opposé à ceux qui n'y auraient pas consenti. Art. 1267. Cpr. la note suivante. Pont, n° 919. Zachariæ, § 587, texte et note 2.

[2] Il ne faut pas confondre le contrat d'abandonnement avec le contrat d'atermoiement, c'est-à-dire avec le contrat par lequel les créanciers accordent des délais ou des remises à leur débiteur. Merlin, *Rép.*, v° Atermoiement. Toullier, VII, 210. Il ne faut pas non plus le confondre avec le concordat. Cpr. Code de commerce, art. 507 et suiv. Les principes qui régissent le concordat ne sont point applicables au contrat d'abandonnement. Dans ce dernier contrat, la minorité des créanciers ne peut, comme dans le premier, se trouver liée par la majorité. Toullier, VII, 252 et 253. Duranton, XII, 243. Paris, 14 mai 1812, Sir., 12, 2, 339. Toutefois, le concordat peut aussi se faire sous forme d'aban-

tions des parties [3], et subsidiairement, par les principes suivants (art. 1267) [4] :

En général, le contrat d'abandonnement n'emporte pas transmission de la propriété des biens abandonnés : on ne doit y voir qu'une translation de possession [5].

Ce contrat confère aux créanciers le mandat irrévocable [6] de faire vendre les biens abandonnés, et de s'en partager le prix entre eux, suivant leurs droits respectifs.

Malgré l'irrévocabilité du mandat dont il vient d'être parlé, le débiteur a toujours, jusqu'à la vente des biens abandonnés, la faculté de les reprendre, en désintéressant, d'une manière complète, les créanciers [7]. Il n'en serait autrement que dans le cas où le débiteur, au lieu de faire un contrat d'abandonnement proprement dit, aurait, par une *datio in solutum*, conféré aux créanciers la propriété de ses biens.

Les effets de la cession de biens en ce qui touche les constitutions d'hypothèques consenties par le cédant, et les inscriptions prises par les créanciers hypothécaires, postérieurement à la cession, ainsi que le renouvellement des inscriptions antérieures, ayant déjà été indiqués dans la matière des hypothèques, nous nous bornerons à y renvoyer [8].

---

donnement. Voy. Code de commerce, art. 541; Loi du 17 avril 1856, sur les concordats par abandon.

[3] Cpr. Nancy, 9 avril 1829, Sir., 29, 2, 187.

[4] Cpr. sur cet article : *Rapport* de Jaubert (Locré, *Lég.*, XII, p. 476, n° 33).

[5] *Alienatio non præsumitur.* Art. 68, § 4, n° 1, de la loi du 22 frimaire an VII, et art. 1369. Duranton, XII, 244. Pont, n° 929. Demolombe XXVIII, 197. Zachariæ, § 587, texte et note 7. Civ. cass., 27 juin 1809 et 28 juin 1810, Sir., 10, 1, 254 et 369. Colmar, 20 février 1820, Sir., 20, 2, 177.

[6] La raison en est que ce mandat est donné dans l'intérêt des mandataires aussi bien que du mandant, et forme la condition du contrat d'abandonnement. Voy. § 416, texte, *in principio*. Demolombe XXVIII, 198 et 199. Cpr. cep. Zachariæ, § 587, texte et note 6. Cet auteur, tout en reconnaissant (§ 587, texte et note 4) que les créanciers auxquels le débiteur a fait abandon de ses biens, deviennent des mandataires *in rem suam*, enseigne que ce mandat est révocable jusqu'à sa complète exécution. L'arrêt qu'il cite à l'appui de son opinion (Civ. cass., 27 juin 1808, Sir., 10, 1, 254), ne décide pas la question.

[7] Les créanciers se trouvant, en pareil cas, pleinement satisfaits, le mandat qui leur avait été confié devient sans objet. Toullier, VII, 244. Duranton, *loc. cit.* Demolombe, XXVIII, 201. Cpr. § 648, texte, n° 2, et note 20.

[8] Voy. § 268, texte, n° 1, lett. *b*, notes 38 et 39; § 272, texte, n° 3, lett. *a*, notes 27 et 28; § 280, texte, n° 2, et note 12.

Quant au point de savoir si les fruits des immeubles hypothéqués sont, à partir de la cession, immobilisés de plein droit au profit des créanciers hypothécaires, elle nous paraît devoir se résoudre affirmativement, par analogie de la disposition de l'art. 682 du Code de procédure[9].

Un contrat d'abandonnement peut contenir, de la part des créanciers, renonciation expresse ou tacite à toute prétention ultérieure contre leur débiteur; mais il peut aussi renfermer la stipulation que, dans le cas où les créanciers ne seraient pas intégralement satisfaits, au moyen du prix provenant de la vente des biens abandonnés, ils conserveront tous leurs droits sur ceux que le débiteur acquerra par la suite. Dans le doute sur l'intention des parties à cet égard, le contrat d'abandonnement doit être entendu dans le sens qui vient d'être indiqué en dernier lieu[10].

2° De la cession de biens judiciaire ou forcée.

La cession de biens judiciaire est un bénéfice légal, en vertu duquel le débiteur, qui se trouve dans les conditions exigées par la loi, est admis, nonobstant toute renonciation contraire[11], à faire en justice l'abandon de ses biens à ses créanciers, afin de se soustraire par là à la contrainte par corps. Art. 1268.

Les créanciers ne peuvent s'opposer à la cession de biens que dans les deux cas suivants (art. 1270, al. 1) :

a. Lorsque le débiteur est du nombre de ceux auxquels, par exception, la loi refuse nominativement, et de plein droit, ce bénéfice. Cpr. Code de procédure, art. 905.

9 Toullier, VII, 239. Larombière, *Des obligations*, III, art. 1267, n° 3. Demolombe, XXVIII, 207. Grenoble, 20 juillet 1843, Sir., 44, 2, 639. Limoges, 13 mars 1869, Sir., 70, 1, 287.

10 *Renuntiatio non præsumitur.* Cpr. art. 1267 et 1280, al. 3; § 323, texte, n° 1, notes 11 et 12. Toullier, VII, 243. Demolombe, XXVIII, 203 et 204. Zachariæ, § 587, texte et note 8. Voy. cep. en sens contraire : Duranton, XII, 247. Suivant cet auteur, le contrat d'abandonnement emporterait virtuellement, et à défaut de réserve, la remise conventionnelle de tout ce qui resterait dû aux créanciers, en sus du prix provenant des biens abandonnés.

11 Ces mots ont été ajoutés à l'art. 1268, sur la demande du Tribunat, afin que la renonciation au bénéfice de cession ne devînt pas une clause de style. *Observations du Tribunat* (Locré, *Lég.*, XII, p. 277, n° 50). Cpr. Paris, 22 janvier 1808, Sir., 8, 2, 57.

b. Lorsque le débiteur a été de mauvaise foi, ou lorsque son insolvabilité n'a pas été occasionnée par des malheurs [12]. Art. 1268.

Les personnes auxquelles la loi refuse nominativement, et de plein droit, le bénéfice de cession, sont, d'une part, les étrangers non admis à établir leur domicile en France [13], d'autre part, les débiteurs commerçants [14], enfin, les stellionataires, les individus condamnés pour cause de vol ou d'escroquerie, les comptables, les tuteurs ou autres administrateurs du patrimoine d'autrui, et les dépositaires infidèles. Code de procédure, art. 905. Cpr. art. 1955 [15]. Ces dernières personnes ne sont cependant privées

---

[12] On a voulu prétendre que l'art. 905 du Code de procédure ayant nominativement désigné les personnes exclues du bénéfice de cession, ce bénéfice ne saurait être dénié à celles qui ne s'y trouvent pas énumérées. Mais il est évident que l'article ci-dessus cité du Code de procédure, en refusant le bénéfice de cession aux personnes qu'il indique, n'a pas dérogé à l'art. 1268 du Code civil, qui ne l'accorde qu'aux débiteurs malheureux et de bonne foi. Toullier, VII, 262. Carré, *Lois de la procédure*, III, p. 381, n° 3056. Demolombe, XXVIII, 218 et 219. Aix, 30 décembre 1817, Sir., 18, 2, 356 ; Bordeaux, 30 août 1821, Sir., 22, 2, 60. Voy. aussi les autorités citées à la note 17, *infrà*.

[13] L'art. 905 du Code de procédure, qui exclut les étrangers du bénéfice de cession, ne peut évidemment s'appliquer à ceux qui, admis, conformément à l'art. 13, à établir leur domicile en France, y jouissent des droits civils, tant qu'ils continuent d'y résider. Toullier, VII, 263. Delvincourt, sur l'art. 1270. Pigeau, *Procédure civile*, II, p. 359. Carré, *Lois de la procédure*, III, p. 282, n° 3057. Pardessus, *Cours de Droit commercial*, IV, p. 537, n° 1328. Duranton, XII, 270. Favard, *Rép.*, v° Cession de biens, n° 4. Pont, n° 922. Zachariæ, § 588, texte et note 11, Mais nous ne pensons pas, avec la cour de Trèves (arrêt du 24 février 1808, Sir., 8, 2, 110), qu'un étranger, non autorisé à établir son domicile en France, puisse être admis au bénéfice de cession, par cela seul qu'il y réside de fait, qu'il y possède des propriétés immobilières, ou qu'il y a formé un établissement de commerce. Cpr. § 79, texte, n° 2, notes 5 et 10.

[14] Code de commerce, art. 541. La disposition de l'art. 905 du Code de procédure, qui refuse également le bénéfice de cession aux banqueroutiers frauduleux, est devenue sans objet, depuis la loi du 28 mai 1838, qui déclare tout débiteur commerçant inadmissible au bénéfice de cession. Voy. cep. art. 539 et 540 du même Code ; § 780, note 82.

[15] On peut se demander comment il se fait que l'art. 1945 refuse, même au cas de dépôt volontaire, le bénéfice de cession au dépositaire, tandis que, d'après l'art. 2060, n° 1, ce dernier n'est passible de la contrainte par corps qu'au cas de dépôt nécessaire. Le rapprochement de l'art. 42, titre II, de la loi des 19-22 juillet 1791 et de l'art. 12 de la loi du 25 frimaire an VIII, sous l'empire desquelles le Code civil a été décrété, nous donne la solution de

VIII.

du bénéfice de cession qu'à l'égard des créanciers dont elles ont géré les biens ou envers lesquels elles se sont rendues coupables de stellionat, de vol, d'escroquerie, ou de violation de dépôt; leurs autres créanciers ne pourraient, à raison de ces faits, s'opposer à la cession de biens [16].

Le débiteur qui demande à être admis à la cession de biens, doit prouver que son insolvabilité est la suite de malheurs qu'il a éprouvés. Mais, après avoir fait cette preuve, il n'est pas tenu de justifier autrement de sa bonne foi. C'est aux créanciers qui s'opposent à la cession de biens à prouver sa mauvaise foi [17]. Du reste,

---

cette question. En effet, le premier de ces articles décernait la contrainte par corps pour les dommages-intérêts et les restitutions prononcés en matière de police correctionnelle; et comme, d'après le second, la violation de toute espèce de dépôt constituait un délit, l'art. 1945 du Code civil pouvait recevoir son application, même avant la promulgation de l'art. 126 du Code de procédure et des art. 52 et 408 du Code pénal de 1810. M. Duranton (XII, 271; XVIII, 69 et 454) cherche à expliquer l'art. 1945 d'après les mêmes idées. Mais c'est à tort qu'il cite, à l'appui de son explication, le Code *des délits et des peines* du 3 brumaire an IV.

[16] Pardessus, *op. cit.*, III, p. 279, n° 3053. Carré, *op. cit.*, III, p. 280, n° 3055. Turin, 21 décembre 1812, Sir., 14, 2, 4, et 16, 2, 127, Montpellier. 21 mai 1827, Sir., 28, 2, 213. — M. Duranton (XII, 272), distinguant entre les tuteurs ou autres comptables d'une part, et les stellionataires, les individus condamnés pour cause de vol ou d'escroquerie, et les dépositaires infidèles d'autre part, prétend que ces derniers sont privés, d'une manière absolue, du bénéfice de cession de biens, parce qu'ils doivent être considérés comme des débiteurs de mauvaise foi. C'est aussi ce qu'enseigne Zachariæ au § 587 (texte et notes 14, 16 et 17), après avoir émis au § 585 (texte et note 8) une opinion contraire en ce qui concerne les stellionataires. M. Pont va plus loin encore que ces auteurs : à son avis, les comptables et les tuteurs seraient, comme les autres personnes dénommées dans l'art. 905 du Code de procédure, privés d'une manière absolue, et au regard de tout créancier, du bénéfice de cession de biens. L'opinion émise au texte se justifie, suivant nous, par cette considération, que le droit de repousser la cession de biens opposée comme exception à l'exercice de la contrainte par corps, est, aussi bien que celui d'exercer cette contrainte; un droit essentiellement relatif, dont n'est admis à se prévaloir que le créancier vis-à-vis duquel le débiteur s'est rendu indigne du bénéfice de cession de biens.

[17] Laromblère III, art. 1268, n° 6. Pont, n° 924. Demolombe, XXVIII, 220 et 221. Cpr. Zachariæ, § 587, texte et note 12. Voy. cep. Duranton, XII. 260; Pardessus, *op. cit.* IV, p. 536, n° 1328; Liége, 17 janvier 1809, Sir., 10, 2, 529; Paris, 8 août 1812, Sir., 13, 2, 57; Bruxelles, 19 novembre

la qualification des causes qui ont amené l'insolvabilité du débiteur, et l'appréciation de sa bonne ou de sa mauvaise foi, sont souverainement abandonnées au juge saisi de la demande en cession de biens[18].

Le débiteur qui réclame son admission au bénéfice de cession, doit faire à ses créanciers l'abandon de tous ses biens. Il est cependant autorisé à en excepter les objets que la loi déclare incessibles et insaisissables[19]. Mais il ne peut, contre le gré de ses créanciers, retenir, à titre de secours, aucune portion de son actif, quelque minime qu'elle soit[20].

La cession de biens doit être faite au profit de tous les créanciers indistinctement[21].

Elle doit avoir lieu en justice. La marche à suivre pour y être admis et pour l'opérer, est tracée au Code de procédure[22].

1810, Nîmes, 10 janvier 1811, et Riom, 22 novembre 1809, Sir., 14, 2, 110 et 111 ; Aix, 30 décembre 1817, Sir., 18, 2, 356. Ces auteurs et ces arrêts semblent imposer au débiteur l'obligation de faire preuve, tant de sa bonne foi, que des malheurs qui doivent avoir occasionné son insolvabilité. Telle n'est pas notre manière de voir : la mauvaise foi ne saurait, en général, se présumer ; et, au cas particulier, la bonne foi du débiteur résulte d'ailleurs implicitement de la justification des causes qui ont amené son insolvabilité.

[18] Toullier VII, 257. Larombière, III, art. 1268, n° 7. Pont, n° 925. Demolombe, XXVIII, 222. La cour de Caen a jugé, le 23 janvier 1826 (Sir. 26, 2, 235), que celui qui s'est livré à des opérations de contrebande peut, malgré cela, être admis à la cession de biens, comme débiteur malheureux et de bonne foi, Cpr. Paris, 17 janvier 1823, Sir., 25, 2, 130 ; Bordeaux, 24 mai 1849, Sir., 52, 2, 112.

[19] Cpr. Code de procédure, art. 581, 592, n°s 2 à 8, et 593. Duranton, XII, 358. Delvincourt, III, p. 402. Pont, loc. cit. Demolombe, XXVIII, 223.

[20] Non obstat Code de commerce, art. 530 : Les dispositions exceptionnelles du Code de commerce sur la faillite ne sauraient être étendues au cas de déconfiture. Cpr. § 580, texte et notes 3 à 7. Larombière, III, art. 1268, n° 3. Demolombe, XXVIII, 224. Zachariæ, § 507, texte et note 18. Voy. cep. en sens contraire : Duranton XII, 259. Cpr. Paris, 27 février 1813, Sir., 16, 2, 107. — Il est, du reste, à remarquer que le bénéfice de compétence, admis en Droit romain (§ 40, Inst. de act., 4, 6), n'est pas reçu en France. Delvincourt, I, p. 226, Toullier, II, 613, in fine. Duranton, II, 400 et 401. Zachariæ, § 587, note 9.

[21] Même au profit de ceux dont les créances ne seraient point encore échues. La déconfiture du débiteur entraîne déchéance du bénéfice du terme. Art. 1188. Cpr. § 303, texte et note 12. Pont, n° 926. Demolombe, XXVIII, 206 et 225. Zachariæ, § 587, texte et notes 19 et 25.

[22] Cpr. Code de procédure, art. 898 à 906.

La cession de biens judiciaire a pour effet d'affranchir le débiteur de la contrainte par corps. Art. 1270, al. 2. Elle ne confère pas aux créanciers la propriété des biens du débiteur ; elle leur donne seulement le droit de les faire vendre et d'en percevoir les revenus jusqu'à la vente. Art. 1269. D'un autre côté, elle ne libère le débiteur que jusqu'à concurrence des valeurs que les créanciers retireront des biens abandonnés. S'il survient de nouveaux biens au débiteur, et que les créanciers ne soient pas encore satisfaits, ils ont le droit d'en exiger l'abandon jusqu'à parfait paiement[23]. Art. 1270, al. 3[24].

Quant aux effets de la cession judiciaire dans ses rapports avec le système hypothécaire, ils sont les mêmes que ceux de la cession volontaire[25].

§ 782.

De la contrainte par corps attachée, d'après la loi du 22 juillet 1867, à des condamnations prononcées par les tribunaux civils.

1° Des cas dans lesquels le débiteur est contraignable par corps en vertu de condamnations prononcées par des tribunaux civils.

Dès avant la loi du 22 juillet 1867, la doctrine et la jurisprudence avaient admis, d'une part, que les tribunaux civils saisis d'une demande en dommages-intérêts pour réparation du préjudice résultant d'un fait délictueux déclaré constant, à la charge du défendeur, par la juridiction répressive, pouvaient et devaient assurer l'exécution de leurs condamnations au moyen de la contrainte par corps édictée par les art. 52 et 469 du Code pénal[1], d'autre part, que les mêmes tribunaux n'étaient plus autorisés à appliquer lesdits articles, lorsque le fait à raison duquel

---

23 C'est à tort que le Code civil a placé la cession de biens au chapitre V du titre III du liv. III, qui traite *De l'extinction des obligations.* Zachariæ, § 587, note 24. Voy. cep. Pont n° 892 ; Demolombe, XXVIII, 185.

24 Cpr. Req. rej. 2 décembre 1806, Sir. 7, 2, 42.

25 Cpr. texte n° 1, notes 8 et 9, *supra.*

1 Carré *Lois de la procédure* quest. 533. Coin-Delisle sur l'art. 2060, n° 44. Req. rej. 16 juillet 1817, Sir. 19, 1, 43. Nancy, 9 décembre 1859, Sir. 60, 2, 74. Civ. rej. 9 juin 1869, Sir. 69, 1, 349. Voy. cep. Pont, n° 830.

la demande en dommages-intérêts se trouvait formée, bien qu'articulé comme délictueux, n'avait été l'objet d'aucune condamnation en justice répressive[2]. Cette distinction rationnelle[3] a été législativement consacrée par la loi du 22 juillet 1867.

Aux termes de l'art. 5 de cette loi, les art. 2 à 4, qui maintiennent et organisent la contrainte par corps, en matière criminelle, correctionnelle et de simple police « s'étendent au cas où « les condamnations ont été prononcées par les tribunaux civils « au profit d'une partie lésée, pour réparation d'un crime, d'un « délit ou d'une contravention reconnus par la juridiction cri- « minelle. »

Les frais sont, aussi bien que les restitutions et les dommages-intérêts, compris dans les condamnations auxquelles s'attache, d'après cet article, la contrainte par corps[4].

Les condamnations prononcées en réparation du dommage résultant d'un fait délictueux n'emportent la contrainte par

2. Favard de Langlade, *Rép.* v°. Jugement, sect. I, § 2, n° 9. Carré et Chauveau, *op. et loc. citt.* Coin-Delisle, sur l'art. 2060, n°s 39 et suiv. Troplong, *De la contrainte par corps,* n° 282. Civ. cass., 19 novembre 1834, Sir. 34, 1, 777. Civ. cass., 8 mars 1858, Sir. 58, 1, 430. — Avant l'abolition de la contrainte par corps en matière civile, les tribunaux civils pouvaient, dans l'hypothèse prévue au texte, prononcer la contrainte par corps en vertu de l'art. 126 du Code de procédure civile.

3. Lorsque la justice répressive a reconnu constant, à la charge de telle personne, un fait délictueux, la condamnation prononcée contre elle par le tribunal civil saisi de la demande en réparation du dommage que ce fait a causé, se fonde sur la décision rendue par la juridiction criminelle, et doit, par conséquent, entraîner la contrainte par corps, tout comme si la partie lésée avait porté, devant cette dernière juridiction, son action en dommages-intérêts. Lorsque, au contraire, qu'un fait, bien que présenté comme constituant une infraction à la loi pénale, n'a été l'objet d'aucune condamnation en justice répressive, le tribunal civil devant lequel est formée l'action en dommages-intérêts, n'ayant pas pour mission de reconnaître à ce fait le caractère de crime, de délit, ou de contravention, il ne peut plus y avoir lieu à l'application des art. 52 et 469 du Code pénal.

4. Il n'en est pas des frais en matière criminelle, comme des dépens en matière civile. Cpr., § 780, texte A, n° 2, lett. c, et note 41. Les art. 52 et 469 du Code pénal sont formels. Par dérogation à ces articles, l'art. 3, al. 2, de la loi du 22 juillet 1867, avait, il est vrai, disposé que la contrainte par corps n'aurait jamais lieu pour le paiement des frais au profit de l'Etat; mais cette disposition ne s'appliquait pas aux frais adjugés à la partie civile. Elle a, d'ailleurs, été abrogée, comme nous l'avons déjà dit, par la loi du 19 décembre 1871.

corps que contre les auteurs ou les complices de ce fait, et non contre leurs héritiers, ni même, en principe, contre les personnes civilement responsables [5].

D'un autre côté, cette contrainte n'a lieu, qu'autant qu'il s'agit de condamnations prononcées pour réparation de dommages causés par des infractions dont la répression est dévolue à la juridiction criminelle [6].

Ainsi, les dommages-intérêts alloués à raison du préjudice causé par un manquement à un devoir professionnel, puni d'une amende que les tribunaux civils sont appelés à prononcer, n'emportent pas contrainte par corps [7].

Il en est de même dans les cas dont s'occupent les art. 246, 203, 470, et 516 du Code de procédure civile [8].

Dans la suite de ce paragraphe, nous aurons toujours en vue, comme au présent numéro, des condamnations émanées de tribunaux civils.

---

[5] Larombière, *Des obligations*, V, art. 1382 et 1383, n° 54. Pont, n°s 971 et 972. Crim. cass.; 9 avril 1875; Bul. crim., 1875, p. 232, n° 121. Les cas, assez rares du reste, dans lesquels ce principe reçoit exception en ce qui touche les personnes civilement responsables, sont étrangers à la matière formant l'objet du présent paragraphe.

[6] C'est ce qui ressort nettement des expressions finales de l'art. 5; *pour réparation d'un crime, d'un délit ou d'une contravention reconnus par la juridiction criminelle*.

[7] Voy. Code civil, art. 50, 2202 et 2203; Code de commerce, art. 68; Loi du 22 frimaire an VII, art. 34; Loi du 25 ventôse an XI, art. 16 et 23. Dans les cas prévus par ces articles et autres semblables, le paiement de l'amende elle-même ne peut être poursuivi par la voie de la contrainte par corps. *Non obstant* : Amiens, 16 mai 1867; Sir., 68, 2, 139; Civ. cass., 22 juillet 1874, Sir., 75, 1, 23. Ces arrêts ont, à la vérité, décidé que l'amende de 500 fr. prononcée par l'art. 14, titre XIII, de la loi des 6-22 août 1791 et par l'art. 2, titre IV, de la loi du 4 germinal an II, contre ceux qui troublent les préposés des douanes dans l'exercice de leurs fonctions, continue à emporter contrainte par corps, conformément à l'art. 4, titre VI, de cette dernière loi, bien que ce soit à la juridiction civile qu'appartienne l'application de cette amende. Mais c'est là une exception qui s'explique par la nature foncièrement délictueuse du fait dont s'agit, et par le caractère réellement pénal de l'amende que les tribunaux civils infligent, en pareil cas, comme juridiction répressive.

[8] Dans ces cas encore, les dommages-intérêts ne sauraient être considérés comme alloués pour réparation d'un crime, d'un délit, ou d'une contravention, dans le sens de l'art. 5 de la loi du 22 juillet 1867; et l'amende elle-même ne constitue qu'une pénalité civile.

2° *Des jugements en vertu desquels la contrainte par corps peut être exercée.* — *Des formes à suivre pour exercer cette contrainte.*

a. Les jugements des tribunaux civils qui prononcent des condamnations dans les termes de l'art. 5 de la loi du 22 juillet 1867, emportent, de plein droit, la contrainte par corps, bien qu'elle n'ait été ni demandée, ni ordonnée [9].

Mais ces jugements doivent fixer la durée de la contrainte dans les limites du minimum et du maximum déterminés par l'art. 9 de la loi précitée [10].

Cet article règle, ainsi qu'il suit la durée de la contrainte :

De deux jours à vingt jours, lorsque l'amende et les autres condamnations n'excèdent pas cinquante francs ;

De vingt jours à quarante jours, lorsqu'elles sont supérieures à cinquante francs, et qu'elles n'excèdent pas cent francs ;

De quarante jours à soixante jours, lorsqu'elles sont supérieures à cent francs, et qu'elles n'excèdent pas deux cents francs ;

De deux mois à quatre mois, lorsqu'elles sont supérieures à deux cents francs, et qu'elles n'excèdent pas cinq cents francs ;

De quatre mois à huit mois, lorsqu'elles sont supérieures à cinq cents francs, et qu'elles n'excèdent pas deux mille francs ;

9 À la différence de ce qui avait lieu en matière civile (voy. § 780, texte A, n° 2, *in fine*, et texte D, *in principio*), l'exécution des condamnations prononcées par les tribunaux de justice répressive pouvait, dès avant la loi de 1867, être poursuivie, de plein droit, par la voie de la contrainte par corps. Legraverend, *Lég. crim.*, I, p. 306. Faustin Hélie et Chauveau, *Théorie du Code pénal*, I, p. 296. Pont, n° 879. Crim. rej., 14 juillet 1827, Sir., 27, 1, 530. Crim. rej., 14 juillet 1853, Sir., 53, 1, 784. Crim. rej., 12 juin 1857, Sir., 57, 1, 621. C'est encore ce qui a lieu aujourd'hui en vertu des art. 2 et 3 de la loi précitée. Or, l'art. 5 ayant étendu les dispositions de ces derniers articles aux condamnations prononcées par les tribunaux civils pour réparation des dommages causés par des faits délictueux, on doit en conclure que ces condamnations, à l'instar de celles qui émanent de la juridiction répressive, emportent, de plein droit, la contrainte par corps. Cpr. Riom, 13 mars 1867, Sir., 68, 2, 110.

10 L'obligation, pour le juge qui prononce une condamnation dont l'exécution est susceptible d'être poursuivie par la voie de la contrainte par corps, de fixer la durée de cette contrainte, ressort de la disposition finale de l'art. 10. Crim. rej., 23 mai 1868, Sir, 68, 1, 370. Voy. aussi les arrêts cités à la note 18, *infra*.

D'un an à deux ans, lorsqu'elles s'élèvent à plus de deux mille francs.

En matière de simple police, la durée de la contrainte par corps ne peut excéder cinq jours.

Le montant de l'amende et des frais auxquels l'auteur d'un fait délictueux a été condamné par la juridiction répressive, n'est pas à prendre en considération pour la durée de la contrainte par corps qu'est appelé à fixer le tribunal civil saisi de l'action en dommages-intérêts formée, à raison de ce fait, par la partie lésée[11]. Mais les frais faits devant ce tribunal doivent, tout comme les restitutions et les dommages-intérêts, entrer en ligne de compte pour la fixation de la durée de la contrainte par corps[12].

En cas de condamnation solidaire, la durée de la contrainte par corps se détermine, non eu égard à la quote-part que, dans leurs rapports respectifs, chacun des condamnés aura à supporter, mais eu égard au montant total de la condamnation[13].

La durée de la contrainte par corps ne peut jamais excéder le maximum de deux années, alors même que les condamnations, s'élevant à plus de deux mille francs, ont été prononcées, au profit de la partie lésée, pour réparation de dommages causés par des faits délictueux distincts[14].

[11] En disant que la durée de la contrainte par corps se règle eu égard à *l'amende et aux condamnations*, l'art. 9 se place évidemment en présence d'un jugement rendu par la juridiction répressive, seule compétente pour appliquer l'amende. D'un autre côté, il ressort du rapprochement des art. 5 et 9 que c'est exclusivement d'après le montant des condamnations qu'il prononce lui-même, que le tribunal civil, saisi de la demande en dommages-intérêts, doit fixer la durée de la contrainte.

[12] La condamnation aux frais emportant en matière criminelle la contrainte par corps, ainsi que cela a été établi, texte, n° 1, et note 4, *supra*, il en résulte nécessairement qu'il doit être fait état du montant de ces frais pour la fixation de la durée de la contrainte. Crim. rej. 26 juillet 1872, Bul. crim., 1872, p. 325, n° 192.

[13] Angers, 16 mars 1868, Sir., 68, 2, 315. Cpr. Crim. cass., 19 septembre 1872, Bul. crim., 1872, p. 417, n° 242.

[14] Crim. cass., 2 avril 1874, Sir., 74, 1, 325. Cette solution, comme le dit très-justement la cour suprême, ne se déduit pas du principe du non-cumul des peines, puisque la contrainte par corps n'est point une peine. Elle se justifie tant par l'esprit que par la lettre de l'art. 9, qui, en parlant *de l'amende et des autres condamnations*, prend évidemment en considération l'ensemble des

Les jugements rendus dans les termes de l'art. 5 de la loi du
22 juillet 1867 sont susceptibles d'appel quant au chef de la contrainte par corps, bien que le fond de l'affaire ait été jugé en
dernier ressort. Dans ce cas, toutefois, la faculté d'appeler ne
compète qu'au débiteur, et l'appel par lui interjeté n'est pas suspensif [15].

D'un autre côté, le débiteur conserve la faculté d'appeler du
chef de la contrainte par corps même après que les délais ordinaires de l'appel sont expirés, et nonobstant son acquiescement
au jugement, ou la péremption de l'appel qu'il en avait émis [16].
Il n'est définitivement déchu de cette faculté que par l'expiration
du délai de trois jours après celui de l'emprisonnement ou de la
recommandation [17].

Lorsque des jugements en dernier ressort, ou des arrêts, rendus dans les termes de l'art. 5, ont omis de fixer la durée de la
contrainte par corps, cette omission donne ouverture à cassation.
Le pourvoi peut, en pareil cas, être formé, non-seulement par la
partie au profit de laquelle ont été prononcées les condamnations
de nature à entraîner la contrainte par corps, mais encore par la
partie condamnée. Que si de pareils jugements ou arrêts n'étaient
plus susceptibles d'un recours en cassation, le doute résultant
de la non-fixation de la durée de la contrainte par corps devrait
se résoudre en faveur de la liberté, et la contrainte ne pourrait
être exercée que dans les limites du minimum réglé par la loi [18].

condamnations prononcées par le jugement, qu'elles l'aient été pour le même
fait délictueux, ou pour des faits délictueux distincts.

[15] Voy. sur ces propositions : Loi du 17 avril 1832, art. 20 ; § 780, texte
D, notes 67 et 68 ; note 17, *infrà*.

[16] Voy. sur ce dernier point, les arrêts cités à la note 68 du § 780.

[17] Loi du 13 décembre 1848, art. 7. Cet art. ainsi que l'art. 20 de la loi
du 17 avril 1832 n'ont été ni expressément ni tacitement abrogés par la loi du
22 juillet 1867, qui, n'ayant rien statué sur l'appel, quant au chef de la contrainte par corps, des jugements rendus par les tribunaux civils dans les
termes de l'art. 5, s'en est par cela même référée à la législation antérieure.

[18] La jurisprudence n'est pas encore fixée sur ces différents points. Conformément aux deux premières propositions énoncées au texte, la chambre criminelle avait d'abord décidé que le jugement ou l'arrêt qui omet de fixer la
durée de la contrainte par corps est nul *in parte quâ*, et que le moyen de cassation résultant de cette omission peut être proposé par la partie condamnée
elle-même. Crim. cass., 19 décembre 1867, Bul. crim., 1867, p. 427, n° 262.
Crim. cass., 14 février 1868, Bul. crim., 1868, p. 61, n° 42. Crim. cass.,

b. Les jugements et arrêts rendus dans les termes de l'art. 5 ne peuvent être exécutés, par la voie de la contrainte par corps, que cinq jours après un commandement fait au condamné. Le commandement doit, lorsque le jugement de condamnation n'a pas été précédemment signifié à ce dernier, porter en tête un extrait dudit jugement, contenant les noms des parties et le dispositif. Art. 3, cbn art. 5.

3° *Des restrictions apportées à l'application et à l'exercice de la contrainte par corps.*

a. Les condamnations prononcées pour un fait délictueux, commis par un mineur âgé de moins de seize ans accomplis, n'entraînent pas la contrainte par corps ; et, conséquemment, leur exécution ne peut être poursuivie par cette voie de contrainte, même après que le condamné a atteint sa majorité. Art. 13 [19].

23 mai 1868, Sir., 68, 2, 370. Crim. cass., 11 février 1869, Bul. crim., 1869, p. 55, n° 32. Peu après, cette chambre a jugé que toute incertitude dans les arrêts devant être interprétée en faveur des condamnés, l'arrêt qui omet de déterminer la durée de la contrainte par corps, a pour effet de la fixer au minimum réglé par la loi, et que, par suite, le condamné est, à défaut d'intérêt, non recevable à se pourvoir contre un arrêt qui ne lui fait aucun grief. Crim. rej., 31 mai 1872, Bul. crim., 1872, p. 215, n° 131. Enfin, par un dernier arrêt du 30 janvier 1873 (Sir., 73, 1, 187), la même chambre, tout en rejetant encore, comme non recevable pour défaut d'intérêt, le pourvoi formé par le condamné contre l'arrêt qui avait omis de fixer la durée de la contrainte, le décide ainsi, non plus par le motif précédemment indiqué, mais en considérant que cette contrainte ne pourra être exécutée qu'après que la durée en aura été déterminée par une décision ultérieure. Voy. également en ce sens : Crim. rej., 12 juin 1857, Sir., 57, 1, 621 ; Bastia, 28 février 1873, Sir., 73, 2, 304. À notre avis, les solutions données au texte se justifient par les raisons développées à la note 69 du § 780, à laquelle nous nous bornerons à renvoyer. Voy. aussi : Pont, n° 992.

[19] Par exception au principe que la contrainte par corps est attachée de plein droit aux condamnations prononcées en matière criminelle, correctionnelle et de police, le dernier alinéa de l'art. 9 de la loi du 13 décembre 1848 disposait que la contrainte par corps ne pourrait être exercée contre les individus âgés de moins de seize ans, à l'époque du fait qui avait motivé la poursuite, qu'autant qu'elle aurait été formellement prononcée par le jugement de condamnation. La loi de 1867 a fait un pas de plus en soustrayant, d'une manière absolue, les mineurs de moins de seize ans accomplis à la contrainte par corps.

Ce cas est le seul où, en considération de la personne du débiteur, la contrainte par corps se trouve complétement écartée. Ainsi, les mineurs de plus de seize ans, les femmes et les filles, les septuagénaires n'en sont point exempts [20].

b. A raison des rapports de parenté ou d'alliance existant entre le créancier et le débiteur, la contrainte par corps ne peut être prononcée contre ce dernier, au profit : 1° de son conjoint; 2° de ses ascendants, descendants, frères et sœurs; 3° de son oncle ou de sa tante, de son grand-oncle ou de sa grand'tante, de son neveu ou de sa nièce, de son petit-neveu ou de sa petite-nièce; 4° de ses alliés dans les mêmes lignes et aux mêmes degrés. Art. 15 [21].

c. La contrainte par corps ne peut être exercée simultanément contre le mari et la femme, même pour des dettes différentes. Art. 16.

d. Dans l'intérêt des enfants mineurs du débiteur, les tribunaux sont autorisés à surseoir, par le jugement de condamnation, à l'exercice de la contrainte par corps, pendant un an au plus. Art. 17 [22].

[20] On décidait généralement, avant la loi de 1867, que les exemptions admises en matière civile, en faveur des personnes dénommées au texte, étaient inapplicables aux condamnations prononcées en matière criminelle, correctionnelle et de police. Pont, n° 976. Req. rej., 16 juillet 1817, Sir., 19; 1, 15. Toutefois, un arrêt de le chambre criminelle du 13 février 1862 (Bul. crim., 1862, p. 62, n° 44) avait jugé que les condamnations à des réparations civiles ne pouvaient jamais entraîner la contrainte par corps contre des femmes ou des filles, et que les tribunaux de justice répressive devaient appliquer, en pareil cas, non la loi criminelle, mais bien la loi civile. Cette solution, qui n'était pas sans difficulté, ne saurait être admise, sous l'empire de la loi nouvelle, en présence de l'art. 16, dont la disposition suppose que les femmes sont, aussi bien que les hommes, soumises à la contrainte par corps, en matière criminelle, correctionnelle et de police. — En ce qui concerne les septuagénaires, nous ferons remarquer que, si l'âge même de soixante-dix ans n'exempte pas complétement de la contrainte par corps, l'âge de soixante ans suffit pour en réduire le temps à la moitié de la durée fixée par le jugement de condamnation. Cpr. texte, n° 4, lett. *c, infrà.*

[21] Cet art. reproduit textuellement les dispositions de l'art. 19 de la loi du 17 avril 1832 et de l'art. 10 de la loi du 13 décembre 1848. Il doit être appliqué et interprété dans le même sens. Voy. § 780, texte B, n° 2.

[22] Les art. 16 et 17 de la loi du 22 juillet 1867 sont la reproduction de l'art. 19 de la loi du 13 décembre 1848. — Le sursis ne peut être accordé que par le jugement de condamnation. Voy. § 780, texte C, n° 3, et note 74.

a. Le débiteur élargi, pour quelque cause que ce soit, ne peut plus être incarcéré pour la même dette [23]. Il ne peut même plus l'être à raison de condamnations antérieures à son élargissement, à moins que ces condamnations ne soient de nature à entraîner, par leur quotité, une contrainte plus longue que celle qu'il a subie, laquelle lui est toujours comptée pour la nouvelle incarcération. Art. 12 [24].

4° Des moyens donnés au débiteur pour obtenir son élargissement, ou, le cas échéant, pour prévenir son incarcération.

a. Lorsque le créancier n'a pas, conformément aux prescriptions de l'art. 6, consigné une somme suffisante pour pourvoir aux aliments du débiteur, ce dernier est autorisé à demander son élargissement par une requête adressée au président du tribunal civil de l'arrondissement où il se trouve détenu. La requête doit être présentée en duplicata et signée tant par le débiteur que par le gardien de la maison d'arrêt, ou simplement certifiée véritable par ce dernier, si le débiteur ne sait pas signer. Elle est répondue par une ordonnance de mise en liberté, également rendue en duplicata; l'un des doubles, sur lequel s'exécute l'ordonnance, reste entre les mains du gardien; l'autre est déposé au greffe du tribunal, et enregistré gratis. Art. 7.

b. En justifiant de son insolvabilité dans les termes de l'art. 420 du Code d'instruction criminelle, le débiteur doit obtenir sa mise en liberté, après avoir subi la contrainte par corps pendant la moitié de la durée fixée par le jugement de condamnation [25]. Art. 10.

[23] Art. 8, et arg. de cet art. Arg. *a fortiori* de l'art. 12. *Exposé de motifs*, Sir., *Lois annotées*, 1867, p. 167, col. 3, n° XI, *in fine*. Cpr. la note suivante.

[24] Cet article a été tiré de l'art. 27 de la loi du 17 avril 1832, dont l'application était limitée au cas où le débiteur avait obtenu son élargissement après l'expiration des délais déterminés par la loi pour la durée de la contrainte. Cette limitation n'a pas été reproduite dans l'art. 12 de la loi nouvelle, qui s'exprime d'une manière absolue, et qui s'applique, comme le porte textuellement l'*Exposé de motifs*, « à tous les cas d'élargissement; soit que le temps « normal ait été réduit à moitié par une constatation d'insolvabilité, soit que « la mise en liberté résulte d'un défaut de consignation d'aliments; ou qu'elle « ait été obtenue en fournissant une caution. » Sir., *Lois annotées* 1867, p. 167, col. 3, n° XI.

[25] La commission du Corps législatif avait demandé que la justification de l'insolvabilité du débiteur entraînât immédiatement, et sans autre condition,

c. Le débiteur qui a commencé sa soixantième année au moment de son incarcération, doit être élargi après avoir subi la contrainte par corps pendant la moitié de la durée fixée par le jugement de condamnation. Art. 14[26]. Que si la soixantième année n'a commencé que durant l'incarcération, la mise en liberté doit avoir lieu après l'expiration de la moitié du temps restant à courir pour parfaire la durée assignée à la contrainte par corps[27].

son élargissement. Cette demande fut combattue par le ministre de la justice, qui fit remarquer que, pour nombre de contraventions, surtout en matière de douanes et de contributions indirectes, la peine ne consistant qu'en une amende, une complète impunité serait la conséquence de l'élargissement immédiat du condamné. En s'exprimant ainsi, le ministre de la justice attribuait évidemment un caractère pénal à la contrainte par corps en matière criminelle. C'est également à ce point de vue que s'était placé l'orateur du Gouvernement dans l'*Exposé de motifs* de la loi du 22 juillet 1867. Mais ce point de vue est-il juridiquement exact? La contrainte par corps a-t-elle véritablement, en matière criminelle, un autre caractère qu'en matière civile? La Cour de cassation ne l'a pas pensé; et, dans un arrêt rendu le 2 avril 1874 (Sir., 74, 1, 225), à l'occasion d'une difficulté soulevée sur le sens et la portée de l'art. 9 de la loi précitée, la chambre criminelle a formellement déclaré que la contrainte par corps n'est point une peine. Telle est aussi notre manière de voir. Nous croyons, toutefois, que la disposition de l'art. 10 peut, même en théorie, se justifier par les considérations suivantes : Une fois que la contrainte par corps se trouve encourue, elle doit, en règle et en vertu de l'autorité qui s'attache à la chose jugée, être exécutée pour toute la durée fixée par le jugement de condamnation, tant que le débiteur n'a pas complètement satisfait aux condamnations prononcées contre lui. Si, par des motifs d'humanité, le législateur a cru devoir apporter certaines exceptions ou restrictions à cette règle, il était parfaitement le maître d'en soumettre l'application à telles ou telles conditions. C'est ainsi spécialement qu'il a pu subordonner l'élargissement du détenu insolvable à la condition qu'il ait subi la contrainte par corps pendant la moitié du temps fixé à sa durée, sans se mettre pour cela en opposition avec le principe que la contrainte par corps n'est point une peine.

26 Le débiteur, dont la soixantième année avait déjà commencé au moment de sa condamnation, serait-il recevable à se pourvoir en cassation contre le jugement ou l'arrêt qui, en fixant la durée de la contrainte par corps, ne l'aurait pas réduite à la moitié du temps déterminé par l'art. 9. La chambre criminelle s'est prononcée pour la négative, alors du moins que le sexagénaire n'a pas pris de conclusions tendant à cette réduction, qu'il sera toujours admis à faire valoir lors de l'exécution. Crim. rej., 30 novembre 1867, Bul. crim., 1867, p. 397, n° 243. Crim. rej., 21 novembre 1873, Sir. 74, 1, 136.

27 C'est ainsi que paraît devoir être complété l'art. 14 de la loi du 22 juillet 1867, d'après l'art. 40 de la loi du 17 avril 1832, auquel il a été emprunté.

Les causes d'élargissement indiquées sous les lettres *b* et *c* se cumulent, en ce sens que le sexagénaire qui justifie de son insolvabilité, peut réclamer son élargissement après une incarcération subie pendant le quart du temps fixé par le jugement de condamnation [28].

Lorsque, dans les cas prévus par les art. 10 et 14, l'élargissement n'est pas volontairement consenti par le créancier, la demande de mise en liberté ne peut plus, comme au cas de défaut de consignation d'aliments, être formée par simple requête : elle doit être jugée contradictoirement avec ce dernier [29].

d. Le débiteur soumis à la contrainte par corps est en droit de demander son élargissement en fournissant une caution volontairement acceptée par le créancier, ou, en cas de contestation, reconnue bonne et valable par le tribunal civil de l'arrondissement. Art. 11, al. 1er.

La caution doit s'exécuter dans le mois de sa soumission, à peine d'être personnellement poursuivie. Art. 11, al. 2.

Mais, dans ce cas même, et les poursuites dirigées contre la caution fussent-elles infructueuses, le débiteur ne pourrait être incarcéré à nouveau pour la même dette [30].

La cause d'élargissement dont il est ici question diffère de celles qui ont été précédemment indiquées, en ce que le débiteur peut,

---

[28] Les expressions finales de l'art. 14, *sans préjudice des dispositions de l'art. 10*, doivent, à notre avis, être interprétées en ce sens qu'après une première réduction à moitié, opérée en vertu de l'âge, cette moitié sera elle-même réduite à moitié à raison de l'insolvabilité. Cumuler intégralement les deux causes d'élargissement établies par les art. 10 et 14, ce serait, contrairement à l'esprit de la loi, complétement affranchir de la contrainte par corps les sexagénaires insolvables. Cpr. note 25, *suprà*.

[29] Cpr. Loi du 17 avril 1832, art. 30 et 39. La disposition de ce dernier article ne se trouve pas, il est vrai, comme celle du premier, reproduite dans la loi du 22 juillet 1867. Mais, cette loi n'ayant pas réglé la procédure à suivre dans les cas où l'élargissement est demandé en vertu des art. 10 et 14, on doit en conclure qu'elle s'en est référée à cet égard aux règles du Droit commun. La procédure spéciale, que, pour le cas d'élargissement à défaut de consignation d'aliments, l'art. 7 de la loi du 22 juillet 1867 a emprunté à l'art. 30 de celle du 16 avril 1832, ne saurait, à raison de sa nature tout exceptionnelle, être étendue, sous prétexte d'analogie, à des hypothèses auxquelles elle n'a pas été formellement appliquée.

[30] Voy. texte, n° 3, lett. *e*, et note 23, *suprà*, ainsi que le passage de l'*Exposé de motifs* rapporté à la note 24.

en fournissant une caution bonne et valable, non-seulement faire cesser son incarcération, mais encore la prévenir.

Bien que les quatre causes d'élargissement qui viennent d'être exposées soient les seules que mentionne la loi du 22 juillet 1867, il va de soi que le débiteur peut et doit encore obtenir sa mise en liberté : 1º par le consentement du créancier qui l'a fait incarcérer, et des recommandants, s'il y en a ; 2º par le paiement intégral du montant des condamnations à raison desquelles il a été incarcéré ou recommandé [31].

Mais le débiteur n'est point admis à réclamer son élargissement au moyen de la cession de biens [32].

[31] Cpr. Code de procédure civile, art. 800, nos 1 et 2.

[32] Le débiteur n'a jamais été admis à se soustraire, au moyen de la cession de biens, à la contrainte par corps encourue par suite de condamnations prononcées pour crimes, délits, ou contraventions, Pont, nº 995. La loi de 1867 a laissé les choses dans cet état, par cela même qu'elle ne range pas la cession de biens parmi les causes d'élargissement. MM. Colmet de Santerre (V, 212 bis) et Demolombe (XXVIII, 217) enseignent cependant que, si la condamnation avait été prononcée pour un fait délictueux exclusif de toute intention coupable, par exemple, pour un homicide par imprudence, le condamné devrait être admis à la cession de biens, comme tout autre débiteur malheureux et de bonne foi. En émettant cette opinion, les savants auteurs ont perdu de vue que le bénéfice de cession a été refusé aux condamnés ayant encouru la contrainte par corps en vertu des art. 52 et 469 du Code pénal, indépendamment même de toute considération tirée de leur mauvaise foi, par le motif que la partie lésée, victime d'un fait délictueux, a droit, pour obtenir la réparation qui lui est due, et pour ramener à exécution la condamnation prononcée à son profit, à une protection plus efficace, à des moyens plus énergiques, qu'un créancier ordinaire. Voy. *Exposé de motifs*, Sir., *Lois annotées*, 1867, p. 167.

FIN DU HUITIÈME VOLUME.

TABLE DES MATIÈRES

CONTENUES

DANS LE HUITIÈME VOLUME.

————◆————

DROIT CIVIL THÉORIQUE FRANÇAIS.

SUITE DE LA SECONDE PARTIE. — LIVRE SECOND.
DEUXIÈME DIVISION. — TITRE SECOND.

FIN DE LA TABLE DU HUITIÈME VOLUME.

Paris. — Imprimerie J. DUMAINE, rue Christine, 2.